日本史史料［3］近世

日本史史料

[3] 近世

歴史学研究会編

岩波書店

はしがき

近年、日本史研究は飛躍的な発展を遂げている。戦後早くから求められていたアジア史・世界史の中に日本史の展開を位置づけるという課題、民衆の立場から日本史像の見直しを徹底し、明治以来形成されてきた国家中心の歴史像を克服するという課題なども急速に具体化され、深められるようになった。アジア太平洋戦争・戦後改革が広い視野から見直されたり、生活文化史・女性史・社会史など民衆史の諸側面が多角的に追究されたりしているのもそのあらわれである。

そうした状況の中で、どの時代についても、新たな問題関心に基づいて設定されたテーマへの多様な接近方法が工夫され、基本史料の読み直しとともに、これまで史料としての価値をほとんど与えられていなかった類いのさまざまの文字・非文字史料が積極的に掘りおこされ、活用されるようになった。それにともなって、史料論・史料学的基礎研究も本格的に進められるようになった。

歴史学研究会は、日本史研究のこのような新しい段階への到達を確認し、一九九三年六月の委員会において、『日本史史料』の編纂・刊行の方針を決定し、その内部に企画小委員会を設置した。研究の新しい水準を具体的にあとづける基本的な史料集が、広く利用しやすい形で提供されることは歴史教育にとって欠かせないものであり、さらに一般の人びとの日本史理解の深化・歴史意識の研磨のためにも重要であると考えたのである。それはたしかに、戦後一貫して、歴史学研究と歴史教育の相関関係を重視し、教育と学問の分離という方向を強く批判してきた歴史学研究会の仕事にふさわしいものといえるであろう。

翌九四年七月、企画小委員会での討議をふまえ、この計画を実現するための、独立の「日本史史料編集委員会」が発足した。そのメンバーには、各時代責任者として、古代＝石上英一、中世＝村井章介、近世＝高埜利彦、近代＝宮地正人、現代＝小林英夫、それに全体の取りまとめ役として永原慶二、幹事役として当時会の委員であった海老沢衷、保立道久の合計八名が歴史学研究会委員会から委嘱された。

第一回の編集委員会は企画小委員会での討議を受け継ぎ、『日本史史料』の基本的性格、枠組みを次のように決定した。

（一）『日本史史料』は、高校・大学一般教育の基本的教材として活用されることを主目標とし、併せて、一般読者の日本史認識にも役立つことができるようなものとする。

（二）そのため史料の選択は、各時代の発展の道筋や特質を明らかにする基本史料を諸分野に目配りしつつ精選するとともに、新しい研究水準のなかでとくに注目すべき新史料を極力多く採用する。

（三）採用する史料には、読点を打ち、必要に応じ読み下しもつける。また、難読、難解語、人名・地名などをはじめ必要とする注をつける。さらに、その史料の注目点・意義・歴史的背景などについて、新しい研究水準をふまえた解説を一点ごとに加える。

（四）『日本史史料』は、古代・中世・近世・近代・現代、各一巻、全五巻の編成とし、各巻ともA5判四〇〇ページ程度を目安とする。

（五）刊行出版社は、先に本会が編集して多くの利用者を得ている『新版　日本史年表』と同様、岩波書店に依頼する。

およそ以上のような基本方針を歴史学研究会委員会に報告、了承を得た上、引きつづき岩波書店に提案、幸いにその快諾を得た。そして、それに基づき九四年秋以降、編集委員会は各巻の分担執筆メンバー（計三一名）を決定し、内容についての責任は各巻ごとにこれらメンバーが負うこととし、編集の仕事を本格的に開始した。これらのメンバーはみな、今日の研究の第一線にあって多忙をきわめる人びとであるため、予定日程通りに進めることには困難が少なくなかったが、諸氏ともこの仕事の重要性を認識され、予想以上に順調に原稿がつくられていった。

さらに、この種の史料集のような本つくりは細部にわたる注意と手間とを予想以上に必要とするものであるが、それを短期集中的に乗り越えることができたのは岩波書店側の編集担当者となった沢株正始・富田武子氏のおかげである。厚く御礼申し上げたい。

『日本史史料』はこのような経過で世に送られることとなった。この上は、本史料集が歴史教育や一般の方々の歴史学習の場で少しでも多く利用され、広い人びとの自分の目、自分の頭による主体的な日本史認識に役立つことができることを願うものである。

一九九七年二月

『日本史史料』編集委員会

代表　永　原　慶　二

凡　例

本書に収録した史料は、各史料の冒頭に掲げた原典を忠実に掲載したが、左記のような整理を行った。

一、史料中の漢字は新字体を用い、ふりがなや句読点は、原則として編者の付したものである。また原典中の明らかな誤字・脱字などは適切と判断した文字に改めた。

一、史料中のかなづかいは原典のままであるが、変体かなについては、原則として平かなに改めた。ただし、者（は）・而（て）・茂（も）・江（へ）・与（と）は文字を小さく右寄せで表記した。ニ・ハは片かなのニ・ハを用いた。

一、異体字のゟ（より）・〆（貫・して）・扣（控）・斗（計）は原典のままこれらを用いた。

一、史料の中略箇所は（中略）として示した。

一、史料中の割書きは〈　〉で囲み、小字で一行に改めたところがある。

一、史料中の難解な語句や人名に、（1）（2）の番号をふって史料の後に語注を付した。

一、すべての史料に編者の解説を付したが、何点かの史料をまとめて解説を加えた場合がある。

本書の執筆については以下の七名が分担した。
久留島典子……第一章序・第一節・第二節
久留島浩……第二章第三節、第三章第二節、第四章第一節
小宮木代良……第二章第一節・第二節
高埜利彦……序章、第二章第五節、第二章序、第三章序・第一節、第四章序
鶴田啓……第一章第三節、第二章第四節
藤田覚……第三章第三節、第四章第二節・第三節
本郷隆盛……第二章第六節、第三章第四節、第四章第四節

目次

屋につき申渡 371
318 〔山梨県史〕文政十年（一八二七）十月郡中惣代任命につき請書 371
319 〔新修倉敷市史〕寛政八年（一七九六）二月郡中割入用の支出項目につき申渡および備中倉敷代官所管下での議定 372
320 〔新修倉敷市史〕丑年三月郡中大割銀減方訴願につき百姓申合之一札 374
3 村政民主化の動き 378
321 〔忠岡町史 第二巻〕嘉永元年（一八四八）三月村方入用につき規定 378
322 〔富士見町史〕万延元年（一八六〇）五月木之間村大前小前騒動小前方口演書 380
323 〔富士見町史〕万延元年（一八六〇）五月木之間村大前小前騒動村役人（大前側）口上書 381
324 〔富士見町史〕万延元年（一八六〇）六月木之間村大前小前騒動済口証文 382
325 〔市原市史〕享保十八年（一七三三）三月二十日諸帳面勘定改につき川在村惣百姓連判証文帳 384
326 〔市原市史〕寛政六年（一七九四）十月十七日名主病死につき海保村惣百姓諸帳面等預証文 384
327 〔市原市史〕役儀家言（抄録）（名主を勤めるための教訓） 386
第二節 鎖国観念の成立と対外問題 388
1 鎖国観念の成立 388
328 〔鎖国論〕享和元年（一八〇一）八月 388
329 〔林柴両氏上書〕文化元年（一八〇四）十一月 389
2 対外的危機の現実化 390
330 〔高橋景保上書〕文政七年（一八二四）七月 390
331 〔水戸藩史料 別記上〕天保九年（一八三八）八月戊戌封事 392
332 〔モリソン号事件関係記録〕天保九年（一八三八）六月 393
第三節 天保の改革 394
1 内憂外患の時代 394
333 〔大塩平八郎檄文〕天保八年（一八三七） 394
334 〔川路聖謨文書〕天保十二年（一八四一）正月七日付佐渡奉行川路聖謨宛老中水野忠邦書状 396
335 〔モリソン号事件関係記録〕天保十三年（一八四二）六月 396
2 天保の改革 398
336 〔新見家文書〕天保十二年（一八四一）九月水野忠邦伺書 398
337 〔見聞偶筆〕天保十二年（一八四一） 399

338〔市中取締類集〕芝居所替之部天保十二年(一八四一)十二月十八日狂言座勘三郎等請書　400
339〔大日本近世史料市中取締類集〕天保十三年(一八四二)六月触書　401
340〔首都大学東京付属図書館所蔵水野家文書〕天保十四年(一八四三)水野忠邦日記六月一日・八月十三日　402
341〔井関隆子日記〕天保十四年(一八四三)六月十七日・二十六日　404
342〔内洋経緯記〕天保四年(一八三三)十月　404
343〔長崎歴史文化博物館所蔵文書〕天保十四年(一八四三)四月御用方諸書留　405

第四節　封建思想の変容と近代思想の萌芽　406

1　民衆的諸思想の展開　406

(1)　民衆道徳の自立　406
344〔都鄙問答〕石田梅岩　406
345〔二宮翁夜話　巻之一〕福住正兄筆記　408
346〔長部村道友先祖株願書〕天保十一年(一八四〇)二月　大原幽学　410
(2)　民衆宗教の展開　412
347〔三十一日の御巻〕食行身禄　412
348〔お経様〕一尊如来きの　414
349〔金光大神覚〕金光大神　416

2　思想の主体化と社会化　418

(1)　天の思想　418
350〔約言〕広瀬淡窓　418
(2)　後期水戸学の展開　419
351〔告志篇〕天保四年(一八三三)三月　徳川斉昭　419
352〔弘道館記述義〕弘化三、四年(一八四六、七)　藤田東湖　421
353〔水戸藩筑波勢上書〕元治元年(一八六四)四月　423
(3)　幕末国学の社会的展開　424
354〔世継草〕嘉永三年(一八五〇)　鈴木重胤　424
355〔産須那社古伝抄〕安政四年(一八五七)八月　六人部是香　426
356〔新真公法論〕大国隆正　428

3　アヘン戦争前後の衝撃と対応　430

357〔慎機論〕天保八年(一八三七)　渡辺崋山　430
358〔鴉片始末〕天保十五年(一八四四)　斎藤竹堂　431
359〔ハルマ出版に関する藩主宛上書〕嘉永二年(一八四九)二月　佐久間象山　433

4　公共性の構造転換　435

(1)　忠誠と反逆　435

360 〔講孟余話〕 安政三年(一八五六) 吉田松陰 435
361 〔省諐録〕 安政元年(一八五四)稿 佐久間象山 438
(2) 正議と公共性 440
362 〔国是三論〕 万延元年(一八六〇) 横井小楠 440
363 〔大久保一蔵書翰〕 慶応元年(一八六五)九月二十三日 444
(3) 体制変革の構想 445
364 〔船中八策〕 慶応三年(一八六三)六月 坂本龍馬 445
365 〔勝海舟日記〕 慶応四年(一八六八)二月十一日 446

序章　近世史史料について

一

本書は、織豊政権期から幕末のペリー来航までの時期を対象に、日本近世史像を形づくる根拠となった史料を編集した史料集である。第一章の統一政権の成立過程は、中世から近世への移行期に当たるが、とくに永禄十一年（一五六八）の織田信長の上洛からを近世の始まりとする考え方をとっている。信長を継承した豊臣秀吉の政権による天下統一の過程と第一次・第二次の朝鮮侵略までの史料を具体的に提示した。

第二章幕藩体制の成立と構造では、徳川政権による権力掌握過程と、幕藩体制の構造的特質、具体的には政治権力構造と幕藩領主による農民支配の構造を物語る史料を提示する。国内統治とともに対外関係でのヨーロッパ対象の「鎖国」体制と東アジアにおける四つの口体制の成立についても史料を示す。以上は三代将軍徳川家光政権までに主に形成されたが、本章ではさらに四代家綱・五代綱吉政権と、七代・八代将軍期の新井白石の政策が特徴的な時期までの、幕藩体制の制度化と安定がもたらされた時期までを対象とした。

五代綱吉政権期には激しくはないが時代転換が見られ、それ以前との画期を見出す考え方もあろうが、それよりもより大きな転換期と見られる享保改革期以降との間に時代の画期を設け、第三章幕藩体制の展開の始まりとした。この時期からは、幕藩体制の統治・社会制度において補強を余儀なくされる段階になった。その前提には、一貫して生産に邁進する小規模経営の農民や町人らによる社会的活動の意欲やエネルギーが社会の変容をもたらしたことがある。そのため幕藩体制成立期に設定した社会制度の枠組みを、幕藩権力は補強せざるをえなくなったのである。吉宗政権といわゆる田沼政権、松平定信政権のそれぞれの状況認識は異なり、対応策も各々個性をもった。このうち松平定信による「寛政改革期」は、それ以前の危機認識とは質的に異なり、そこから近代国民国家につながる発想を見出し、寛政改革期以前と以後で画期を設ける考え方も存在する。

第四章幕藩体制の動揺と近代への胎動では、幕藩体制の解体につながる国内外の危機、すなわち「内憂外患」状況と、これに対する幕藩政治権力の対応策に関する史料を提示した。また近代の地方議会制度に発展する社会システムの原型と評価されることのある、中間支配機構と地域社会についても対象とする。なお、思想史の分野についてはペリー来航以後も対象にしているのは、近世思想史の特徴とその変質とを、本巻の中で完結させようと企図したためである。

一冊に限られた史料集に、これまでの近世史研究の成果をすべて網羅することは不可能なことである。その中で、主な政治過程を時系列に通すことで利用しやすい形を取った。

二

近世史史料の特徴を、現在に至る保存の歴史を通して以下に述べることにする。

江戸の幕府も全国各地の諸大名(藩)も、また数多の村落や個々の家も、いずれも記録をつけ、記録史料(アーカイブズ)を保存していた。前時代同様に朝廷や公家たちも大小の寺院や神社も、記録史料を保存し残していた。それは後世の近世史研究者が研究に利用するであろうことを考えて保存していたのではない。個人の思いを綴り、書き残した事例もあるが、多くは村落や家の権利を確保し主張するための証拠として、大切に保管したものであった。幕府や大名や公家たちは、支配や統治や儀式などを行うための先例を記録し、後の参考にするためであった。幕府では八代将軍徳川吉宗政権で、意識的に紅葉山文庫《もみじやまぶんこ》をそれまでの図書館機能に加えて、アーカイブズとしても位置づけたが、大名でも例えば熊本藩細川重賢《しげかた》は、各部局の記録管理を整備している。いずれも政策決定をした部署や人物、その判断根拠を記録するためでもあった。

江戸時代中期以降、紙の生産と流通が広範に展開したことから庶民に至るまでの識字率が高まり、為政者のみならず庶民までの社会の各層が、大量の記録史料を残すようになった。現代に近世史史料が膨大に保存されてきたのは、このような事情を背景にしている。

明治維新後、太政官政府は中央でも地方でも記録を保存するよう命じていた。明治六年(一八七三)に設置された内務省は同七年に記録課を設置して、「全国ノ記録ヲ保存スルコト」を命じた。この太政官政府の方針は、明治十八年に内閣制度が創設されて変更された。中央でも地方でも記録保存事業は明治十九年に中止された。

これとは逆に、太政官政府もその後の内閣も、歴史編纂(修史事業)についてはこれを推進した。明治五年歴史課を設置し『復古記』の編纂を行ったが、その後、内閣制度が発足すると、修史事業は政府内ではなく、明治二十八年帝国大学文科大学内に史料編纂掛を設置して行わせ、明治三十四年から『大日本史料』の刊行が開始された。『大日本史料』は六国史でとどまったままの正史編纂事業を引継ぐもので、これは江戸幕府が林大学頭《だいがくのかみ》の下で、当時の現代史に当たる『徳川実紀』の編纂とともに、塙保己一《はなわほきいち》が和学講談所で行った「史料」編纂事業を継承するものであった。

『大日本史料』の編纂対象の範囲は、仁和三年(八八七)から慶応三年(一八六七)までとされたが、実際には第十二編の寛永期までを対象とした。編纂スタッフに比し、それ以降の史料が膨大に残されていたことが、第十二編にとどまった最大の理由であった。史料編纂掛(昭和四年史料編纂所と改称)は、全国の古文書・古記録所蔵者や機関を訪れ、『大日本史料』編纂に必要な史料を東京に送付して、影写本や謄写本を作成し、原本を返却する作業を精力的に行った。しかしその対象は第十二編までで、良質な史料ではあっても原則的に寛永期止まりとされた。ただし、借り受けた史料を、単に『大日本史料』稿本作成のためだけに用いるのではなく、影写本や謄写本にして保存・架蔵したことは、慧眼であった。

明治政府はまた、維新史料編纂会を明治四十四年(一九一一)に発足させ、『大日本維新史料』編纂事業も開始した。その対象時期は、孝明天皇践祚《せんそ》の弘化三年(一八四六)からであった。つまり明治・大正・昭和(一九四五年まで)の国家事業としての歴史編纂の対象は、近世史のうち、正保元年(一六四四)から弘化二年(一八四五)までの江戸時代の中心に当たる二百年間を除外したのであった。このことの影響は大きい。つまり一六四四年以降の大名家史料や庶民史料の大部分は、国家の正史としての歴史編纂に必要のないものとの位置に置かれた。また、古代・中世史で発達した古文書学も、近世史では寛永期までを対象にするに止まった。

長年続いた戦争は一九四五年に終わった。戦争は文化を破壊する。東大史料編纂所などの国や民間の機関が疎開をさせて史料を守った事例もあるが、幸いに戦災から免れたとしても、戦後の混乱の中で、壊れた土蔵や屋敷から、村方史料や地主経営史料などの近世史料が多量に流出し、散逸の危機に瀕した。また、廃藩置県後危うく失われかけた熊本藩細川家史料など、藩政史料も、散逸は免れたものの、史料の保存には適さない劣悪な環境に放置されていた。

このような戦後の状況に対して、史料保存を訴えた歴史研究者たちと、これに応えた文部省や農林省の土地制度史料調査委員会、あるいは日本学術振興会の農漁村史料調査委員会などが、各地で史料調査に当たった。こうした中、一九四九年に野村兼太郎はじめ九十五名の歴史研究者が史料保存機関設立の請願を行った。請願書には「戦後の社会的経済的諸変革によって、近世並に明治時代の庶民生活に関する基礎的史料が（中略）散佚・堙滅しつつある現状にかんがみ、保存及公開機関として、国立史料館のごとき施設を急速に設置し、これが対策をたてるよう」と記されていた。請願書とともに作成された趣意書の文面には、従来の支配者の歴史ではない近世の庶民生活などについての研究の、実証的・科学的研究の根本史料となる古文書記録などの歴史資料の保存と利用の必要性が訴えられている。誠に適切かつ崇高な理念に満ちた趣意書であった。

こうして一九五一年に文部省史料館が設置された。この文部省史料館（現国文学研究資料館アーカイブズ系）や前年に設立された地方史研究協議会などに参加した多くの近世史研究者たちの努力によって、全国に存在した近世史料の保存は一定の成果を得ることができたといえよう。

現在、全国各地の史料保存機関（アーカイブズ）に膨大な量の近世史料が保存されている。それでもまだ史料調査の対象からはずれた未整理史料も多数存在しており、現在なお県立文書館を中心に、自治体や、各大学、それに房総史料調査会や甲州史料調査会などの民間の史料調査団体も調査を進めており、近世史料の保存体制は今後なお一層充実されていくものと期待される。

三

歴史研究は、残された史料によって規定される面がおおいにあるが、史料の発見や保存もまた、歴史研究の成果が反映される。両者の相関関係や相互規定性を考えながら、近世史史料と近世史研究について以下に述べていこう。

江戸幕府に関係する史料については、紅葉山文庫や幕府三奉行の記録史料が、明治政府によって引継がれた。紅葉山文庫のものは、修史館を経て、国立公文書館内閣文庫に引継がれて現蔵する。三奉行のうち、寺社奉行所記録史料は内務省に引継がれたが、関東大震災（一九二三年）によって焼失した。町奉行所記録史料は東京府を経て国立国会図書館に現蔵する。勘定所記録史料は大蔵省へ引継がれたが、これも関東大震災で焼失。評定所記録史料は、司法省を経て帝国大学法科大学に入り同大図書館で関東大震災にあった。

内閣文庫現蔵の一部史料は『内閣文庫所蔵史籍叢刊』として一九八一年から影印版で刊行されている。国立国会図書館に引継がれた町奉行所記録史料は、『旧幕府引継書』マイクロフィルム版で一九七〇年から頒布されているが、それ以前は両機関でのみ閲覧が可能であった。

大正十二年の関東大震災で多くの記録史料が焼失したが、幸いにも司法省や大蔵省などが震災以前に史料集編纂事業に取組んでいた。明治十年（一八七七）大蔵卿大隈重信の命で、大蔵省記録局において旧幕府の理財関係史料編纂事業を開始し、明治十九年（一八八六）に『日本財政経済史料』十巻を完成した（刊行は大正十一―十四年）。ここには大蔵省記録局に引継がれた幕府勘定所記録史料が生かされている。

司法省では司法卿大木喬任《たかとう》の命で『徳川禁令考』の編纂が命じられ、明治十一年から前聚六冊、後聚四冊が出版された。幕府の出した法令を分類、編纂したもので、その際史料題名を付したが、それらは幕府が発した当時には付けられていなかったものもある。その題名が今日まで歴史用語として通用していることがある。一例をあげれば、寛文五年（一六六五）「諸社禰宜神主法度」は、江戸時代には「神社条目」と呼ばれていたとみられるが、『徳川禁令考』での史料の題名がその後の近世史研究や歴史教科書に用いられ、定着したものである。

農商務省は明治十八年から、近世の農書を収集する事業を行ったが、これも関東大震災で焼失した。幸いなことに農商務省に勤務していた農学者小野武夫が、焼失前に謄写しており、それに全国各地で採集した農書を加えて、昭和六―七年（一九三一―三二）に『近世地方経済史料』十巻を刊行した。

このほか、八代将軍吉宗によって編纂が命じられた『御触書集成』はその後も幕府評定所によって編纂が受け継がれた。明治維新後、内閣文庫や国会図書館に引継がれたものを昭和九―十六年に高柳真三・石井良助編で刊行された。

幕府のもっとも基本的な法令集である。幕府法令に関しては幕府から引継がれた記録史料をもとに、司法省が『徳川時代裁判事例』刑事ノ部（大臣官房調査課、昭和十一年）と民事ノ部（秘書課、昭和十八年）とを編纂した。刑事ノ部は司法省所蔵「徳川裁判事例刑事ノ部」十一巻が基になった。これに対し民事ノ部は、幕府評定所の「裁許留」（合計四十五冊）が関東大震災で焼失したのち、京都帝国大学法学部研究室の模写本（享保五年よりの一部分）と、東京帝国大学法学部研究室所蔵の副本（天明元―二年分）とを底本にして、編集された。なお石井良助編『近世法制史料叢書』（三巻、昭和十三―十六年）の中には、帝国図書館に引継がれた幕府の「三奉行裁許帳」を、「御仕置裁許帳」として収録している。なお私撰ではあるが、「御当家令条」や「武家厳制録」なども収録されており、江戸幕府法令史料集として研究に有用である。

以上の、幕府から引継がれた記録史料のほかに、幕府の命で林大学頭（昌平坂学問所）が江戸時代に編纂した史料集も近世史研究にとって欠かせないものとなった。『徳川実紀』五一六冊の編纂は、幕府右筆《ゆうひつ》所の日記などを主たる典拠にして文化六年（一八〇九）から四十年間の歳月をかけて、嘉永二年（一八四九）に完成した。紅葉山文庫に納められて内閣文庫に引継がれ、明治三十五年（一九〇二）から『続国史大系』として刊行された。現在の六十六冊を数える『新訂増補国史大系』の中で、近世史のみを対象とするのは、『徳川実紀』十冊と『続徳川実紀』五冊に限られる。これらは近世史研究にとって不可欠の編纂物である。

また、出版は戦後昭和三十九年（一九六四）からとなったが、昌平坂学問所が主に担当した『寛政重修諸家譜』もまた、内閣文庫に引継がれた後に刊行されたものである。昌平坂学問所の修史事業には、対外関係史料の編纂もあった。『通航一覧』は、幕末期に大学頭林煒《はやしあきら》が幕府に命じられて、永禄期～文政期（一五五八―一八二九）の諸外国との関係史料を編纂したもので、三五〇巻に上る。琉球・朝鮮・長崎異国通など、二十の国々との交渉の関係史料が集められ、大正元年（一九一二）から刊行された。その後、幕末外国方によって、安政六年（一八五九）以降の外交史料が『通信全覧』として慶応三年（一八六七）に編纂され、明治政府外務省の『続通信全覧』へと編纂事業は受け継がれた。

林家（春斎・鳳岡《ほうこう》父子）はまた『華夷変態』を編纂した。正保元年（一六四四）から享保九年（一七二四）に至る中国大陸における、特に明清交替期の動乱に関する記録史料を収集したもので、内閣文庫に引継がれた。出版は昭和三十三年(一九五八)と遅れたが、ここに記しておく。
以上、幕府から国の機関に引継がれ、主に戦前に刊行された近世史料集を列挙したが、これらが基本史料となって戦前の近世史像が構築された。前述したように『大日本史料』第十二編の寛永期までと、『大日本維新史料』の弘化三年(一八四六)以降とは、史料収集はある程度見られたが、その間の二百年間の幕府政治史や諸政策については、限られた右の基本史料と東京帝国大学史料編纂所の謄写本などを根拠に近世史像を描かざるをえないという限界をともなった。しかしながらこのような限られた史料の条件の下で形成された近世政治史の枠組みではあっても、三大改革とその前後の弛緩した時期という時期区分(「悪政善政交替史観」)は、その後の日本史教科書における近世史像として、その影響力をなお及ぼしている。

幕府と国の事業のみならず、明治期から大阪市・東京市では近世の史料集編纂が行われた。大阪市では明治三十四年(一九〇一)から、幸田成友を編纂主任にして、明治四十二年まで市史編纂事業が進められ、『大阪市史』全八巻が刊行された。大阪市の関係史料を調査収集して編纂する方式は、その後の自治体史編纂の嚆矢となるもので、幸田成友の実証主義に基づく編纂方針が、今日までも史料集としての価値を失わせていない。とくに大坂町奉行の触・口達収集史料は現在でも基本史料として生命力を持っている。また、ここでの大坂に関する社会・経済史研究は、本庄栄治郎・黒正巌・宮本又次等につながる経済史・商業史の研究成果に結び付いている。

東京市による史料編纂は、明治四十年(一九〇七)から江戸時代をも対象にするようになり、明治四十四年に『東京市史稿』皇城編第一が刊行され、現在も編纂事業は東京都公文書館で継続して、都市江戸に関する史料の編纂に当たっている。

地方では『静岡県史料』五輯の編纂刊行が昭和七―十年になされた。黒板勝美・辻善之助を編纂顧問に迎え、東京帝国大学文学部史料編纂所に所蔵される文書・写本などで静岡県関係のものを収載したり、県下の調査によるものもあるが、その大部分は『大日本史料』編纂にならって、慶長期までの古文書であった。その点からしても、大阪市・東京市の編纂方針は当時にあって特筆されるものであった。

大学の事業としては、九州大学の九州文化史研究所が注目される。昭和九年(一九三四)から始めた史料収集が、「東大史料編纂所がしない近世文書を集めること」(長沼賢海)に目標を置いたことは、当時の修史事業や史料収集の状況をよく認識したものであった。

国や自治体や機関による近世史料集編纂と、それらを用いての研究とは異なり、地方の地域や個人の家に所蔵されている近世史料を用いての研究がなされた事例は、戦前にも見出せる。前述した小野武夫のほかに、日本経済史の滝本誠一による『日本経済叢書』(三十六巻、大正三―六年)と『日本経済大典』(五十四巻、昭和三―五年)や慶應義塾大学経済史の流れをくむ野村兼太郎による各地史料発掘調査に基づく『五人組帳の研究』(昭和十八年)がある。

そうした中で、古島敏雄『徭役労働制の崩壊過程』や『近世日本農業の構造』は信州伊那地方を中心にした在地村方史料を駆使した研究であり、とくに前書の「御館・被官」制度の研究は、同地方の前島家文書が分析の中心になった。戦前の社会経済史研究は、研究が抑圧される中で、日本資本主義論争と連動して、明治維新の評価をめぐり、その前段の江戸時代後期の、経済段階の評価に関わる研究に目を向けるものが少なくなかった。その中で、農村史料や家の経営史料に基づく古島の実証的研究は異彩を放っていた。

一九四五年の敗戦により、自由が再び訪れ、日本近世史研究も活発に取り組まれだした。研究をリードした一人である古島敏雄は、村落共同体の総合研究を、農村史料調査会という名称で、歴史学をはじめ法学・経済学・社会学の研究者とともに行った。山梨県南都留郡忍草村は調査地の一つで、共同研究の成果として『山村の構造』という論文集が生まれた。

このような、村落に入って史料調査を行い分析して近世史研究の成果を生み出す方法は、その後現在に至るまで近世史研究者の多くによって取り組まれ、数多くの成果を生み出した。

このような方法で、地主制論・村落構造論という社会経済史研究が、地方史研究協議会・社会経済史学会・土地制度史学会・歴史学研究会などの活動とあいまって進展し、結果として全国各地域の村方史料の調査と保存に結び付いていった。その後、一九六〇年頃からの県史・市史など自治体史編纂の展開も、地域史料の発見と保存に大いに寄与することになった。

また「藩政史料研究会」が東京大学史料編纂所の近世史関係の所員を中心に編成され、各地の藩政史料調査に赴いたことがきっかけになり、例えば細川家史料(永青文庫)が熊本大学附属図書館に一九六六年に寄託され、保存のために適した環境に置かれるようになった。こうした史料を利用して藩政史研究の進展が見られ、近世史研究は幕府・藩権力と村落・百姓や流通構造、それに農民闘争をも含み込んだ総合的な幕藩体制(構造)論として展開していった。

一九八〇年前後から近世の都市論・対外関係論(四つの口論)・朝幕関係論・身分制論・宗教史などの研究成果が顕著になりだした。これらの研究では従来に見られなかった研究視点が、近世史料の再発見や再利用をもたらし、近世史研究の視野の拡大を招来した。例えば都市論であれば、『旧幕府引継書』の町奉行所関係史料や『東京市史稿』収載史料が活き活きと用いられるようになった。朝幕関係論や一部の身分制論・宗教史では、東京大学史料編纂所に架蔵される謄写本の数多くの公家日記や、宮内庁書陵部所蔵の公家史料が用いられだした。いずれも明治期以来保存されてきた近世史料が、新たな研究視角によって血脈を通わせ始め、休眠状態から目覚めたものとも言えよう。

四つの口論もまた、保存されてきた史料の活用をもたらし、新たな研究視点がアイヌ関係史料などの史料発見に向かうという好循環をもたらしており、さらには外国に所蔵されている日本関係史料を積極的に調査・収集に向かいもしている。

近世史の研究視点はこの先もさらに広がりを見せると考えられるし、史料もまた史料調査や発掘調査により、埋蔵文化財あるいは金石文・絵画などの資料も合わせて新たに発見されよう。史資料が新たに見出されれば研究も豊かになり、新たな着想に基づく研究視角は、保存されてきた史料や刊行史料を蘇らせることにもなる。こうして両者が相互に影響を与えながら、近世史史料と近世史研究とがともに豊かになることを願うものである。

(高埜利彦)

第一章　統一政権の成立過程

本章では、近世幕藩体制の前提となる織田信長・豊臣秀吉両政権の動きを、統一政権の成立過程としてみていく。

十六世紀から十七世紀に及ぶ時期は、中世から近世へと社会が大きく変動した時期としてとらえられる。その変化を考えるうえで、戦国大名が割拠する分権的状況のなかから、強力な統一政権が成立するという政治的変化の持つ意味はきわめて大きい。もちろん何をもって統一政権の始まりとするかについては議論があり、当初室町幕府将軍を擁して支配を行った織田政権は、戦国時代の三好長慶政権などと異なるところはないという主張もある。実際永禄十一年(一五六八)の織田信長上洛後も、各地で覇権をめぐる戦国大名たちの激しい戦いは続いていた。しかし、織田政権の施策で豊臣政権に受け継がれていったものも多く、本章では通説的見解に従って、信長上洛による織田政権成立から、豊臣秀吉の死による第二次朝鮮侵略停止までの時期を、近世の最初の画期としてとりあげた。

さて、織田政権を取り巻く状況は戦国時代そのものであったが、そのなかで織田政権は家臣団支配や、宗教勢力に対する方針等で特徴的な施策をうちだし、そのなかには豊臣政権によってさらに徹底され、統一政権の支配方式として定着していったものも多い。たとえば一つの地域を大小の領主たちが重層的に支配しているような状態を整理し、一人の家臣に対して、国替えによって交替可能な広域的支配権を分与する支配方式がある。また、信長による一向一揆や比叡山延暦寺に対する徹底した武力攻撃は、近世社会における世俗権力の宗教勢力に対する優位を決定づけたといえる。しかし、本能寺の変における信長の横死によってその政権は中途で潰えたため、どのような政治体制を創ろうとしていたのか、必ずしも明確とはいえない点がある。

つぎの秀吉政権は、競合者を抑えて成立したものであり、小牧・長久手の戦いでは一時徳川家康が優位に立つなど当初は不安定であった。しかし家康と講和を結んだ後の天正十三年(一五八五)から、秀吉は紀州の根来《ねごろ》・雑賀《さいが》一揆、四国の長宗我部《ちょうそかべ》氏と続けて平定し、関白にも就任して急速に権限を強めていった。豊臣政権は、領土紛争を続ける戦国大名たちに、戦いを止め紛争裁定を秀吉の裁判に委ねるよう通告するいわゆる「惣無事令《そうぶじれい》」を発動した。そして秀吉の裁定に従わなかった九州の島津氏・関東の後北条氏に対しては自ら武力発動を行い、ついに天正十八年九州から東北地方までの全国を統一した。だが、戦国時代を終結させるこの国内的な平和の実現は、同時に朝鮮に対する侵略戦争の出発点でもあった。この過程で、検地、刀狩、そして身分法令とよばれる法など、領主層に限らず村や町に居住する人々をも対象とした全国法令・施策が次々とうちだされ、社会を大きく変化させていくのである。

一方、豊臣政権の対外政策は、キリスト教に対する対応、海賊停止令、島津氏を通じた琉球、蠣崎《かきざき》氏を通じた蝦夷島《えぞがしま》との関係など、統一政権の異国・異域に対する施策として注目すべきものが多い。そして二回にわたる朝鮮侵略が国内外に極めて大きな影響を残したことは言うまでもない。秀吉が国内統一戦途中の天正十三年頃から朝鮮・中国征服構想を表明し、国内体制を整備していった過程は二節でみた。そして三節では、朝鮮侵略を意図する秀吉側の意識、第一次侵略戦の開始から講和、第二次侵略戦の経過とその後を、史料に即して具体的に追った。

ところで、織田・豊臣両政権下で多く出された特徴的な史料とは、織田信長・豊臣秀吉自身が出す直書《じきしょ》である。印判があれば印判状、花押があれば判物《はんもつ》などともよばれるこの形態の文書は、戦国大名も出しているが、信長・秀吉の場合は、政権の施策を直接的に表明する重要史料の多い点が特徴である。特に秀吉は天正十三年の関白就任後、発給した文書の多くは印判を捺しただけの朱印状であり、それに使用される料紙も秀吉の権力増大を表すように大きくなるなど特異な傾向を示す。統一政権を象徴するような近世の朱印状が持つ権威性は、秀吉に始まるといってもよい。また、漢字仮名交じりの文章、箇条書きの条書とよばれる様式も、この時期以降多く目につくようになる。このように文書の形という点でも、織田・豊臣両政権は統一政権としての性格を次第に強め、この後の近世権力に大きな影響を与えていくことがわかる。

第一節　織田政権

1　土地・家臣団支配

(1)　給地充行《あてがい》

1　〔吉田文書〕元亀二年（一五七一）十二月日織田信長朱印領地方目録

領中方目録

一　弐百石　　　金森（近江栗太郡）(1)
一　百五十石　　馬淵(2)豊前分
一　参百石　　　本間四郎兵衛分
一　四百石　　　本間又兵衛分
一　五百石　　　野洲《やす》・栗本(3)・桐原(4)・嶋郷（近江蒲生郡）ニ在レ之、種村分
一　参百石　　　栗田（太）(5)分
一　百五十石　　椙崎内膳分
一　八十石　　　鯰江満助分
一　野洲・栗本郡并桐原ニ在レ之山門山徒、為二闕所《けっしょ》一申付事、
一　建部《たけべ》(6)并上之郡(7)ニ在レ之日吉《ひえ》山王領・同山門山徒令二扶助一事、
一　為二新与力(8)一進藤・青地・山岡申付候、但進藤事、於二志賀郡一令二扶助一、至二侍(9)共一者、明智（光秀）ニ可二相付一事、

右、令二扶助一畢、然上、前後之朱印何方へ雖レ遣レ之、令二棄破一申付之条、不レ可レ有二相違一之状如レ件、

元亀弐
十二月　日　　　　信長（織田）（朱印）

佐久間右衛門尉（信盛）殿

(1)金森　現滋賀県守山市。浄土真宗の金森《かながもり》惣道場を中心とした寺内町。(2)馬淵　種村・鯰江氏同様六角氏家臣。本間氏も地名を名のる土豪と推定できる。(3)栗本　栗太郡。『和名抄』では郡名が「くるもと」と読まれている。(4)桐原　現近江八幡市。日吉山王社領の桐原保があった。(5)椙崎　椙崎氏は犬上郡椙崎を名字の地とする佐々木氏一族。(6)建部　現八日市市。日吉社・天龍寺・北野社の所領である建部荘があった。元亀元年（一五七〇）十月、反織田信長の建部一揆が六角氏旧臣や真宗門徒たちによって起こされ鎮圧されている。(7)上之郡　野洲・栗太両郡。(8)与力　助勢のため、武将に付属する武士。進藤・青地・山岡氏とも六角氏旧臣で、信長の近江侵攻とともに信長方となった。(9)侍　下級の武士。

【解説】　永禄十一年（一五六八）九月、織田信長は近江南部（江南）に勢力を持つ六角氏の居城観音寺を落城させ、足利義昭を擁して入京を果たす。しかし元亀元年（一五七〇）四月には、江

北に根拠を置く浅井氏が越前の朝倉氏と結び、さらに六角氏・本願寺・延暦寺がこの反信長勢力に呼応したことで、近江は再び戦場となる。本願寺勢力の江南の拠点金森が信長勢に敗れたのは翌年九月、そして同月には信長による比叡山の焼き討ちも行われた。この戦いの中心となった武将の一人佐久間信盛に、戦後処理として野洲・栗太両郡の延暦寺領、六角氏家臣・真宗門徒等の闕所地《けっしょち》(没収地)を与えたのが本史料である。同様に明智光秀は志賀郡の地を与えられるなど、信長家臣による近江の地域ごとの一円支配体制が築かれていき、これが全国支配体制のモデルともなっていく。また「侍」などと呼ばれた下級武士たちを従来の主人から離し、新たに地域ごとの一円的知行主に付属させる体制もつくられた。しかし近江の戦乱自体は、この後も天正元年の浅井・朝倉氏滅亡まで続いていく。

2〔東寺文書(五常之部)〕(天正元年(一五七三))八月二日
(細川)長岡藤孝書状(1)

今度限二桂川一西地(2)、一職為二信長一雖レ被二仰付一、上久世《かみくぜ》并上《かみ》野《の》(3)事依レ為二八幡領(4)一、不レ混二自余一申付候、近年如二有来一、全可レ有二御寺納一候、向後《きょうこう》不レ可レ有二相違一候、為レ其如レ此候、恐々謹言、

(天正元年)八月二日　長岡兵部太(大)輔(5)
藤孝(花押)

東寺
年預御房

(1)この書状は折紙である。(2)限桂川西地　中世西岡《にしのおか》と呼ばれた地域。旧乙訓《おとくに》郡のほぼ全域と桂川以西の葛野《かどの》郡の大部分。(3)上久世并上野　両荘とも東寺領。(4)八幡　東寺鎮守八幡宮。(5)長岡　細川藤孝はこの充行《あてがい》を機に、長岡と称している。

【解説】　細川藤孝は、和泉半国守護家細川氏の養子で、幕府奉公衆として将軍足利義輝・義昭を擁していたが、次第に織田信長に接近し、義昭・信長の対立が決定的となった元亀四年(一五七三)には、信長方として動くに至る。そして同年七月十日には、この賞として、もともと細川氏が勢力を有していた西岡の地を与えられた(細川家文書)。こうして重層的支配を整理して地域ごとに一人の領主が支配を行う体制が創られたのである。この支配権のもとに、藤孝は領域内に存在する東寺を始めとするいくつかの領主に、安堵を与えた。ただし東寺領のような寺社領は、信長の朱印によってすでに当知行安堵を受けており、藤孝の安堵はこれを前提としていることに注意しなければならない。以上のように、重層的支配権を整理し、当初は居城を中心に、やがては国郡単位の整序された形で、地域的一円支配権を家臣に分与していく点が信長の給地充行《あてがい》の特徴である。

(2)　城破《しろわり》・国替《くにがえ》

3〔多聞院日記〕天正八年(一五八〇)八月四・八・十七—二十日

四日

一　順慶(1)二日ニ京へ上《のぼり》、昨夕帰了、国中諸城可レ破云々、

八日
一　摂州・河州諸城悉破云々、筒順《(筒井順慶)》モ河州へ越了《おわんぬ》云々、
十七日
一　従二河州一筒順昨日帰、今日平城破却云々、当国悉以可レ破云々、郡山一城迄可レ残云々、諸方以外《もってのほか》騒動也、十後ヨリ荷物可レ上之通申来了、(2)則少々上了、
十八日
(前略)昨日破城付上使衆筒城《(筒井城)》へ越云々、筒郷《(筒井郷)》上下物ヲ隠震動也云々、
十九日
筒井破城付、ナラ《(奈良)》中家並《いえなみ》ニ人夫被レ出云々、浅猿々々《あさましあさまし》、
二十日
国中大旨《おおむね》破城云々、無レ所レ残歟《か》、郡山城ハ筒井へ被レ下歟ト云々、実儀ナラハ尤々、

(1)順慶　筒井順慶。筒井平城(現大和郡山市)を本拠とした大和の戦国大名。(2)十後ヨリ…　十市氏(大和の国人)の後室より、多聞院に荷物を預けたい旨を申し入れてきたのであろう。

4〔細川家文書〕(天正八年(一五八〇))八月二十一日織田信長黒印状

折帋《おりがみ》披見《ひけん》候、仍其面《おもて》之儀、無二異議一之由、尤以珍重候、然者《しかれば》居城之事、宮津(1)与中地可二相拵《こしらう》一之旨、得心候、定可レ然所候哉、就レ其普請之儀、急度《きっと》由候、則惟任(2)かたへも朱印遣レ之候間、令二相談一丈夫ニ可二申付一儀肝要候、次去十五日至二大坂一相越、畿内ニ有レ之諸城大略令二破却一候、漸《ようやく》可二上洛一候之条、猶期二後音《こういん》一候、謹言、

八月廿一日《(天正八年)》　　信長《(織田)》(黒印)

長岡兵部太輔《(細川藤孝)》殿

(1)宮津　丹後一国を預けられた細川藤孝は、最初八幡山城(現宮津市内)に入城したが、間もなく平城(宮津城)を築城する。(2)惟任　明智光秀。彼はこの時丹波を与えられ、亀山城主となった。

【解説】　織田信長による城郭破却は、天正元年(一五七三)に京都近郊で、さらに同四年には河内で行われたとされるが、天正八年の大和・摂津・河内での一国平均の城郭破却、すなわち城破については、状況がよくわかる。大和では郡山城のみが残され、他の諸城は奈良中の家ごとの課役として人夫を動員して破却されている。そして郡山城は改めて筒井順慶に下された。支配の拠点となる居城を整理する城破とは、重層的支配を排除する方向に対応したものだといえよう。この居城を中心とする支配権は、城も含めてあくまで信長から預けられた交替可能なものであって、西岡を与えられた細川氏が、信長の勢力伸張とともに、天正八年には丹後に国替えになっていることは、このことをよく示している。なお、大和の城破の時、動揺した人々が自らの資財を隠したり(隠し物)、より安全な場所に預けたり(預け物)していることもわかる。

(3) 家数改め・指出《さしだし》検地

5〔安治《あわじ》区有文書〕天正五年（一五七七）十一月十五日安治村家役定状案

定安治村家之事
一 弐間の一つニ於レ仕《つかまつる》者、万《よろず》かやくお(1)一間分、可レ取事、
一 家おやふり候共、つくりおするにおいてハ、本やく可レ懸事(2)、
一 此定お申やふり候物於レ有ハ、惣地下人堅参会《さんえ》申間敷《もうすまじく》候(3)、仍定状如《くだんのごとし》レ件

天正五年丑十一月十五日

新左衛門
五郎兵衛
与左衛門
四郎左衛門
四郎衛門
藤衛門

(1)かやく　家役・軒役などと呼ばれる世帯ごとに賦課される役。(2)家おやふり…　家屋が壊れても再び建築する場合には、免除・割引などせずに、本役(正規の役)を課すということであろう。(3)此定お…　この定めを破った者とは同席しない。つまり惣のつきあいから排除するということ。

6〔安治区有文書〕天正九年（一五八一）正月二十一日安治村検地請文案

検地之外、指出《さしだし》(1)其外、浦役(2)・郷役少之上り物、此外無二御座一候、斗代付、年貢之入方(3)、少も相違候ハヽ、何様ニも可レ被レ成二御糺明一候、為レ其一筆如《かくのごとく》レ此候、

天正九年巳
正月廿一日

(1)指出　検地執行者から派遣された使節が調査報告するのではなく、現地住人あるいは以前からの領主などが、土地面積・年貢量等について報告したもの。(2)浦役　山野河海等の用益に対する役、すなわち近世に小物成と呼ばれるような役の一つで河海に対するもの。安治村の場合、浦役は琵琶湖の湖岸に生える葭にかかる役であった。(3)斗代付、年貢之入方　一反あたりの年貢量と年貢納入の方法。

7〔多聞院日記〕天正八年（一五八〇）九月二十六日

廿六日
当国（大和）中寺社・本所・諸寺・諸山・国衆(1)、悉以一円ニ指出《さしだし》(2)可レ出之旨、悉以被ニ相触一了、沈思々々、被ニ申出一一書趣写レ之、
敬白《けいびゃく》霊社起請文前書事
一 当寺領并私領買得分、皆一職何町何段事、
一 諸談義・唐院(3)・新坊何町何段事、
一 名主拘分何町何段事、

一　百姓得分何町何段事、
一　当寺老若《ろうにゃく》・衆中・被官・家来私領并買得分・扶持分何町何段事、
右、以二五ケ条書付一申入、田畠・屋敷・山林、聊《いささか》も隠置申儀無レ之候、為レ其何も本帳懸二御目一候、若此旨於二御不審一ハ、急度《きっと》百姓前直《じきに》可レ被レ成二御紏明一候、其上不レ寄二多少一出来《しゅったい》分至レ有レ之者、為二曲事《くせごと》一、惣寺領悉以可レ有二御勘落(4)一、安土可レ被レ達二　上聞《じょうぶん》(5)一、為二証文一、翻《ひるがえし》(6)二　宝印一居《すえ》二血判一申上者也、仍前書如レ件、

九月　日（天正八年）

興福寺
衆徒中

滝川左近殿（一益）
惟任日向守殿（明智光秀）

（1）国衆　衆徒国民と呼ばれる大和の有力国人。（2）一書　織田信長政権側より示された指出のひな型。「敬白」以下が引用されたその内容。（3）唐院　興福寺の寺門段銭徴収に関わっていた子院。（4）勘落　没収すること。（5）上聞　信長に報告する。（6）翻宝印居血判　牛玉宝印を料紙に用い、血判を据えた起請文。

【解説】　近江国野洲郡安治《あわじ》村（現滋賀県野洲市）には、織田政権下の直轄領支配の状況をよく示す史料が残されており、家数改め（天正六年）七月二十七日付佐久間氏奉行人連署書状）や、指出検地（天正八年九月）の行われていることがわかる。史料5は、家数改めをもとにした家役賦課に対応する惣村側の取り決めであり、史料6は、検地指出について間違いのない事、指出の内容通りの年貢を請け負う事を記して、織田政権側の代官に提出した請文の控えであろう。その指出がどのような形で行われたのかを示すのが、史料7である。これは村落ではなく荘園領主に対するもので、天正八年に城破《しろわり》と前後して、織田政権が大和一国の指出を徴収した時、指出のひな型として興福寺に示したものである。起請文の形をとり、寺領の構成内容まで含めて指し出させていることがわかる。このひな型では田数表示のみが示されているが、この時提出された興福寺寺領総石高の数値は、その後、寺領の基本高として固定的に引き継がれていく。つまり名主・百姓分まで領主的知行として把握しようとするこの指出の数値が、軍役賦課基準となったのである。一般的に、指出は実際に検地がなされるのに比べれば、指し出す側の調整が可能な方式といえる。しかし滝川・明智氏らは十一月二日まで大和に留まり、興福寺のほか、法隆寺・多武峰《とうのみね》などからも厳しく指出を徴収しており、指出虚偽のためか処罰者もでている（『多聞院日記』）。

2　都市・流通支配

(1)　市場禁制

8〔美濃円徳寺立札(1)〕永禄十一年(一五六八)九月日織田信長制札

定　　加納(2)

一 当市場越居《おつきょ》之輩《ともがら》(3)、分国往還煩《わずらい》有へからす(4)、并借銭・借米・さかり銭(5)・敷地年貢(6)・門《かど》なみ諸役(7)免許せしめ訖《おわんぬ》、譜代相伝《ふだいそうでん》の者(8)たりといふとも、違乱すへからさる事、

一 楽市楽座之上、諸商買すへき事、

一 をしかひ(9)・狼藉《ろうぜき》・喧嘩《けんか》・口論《こうろん》、使入へからす(10)、并宿をとり(11)、非分(12)申かくへからさる事、

右、条々、於二違背之族《やから》一者、可レ加二成敗一者也、仍下知如レ件、

永禄十一年九月　日　(織田信長)(花押)

(1)立札　檜板製で、中央上部に一対の小孔があけられており、掲示されていた可能性が強い。(2)加納　美濃国厚見郡(現岐阜市神田町)の一向衆寺院円徳寺の寺内市場。(3)越居之輩　市場への来住者。(4)分国往還煩有へからす　自己の統治権の及ぶ範囲では安全通行を保証し、関銭などの通行税も免除する。(5)さかり銭　下がり銭。掛買いの未払い代金。(6)敷地年貢　家地にかかる地子で、領主が都市住民に課す基本的な貢租。(7)門なみ諸役　家別に課される諸役、棟別役や人夫役など。(8)譜代相伝の者　代々特定の主人に仕えていた被官・下人身分の者。このような者でも市場住人としての権利を保護される。(9)をしかひ　押買。暴力による強制的な買い入れ。(10)使入へからす　各勢力の使いが入り、何らかの執行を行うことを禁止する、不入権の保証規定。(11)宿をとり　軍勢等の寄宿。(12)非分　非法行為。

【解説】　楽市楽座令は、従来、中世の座の特権を否定する織田政権の新しい都市・流通政策とされてきたが、中世の市場や市場法の研究が進展するにつれ、このような見方には種々の疑問が出されるようになった。たとえば織田政権が一般的には座特権を容認していることから、楽市楽座は城下町、あるいは寺内町といった特定の場に限定された政策といった捉え方がある。また、個々の箇条が、室町幕府や他の戦国大名の都市・流通政策と関係づけて位置づけられるようにもなってきた。この制札の箇条をみても、市場内での債務取立の禁止(一条)や暴力行為の禁止(三条)は、室町幕府の制札をはじめ中世市場法に多くみられる市場の平和を守る規定と共通する。また、課税免除(一条)や不入権保証(三条)は新たな市場興隆を図る戦国大名後北条氏の掟などにも見られる規定である。一方、円徳寺には史料8と近い内容を持つ永禄十年十月付織田信長制札が現存し、その充所は「加納」ではなく「楽市場」とあることから、この制札は、中世以来の「楽市場」である加納が、本来保持していた種々の特権を、織田政権が安堵したものとの見方も出されてい

る。

9〔八幡町共有文書〕天正五年(一五七七)六月日織田信長制札

定　　安土山下町中

一 当所中為《として》二楽市一被二仰付一之上者、諸座・諸役・諸公事《くうじ》等、悉免許事、

一 往還之商人、上海道(1)相二留之一、上下共至二当町一可二寄宿一、但、於二荷物以下之付下一者、荷主次第事、

一 普請免除(2)事、但、御陣・御在京等、御留守難レ去時者、可レ致二合力一事、

一 伝馬免許(3)事、

一 火事之儀、於二付火一者、其亭主(4)不レ可レ懸レ科《とが》、至二自火一者、遂二糺明一、其身可二追放一、但依二事之躰《てい》一可レ有二軽重一事、

一 咎人《とがびと》之儀、借家并雖レ為二同家一、亭主不レ知二其子細一、不レ及二口入《くにゅう》(5)一者、亭主不レ可レ有二其科一、至二犯過之輩一者、遂二糺明一可レ処二罪過《ざいか》一事、

一 諸色《しょしき》買物之儀、縦《たとい》雖レ為二盗物(6)一、買主不レ知レ之者、不レ可レ有二罪科一、次彼盗賊人於二引付《ひきつけ》(7)一者、任二古法一贓物《ぞうもつ》可二返付一之事、

一 分国中徳政雖レ行レ之、当所中免除事、

一 他国并他所之族、罷二越当所一仁、有付候者、従二先々一居住之者同前、雖レ為二誰々家来一、不レ可レ有二異儀一、若号二給人(8)一臨時課役停止事、

一 喧嘩・口論、并国質《くにじち》・所質《ところじち》・押買・押売・宿之押借以下(9)、一切停止事、

一 至二町中一譴責使《けんせき》(10)、同打入(11)等之儀、福富平左衛門尉(秀勝)・木村次郎左衛門尉両人仁相二届之(12)一、以二糺明之上一可二申付一事、

一 於二町並居住之輩一者、雖レ為二奉公人并諸職人一、家並役免除事、付、被二仰付一以二御扶持一居住之輩、并被二召仕一諸職人等各別事(13)、

一 博労之儀、国中馬売買、悉於二当所一可レ仕之事、

右条々若有二違背之族一者、速可レ被レ処二厳科一者也、

天正五年六月　日
(朱印)(織田信長)(14)

(1)上海道　中山道。(2)普請免除　普請役(土木工事への徴用)の免除。(3)伝馬免許　伝馬役(運送用の人馬負担)の免除。(4)其亭主　出火した家の主人。(5)咎人之儀…　咎人(犯人・罪人)が借家したり、寄宿していた家の主人は、その保証人となっていない限りは連座しないとの意。(6)盗物　盗品。買った物が盗品だったとしてもの意。(7)引付…　ここでは盗人が特定された場合、古法(鎌倉幕府法)に従って、盗まれた物は元の持ち主に返すとの意味。鎌倉幕府追加法では、盗品の本主への返付を規定しているが、戦国期の慣習としては、検断権行使者に没収されるのが一般的であったといわれている。(8)給人　信長の家臣。(9)押買…　「押して」行為する。すなわち暴力などを使って強制的に行うこ

と。史料8注(9)参照。(10)譴責使　検断や債務取立のための使節。(11)打入　無理にはいる事。(12)福富平左衛門尉・木村次郎左衛門尉　福富は信長の馬廻衆だが、安土の町奉行格を勤め、木村も安土の普請奉行だが、同様に安土町の政務、特に職人の事を担当していたらしい。(13)各別事　信長に直接仕える商人・職人たちが命令で安土に居住している場合、その役はまた別であるとの意。(14)この文書は三紙からなるが、紙背紙継目には信長黒印が捺してある。

【解説】織田信長は天正四年(一五七六)から安土(現滋賀県安土町)の地に大城郭の建設をはじめ、同七年岐阜から本拠を移すが、その新城下町建設にあたって出されたのがこの法令である。岐阜城では市場は城下から離れていたが、安土でこのような楽市令が出されたことは、楽市化による城下町への市場機能取り込みが積極的に進められた証左とされる。ところでこの法令の第九・十二条が史料8の加納充制札の第一条に対応していることは確かである。さらに、第十・十一条の平和保持・不入権条項が同第三条に、そして第一条の楽市楽座条項が同第二条にそれぞれ対応しているといえる。八条の徳政免除、五・六・七条の基本的に連座を禁止する条項なども、「無縁」(種々の縁から自由であること)という、「楽市場」が本来的に持つ性格からくるとの指摘もなされている。また二条の強制寄宿条項は、戦国家法や元亀三年(一五七二)の金森充掟書にもみられる。このように、各条項と、先行する市場法や市場本来の性格との関係が問題となる。市場に人を集め、その繁栄を意図した法令であることは確かにしても、どこまで織田政権独自の都市政策といえるのか、さらに検討する必要がある。

(2)　礼銭等の賦課

10〔法隆寺文書〕(永禄十一年(一五六八))十月六日織田信長奉行衆連署状

昨日申渡候家銭(1)之儀、銀子百五十枚、早々今日中可レ被二相立一候、若於二延引一者、若衆(2)存分候間、不レ可レ然候、恐々謹言、

(永禄十一年)拾月六日　志水悪兵衛尉長次(3)(花押)
奥村平六左衛門尉秀正(花押)
跡辺兵左衛門尉秀次(花押)
織田修理亮吉清(花押)

法隆寺寺家御中

(1)家銭　他に例はなく、音が同じ「矢銭」であろう。(2)若衆　法隆寺内部の組織。(3)志水悪兵衛尉長次　この志水以下四人は信長の奉行衆で、いずれもその地位はあまり高くない。

【解説】織田信長は入京後の永禄十一年(一五六八)十月二日、摂津・和泉に矢銭(軍用金)を懸け、さらに六日には法隆寺に対し銀子百五十枚を「家銭」として賦課してきた。十二月の法隆寺側の史料には「信長へ之礼銭六百貫」の請取も残っている。また十月二十三日には、奈良中に「防御制札」を出した見返りとして「判銭」を課している。この判銭は制札銭ともいい、その額は十四、五種類にも別れていて、上が三貫二百文、下は五十文とある(『多聞院日記』永禄十一年十月二十三日・同二十九

日条）。そして翌年四月には、有名な堺南北両荘への矢銭賦課が行われる（『岡本良一氏所蔵文書』など）。このような矢銭・礼銭・判銭の賦課は中世では一般的であり、むしろ強圧的に賦課に応じさせた後、その免除特権を与えていった点が織田政権の特徴といえる。

(3) 撰銭令

11〔上京文書〕永禄十二年（一五六九）三月十六日精撰追加条々

精撰追加条々　上京

一 以二八木《はちぼく》(1)一売買停止之事、

一 糸・薬十斤之上、段子《どんす》(2)十端之上、茶碗之具(3)百の上、以二金銀一可レ為《なす》二商買一、但金銀無レ之ハ、定之善銭たるへし、余之唐物《からもの》(4)准レ之、此外ハ万事定之代物たるへし、然而《しかるに》互有二隠密一、以二金銀一売買有レ之ハ、可レ為《たる》二重科一、付、金子ハ拾両之代拾五貫文(5)、銀子ハ拾両之代弐貫文たるへし、

一 祠堂銭《しどうせん》(6)、或質物銭、諸商買物并借銭方、法度《はっと》之代物を以て可レ為《なす》二返弁一、但金銀於二借用一ハ、以二金銀一可二返弁一、付、金銀無レ之ハ、定善代物たるへき事、

一 見世棚《みせだな》(7)之物、銭定《ぜにさだめ》に依而、少も執入《とりいる》輩あらハ分国中末代商買停止たるへし、付諸商買に依て、金銀両目替停止、并売手かたより金銀を不レ可レ好之事、

一 大小に不レ寄、荷物・諸商買之物、背二法度一族有レ之ハ、為《として》二役人一申届可二相究一、若不レ能《あたわざれ》二信用一ハ、荷物悉役人可レ被レ没之事、

一 科銭(8)之儀、一銭より百文ニ至らハ百疋たるへし、百疋之上にいたらは、千疋たるへし、其外准レ之事、

一 銭定違犯(9)之輩あらハ、其一町切に可レ為二成敗一、其段不二相届一ハ、残惣町一味同心に可二申付一、猶其上ニ至ても手余《あまり》之族にをいてハ、可レ令二注進一、同背二法度一族於二告知一ハ、為二褒美《ほうび》一要脚伍百疋可二充行一之事、

永禄十二年三月十六日　弾正忠（織田信長）（朱印）

(1)八木　米。(2)段子　緞子。高級絹織物。(3)茶碗之具　茶道具。(4)唐物　中国からの輸入品。(5)金子ハ…　金貨十両は銭十五貫、銀貨十両は銭二貫に換算する。(6)祠堂銭　寺社が寄進された金銭を元本として運用する貸付金。(7)見世棚之物　店に並べている商品。この撰銭令が出たからといって、商品をしまい込み売り惜しみをするような者がいれば、の意。(8)科銭　罰金。撰銭行為に対する罰金額の規定で、百文までなら百疋つまり一貫、それ以上なら十貫。なお一疋は十文。(9)銭定違犯　この規定に反して撰銭を行うこと。そのような者は、その居住する町として処罰せよ、それが行われない場合は、その町の属する町組の他の町々が一致して命じ、それでも手に余る場合は知らせよ、との意。

【解説】　撰銭令は室町幕府や戦国大名などによって度々出されているが、織田信長もこれを継承し、永禄十二年（一五六九）三月一日に畿内に「定精撰条々」（天王寺充のものが残る）を出し、悪銭・良銭の公定換算率、価格引き上げの禁止などを規定した。

その追加として同月十六日に出されたのが史料11で、銅銭の信用が失墜し、取引に米や金銀貨の要求されていたことがわかる。上京充のほか、山城八幡惣郷充のものが残り、『多聞院日記』永禄十二年三月二十四日条によれば、「織田弾正忠銭定ノ制札」が奈良中にも打たれたとある。さらにほぼ同文の撰銭令が翌年尾張熱田町にも出されており、信長の支配地域に広く公布されたといえる。特にこの追加では、執行能力は疑問にしても、撰銭行為の処罰を町に委ねている点が注目できる。これは漠然と違反者の注進を命じるだけの室町幕府の撰銭令にはみられない規定であり、むしろ後の豊臣秀吉政権が行った、法令発布に際して、村や町の遵守と違反者の処罰を誓わせる方式に通じるものがあるといえる。

3　宗教政策（対本願寺）

12〔旧水木直箭氏所蔵文書〕元亀三年（一五七二）三月十九日富田宗林等連署請文

金森・三宅去年御懇望《こんもう》之筋目依レ致二相違一、彼両郷へ出入《でいり》内通一切不レ可レ仕之旨、最前以二起請文(1)一申上候、若出入内通之輩於レ在レ之者、雖レ為二縁者親類一、見隠《みかくし》不二聞隠《ききかくさ》一、御注進可二申上一候、万一自二当郷一出入内通之者、従二何方《いずかた》一聞召《きこしめし》被レ出次第、六親惣郷中共ニ、可レ被レ加二御成敗一候者也、仍請状如レ件、

（元亀）□□三年
三月十九日

富田入
宗林（花押）
井口嶺月斎
乙穴惣代　浄盛（花押）
同入道
徳林（花押）
□□新兵衛尉
宗秀（花押）
同新左衛門尉
吉長（花押）
同六郎兵衛尉
□□（花押）

御両三人
御奉行中

（1）最前以起請文　この請文と対になる起請文前書が近江勝部神社文書のなかに写としてあった（『栗太志』）。

【解説】　元亀元年（一五七〇）九月、本願寺による対織田信長蜂起の一環として、近江野洲郡金森・三宅両城に本願寺家臣川那部秀政が遣わされた。同時に門徒等も入城し、両城は臨戦態勢をとった（『金森日記抜』）。しかし翌二年、信長は人質をとって開城させ、両城は佐久間信盛の支配下に入る。そして九月の終わりには有名な比叡山焼き討ちが行われるのである。ちょうど

同じ頃、伊勢長島では一向一揆が壊滅させられる。翌年正月、金森・三宅両城は六角氏と組んで再蜂起するが、この時佐久間信盛は両城に内通すべからざる旨の起請文と請文を周辺の村々から徴した。その数は写で伝わるものも含めれば四十二点残り、関係する村は村名がわかるものだけで野洲郡三十七村、栗太郡二十一村の計五十八村にのぼるとされるが（藤田恒春「元亀の起請文について」『史林』69-1、一九八六年）、さらにその後発見されたものもある。起請文に署判する者たちのなかには土豪や惣百姓の代表など多様な階層が含まれる。これらの村々すべてが門徒だとは言えないが、一向一揆の主体が、これらの起請文を提出しているような、惣郷に結集する惣村であることは間違いない。こうした村に対する織田政権の施策は、村々を個々に年貢請け負いの主体として位置づけていく史料5・6にみる方向と、村々の結節点としての町場―寺内町の権利を安堵して、これを自らの保護下に置く史料8にみるような方向の、両面において進められていく。

13・14〔本願寺文書〕（天正八年（一五八〇））三月十七日織田信長朱印状、同織田信長起請文

13　覚

一　惣赦免《しゃめん》事(1)、
一　天王寺北城(2)、先近衛殿(前久)人数入替(3)、大坂退城之刻(4)、太子塚をも引取、今度使衆を可二入置一事(5)、
一　人質、為二気仕《きづかい》一可レ遣事(6)、
一　往還末寺、如二先々一事(7)、
一　賀州二郡(8)、大坂退城以後、於レ無二如在《にょざい》一者、可二返付一事、
一　月切(9)者、七月盆前可レ究事、
一　花熊・尼崎(10)、大坂退城之刻可レ渡事、
　　(天正八年)三月十七日　(織田信長)（朱印）

14　敬白《けいびゃく》　起請

右、意趣者、今度本願寺赦免事、為二 叡慮《えいりょ》(11)被二仰出一之条、彼方(12)於レ無二異議一者、条数之通、聊以不レ可レ有二相違一、若此旨偽申者、
梵天・帝釈・四大天王、惣日本国中大小神祇、八幡大菩薩・春日大明神・天満大自在天神・愛宕・白山権現、殊氏神可レ被レ蒙二御罰一候也、此由可レ有二奏進一候、謹言
　　(天正八年)三月十七日　(織田)信長（花押）
　　庭田(重保)大納言殿
　　勧修寺(晴豊)中納言殿(13)

(1)惣赦免事　すべて許すこと。(2)天王寺北城　石山本願寺攻撃のための織田信長方の城。(3)先近衛殿人数入替　近衛前久は元関白、信長・本願寺両者に親しく、この講和において勅使として活動していた。信長方の兵を城から引き上げ、監視のために近衛前久方の者を置くとの意か。(4)大坂退城　本願寺門主以下門徒全員の石山退城。(5)今度使衆を可入置事　信長側が撤兵し、それを監視するために勅使方の者を入れ置く意か。(6)為気仕可遣事　本願寺方を安心させるために人質を遣

わす事。(7)往還… 本願寺側の通行権と末寺についてはこれまで通りとする、との意。(8)賀州二郡　加賀の江沼・能美二郡。本願寺勢力が石山退城後、親信長の立場をとるのなら返還するとの意。(9)月切　退城の期限。(10)花熊・尼崎　花熊は現神戸市、尼崎は現尼崎市の本願寺方出城。(11)叡慮　天皇(正親町《おおぎまち》天皇)の考えとして命令されたものであるとの意。(12)彼方　本願寺方。(13)庭田大納言、勧修寺中納言　両者が勅使として本願寺方に派遣された。

【解説】本願寺は織田信長の敵対勢力と結び対立してきたが、天正六年(一五七八)上杉謙信が死去すると、恃《たの》むは毛利氏のみとなる。一方信長は西国攻略を進め、その行く手を阻む播磨別所氏・摂津荒木氏の反逆を天正八年正月までに壊滅させる。それを機に、前年十二月頃から始まった信長と本願寺との和睦を進める朝廷側の動きも活発化した。三月になって信長方から提示された和睦条件が、掲出の史料13「覚」である。これに貼り継がれて伝来した史料14の信長起請文によれば、講和条件は天皇からの命令という形をとっており、それが勅命講和と呼ばれる所以である。一方本願寺側も、下間頼廉ら門主顕如光佐の年寄三人が連署の起請文を閏三月五日付で提出し講和が成立、信長側は本願寺側の退路を保障する。ところが石山城内では顕如ら講和派と、子の教如光寿を中心に籠城継続を主張する派との間で内紛が生じ、顕如らは四月紀州鷺森に退去するが、依然石山では教如らが籠城を続けるという事態となる。顕如は教如を義絶し、信長も石山城攻撃を決意、結局花熊など出城が次々に陥落するに及んで遂に教如も屈服、八月二日大坂石山を退去した。しかし、三月時点で講和条件にあった加賀二郡を本願寺領国として返還する件は、結局実現されずに終わる。講和後、本願寺教団は信長・秀吉政権とも密着し、近世の教団繁栄の基礎を築いていくことになる。

浄土真宗以外の教団も同様に、信長政権下に組み入れられていく。天正七年五月、信長の安土城移徙《いし》直後に行われた安土宗論はそのよい例で、信長は負けた法華宗側に、多額の礼銭を課したうえで、他宗に法難を懸けないなどの内容を持つ起請文を提出させその存続を許すが、これは彼が諸宗間の秩序維持者の立場にたったものといえる。

4　信長と将軍・天皇

(1)　信長と室町幕府

15〔成簣《せいき》堂《どう》文庫所蔵文書〕永禄十三年(一五七〇)正月二十三日
足利義昭・織田信長条書

(足利義昭)(黒印)

条々

一　諸国へ以二御内書《ごないしょ》(1)被二仰出一子細有レ之者、信長ニ被二仰聞一、書状を可二添申一事、

一　御下知之儀、皆以有二御棄破一、其上被レ成二御思案一、可レ被二相定一事、

一　奉レ対二　公儀(2)一、忠節之輩ニ雖下被レ加二御恩賞・御褒美一
度候上、領中等於レ無レ之ハ、信長分領之内を以ても、
上意(3)次第ニ可二申付一事、
一　天下(4)之儀、何様ニも信長ニ被二任置一之上者、不レ寄二誰
々一、不レ及レ得二　上意一、分別次第可レ為二成敗(5)一之事、
一　天下御静謐《せいひつ》(6)之条、禁中(7)之儀、毎事不レ可レ有二御油断一之
事、

已上

永禄十参

正月廿三日　(織田信長)(朱印)

(朝山)日乗上人

明智(光秀)十兵衛尉殿(8)

(1)御内書　将軍が直接下す形式の文書で、普通侍臣の副状《そえじょう》が付く。戦国時代になると多く用いられるようになり、特に足利義昭は、これまで多かった儀礼的なものではなく、政治的な内容の御内書を頻繁に出した。(2)公儀　私事でない公的な事の意で、中世後期から多く使われるようになった語。本来朝廷、公家を指したが、次第に武士団の権力、すなわち中央では将軍、地方では戦国大名とよばれる地域権力の自称・他称となっていった。ここでは将軍足利義昭をさす。(3)上意　将軍の意志。(4)天下　本来古代中国で天子の統治対象である全世界を意味したが、日本では古代から日本全体を指す語として用いられ、政権の普遍的権威が強調された。後には武家政権についても用いられ、全国政権の所在地京都、政権そのもの、その政権の最高権力者といった、種々の意味で用いられた。(5)成敗　処罰。(6)静謐　世の中が平和になること。(7)禁中　朝廷。将軍が朝廷に対して油断無く奉仕するよう求めている。(8)日乗上人・明智十兵衛尉殿　当時、日乗・明智光秀は、義昭・信長間の申次的地位にあったことから宛所となっている。

【解説】　永禄十一年(一五六八)、入京した織田信長は足利義昭を室町幕府十五代将軍につけ、将軍御所として二条邸の造営にとりかかる。翌十二年正月十四日には、殿中掟、同十六日には同追加を制定するが、これは信長の署判、義昭の袖判という形式で、将軍側近衆に関する規定、あるいは寺社本所領・当知行地の押領や直訴訟の禁止など(追加)を定めて幕府内部の秩序維持をはかったものである。だが翌年(一五七〇)の本史料になると、信長が義昭の将軍としての権限を明確に制約するようになる。たとえば第一条は、義昭が諸勢力と勝手に手を結ぶことがないよう、義昭の書状には必ず信長の副状を付けることを規定したものであり、第二条では、これまでの義昭の命令を一旦破棄した後再検討するとしている。また第四条は、将軍足利義昭が持つ裁判権の接収を意味すると解釈されている(藤木久志「織田政権の成立」同『戦国大名の権力構造』吉川弘文館、一九八七年所収)。この条書と同日付で、北畠具教以下二十一カ国の諸大名・諸将に対して信長の名で触状が出されたらしく(『二条宴乗日記』)、そこには禁中修理・武家御用のため諸将に上洛を促している。この二つの史料については、信長が朝廷や将軍義昭を前面に掲げて諸将に服属を求める一方、義昭に対しては将軍権限の委任を迫るような条書の承認を迫り、自らの権力の位置と威勢を示したと評価されている(橋本政宣「織田信

長と朝廷」『日本歴史』405、一九八二年）。さらに元亀三年（一五七二）の異見十七カ条（『尋憲記《じんけんき》』）になると、信長は内裏修理・御内書の件などで義昭の違約を厳しく責め、「諸事付而御欲ニふけられ候儀」を「土民・百姓ニいたる迄も、あしき御所と申なし候」と糾弾している。そしてついに翌年、義昭は信長に反旗を翻し、まもなく京都を追われることとなる。

(2) 信長と官職

16〔**言継卿記《ときつぐきょうき》**〕**永禄十二年（一五六九）三月二日**

一　自㆓禁裏《きんり》㆒(1)、織田弾正忠(信長)所へ為㆓御使㆒、万里小路《までのこうじ》(惟房)大納言・広橋右少弁兼勝、各衣冠《いかん》(2)罷向、被㆑仰㆓副将軍㆒事、御返事不㆑申云々、

（1）禁裏　朝廷。（2）衣冠　束帯の略装。束帯は朝廷の公事に着用する正装であり、衣冠は石帯を略したり、笏の代わりに扇を用いたりする。

17〔**日々記《にちにちき》**〕**天正十年（一五八二）四―五月**

廿二日　天晴、今日昼立安土え勅使《ちょくし》(1)下候、（下略）

廿三日　天晴、早天ニ安土へ越候、（中略）ゆうかん(松井友閑)にてそろ大さけあり、親王(誠仁親王)御方返事出、それよりのほり申候、（下略）

廿五日　天晴、村井(村井貞勝)所へ参候、安土へ女はうしゆ(女房衆)御くたし候て、太政大臣か関白か将軍か御すいにん(2)候て可㆑然候よし被㆑申候、その由申入候、

廿六日　天晴、下ノ御所晩に上へ被㆑成、人くたし可㆑有㆓御談合㆒也、大御ちの人(3)に大かたさたまり申候、

廿七日　天晴、村井所へ夕かた庭田(重保)・甘(甘露寺経元)・中山(孝親)・余(4)・牧庵参候て、談合申候処、上臈の御つほね(5)・大御ちの人二人、余相そへ候て、くたされ候て可㆑然よし被㆑申候、その分ニ相さたまり申候也、

五月

四日　天晴、晩より大雨、しろ(城)へ上らうのおさこ(佐五局)、大御ちの人、あこおくニそへ、禁裏御ふく一重、御方御所(誠仁親王)よりかけ(懸)香、その外進物共持あかり候、（中略）のふなか(信長)より御らん(蘭)と申こしやう(小姓)もちて、いかやうの御使のよし候、関東打はたされ珍重候間、将軍ニなさるへきよし申候へハ、又御らんもつて御一重あかる也、（下略）

（1）勅使　朝廷の使い。（2）すいにん　推任。官職位階の昇任を推薦すること。（3）大御ちの人　大御乳人、阿茶の方。（4）余　勧修寺晴豊。この日記の記主。（5）上臈の御つほね　佐五局。

【解説】　織田信長と官職の問題は、信長と朝廷の関係、さらには信長の政権構想を考える上でも重要である。史料16に見えるように、上洛当初義昭を将軍職に就けた信長に対して、朝廷は副将軍就任を要請する。だが即答をさけた信長は結局就任を断った。そして義昭が京都を離れた二年後、天正三年（一五七五）

十一月に、信長は権大納言・右大将に任官し公卿となる（橋本政宣「織田信長と朝廷」）。しかし天正六年四月九日、信長は右大臣・右大将の両官を辞し子信忠に譲ると、自身は生涯官職につくことはなかった。翌年五月には、天正四年から造営を続けていた安土城に自ら移徙《いし》し、さらに同年十一月には新造なった二条屋敷への誠仁親王移徙を挙行し、ここを御所とした。一方朝廷側は、京都馬揃いで諸将上洛中の天正九年三月、信長を左大臣に任じようとするが、正親町天皇譲位との関係で沙汰やみとなる。ここに掲げた『日々記』は勧修寺晴豊の日記であるが、本能寺の変直前の翌十年四—五月にも、信長を官職に推任する動きのあったことを語っている（岩澤愿彦「本能寺の変拾遺」『歴史地理』91—4、一九六八年）。四月二十三日、晴豊は勅使として安土に下り、何らかの事について、松井友閑を通じて信長から誠仁親王への返事を持ち帰っているが、官職問題が急に具体性を帯びるのは同月二十五日条である。この日村井貞勝邸での談合において示された、太政大臣か、関白か、将軍かという選択肢のうち、結局将軍職が選ばれたらしく、五月三日に安土に下った勅使一行は、同四日信長から森蘭丸を通じて用件を尋ねられた時、「関東打はたされ珍重候間、将軍ニなさるへきよし」と答えている。しかし結局信長からの返事はないまま一行は数日を無為に過ごし、七日帰京している。本能寺の変の一カ月程前のことである。以上のような信長と官職の関係については、彼が朝廷の官職を必要としなくなったという説、将軍職を持つ義昭の存在などからこのような経緯になったにすぎないという解釈、逆に朝廷側の戦略的意図をみる考え方まで、種々の解釈が試みられている。

(3)　信長と公家

18〔中山家記〕天正三年（一五七五）三月十四日

織田弾正忠（信長）為ニ分配一、至ニ堂上地下《とうしょうじげ》(1)一悉送ニ八木(2)一、予(3)五石、親綱朝臣(4)三石送レ之也、又公家・門跡借物、悉令レ破了、其折紙云、諸門跡・諸公家衆借物方、同預状(5)、或祠堂銭并替銭由緒之族、或商買之下銭《さがりせん》(6)之事、任ニ徳政之新法一畢、仍状如レ件、

三月（天正三年）　日　信長　朱印

雑掌中

（1）堂上地下　堂上は内裏《だいり》清涼殿《せいりょうでん》への昇殿を許された官人、地下は許されない官人、つまり公家全体。（2）八木　米のこと。（3）予　中山孝親。（4）親綱朝臣　中山親綱、孝親の子。（5）預状　預状による貸借関係。（6）商買之下銭　掛け売りの未払い代金。

19〔多聞院日記〕天正三年（一五七五）四月十四日

一　京ヨリ連宗（蓮カ）(1)下、二条殿去廿八日ニ信長ヨリ祝言在レ之、

京都公家領ハ百年以来地発(2)也、善政也云々、

（1）連宗　蓮宗か。浄土門・浄土宗の異称。（2）地発　「じおこし」と読み、売却地・質入れ地の返還行為を意味する。すなわち銭や物ではなく土地を対象とする徳政である。

【解説】　天正三年(一五七五)の公家・門跡に対する徳政は、史料18の、中山孝親の日記にみえる、米給与と債務を対象としたもののほか、史料19の『多聞院日記』が記すように、売買・質入れされた土地をも対象としていた。織田政権の徳政は何回かあるが、この時の債務を対象とした徳政の場合、借状の取り戻し自体は公家自らが行ったものの、担当者である信長家臣村井貞勝に、徳政が適用されて効力を失った文書の目録を提出させ、徳政実施を政権として保証する体制をとっていた。また土地に対する徳政では、公家諸階層と門跡の申請する、旧領・寄進地・沽却(売却)地・不知行地といった由緒地すべてを対象に、室町幕府の二十年紀法を越えて取り戻し可能という、まさに「徳政の新法」と表現してよいような内容であった(下村信博「天正三年織田信長の徳政について」『史学雑誌』92-11、一九八三年)。しかし、特に土地についてはしばしば紛争が生じ、結局徳政は公家の経済基盤安定化政策としては充分な効果をあげることができなかった。だが、同時になされた公家・門跡に対する新寄進・新地給与は、その後の織田政権の対公家政策の方向性を示すものであったといえる。

第二節

惣無事と検地・刀狩

1　惣無事令——停戦令・国分《くにわけ》令

20〔**島津家文書**〕(**天正十三年**(**一五八五**))**十月二日豊臣秀吉直書**

就㆓勅定《ちょくじょう》㆒染筆《せんぴつ》候(1)、仍関東不㆑残奥州果迄被㆑任㆓倫命(2)㆒、天下静謐(3)処、九州事于今鉾楯《むじゅん》(4)儀、不㆑可㆑然候条、国郡境目相論(5)、互存分之儀被㆓聞召《きこしめし》(6)届㆒、追而可㆑被㆓仰出㆒候、先敵味方共双方可㆑相㆓止弓箭(7)㆒旨、叡慮《えいりょ》(8)候、可㆑被㆑得㆓其意㆒儀尤候、自然不㆑被㆑専㆓此旨㆒候者、急度可㆑被㆑成㆓御成敗㆒候之間、此返答各為ニ者一大事之儀候、有㆓分別㆒可㆑有㆓言上㆒候也、

(天正十三年)拾月二日　(豊臣秀吉)(花押)

嶋津修理大夫殿(義久)

(1)就勅定染筆候　天皇の命令によってこの状を書いたのである。(2)倫命　綸命の誤りで、天皇の命令の意。(3)静謐　平和になること。

(4)鉾楯　戦争。(5)国郡境目相論　戦国大名間の領土紛争。(6)互存分之儀　互いの主張。(7)弓箭　戦争。(8)叡慮　天皇(正親町天皇)の考え。

21〔島津家文書〕天正十五年(一五八七)五月九日豊臣秀吉判物

日本六十余州之儀、改可二進止《しんし》一(1)之旨、被二仰出一(2)之条、不レ残申付候、然而九州国分《くにわけ》儀、去年相計処、背二御下知一、依二猥《みだり》所行一、為二御誅罰《ちゆうばつ》一、今度関白殿至二薩州一被レ成二御動座一(3)、既可レ被二討果一剋、義久捨二一命一走入間、御赦免候、然上、薩摩一国被二充行一訖、全令二領知一、自今以後、相二守叡慮一、可レ抽二忠功一事専一候也、

天正十五年五月九日　(豊臣秀吉)(花押)

嶋津修理大夫(義久)とのへ

(1)進止　支配。(2)仰出　天皇(後陽成天皇)が命じた。(3)御動座　秀吉が薩摩まで遠征した。

22〔秋田藩採集文書　多賀谷将監隆経家蔵〕十二月三日豊臣秀吉直書

対二石田治部少輔(三成)一書状(1)、遂二披見一候、関東・奥両国迄、惣《そう》無事《ぶじ》之儀(2)、今度家康(徳川)ニ被二仰付一候条(3)、不レ可レ有二異義一候、若於二違背族一者、可レ令二成敗一候、猶治部少輔可レ申候、

十二月三日(4)　(豊臣秀吉)(花押)

多賀谷修理進とのへ

(1)対石田治部少輔書状　本史料と同様な文言を持つ同日付の豊臣秀吉直書が他に二点あり(白土右馬助充『福島県史』七、片倉小十郎充『大日本古文書　伊達家文書』三)、それらでは石田三成ではなく富田知信となっている。(2)関東・奥両国迄、惣無事之儀　(1)にあげた二文書では「関東惣無事之儀」となっている。(3)今度家康ニ被仰付候条　徳川家康に豊臣政権から「惣無事」が最初に伝えられたのは、天正十四年と考えられている。(十一月十五日付北条氏充徳川家康書状『群馬県史　資料編七』)。(4)十二月三日　この文書の年次に関しては以下の三説ある。①天正十五年(藤木久志『豊臣平和令と戦国社会』東京大学出版会、一九八五年)、②天正十四年(粟野俊之「東国「惣無事」令の基礎過程」永原慶二編『大名領国を歩く』所収、吉川弘文館、一九九三年)、③天正十六年(鴨川達夫「「惣無事」令関係史料についての一考察」『遥かなる中世』一四号、一九九五年)。

【解説】　秀吉は天正十三年(一五八五)関白に就任すると、史料20を島津氏に出し、九州の大名間の領土紛争をすぐに止め、その解決を豊臣政権の領土裁判に委ねるよう通告する。同様の停戦令は大友氏等にも出され、島津・大友両氏は各々の立場から天正八年の織田信長の停戦令を遵守する旨を約した。この停戦受諾を承け、秀吉は両者の主張を聞いた上で「国分」の裁定を行うが、この裁定を不満として回答しなかった島津氏に対しては、領土裁判権に服さなかった制裁として征伐令が出された。結局島津氏は秀吉政権に降伏し薩摩を安堵されるが、この経過を伝えるのが史料21である。ここには各大名間の領土紛争における私戦の禁止と豊臣政権の一元的な領土裁判権の掌握、不服従の場合の豊臣政権の「公戦」による強制施行という、豊臣政権の平和の図式がよく表れており、史料22に見える「惣無事」

とはこのような内容を持っていると考えられる。奥州においては伊達氏が、秀吉の領土裁定(国分)に従わなかった制裁を受けているが、天正十八年の関東北条氏に対する出兵も、秀吉政権にとっては「惣無事」すなわち平和の侵害に対するその回復を目的とする「公戦」との位置づけだったのである。

2　検地と御前帳

23〔今堀日吉神社文書〕天正十二年(一五八四)十月一日近江今堀村百姓起請文前書

敬白天罰起請文前書之事

一 こほりさかへ《郡　堺》・庄さかい・郷さかいをまきらかし申間敷事、

一 めん〳〵てまへ《面々手前》かゝへ《抱》分、田畠諸成物、一りう《粒》一せん《銭》のこさす出可レ申事、

一 けんちの時、礼物れいせんにて御ようしや《用捨》之ところありやうに可二申上一候、同百しやう《姓》の内、たれ〳〵てまへ之右之御ようしやのところ候共、見かくさす可二申上一事、(1)

一 御けんちの以後、しんひらき《新開》并うえ出しの田畠(2)御座候はゝ、これ又ありやうニ可二申上一事、

一 上・中・下をまきらかし、斗代をさけ申間敷事、(3)

一 御給人同下代となれあい、かくし申間敷候事、(4)

右条々、少もあやまりかくし儀御座候者、一類けんそく《眷族》・女子共まてはた物《機》(5)ニ御あけあるへく候、なをもつて、いつハり申上ニおいてハ、忝《かたじけなく》も此起請文御罰をかうふり可レ申者也、仍《よつて》前書如レ件、

天正十二年十月朔日

(1)見かくさす可申上事　検地の時に礼物・礼銭を払って見逃してもらうことはしない。またそのような事がおきないよう相互監視をする。
(2)しんひらき并うえ出しの田畠　検地後の新開や作付け田畠を報告する。(3)斗代をさけ申間敷事　反あたりの年貢量を低くすることはしない。(4)御給人…　その地を充行われた給人やその代官である下代たちとなれ合って、隠田畠をするようなことはしない。(5)はた物　磔の刑。

【解説】　近江今堀村(現滋賀県八日市市)の太閤検地は早く天正十一・二年(一五八三・八四)に行われたが、この時村から徴した誓約状のひな型が、史料23のようなものと推測できる。このように起請文形式の請文をとって、強制的にではあれ、百姓の同意を得る形式をとることは、豊臣政権の施策の特徴の一つとして注目できる。同時に、ここからは領主が検地において何に留意したのかも読みとれる。たとえば賄賂《わいろ》による不正の禁は、前年の検地で不正の起こった可能性を推測させる。上中下の田畠の等級がすでに導入されていることもわかる。また百姓各自が所持する田畠の貢納物を、残らず申告するよう命令する第二条は、この検地がまだ指出の要素を残している事を示している。

前年天正十一年の検地に際して、今堀村内部で自律的に取り決めたと考えられる掟(天正十一年七月日付今堀惣中掟目)には、検地帳に付けられた者がその田地を支配する旨の条文がある。このことから推せば、検地帳記載の権利と義務をめぐって、現地では様々な相論が生じたと考えられる。現に天正十一年の検地では、今堀村は年貢収取率などについて訴訟を起こし、逃散も辞さないとしている(天正十一年霜月十三日付今堀惣分置目)。さらに翌十二年には、給人の知行地における私的得分収取を禁止し「検地はつれ《(外れ)》」を徹底的に糾明しようとする秀吉政権の施策に対し、今堀の訴訟が再びおこされた(天正十二年十二月二日付今堀惣分定書)。そして天正十三年には、近江全域での大規模な百姓逃散へと至っている。

24〔伊予一柳文書〕天正十九年(一五九一)八月二十日豊臣秀次検地置目写

定検地置目事
一　上田　壱石五斗(1)
一　中田　壱石三斗
一　下田　壱石壱斗
一　上畠　壱石
一　中畠　七斗五升
一　下畠　五斗
一　山畠・野畠、見及次第可レ入レ念事、(2)
一　壱段ニ付而五間六十間事、(3)
一　さおの木遣候間、如レ本拵可レ打事、(4)
一　舛、京判たるへき事、(5)
一　於二在々所々一下々対二地下人等一、諸篇みたりの儀於二申懸一者、其主人共可レ為二曲事一間、入レ念可レ申事、
一　棹打《さおうち》(6)之下奉行、同さをうちの者共、悉誓帋《(紙)》申付并横目(7)可二出遣一事、
一　検地面々勿論可レ為二自賄《じまかない》(8)一、ぬか・ハ《(葉)》ら・薪・さうし《(雑事)》の儀者、如二置目一、亭主に相理《あいことわり》可二召直《(置)》一事、
一　さおうちの場にて、百姓之棹打者共、寄合さゝやく儀可レ為二曲事《くせごと》一、
一　検地之面々上下共ニ一粒一銭礼儀礼物召置族有レ之ハ、以来きゝ出次第可レ為二曲事一、(9)
一　重而奉行を出し在々所々田畠うたせ可二見届一間、相違儀於レ有レ之者、さお打主人曲事たるへき事、(10)
一　於二在々所々一、右置目通百姓召寄、あまねく合点仕様ニ可二申聞一事、(11)
一　其郡の絵図、隣郡堺目并山・川・道、入レ念書付可レ上候事、
一　みち橋を是又念を入可二申付一事、
右条々　聊《いささかも》不レ可二由《(油)》断一者也、

天正拾九年八月廿日　　秀次(豊臣)御印判

一柳《ひとつやなぎ》(直盛)四郎左衛門

(1)壱石五斗　土地の等級とそれに対応する反あたりの年貢量(斗代)が列記されている。(2)見及次第可入念事　見つけ次第念を入れて検地する。(3)五間六十間事　一反三百歩制を表す。(4)さおの木…　丈量基準となる物差し＝竿は、秀吉政権側から与えられたものの複製を作って検地に用いる。(5)舛…　京都の公定升、いわゆる京升。(6)棹打《さおうち》　土地を測る事。(7)横目　監査役。(8)自賄《じまかない》　検地役人の食料は現地調達ではなく支給だが、飼料・薪などは宿泊する家の主人に調達させる。(9)検地之面々…　検地関係者は上下に関わらず、礼物礼銭などを受け取って少しでも不正を行ったことがわかれば処罰する。(10)重而奉行を出し…　検地に不正がないか奉行が再度見届け、もし不正があればその丈量を行った責任者を処罰する。(11)百姓召寄…　百姓たちを集め、この置目を納得するまでよく言い聞かせる。

【解説】　検地掟《おきて》、検地置目、検地条目などと呼ばれる規定は、成簣堂文庫片桐文書や溝口文書の天正十七年(一五八九)十月朔日豊臣秀吉検地掟を始め、いくつか知られている。多くの場合、一反三百歩、京升の使用、上中下の田地等級別の斗代設定、検地役人への礼物礼銭の禁止、検地役人の自賄いなどの原則が規定され、百姓にも承知させるよう命じられている。これらの諸原則の内、一反三百歩制や地位別斗代は、早く天正十年二月の秀吉による検地である播磨国惣社領荒田帳ですでに適用されているという(秋沢繁「太閤検地」『岩波講座日本通史　近世Ⅰ』一九九三年)。史料24は陸奥国検地置目で、検地掟としては条数の多い方に入るといえるが、ここには絵図への境界・山・川・道・橋等の記入が規定されており、後にみる御前帳調進命令とこれらの条項が符合していることから、この検地置目は御前帳作成のために出されたといえる。

25〔島津家文書(小箱四十九番箱)〕(天正十九年(一五九一))

五月三日豊臣秀吉奉行衆連署奉書

尚以《なおもって》大隅薩摩両国之帳之分、其代官給人へ被二仰付一、其方として惣之しまり(1)を被二相究一、可レ被レ上由候、一郡あての絵図をも被二仰付一候て、可レ被レ成二御上一旨、御掟《ごじょう》(2)ニ候、以上、

為二御意(3)一、急度《きっと》申入候、御国之御知行御前帳調上可レ被レ申之旨(4)、被二仰出一候、則御帳之調様一書別帋(紙)進レ之候(5)、来十月以前被二仰付一、可レ有二御進上一旨候、諸国へ如レ此何も被二仰出一候条(6)、御手前(7)不レ可レ有二御由(油)断一候、恐々謹言、

(天正十九年)五月三日

長束大蔵大輔
正家(花押)

増田右衛門尉
長盛(花押)

石田治部少輔
三成(花押)

民部卿法印
玄以(花押)

（島津義久）
薩摩侍従殿
人々御中

（1）惣之しまり　全体的な取りまとめ。（2）御掟《ごじょう》　秀吉の命令。（3）為御意　秀吉の意志として。（4）御国之御知行御前帳調上可被申　薩摩・大隅の島津氏知行分を御前帳に整えて豊臣政権側に提出する。（5）御帳之調様…　御前帳の体裁、作成方法については別紙で指示する。（6）諸国へ…　島津領薩摩・大隅の外、日向・肥後・伯耆・紀伊・摂津・和泉などについて御前帳徴収を推測させる断片的史料が残る。また、天正十九年徳川氏による領内―関東諸国検地、同年陸奥国検地などは、御前帳作成との関係が指摘されている（秋沢繁「天正十九年豊臣政権による御前帳徴収について」『論集中世の窓』吉川弘文館、一九七七年）。（7）御手前　島津氏。

26〔**多聞院日記**〕**天正十九年（一五九一）七月二十九日**

一日本国ノ郡田ヲ指図絵ニ書キ、海・山・川・里・寺社・田数以下悉注上《しるしあぐ》ヘキ由、御下知云々、禁中ニ可レ被ニ籠置一之用云々、異ナル事也、

【解説】　天正十九年五月、豊臣政権は最終的に天皇に納めるとする御前帳を、十月を期限として全国から徴した。御前帳とは広義の検地帳で、三百歩一反、分米記載の石高帳の形式をとり、一国ごとに作成されて郡図が付属していた。これによって、豊臣政権は全国的な石高制施行を強制しえたわけだが、この御前帳の石高は、収納基準としての領主帳の石高とは異なり、軍役賦課と大名間の序列の基準であった。また御前帳が国郡編成をとり、禁中献納を名目としているところから推せば、この徴収が関白の権能に基づく豊臣政権の全国的支配権の発動という性格を持っていたことは否定できない。江戸幕府が徴した郷村高帳と国絵図も、幕府自身に備えるものであった点は異なるが、この御前帳と郡図の系譜をひくといえる。

3　刀狩と身分法令

27〔**島津家文書**〕**天正十六年（一五八八）七月豊臣秀吉朱印条書**

条々

一諸国百姓等、刀・わきさし・弓・鑓《やり》・鉄炮、其外武具のたくひ所持候事、かたく御停止《ちょうじ》候、其子細ハ、不レ入《いらざる》たうく（道具）あひたくはへ、年貢所当を難渋せしめ、（1）一揆（2）を企《くわだて》、自然《じねん》（3）給人に対し非儀之動《はたらき》をなす族《やから》、勿論御成敗あるへし、然ハ其所の田畠令ニ不作一、知行ついへ（4）に成候間、其国主・給人・代官等として、右武具悉《ことごとく》取あつめ、可レ致ニ進上一事、

一右取をかるへき刀・わきさし、ついへにさせらるへき儀にあらす、今度大仏御建立候釘（5）・かすかいに被ニ仰付一へし、然ハ今生之儀は不レ及レ申、来世迄も、百姓相たすかる儀に候事、

一百姓ハ農具さへもち、耕作を専に仕候へハ、子々孫々

まて長久に候、百姓御あはれミを以、如レ此被二仰出一候、誠《まことに》国土安全万民快楽の基也、異国にてハ、唐堯(6)のそのかミ、天下を令二鎮撫《ちんぶ》(7)一、宝剣利刀を農器に用と也、本朝にてハためし(例)あるへからす、此旨を守り、各其趣を存知、百姓は農桑(8)を精に入へき事、

右道具、急度取集、可レ致二進上一、不レ可二由(油)断一候也、

天正十六年七月　日　(豊臣秀吉)(朱印)

(1)年貢所当を難渋せしめ　年貢納入などを滞らすこと。(2)一揆　団結して抵抗すること。(3)自然　万一。(4)ついへ　費え。無駄。(5)大仏御建立候　京都方広寺の大仏建立。(6)唐堯　中国の伝説上の理想的皇帝名。(7)鎮撫　世を鎮め民を安んじること。(8)農桑　農耕と養蚕。農業。

【解説】秀吉は紀州雑賀《さいが》一揆の百姓を許した天正十三年(一五八五)四月の三箇条朱印状(紀伊太田家文書)のなかで、「在々百姓等、自今以後、弓箭・鑓・鉄炮・腰刀等停止せしめ訖《おわんぬ》、然る上者、鋤・鍬等農具を嗜み、耕作を専らとすべき者也、」(書き下し)という命令を出す。憐れみから百姓らを許し還住させるのだから、武具を捨て耕作に励めというその趣旨は、後の刀狩令に共通するものである。直接的には一揆勢の武装解除を目的としているが、同時期高野山の僧侶に対しては仏事専念を命じていることから推せば、武器の廃棄と職能専従を通じた身分支配の方向性は、すでにこの時点で確認できるといえよう。この後も畿内に限って刀狩の行われた可能性が指摘されている。さて天正十六年、いわゆる刀狩令と呼ばれる史料**27**が出されるが、この法令は掲出の島津家文書のほかにも多数伝来しており、豊臣政権勢力下の大名に広く公布されたことがわかる。第一条には百姓の一揆防止や耕作専念のために武具を没収する命令内容が書かれ、第二・三条には百姓を説得する論理が展開されている。この部分について『多聞院日記』では、現世においては刀のために喧嘩で命を落とす百姓を助けるものであり、さらに大仏の釘などに使うことで、百姓の来世をも助けるものだといって武具献納を勧めているが、「内証」は一揆防止のためだと解している。つまり二・三条の論理は積極的に流布され武具廃棄が勧められたが、第一条にある一揆防止は領主層だけに伝達されたことがわかる。この後刀狩は全国的に進められ、たとえば天正十八年の奥羽に対する秀吉朱印条書(天正十八年八月十日付　大阪市立博物館所蔵文書)では、「日本六十余州在々百姓、刀・わきさし・弓・鑓・鉄炮、一切武具類持ち候事、御停止ニ付而、悉く召上られ候、然ら者今度出羽・奥州両国之儀、同前ニ仰付られ候条、自今以後自然所持候百姓これ在に於いて者、其ものゝ事ハ申すに及ばず、其郷共同罪たるべき事」(書き下し)と、厳しい連帯責任を課している。この刀狩の過程では、武具総体が問題というより、自立した共同体成員を象徴していた帯刀権が焦点であるといわれる。つまり、豊臣政権は原則的に百姓からその権利を剝奪すると同時に、特権として付与する体制を創っていったのである(藤木久志『刀狩り』岩波新書、二〇〇五年)。

28〔毛利家文書〕天正十九年(一五九一)八月二十一日豊臣秀吉朱印定書

定

一　奉公人(1)、侍(2)、中間、小者、あらしこ(3)に至る迄、去七月奥州へ御出勢より以後(4)、新儀ニ町人百姓に成候者於レ有レ之ハ、其町中地下人として相改(5)、一切をくへからす、若かくし置に付てハ、其一町一在所可レ被レ加二御成敗一事、

一　在々百姓等、田畠を打捨、或《あるいは》あきなひ、或賃仕事ニ罷出輩有レ之者、其ものゝ事ハ不レ及レ申、地下中可レ為二御成敗一、并奉公をも不レ仕、田畠もつくらさるもの(6)、代官給人としてかたく相改、をくへからす、若於レ無二其沙汰一者、給人過怠にハ、其在所めしあけらるへし(7)、為二町人百姓一於二隠置一者、其一郷同一町可レ為二曲言一事、

一　侍、小者ニよらす、其主(8)にいとまを不レ乞罷出輩、一切かゝへ(9)へからす、能々相改、請人(10)をたて可レ置事、但、右者主人有レ之而、於二相届一者、互事候条、からめ取、前の主之所へ相わたすへし、若此御法度を相背、自然其者にかし候ニ付きてハ、其一人の代《かわり》ニ三人首をきらせ、彼相手之所へあひわたさせらるへし(11)、三人の人代不二申付一ニをひてハ、不レ被レ及二是非一候条、其主人を可レ被レ加二御成敗一事、

右条々、所レ被二定置一如レ件、

天正十九年八月廿一日　（豊臣秀吉）（朱印）

(1)奉公人…　武家奉公の者が上層から列挙されている。(2)侍　戦いにも参加する最上位の奉公人で、本来の武士ではない。(3)あらしこ　荒子。力仕事をする賤しい男の意で、ここでは雑兵《ぞうひょう》のうち、最下級の者をさす。(4)去七月奥州へ御出勢より以後　天正十九年七月の奥州平定、つまり秀吉の全国制覇以降。(5)其町中地下人として相改　住み着いた町や村の住民組織である町中・地下中が責任をもって。(6)奉公をも不仕、田畠もつくらさるもの　『平野荘郷記』所引の天正十八年十二月五日豊臣秀吉奉行衆連署状に、「御代官所・自分知行の内、浪人停止、相払わるべき事、一、主をも持たず、田畠つくらざる侍、相払わるべき事」とあることから、この部分は本来地下中の構成員ではなく、その規制も受けない、在村の浪(牢)人を指し、彼らをその地の領主・給人の責任で調査し、在村させない政策と解せる。(7)其在所めしあけらるへし　その町・村に知行を与えられている領主に落ち度があれば、その知行を没収する。(8)其主　奉公先の武士。(9)かゝへ　奉公人として抱えること。(10)請人　保証人。(11)自然其者にかし候ニ付きてハ…　一旦軽率に抱えた者が元の主人から逃げてきた奉公人と判明したにもかかわらず、もしその者を逃がしてしまったのなら、新しい主人は逃がした一人の代わりに(自らの奉公人)三人を斬首にし、元の主人に渡さなければならない。そうしない場合は、主人のいる奉公人を軽率に抱えた新しい主人自身を処罰する。

【解説】　この法令は掲出の毛利家のほか、諸家に残っているが、従来、武士の主人を持つ者すなわち「兵」と、主人を持たず耕作に専念する百姓、さらに商人・職人である町人を区分し、法で確定しようとしたものと解釈され、身分法令・身分統制令などと呼ばれてきた。また、この法令は「人掃令《ひとばらいれい》」にあたるとす

る説も出されている（勝俣鎮夫「人掃令について」『歴史学研究報告』21、一九九〇年）。ところで各箇条の意味を確認してみると、第一条は、豊臣政権の全国平定以降、武家奉公人がかってに主人の下を離れ町や村に居住して町人や百姓になることを禁止し、町中・地下中という住人組織の責任でそのような者を置かないよう命じた条項といえる。第二条は百姓が商売や賃仕事を行って耕作放棄をすることを禁じた条項であり、武家奉公も耕作も行わないような存在を村に置くことを禁じている。第三条は戦国期にも多くみられる「人返し」の規定であり、武家奉公人のかってな主人替え、逃亡を厳しく規制する内容となっている。つまり他の主人に抱えられたり、新たに都市や村に居住して町人や百姓になる道を塞ぐことで、武家奉公人が軍団を無断で離脱することを抑制する、というのが三ヵ条を通してみたときの立法の趣旨といえる。さらに百姓の商人・職人化は禁止しているが、武家奉公については規制はなく、武家奉公人の供給源である百姓が、耕作と奉公以外の他の生業を求め、村から流出する事態を抑制しようとしていることもわかる。こうしてみると、この法令は全体として身分を統制するというよりは、武家奉公人の確保に主眼があるとも解釈できよう。また「唐入」に限定した史料29の天正二十年豊臣秀次朱印状で、この法令の第一条と同じ文言が繰り返されていることは、この法令自体も時限的性格であった可能性を推測させる（久留島典子「人掃令ノート」『大名領国を歩く』吉川弘文館、一九九三年）。いずれにしろ、史料30の人掃令とともにその意味について再検討する必要があるといえよう。

29〔吉川家文書〕天正二十年（一五九二）正月日豊臣秀次掟書

条々

一　唐入《からいり》(1)に付而御在陣中、侍、中間、小者、あらし子、人夫以下に至る迄、かけ(欠)落仕輩於レ有レ之者、其身の事は不レ及レ申、一類并相拘置在所、可レ被レ加二御成敗一、但雖レ為二類身(2)一、告しらするにをひては、其もの一人可レ被レ成二御赦免一、縦《たとい》使として罷帰候共、其主人慥《たしか》なる墨付於レ無レ之者、可レ為二罪科一事(3)、

一　人足飯米事、惣別雖レ為二御掟《ごじょう》一、尚以給人其念を入可レ下行一事(4)、

一　遠国《おんごく》より御供仕輩ハ、軍役それ〳〵に御ゆるしなされ候間、来十月にハかはりの儀、可レ被二仰付一候間、上下共ニ可レ成二其意一事、

一　御陣へ召連候百姓之田畠事、為二其郷中一作毛仕可レ遣レ之、若至二荒置一者、其郷中可レ被レ成二御成敗一旨事、
　付、為二郷中一作毛不レ成仕合《しあわせ》於レ有レ之者、兼而奉行へ可二相理《ことわる》(5)一事、

一　御陣へめしつれ候若党小者ニ取替之事、去年之配当半分之通、かし可レ遣レ之、此旨於二相背一者、とり候ものゝ

事は不レ及レ申、主人ともに可レ為二曲言《くせごと》一事、
右条々於二違背之輩一者、可レ被レ処二厳科一者也、
天正廿年正月日（朱印）（豊臣秀次）
伯耆西三郡之内（吉川広家）
羽柴戸田侍従とのへ

（1）唐入《からいり》　この時はいわゆる文禄の役（一五九二―九三年）をさす。（2）雖為類身　同類の身でも。（3）縦《たとい》使として罷帰候共…　使者を命じられて軍団を離れ帰ってきた場合でも、その証拠となる主人からの書付がなければ、無断離脱と同様の罪科に処すとの意。（4）人足飯米事…　戦闘員ではない荷物運搬の人足たちに食糧を支給することは、総じて秀吉からの命令であるが、特に各給人たちは念をいれて支給するようにしなさいとの意。（5）為郷中作毛不成…　郷中で耕作できない理由があるなら、その旨を奉行に説明しなさいとの意。

30〔吉川家文書〕天正二十年（一五九二）三月六日佐世元嘉等連署状

急度申候、
一 従二当　関白様（豊臣秀次）一六十六ケ国へ人掃《ひとばらい》之儀被二仰出一候之事、
付、中国御拝領分（1）ニ岡本次郎左衛門、小寺清六（2）被レ成二御下一、広嶋御逗留之事、
一 家数人数男女老若共ニ一村切（3）ニ可レ被二書付一事、
付、奉公人ハ奉公人、町人ハ町人、百姓者百姓、一所ニ可二書出一事、但書立《かきたて》（4）案文別紙遣レ之候、
一 他国之者他郷之者不レ可レ有二許容（5）一事、
付、請懸《うけかか》り手有レ之ハ（6）、其者不レ可レ有二聊爾《りようじ》（7）一之由、血判之《けつぱんの》神文《しんもん》（8）を以可レ被二預ケ置一事、
付、他国衆数年何たる子細にて居住と可二書載一候、去年七月以来上衆人（9）を可レ憑《たのむ》と申候共、不レ可レ有二許容一事、
一 広嶋私宅留守代（10）、并在々村々ニ被レ置候代官衆之書付、至二佐与（佐世与三左衛門）ニ一可レ被二指出一事、
一 御朱印之御ケ条、并地下究《きわめ》之起請案文進レ之候（11）、令二引合一無二相違一様ニ可レ被二仰付一事、
右之究於二御延引一者、彼御両人（12）直ニ其地罷越、可レ致二其究一之由、一日も早々家数人数帳ニ御作候て可レ有二御出一候、於二御緩《ゆるみ》一者（13）、其地下〳〵へ可レ為二御入部一之由候之間、為二御届一こま〳〵申達候、已上、

天正十九年
三月六日（14）　安国寺（恵瓊）
佐世与三左衛門（元嘉）（花押）
粟屋彦右衛門尉殿（就光）
桂　左馬　助殿（春房）

（1）中国御拝領分　毛利氏が豊臣政権から中国地方に安堵された所領。（2）岡本次郎左衛門、小寺清六　秀吉家臣か。（3）一村切ニ　村ごとに。

（4）書立案文　書付けのひな型。（5）不可有許容　居住を許してはならない。（6）請懸り手有之ハ　保証人となる者がいれば。（7）其者不可有聊爾《りょうじ》之由　新たに居住を求めている者が不審者でないこと。（8）血判之神文を以　血判を据えた、神に誓約する旨の文書を出して。（9）去年七月以来　天正十九年七月の奥州平定、つまり秀吉の全国制覇以来。（10）広嶋私宅留守代　広島の留守代官。（11）御朱印之御ヶ条…　史料29の豊臣秀次朱印状の案と提出用の起請文のひな型を渡すから。（12）彼御両人　岡本氏と小寺氏。（13）緩　緩怠。（14）天正十九年三月六日　三鬼清一郎氏は条文の内容を詳細に検討した結果、本文書は天正二十年に出されたと結論している。天正十九年の記載については、原本の検討に委ねるとしながらも、後筆、または誤記の可能性を指摘している（三鬼清一郎「人掃令をめぐって」『名古屋大学日本史論集 下巻』一九七五年）。東京大学史料編纂所所蔵写真帳『吉川正統叙目 七』「藤氏吉川正統叙目 二十」にある本文書の写真をみる限り、後筆とはっきり断定できるわけではなく、むしろその可能性は低い。もう一つ考えられるのは、安国寺恵瓊の花押がないなどの点から、この文書自体が案文である可能性である。ただし、佐世元嘉の花押形状は特に問題があるわけではない。やはり原本自体の検討が必要といえよう。なお、ほぼ同文で、年記はなく、日付のみ三月十七日の案文が厳島神社にも残っている（「巻子本厳島神社文書」『広島県史 古代中世資料編Ⅲ』）。

【解説】　人掃令は、従来、家数人数帳を作成することを命じた豊臣秀吉政権による全国的戸口調査であり、その目的は朝鮮出兵を前にして、夫役負担能力を調査するためと解されてきた。史料30はその基本的史料であり、史料29を指すと考えられる豊臣秀次朱印状をうけて、それを毛利領内に伝達するために作成された文書である。この時秀次朱印状とともに、百姓から徴する起請文のひな型も下されたが、これは、家数人数調査時に、その報告数に偽りのない旨を百姓に誓約させたものである。伊達領の史料（『貞山公治家記録』十八上）からも両者が下されたことが確認でき、全国的に家数人数の調査命令が出されたことは間違いない。さらに厳島野坂文書には、天正二十年（一五九二）の日付を持つ厳島領家数人数付立も残っており、これは人掃令に対応して村より提出された付立の現物と考えられる、このように一見明白にみえる人掃令だが、問題は人掃令と呼びうる法令が何をさしているのかという点にある。史料29の秀次朱印状は、史料30が直接施行した法令だが、家数人数注進命令はそのなかにはみられず、従来からこの朱印状が人掃令そのものとは見なされてこなかった。この点で勝俣鎮夫氏が注目したのが、この人掃令第一条と類似した文言を持つ先に掲げた史料28である。勝俣氏は、この史料28を、豊臣政権が兵・町人・百姓の身分を確定し、家数人数帳作成を意図した基本法令と位置づける。そして、この「人掃令」は、御前帳・国絵図の調進命令とともに、豊臣政権の統一国家形成にもとづく新しい日本国の国家構想に深く関係しているとし、これらの法令を「国民」と「国土」の掌握をめざした豊臣政権の国家政策にもとづくものと結論している（前掲史料28解説「人掃令について」）。一方で、史料28・29・30等は「唐入」に対応した時限立法との考え方もあり、この問題は豊臣政権をめぐる大きな焦点といえる。

4　秀吉と朝廷

31〔公卿補任〕天正十三年（一五八五）

関白正二位　藤昭実（二条）三十　七月十日従一位、七月十一日辞、
左大臣正二位　藤信輔（近衛）二十　七月十一日従一位、
右大臣正二位　藤晴季（菊亭）四十七　七月十一日叙従一位、
内大臣正二位　平秀吉五十　七月十一日為関白、改平姓為藤原、

32〔兼見卿記〕天正十三年（一五八五）五月三十日・七月六日

（五月）三十日、（中略）参二近衛殿（信輔）一、此間二条殿（昭実）与当職之義ニ切々被二仰詰一畢《おわんぬ》、（1）一向不二相調一之由仰也、始末被二仰聞一了、
（下略）
（七月）六日、（中略）直向二勧亜相（勧修寺晴豊）一、（2）対面、亜相云、今度当職之儀相済也、子細者、五摂家へ御領三千石進レ之、関白ヲ秀吉任レ之、内々禁裏へ被二申入一、今日被レ召二諸卿一、此旨被二仰出一、即五摂家へ御案内云々、御領之事、近衛殿へ千石、其外四家へ五百石ツ、進二上之一云々、

（1）此間二条殿与…　左大臣近衛信輔が関白職を望み、これに対し関白二条昭実は辞任を拒んで相論となった事。（2）五摂家　摂政・関白になれる家柄である近衛・九条・二条・一条・鷹司の五家。

33〔多聞院日記〕天正十三年（一五八五）七月十一日

（七月）十一日
一　秀吉ハ一昨日歟在京、今日ヨリ京中へ躍《おどり》申付、於二内裏一見物云々、内大臣ニ成上、近衛殿（龍山）大御所ノ猶子《ゆうし》（1）ニ申合了云々、則関白ヲ可レ持歟ト云々、先代未聞ノ事也、
一　浄真京ヨリ昨夕下、ヲトリ（躍）ハ上下事之外悩ノ間閣《さしおき》レ之、（2）十四日五日ニ芸能云々、今度近衛二条殿関白中事為二折中《せっちゅう》一、秀吉関白ニ任云々、抑《そもそも》中々不レ及二言慮一事也、

（1）猶子　仮に親子関係を結んだ子。養子のように相続目的ではなく一族意識を強めるために結ぶ。（2）ヲトリハ上下事之外悩…　『顕如上人貝塚御座所日記』には、秀吉側は洛中衆による風流《ふりゅう》躍りを企図したが、京の町人たちは春の内裏・院御所築地つきの時に大がかりな風流をしたばかりで、また行うのは迷惑との反応をし、結局徳雲軒全宗の取りなしで、上下町衆の手能だけを天皇に見せることになったとある。

【解説】　秀吉は山崎合戦に勝利した天正十年（一五八二）、従五位下左近衛権少将に叙位任官し、姓も信長と同じ平姓を名乗る。その後、天正十三年時点では正二位内大臣となっていたが、その時関白二条昭実と左大臣近衛信輔との間で関白職をめぐる相論が起きる。近衛信輔の書き記した記録によれば、原因は秀吉にあった。彼が信長の凶例として右大臣を嫌い左大臣を望んだ

ため、左大臣信輔は関白職譲渡を昭実に請うが難色を示されたのである。そして両家が共に秀吉に訴訟する事態となり、結果として秀吉自身が関白就任を望むことになる。秀吉が調停者として権威を手中にする構図である。しかし問題は五摂家の者しか関白になれないという点であり、秀吉は近衛家に働きかけ、信輔父龍山(近衛前久)の猶子となることで、ついに関白就任を実現する。藤氏長者ともなった秀吉は、五摂家に所領を与えるとともに、就任の祝宴は、京中市民をも巻き込んだ盛大なものを企図したのである。つづく十五日には、秀吉は親王・摂家・門跡間の座次相論に裁許を出している(『兼見卿記』)。主張の根拠となる証文類を各方面に提出させながらも、一旦秀吉の裁許が出されれば、過去の証文類は無用という態度からは(勧修寺文書)、新たに「先例」を創出する権威としての、秀吉政権の自負がみえる。秀吉はやがて新たな姓豊臣を名乗るようになり、太政大臣の地位につくのである。

34〔聚楽行幸記〕(1) 天正十六年(一五八八)四月十五日

敬白起請(2)

一　就二今度聚楽第　行幸一、被二仰出一之趣、誠以難レ有催二感涙一事、

一　禁裏御料所(3)地子以下并公家門跡(4)衆所々知行等、若無道之族(5)、於レ有レ之者、為レ各堅加二意見(6)一、当分之儀(7)不レ及レ申、子々孫々無二異儀一之様、可二申置一事、

一　関白殿被二仰聴(8)一之趣、於二何篇一聊不レ可レ申二違背一事、

右条々、若雖レ為二一事一、於レ令二違背(9)一者、梵天帝釈四大天王、惣日本国中六十余州大小神祇、殊王城鎮守、別《わけて》氏神春日大明神、八幡大菩薩、天満大自在天神部類眷属、神罰冥罰、各可二罷蒙一者也、仍起請如レ件、

天正十六年四月十五日

右近衛権少将豊臣利家(前田)
参議左近衛中将豊臣秀家(宇喜多)
権中納言豊臣秀次
権大納言豊臣秀長
大納言源家康(徳川)
内大臣平信雄(織田)(10)

金吾殿(11)

(1)聚楽行幸記　群書類従巻第四十一帝王部所収。群書類従本の奥書には、筆者が豊臣秀吉右筆楠木長諳であるかのような記述があるが、桑田忠親氏によって、他の伝本の記述等から、筆者は秀吉御伽衆大村由己《ゆうこ》であることが確定されている(「『聚楽行幸記』の研究」『国学院雑誌』45－5、一九三九年)。なお、他の伝本との主な相違点を簡単に注記した。(2)敬白起請　大阪城天守閣所蔵本(以下、大阪城本とする)では、「敬白起請文事」。(3)禁裏御料所　天皇家の所領。(4)門跡　大阪城本・東山御文庫本では記載がない。(5)無道之族　不当に侵害するような者。(6)意見　大阪城本・東山御文庫本等では「異見」。(7)当分之儀　現在の事。(8)仰聴　東山御文庫本では「仰出」。(9)於令違背者　大阪

城本では「於違乱者」。(10)右近衛権少将…　大阪城本では差出は以下のようになっている。「加賀少将豊臣利家／備前参議豊臣秀家／江州権中納言豊臣秀次／和州権大納言豊臣秀長／駿河大納言源家康／尾州内大臣平信雄」。(11)金吾殿　左衛門督であった羽柴秀俊、後の小早川秀秋をさす。木下家定の五男で、天正十三年(一五八五)幼くして叔父豊臣秀吉の養子となったが、秀吉の実子秀頼誕生後、小早川隆景の養子となった。

【解説】　天正十六年四月十四日、豊臣秀吉は新造成った聚楽亭(当時の古文書には「亭」とある)に後陽成天皇を迎える。聚楽亭は天正十四年二月から造営をはじめ、天正十五年九月には秀吉が大坂から移っているが、その周囲には大名屋敷・町屋等の整備もなされた。これは秀吉がその後進めていく、御土居(京都市街を囲む土塁)をはじめとする都市京都改造策の核ともいえる施設であった。その聚楽亭への行幸の様相は、秀吉の御伽衆大村由己の筆になる『聚楽行幸記』に詳しい。行幸はまず御所から聚楽亭への盛大な行列から始まったが、それは天皇の行列ばかりではなく、その後に長大な秀吉自身とその家臣たちの行列をも含んでいた。沿道を取り巻く多数の京都町人の視線に曝されるなかで、朝廷と秀吉政権の関係、秀吉政権内部の権力構造などが、この行列のなかに凝縮されていたと指摘されている。翌十五日、秀吉は朝廷に京中地子五千両余ほかを与え、同時に武家には本史料のような誓詞を差し出させた。『行幸記』によれば同文言の誓詞はもう一つあり、公卿中心の掲出史料に対し、そちらには豊臣秀勝・同秀康ら、少将・侍従である二十三名が署判をしている。豊臣の姓を付与され、侍従等に任命された秀吉家臣団がそこには明確に確認でき、後の近世武家官位制の基本形態がこの頃できあがったと評価されている。

第三節

統一政権と異国・異域

1　豊臣秀吉の対外政策

(1)　キリスト教への対応

35〔御朱印師職古格〕天正十五年（一五八七）六月十八日豊臣秀吉覚書写

覚

一　伴天連《ばてれん》門徒之儀者、其者之心次第たるへき事、

一　国郡在所ヲ御扶持ニ被レ遣候を、其知行中之寺請百姓以下を、心さしも無レ之処押付而、給人《きゅうにん》(1)伴天連門徒ニ可レ成《なるべき》由申、理不尽ニ成《なし》候段、曲事《くせごと》(2)候事、

一　其国郡知行之儀、給人ニ被レ下候事者、当座之儀ニ候、給人者替り候といへとも、百姓ハ不レ替者ニ候条、理不尽之儀、何かに付て於レ有レ之ハ、給人ヲ曲事(3)被二仰出一候間、可レ成二其意一候事、

一　弐百町・二三千貫(4)より上之者伴天連ニ成候おゐてハ、奉レ得二公儀御意一次第ニ成可レ申事、

一　右之知行より下を取候者ハ、八宗九宗(5)之儀候間、其主一人宛《ずつ》ハ心次第可レ成事、

一　伴天連門徒之儀ハ、一向宗よりも外ニ申合候条、被《きこし》二聞召《めされ》一候、一向宗其国郡ニ寺内ヲ立、給人へ年貢を不レ成《なさず》、并《ならびに》加賀国一国門徒ニ成《なし》候而、国主之富樫(6)を追出シ、一向宗之坊主もとへ令二知行一、其上越前迄取候而、天下之さワり(障)ニ成《なり》候義、無二其隠一候事、

一　本願寺門徒、其坊主天満に寺を立させ、雖《いえども》二免置候一、寺内(7)ニ如二前々一ニハ不レ被二仰付一候事、

一　国郡又者在所を持候大名、其家中之者共伴天連門徒ニ押付成候事ハ、本願寺門徒之寺内を立しより太《はなはだ》不レ可レ然義候間、天下之さゝワり(8)ニ可レ成候条、其分別無レ之者ハ、可レ被レ加二御成敗一候事、

一　伴天連門徒心さし次第ニ下々成候義ハ、八宗九宗之義候間、不レ苦事、

一　大唐《だいとう》・南蛮・高麗江、日本仁(人)を売遣候事曲事付、日本ニおゐて人之売買停止《ちょうじ》之事、

一　牛馬ヲ売買、ころし食事、是又可レ為二曲事一事、

右之条々、堅被二停止一畢《おわんぬ》、若《もし》違犯之族《やから》有レ之者、

忽《たちまち》可レ被レ処二厳科一者也、

天正十五年六月十八日　御朱印

(1)給人　大名から知行を与えられた武士。(2)曲事　けしからぬ事、法にそむく事。(3)曲事　ここでは、処罰。(4)貫　知行地の多寡を示す。(5)八宗九宗　仏教にも多くの宗派があることを指す。(6)富樫　富樫政親。加賀国守護。一四八八年、一向一揆に攻められ自殺。(7)寺内　寺内町。(8)さゝワり　障りに同じ。

【解説】天正十五年(一五八七)、九州に出陣して島津氏を降伏させた豊臣秀吉が、その帰途博多で作成した文書。キリスト教の個人的信仰は容認しつつも、上級武士には秀吉の許可を必要とし、また大名や給人が、家臣や領民を入信させることを禁止している。本文書は秀吉がキリスト教団やキリシタン大名に示した妥協案で、交渉が不調に終わったため翌日付で次の史料36が出されたと理解される。

36〔松浦《まつら》文書〕天正十五年(一五八七)六月十九日豊臣秀吉定書写

定

一 日本ハ神国《しんこく》(1)たる処、きりしたん国より邪法を授候儀、太《はなはだもって》以不レ可レ然候事、

一 其国郡之者を近付門徒になし、神社仏閣を打破之由、前代未聞候、国郡在所・知行等、給人に被レ下候儀者、当座之事候、天下(2)よりの御法度を相守、諸事可レ得二其意一処、下々として猥義、曲事事、

一 伴天連其知恵之法を以、心さし次第ニ檀那を持候と被二思召《おぼしめし》一候へハ、如レ右日域《にちいき》(3)之仏法を相破事、曲事候条、伴天連儀、日本之地ニハおかせられ間敷候間、今日より廿日之間ニ用意仕、可二帰国一候、其中に下々伴天連に不レ謂族《やから》申懸もの在レ之ハ、曲事たるへき事、

一 黒船(4)之儀ハ、商買之事候間、各別(5)候之条、年月を経、諸事売買いたすへき事、

一 自今以後、仏法のさまたけを不レ成輩《ともがら》ハ、商人之儀ハ不レ及レ申、いつれにてもきりしたん国より往還くるしからす候条、可レ成二其意一事、

已上(6)

天正十五年六月十九日

(1)神国　ここでいう「神」は、神仏が習合した存在。(2)天下　秀吉は自分を指して「天下」(後には「てんくわ」。これには「天下」と「殿下(＝関白、太閤)」の語をかけてある)をよく用い、天下を支配する者としての自己の正当性を印象づけようとした。(3)日域　日本。(4)黒船　ポルトガル船。(5)各別　格別に同じ。(6)已上　以上に同じ。

【解説】史料35の翌日に出された秀吉の定書《さだめがき》。こちらが秀吉の最終的な方針を示す。秀吉の朱印を欠くが、平戸の大名松浦氏に与えられた写であろう。「神国」は、キリスト教(カトリック)勢力や中国(明)に対する日本の自己主張として、当時繰り

返し表れている。第一条〜第三条でキリスト教敵視と宣教師の日本退去について述べる一方、第四条・第五条で貿易については保証している。この内容はイエズス会の対日政策には大きな影響を与えた。なお秀吉は、翌年四月長崎を直轄地とし、鍋島直茂をその代官に任命した。

(2)　海賊停止令

37〔島津家文書〕天正十六年(一五八八)七月八日豊臣秀吉定書

定

一　諸国於二海上一賊船之儀、堅被レ成二御停止《ちょうじ》一之処、今度備後・伊与(予)両国之間伊津喜嶋(1)にて、盗船仕之族有レ之由被二聞食《きこしめされ》一、曲事ニ思食《おぼしめす》事、

一　国々浦々船頭・猟師(2)、いつれも舟つかひ候もの、其所之地頭(3)・代官として速《すみやかに》相改、向後聊《いささかも》以海賊仕ましき由誓帋(4)申付、連判をさせ、其国主とりあつめ可二上申一事、

一　自今以後、給人・領主致二由(油)断一、海賊之輩於レ有レ之者、被レ加二御成敗(5)一、曲事之在所・知行以下、末代可レ被二召上一事、

右条々堅可二申付一、若違背之族有レ之者、忽《たちまち》可レ被レ処二厳科一者也、

天正十六年七月八日(秀吉朱印)

(1)伊津喜嶋　現在の広島県呉市豊浜町斎島か。(2)猟師　漁師に同じ。(3)地頭　領主。(4)帋　紙に同じ。(5)成敗　死刑。

【解説】　海上の平和を保証する公儀権力としての立場を示した法令で、現在では「海賊停止令」と呼ばれる。第一条では海賊行為の禁止を再確認、第二条では領主として「舟つかひ候もの」を掌握すべきことを述べ、第三条は、海賊行為を働いた者は死刑、その領主は知行没収という処罰規定である。秀吉も徳川家康も、自分が日本国内およびその沿岸の平和を実現した存在であることをしばしば強調した。

(3)　琉球の服属要求と「勘合」

38〔旧記雑録後編(1)〕(天正十七年(一五八九))正月二十一日石田三成・細川幽斎書状写

急度《きつと》申入候、

(1条略)

一　琉球之事、貴老(2)此方(3)ニ御逗留之内ゟ雖下被二仰出(4)一候上、于レ今《いまに》一途無レ之儀不審ニ被二思召一候、菟(兎)角貴老御油断曲事之旨、被二仰出一候、縦《たとい》貴老御在京中者、被二仰付一与御ひらき御理も候ハんすれ共、有二御帰国一者たれやの仁如《じょ》在《さい》(5)仕候と、御ぬけ可レ在レ之候哉、彼嶋(6)之者とも舟路をたのミ、順風之時分を申延族可レ在レ之候、左様ニ候て、上之御機嫌もあしく成候間、後者難レ被二仰分一事ニ候、其

上上勢(7)於二其国罷下候一者、彼嶋之渡海候事、時分者さして入ましく候、上勢手かろき(軽)事、渕底《えんてい》貴老御存知之上候、御疑心候故先年御迷惑ニも今之事ニ候、御人数罷下、彼国於二打果一者、貴老被レ失二御面目一手成たるへく候、いかゝ思召候哉、御遊山迄にて、此条数於二御油断一者、御家之めつはう(滅亡)たるへく候、中にくき儀候へ共、被レ懸二御目一事候之間、申入候事、

（二条略）

一　勘合(8)之儀、幾度も雖二申候一、是又御才覚無レ之候と相聞候、いかゝ儀候哉、別ニ相滞儀ハ在レ之ましく候、彼方より勘合之儀望申候様有二御才覚一、其上を以此方より被二仰付一候様可レ有二御調一候、自然他之筋より相調候而者、是又貴所天下御外聞いかゝニ候間、被レ入二御精一尤候事、

（1条略）

正月廿一日　　三成(石田)判
　　　　　　　玄旨(細川幽斎)判

修理大夫入道(島津義久)殿
　人々御中

(1)旧記雑録後編　通称「薩藩旧記雑録《さつばんきゅうきざつろく》」。幕末から明治年間にかけて、鹿児島藩記録奉行であった伊地知《いじち》季安とその息子季通が、島津家文書をはじめとする諸家文書中から重要な文書を選び、年代順に配列した史料集。(2)貴老　島津義久。(3)此方　ここでは京都。(4)被仰出　「被仰出」「被思召」の主語は秀吉。(5)如在　如才に同じ。手落ち、手抜かり。(6)彼嶋　琉球。(7)上勢　上方の軍勢。(8)勘合　本来は、明朝が日本国王に対して与えた照合用の紙(勘合符)を指すが、ここでは秀吉と明政府了解のもとに行われる貿易の意味。

【解説】　石田三成と細川幽斎は秀吉の意向を島津氏に伝える立場。この書状から、秀吉が島津氏に対して、①琉球からの使者派遣(これは秀吉への服属を意味する)と、②明との「勘合」(貿易関係)復活の斡旋を強く求めていたことが分かる。本来「勘合」を受けて明との貿易関係を結ぶためには、その朝貢貿易体制を認め、明皇帝から「日本国王」に冊封される必要があるが、その点への配慮は見られない。この強硬な申し入れを受け、島津義久は天正十七年九月、琉球国王尚寧の使者を連れて上京した。

39　**〔続善隣国宝記(1)〕天正十八年(一五九〇)二月二十八日豊臣秀吉書契写(2)**（原漢文）

日本国関白秀吉、書を琉球国王閣下(3)に奉る。玉章を披閲し、再三薫読す。殿閣を同じうして芳言を聴くが如し。抑《そもそ》も本朝六十余州の中は、兆民を撫し慈恵を施して、尺土寸地を遺さず、悉く掌握に帰すなり。然りと雖も、異域と交りを講ぜざれば、則ち遺憾と為す。祇《まさ》に今貴国の奇物を得たり。頃《このごろ》又游観博知の志有り。故に政化を異域に弘めんと欲するは素より願うところなり。茲《ここ》に先ず貴国使節の遠邦奇物

を得て、頗《すこぶ》る以て歓悦せり。凡そ物は遠くより至るを以て珍となし、罕《まれ》に見るを以て奇となすとは、夫れ是れの謂か。今より已往、其の地は千里を隔つと雖も、深く交義を執らば、則ち異邦を以て四海一家の情を作《な》すものなり。これよりは当国の方物、聊《いささ》かこれを投贈(5)す。目録は別紙に備う。余蘊(4)は嶋津義久・天龍寺桃菴東堂の口実に分付するなり。恐懼不宣。

天正十八年龍集(6)庚寅仲春二十有八日

関白

琉球国王

(1)続善隣国宝記　文明五年(一四七三)から万治三年(一六六〇)に至る、朝鮮・明とのやり取りを中心とした外交文書を集めた書物。朝鮮関係が最も多く、おそらく対朝鮮外交文書作成に関与した禅僧の記録を元に、一橋家に仕えた学者である久保泰亨が天明四年(一七八四)に整理した。(2)書契　漢文の書状。日本・朝鮮間の外交文書も同様に書状形式の文面でやりとりされた。(3)琉球国王　尚寧。一五六四―一六二〇(在位一五八九―一六二〇)。(4)余蘊　残るところ。(5)天龍寺桃菴東堂　琉球国王の使者。(6)龍集　星(木星)の宿り。歳次。

【解説】　史料38の解説でふれた使者がもたらした琉球国王の書契に対する秀吉の返書。本文書では「異域と交り」「貴国」「深く交義」などと言いながら、次の史料40には「改易」「物主仰せ付けらる」「御礼申し上げ」などとあるように、秀吉政権の特徴として、異国との関係(対外関係)もまた、自らに対して服属の意思を表明しているかどうかによってはかられた。つまり、国内支配と対外関係の論理が、未分離・混同状態にあったと言える。この点は、朝鮮に対しても同様。

(4)　琉球を島津氏の「与力」とする

40〔島津家文書〕天正二十年(一五九二)正月十九日豊臣秀吉朱印状

琉球之儀、今般大明国御発向(1)之次有二改易(2)一、物主(3)雖レ可レ被二仰付一、先年義久取次御礼申上候条、被レ任二其筋目一、無二異儀一被二立置一、則為二与力(4)一其方江被二相付一候間、唐入之儀人数等令二奔走一、召連可レ致二出陣一候、於レ令二由(油)断一者、可レ被レ加二御成敗一旨、堅可二申聞一候、次薩州内出水之薩广(摩)(5)守事、一国義弘に被二仰付一上者、陣普請等一手に可二相勤一候、幸忠辰《ただとき》(6)与二親類之儀一候条、相互令レ入二魂一、自他之為可レ然《しかるべき》様ニ裁判尤候、猶二位法印(細川幽斎)・石田治部少輔《じぶのしょう》(三成)可レ申候也、

正月十九日(秀吉朱印)

羽柴薩广侍従(島津義弘)(7)とのへ

嶋津修理大夫入道(義久)とのへ

(1)大明国御発向　明へ向けての出発。具体的には、その第一段階としての朝鮮半島への動員を指す。(2)改易　ここでは、琉球国王を罷免して他の者に代らせること。(3)物主　琉球国王。(4)与力　島津氏の指揮下に入り加勢する者。(5)出水之薩摩守　出水の領主島津忠辰。義久

の娘婿の子。(6)裁判　ものごとを治める。(7)羽柴薩摩侍従　秀吉から羽柴の名字を与えられ、侍従に任官したのでこのように書く。義弘は義久の弟。

41〔旧記雑録後編〕天正二十年(一五九二)正月二十一日細川幽斎・石田三成書状写

追而令二啓達一候、
(1条略)
一　琉球之事、是又被レ成二御朱印(1)一候、先年対二亀井(2)一被二仰付一候段、雖二連綿候一、御断(3)之儀達二上聞一、亀井替地被二仰付一、如二前々一可レ為二御与力一之由被二仰出一候、如レ此之儀者、且御取次之故、且琉球国御礼(4)被二申入一候筋目候、此上御入唐之刻疎略之躰(体)候ハヽ、可レ在二異御沙汰一之由被二仰出一候間、右之通急度《きっと》被二仰遣一、別而馳走(5)被レ申候様ニ御入魂肝要候、先度内々被二仰上一候綾舟(6)之儀も于レ今遅滞候、此度急与被二指上一候様ニ御入眼《じゅがん》可レ為二珍重(7)一候、
(下略)(8)

(1)御朱印　豊臣秀吉の朱印状。史料40を指す。(2)亀井　亀井茲矩《これのり》。これより以前、秀吉に請うて「亀井琉球守」の名前を得ており、また琉球の征服と支配を希望していた。(3)御断　拒否、拒絶。(4)御礼　天正十七年に琉球が秀吉に使節を送ったことを指す。これを豊臣政権の側では、琉球国王の地位を安堵されたことへの「御礼」と位置づけた。(5)馳走　奔走する、尽力する。(6)綾船　琉球の使船。(7)珍重　結構である。入眼は実現すること。(8)本書状の宛所は「匠作入・羽武庫人々御中」、すなわち史料40と同じく島津修理大夫入道(義久)・羽柴兵庫頭(義弘)である。

【解説】　史料40・41は第一次朝鮮出兵(当時の言い方では「唐入り」＝中国大陸への出陣)直前の、豊臣政権と島津氏・琉球との関係を示す。この前年、豊臣政権は島津氏に対して、朝鮮へ一万五千人の軍役動員を命じた。島津氏はその一部を琉球に転嫁しようとはかり、七千人分の兵糧十ヵ月分や名護屋城築城費用の一部負担を求めた。その一方で、史料にあるように、豊臣政権には亀井茲矩の琉球遠征計画・支配希望許可の取り消しを求め、琉球に対する自家の特別な関係を申し立てた。豊臣政権側が「与力」の扱いを認めたのは、島津氏が「取次」として琉球使節の来日実現に努力したことを評価したからであった。

(5)「狄《えぞ》の島主」蠣崎《かきざき》氏の服属

42〔新羅之記録(1)〕(原漢文)
文禄二年(一五九三年)正月二日、肥前州名護屋の御陳(陣)城に於て太閤秀吉公曰く、高麗国を攻め随えんと欲し在陳(陣)せしむるの処、思いも寄らず狄の千嶋(2)の屋形(3)、遼遠の路を凌ぎ来るの儀、誠に以て神妙なり、高麗国を手裏に入れらるる縡《こと》更に疑いなしと。而して御歓悦斜ならず。則ち、向後は狄の嶋に於て御用の物相調えられんがためなり。忠を輸《いた》すべきの由仰せ出され、志摩守に任ぜられ、殊に式《もっ》て狄の嶋より参勤せし

むるは遼遠の路なり、在京中不如意《ふにょい》なるべし、江州《ごうしゅう》(4)に馬飼所として三千石の領地を賜うべきなりと。慶広《よしひろ》朝臣 忝《かたじけな》き御諚を承り、左右《そう》申す能わずと雖も、併《しかしながら》 八十有余の双親在り、残命の程幾か存ずべからず。朝に暮に孝を竭《つく》さん。領地を賜わらずして唯五七箇年に一度充参勤せんと欲するの旨言上の間、秀吉公聞し召して、君子之に居らば何の陋《いやし》きこと有らんとは、慶広を謂うべきなり。然らば望むところ有らんか、言上すべきの由仰せ出さる。依て木下半助吉政を以て言上せしは、諸国より松前に来る人、志摩守に断り申さず狄の嶋中自由に往還し、商売せしむる者有るに於ては、斬罪に行うべき事。志摩守の下知に相背き夷人に理不尽の儀申懸る者有らば、斬罪に行うべき事。諸法度に相背く者有るに於ては斬罪に行うべき事。右の通り御判を賜わらんと欲するの旨なり。肆《ここ》に同六日、所望の如く国政の御朱印を賜い、并《ならび》に津軽より摂州大坂に迪《いた》る人夫伝馬の御判を賜いて、巣鷹《すだか》(5)を上《たてまつ》るべきの由仰せ付けらる。同七日、家康公に謁し奉る。然るに慶広朝臣着る所の道服《どうふく》(6)は 唐衣(7)にて、奥狄唐渡《カラト》(8)の嶋より持ち来る。家康公見給い、珍しき道服と為し、進《まいら》すべきの由宣《のたま》うの間、即座に之を脱ぎて奉る。併《あわせ》て是御懇切浅からざる故なり。同八日、秀吉公の御前に召され、急ぎ帰国せしむ。宜しく狄を鎮むべしと。而して御暇《おいとま》の時呉服二重、道服一、銀子三百両を賜うなり。

(1)新羅之記録　初期の松前(蠣崎)家の事績を記した漢文体の記録。正保三年(一六四六)成立、松前景広編。書名は同家が新羅三郎義光の後裔であるとする伝承に因《ちな》む。(2)狄の千嶋　中世以来、現在の北海道地方は「夷(い・えぞ)の千島」と呼ばれていた。「狄」は北方の異民族の称。(3)屋形　大名の敬称。(4)江州　近江国。(5)巣鷹　巣の中にいる鷹のヒナ。飼育して鷹狩り用に訓練した。(6)道服　胴服。腰までの短い服。室町末から江戸初期にかけて、上層武士が羽織として用いた。(7)唐衣　アイヌ語「サンタンチミプ」に漢字をあてたものであろう。サンタンは黒竜江下流域を総称して指したアイヌ語。チミプ(チミップ)は同じくアイヌ語で衣服。中国の王朝が朝貢関係にある北方民族に与えた錦を素材にして製した衣服で、布は蝦夷錦と呼ばれた。(8)唐渡の嶋　カラフト島。

【解説】　天正十八年(一五九〇)、蠣崎慶広は上京し聚楽第で秀吉に初めて謁見した。翌十九年には、陸奥国で豊臣政権に反旗を翻した九戸《くのへ》政実の攻撃に、アイヌ民族を率いて参加した。蠣崎氏は、室町期には安東《あんどう》氏の蝦夷島における代官的立場にあったが、こうした中央政権への接近を通して、独立した領主としての立場を確保した。一方で中央政権にとっても、蠣崎氏の服属は、「狄」と接する「日本」の北(当時の意識では東)の端まで自らの臣下に入れたという満足感を与えるものであった。しかし、「狄の千嶋の屋形」蠣崎氏が中央権力に保証を求めた権利の内容は、他の大名のような土地に対する支配権ではなく、蝦夷地交易の独占であり、アイヌ民族も領民ではなく交易の相手という位置づけであった。また秀吉の段階では、史料43にあるように、その内容は松前における交易の管轄と徴税に限定されており、本史料で慶広が秀吉から認められたとする内容は、むしろ史料125に掲げた徳川家康黒印状のそれに近い。

43〔福山秘府〕文禄二年(一五九三)正月五日豊臣秀吉朱印状写

於㆓松前㆒、従㆓諸方㆒来船頭商人等、対㆓夷人・同地下人㆒、非分義不㆑可㆓申懸㆒、並船役(1)之事、自㆓前々㆒如㆓有来㆒可㆑取㆑之、自然此旨於㆓相背族在㆒㆑之者、急度可㆓言上㆒、速可㆑被㆑加㆓御誅罰㆒者也、

文禄二正月五日　朱印(秀吉朱印)

蠣崎志摩守トノへ

(1)船役　出入りする船に対して掛ける税金。

【解説】本史料の文意は、「松前において、諸方から来る船頭や商人たちは、アイヌ人や庶民に対し、不当なことをしてはならない。同時に、船の税金のことは、前々からやって来たように(蠣崎氏が)これを徴収せよ。もしこの旨に背く者たちがいたならば、きっと(秀吉に)上申せよ。速やかに誅罰を加えるであろう」となる。豊臣政権にとってこの朱印状は、従来から蠣崎氏が行ってきた蝦夷地交易の権利を保証したものと意識されたが、現地におけるそれまでの実態は、天文十九年(一五五〇)蠣崎季広《すえひろ》がアイヌ首長と結んだ協定(『日本史史料』中世425)にあるように、両者の関係は互恵的なものであった。蠣崎氏はこの朱印状や家康の黒印状(史料125)を梃子に、アイヌ民族に対しても、また国内の他の勢力に対しても、蝦夷地交易における自己の立場強化に努めた。

(6) 台湾・東南アジア勢力との関係

44〔異国往復書翰集(1)〕天正十九年(一五九一)七月二十五日豊臣秀吉書契案(原漢文)

それ吾が朝は神国なり。神は心なり。森羅万象《しんらばんしょう》は一心を出ず。神にあらざればその霊生ぜず、神にあらざればその道成らず。増劫《ごう》(2)の時この神増えず、減劫の時この神減らず、陰陽不測の謂が神なり。故に神を以て万物の根源と為すなり。この神竺土《じくど》(3)に在りては、これを喚《よ》びて仏法と為し、震旦《しんたん》(4)に在りては、これを以て儒道と為す。日域(5)に在りては、諸《これ》を神道と謂う。神道を知らば、則ち仏法を知り、また儒道を知る。凡そ人の世に処するや、仁を以て本と為す。仁義に非ざれば、則ち君は君ならず、臣は臣ならず。仁義を施さば、則ち君臣・父子・夫婦の大綱、その道成立するなり。若しこれ神仏の深理を知らんと欲すれば、懇求《ごんぐ》に随いて、これを解説すべきなり。爾《なんじ》の国土の如きは、教理を以て専門と号せども、仁義の道を知らず。この故に神仏を敬わず、君臣を隔てず、ただ邪法を以て正法《しょうほう》を破らんと欲するなり。今より以往、邪正を弁ぜず、胡説乱説《こせつらんせつ》(6)を為す莫《な》かれ。彼の伴天連の徒、前年この土に至り、道俗の男女を魔《ま》

魅《み》(7)せんと欲す。その時且つは刑罰を加う。重ねてまたこの界に来り、化《け》導《どう》を作《な》さんと欲さば、則ち種類を遺さず、これを族滅すべし。噬臍《ぜいせい》(8)する勿《な》かれ。ただこの地に修好せんと欲するの心有らば、則ち海上已《すで》に盗賊の艱難《かんなん》無く、域中幸に商売往還を許さん。之を思え。南方の土宜(9)、注記の如く領受す。これより給賜するところの方物(10)、目録は別楮(11)に在り。余緒(12)は使節の口実に分与するなり。不宣。

天正拾九年七月廿五日　関白

印地阿　毘曾霊(13)

(1)異国往復書翰集　近世初期の日欧関係外交史料集。村上直次郎編。弘治元年(一五五五)平戸の王(松浦隆信)のイエズス会インド地方管区長パードレ・ベルショール・ヌネス宛書翰から、寛永十九年(一六四二)長崎奉行宛蘭領インド総督書翰までを収める。スペイン・ポルトガル・バチカン・オランダの文書館等が所蔵する文書も利用。(2)増劫・減劫　仏教において、人の寿命が十年から八万年へ百年に一歳の割合で増加する時期を増劫、逆に八万年から十年に減少する時期を減劫という。(3)竺土　天竺、インド。(4)震旦　中国。(5)日域　日本。(6)胡説乱説　いかがわしい教え。(7)魔魅　誘惑する。(8)噬臍　ほぞをかむ。悔いる。(9)土宜　地方の産物。(10)方物　土宜に同じ。(11)別楮　別紙。(12)余緒　その他。(13)印地阿毘曾霊　ポルトガル領インド総督。

45　〔異国往復書翰集〕　天正十九年(一五九一)九月十五日豊臣秀吉書契案(原漢文)

それ吾が邦百有余年、群国雄を争い、車書軌文を同じうせず。(1)予や、誕産の時に際し、天下を治むべきの奇瑞(2)有るを以て、壮歳より国家を領し、十年を歴ずして、弾丸黒子(3)の地を遺さず、域中悉く一統するなり。これに繇《したが》い、三韓(4)・琉球・遠邦・異域、欵塞来享(5)す。今や、大明国を征せんと欲す。蓋し吾が所為にあらず、天の授くる所なり。其の国(6)の如きは、未だ聘礼を通ぜず。故に先に群卒をしてその地を討たしめんと欲すると雖も、原田孫七郎商船の便を以て、時に此に来往す。故に近臣に紹介して曰く、某《それがし》早々其の国に到りて、備《つぶ》さに本朝発船の趣きを説くべし。然らば則ち弁を解き筐を献ずべしと云々。帷幄《いあく》(7)を出ずして、千里に決勝するとは、古人の至言なり。故に褐夫《かっぷ》(8)の言を聴きて、暫く将士に命ぜず。来春九州肥前に営すべし。時日を移さず、幡を偃降《えんこう》(9)して来服すべし。若し匍匐膝行《ほふくしっこう》(10)遅延するにおいては、速やかに征伐を加うべきは必なり。悔る勿《なか》れ。不宣。

天正十九年季秋十五日

日本国関白　小琉球(11)

(1)車書軌文…　車が道を同じくせず、書が文章を同じくしないように、ばらばらの状態であったこと。(2)奇瑞　母が日輪に感応して秀吉を身ごもったという話(史料46参照)。誕生に際する奇瑞は秀吉の対外文書にしばしば現れるが、同様の奇瑞譚は中国の王朝創始者をはじめ東アジアに広く見られ、それらにヒントを得たものであろう。(3)弾丸黒子　わずかなものの例え。(4)三韓　ここでは、朝鮮半島のこと。(5)欵塞来享　欵は款の異体字。帰服してもてなしを受ける。(6)其の国　ここでの相手国。(7)帷幄　本陣、本営。(8)褐夫　身分がいやしい者。(9)幡を偃降して　旗を降ろして降伏する。(10)匍匐膝行　腹這いになったり膝で歩いたり。遅々とすることの例え。(11)小琉球　ここでは、フィリピンのこと。台湾を指して小琉球と呼ぶ場合もある。差出者(日本国関白)と宛名(小琉球)が一行の内に書かれているが、写本であるため本来の配置は分らない。

【解説】　史料44は、天正十五年(一五八七)にポルトガル領インド総督が豊臣秀吉に送った書簡に対する返書。史料45ともども、秀吉・家康のブレーンとして仏事の差配・寺社行政・外交通商文書作成などに深く関わった臨済宗の僧西笑承兌《せいしょうじょうたい》(一五四八—一六〇七)の作成。元のインドからの書簡は、「インド副王」の使節という形で帰国する天正遣欧使節を伴って二度目の来日を果たしたイエズス会東インド巡察使(師)ヴァリニャーノがもたらした。掲出した部分は、日本が「神国」であることを強調してキリスト教を攻撃している。ただし、あえて布教と仏教への攻撃をしないなら、貿易は認めるという姿勢が示されている。前半省略した部分と史料45とは同様の文脈で、自己の国内統一を誇り、明国征服の計画を述べて入貢を促している。これらは、秀吉が海外の諸国(勢力)に対して出した文書の多くに共通する特徴であった。なお、史料45に対しては、この翌年フィリピン諸島長官ゴメス・ペレス・ダス・マリニャスが秀吉に宛てた漢文の返書を出しており、秀吉はこれに対して文禄元年(一五九二)七月付で返書を出していることが知られる。

(7)　第一次朝鮮出兵

46〔続善隣国宝記〕天正十八年(一五九〇)十一月豊臣秀吉書契案(原漢文)

日本国関白秀吉、書を朝鮮国王閣下(1)に奉る。雁書《がんしょ》薫読(2)す。巻舒再三(3)なり。抑《そもそ》も本朝は六十余州たりと雖《いえど》も、比年《ひねん》諸国分離し、国綱を乱し、世礼を廃して朝政(4)を聴かず。故に予感激に堪えず、三四年の間、叛臣を伐《う》ち賊徒を討ち、異域遠島に及ぶまで、悉《ことごと》く掌握に皈(帰)す。窃《ひそか》に予が事績を按ずるに、鄙陋《ひろう》(5)の小臣なり。然りと雖も予托胎《たくたい》(6)の時に当り、慈母日輪の懐中に入るを夢む。相士《そうし》(7)曰く、日光の及ぶ所、照さざるは無し、壮年に臨み、必ず八表(8)に仁風を聞き、四海に威名を蒙るは、其れ何ぞ疑わんや。此の奇異有るに依り、敵心を作《おこ》す者は自然摧滅《さいめつ》し、戦えば則ち勝たざるは無く、攻むれば則ち取らざるは無し。既にして天下大に治まり、百姓を撫育し、孤独を憐愍す。故に民富み財足り、土貢は古に万倍するなり。本朝開闢《かいびゃく》以来、朝廷の盛んなる事、洛陽(9)の壮麗、此の日の如きは莫きなり。それ人の世に生まるるや、長生を歴《ふ》ると雖も、古来百年に満たざるなり。鬱々として久しく此に居るか。国家の隔て・山海の遠きを屑《いさぎよ》しとせず、一超して直ちに大明国に入り、吾朝の風俗を四百余州に易《か》え、帝都の政化を億万斯年に施すは、方寸(10)の中に在り。貴国先駆して入朝せよ。(11)遠慮有るに依りて近憂無き者なり。遠邦小島を守りて海中に在る者、後進の輩は許容を作《な》すべからざるなり。(12)予大明に入るの日、士卒を将《ひき》いて軍営に臨まば、則ち弥《いよい》よ隣盟を修むべきなり。予が願は他に無し、只だ佳名を三国に顕わさんのみ。(13)方物(14)は目録の如く領納せよ。珍重保嗇《ほしょく》(15)せよ。不宣《ふせん》。

天正拾八年仲冬(16)　(方印郭)

日本国関白　秀吉

(1)閣下　「閣下」とする写本もある。通常、国王の尊称は「殿下」。また原文の書式では、日本の天皇に関わる「朝政」「朝廷」「帝都」の語が一字台頭で書かれているのも特徴。(2)雁書薫読　雁書は手紙。薫読は読むことの美称。(3)巻舒再三　舒は伸ばす。巻いたり開いたりして再三読むこと。(4)朝政　朝廷の政治。(5)鄙陋　いやしい。(6)托胎の時　母の胎内にいた時。(7)相士　占い師。(8)八表　八方。(9)洛陽　みやこ。(10)方寸　胸。(11)貴国先駆して入朝せよ　朝鮮は日本の先駆けとして明に入朝せよ。この部分(原文は「貴国先駆入朝」)、「貴国(朝鮮)は他国に先んじて日本に入朝してきた。」と解釈する説もある。(12)遠慮有るに依りて近憂無き者なり…　遠い先の考えがあるので、近くのことは憂うる必要はない。自分の国を守って海の中にいる者や、後から来る者たちは許さない。(13)佳名を三国に顕わさんのみ　三国は日本・中国・朝鮮。三国の歴史に名を残す人物になりたいという意味。(14)方物　地方の産物。この部分(原文は「方物如目録領納」)は、「(朝鮮の)方物は目録の如く領納した」と解釈する説もある。(15)保嗇　自愛する。(16)仲冬　十一月。

【解説】 本史料は、万暦十八年(一五九〇)三月付けで朝鮮国王宣祖《ソンジョ》(李昖《イヨン》)が「日本国王殿下」に宛てた、国内統一を祝賀する書契への返書。秀吉は関白に就任した天正十三年頃から朝鮮・中国征服構想を表明していたが、それは天正十四―十五年の九州平定に際して具体化した。

秀吉は天正十五年六月、対馬の宗氏に朝鮮国王の「参洛」(服属の挨拶)実現を命じ、実現しない場合には武力で朝鮮半島に攻め込むとした。琉球の場合と同様に、従来から相手先(ここでは朝鮮)と関係のあった大名を取次役にして服属を迫るという、国内統一戦争の過程と同じ手法を用いたのである。宗氏が要求を通信使の日本派遣にすり替えて交渉した結果、朝鮮政府は秀吉の国内統一を祝賀する名目で、黄允吉《ファンユンギル》を正使、金誠一《キムソンギル》を副使とする通信使を天正十八年日本に派遣した。しかし、秀吉は通信使の来日を朝鮮服属のしるしと見なしており、室町期の書契と比べ異例の点が多い本史料の書式もそうした認識を反映している。金誠一はこれを「辞悖慢《はいまん》(文章がみだりで人をあなどる)」と表現し、文章の一部書き換えを要求した(『宣祖修正実録』)。

47 〔古蹟文徴(1)〕天正二十年(一五九二)五月十八日豊臣秀吉覚書写

覚

① 一 殿下陣用意(2)、不レ可レ有二由(油)断一候、来年正二月比《ころ》、可レ為二進発一事、

②一　高麗都者二日落去(居)候、然間弥《いよいよ》急度《きっと》被レ成二御渡海一、
此度大明国迄茂不レ残被二仰付一、大唐之関白職可レ被
レ成二御渡一候事、(3)

③一　人数三万可二召連一候、(4)兵庫より船にて、可レ被二相
越一候、馬計陸地可レ被二差越一事、

④一　三国中御敵対可レ申者雖レ無レ之、外聞・実儀候間、
武具之嗜専一候、下々迄も其通可レ被二申聞一事、

(第五条〜第十三条略)

⑭一　名護屋・高麗所々御兵粮沢山ニ有レ之事候間、不
レ及二用意一候、路次中之覚悟計可レ被レ仕事、

(第十五条・第十六条略)

⑰一　高麗為二御留守居一、宮部中務《なかつかさ》卿法印(5)可レ被二召寄一候、
令二用意一可二相待一旨、被二仰出一候事、

⑱一　大唐都へ叡慮うつし可レ申候、(6)可レ有二其御用意一候、
明後年可レ為二行幸一候、然者都廻之国十ケ国可二進上一レ
之候、其内にて諸公家衆何も知行可レ被二仰付一候、下
ノ衆可レ為二十増倍一候、其上之衆ハ可レ依二仁躰一事、

⑲一　大唐関白、右如二被レ仰候一秀次江可レ被レ為レ譲候、(7)然
者都之廻百ケ国可レ被レ成二御渡一候、日本関白ハ大和中
納言(羽柴秀保)・備前宰相(宇喜多秀家)両人之内、覚悟次第可レ被二仰出一事、

⑳一　日本帝位之儀、若宮(8)、八条殿(9)、何《いずれ》にても可レ被二相
究一事、

㉑一　高麗之儀者、岐阜宰相(織田秀信)歟、不レ然者《しからざれば》、備前宰相可レ被
レ置候、然者丹波中納言(10)ハ九州ニ可レ被レ置候事、

㉒一　晨(震)旦(11)国江叡慮被レ為レ成候路次、例式行幸之可レ為二儀
式一候、御泊々、今度御出陣道路御座所可レ然候、人
足伝馬ハ国限ニ可二申付一事、

㉓一　高麗国・大明までも、御手間不レ入被二仰付一候、上
下迷惑(12)之儀少も無レ之候間、下々逃走事も有ましく候
条、諸国へ遣候奉行共召返、陣用意可二申付一事、(以
下二条略)

右条々被レ仰二含西尾豊後守(光教)一候之条、可レ被レ得二其意一
候也、

天正弐十
五月十八日　　秀吉朱印

関白殿

(1)古蹟文徴　金沢藩主前田綱紀が収集した豊臣・徳川時代の文書集。なお、秀吉に近侍していた西笑承兌《せいしょうじょうたい》は、同年六月の等持院役者中宛て書状で、徳川家康と前田利家が秀吉の朝鮮渡海を思いとどまらせたことを伝えている(等持院文書)。(2)殿下陣用意　本文書の宛所である関白豊臣秀次の出陣の用意。(3)然間弥急度…　そこできっと(秀吉自身が)朝鮮半島に渡り、中国までも残らず差配して、中国の関白職を(秀次に)渡すであろう。(4)人数三万可召連候　(秀次は)三万人の軍勢を召し連れなさい。(5)宮部中務卿法印　善祥坊継潤《けいじゅん》、鳥取城主。(6)大唐都へ

叡慮… 北京へ後陽成《ごようぜい》天皇をお移しする積りである。（中略）そうなれば、北京の周辺十ヵ国は天皇に差し上げる。そのなかで公家衆は皆知行を配分する。下々の公家衆は知行が十倍になるだろう。それより上の公家衆は、人によるだろう。(7)大唐関白… 中国の関白は、右のように秀次へ譲る積りである。そうなれば、北京の周辺百ヵ国を渡す。(8)若宮　皇太子周仁親王。(9)八条殿　皇弟智仁親王。(10)丹波中納言　羽柴秀俊、後の小早川秀秋。(11)晨旦国　中国。(12)迷惑　困る。

【解説】　加藤清正の注進状によってソウル攻略を知った肥前名護屋の秀吉が、京都にいる甥の関白秀次に宛てた朱印状。緒戦の連勝に気を良くした秀吉の、誇大な三国支配構想が展開されている。その概要は、秀吉自身渡海して中国まで差配する②、北京へ後陽成天皇を移しその周辺十ヵ国を領地として差し上げる⑱、中国の関白職を秀次に譲り、北京の周辺百ヵ国を渡す⑲、日本には別に天皇・関白を立てる⑲⑳などである。中国を征服した時、秀吉自身は寧波《ニンボー》に居所を置く構想だったという（紺屋文書）。なお、実際に日本軍がソウルの城内に入ったのは五月三日で、清正は日付を一日繰り上げて報告したとされている。

(8)　日明講和交渉

48〔続善隣国宝記〕文禄二年（一五九三）六月二十八日豊臣秀吉条書写

大明日本和平条件

一　和平誓約無二相違一者、天地縦《たとえ》雖レ尽、不レ可レ有二改変一也、然則迎二
大明皇帝之賢女一可レ備二
日本之后妃(1)一事、

一　両国年来依二間隙一、勘合(2)近年断絶矣、此時改レ之、官船・商船可レ有二往来一事、

一　大明・日本通好、不レ可レ有二変更一旨、両国朝権之大官、互可レ題二誓詞(3)一事、

一　於二朝鮮一者、遣二前駆一追二伐之一矣、至レ今弥為下鎮二国家一安中百姓上、雖レ可レ遣二良将一、此条目件々於二領納一者、不レ顧二朝鮮之逆意一、対二
大明一割二分八道一、以二四道并国城一可レ還二朝鮮国王(4)一、且又前年、従二朝鮮一差《つかわし》二三使一投二木瓜(5)一之好也、余蘊附二与四人口実(6)一、

一　四道者既返二投之一、然則朝鮮王子并大臣一両員、為レ質可レ有二渡海一事、

一　去年朝鮮王子二人、前駆者生二擒(7)之一、其人非凡間、不レ混二和平一、為二四人一、度二与沈遊撃(8)一、可レ皈(帰)二旧国一事、

一　朝鮮国王之権臣、累世不レ可レ有二違却一之旨、誓詞可レ書レ之、如レ此旨趣、四人向二
大明勅使一、縷々可二陳二説之一者也、

文禄二年癸巳六月廿八日

（秀吉朱印）
御朱印

石田治部少輔（三成）
増田右衛門尉《えもんのじょう》（長盛）
大谷刑部少輔《ぎょうぶしょうゆう》（吉継）
小西摂津守《つのかみ》（行長）

（1）大明皇帝之賢女…　明皇帝の姫（公主）を日本の天皇の后とする。（2）勘合　貿易。史料38の注（8）参照。（3）前駆　前年朝鮮に派遣した軍勢を指す。（4）不顧朝鮮之逆意…　「朝鮮が日本の意思を明に伝えると言いながら、それを実行しなかったので攻撃した」とするのが明に対する日本側の理屈である。ここでは、朝鮮の「逆意」（むほん心）は不問にして明に対して朝鮮の八道を分割し、うち四道（平安・咸鏡・黄海・江原の北側四道）とソウルは還すとしている。（5）投木瓜之好　木瓜はボケ（植物の名）。良い贈り物をすることのたとえ。（6）余蘊附与四人口実　その他のことは石田三成以下四人が口頭で説明する。（7）去年朝鮮王子二人…　前年、加藤清正軍が咸鏡道会寧で朝鮮王子臨海君《イムヘグン》・順和君《スンホァグン》を捕らえたことを指す。（8）沈遊撃　明の使節である遊撃（官職名）沈惟敬。沈惟敬は実際には、兵部尚書石星・経略宋応昌ら明側避戦派の意を受けて動く一種の策士であり、皇帝の任命を受けた勅使ではなかった。

【解説】　文禄二年（一五九三）正月、日本軍は明軍の攻撃を受けて平壌《ピョンヤン》を撤退した。その後、四月には兵粮不足からソウルも放棄した。かねて避戦の方策を探っていた小西行長は、明の遊撃将軍沈惟敬と気脈を通じ、日明講和交渉を進めるとして、ひとまず停戦が実現することになった。ただしこの頃、慶尚道晋州《チンジュ》城では大規模な攻防戦が行われ、朝鮮の軍民多数が殺されている。この文書は、沈惟敬の名護屋到着後、秀吉が石田三成らに対して明の使者と交渉する際の条件を指示した文書。なお別に、同日付・同じ顔ぶれによる、日本の立場説明を柱とした文書も存在するが、そこでは⑴日本は神国であり秀吉は日輪の奇瑞を受けていること、⑵自分が海賊取り締まりを実現したのに、明から挨拶がないのは日本を侮るものと考え明攻撃を計画したこと、⑶朝鮮は日本と明との間を取り持つと約束しながらそれを実行しなかったので罰を与えたこと、が強調されている（『続善隣国宝記』）。

49 〔大阪歴史博物館所蔵史料〕　万暦二十三年（一五九五）正月二十一日神宗万暦帝誥命《しんそうばんれきていこうめい》（1）　（原漢文）

奉天承運の皇帝（2）、制して曰く。聖仁広運、凡そ天の覆い地の載する、帝命を尊親せざるは莫《な》く、溥《ひろ》く将《ま》た海隅の日の出に暨《およ》び、率俾《そつひ》（3）せざる罔《な》し。昔我が皇祖、多方を誕育し（4）、亀紐龍章《きちゅうりゅうしょう》（5）、遠く扶桑《ふそう》（6）の域に錫《たま》い、貞珉大篆《ていみんだいてん》（7）、栄を鎮国の山に施す。嗣ぐるに以て海波揚り、偶《たま》ま風占の隔つを致す。茲《こ》の盛際に当たり、宜しく彝《い》（8）章を纘《つ》ぐべし。咨《はか》るに爾《なんじ》豊臣平秀吉、海邦に崛起《くっき》し、中国を尊ぶを知る。西に一介の使を馳せ、来同せんことを欣慕し、北に万里の関を叩き、内附せんことを懇ろに求む。情既に恭順に堅く、恩《いつくし》み柔懐に靳《きん》（9）すべしと。茲《ここ》に特に爾を封じて日本国王と為し、これに誥命を錫う。於戯《ああ》寵を芝函《しかん》に賁《いろど》る。(10)冠裳を海表に襲《おそ》い、(11)風を卉服《きふく》(12)に行い、天朝に藩衛を固めよ。爾夫れ臣職の当《まさ》に修むべきを念《おも》い、要束を恪循《かくじゅん》(13)し、皇恩の已《すで》に渥《あつ》きに感じ、欵(款)誠を替うる無く、祗《つつし》みて綸言《りんげん》に服し、永く声教に遵《したが》え。欽《つつし》めよ哉。

万暦二十三年正月二十一日

(年月日ニカケ「制誥之寶」ノ方印ヲ捺ス)

(1)誥命　明清時代、朝廷が高位の臣下に与えた任命書。(2)奉天承運　誥命や詔で、書き出しの「皇帝」にかかる常套句。天命を奉じ皇運を承けつぐ、の意。(3)率俾　臣下として服属する。(4)皇祖　世祖永楽帝。在位一四〇二―二四。(5)亀紐龍章　亀紐は国王の印、龍章は龍を描いた旗。(6)扶桑　日本。(7)貞珉大篆　貞珉は堅くて美しい石。貞珉大篆で国王の印を指す。(8)彝章　不変のきまり。(9)斬　緊に同じ。「咨」以下は、臣下から聞くところによると、なんじ豊臣秀吉は(明を尊崇している意味の記述)ということだ、の意。(10)寵を芝函に賁る　皇帝の恩寵により、目出たい霊芝の模様を彩った箱を下される。この中に冠裳、すなわち冊封を受けたしるしの冠と衣服が入っている。(11)海表　海外の土地。「襲冠裳於海表」で、海外にあって代々明の臣下としての立場を守る、の意。(12)卉服　草で織った服。「風行卉服」で、夷狄の服は風に棄ててしまい、の意。(13)恪循　謹み従う。

【解説】　豊臣秀吉を日本国王に封じた誥命。本史料の体裁は独特なもので、素材には天地約三一センチ、長さ約五〇一センチの五色(青・赤・黄・白・黒)の錦を用い、一行に六字(上部二字分は「奉天」「天承」「皇帝」「皇祖」、つまり天と皇の字のみに使われており通常は四字)、全五十行で書かれている。末尾年月日の上に押してある印は「制誥之寶」。皇帝即位などの際に出される詔も、ほぼ同様の文体。明は楊方亨を冊封正使、沈惟敬を副使として日本に派遣し、冊封の儀式は文禄五年(万暦二十四年・一五九六)九月一日大坂城で行われた。しかし翌二日饗応の席上で、自分の提案した条件が入っていないことを知った秀吉は激怒し、講和交渉は破綻した。ただし秀吉が講和の内容を事前にどこまで把握していたかについては議論がある。本史料に直接関連する史料としては、同時にもたらされた勅諭《ちょくゆ》が宮内庁書陵部に、衣服や冠の一部が京都市の妙法院に現存する。勅諭では、より具体的に、日本軍の朝鮮半島出兵から封貢に至る過程についての明側の認識を述べ、「爾平秀吉を封じて日本国王となし、錫うに金印を以てし、加うるに冠服を以てす。陪臣以下また各量《はか》りて官職を授け、用《もっ》て恩賚《おんらい》を溥《ひろ》くす。仍《より》て爾の国人に詔告し、爾の号令を奉じ、違越を得るなく、世《よ》爾《よ》の土に居し、世爾の民を統《す》べさしむ」としている。なお日本国王の金印は、江戸時代初期対馬宗氏のもとにあったことが確認できる。

(9) 第二次朝鮮出兵

50〔島津家文書〕文禄五年(一五九六)九月七日豊臣秀吉朱印状

急度被二仰出一(1)候、今度朝鮮王子不二差渡一之段、不二相届一(2)儀候、然者、城々(3)普請・番等丈夫ニ被二仰付一候条、存二其旨一、手前之人数半分、慥《たしかに》朝鮮ニ相詰(4)、可レ令二在番一候、兵粮等之儀も、丈夫ニ可レ令二覚悟一候也、

九月七日（秀吉朱印）

嶋津兵庫頭（義弘）とのへ

（1）被仰出　主語は秀吉。ここでは、命令する、指示するの意。自分の行為に対して敬語を使う自敬表現になっている。（2）不相届儀　不届きなこと、けしからぬこと。（3）城々　朝鮮で諸大名が在番する城。（4）手前之人数半分…　島津氏の（秀吉から動員を命じられた）軍勢の半分を確実に朝鮮に在陣させる。

【解説】　文禄五年（＝慶長元年。明万暦二十四年、朝鮮宣祖二十九年）九月、秀吉は諸大名に再度朝鮮半島への出兵準備を指示した。この文書から、その理由が、「朝鮮が（約束したように、人質の）王子を日本に渡さないのは、不届きである」として諸大名に説明されたことが分かる。

51〔島津家文書〕慶長二年（一五九七）二月二十一日豊臣秀吉条書

条々

一　先手（1）動之儀、加藤主計頭（清正）、小西摂津守（行長）、鬮取《くじとり》之上を以、二日かハりたるへし、但非番ハ二番めに可二相備一事、

一　三番め黒田甲斐守（長政）、毛利壱岐守（吉成）、嶋津又七郎（忠豊）、高橋九郎（元種）、秋月三郎（種長）、伊藤民部大輔（祐兵）、相良《さがら》宮内大輔（長毎）可二相備一事、

一　四番　鍋嶋加賀守（直茂）、同信濃守（勝茂）、

一　五番　羽柴（島津義弘）薩广（摩）侍従、

（六番より八番まで略）

一　釜山浦城、筑前中納言（小早川秀秋）、御目付太田小源五（一吉）在番仕、先手之注進無二由（油）断一可レ仕事、

一　あんこうらい（安骨浦）の城、羽柴柳川侍従（立花宗茂）在番、

一　かとく（加徳島）の城、高橋主膳（直次）、筑紫上野介（広門）在番、

一　竹嶋の城、羽柴久留（小早川秀包）目（米）侍従在番、

一　せつかい（西生浦）の城、浅野左京大夫（幸長）在番、

一　先手之衆為二御目付一、毛利豊後守（重政）、竹中源介（隆重）、垣見和泉守（一直）、毛利民部大輔（高政）、早川主馬首（長政）、熊谷内蔵丞（直盛）、此六人被二仰付一候条、任二誓紙之旨一、惣様動等之儀、日記を相付候而、善悪共ニ見隠聞隠さす、日々可レ令二注進一事、

一　諸事からい（高麗）（2）ニての様躰、七人（3）ゟ御注進申上儀、正意ニさせらるへき旨、被二仰聞一候間、存二其旨一、縦《たとい》縁者親類智音たりといふ共、ひいきへんは（贔屓偏頗）なく、有様ニ可二注進一事、

一　先手動等之儀、各以二相談之上一、多分ニ付而（4）可レ随レ其、ぬけかけ（抜け駆け）ニ一人二人として申やふり候ハヽ、くせ（曲）事たるへき事、

一　於二何方一も野陳（陣）たるへき事、

一　赤国（5）不レ残悉一篇ニ成敗申付、青国（6）其外之儀者、可レ成程可二相動一事、

一船手之動入候時者、藤堂佐渡守(高虎)、加藤左馬助(嘉明)、脇坂中務少輔(安治)、両三人申次第、四国衆菅平右衛門(達長)并諸警固舟共可二相動一事、
一右動相済上を以、仕置之城々所柄之儀各見及、多分ニ付而城主を定、即普請等之儀、為二帰朝衆《きちょうのしゅうをして》一令二割符一、丈夫ニ可二申付一事、
一右七人之者共ニ七枚起請をかゝせられ、諸事有様之躰可二申上一旨、被二仰付一候条、忠功之者ニハ可レ被レ加二御褒美一、自然背二御法度一族《やから》有レ之者、右七人申次第、不レ寄二誰々一、八幡大菩薩可レ被レ加二御成敗一条、得二其意一不レ可レ有二由断一事、
一自然大明国者共、(7)朝鮮都ゟ五日路も六日路も、大軍ニて罷出於二陣取一者、各令二談合(8)一、無二用捨一可レ令二注進一、御馬廻迄ニて一騎懸ニ被レ成二御渡海一、即時被二討果一、大明国迄可レ被二仰付一事、案之内ニ候条、於二由断一者可レ為二越度(9)一事、
以上
慶長弐年二月廿一日(秀吉朱印)
羽柴薩广(摩)(10)侍従とのへ

(1)先手　先陣。(2)かうらい　朝鮮。(3)七人　釜山の太田一吉に毛利重政以下の「六人衆」を加えた七名。(4)多分ニ付而　多数決で決めて。(5)赤国　全羅道《チョルラド》。(6)青国　忠清道《チュンチョンド》。これらの色分けは朝鮮の地図での色分けによった。(7)自然大明国者共…案之内ニ候条　もし明の大軍が出てきたとしても、(中略)秀吉自身が側近だけを連れて朝鮮に渡り、直ぐに討ち果たしてくれる。大明まで支配する策は、すでに考えてある。(8)談合　相談。(9)越度　落ち度。(10)羽柴薩摩侍従　島津義弘は天正十六年に、従五位下侍従に叙任し羽柴の名字を許された。

【解説】　これも島津氏に宛てた秀吉の朱印状で、朝鮮半島における戦争の進め方について指示を与えている。「城々普請・番等丈夫ニ被仰付候」(史料50)、「仕置之城々所柄之儀各見及」とあるように、この戦争では、朝鮮半島南部を軍事的に占領することに重点が置かれた。また、諸大名軍の配置や協力について、「鬮取」や「多分」に従って行動するよう指示している点や、七人の「御目付」に毎日の報告提出を命じているなど、諸大名の行動に対して強い規制を加えようとしていることが特徴的である。

52・53〔鍋島文書〕慶長二年(一五九七)八月二十一日・十月一日早川長政他二名鼻請取状

52　昨今之首代鼻九拾、慥《たしかに》請取申候、恐々謹言、
八月廿一日
熊谷内蔵允
直盛(花押)
垣見和泉守
一直(花押)

早川首馬頭
長政(花押)

鍋嶋信濃守殿
御陣所

53 金溝・金堤両郡(1)ニおゐて御成敗之頸之鼻数事、
合三千三百六拾九也
右慥ニ請取申所也、
十月一日
垣見和泉守(花押)
熊谷内蔵允(花押)
早川首馬頭(花押)
鍋嶋信濃守殿

(1)金溝《クムグ》・金堤《キムジエ》両郡　いずれも現在の全羅北道《チョルラボクド》金堤郡内。

【解説】　第二次侵略に際して、秀吉は朝鮮に在陣する諸大名に、敵の首の代わりに鼻を斬って送るよう命じた。諸大名は確保した鼻を熊谷ら軍《いくさ》目付に送り、それと引き替えに軍目付は数を確認して鼻請取状を出した。本史料は鍋島勝茂軍の例。文中「首代鼻」「御成敗之頸之鼻」と明記されているが、実際には籠城戦に加わった民衆や戦闘とは関係ない人間の鼻を取る行為も行われた。秀吉がこのような行為を行わせた目的は、諸大名に戦功を競わせ、出兵の戦果を日本国内に印象づけるためであり、またその供養によって自らの「慈悲心」を演出するためでもあった。秀吉は京都東山の方広寺に「鼻塚」を築き、慶長二年九月二十八日施餓鬼供養を催した。この塚は後世耳塚と訛伝して伝えられた。

⑽　朝鮮侵略——「被虜人《ひりょにん》」たちのその後

54〔寛永拾九年平戸町人別生所糺《ただし》(1)〕

一　年六拾　　川崎屋助右衛門尉
生国高麗之もの(2)、四拾八年以前(3)ニ備前岡山ニ参、其後慶長拾九年ニ長崎上町ニ参、きりしたんニ罷成候へ共、竹(4)〔正脱〕中采女様御代ニ外浦町ニ而ころひ(5)、一向宗ニ罷成、大光寺を頼申候、

一　年五拾三　　右之女房
生国高麗之もの、慶長四年肥後八代ニ参、同拾六年ニ長崎ニ参、則天川(6)へ被二売渡一きりしたんニ罷成、元和二年ニ帰宅仕、外浦町ニ参、竹中采女様御代ニ同町ニ而ころひ、一向宗ニ罷成、大光寺を頼申候、右之助右衛門尉女房共ニ高麗之ものニ而御座候故、町中吟味之上慥《たしか》成請人立させ、請状ヲ取、組中ニ召置申候、

一　年拾九　　右之子たつ
生所長崎之もの、幼少ゟ切したんニ而御座候へとも、竹中采女様御代ニ父母同前ニころひ、同宗同寺頼申候、

一　年拾六　　右之子稔の介
生所長崎、同御代ニ同前ニころひ、同宗同寺頼申候、
〆
（中略）
一　年五拾八　　右之下女たけ(7)
生国高麗之もの、拾壱のとし茂木村ニ参、慶長弐拾年ニ
長崎大村町ニ参、則切したんニ罷成、竹中采女様御代ニ
当町ニ而ころひ、法花宗罷成、本連（蓮）寺を頼申候、右之い
と高麗人ニ而御座候故、町中吟味之上慥成請人立させ、
請状組中ニ召置申候、
（中略）
家持・借屋人数合弐百弐拾八人内 男百六人 女百廿二人
右町内家持・借屋男女不レ残相改申候、高麗人并きりし
たん事ニ付江戸へ参候もの、きりしたん御政道(8)之砌山上
り又ハきりしたん寺江奉公仕候もの、天川へ被レ遣候も
の、親類吟味仕請人を取置申候、其外他所他町ニ而ころ
ひ申もの、元来迄も念を入改申候、

（1）寛永拾九年…　本史料は長崎平戸町旧乙名石本家旧蔵、九州大学所蔵。『九州史料叢書・長崎平戸町人別帳』名で刊本あり。寛永十九年は一六四二年。（2）高麗　朝鮮。（3）四拾八年以前　文禄四年（一五九五）か。（4）竹中采女　竹中重義。寛永六年から同十年まで長崎奉行。（5）ころひ　ころぶ。キリスト教を棄教する。（6）天川　マカオ。（7）右之下女たけ　松岡久右衛門。（8）きりしたん御政道　幕府の禁教・改宗政策。

【解説】　秀吉の朝鮮侵略戦争の影響として、戦争捕虜の問題を見落とすことはできない。二次にわたる戦争の過程で、二万ないし三万人の朝鮮人が日本に連行されたが、その後来日した朝鮮使節（刷還使《さっかんし》。史料121参照）の呼びかけなどによって、結局六千人ほどが帰国した。被虜人の中では、藤原惺窩《せいか》に朱子学を講じた姜沆《カンハン》のような知識人や、薩摩・苗代川の陶工のような技術者集団が有名である。しかしむしろその多数は、本史料に見えるように、奴婢として海外に売られたり、キリスト教に入信したりといった経験を経ながら、都市を中心に暮らしていたと考えられる。秀吉政権も江戸幕府も、人身売買禁止を命じていたが、実態としては近世初期にはまだ不徹底であった。なお、日本軍の中にも、現地で戦線を離脱し、その後朝鮮半島で暮らすことを選んだ者たち（朝鮮ではこれを「降倭」と呼んだ）がいた。

第二章　幕藩体制の成立と構造

本章では、一六〇〇年の関ヶ原の戦いに徳川家康が勝利して権力を掌握してからおよそ一世紀、元禄期の五代将軍徳川綱吉政権期までを対象にする。幕府（将軍）と藩（大名）とを基軸にした政治社会体制である幕藩体制の成立過程とその構造的特質を史料によって見ていきたい。

一六〇三年に征夷大将軍に任じられた徳川家康は二年後に秀忠に将軍職を譲り、外交権・通貨発行権など公権力を着々と掌握していった。しかしなお大坂城には、前政権の名目的に引継ぐ豊臣秀頼が存在していた。一六一四・五年の大坂の陣によって豊臣氏を潰滅させ、公権力を独占した徳川政権は、一国一城令を命じたあと「武家諸法度」と「禁中並公家諸法度」を発布して、諸大名と天皇・朝廷統制の基本的枠組みを固めた。

家康の死後、秀忠政権ではとくにキリスト教禁止の強化が企図され、江戸時代を通してこの政策は貫かれることになった。三代将軍家光は、主従制に関わって参勤交代の制度を確立したうえで、老中・若年寄の制度など幕府官僚機構を整備して、かつて特定の個人が将軍の側近として能力を発揮した出頭人政治を終焉させ、継続性のある幕府権力の性格を強めた。またキリスト教禁止と幕府による貿易独占を図るために、ポルトガル船などの来航禁止と長崎出島におけるオランダ商館とのみの貿易体制をいわゆる「鎖国」という形で確立させた。

幕府の外交体制は、欧米諸国のみならず朝鮮・琉球・アイヌ民族との関係も制度化し、いわゆる四つの口（長崎・対馬・薩摩・松前）を通した外交体制を一六六〇年代には最終的に確立させた。これは、十七世紀前半期の中国大陸における明清交代の動乱が日本を含めて東アジア全域に影響を及ぼしており、一六六二年に明朝が完全に滅亡し、台湾にあった鄭成功が死没したことで、東アジアの安定と秩序がもたらされたことによった。

幕藩領主の財政基盤となる百姓からの年貢徴収は、村落の側が領主に対して年貢を請負う村請制の方式をとったが、この時代に広く展開していった。村人たちが年貢納入の責任を果たすためにも五人組制度や村掟は意味を持ち、自律的な村落の運営がはかられた。

このような近世の村落や領主にとって一六四二年前後の全国的な寛永飢饉は最初の危機となり、転換期ともなった。幕藩領主の側は、百姓経営がすり切れないよう勧農政策に転換し、以後大小の開発が活発になって耕地面積は格段に増加した。新田村落はもちろん、旧村でも開発の努力をした小経営農民が村落運営の中心になっていった。村落から納入された年貢米（領主米）は城下町で売却されたほか、十七世紀後半には西廻り航路を用いて大坂などに移送し、換金して幕府や藩の財政にあてる、領主的な全国流通機構も確立した。

四代家綱・五代綱吉政権では、東アジアの安定と秩序の下で、戦国時代以来続いてきた武士の価値観を改め、平和と安定の時代にふさわしいものに変えていった。一六六三年将軍家綱による代始めの「武家諸法度」発布に際して「殉死の禁止」が命じられた。それまでの、属人的《パーソナル》な主従関係を前提にして主人の死後追腹を切ることが美徳とする価値観を否定し、主人の死後も主家に奉公することが命じられた。この下剋上と反対の論理によって将軍家は代々将軍家であり続け、大名家も同様に安泰となった。

綱吉政権では、一六八三年「武家諸法度」第一条を改定し、「文武弓馬之道」から「忠孝・礼儀」を第一に重んずる転換がなされた。これと連動して一六八七年頃から「生類憐み令」と「服忌令」をくり返し触れて、殺生禁止と死や血の穢れを排する考え方を社会全体に浸透させていった。この考え方は、戦国時代以来続いた敵将の首を切り血を流すことで武士が上昇するという価値観を否定するもので、儀礼を重視し身分秩序を重んじる考え方に転換させるものとなった。

これらは、平和の続く中で、将軍が軍事指揮権を発動して諸大名を統制することのできなくなった時代に、これに見あった価値観に転換させる政策であった。そうしたことからまた天皇・朝廷の求める儀式（大嘗会など）再興を容認し、朝廷権威を用いて将軍権威を高めようとする朝幕協調の関係が形成されるようになった。

第一節

幕藩体制成立の政治過程

1　関ヶ原戦から「元和《げんな》偃武《えんぶ》」まで

(1)　関ヶ原戦

55〔松井家文書〕　慶長五年（一六〇〇）七月十七日徳川家康を弾劾する条書写

内府ちかい（違）の条々

一　五人之御奉行、(1)五人之年寄共、(2)上巻之誓紙《せいし》(3)連判《れんぱん》候て無㆓幾程㆒年寄共之内弐人(4)被㆓追籠《おいこめ》㆒候事、

一　五人之奉行衆之内、羽柴肥前守（前田利長）事、遮而誓紙を被㆑遣候て、身上既可㆑被㆑果之処、先景勝為㆑可㆓討果㆒、人質を取、追籠被㆑申候事、

一　景勝なにのとか（咎）も無㆑之ニ誓紙《せいし》之筈《はず》(5)をちかへ、又ハ大閤様被㆑背㆓御置目《おんおきめ》㆒、今度可㆑被㆓討果㆒儀嘆《なげか》ケ敷《しく》存、種々様々其理申候へ共、終無㆓許容㆒被㆓出馬㆒候事、

一　知行方之儀、自分ニ被㆓召置㆒候事者不㆑及㆑申、取次をも有間敷由候、是又上巻誓紙之筈をちかへ、忠節も無㆑之者共ニ被㆓出置㆒候事、

一　伏見之城、大閤様被㆓仰置㆒候留守居共を被㆓追出㆒、私ニ人数被㆓入置㆒候事、

一　拾人之外、誓紙取やりあるましき由、上巻誓紙に乗せられ数多《あまた》取やり候事、

一　政所様（高台院）御座所《ござしょ》ニ居住之事、

一　諸侍の妻子、ひいき〳〵ニ、国元へ被㆑返候事、

一　御本丸のことく殿守(6)被㆑上候事、

一　縁辺《えんぺん》之事、被㆑背㆓御法度㆒ニ付て、各其理申、合点候て、重而縁辺不㆑知㆓其数㆒候事、

一　若き衆ニそくろをかい、(7)徒党《ととう》を立させられ候事、

一　御奉行五人一行ニ、為㆓一人㆒判形《はんぎょう》候事、

一　内縁之馳走《ちそう》を以、八幡(8)之検地被㆑免候事、

右誓紙之筈を少も不㆑被㆓相立㆒、大閤様被㆑背㆓御置目㆒候へハ、何を以頼可㆑在㆑之候哉、如㆑此一人宛《ずつ》被㆑果候て之上、秀頼様御一人被㆓取立㆒候はん事まことしからす候也、

慶長五年　七月十七日

(1)五人之御奉行　太閤記にいう五大老（徳川家康・前田利家・宇喜多秀家・上杉景勝・毛利輝元）。(2)五人之年寄　太閤記にいう五奉行（前

田玄以・浅野長政・増田《ました》長盛・石田三成・長束《なつか》正家。(3)上巻之誓紙　慶長三年八月五日に、死期の近い秀吉の前で取り交わされていた誓詞。(4)弐人　石田三成、浅野長政。(5)誓紙之筈　起請文の約束。(6)殿守　大坂城西丸の天守。(7)そくろをかい　おだてる。扇動する。(8)八幡　石清水八幡宮。

56〔毛利家文書〕慶長五年(一六〇〇)九月十七日黒田長政・福島正則連署状

以上

態中入候、今度奉行共逆心之相構付而、内府公(徳川家康)濃州表御出馬付て、吉川殿(広家)・福原(広俊)、輝元(毛利)御家御大切ニ被レ存付、両人迄御内存、則内府《ないふ》公へ申上候処、対二輝元一少《すこしも》茂無二御如在《じょさい》(1)一之儀候間、於二御忠節一ハ、弥此以後も可レ被二仰談一之旨、両人より可二申入一之御意候、委曲福原口上ニ申含候間、可レ被二申上一候、恐惶謹言

九月十七日

黒田甲斐守
長政(花押)

羽柴(福島)左衛門大夫
正則(花押)

輝元様
人々御中

(1)如在　悪意。

【解説】秀吉なき後の公儀権力の掌握は、積極的な動きを示す徳川家康の動向と、それを抑えようとする石田三成らの動き、さらに豊臣取立大名の中で、石田ら吏僚派大名への反感を持つ加藤清正・福島正則ら武断派の動きの中で推移した。

慶長四年(一五九九)十月に大坂城西丸に入った家康は、同年閏三月に死去した前田利家の子利長を従わせるとともに、上杉景勝に、領国での謀反の嫌疑をかけ、翌年上杉討伐の軍を催した。三成は、その留守中に、史料55に掲げた十三ヵ条の家康弾劾文を出して上方に挙兵した。毛利氏を始めとして大坂城本丸に人質をとられていた大名は石田方となり、伏見城を落としたのち、美濃に進出した。一方、家康も上杉討伐に同行した加藤・福島・黒田らの大名を味方とし西帰した。ここに、九月十五日、美濃関ヶ原において双方で二十万以上の大軍が衝突した。事前の家康の工作により小早川軍の寝返りがあり、家康軍の大勝となったが、家康はすかさず大坂城に陣取る毛利氏の懐柔にも乗り出した。史料56のごとく、毛利一族の吉川氏を利用しての工作であった。

(2)　家康将軍宣下

57〔日本耶蘇会年報(1)〕西暦一六〇三年分

内府(家康)(2)は、日本人が、十分なる準備を以て祝する所の、かの誕生日に、京都に来らざるべからざるを以て、冬之中頃珍しき大雪の日、関東を出発せり、既に六十歳を超えたれば、甚だ旅に苦しみ、途上殆ど死せんとせり、即ち当国の慣例

により、歳首之祝に、結構なる献上物を贈れり、内府は、公方《くぼう》、即ち関白及太閤の官職よりも、猶高き職なる、日本陸軍大将の職を取らんと欲して、儀仗の準備をなし、華麗に装飾せる車に乗りて、其宮殿を出で、先例に習へる行列にて、日本の凡ての諸国主に伴はれたり、各国主は、其官職相当の礼容を備へ、此珍しき盛儀を見んが為に、各地方より集まれる人々を制し、市街を通行するを得んが為に、大数の兵士を伴ひたり、内裏の御所に到着して、旧例に由り、然るべき儀式を以て、新しき爵位を賜はりたり、されば、従来は内府なりしを、今より後は、公方若くは公方様と呼ぶべく、以来は此名を以て我々も呼ぶなるべし、此爵位を得たるにより、新に諸国主より訪問を受け、進物を贈られ、又凡ての貴族等、各其資力に従ひ、其進物の品質、及華麗なることに於て、互い他を凌駕せんと勉めたり、

(1)日本耶蘇会年報　当時、日本イエズス会がローマに送った公式報告書。日本語訳は『大日本史料』十二編　慶長八年二月十二日項に拠った。
(2)内府　内大臣。

58〔壬生家四巻之日記〕　慶長八年(一六〇三)二月十二日

十二日、己亥
内大臣源朝臣〈家康公〉。転任二右大臣一、并征夷大将軍、。源氏長者、淳和・奨学両院別当、牛車兵仗等之事　宣下、〈陣儀〉、上卿(1)広橋大納言〈兼勝公〉奉行職事《しきじ》(2)頭左中弁光広(烏丸)朝臣、参仕弁、〈可レ尋〉、
宣旨、〈右大臣、源氏長者、牛車《ぎっしゃ》、兵仗《ひょうじょう》、以上四通大外記(3)将軍、源氏長者、牛車、両院別当、以上四通官務(4)〉

内大臣源朝臣
左中弁藤原朝臣光広伝宣、権大納言藤原朝臣兼勝宣、奉レ勅、件人宜レ為二征夷大将軍一者、
慶長八年二月十二日　中務大輔兼右大史笠博士
小槻宿禰孝亮奉

(1)上卿《しょうけい》　朝廷において太政官が行う儀式を取り仕切る公卿。(2)職事　蔵人頭及び五位・六位の蔵人の総称。(3)大外記　だいげき。少納言局の実務統括者。局務ともいう。この時期は押小路家が代々世襲。(4)官務　弁官局の実務統括者。この時期は、壬生家が代々世襲。

【解説】　慶長八年(一六〇三)二月十二日、上洛した家康は、征夷大将軍に任じられた。これは、徳川政権と大坂の秀頼政権との関係変化の出発点でもあった。史料57では、この上洛自体、多くの大名が従った軍事的示威行動の性格を帯びていたことが窺われる。史料58は、宣旨の作成実務にあたった小槻(壬生)孝亮の記録である。大外記と分担の上、将軍宣下の宣旨に限らず、任(右)大臣、源氏長者、淳和・奨学両院別当、牛車兵仗の宣下が出されている。これは、室町将軍の例にならったものである(ただし二代目以降、任右大臣は任内大臣が主流となる)が、これ以降の徳川将軍への宣下にも踏襲される。この二年後、将軍

職は秀忠へ譲られ、家康は大御所として駿府に移り、世襲への道が引かれる。

(3) 慶長十六年大名誓紙

59〔前田家文書 古蹟文徴〕慶長十六年(一六一一)四月十二日
細川忠興外二十一名大名誓詞写

条々

一 如㆓右大将家《(源頼朝)》以後代々公方之《くぼうの》法式《ほうしき》(1)㆒可㆑奉㆑仰㆑之、被㆑考㆓損益㆒而、自㆓江戸㆒於㆑被㆑出㆓　御目録㆒者、弥《いよいよ》堅可㆑守㆓其旨㆒事、

一 或背㆓　御法度㆒、或違㆓　上意㆒之輩、各国々可㆑停㆓止隠置㆒事、

一 各、拘置《かかえおく》諸侍已下、若為㆓叛逆殺害人《はんぎやくせつがいにん》㆒之由、於㆑有㆓其届㆒者、互可㆔停㆓止相拘㆒事、

右条々若於㆓相背㆒者、被㆑遂㆓　御糺明㆒、可㆑被㆑処㆓厳重之法度㆒者也、

慶長十六年四月十二日

豊前宰相
忠興《(細川)》(花押)
越前少将
忠直《(松平)》(花押)
播磨少将
輝政《(池田)》(花押)
安芸少将
正則《(福島)》(花押)
薩摩少将
美作侍従
忠政《(森)》(花押)
加賀侍従
利光《(前田)》(花押)
(中略)
金森出雲守
可重(花押)

(1)公方之法式　貞永式目や建武式目等を指す。

60〔東大寺雑事記〕慶長十六年(一六一一)三―四月

于㆑時慶長拾六 歳次辛亥 三月十七日、関東将軍《(徳川秀忠)》・家安《(徳川家康)》上落《(洛)》之事、日本国諸大名諸寺諸山罷上ル也、御参礼ト云々、爰《ここ》ニ大坂ノ大将秀ヨリ《(頼)》公御礼ト云々、殊外《ことのほか》西大名気遣処、次ノ廿八月《(日)》朝御対面有候ハヽ無事ニ御礼済ト云々、天下安全目出度也、

(中略)

二月廿八日ニ中性院（1）も御礼ニ上洛ト云々、掛銭臣家用トテ、石別五〆（貫）宛打ル、将軍様御上洛之用ト云々、

（中略）

三月十八日、両座観音講在レ之、従二関東一家安（家康）・将軍御上洛治定、以外《もつてのほか》見事成御出立ト云々、（下略）

（中略）

卯月十二日、関東家案（家康）将軍御還国大慶也、今度者大坂秀頼公ト之御存分可レ在レ之トテ、天下ノ気遣不レ及二是非一処、無事ニ御礼済候ハヽ目出度と申計《もうすばかり》也、

（1）中性院　東大寺の塔頭。

【解説】慶長十六年（一六一一）三月、大御所家康は、江戸の将軍秀忠を従え、駿府から五年ぶりに上洛した。これは、後陽成天皇の譲位と後水尾天皇の即位に伴うものであるが、政治的には、さらに別の大きな意味を持っていた。ひとつは、大坂城の秀頼との間の政治的上下関係の明確化であり、そのために、秀頼本人の上洛要求が出された。この要求への秀頼の対応次第では、徳川－豊臣間に戦争の可能性も予測され、上方では、この一件をめぐり、にわかに緊張が高まった。結局秀頼は上洛し、三月二十八日の二条城での家康との対面が実現した。史料60のように、戦争の危機が去ったことへの安堵感が流れている。家康はさらに、四月十二日に、上洛中の国持大名等二十二名に史料59の誓紙を提出させ、公儀権力の立場から、彼らの統制を強めている。

(4)　大坂陣関係

61〔毛利家文書〕慶長十九年（一六一四）九月七日毛利秀就誓書写

敬白天罰霊社起請文前書事

一　奉レ対二両（家康・秀忠）御所様一、不レ可レ致二別心表裏一事

一　対下背二 上意一輩上《じょういにそむくのともがらにたいし》、一切不レ可二申談一事

一　被二仰出一御法度已下、毛頭《もうとう》不レ可二相背申一之事

右条々、若於レ致二違背一者、忝も

上者梵天・帝釈・四大天王・廿八宿（以下罰文略）

慶長拾九年九月七日　松平（毛利）長門守秀就

本多佐渡守（正信）殿

酒井雅楽頭（忠世）殿

62〔藤堂家文書〕慶長十九年（一六一四）十月二日藤堂高虎宛本多正純書状

大御所（徳川家康）様今度の仕合お御きゝ（聞き）被成、大かたもなく御わか（若）やき被レ成候間、可レ為二御満足一候、方々への御しおき（仕置）一段とはかまいり、らち（埒）のあきたる儀と存候、か様の儀、御すきのミちと申、又ゐさせられ候儀ニ御座候へハ、何もかも乍レ恐よきと存計ニ候、尚々、貴殿様早々御越候て、思召の

通、御申上可レ被レ成候、何れをも〳〵貴面ニ可ニ申上一候、又申候、上様（徳川秀忠）昨ちと御きあいあしく（気合悪しく）御座候つるか、大さかの仕合お御きゝ被レ成候てより、すきすきとよく御なり被レ成候、さて〳〵きとく（奇特）なる御事と存候、又さいせう（徳川義直）様も、今月五日ニ尾州なこや（名古屋）へ御座被レ成候、なに事もそれほとニはかまいらせ候まゝ、御まんそく可レ被レ成候、貴さま御一人の御まんそくとすいれう（推量）申事ニ候、御床しく奉レ存計候、何事もはやく御めにかゝり申度候、いそき御上り被レ成候〳〵、大御所さま御まちかね可レ被レ成候間、御いそき被レ成候、又申候、今度ハさとのかミ（佐渡守、本多正信）ニ切々の御心付忝奉レ存計候、恐々謹言

十月二日　　正純（本多）（花押）

藤（藤堂高虎）いつミ様

【解説】　圧倒的優位に立ったとはいえ、江戸幕府を中心とする公儀権力の確立にとって、大坂豊臣氏の存在は、最大の不確定要因であった。慶長十九年（一六一四）八月の方広寺鐘銘事件以降、豊臣氏を軍事的に取り除いてしまおうとする意図を、家康は、もはや隠そうとはしなかった。同年九月七日には、史料61のごとく、西日本を中心とする五十人の大名から、先の史料59よりもさらに徳川氏への臣従を明確に誓わせている。そして、十月一日、大坂攻めを決意した家康は、全国へ軍事動員令を発した。その翌日、家康の信任あつい藤堂高虎に出された家康側近本多正純の書状には、徳川公儀権力確立の最後の仕上げに臨む家康の高揚した様子が示されている。

(5)　一国一城令及び武家諸法度元和令

63〔**毛利家文書**〕**慶長二十年（一六一五）閏六月十三日酒井忠世外二名幕府年寄連署状写**

以上

急度申入候、仍貴殿御分国(1)中居城をハ被ニ残置一、其外之城者、悉可レ有ニ破却一之旨、上意候、右之通諸国へ申触候間、可レ被レ成ニ其御心得一候、恐々謹言

閏六月十三日　　安藤対馬守
　　　　　　　　　重信
　　　　　　　　土井大炊助
　　　　　　　　　利勝
　　　　　　　　酒井雅楽頭
　　　　　　　　　忠世

松平長門守（毛利秀就）殿

(1)分国　国持大名の領国。この場合、毛利氏支配の長門《ながと》国と周防《すおう》国。

64〔**御触書寛保集成他**〕**慶長二十年（一六一五）七月武家諸法度**

①　一　文武弓馬道専可ニ相嗜《たしなむ》一事、

左《ぶんをさにし》レ文右《ぶをうにするは》レ武、古之法也、不レ可レ不二兼備一矣、弓馬是武家之用枢也、号レ兵為二凶器一、不レ得レ已而用レ之、治不レ忘レ乱、何不レ励二修練一乎、

② 一可レ制二群飲佚遊《ぐんいんいつゆう》一事、
令条所レ載、厳制殊重、耽二好色一、業二博奕一、是亡国之基也、

③ 一背二法度一輩、不レ可四隠三置於二国々一事、
法是礼節之本也、以レ法破レ理、以レ理不レ破レ法、背レ法之類、其科不レ軽矣、

④ 一国々大名・小名并諸給人各相抱之士卒有下為二反逆《はんぎゃくをなし》一殺害人《さつがいにんのつげあらば》告上者、速可二追出一事、
夫《それ》挟二野心一之者、為下覆二国家一之利器、絶二人民一之鋒剣上、豈足二允容(1)一乎、

⑤ 一自今以後、国人之外、不レ可三交二置他国者一事、
凡因レ国、其風是異、或以二自国之密事一告二他国一、或以二他国之密事一告二自国一、佞媚(2)之萌也、

⑥ 一諸国居城雖レ為二修補一、必可レ言上一、況新儀之構営堅令二停止一事、
城過二百雉(3)一、国之害也、峻レ塁浚レ隍(4)、大乱本也、

⑦ 一於二隣国一、企二新儀一、結二徒党一者有レ之者、早可レ致二言上一事、
人皆有レ党、亦少二達《たつするものすくなし》者一、是以或不レ順二君父一、乍レ違二于隣里一、不レ守二旧制一、何企二新儀一乎、

⑧ 一私《わたくしに》不レ可レ締二婚姻一事、
夫婚合者陰陽和同之道也、不レ可二容易一、睽(5)曰、匪レ寇(6)婚媾(7)、志将レ通、寇則失レ時、桃夭(8)曰、男女以レ正、婚姻以レ時、国無二鰥(9)民一也、以レ縁成レ党、是姦謀本也、

⑨ 一諸大名参勤作法之事
続日本紀制曰、不レ預二公事一、恣不レ得レ集二己族一、京裡二十騎以上不レ得二集行一云々、然則不レ可三引二卒多勢一、百万石以下二十万石以上不レ可レ過二二十騎一、十万石以下可レ為二其相応一、蓋公役之時者可レ随二其分限一矣、

⑩ 一衣装之科不レ可二混雑一事、
君臣上下可レ為二各別一、白綾、白小袖、紫袷、紫裏、練、無紋小袖、無二御免一衆猥不レ可レ有二着用一、近代郎従諸卒、綾羅錦繍等之飾服、非二古法一、甚制《これをせいす》レ焉、

⑪ 一雑人(10)恣不レ可二乗輿一事、
古来依二其人一無二御免一乗家有レ之、御免以後乗家有レ之、然《しかるに》近来及二家郎諸卒一乗輿、誠濫吹(11)之至也、於二向後一者、国大名以下(12)一門之歴々者、不レ及二御免一可レ乗、其外昵(13)近之衆并医陰(14)両道或六十以上之人或病人等御免以後可レ乗、家郎従卒恣令レ乗者、其主人可レ為二越度《おちど》一、但

公家門跡并諸出世之衆者非二制限一、

⑫一　諸国諸侍可レ被レ用二倹約一事、
富者弥誇、貧者恥レ不レ及、俗之凋弊(15)無レ甚二於此一《これよりもはなはだしきはなし》、所レ令二厳制一也、

⑬一　国主可レ撰二政務之器用(16)一事、
凡治レ国道、在レ得レ人、明察二功過一、賞罰必当、国有二善人一、則其国弥殷《さかん》、国無二善人一、則其国必亡、是先哲之明誡也、

右、可三相二守此旨一者也、
　慶長廿年卯七月　日

（出典）主に『御触書寛保集成』（岩波書店）に拠ったが一部「別本諸法度」及び「元和二年武家諸法度草案」により校訂した。
（1）允容　心から許すこと。（2）佞媚　媚びへつらうこと。（3）百雉　雉は城壁の大きさの単位。一雉は高さ一丈、長さ三丈。（4）峻塁浚隍　険しい砦と深い濠。（5）睽　『易経』中の卦名。（6）寇　あだなす。（7）婚媾　夫婦の約束。（8）桃夭　『詩経』周南の編名。（9）鰥民《かんみん》　年老いた独身男性。（10）雑人　身分の低い者。（11）濫吹《らんすい》　位階等の秩序を乱すこと。（12）国大名　国持大名。国主。（13）昵近《じっきん》　懇意。（14）医陰両道　医師と陰陽家。（15）凋弊《ちょうへい》　疲れ衰えること。（16）器用　有用な人材。

【解説】　元和偃武（大坂夏の陣で豊臣氏が滅亡し、戦国以来の争乱が終結したことを指す）の後、大名に対する徳川氏の統制の意志はますます明らかとなる。慶長二十年閏六月、まず、大坂夏の陣終了から二ヵ月とたたない時点で、西国の国持大名を中心に、居城以外の端城の破却を命ずる奉書が渡された。史料63には一国一城との文言はないが、同日付で出されたもう一通には、「一国一城之外破却候様ニ」と命じている。各地で即時に破却が実行された。

そして七月七日、伏見城へ集められた諸大名に対して十三ヵ条から成る諸法度が金地院崇伝《こんちいんすうでん》により読み聞かせられた。第九条⑨、以下同）以外は、禁止事項や奨励事項を一つ書きの形式で示した後、各条に注釈を付している。⑨のみは表題を示した後、内容を規定した形である。法度の作成にあたっては、『神皇正統記』や『易経』『詩経』「十七条憲法」『続日本紀』「建武式目」等、古今内外の典籍が、金地院崇伝と林羅山により調査され、条文や注釈に多く用いられている。作成発布の目的は、統一政権としての幕府が、大名統制の方針を明らかにするためのものであった。従って、すでに確認済みの慶長十六年（一六一一）の大名誓詞（史料59）の規定を受けた③④を始めとして、文禄四年（一五九五）八月の秀次事件直後秀吉によって出された大名への掟書を源流とするとされる⑦⑧⑩⑪や、戦国大名の分国法に見られる他国人召し抱え禁止規定（⑤）、徒党禁止（⑦）、私婚規制（⑧）等が盛り込まれている。また、⑥は、直前の一国一城令を受けたものである。さらに、②⑫⑬は「建武式目」から、①は『神皇正統記』、⑨は『続日本紀』から取られている。作成は、家康主導で行われたが、公布は秀忠の名でなされている。翌年四月家康の死により、駿府と江戸の二元政治は解消する。元和九年家光将軍宣下後の大御所政治期を含め、秀忠の時期が続く。〔参〕塚本学「武家諸法度の性格について」『日本歴

史』290号、一九七二年。

(6) 豊国祭

65〔義演准后日記(1)〕慶長九年(一六〇四)八月十四日

十四日、

属晴、神事在レ之、罷向了、大仏廻廊未申角石カケノ上ニ構二桟敷一、悉文殊院申付了、金屏風・翠簾(2)等、自レ是運二渡之一、巳半剋馬渡了、豊国神宜并賀茂衆云々、弐百騎云々、馬ハ諸大名役として出レ之、紅ノ大フサ・紅ノタナワ・金銀ノ鞍、美麗凡驚レ目了、或紫等也、馬ノ毛ヲソロヘ、思々也、舎人(3)以下歴々也、乗衆ハ烏帽子《えぼし》・金襴ノ狩衣《かりぎぬ》・指貫《さしぬき》、青、悉新調也、桟敷ニテ寸地モ凡五条・三条ノ橋辺ヨリ明神(4)マテノ間空地ナシ、見物ノ貴賤群集、以外也、新熊野社頭(5)ノ松原ニテ儲《もうけ》有レ之、各賜レ之、休息、今夜三十三間(6)ノ前、法住寺(7)ノ堂ニ逗留了、明日見物之用也、夕立数剋、大明神夜ニ入テ参詣、夜灯燃、殊勝〳〵、

(1)義演准后日記　醍醐寺八十代座主義演の日記、慶長元年(一五九六)から寛永三年(一六二六)まで。(2)翠簾　みどり色のすだれ。(3)舎人　貴人に随従する牛車の牛飼。(4)明神　豊国大明神。京都方広寺東側阿弥陀ヶ峰西麓。(5)新熊野社頭　今熊野神社。(6)三十三間　三十三間堂。蓮華王院の本堂。(7)法住寺　三十三間堂東南に位置。

66〔竹斎(1)〕

それより、とよ国大明神に参て、そもそもたうしや《(当社)》大明神は、さきの関白ひで吉公の御れいせきなり、今時へんじてしやたうたいは《(社頭大破)》にをよべり、

(1)竹斎　仮名草子。著者富山道治。元和七年から九年の間に古活字版成立。山城国の医者竹斎が、京都を発ち、江戸に着くまでの道中記。岩波文庫版(守随憲治校訂、一九四二年)による。

【解説】　慶長四年(一五九九)四月、方広寺の鎮守社「正一位豊国大明神」として、秀吉を祀った豊国社が創立された。この創立には、吉田社神主吉田兼見の関与が大きかった。豊国社は、秀頼から一万石の寄進を受け、さらに社殿の建築を続け、その壮麗さを増した。慶長期における盛況さは、「洛中洛外図」「豊国祭礼絵図」に描かれた。また、例祭の四月十八日と八月十八日には、諸大名参詣や芸能興行等で賑わった。とりわけ、史料65に見られる慶長九年八月の秀吉七回忌例祭は、盛儀を究めたとされる。また、豊臣家ゆかりの大名により、熊本・金沢その他の全国各地にも豊国神社が分祠された。こうした盛況さは、それを後援する大坂豊臣氏の権威が依然相当なものであることを示唆し、家康の大坂に対する警戒感の一因ともなっていたと思われる。だが、豊国社の殷賑も、豊臣氏の滅亡とともに一挙に潰え去り、史料66にみられるごとく、大坂落城数年も経たない時点で、社頭は荒廃していた。

2　将軍―老中制の成立

(1)　大御所政治からの転換

67〔細川家史料〕寛永八年(一六三一)二月二十九日細川忠利宛細川忠興(1)書状(抜粋)

一　徳川大納言(忠長)殿此比《このごろ》御手討《てうち》重り、小浜民部子(光隆)御成敗、其後御伽《おとぎ》之坊主も御成敗之由、定而深キ曲事《くせごと》も可レ有レ之候へ共、民部ハ西国之船かしらニ被二仰付一被レ置候ニ、余なる御事ニ候、此以前御年寄衆堅御異見被レ申、以来者被二仰付一間敷との御かためにて候処、か様ニ御さ候、殊御きり候ものを明ル日ハ御呼候由、絶二言語一候、此分候者一白(2)殿如二御身上一御成候ハんと上下取沙汰之由候、相国様(徳川秀忠)何共御沙汰有にくき儀と存候、乍レ去、権現様上総殿(3)を被レ成様《なされよう》を被レ成二御覧一候間、あぶなき儀候、菟角《とかく》物之御罰と存候事、

(1)細川忠興　熊本藩主細川忠利の父、前藩主。この書状は、忠興の在江戸中に熊本就封中の忠利に宛てたもの。(2)一白　松平忠直。徳川家康次男結城秀康長男。越前福井城主であったが、元和九年改易、豊後萩原に配流さる。(3)上総殿　松平忠輝。徳川家康六男。越後福島城主であったが、元和二年改易、伊勢へ配流さる。

68〔細川家史料〕寛永八年(一六三一)三月一日細川忠利宛細川忠興書状(抜粋)

一　駿河大納言(徳川忠長)殿儀両通見申候、絶二言語一候、此前江戸にて辻切之時、悪党を当座に切ころさすとらへ候へと、御年寄衆より之書出ニ候つる、此所不審ニ存、其方へも尋候つる、可レ被レ覚候、只今駿河にて辻切ニ御出候由候、扨者《さては》江戸にて之事も此おこりにて候つる哉と存候、御気違にても有間敷候、御無分別、御随意故と存候、先度之返事ニも如二申候一権現様上総殿を被レ成様《なされよう》眼前ニ候、あぶなき儀候事、

(中略)

一　大納言殿之儀、将軍様(徳川家光)色々被レ成二御異見一候へ共、無二御同心一上不慮も出来候而ハ如何と　思召、相国様へ被レ成二　御談合一之由、無二余儀一御事ニ候、相国様聞召御前きれはて申候由、左様ニ可レ有レ之候、菟角其まゝ被レ為レ置候而ハ万事あぶなき儀候事、

69〔三州吉田へ江戸注進状(島原松平文庫(1))〕寛永九年(一六三二)二月一日付注進状

(前略)

一　江戸雑説《ぞうせつ》ニ而武具支度申候、

（中略）

一　大炊殿(土井利勝)門ニ落書を書付申候、追腹ハ大炊といへと大蔵[2]の出羽[3]にきられてしなのわるさよ

（後略）

(1)三州吉田へ江戸注進状（島原松平文庫）　寛永六年より九年まで在江戸の三河吉田藩松平家臣より国元にあてた注進状をまとめたもの。(2)大蔵　青山大蔵少輔幸成。(3)出羽　森川出羽守重俊。森川重俊は徳川秀忠卒直後に殉死した。

70〔**本光国師日記**[1]〕**寛永九年（一六三二）十月三十日**

一　同晦日、水野監物(忠之)為二上使一、甲州へ参向、当院(芝金地院)北之海道被レ通、鉄砲弓鑓帯たゝ敷(夥しき)体也、於二長屋一見物、青大蔵(青山幸成)殿へも今日被レ立候由也、是も甲州へ之　上使也、

(1)本光国師日記　京都南禅寺金地院の僧以心崇伝の日記。元和四年以降は江戸芝に金地院を開いていた。

【**解説**】　寛永九年（一六三二）正月二十四日、大御所秀忠が死去した。元和九年以来の大御所政治の最後の課題は、秀忠没後の三代将軍家光の政治権力確立の行方であった。そこでもっとも懸念されたのが家光の弟で駿河・遠江・甲斐・信濃等を領し、駿河城主の忠長の存在であった。秀忠は、忠長の乱行（辻斬りや家臣への度重なる成敗等）が噂されるようになると、細川忠興書状中にみられるように、忠長との面会を止め、寛永八年五月には甲斐に蟄居せしめた。これは最終処分ではなく、その後忠長と秀忠との間の取り成し工作等が続けられていたが、同九年早々の秀忠の死は、家光自身に最終判断を迫るとともに、武家社会内部にも政治的不安感を強めるものであった。江戸雑説にて武具支度という情報もそうした不安感から来る秀忠死去直後の緊張感を示している。同年十月、家光の命により忠長は、上野国高崎へ移され、翌年十月ここで自刃させられた。この徳川忠長の事件は、秀忠の大御所政治のあと、家光が不安定な自分の将軍権力を強化し集中していく契機のひとつであった。

(2)　寛永十一年三月職務分掌

71〔**江戸幕府右筆《ゆうひつ》所日記**[1]（**姫路酒井家本**）〕**寛永十一年（一六三四）三月三日（抜粋）**

一　万事《ばんじ》御用《ごよう》之儀并諸大名其外諸人訴訟事等、承届可レ申と之旨《むね》被二仰出一云々、御法度之留ニ有レ之、

(1)江戸幕府右筆所日記　幕府の右筆所で、江戸城内の儀礼・任免、将軍の動静等を記録した日記。

72〔**別本諸法度**[1]〕**寛永十一年（一六三四）三月三日幕府年寄宛職務定則**

定

一　禁中方并公家門跡衆之事、

一　国持《くにもち》衆惣大名壱万石以上御用并御訴訟之事、

一　同奉書判形《ほうしょはんぎょう》之事、
一　御《お》蔵入《くらいり》代官方之御用之事、
一　金銀納方《おさめかた》并大分之御遣方《おつかいかた》之事、
一　大造之御普請《ふしん》并御作事《さくじ》堂塔御建立之事、
一　知行割《ちぎょうわり》之事、
一　寺社方之事、
一　異国方之事、
一　諸国絵図之事、
右之条々御用之儀并訴訟之事承届可レ致二言上一事、
寛永十一年戌
三月三日
酒井雅楽頭（忠世）
土井大炊頭（利勝）
酒井讃岐守（忠勝）

（1）別本諸法度　近世前期幕府法令集、内閣文庫蔵、編者不明。「諸法度」の名称で『教令類纂』等の幕府法令集に引用されている。

73〔条令〕(1)　**寛永十一年（一六三四）三月三日幕府六人衆宛職務定則**

定
一　御旗本相詰候万事御用訴訟之事、
一　諸職人御目見《おめみえ》并御暇《おいとま》之事、
一　医師方御用之事、
一　常々御普請并御作事方事、
一　常々被レ下物《くだされもの》之事、
一　京大坂駿河其外所々御番衆并諸役人御用之事、
一　一万石以下但ハツレノ者御用并御訴訟之事、
右条々承届可レ致言上者也、
寛永十一年甲戌三月三日
松平伊豆守（信綱）トノヘ
阿部豊後守（忠秋）トノヘ
堀田加賀守（正盛）トノヘ
三浦志摩守（正次）トノヘ
阿部対馬守（重次）トノヘ
太田備中守（資宗）トノヘ

（1）条令　内閣文庫蔵。『教令類纂』等に引用される。

【解説】　寛永十一年（一六三四）三月三日、上洛を前にして、家光は、幕府年寄衆と六人衆の職務を定めた法度を出した。寛永九年の大御所政治解消以来、家光は自己の将軍権力の強化のために大目付の設置（寛永九年十二月）・目付の強化等、また、同世代の出頭人の取り立て（稲葉正勝・松平信綱・阿部忠秋・堀田正盛等）などにより、将軍としての自らが主導する政治体制構築に意を用いていた。だが、稲葉正勝の病死（寛永十一年一月）や、家光自身の病気で、体制構築が必ずしも順調にいっているとは言えない状況であった。そんな中、従来無限定になりがちだった年寄衆の権限を明文化することにより規定し、かつ家光取り立ての松平信綱ら六人衆に、年寄衆の権限の一部を分離して管掌させることとした。ここでは、年寄衆は禁中公家門跡、国持大名や一万石以上の御用・訴訟、彼らへの奉書等を中心とした将軍の公儀統一政権的側面に関わる職掌を命じられている。これに対して、六人衆へのそれは、旗本の御用・訴訟等、幕府内部の将軍と旗本御家人たちの主従関係に関わることが中心となっている。また、同日、町奉行の職務定則も示された。

(3)　寛永十一年将軍家光上洛

74〔江戸幕府右筆所日記（姫路酒井家本）〕寛永十一年（一六三四）七月二十三日（抜粋）

一　今度御代替之　御上洛為二御祝一、洛中《らくちゅう》之家主《やぬし》ニ銀子五千貫目被レ下レ之、此銀拾壱万六千二百五拾三枚也、此旨午之下剋二条二之丸白砂ヘ呼二町人数千人一、土井大炊頭（利勝）・酒井讃岐守（忠勝）・板倉周防守（重宗）、伝二　仰之旨一畢、京中家数三万五千四百拾九件云々、

【解説】　寛永十一年（一六三四）七月十一日、家光は秀忠死去後初めて単独で京都に上洛した。この時、全国の諸大名に対しても供奉が命じられ、その総勢は三十万人を超えたといわれる。これは、京都の朝廷に対する政治的行動であるとともに、秀忠なきあとの公儀権力の第一人者としての将軍家光の、全国の諸大名に向けての一大デモンストレーションであった。本史料に見えるような京中の全ての家への銀下賜は、翌月大坂でなされた大坂・堺・奈良への地子銭免除同様、公儀権力を支える重要な装置としての（上方）都市住人への家光のメッセージであった。

(4)　寛永十二年武家諸法度

75〔江戸幕府右筆所日記（姫路酒井家本）〕寛永十二年（一六三五）六月二十一日

廿一日　快晴

一　尾紀両亜相公・水戸黄門并在江戸諸大名、依レ召群参《ぐんさん》、大広間列座《れつざ》也、御譜代大名者御縁《おえん》通《どおり》列座、

一　午上剋井伊掃部（直孝）・松平下総守（忠明）・酒井雅楽頭（忠世）・土井大炊頭（利勝）・酒井讃岐守（忠勝）、伝二　仰之旨一、次、武家諸法度之御朱印、大広間於二中央一、道春（林）法印読レ之、

一　午后刻、大広間　出御《しゅつぎょ》、中檀御着座、諸大名御前江被二召出一、権現様（家康）　台徳院様（秀忠）御在世之時分、諸侍法度雖レ被二　仰出一、依レ経二年月一、今度有二御用捨一、被二　仰出一之間、弥可三相二守其旨一由、　上意也云々、

一　当家未依レ無二御実子一、御養子可レ被レ成之旨《なさるべきのむね》、内々思二召之一、此儀者重而《かさねて》可レ被二　仰出一之旨　上意也、

一　諸大名誓詞雖レ可レ被二　仰付一、既三代御奉公無レ恙《つつがなく》之間、御当代不レ及二其儀一之由　上意也、

76〔細川家史料〕寛永十二年（一六三五）六月二十一日細川忠利宛細川忠興書状（抜粋）

大隅殿(島津光久)先刻御出候て、今日　殿中にてノ様子、其方如㆓物語㆒、具《つぶさ》ニ御かたり候間、面《めん》ニ申候、書物《かきもの》之儀、其方と御たんから(談合)候へと申候へは、一段尤と御うけ候、上様(徳川家光)も其儀二度まて御意ニ候つると御申候、弥たんから候て、大い殿(土井利勝)・さぬき殿(酒井忠勝)まて被㆓申入㆒候ても可㆑然候ハんやと存候、以上

77〔細川家史料〕寛永十二年（一六三五）六月二十二日細川忠利宛細川忠興書状

上様御法度書写候間、本書返進候、其方にて不㆑残かなつけ合点聞候ハヽ、それを又写申度候、以上

78〔細川家史料〕寛永十二年（一六三五）六月二十八日細川忠利宛細川忠興書状（抜粋）

肥後へ被㆓申遣㆒候様子書付見申候、何も惣国へ之触ニて候間、八代(1)へも可㆑届と心安候、

（1）八代　肥後国八代城。当時、細川忠興の居城。

79〔細川家史料〕寛永十二年（一六三五）七月二十五日稲葉正利宛細川忠利書状（抜粋）

一　上様之儀ハヽ、今程そくさいにて、中〳〵御煩しキ事少も〳〵無㆓御座㆒候、可㆓御心安㆒候、御しおキ(仕置)日々被㆓仰出㆒候、御法度も出申候へとも、御代々のにかハりたる事ハ、何もいんしん(音信)・家ふしん(普請)・ふるまい(振廻)迄かるく可㆑仕よし、又一万石以上ハのり物ニのり候へとの事、何事之儀有㆑之とも、其国々ニい申候時ハ、其国をまもり、御左右をまち候へとの事、又とゝかぬ者候てけいはつ(刑罰)被㆓仰付㆒候とも、被㆓仰付㆒候者之外、出あひ申ましく候、但けんし(検使)のけじ(下知)ニしたかい可㆑申よし、かやうの事くハゝり、其外ハいにし(往にし)ノことく、又すいふん国々ニしゆんろ(順路)ニ物を申付候へなとゝの事、新キつとめ(津留)仕ましキよし計ニ候事、

一　にし東番之かハり、四月月中ニ参も上ルも可㆑仕よしニ候故、我々なと四月迄い申候、今から日をくらしかね申候事、

80〔別本諸法度〕寛永十二年（一六三五）武家諸法度

① 一　文武弓馬之道、専可㆓相嗜㆒事、左㆑文右㆑武、古之法也、不㆑可㆑不㆓兼備㆒矣、弓馬是武家之要枢也、号㆑兵為㆓凶器㆒、不㆑得㆑已而用㆑之、治不㆑忘㆑乱、何不㆑励㆓修練㆒乎、

② 一　大名小名在江戸交替、所㆓相定㆒、毎歳夏四月中可

レ致二参勤一、従者之員数、近来甚多、且ハ国郡之費且人民之労也、向後以二其相応一可三減二少之一、但上洛之節者任二教令一、公役者可レ随二分限一事、

③ 一 新儀之城郭構営固禁三止之一、居城之隍塁《こうるい》石壁以下敗壊之時、達二奉行所一可レ受二其旨一之（也カ）、櫓塀門等之分者如二先規一可二修補一事、

④ 一 於二江戸并何国一縦令《たとい》何篇之事雖レ有レ之、在国之輩者守二其所一可三相二待下知一事、

⑤ 一 雖下於二何処一而行中刑罰上、役者之外不レ可二出向一、但可レ任二検使之左右一事、

⑥ 一 企二新儀一結二徒党一成二誓約一之儀、制禁事、

⑦ 一 諸国主并領主等不レ可レ致二私諍論一、平日須レ加二謹慎一也、若《もし》有下可レ及二遅滞一之儀上者、達二奉行所一可レ受二其旨一事、

⑧ 一 国主城主壱万石以上并近習之物頭《ものがしら》者私《わたくしに》不レ可レ拾（結）二婚姻一事、

⑨ 一 音信贈答嫁娶儀、或ハ饗応、或ハ家宅営作等、当時甚至二華麗一、自今以後可レ為二簡略一、其外万事可レ用二倹約一事、

⑩ 一 衣装之科《しな》不レ可二混乱一、白綾公卿《くぎょう》以上、白小袖諸大夫《しょだいぶ》以上聴《ゆるす》レ之、紫袷・紫裏・練・無紋之小袖、猥不レ可レ着レ之、至二于諸家中郎中諸卒一、綾羅錦繍《りょうらきんしゅう》之飾服、非二古法一、令二制禁一事、

⑪ 一 乗輿者、一門之歴々・国主・城主・壱万石以上并国大名之息・城主暨《および》侍従以上之嫡子・或ハ年五十以上・或医陰之両道免レ之、其外禁二濫吹《らんすい》一、但免許之輩者各別也、至二于諸家中一者、於二其国一撰二其人一、可レ載レ之、公家・門跡・諸出世之衆者制外之事、

⑫ 一 本主障《さわり》有レ之者不レ可二相拘一、若在二叛逆殺害人告一者、可レ返レ之、向背之族者或返レ之或可二追出一之事、

⑬ 一 陪臣[1]質人所レ献之者可レ及二追放・死刑一時者、可レ伺二上意一、若於二当座一有二難レ遁義一而斬戮之者、其子細可二言上一事、

⑭ 一 知行所務清廉沙二汰之一、不レ致二非法一、国郡不レ可レ令二衰弊一事、

⑮ 一 道路駅馬舟梁等無二断絶一、不レ可レ令レ致二往還之停滞一事、

⑯ 一 私之関所・新法之津留、制禁事、

⑰ 一 五百石以上之船停止事、

⑱ 一 諸国散在寺社領、自レ古至レ今所二附来一者、向後不レ可二取放一事、

⑲ 一 万事如二江戸之法度一、於二国々所々一可二遵行一之事、

右条々、准二当家先制之旨一、今度潤色而定レ之訖《おわんぬ》、
堅可二相守一者也、

寛永十二年亥
六月廿一日

(1)陪臣　家臣の家臣。この場合、将軍から見た大名の家臣。

【解説】寛永十二年(一六三五)六月二十一日、諸大名の詰める江戸城大広間において、武家諸法度が、林道春により読みあげられた。その後大広間に出てきた家光は、今回の法度が、慶長二十年令(史料64)の改訂であり、その厳守すべきことを命じた(史料75)。これを受けた大名の一人細川氏は、島津氏とも相談しながら、誓詞を上げる必要がないのかについて幕府年寄衆への確認を急ぐとともに、法度書の写を手に入れてその分析にかかっている(史料76—79)。条文は、第一条(①、以下同様)がほとんど変わっていない以外は、注釈部分がなくなり、体裁を大幅に変えている。その内容においても、慶長二十年令十三カ条の内三カ条(慶長令の②③⑤)を削り、九カ条(②③⑥⑧⑨⑩⑪⑫⑭)を慶長令のそれぞれの条文を受けて改正を具体化し、九カ条を追加(④⑤⑦⑬⑮⑯⑰⑱⑲)して計十九カ条とした。この変化の中で、細川氏にとっても「御代々のに変わりたる事」として認識されたのは、江戸への参勤交代規定(②)、諸国の変事においても在国を守るべきこと(④)、刑罰の行われる場所への担当者以外の出向き禁止(⑤)、音信・家普請・饗応の簡略化(⑨)、乗輿の一万石以上の者への許可(⑪)、交通往来の整備(⑮)、津留の禁止(⑯)等であった。そして、最後の⑲は、全国法としての幕府が出す法度を、個別大名の領内においても施行することを求めている点で画期的であった。

(5) 老中月番制・評定所寄合と将軍直轄

81〔別本諸法度〕寛永十二年(一六三五)十一月十日老中並諸役人定則

一　国持大名御用并訴訟之事、
土井大炊(利勝)・酒井讃岐(忠勝)・松平伊豆(信綱)・阿部豊後(忠秋)・堀田加賀(正盛)五人して一月番ニ致可レ承候、

一　御籏本諸奉公人御用并訴訟之事、
土井遠江(利隆)・酒井備後(忠朝)・三浦志摩(正次)・太田備中(資宗)・阿部対馬(重次)五人して一月宛《ずつ》可レ致候事、

一　金銀納《おさめ》方雅楽頭(酒井忠世)・大隅(松平重則)・内匠(牧野信成)・和泉(酒井忠吉)・内蔵丞(杉浦正友)、右五人可レ致候事、

一　証人御用并訴訟、雅楽頭・紀伊守(松平家信)・大隅守・内匠・和泉・内蔵丞、右六人可レ致事、

一　寺社方御用并遠国訴訟人之事、
右京(安藤重長)・出雲(松平勝隆)・市正(堀利重)、右三人一月可レ致レ番事、

一　町方御用并訴訟人之事、
民部(加々爪忠澄)・式部(堀直之)、一月宛番被レ致可レ承事、

一　関東中御代官方并百姓等御用訴訟、右衛門大夫（松平正綱）・播磨（伊丹康勝）・半十郎（伊奈忠治）・金兵衛（大河内久綱）・源左衛門（曽根吉次）、右五人一月宛二番ニ致可レ承事、

一　万事証人(1)、河内（水野守信）・但馬（柳生宗矩）・修理（秋山正重）・筑後（井上政重）、右四人可レ承事、

寛永十二年亥霜月十日

(1)証人　この場合、大名より差し出させた人質。

82〔別本諸法度〕寛永十二年(一六三五)十二月二日評定所定

定

一　寄合之式日毎日二日・十二日・廿二日、若《もし》公儀之御用有レ之、式日及二延引一《えんいんにおよばば》者、翌日可レ為二寄合一事、

一　評定衆寄合場へ卯ノ刻半時罷出、申刻可レ有二退散一之事、

一　寄合場へ役者《やくしゃ》之外一切不レ可レ参、勿論音信《いんしん》停止之事、

一　公《く》事《じ》人《にん》老人若輩并痛者之外かいそへ停止之事、

一　公事罷出《まかりいで》者、縦《たとい》御《ご》直参《じきさん》の輩たりといふとも刀脇差帯すへからさる事、

一　公事人親類縁者知音《ちいん》之好《よしみ》たりといふ共、評定衆於二寄合場一ニ不レ可二取持一事、

一　遠国より参候公事在江戸久敷次第ニ可レ承、当地の公事其日之帳之先次第ニ可レ承事、

付、不レ承して不レ叶儀と并急用者格別之事、

一　公事不審かくる儀ハ其筋之役人可レ励レ之、惣座中よりも遠慮なく存寄之通可レ申事、

一　公事裁許以後其筋之役人公事之しめ、とめ書可レ致レ之、伊豆守（松平信綱）・豊後守（阿部忠秋）・加賀守（堀田正盛）其日之公事之とめ書ニうつさせ可レ被レ申事、

一　公事其日に落着無レ之儀者其評諚衆翌日寄合可レ被二申付一、不二相済一儀は年寄中談合仕、其上可二言上一、

一　公事役者之所にて承候内、寄合場出すへき於二公事一者、証文・証跡相揃へ出し、日数をさため其日限《にちげん》相済候ハヽ、籠《ろう》より可レ出事、付、預ケ者長久敷不二差置一、急度遂二穿《せん》鑿《さく》一可レ済事、

一　裏判(1)并召状《めしじょう》をかけ遅参の者ハ、其処の遠近をかんかへ日数を積り、軽重ニより或ハ籠舎《ろうしゃ》或ハ可レ為二過料《かりょう》一事、

右之条々可レ被二相守一之者也、

寛永十二年亥十二月二日　讃岐

大炊

(1)裏判　訴状を受理した奉行が、それを示すために訴状に据える判。

【解説】　寛永十一年(一六三四)一定度整備された幕府内部職掌体制は、一旦は政務の進捗をもたらすが、それも一時的であった。そのため、家光は年寄衆の十五日当番制(寛永十一年)や、

松平信綱・阿部忠秋・堀田正盛の本格的な年寄への引き上げを行い、政務の停滞を打ち破ろうとした。そして、寛永十二年十一月、家光は年寄衆が管掌していた職掌をさらに分離して、寺社奉行・勘定奉行・留守居等に分掌させるとともに、六人衆や町奉行等を含めたそれら全てを将軍家光自身が直轄する体制を開始した。翌十二月二日には、彼らの調整の場としての評定所寄合や評定所公事に関する定則が示された。この体制では、各担当者が単独で決断できないことは月三度の定例の評定所寄合で調整され、さらに判断できないことや、直接の将軍への訴訟があれば、これも月三度の「御用日」において、家光自身が決定することとなっていた。

なお、この頃から、幕府年寄衆を大名側から老中と呼ぶことが多くなる。

(6)　寛永十五年末の老中制成立

83〔江戸幕府右筆所日記（姫路酒井家本）〕寛永十五年（一六三八）十一月七日（抜粋）

一午上剋御黒書院　出御《しゅつぎょ》、掃部頭（井伊直孝）・加賀守（堀田政盛）・大炊頭（土井利勝）・讃岐守（酒井忠勝）・伊豆守（松平信綱）・豊後守（阿部忠秋）・遠江守（土井利隆）・備後守（酒井忠朝）・志摩守（三浦正次）・対馬守（阿部重次）・民部少輔（朽木稙綱）被二　召出一、大炊頭・讃岐守義、只今迄被二　仰付一細《こまかなる》成御役御赦免、朔日・十五日可レ致二出《しゅっ》仕《し》一、其間ニも御用等之時分罷出、何も致二相談一油断仕間敷候由被三仰二付之一、遠江守・備後守儀御役御免、酒井与四郎（忠清）儀、当暮ヨリ如二父阿波守（忠行）一可レ被二召仕一候、幼少之内ハ備後守差加可レ申旨被二　仰出之一也、

一阿部対馬守義、伊豆守・豊後守並《なみ》之御用可レ奉《うけたまわる》之旨被三　仰二付之一、

一御旗本於二殿中一御番仕面々者、三浦志摩守・朽木民部少輔万事御用可レ奉レ之旨　上意也、

一大御番并寄合者伊豆守・豊後守・対馬守御用可レ奉レ之旨被三　仰二付之一、

84〔江戸幕府右筆所日記（姫路酒井家本）〕寛永十五年（一六三八）十一月九日（抜粋）

一大御番衆・御留守居衆・寺社奉行・奏者番衆・町奉行・大目付衆・御作事奉行・御鑓奉行・御勘定奉行・小堀遠江守（政一）・大坂町奉行・駿府町奉行・堺政所・船手之衆・川船奉行・井上外記（正継）・吉田久米助（重信）、今日依レ　召登城、此面々御用并訴訟之儀、自今《じこん》以後伊豆守・豊後守・対馬守を以可二申上一之旨、仰之趣右三人被レ伝レ之、

85〔江戸幕府右筆所日記（姫路酒井家本）〕寛永十五年（一六三八）十二月十四日（抜粋）

一御旗本惣物頭(1)之面々御用之儀御直《おんじき》ニ可レ致二言上《ごんじょう》一之旨雖レ被二　仰出一御病後ニ被レ成二御座一間、以二書付一可二申上一、

其上可レ被二聞召《きこしめさるべき》一義《ぎ》も有レ之者、直ニ可レ被レ成二御尋一之旨、豊後守・伊豆守・対馬守・志摩守・民部少輔於二御白書院一、右之物頭之面々へ申二渡之一、

(1)物頭　弓組、槍組、鉄砲組等の足軽を統率する武将。

【解説】　寛永十二年(一六三五)末の老中や諸役人への定則は、自らの思うようにスムーズに政務が動かないことに業を煮やした家光が設定した直轄体制と言えるが、家光の健康状態は、それに耐えることができなかった。家光は従来から病気がちであったが、とりわけ寛永十四年一月から翌十五年春までの病気は、長くかつ重症であった。このことは、将軍直轄体制が、本来無理を多く内包していることを明らかにした(史料85参照)。寛永十五年十一月九日、留守居・寺社奉行・町奉行・大目付・勘定奉行等をそれまでの家光直轄から、老中支配下に置いた(史料84)ことは、老中を通しての将軍の政務掌握という、その後の江戸幕府老中制の基本原則ができあがったことを意味する。そして、この段階での老中は、松平信綱・阿部忠秋・阿部重次等の家光取り立ての者たちであった。これに先立つ十一月七日には、老中制確立前の人事的な準備として酒井忠勝や土井利勝等が「小事」から外され、阿部重次の老中取り立て等が行われている(史料83)。但し、忠勝・利勝は、同時に今後の「大事」への参与を求められており、その後の両者とりわけ忠勝の重要局面での政務参加から見ても、これは、あくまでも日常的な政務(「小事」)の進捗のための体制を目指すものとしての老中制構築の一環に位置付けるべきであり、利勝・忠勝らの政務全般からの排除とか棚上げとかの意味付けはできない。

(7)　将軍親政について

86〔江戸幕府右筆所日記(姫路酒井家本)〕寛永十九年(一六四二)五月八日(抜粋)

一　午剋黒書院　出御、老中　御前《ごぜん》江被二召出一御用等被三仰二付之一、次、永井信濃守(尚政)・永井日向守(直清)・松平右衛門大夫(正綱)・秋元但馬守(泰朝)・町奉行・宮城越前守(和甫)被二召出一、去年耕作損亡付而至二当春夏一民間令二疲労一之由被二聞召及一畢《おわんぬ》、此上当作毛《さくもう》於二不熟《ふじゅく》一者、来年可レ及二餓死一之間、為《ために》二諸国人民等一廻《めぐらし》二撫育(1)之計一、可二申上一之旨被三　仰二付之一、又宮城越前守者右之衆中為二御目付一云々、

(1)撫育　常に気を配り、大切に育てること、転じて人民の生活を安んじさせること。

【解説】　家光が寛永十五年(一六三八)末までに構築した老中制は、日常的政務の効率化を目指していたが、同時にそれは、より長期的な政治構想や、大きな問題への対応に家光自らが専念するための布石でもあった。本史料に示された、寛永飢饉への対応も、家光が個々の担当者を直接指揮して検討された。

第二節　幕藩体制確立の政治構造

1　幕府と朝廷

(1)　禁中並公家諸法度

87〔**教令類纂初集一・その他**〕(1)　**慶長二十年(一六一五)七月日**

禁中并公家諸法度

① 一 天子諸芸能之事、第一御学問也、不㆑学則不㆑明㆓古道㆒、而能致㆓太平㆒者未㆑有㆑之也、貞観政要(2)明文也、寛平遺誡(3)、雖㆑不㆑窮㆓経史㆒、可㆑誦㆓習群書治要(4)㆒云々、和歌自㆓光孝天皇㆒未㆑絶、雖㆑為㆓綺語(5)㆒、我国習俗也、不㆑可㆓棄置㆒云々、所㆑載㆓禁秘抄(6)㆒、御習学専要候之事、

② 一 三公(7)之下親王、其故者右大臣不比等(8)着㆓舎人親王(9)之上㆒、殊舎人親王・仲野親王(10)、贈㆓大政大臣㆒、穂積親王(11)准㆓右大臣㆒、是皆一品親王(12)以後、被㆑贈㆓大臣㆒時者、三公之下可㆑為㆓勿論㆒歟、親王之次、前官之大臣、三公在官之内者為㆓親王之上㆒、辞表之後者可㆑為㆓次座㆒、其次諸親王、但儲君(13)各別、前官大臣、関白職再任之時者、摂家(14)之内、可㆑為㆓位次㆒事、

③ 一 清花(15)之大臣辞表之後座位、可㆑為㆓諸親王之次座㆒事、

④ 一 雖㆑為㆓摂家㆒、無㆓其器用㆒者、不㆑可㆑被㆑任㆓三公摂関㆒、況《いわんや》其外乎、

⑤ 一 器用之御仁体、雖㆑被㆑及㆓老年㆒、三公摂関不㆑可㆑有㆓辞表㆒、但雖㆑有㆓辞表㆒、可㆑有㆓再任㆒事、

⑥ 一 養子者連綿、但可㆑被㆑用㆓同姓㆒、女縁者家督相続、古今一切無㆑之事、

⑦ 一 武家之官位者、可㆑為㆓公家当官(16)之外㆒事、

⑧ 一 改元、漢朝(17)之年号之内、以㆓吉例㆒可㆓相定㆒、但重而於㆓習礼相熟㆒者、可㆑為㆓本朝先規之作法㆒事、

⑨ 一 天子礼服、大袖、小袖、裳(18)、御紋十二象(19)諸臣礼服各別、御袍(20)、麹塵(21)、青色、帛(22)、生気御袍(23)、或御引直衣(24)、御小直衣(25)等之事、仙洞御袍、赤色、橡(26)、或甘御衣(27)、大臣袍、橡異文(28)、小直衣、親王袍、橡小直衣、公卿着㆓禁色(29)雑袍(30)㆒、雖㆓殿上人㆒、大臣息或孫、聴《ゆるす》㆑着㆓禁色雑袍㆒、貫首(31)・五位蔵人・六位蔵人、着㆓禁色㆒、至㆓極臈(32)㆒着㆓麹塵袍㆒、是申下御服之儀也、晴之時雖㆓下臈(33)㆒着㆑之、袍色、四位以上橡、五位緋、地下赤衣、六位深緑、

七位浅緑、八位深縹《はなだ》、初位浅縹、袍之紋、轡唐草《くつわからくさ》輪無《なし》、家々以二旧例一着二用之一、任槐(34)以後異文也、直衣、公卿禁色直衣、始或拝領家々、任二先規一着二用之一、殿上人(35)直衣、羽林家(36)之外不レ着レ之、雖二殿上人一、大臣息又孫聴レ着二禁色直衣一、布衣《ほい》、直垂《ひたたれ》、随レ所着用也、小袖、公卿衣冠時者着レ綾(37)、殿上人不レ着レ綾、練貫(38)、羽林家三十六歳迄着レ之、此外不レ着レ之、紅梅(39)、十六歳三月迄諸家着レ之、此外者平絹也、冠十六未満透額《すきびたい》、帷子《かたびら》、公卿従二端午一殿上人従二四月酉賀茂祭一、着用普通事、

⑩ 一　諸家昇進之次第、其家々守二旧例一、可二申上一、但学問、有職、歌道令二勤学一、其外於レ積二奉公労一者、雖レ為二超越一、可レ被レ成二御推任御推叙一、下道真備(40)雖レ従二八位下一、依レ有二才智誉一、右大臣拝任、尤規模(41)也、蛍雪之功不レ可二棄捐一事、

⑪ 一　関白伝奏(42)并奉行職事(43)等申渡儀、堂上地下輩、於二相背一者、可レ為二流罪一事、

⑫ 一　罪軽重、可レ被レ守二名例律(44)一事、

⑬ 一　摂家門跡(45)者、可レ為二親王門跡(46)次座一、摂家三公之時、雖レ為二親王之上一、前官大臣者、次座相定上者、可レ准レ之、但皇子連枝之外之門跡者、親王宣下有間敷也、門跡之室之位者、可レ依二其仁体一、考二先規一、法中之親王、希有《けう》之儀也、近年及二繁多一、無二其謂一、摂家門跡、親王門跡之外門跡者、可レ為二准門跡一事、

⑭ 一　僧正(47)大正権、門跡、院家、可レ任二先例一、至二平民一者、器用卓抜之仁、希有雖レ任レ之、可レ為二准僧正一也、但国王大臣之師範者各別事、

⑮ 一　門跡者僧都(48)大正少権法印任叙之事、院家者僧都大正少権律師、法印、法眼、任二先例一任叙勿論、但平人者本寺推挙之上、猶以相二撰器用一、可二申沙汰一事、

⑯ 一　紫衣(49)之寺住持職、先規希有レ之事也、近年猥　勅許之事、且乱二臈次(50)一、且汚二官寺一、甚不レ可レ然、於二向後一者、撰二其器用一、戒臈(51)相積有二智者聞《きこえ》一者、入院之儀可レ有二申沙汰一事、

⑰ 一　上人号(52)之事、碩学之輩者、為二本寺一撰二正権之差別一、於二申上一者、可レ被レ成二勅許一、但其仁体、仏法修業及二二十ケ年一者、可レ為レ正、年序未レ満者、可レ為レ権、猥競望之儀於レ有レ之者、可レ被レ行二流罪一事、

右可レ被レ相二守此旨一者也、

慶長廿年乙卯七月日

昭実　二条関白也
秀忠(徳川)
家康(徳川)

以上

急度令二啓上一候、今度広橋大納言殿御下之時分、駿府にて被二仰出一候公家衆御仕置之御書付之旨、大納言殿御上り候て御披露ニ付、五摂家衆当関白殿江被レ成二御参会一、何も御尤ニ被二思召一、則各公家衆江急度被レ成二御触一候、将又《はたまた》三条西大納言、従二　禁中一、伝奏《てんそう》ニ被二仰付一候、則御請取申上候、其由広橋大納言殿より被二仰上一候条、以二御次而一可レ然様ニ御取成《おとりなし》尤奉レ存候、猶、追而可レ得二御意一候、恐惶謹言、

七月廿三日　板倉伊賀守
勝重　判

(本多正信)本佐州様
(大久保忠隣)大相州様
(酒井忠世)酒雅楽頭様
人々御中

此拾七箇条、家康、秀忠、昭実先判之趣也、万治四年正月十五日　内裏炎上之節、就レ令二焼失一、今度以二副本一如二旧文一写調レ之、為二後鑑一加二判形《はんぎょう》一者也、

寛文四年　甲辰　六月三日　(二条)光平　御判
(徳川)家綱　御判

(1)教令類纂　幕府法令集。幕府先手頭宮崎成身により天保十年(一八三九)完成。史料本文末にあるごとく、発布された諸法度の原本は、万治四年の内裏火災により失われ、その後は副本により調製された。各写本は少しずつ文言の異同がある。ここでは、『教令類纂』所収禁中法度を底本にしつつ、『御制法』、『御当家令条』、「日野資勝自筆本写」等で校訂追加した。(2)貞観政要　唐の太宗と侍臣との間にかわされた政治論議を集めた規範書。歴代皇帝の必読書とされ、日本でも天皇・貴族に読まれた。(3)寛平遺誡　宇多天皇が譲位にあたり醍醐天皇に書き贈った書。(4)群書治要　唐代貞観五年に、魏徴らによって、群書から抜き出された政治上の要項をまとめたもの。(5)綺語　巧みに飾りたてた言葉。(6)禁秘抄　順徳天皇によりまとめられた朝廷の儀式・政務用の有職故実書。(7)三公　太政大臣と左右大臣、あるいは左右大臣と内大臣。(8)不比等　藤原鎌足の子。(9)舎人親王　天武天皇の皇子。養老二年一品になる。天平七年没後太政大臣。(10)仲野親王　桓武天皇皇子。貞観六年没後一品、太政大臣。(11)穂積親王　天武天皇皇子。慶雲三年准右大臣。(12)一品親王　いっぽんしんのう。親王の位階の第一位。(13)儲君　ちょくん。後継天皇予定者。皇太子。(14)摂家　摂政家の略。近衛・九条・二条・一条・鷹司の五家。摂政・関白はこの中から任じられる。(15)清花　せいが。清華家。花族《かしょく》ともいう。三公に任じられるを先途とする。久我《こが》・三条・西園寺・徳大寺・花山院《かざんいん》・大炊御門《おおいみかど》・菊亭・広幡・醍醐の九家よりなり、広幡・醍醐は近世の新家。(16)当官　在官していること、あるいはその在官している官。(17)漢朝　中国の王朝。(18)裳　大袖の下に小袖を着け、小袖下の袴の上に裳を着る。(19)十二象　十二章。もともと古代中国天子の衣裳の飾り模様。天皇の礼服である袞龍《こんりょう》の大袖に付す八象―日《じつ》・月《げつ》・星辰《せいしん》・山《さん》・龍《りょう》・華虫《かちゅう》・宗彝《そうい》・火《か》と、裳に縫い取る四象―黼《ほ》・黻《ふつ》・藻《そう》・粉米《ふんべい》から成る。(20)御袍　ほう。公家の装束の表衣《うえのきぬ》。(21)麹塵　きくじん。青色の黄ばんだ色。(22)帛　はく。精美な絹布。(23)生気御袍　天皇の生気の方向によりきめられた色の袍。

(24)引直衣　ひきのうし。正面に懐を作らず。裾を長く引いて着る直衣《のうし》。(25)小直衣　このうし。狩衣直衣ともいう。(26)橡　つるばみ色。(27)甘御衣　甘《かん》の御衣《おんぞ》。上皇着用の小直衣の事。(28)異文　いもん。大臣となったあとに着用が許された袍をつける家に独自の文様。(29)禁色　公卿以上に許され、それ以下の使用を禁じた色。(30)雑袍　直衣。(31)貫首　蔵人頭。(32)極臈　きょくろう。六位蔵人でもっとも年功を積んだ者。(33)下臈　年功序列の低い者。(34)任槐　大臣に任じられること。(35)殿上人　公卿を除く四位・五位の中でとくに許されたものと六位の蔵人。公卿に次ぐ身分を表すことば。(36)羽林家　うりんけ。近衛中将・少将に任じられた後、参議・中納言・大納言等に上ることを格式とする家。正親町・姉小路等三十七家あった。(37)綾　綾織り。(38)練貫　練貫《ねりぬき》織り。(39)紅梅　紅梅うきの練貫織り。紫の経と紅色の緯で織ったもの。(40)真備　吉備真備《きびのまきび》。(41)規模　模範。(42)伝奏　てんそう。ここでは武家伝奏のこと。(43)奉行職事　蔵人所の職事。(44)名例律　みょうれいりつ。律巻頭の総則。(45)摂家門跡　摂家の子弟が入室した門跡。(46)親王門跡　天皇の兄弟・連枝が入室している門跡。(47)僧正　僧官の最上位。(48)僧都　僧正の次の僧官。(49)紫衣　しえ。しい。勅許により着用を許される紫色の僧衣。(50)臈次　ろうじ。出家受戒後の年数による僧の位次。(51)戒臈　仏教修行の年数。(52)上人　綸旨により、知徳を備えたとする僧侶に与えられた称号。

【解説】　元和偃武後、幕府は、朝廷に対しても統制を強めた。元和元年(一六一五)七月二十三日付の京都所司代板倉勝重書状に見えるように、駿府の家康に呼ばれた武家伝奏広橋兼勝に対して、この「公家衆御仕置之御書付」が示された。京都では関白二条昭実を中心とする摂家の相談により検討された後、関白と大御所家康・将軍秀忠の連名で、公家中へ触れ出されている。その内容は、天皇自身の役割等を規定した第一条(①、以下同)を冒頭に配し、②③は、親王と摂家の座次を定め、現職にあっては、摂家を上に位置づけた。五摂家の主導で受け入れられ発布されたこととともに、この法度自体にも、摂家中心の朝廷運営を期待する幕府の意図が表れている。④⑤は、その重要な摂家の人材維持に言及し、かつ⑥には、皇親が摂家の養子となり、朝議に参入することを阻む意思もあったとの解釈もある。⑦は、武家官位が、公家の官位任叙と別であることを明言したものである。武家官位については後説する。⑧は、当面、中国の年号から日本年号を用いるが、習熟して可能となれば年号勘文による年号選定を復活するとしている。⑨は、天皇をはじめとする服制の規定。⑩は昇進次第。⑪は、関白・武家伝奏等を中心とした朝廷の管理・運営への服従を命じたものである。⑬から⑰は、門跡の座順や僧位・僧官・紫衣・上人号など、朝廷と仏教界との関係に規制をはめたものである。以上の全十七条は、幕末まで改訂されることなく、幕府と朝廷の関係の基本法規として存在した。〔参〕高埜利彦「史料紹介 禁中並公家諸法度(前)(後)」『歴史と地理』463・469号山川出版社。

(2)　寛永三年二条行幸

88〔日本大王国志付録(1)〕　西暦一六二六年十月二十五日

(一六二六年)同月(十月)二十五日早朝、夜が明けると、我々の見る限り一杯の人民である。皇帝の宮殿(二条城)から内裏の宮廷まで、通行道路は頗る平坦で、美しい白砂が敷かれ、両側には木柵を結び、皇帝内裏双方から出した兵士は（一同大きな長い白衣を着し、頭には漆塗の黒き帽子を戴き、二本の刀、一本の薙刀《なぎなた》即ち日本の槍を携ふ）人民の大群衆に対して、車馬の通過を保護するために配置せられていた。この群衆は二日若しくはそれ以前に、日本の各地各方面から集まったもので、道路に沿うた溝や渠は尽《ことごと》く板を以て之を蔽ひ、その上に建てられた桟敷《さじき》や小部屋には見物人が一杯坐っていた。

愈々本題に入らん。第一に内裏（後水尾天皇）並びに皇帝の多数の従僕が通過し、次に多数の荷物持が内裏の行李（大きな黒漆の四角な箱で、蓋の上に金紋が画かれている）を皇帝の宮殿へ運送し、その荷物には人夫の一大団が付随する。

これに接いで四十六挺の乗物が内裏の大奥の侍女を載せて皇帝の宮殿へ行く。この乗物は美しい白木で甚だ巧に造られ、高さ約一尋《ひとひろ》、真鍮を張り、緑之唐草模様を描き、一挺を四人で舁《か》く。

これが通過してから少し後になお二十一挺の乗物（日本でかく称ふ）が行く。黒漆を以て塗り、且鍍金《ときん》を施す。

この後に尚二十七挺の乗物が行く。高さ一尋、戸と窓とは全部鍍金、その中に内裏の重臣若干名を載せ、皇帝の宮殿に向ふ。乗物毎に白い細い布地を張った全部鍍金の日傘が前行し、また百八人の小童が白の制服で扈従《こしょう》する。（中略）

大きな美しい二両の車がこれに続く。さきに内裏の三夫人が乗ったものと、形状及び美しさにおいて同様であるが、特に屋上に皇帝の紋章が大きな金の円で示されている。第一の車には老皇帝左大臣源秀忠、第二の車には若皇帝右大臣源家光様が乗り、是等の車の前には八十組の貴族が両刀を帯し、薙刀を立てて徒歩する。彼らは皇帝の護衛兵でサムライと称せられ、一見した所、敏捷勇敢の人々であることが知られる。それから立派な鍍金の大日傘四本、四角の黒檀の杖を持った男四人、鉄棒を持ち往来を制する男四人が、順序正しく車の前に進む。尚両皇帝の車の前に美しい鞍置の馬二頭を引き、その傍に弓矢及び二本の長い槍で武装した八人の男が行く。

老若皇帝の兄弟並びに日本全国の大名が騎馬で続く。着服及び武装は前に述べたと同様であるが、地位と人数と収入とに従い、甲が乙より一層立派であるだけの相違だ。総計百六十四名の大名中、最上位におり皇帝に続くものは、

（徳川義直）尾張守様　老皇帝の兄弟
（徳川頼宣）紀伊大納言様　老皇帝の兄弟
（伊達）政宗陸奥守様　老皇帝の兄弟

松平筑前守（前田利常）様　加賀の領主、大勢力あり
松平陸奥守（島津家久）様　薩摩殿即ち薩摩の領主
松平（松平忠昌）伊予守
松平（蒲生忠郷）下野殿
松平近衛中将
敦賀（駿河）大納言（徳川忠長）様　若皇帝の長子(2)
水戸中納言（徳川頼房）様　老皇帝の兄弟

前記の十名は皇帝の車の直ぐ後ろに、騎馬で前後相続き、各人その地位と財産とに従い、貴族・槍持・壮丁・小童・奴の多数を従えた。これに続くは残りの大名百五十四人で、二人ずつ並んで順次に騎馬で行進したが、門地に従い、優者が左側を占めた。この国の慣習により、左側を優れりとしているからである。この百五十四人中には、大炊殿（土井利勝）（将軍の最上顧問官）・雅楽殿（酒井忠世）（若皇帝の最高顧問官）がいる。前記の騎馬団は勢強く又華々しく、順序整然として進んだが、乗馬は美しい豪勢な逸物揃で、歩むより寧ろ踊るが如く見えた。

二百組即ち四百人の武装した兵士が一様に白の制服でこれに続く。

（中略）

音楽隊の後に内裏を乗せ奉った大きな四角の鳳輦(3)が続く。周囲に引戸、四面にはそれぞれ小さな窓があって、絹の幕が垂れている。高さ約一尋半、屋根は円く、中央に鍍金の球があって、その上に翼を広げた純金製の雄鶏が立っている。鳳輦は頗る美麗で周囲は種々の彫刻を以て飾り、隅々には純金を張り、天蓋は大空の如く碧く、日月星辰を以て飾られている。（以下略）

(1)日本大王国志　オランダ人カロンによる日本に関する文献。カロンは平戸オランダ商館員として二十数年を過ごし、日本人を妻とするなど、日本事情に通じていた。彼に対し、バタビアの商館総務フィリップス＝ルカスゾーンが一六三六年に行った質問への回答として書かれたのが本書の原型である。本史料は、その付録のオランダ商館員コンラート・クラーメルの記録である。本項では幸田成友訳（一九四八年、東洋堂刊）を用いた。(2)若皇帝の長子　徳川忠長は、将軍家光の弟であるが、カロンに誤解があったものと思われる。(3)鳳輦　天皇の乗用とする輦車。屋形の頂上に金銅の鳳が据えてある。

89〔梅津政景日記〕(1) 寛永三年（一六二六）九月六日

（寛永三年）九月六日、

一　若殿様（佐竹義隆）御供致、丑ノ刻、二条新町下町山下惣左衛門所迄参候、それより　御城近へ(2)夜明御詰被レ成候、ほい(3)にて御供致候、行幸ノ次第、中宮様（和子）御車、其後女院様御車、其次御車八りう(4)、其後　将軍様（家光）御参内、御供之次第、諸大夫衆数百人、馬ニ而御先へ、御車ノ御跡ニハ三大納言様・

四中納言・三宰相(5)、其跡二行、左森中将美作殿(忠政)、右秋田中将屋形様(佐竹義宣)、其次左少将五人、其次侍従拾壱人(6)、四品五人(7)、右少将五人、其次侍従拾弐人、四品三人、則　将軍様還御《かんぎょ》ノ後、鳳輦二条之御城ヘ入、其後関白殿(近衛信尋)御車ニ而被レ為レ成候、

(1)梅津政景日記　秋田の大名佐竹氏の重臣梅津政景の日記。慶長十七年から寛永十年分まである。(2)御城　二条城。(3)ほい　布衣。絹地無紋で裏のない狩衣。(4)諸大夫衆　武家官位名。本来、朝廷から親王・摂政・関白・大臣等の家司として補されたもので、四位・五位まで昇進した地下人のこと。のち、武家で諸大夫に任じられるものが増加する。(5)宰相　参議の唐名。(6)侍従　武家官位名。本来の律令官制では、天皇の側に近侍護衛した中務省の役人。(7)四品　しほん。この場合、四位の諸大夫。武家官位名。侍従の下、諸大夫の上に位置付けられる。

【解説】　幕府は、天皇・公家への統制を強める一方で、天皇家との関係の緊密化をもはかった。秀忠の娘和子の後水尾天皇への入内も、元和偃武以降の懸案であったが、元和六年(一六二〇)に実現した。また秀忠の上洛(元和三年・同五年)、家光の将軍宣下(元和九年)に伴う秀忠・家光両者の上洛等が繰り返された。そして、もっとも大規模な大御所秀忠と将軍家光の上洛として特記されるのが、寛永三年のそれである。この時、秀忠・家光の滞在する二条城に、後水尾天皇が行幸した。これは、武家に対する天皇の行幸としては、秀吉における聚楽第への後陽成天皇行幸以来であり、江戸期においては唯一の事件であった。史料88および89は、九月六日(西暦では十月二十五日)の二条行幸の様子や行列を、見物するオランダ人、参加した大名佐竹氏の重臣のそれぞれの立場から描写したものである。これは、将軍家と天皇の緊密さを示すとともに、国持大名を初めとする全国の武家を総動員し、幕府の武威を上方に誇示するための一大イベントでもあった。将軍の上洛は、寛永十一年の家光のそれ(史料74)を最後として、幕末まで行われなくなる。

(3) 後水尾天皇退位

90〔大内日記(1)〕寛永六年(一六二九)十一月八・九・十二・十三日

八日、女一様(明正天皇)御譲位有、人不レ知、乍《さりなが》レ去《ら》、公家方ヘハ朝五ツ時分束帯ニテ出仕可レ仕旨、触有由、参勤ノ剋ニテ存候公家モ有、前方ヨリ存候公家モ有レ之由也、御隠密ノ由ニテ中宮様(和子)御前ニテ一円上下不レ知、申ノ剋計ニ奥ヨリ其儀式有、則防州(板倉重宗)申聞候、右俄ノ儀ニ付テ、明九日ニ次飛脚江戸ヘ被レ遣候、今晩則禁中様(後水尾天皇)・中宮様、御所ヘ被レ為レ成、姫宮様禁中ヘスヱ参ラセラレ御ユツリナト有候由也、

九日、昨日禁中ノ様子ニヨリ今日午上剋、江戸ヘ次飛脚《つぎびきやく》被レ遣候、燭ヲ取剋ニ豊前守(天野長信)江戸ヘ罷下候、中宮様ヨリ大御所様(徳川秀忠)ヘ御内書持参、今日ヨリ中宮様御所女出入ノ切手留畢、

十二日ノ戌ノ上剋ニ豊前江戸ヘ下着候儀ニテ候故、大炊殿(土井利勝)

へ案内計申候、午刻ニ出候次飛脚モ江戸へ同前ニ参着申候、十三日、土井大炊殿へ豊前参、様子申入候、直ニ酒井雅楽(忠世)殿へ参候へハ、出仕ニテ、被ㇾ出二家老一門外ニテ、ソト申渡候、今日京都ノ仕合御耳ニ立申候由、豊前ハ不二罷出一候、

(1)大内日記　中宮和子附(後水尾譲位後は女院附)武家の天野長信の日記を中心とした記録。内閣文庫蔵。

【解説】　寛永六年(一六二九)十一月八日、後水尾天皇は、幕府に対して何の前触れもなく突然天皇の位を降り、後水尾天皇の女一宮を内親王として践祚《せんそ》させることを一方的に宣言した。史料にあるごとく、全くの抜き打ちの譲位であり、京都の朝廷監視役でもあった所司代板倉重宗や中宮附の天野長信は、あわてて江戸へ善後策を問い合わせている。天皇自身配流をも覚悟しての行動であった。三年前の二条行幸という幕府朝廷間の蜜月時代からの急展開には、相次ぐ事件の連続と状況変化があった。第一には、寛永四年の紫衣事件の影響は否定できない。寛永四年七月、大御所秀忠は、元和元年以来の紫衣と上人号勅許を無効とするように命じた。これは、最近の紫衣勅許等がみだりであり、禁中並公家諸法度や諸宗寺院法度が守られていないとの理由からであった。これに対する天皇の対応は当初は不明確であるが、幕府に抗議した沢庵ら大徳寺・妙心寺の禅僧らが同六年七月に配流処分となったことへは、不満の念を強くしていた。また、第二には、同三年に誕生していた中宮和子との間の皇子高仁親王が同六年六月に死去した。これは、将軍家が天皇の外戚になるという形での新たな公武構想の可能性が一時挫折したことを意味していた。その直後に和子との子である女一宮への譲位の意向が表明されているが、幕府は、すぐには譲位を認めなかった。また第三には、天皇自身の健康問題があり、天皇在位中には禁止されていた灸治療を行うためにも、退位の希望が述べられていた。そして、最後には退位直前の十月に、将軍家光の乳母である福(春日局)が、無位無官のままで天皇への拝謁を強行したことも、幕府への不満を増幅したといわれる。

このように、半ば自暴自棄の心境での女一宮への譲位に対し、幕府側も当初驚いているが、結果としては、譲位をそのまま黙認、翌年九月十二日に明正天皇の即位が行われた。同時に、武家伝奏の交代や、摂家中心の朝廷運営の再確認を行い、朝廷のコントロールを強める好機としても利用している。〔参〕笠谷和比古「高仁親王即位問題と紫衣事件」朝尾直弘教授退官記念会編『日本国家の史的特質』近世・近代、思文閣出版、一九九五年。

(4)　武家伝奏起請文

91〔広橋兼胤公武御用日記〕(1)　寛延三年(一七五〇)六月二十五日

廿五日、

巳剋参　内、午半剋退出、〈可三行二向豊後守役宅(2)一之間、早出了〉、

(中略)

未剋過、着二布衣《ほい》・奴袴《ぬばかま》一、同役同道向二豊後守役宅一、〈先達而雑掌持二誓書一、参二彼役宅一相待〉、於二廊下一取二誓書一、〈雑掌渡ㇾ之〉、

入二懐中一、坐定之後、御附(3)田中出羽守(勝芳)・山木筑前守(正信)候二末座一、予進出、取三出誓書一、附二豊州(松平資訓)一、豊州披見《ひけん》、了返レ之、次、硯并筥蓋等を持来、置二予前一、予摺レ墨点レ筆、披二誓書表包一置レ傍、開レ書展三付畳上一、日付三字・名字等書加、次、取レ針、在二硯箱中一、左手無名指《むめいし》爪ノ上ノ方、以レ針差、切レ皮、名字ノ下ニ加二血判一〈加二血判一之前、所レ設之蓋ヲ置レ前、其上ニ居二誓書一、加二血判一〉、乍レ載二筥蓋一取廻、進二豊後守一、次、附二表包豊州一、披見訖持三入奥ノ方一、此間撤二硯并蓋等一、豊後守還出、述二賀詞一、申二畏存之由《かしこみぞんずのよし》一、起座、帰華(4)之後、向二柳原(光綱)亭一、謝二同伴之儀一、

(中略)

誓書、調二檀紙一、以二同紙一為二表包一、折かけ(5)〈豊後守より到来之紙之寸法之通ニ調レ之、表包モ同到来之寸法之通ニ調レ之〉、

就二伝　奏之役儀勤仕一、公家《くげ》・武家《ぶけ》御為《おんため》、聊以疎略存間敷候、公武御用之儀付而、相役中悪不レ仕、諸事申合、依怙贔屓無レ之、糺二善悪一、正路可レ致二沙汰一候、次、御用之儀各被二相尋一子細有レ之節、不レ胎二心底一可レ申者也、

右、於レ致二違背一者、可レ蒙二梵天・帝釈・四大天王惣而日本国中大小神祇御罰一者也、

寛延三年六月廿五日　　兼胤血判

堀田(正亮)相模守殿

酒井(忠寄)左衛門尉殿

本多(正珍)伯耆守殿

松平(武元)右近将監殿

松平豊後守殿

(1)広橋兼胤公武御用日記　広橋兼胤の武家伝奏役務中の日記。寛延三年六月に始まる。『大日本近世史料』に『広橋兼胤公武御用日記』として刊行中。(2)豊後守役宅　所司代松平資訓役宅。二条城の北側にあった。(3)御附　禁裏附武家。(4)帰華　きひつ。帰宅すること。(5)折かけ　折懸。文書の包み方。

【解説】　幕府と朝廷の間の連絡にあたったのが武家伝奏である。京都にいる武家側の所司代や附武家等と相談しつつ、また、公家方統括の重職たる摂家の指示を仰ぎつつ、両者の調整にあたった。本史料は、近世中期における武家伝奏就任の際の起請文である。文言上は、公家・武家双方のために勤めるとしているが、宛名は幕府老中及び所司代であり、起請を行ったのは、所司代邸においてであった。幕府からは、武家方(幕府方)の朝廷への指示を実行させる装置としての役割を期待されていた。

(5)　武家官位

92〔広橋兼胤公武御用日記〕宝暦元年(一七五一)正月二十六日

(前略)

一　丹羽若狭守(1)〈藤原高庸〉、松平遠江守(2)〈源忠喬〉、稲葉丹後守(3)〈越智正甫〉、以上従四位下、〈元従五位下、寛延三年十二月十八

日〉、姓名書(4)〈三通〉、・老中奉書(5)〈三通〉、披二露之一、〈昨日豊後守(松平資訓)より到来、附二中山大納言(栄親)一披二露之一〉如レ例可二沙汰一被二仰下一了、〈摂政江不レ及二内覧一、直附二議奏一、武家官位惣如レ此〉、

(以下略)

(1)丹羽若狭守　丹羽高庸、陸奥二本松藩主。当時二十四歳。(2)松平遠江守　松平忠喬、摂津尼崎藩主。七十歳。(3)稲葉丹後守　稲葉正甫、山城淀藩主。奏者番兼寺社奉行、三十四歳。(4)姓名書　武家官位の叙任者の名前を書き付けたもの。公家の場合の小折紙に当たる。(5)老中奉書　将軍より官位を与える旨を記した老中奉書。官位頂戴奉書ともいう。

【解説】江戸時代における武家への官位は、前出禁中並公家諸法度の第七条に規定されているごとく、公家の官位とは別であり、また、将軍の意思により与えられる原則であった。幕府の認識レベルでは、各大名への官位付与は、前年末に江戸で将軍によって行われた既成事実であった。四品(四位)以上の場合、官位頂戴奉書と姓名書を交付された大名家では、翌年正月早々に京都へ使者を出し、武家伝奏を通じて、朝廷から発給されるところの官位叙任文書たる口宣《くぜん》案・宣旨・位記等を受け取ることになっていた。また、諸大夫の場合は、毎年正月に江戸を発する将軍年頭使が、まとめて口宣案・位記・宣旨等を受け取った。本史料は、近世中期における四品の場合であるが、原則通りであることが窺える。また、四位成りという位階の昇進のみであるため、この後二月三日に、武家伝奏宅で各家使者に渡されたのは、口宣案と位記のみであり、宣旨は含まれていない。朝廷では、幕府の認識とは別に、あくまでも官位発給には、公家の官位と同じ手続きを踏むことにこだわり続けている。

(6) 東照宮縁起

93 〔東照宮大権現縁起〕(1) 冒頭部分

伝聞、いにしへ溟滓(2)乃蒼海に三輪(3)の金光有て浮浪す、あめつちひらけ、陰陽わかるるに至て、三輪之金光同しく三光の神聖となつて、其中に化生《けしよう》す、此故に神国たり、神世万々人皇千々にいたり、一刹利種(4)系聯禅譲して、いまたかつて移革せす、相胤も亦しかなり、閻浮海乃裡、豈如レ是至治の域(5)あらんや、されは日域を根本として印度・支那を枝葉とせる事、良有以哉、

抑《そもそも》本朝帝皇の苗裔姓氏あまたにわかれし中にも、第五十六代水尾帝(清和天皇)の御末乃源氏ハたけき(猛き)いきほひありて君を守り、国をおさむること世に超過せり、殊更当家之祖神に祝ひたうとひ給ふ東照大権現の名高き世のほまれは、言説にものへかたく、筆端にも尽しかたし、(後略)

(1)東照宮大権現縁起　真名縁起(漢文体)と仮名縁起(和文体)の二種がある。本史料は仮名縁起。(2)溟滓　くらいひたひたとした。(3)三輪　三輪大明神。(4)一刹利種　刹利は、インド・カーストにおけるクシャトリア身分、王及び武士の族のこと。従って一刹利種は、単一の王統という意味。(5)至治の域　うまく治まっている地域。

【解説】三代将軍家光は、家康を特に崇拝し、その神格化を押し進めた。東照大権現として家康を祀ってあった日光東照社の大造営は、寛永十一年(一六三四)より始められ、同十三年四月に完成した。この仮名縁起は、同十七年に東照社に奉納されたものであるが、天海及び青蓮院門跡により草稿が作られ、清書は天皇以下、摂家・公家の面々が分担して行っている。この冒頭部分は後水尾上皇の手により清書された。この冒頭の部分は、三輪大明神と天照大神の本地を大日如来とする三輪神道による『日本書紀』冒頭部分の解釈であるという(高木昭作「家光期における将軍と天皇」『歴研アカデミー』5、青木書店)。すなわち、天台宗等の密教において三世の支配者たる大日如来が垂迹した日本こそ、中国やインドを含む世界の中心に位置する神国であり、その後神から分かれた天皇家が万世一系であるという点を強調している。そして、その天皇から分かれた源氏の「猛き勢い」による治国を強調した上で、その系統を正統に継ぐ家康の賞賛へとつながるのである。縁起は、以下、家康の一代記を展開し、その神格化を具体例に即しつつ主張していく。東照社は、正保二年(一六四五)朝廷より宮号宣下がなされ、東照宮と改められるとともに同四年から毎年奉幣使が派遣され(例幣使)、形式上、朝廷からの尊崇も受けることとなった。

2　藩権力の確立と幕藩関係の安定

(1) 城普請役

94〔伝習館文庫文書〕(1) 寛永十三年(一六三六)江戸石垣普請手伝記録

寛永十三子年、江戸惣御曲輪《くるわ》石垣御普請御手伝、宗茂(立花)公江
被二仰付一之、

覚

一 御列座ニ而被二仰渡一候御老中
　土井大炊頭(利勝)様
　酒井讃岐守(忠勝)様
　阿部豊後守(忠秋)様
　松平伊豆守(信綱)様
　堀田加賀守(正盛)様

石御丁場之御役人御普請御奉行
　加々爪民部(忠澄)様
　堀式部(直之)様
　朝比奈源六(正重)様

佐久間（実勝）将監様
柳生（宗矩）但馬様
駒井（昌保）次郎左衛門様

一　惣御曲輪石垣御丁場渡之覚

一　本御石坪数四百五坪八分三厘
此石御用意之儀者、寛永十一年戌極月より亥年中相模之内江浦（足柄下郡）ニ而、わらせ被二召置一候、

一　水敲（2）八十五間九寸四分
此御普請、子二月廿五日より三月九日迄ニ成就仕候、

一　子三月十四日より同十八日迄御堀浚申候、
右者子年御普請被レ成候分、

殿様御組合之御人数
殿（宗茂）様
立花（種長）民部様
細川（忠利）越中守様
稲葉（紀通）淡路守様
木下（延俊）右衛門大夫様
稲葉（一通）民部（ママ少輔）大夫様
有馬（直純）左衛門佐様
森（長継）内記様
松平（忠英）阿波守様

子年御石垣御丁場渡候覚
殿様・民部様被レ遊候分
但六尺間

一　本地口三拾八間五尺四寸九分
呉服橋之南
高五間九寸　一番御丁場之分
此坪数弐百坪四分壱り（厘）也、

一　込地口三間四尺五寸
高五尺九寸
此坪数拾九坪三分壱り也、

地口之間数合四拾弐間三尺九寸九分
此坪数弐百拾九坪七分弐り也、

（中略）

右惣地口之間数合七拾八間四尺三分

（中略）

一番御丁場水たたき之間数五拾三間三尺八分、子二月廿五日之八半時分より根切ニ取懸り、同廿七日之朝五ツノ刻ニ成就仕候、

（中略）

一番御丁場(3)、子正月二日より、御普請ニ取懸り、同七日迄ニ中根切相済候、従二公儀一之御定ハ八日より之鍬初と被二仰付一候故、八日より本根切(4)ニ取懸リ、同九日ニ土台置、根石《ねいし》置、三ツなみ築申候而、同十七日迄ニ壱番丁場成就仕候、

（中略）

一　子三月十四日より同十八日迄、御堀両所浚申候、

殿様御半役ノ高

一　高五万四千八百弐十石

民部様（立花種長）

一　同五千石

二口合五万九千八百二十石

此御高ニ右之坪数之御丁場、渡り申候、

一　出人四百人　　御自分

一　同四百人　　御家中

一　同八十五人　　立花民部様

○出人数合八百八拾五人

（1）伝習館文庫文書　柳川古文書館保管。柳川立花藩政史料多数を含む。本史料は『福岡県史 近世史料編』柳川藩初期(下)、一九八八年所収。

（2）水敲　水際部分の低い石垣。（3）丁場　普請等における受持ち区間。

（4）本根切　土台となる根石を据えるための地盤造り。

【解説】　初期の幕藩関係において重要な意味を有したのは、幕府から大名に命じられた普請役であった。これは、いわば平和時の軍役動員としての意味を持ち、大名が反抗しうる経済的余裕を殺ぐという意味だけではなく、幕府軍役へ対応できる藩体制の確立を余儀なくさせる意味を持っていた。慶長七年（一六〇二）の二条城普請、同年の江戸城修築、同九年の彦根城築城、同十二年の駿府築城、同十五年の名古屋築城をはじめとして、公儀の城普請へ大名が休むことなく動員された。寛永十三年（一六三六）からの江戸城普請は、一連の江戸城建設の総仕上げともいわれるもので、史料のように、多くの大名が持ち場を決められた上で動員された。この普請の跡は、現在でも発掘調査によって確認することができる。〔参〕北原糸子『江戸城外堀物語』ちくま新書、一九九九年。

(2)　初期藩財政

95　〔岡田家文書〕(1)（元和六年（一六二〇））三月二十三日菅重俊外三名連署状写

態飛脚被レ遣候条申入候、其地御普請之儀、六月中ニ出来候様ニ可レ被レ仕之御意ニ候条、被レ得二其意一、入目《いりめ》之儀程ニ而成とも少もあやふミなく、御普請さへ出来候へハ

不レ苦候条可レ被二申付一候、上州様(本多正純)・対州様(安藤重信)も少なりとも早々出来候様ニと被レ成二御意一候、金銀をも御遣なされ可レ然候ハんとの御内意ニ候間、被レ得二其意一尤ニ存候、若御蔵本御米売候ハて銀子無レ之候ハヽ、内膳(黒田利良)方京へ被レ上、宗怡(2)・宗味(3)子共大坂へ同道候て被レ下、丹波(桐山丹斎)・美作(黒田一成)・大学(野村祐直)・内膳右両人之前ニて、借状仕、入次第借銀可レ被レ仕旨ニ候、

一御国元ニも銀子弐百〆(慣)目被レ成二御残置一候条、是又入次第取上可レ被レ申旨ニ候、呉々苦労(4)入候儀と各いとわれ可レ被レ申と思召、弥此通可二申遣一之旨候条、如レ此候、恐々謹言

(元和六年)三月廿三日　　栗山大膳(利章)

栗山備後(利安)

津田長左衛門(貞俊)

菅　孫次(重俊)

黒田内膳殿

同美作殿

野村大学殿

桐山丹波殿(5)

参

(1)岡田家文書　「黒田御用記」(九州大学付属図書館蔵)中、岡田三四郎の名で、享保頃にまとめられ、黒田藩に提出されたものによる。『福岡県史 近世史料編』福岡藩初期(上)、一九八二年所収。(2)宗怡　大文字屋(猪飼氏)。京都の商人。後出宗味の後見人もつとめた。(3)宗味　大文字屋(疋田氏)。京都の豪商。黒田家の御用商人もつとめた。(4)苦労　苦労銀。普請役等における大名家臣の負担。(5)栗山大膳…　黒田家の家老及び中老等。差出の四人は在江戸の藩主黒田長政の指示を宛所の四名(在大坂)に伝えている。

【解説】　史料94の普請をはじめとして、初期の確立期藩政にとって、経済的な負担をどのように解決していくかが大きな課題であった。基本的には、大坂・京都等の上方からの借銀が不可欠であり、本史料の元和六年の大坂城普請役の出費に苦慮している福岡藩の場合も同様であった。

(3)　初期御家騒動

96〔江戸幕府右筆所日記(姫路酒井家本)〕正保元年(一六四四)八月十八日

一於二評定所一大寄合(1)、

一鍋島伯庵(2)事、日頃就二御奉公之望不断相越一、達二御聴《ごちょう》一之処、可レ被二召出一子細無レ之、雖レ然、如レ此牢人今度所々領内差遣可レ置之旨上意也、因《これにより》レ茲伯庵者保科肥後守(正之)領内可レ有レ之由、於二評定所一老中被レ伝レ之、次、加藤風庵(3)ハ松平安芸守(浅野光晟)、松野主馬(4)者本多能登守(忠義)領中可レ置レ之由、明日所レ被レ遣二奉書一也、

市橋三四郎(長吉)(5)尋レ之、

(1)大寄合　当時、幕府評定所において、不定期に行われていた老中を中心とする寄合。(2)鍋島伯庵　竜造寺隆信の直系曾孫。(3)加藤風庵　加藤正方、右馬之允とも言う。肥後加藤家の重臣で、加藤家改易後牢人

となり京都にいた。（4）松野主馬　小早川秀秋の旧臣。（5）市橋長吉幕府目付。

97〔竜造寺伯庵事記〕(1) 四之巻

（前略）

一 右両人より如レ此申来候得共、御老中様より伯庵へ被二仰渡一候趣、ちと承候て可レ致二言上一と奉レ存候所ニ、昨晩神尾（元勝）備前守殿、上御屋敷裏御門迄被レ成二御出一、御用之儀可レ被二仰聞一由ニ付而、罷出候所ニ、御内御番所へ御入被レ成、某《それがし》へ被二仰聞《おおせきけられ》一候ハヽ、竜造寺伯庵へ二三日已前御老中被二仰渡一候ハヽ、伯庵此中申上候趣達二 御耳一候、伯庵申上候儀被二 聞召上一儀ニて無レ之候、此上ハ其方之様成もの江戸・京・大坂へハ不レ被二召置一候条、肥後守（保科正之）へ被レ遣候間、肥後守と会釈《えしやく》次第ニ可レ仕之由被二仰渡一候、此段相知候ハヽ承度由、先日申候ニ付而、被二仰聞一候由候、某申候ハヽ、被二御心懸一、是迄被レ成二御出一、御内意被二仰聞一候趣、信濃守（鍋島勝茂）へ早々飛脚を以て可二申越一由申上候条、右之段被二聞召届一候由、早々御状を以被二仰入一可レ然奉レ存候、右、作右・徳庵よりハ昨廿三日伯庵へ被二仰渡一候由被レ申候、二三日已前ニ被二仰渡一候と備前守殿被レ仰候ハヽ、前かと御内証之仰渡之儀ニ而可レ有二御座一かと奉レ存候、

一 右之趣、紀伊守（鍋島元茂）殿・甲斐守（鍋島直澄）殿へも申上候、侍従様(2)思召儘ニ成行、御外聞《がいぶん》此上無二御座一候、御満足被二思召一由候、乍レ恐某式も目出度奉レ存候、

（中略）

八月廿四日　　土山五郎兵衛

出雲監物殿

中野数馬殿

（1）竜造寺伯庵事記　竜造寺伯庵の幕府への出訴事件記録を鍋島藩側でまとめたもの。全五巻。当時、江戸の留守居であった土山五郎兵衛が記録していたものを中心とする。東京大学史料編纂所蔵写本による。（2）侍従様　この場合、鍋島藩主勝茂を指す。

【解説】　初期藩政の確立において、自立性の強い一族や重臣を統制して藩主に権力を集中させることは重要な課題であった。とりわけ戦国期以来続いた旧族居付大名にとっては、解決すべき事案が多かった。佐賀鍋島藩の場合、かつて戦国期の当主であった竜造寺氏の一門と、統一政権に組み込まれる過程で実権を掌握していった鍋島氏との関係は、表面上大きな破綻を見せず、むしろ藩政維持のための協力関係が維持されていた。だが、竜造寺氏の直系であり、当時牢人状態であった伯庵が幕府へ直参としての取り立てを申し立てた出訴を契機として、領内の竜造寺一門を中心とする勢力に少なからず動揺が生じた。史料96は、正保元年（一六四四）における幕府大寄合での伯庵処分の記

事であり、史料97は、幕府の方針についての情報収集に当たる佐賀藩江戸留守居の報告書である。幕府の判断は、現在の藩主権力の確立を優先させるものであり、むしろこうした影響力の強い牢人の都市部への居住を危険視していた。

(4)　江戸留守居

98〔萩藩公儀所日乗〕(1)　**寛永十二年(一六三五)十一月十五―十八日**

(寛永十二年十一月)
同十五日
(前略)
一　土井大炊殿(利勝)より御用之儀御座候条、一人可レ被二差出一之通御触ニ付而、私罷出候、勿論諸家留守居無レ残罷出候、大炊殿・讃岐殿(酒井忠勝)・阿部豊後殿(忠秋)御三人ニ而被二仰渡一候趣ハ、諸大名衆被二申上一御用之儀、土井大炊殿・酒井讃岐殿・松平伊豆殿(信綱)・阿部豊後殿・堀田加賀殿(正盛)御五人〆《して》一ヶ月切ニ被二聞召一候、十一月ハ大炊殿、十二月ハ讃岐殿、寛十三正月者松平伊豆殿、二月ハ阿部豊後殿、三月者堀田加賀殿ニ而候、其一ヶ月内ニ而三日・九日・十八日御定候条、此当り日ニ其当月御番之衆可レ被二仰上一之由候、此段罷帰、即殿様江申上候事、
同十六日
一　右夜前之被二仰渡一為二御請一、土井大炊殿・酒井讃岐殿・松平伊豆殿・阿部豊後殿・堀田加賀殿へ私致二参上一候事、
同十七日
一　殿様御咳気御煩ニ付而、上野江御社参不二相成一候故、御使被レ進候事、
一　倉橋勝兵衛殿(政長)より昨日　殿様御咳気為二御見廻一、私所迄御使参候、其御礼、又勝兵衛殿も咳気御煩之由候付而為二御見廻一、私使ニ参候事、
同十八日
一　内藤外記殿(正重)江為二御音信一雲丹《うに》一桶被レ進レ之候、為二御使一、私致二持参一候、長野十兵衛存候、

(1)萩藩公儀所日乗　萩毛利藩の江戸留守居福間彦右衛門就辰の職務日記(山口県立文書館蔵)。寛永十年二月二十三日より承応元年まで。

【解説】　この時期の藩権力にとって、幕府からの指示や政策について、その真意を的確に把握し、かつ他藩の対応に関する情報をつかんでおくことは、その存亡のかかった重要事項であった。初期においては、こうした情報収集のイニシアティブも大名自身が持つことが多かったが、次第に、江戸の留守居がそれを専門的に担うようになっていった。また、幕府の側でもそうした各藩の留守居を通じて幕府の意向の伝達を行った。史料に掲げた毛利藩の場合は、その早い例である。引用部分では、老中月番制の実施の通達を、幕府年寄土井利勝宅に各藩留守居を

呼んで行っている。また、江戸における他家との連絡・交際にも関わり、倉橋や内藤等の幕府旗本との間の挨拶も自身で赴いている。こうした日常的な接触を通じて、重要な情報が得られることもしばしばであった。各藩の留守居は次第に相互の連絡を密にしつつ組合を形成し、幕藩間の重要な政治システムの一部を形作っていく。

(5) 国絵図

99 〔小浜酒井家文書〕(1) 正保元年(一六四四)十二月二十五日国絵図仕様覚書

覚

一 城之絵図之事、
一 本二三丸間数《けんすう》書付候事、
一 堀之ふかさひろさの事、
一 天守之事、
一 惣曲輪(2)堀広さ深さの事、
一 城より地形高所有レ之者、高所と城との間、間敷(数カ)書付候事、
但、惣構《そうがまえ》より外ニ高所有レ之共書付候事、
一 侍町小路割并間数之事、
一 町屋右同断之事、
一 山城・平城書付之事、
一 郷村知行高別帋(紙)ニ帳ニ作二通上ケ候事、
一 絵図帳共ニ郡わけの事、
一 絵図帳共ニ郡切ニ郷村々高上ケ可レ申候事、
一 帳之末ニ一国之高上ケ可レ申候事、
一 絵図帳共ニ郡々名並郷々名惣而難字には朱ニ而仮名を付候事、
一 絵図帳共ニ村ニ付き候はへ山(3)並芝山有レ之所ハ書付候事、
一 郷村不レ落様に念を入、絵図并帳ニ書付候事、
一 水損干損之郷村帳ニ書付候事、
一 国之絵図二枚いたし候事、
一 道法《みちのり》六寸一里にいたし絵図に一里《いちり》山《やま》を書付、一里山無レ之所ハ三十六町に間を相定、絵図ニ一里山書付候事、
一 本道ハふとく脇道ハほそく朱ニて可レ致候事、
一 川々名絵図ニ書付候事、
一 名有山坂絵図書付候事、
一 壱里山と郷との間道法《みちのり》絵図書付候事、
一 舟渡歩渡りわたりの広さ絵図書付候事、
一 山中難所道法絵図書付候事、
一 国堺道法壱里山他国之壱里山へ何程と書付候事、
一 絵図に山木の書様色々之事、
一 海川水色書様之事、

一　郷村其外絵取ニごふん(胡粉)入申間敷候事、

一　此以前上り候国々絵図に相違之所候間、念を入、初上り候絵図ニ国中引合悪敷所なをし、今度之絵図いたすへき事、

十二月廿五日

（1）小浜酒井家文書　小浜藩酒井家文書。小浜市立図書館蔵。『小浜市史　藩政史料編』(一)、一九八三年所収。（2）曲輪　くるわ。城の周りに築いた石や土の囲い。（3）はへ山　生山。草木の茂っている山。

【解説】　正保元年(一六四四)十二月、幕府は諸藩に国絵図及び城絵図の作成・提出を命じた。担当は大目付井上政重と宮城和甫の両名であった。国絵図については各国ごとに担当藩として絵図元が割り当てられ、史料の小浜藩は若狭国の絵図元であった。正保の国絵図は、海辺の記載や舟路についての記載が詳しく求められていること、作成された絵図に遠見番所の記載が詳細であること、大目付が担当していること、また城絵図と同時に作成されたことなどから、ポルトガル船追放直後の緊張した対外情勢に対応するための軍事的な性格も強い。また、同時に琉球国をも含む各国毎の地図を幕府が一括して作成提出させたことは、統一政権としての幕府の位置を再確認するものであった。国絵図はこのあと、元禄度、天保度にそれぞれ作成されている。

⑹　国　奉　行

100〔中井家文書[1]〕

四月六日写

諸事触下覚　　土井大炊(利勝)判

青山図書(成重)判

其外三人有レ之、

一　山城　　板倉伊賀守(勝重)

一　大和　　大久保石見守(長安)

一　近江　　米津清右衛門

一　丹波　　山口駿河守(直友)

村上三右衛門(吉正)

一　摂津国　　片桐市正(且元)

一　河内　　同人

一　和泉　　同人

一　但馬　　間宮新左衛門(直元)

一　備中　　小堀遠江守(政一)

一　伊勢　　日向半兵衛(政成)

長野内蔵丞

一　美濃　　大久保石見守

以上

(1)中井家文書　大工頭を勤めた中井家に伝来した文書。史料100は、『史学』40-1(一九六七年)の一五二頁に紹介されている。

【解説】　幕藩制成立期において、国家的な支配形式には国郡制的な枠組みも用いられていた。畿内やその近国を中心とする地域には、各国毎に国奉行が置かれ、幕領私領を問わず国内から一律の夫役の徴収や、城普請・堤普請の管轄、郷帳作成や知行地の割付、生産力把握、職人の夫役徴発等にあたった。本史料は慶長十四年(一六〇九)から十七年ころの国奉行の配置を示したものである。これを見ると、国奉行は、国持大名と呼ばれる戦国以来の一円的領域支配の大名が存在しない地域(非領国)を中心として置かれているともいえる。

3　家綱政権と幕藩制の確立

(1)　牢人対策と慶安事件

101〔**金戒光明寺文書**〕(1) **元和九年(一六二三)九月二十三日板倉重宗書付**

覚

一　重而奉公可レ仕と存牢人可レ払《はらうべき》事、(2)

一　出家同前に罷成、寺に居住仕、出家之不レ致二学問一牢人可レ払事、

一　従二主人一合力《ごうりき》(3)を取、京都に居住の牢人可レ払事、

一　京都を被レ出候諸牢人、家屋敷俄《にわかに》売候儀成かたきもの在レ之者、其家、町に預り置、何時成共可レ為レ売事、

一　公儀御存《こうぎごぞんじ》之牢人(4)無二異儀一可二指置一、但其牢人向後奉公仕間敷之旨、並余之牢人抱置間敷之由、諸親類知音《ちいん》拾人与《くみ》ら、堅一札《いっさつ》其町へ可二取置一事、

一　年久商《あきない》いたし、妻子を持、在付《ありつき》候牢人、其儘可二指置一、但右同前に一札可二取置一事、

一　公儀御存之牢人並年久商売之牢人にても、此方より切手可レ出候間、弥致二穿鑿一可二申上一事、

元和九年九月二十三日　周防(5)(印)

(1)金戒光明寺文書　京都金戒光明寺蔵文書。東京大学史料編纂所の影写本に拠った。(2)払　追放する。(3)合力　旧主の援助をもらう牢人。(4)公儀御存之牢人　幕府において掌握し、届け出ている牢人。(5)周防　京都所司代板倉重宗。

102〔**駿河御留帳写**〕(1)

一　筆致二啓上一候、然者由比松雪(正雪、以下同)、昨廿五日之晩、駿府梅屋町太郎右衛門与申者之処ニ宿をかり一宿仕候所を、落合小平次(2)同心見出申候、則秋田安房守(3)足軽、大久保玄蕃頭(4)・井戸新右衛門(5)両人与力同心、廿五日之夜丑之下刻より取巻、

其上小平次同心召連、廿六日晩小平次同心押込申候得者、松雪をはじめ、八人自害仕、弐人は捕申候、此外両人宮ヶ崎ニ罷在候を、生捕申候、是ハ松雪父弥右衛門・松雪伯父藤右衛門ニ而御座候、如レ此申上候処ニ、去ル廿四日之尊書(6)并御手紙到来、拝見仕候、其御地ニ而も少々御捕被レ成候由、大悦ニ奉レ存候、弥同類抔《など》御座候哉穿鑿仕、委細者跡より可二申上一候、恐惶謹言、

七月廿六日　　六人(7)

三人(8)

(1)駿河御留帳写　内閣文庫蔵。寛永十九年より明暦三年までの幕府駿府城番と江戸老中等との往復書状留。(2)落合小平次　落合道次、駿府町奉行。(3)秋田安房守　秋田盛季、陸奥田村藩主、駿府加番中。(4)大久保玄蕃頭　大久保忠成、幕府書院番組頭、駿府城定番。(5)井戸新右衛門　井戸直弘、幕府書院番士、駿府城定番。(6)廿四日の尊書　江戸の老中から、丸橋忠弥らの逮捕と由比正雪の手配を知らせた書状。(7)六人　大久保忠成・山口備前守重恒(書院番頭、駿府城定番)・井戸直弘・落合直次・神保三郎兵衛重利(駿府町奉行)・駒井右京親昌(新番頭、諸国国廻中)。(8)三人　幕府老中の松平信綱・松平乗寿・阿部忠秋。

【解説】　幕藩制国家の成立過程で、関ヶ原戦後の大量の大名改易等や、その後も幾度となく繰り返されてきた大名改易は、一方で夥しい数の主人を持たない武士層、いわゆる牢人層を生み出した。彼らの多くは、再びの仕官の機会を求め、また生計のため、江戸や京都などの幕府直轄の大都市に滞留した。史料101は元和九年に、京都在住の牢人のうち、再仕官を望む者や寺に居住しながら学問をしない牢人、旧主から援助をもらっている牢人の京都からの追放を命じたものである。これは、とくに旧重臣等の上層の牢人を対象としたものといえる。家光死去の直後、慶安四年(一六五一)七月に起きた由比正雪の事件(史料102)や、翌年の戸次荘左衛門らの事件は、こうした牢人問題が抜き差しならない状況を迎えつつあることを幕府に認識させた。先の元和九年の段階では、まだ大名の改易・取り立てが流動的であり、改易された大名家に仕えていた牢人も、新たに加増された大名家等に新たな仕官先を見つける余地がかなり残されていた。だが、時の経過とともにその流動性も失われだし、都市部には、上層の牢人だけではなく、かぶき者的結合の中で出替わり奉公人を含む集団の存在が顕然化してきた。治安問題からも幕府は対応をせまられたのである。この年末、幕府は末期養子禁止令を緩和し、大名改易を減らす方策を取った。

(2)「文治政治」

103　**〔柳営日次記(1)〕**　**寛文三年(一六六三)五月二十三日**

廿三日

両相国御三人方　御座之間(2)

御目見、是者昨日　上使御礼也、

大広間(3)

出御、壱万石已上国持并御譜代惣大名登城、御次間ニ而一

同　御目見、於二　御前一被二仰含一事有、終而　入御也、其後、林春斎（鵞峰）法印、武家之諸法度御条目書読レ之、各聴レ之也、御条目廿一ヶ条者先代《せんだい》并《なみ》被二仰出一所也、当御代ニ而今違之在レ之外、御一ヶ条別紙出ル、

覚

殉死ハ古より不義、無益之事ナリトイマシメ（戒め）置トイヘトモ被二仰出一無レ之故、近年追腹《おいばら》共余多《あまた》有レ之、向後《こうご》左様之存念《ぞんねん》有レ之者ニ者、其主人常々殉死不レ致様ニ堅可二申含一、若以来於レ有レ之ハ、亡主之不覚悟越度《おちど》タルヘシ、跡目之息も不レ令二押留一ニ不届ニ可レ被二思召一者也、

寛文三卯五月廿三日

（1）柳営日次記　江戸幕府右筆《ゆうひつ》所日記等を中心とし、『徳川実紀』の稿本として編纂された幕府記録。（2）御座之間　江戸城本丸御殿の将軍居室。（3）大広間　本丸御殿の大広間。

【解説】　寛文三年（一六六三）五月二十三日、家綱将軍就任から十二年目にして、武家諸法度の改定がなされた。今回の改定では、数ヵ条の追加を除き、概ね寛永十二年の武家諸法度を受け継ぎつつも、別紙により、殉死の禁止を令した。これは、主君の死去時にその家来が追腹を切ることに、幕府としての否定的見解と明確な禁止を打ち出した点で画期的であった。家光の死に際しても、老中阿部重次や堀田正盛の殉死がなされ、殉死しなかった他の老中たちが暗に非難されるなど、それを賛美する風潮が隠然と存在していたが、幕府として、主君の死去後も亡君への忠義を果たすよりも、その家に仕え続けることが優先すると宣言したのである。これは、人と人の関係であった戦国以来の武士の主従関係が、家への奉公を優先させるものに変質したことを示す。先の末期養子緩和やこの殉死禁令は、武断から文治への転換点としてとらえられているが、同時にその動きと密接に絡みながら武士の主従関係のあり方の転換点でもあった。

(3)　老中・若年寄制の整備、評定所

104〔柳営日次記〕寛文二年（一六六二）二月晦日

先比《さきごろ》被二仰出一候老中并御旗本方支配之差別

一　禁中方并公家門跡
一　国持大名壱万石以上并九千石以下交替之面々、
一　大造之御普請・同御作事并堂塔御建立事、
一　知行割之事、
一　異国御用之事、

高家衆　御留守居衆方　大御番衆　大目付衆　町奉行　御旗奉行　御槍奉行　御作事奉行　御勘定頭　御普請奉行　遠国奉行　御鷹方

右ハ老中支配

御書院番頭　御小姓番頭　新御番頭　御小姓衆　御小納戸衆　中奥《なかおく》衆　百人組之頭　御持弓御持筒頭　御目付衆

御使番《つかいばん》衆　惣御弓御鉄砲頭　火消役人　歩行頭　小十人組頭　西丸御表門番頭　御納戸頭　御船手衆　二丸御留守居衆　中門御番衆　九千石以下交替無レ之面々　御船奉行　御右筆衆　小普請奉行　道奉行　医師　儒者　御書物《しょもつ》奉行　御細工頭　御賄《まかない》頭　御台所頭　御同朋《どうぼう》　黒鍬《くろくわ》頭　御中間《ちゅうげん》頭　御小人《こびと》頭

右ハ久世大和守(広之)・土屋但馬守(数直)支配

105〔柳営日次記〕寛文四年(一六六四)四月一日

老中奉書判形之次第、今日被二仰出一、

　連判之奉書

一　公家門跡方　一　御連枝方(1)　一　参勤伺　一　城普請

一　帰国之御礼　一　証文　一　次飛脚

右之外ハ可レ依二時宜《じぎ》一也、

　月番一判之奉書

一　御機嫌伺　一　軽進物　一　当座之儀

(1)御連枝　兄弟姉妹のこと。ここでは、将軍家の一族。御三家や甲府・館林を指す。

【解説】　家綱が幼将軍となって以来十年を経た寛文期より、幕府の支配機構は安定的なものとして整備されていく。史料104では、慶安二年(一六四九)に断絶していた若年寄の再置及びそれと老中との分掌が、寛文二年(一六六二)になされている。そして史料105においては、同四年に、老中の奉書への署判を連署奉書の場合と月番一判の場合とで区別して規定している。これは老中奉書の文書様式と用途の明確化とも関係し、幕府の文書システムが整備されていったことを示す。

(4)　寛文印知

106〔柳営日次記〕寛文四年(一六六四)三月五日

小笠原山城守(長矩)
永井伊賀守(尚庸)

右諸大名江御朱印可レ被レ下之旨、奉行可レ仕之旨、於二御座之間一御直ニ被二仰付一候、

107〔小浜酒井家文書〕寛文四年(一六六四)四月五日徳川家綱領知判物写

(包紙ウワ書き)
「酒井修理大夫(忠直)とのへ」

若狭国一円八万五千四百六拾石余、越前国敦賀郡弐万千九拾六石余、近江国高嶋郡之内七千壱石余、下野国安蘇郡之内五千四百八拾二石余、安房国平群《へぐり》郡之内四千五百拾七石余、都合拾弐万三千五百五拾八石余、目録在別紙事、如二前々一充《あてがい》二行之一訖《おわんぬ》、全可レ令二領知一者也、仍如レ件、

寛文四年四月五日(花押影)(徳川家綱)

酒井修理大夫とのへ

【解説】寛文四年(一六六四)四月、四代将軍家綱は諸大名への領知判物《はんもつ》・朱印状と目録の交付を一斉に行った。それまでの三代における交付が個別的であったのに比べ、一斉に行ったことは、将軍の大名に対する知行宛行《あてがい》権を明確にする上で大きな意味を持ち、この後将軍代替わり毎に行われることとなった。史料106にあるように、担当奉行として奏者番小笠原長矩と永井尚庸の二人が任じられたが、実務では、右筆の久保正之・同正信父子が中心となった。久保父子は、同時期に書札礼の整理・作成にも関わり、幕府文書機構の整備が進められた。史料107は、小浜酒井家に渡された判物の写である。十万石以上は判物、それ以下には朱印状が出され、酒井家は十二万石余なので判物とされた。

(5) 諸国巡見使

108〔教令類纂初集四十四〕寛文七年(一六六七)閏二月十八日諸国巡見使「覚」八ケ条

覚

一　御料(1)・私領共に町在所々仕置之善悪可レ被レ承之事、

一　吉利支丹宗門之仕置、常々無二油断一申付候哉、并盗賊等之仕置、其所之者存知候様に相二尋之一、様子可レ被レ承之事、

一　何によらす近年運上に成、其所之諸色高直《しょしきこうじき》にて迷惑仕候儀有レ之歟、可レ被レ承之事、

一　公儀御仕置と替たる事有レ之候哉、可レ被レ承之事、

一　買置いたし、しめうり(2)仕候者有レ之歟、可レ被レ承之事、

一　金銀米銭相場可レ被レ承之事、

一　公事訴訟目安一切被二請取一間敷之事、

一　高札之写不二立置一之所者向後立二置之一、文字不レ見節者、又改可三立二置之一旨、家数多所々にて可レ被二申渡一之事、

以上

閏二月十八日

(1)御料　幕府直轄領、幕領。(2)しめうり　買い占めによる価格操作。

【解説】寛文七年(一六六七)二月、幕府は全国を六つの地域に分け、それぞれに三人一組(使番と書院番士・小姓組番士)の巡見使を派遣した。史料108はその時の上使へ示されたものである。全国をいくつかの地域に分け、一斉に監察のための上使を派遣するという点では、寛永十年に全国を六地域に分けて派遣した国廻上使が最初であるが、この時は、民情視察というよりは、各大名の様子を探るという意味合いが強かった。寛文七年時より初めて巡見使という古代の巡察使を連想させるようなあらたまった呼称を用いている。この「覚」では、幕領、私領の別を問わず、「仕置きの善悪」を直接民衆から聴取することを命じており、個別大名権力の統治範囲を越えた全国統治を担うもの

としての幕府権力の志向性を窺うことができる。同様に運上や占売、金銀米銭の相場等の流通・経済状況について、各地域の状況をつかもうとしている点が注目される。こうした動きは、同時期の幕府による量制統一（枡・秤）や酒造制限令の動きとも共通するものであった。

第三節　近世村落の成立と農民

1　検地・年貢の村請

109〔今堀日吉神社文書〕天正十九年（一五九一）八月二十一日近江国今堀惣掟

定　掟目《おきめ》条々事

一 御代官より被ニ仰付一御年貢米之事、地下人《じげにん》(1)内うけ状仕候上者、自前(然)はしり(2)候者見かくし候ハヽ、となり為ニ三間一御年貢納所《なつしよ》(3)可レ仕候(4)、

一 御検地御帳儀、御代官より御以礼(ママ)(5)候間者、そしやう(訴訟)可レ申候条、相かな候(い脱カ)ハすハ、地下儀はしり候共、一味同心ニ可レ仕候事、

右之掟目や(6)ふり申物これあら者、やくそく定付あい不レ可レ申者也、

天正十九八月廿一日　今堀(7)惣分（花押）

四郎左衛門（略押）　五郎兵へ（略押）　二郎四郎（略押）　左衛門太郎（花押）
四郎太郎（略押）　左衛門二郎（略押）　与九郎　二郎左衛門（花押）
弥三郎（花押）　又五郎（略押）　左衛門二郎（略押）　宗みん
左衛門三郎（略押）　新兵へ（略押）　慶民　兵衛門
藤内　又三郎（略押）　となり（略押）　正珎
又左衛門（略押）　正善　太郎兵へ　二郎左衛門
すいきう（瑞玖）　南左衛門二郎（略押）　道順（略押）　左衛門三郎
智春　介三郎　宗演（略押）　孫六（略押）
新三郎（花押）　源衛門（花押）　宗正　介一
三郎四郎（略押）　太郎衛門（略押）　三郎五郎（略押）　介左衛門
太郎二郎　兵衛四郎（略押）　加兵衛（略押）　力一（略押）
七郎太郎　孫二郎（略押）　三郎二郎（略押）　山城（略押）
菊　弥一郎（花押）　文阿弥（略押）　中坊（略押）
左衛門三郎（略押）　岩　周才（花押）　若衛門
弥衛門（花押）　兵衛太郎（略押）　正久　太郎兵衛
二郎兵へ　九郎兵へ（略押）　衛門四郎　又左衛門（略押）
源香（略押）　弥三郎　与三郎（花押）　弥左衛門（花押）
四郎左衛門（略押）　江寺よめ千代（略押）　小兵へ（略押）　三郎衛門（略押）
弥太郎（略押）　孫三郎（略押）

（1）地下人　ここでは惣の構成員にあたる。（2）はしり　逃散すること。（3）納所　納入。（4）となり為…可仕候　隣家で年貢納入の共同責任を負わせている。（5）以礼　「違例」の意味か。（6）やくそく…不可申者也　惣分内の突き合いの停止。後のいわゆる村八分につながるものか。（7）今堀　現滋賀県八日市市。

110〔羽曳野市史〕延宝五年（一六七七）巳十二月河内国古市郡軽墓村無地高免除につき願書

乍レ恐指上ケ申訴訟

一　古市郡軽墓村[1]御検地、八拾四年以前文録（禄）三午ノ年吉田七太夫様・酒井六右衛門様御検地被レ成候所、帳面之畝高弐拾町弐反余、分米弐百五拾石、内弐百石渡部喜左衛門様御知行、拾六石丹羽喜左衛門様御知行、三拾四石御蔵入、〆弐百五拾石ニ而御座候ヲ、外ニ三拾四石御蔵入と被レ遊候故、帳尻ニ而弐百八拾四石と御究被レ成、御検地帳村江被レ下候ニ付、三拾四石之高違之義迷惑ニ奉レ存、村中大坂へ相詰御訴訟申上候、御承引無二御座一、剰庄屋助太夫と申もの籠舎被二仰付一候、然共御帳ニ地面無二御座一候故、達而御訴訟申上候得者、御水帳相究上ニ而御座候故、御免状ニ而御有免可レ被レ下旨被二仰出一候故、無二是非一右高ノ通御請負申上、助太夫出籠仕候、其時右御検地帳御取上ケ被レ成候御事

一　元和元年卯ノ年御蔵入ニ罷成、五味[2]金右衛門様御代官被レ成候、右御検地帳無二御座一候ニ付、地面御改被レ成候

へ共、弥三拾弐石余之地面無二御座一候故、右高之通弐百八拾四石ニ御究被レ成候、其時写被レ下候御地詰之帳、村中用来り候

一　今度御検地御請申候処、畝数・分米大分出来仕、其上無地高ヲも高之内へ御結(詰カ)込可レ被レ成旨被二仰付一、惣百性(姓)驚入、何共迷惑ニ奉レ存候、其以前無地高被二仰付一候義、御非分成御事ニ御座候得共、水帳相究ル上ニ而御座候故、無二是非一御請負仕候、其後御訴訟可二申上一時節無二御座一候故、唯今迄　御公儀様御役義相勤申候、然処今度御蔵入一同之御検地御筋目成御事ニ御座候得ハ、無地高をも御除可レ被レ下様ニ奉レ存候処、高之内へ御結込可レ被レ為レ成旨迷惑ニ奉レ存候、此度御帳相究り申候上ハ、重而御訴訟可二申上一時節無二御座一候、末代之御事ニ御座候得ハ、何とぞ御了簡ニ而御除被レ為レ下候者難レ有可レ奉レ存候

右之通毛頭偽り不二申上一候、御慈悲ニ被レ為二聞召一上、御除被レ為レ下候ハ、、末代惣百性難レ有可二忝奉一レ存候、以上

延宝五年巳十二月

河州古市郡軽墓村庄や　大郎兵衛(印)

同村年寄　三郎兵衛(印)

同　五郎右衛門(印)

同　九兵衛(印)

同　左次兵衛(印)

同　吉左衛門(印)

頭百性　左右衛門(印)

同　与次兵衛(印)

同　左兵衛(印)

本多出雲守様御内

塩川新五兵衛様

(1)古市郡軽墓村　現大阪府羽曳野市。(2)五味　小堀政一とともに上方郡代を勤めた五味豊直。

【解説】　検地によって決められた土地の地位・等級や面積、石高は、その後年貢を決める基準とされたため、検地は幕藩領主だけでなく、村人たちにとっても重要な関心事であった。領主が、一方的に検地を行ってその結果を強制するのではなく、村人に見せて「請けさせる」ことが不可欠であった(たとえば「検地致候毎日百姓共ニ借シ渡シ、相違有レ之候哉、吟味可レ致事」延宝検地条目〔『羽曳野市史』〕)。そのため、検地施行に際しては、あらかじめ検地条目を作成し、検地を行う役人に対して検地の施行原則や注意事項を示す一方、村に対しては不正があれば申し出るように触れたのである。検地の過程で不正や疑惑があっては、村方が請けるわけがなかったからである。こうした検地の結果作成された検地帳は、一冊が領主のもとへ、もう一冊が村の側に残され、領地替えの際には、旧領主から新領主へ渡されることになった。村の側でも、新領主や新代官に提出する「差出村明細帳」の冒頭部分で詳述しなければならなかったのは検地の記録であった。村役人の交代に際しても、検地

帳の引き継ぎがチェックポイントの一つとなった。

史料109は、天正十九年(一五九一)、今堀の惣分が連署して定めた惣掟である。これ以前の検地をめぐっては豊臣政権と在地との間で争論が起こっているが、この史料によれば、代官から命じられた年貢米について「地下人」として「うけ状」を出した以上は、年貢納入に責任を負うが、代官が検地帳の記載どおりにしなかったときには惣全体で訴訟を行い、それでも認められなければ一味同心をして逃散するとしている。年貢を惣全体で請け負った以上は村人にもその責任を負わせる、というかたちで「年貢の地下請(惣請)」が近世に継承されていくことが想定できると同時に、検地帳をめぐる惣分と代官との緊張関係の一端を窺うことができよう。また、史料110は、延宝五年(一六七七)に行われた検地に対し、河内国古市郡軽墓村から、納得できない旨の訴訟をしたときの訴願状である。これによると、(1)文禄二年(一五九三)の太閤検地の際に本来計二五〇石のところを検地役人の誤りで二八四石とされたために、村中で大坂に訴訟に出かけたが成功せず、年貢免状でその分を免除するという約束で検地帳の石高を請負うことにしたこと、(2)元和元年(一六一五)に幕府直轄地(幕領)となったときにも地面改めをしてもらい、三十四石分の地面が存在しない(地面が無いにもかかわらず石高がついている「無地高」であることが確認されたにもかかわらず、高は変えてもらえなかったこと、(3)今度の検地ではこの無地高分も高のうちに組み込むと命じられたがとうてい納得できないので訴訟に及んだこと、がわかる。この事例はきわめて異例であるが、「非分」であるとまで考えていたにもかかわらず、村の側でいったん請けてしまった検地帳の数値が容易に変更できなかったことがよくわかる。

2　法の村請と村の掟

111〔精華町史〕寛永十八年(一六四一)巳極月十一日山城国僧坊村五人組請書

僧坊村五人組被二仰付一候条ゝ(1)

一　五人組之儀被二仰付一候間、念ヲ入吟味仕組合申事実正也、若組中ニいたつら者(2)御座候而ばくち盗人又者証拠なきものに一夜の宿ニてもかし申間敷候、其上何ニ而も背二御法度一候者御座候者早ゝ可二申上一候、自然かくし置後日ニ他所ゟ御聞被レ成候者、其者之儀者不レ及レ申組中共ニ曲事《くせごと》ニ可レ被二仰付一候事

一　毎年立毛御検見被レ成其上御免状被レ下候時、惣百性(姓)不レ残寄合致二拝見一依怙贔屓なく免割仕、少も未進仕間敷(3)候事

一　御年貢米御未進仕しにうせ(失)いたし候百性御座候者、残組中として御年貢弁急度《きっと》御納所可二申上一候、若御皆済御

無沙汰仕候ハヽ組中者曲事ニ可レ被二仰付一候、其時一言
之御侘言申上間敷候、付而御蔵番無二御油断一可レ仕候、
若火事盗人不慮之儀出来仕候ハヽ、惣百性中として急度
弁御運上可二申上一候事
右之条ヽ少も御無沙汰申上間敷候、少成共《すこしなりとも》相背申候ハヽ如
何様共曲事ニ可レ被二仰付一候、其時一言御理《おことわ》り申上間敷候、
仍後日之証文如レ件

寛永拾八年
巳ノ極月十一日

五人組頭　加右衛門
同くミ　左介 伝ゝ吉ゝ
同くミ　久右衛門
同くミ　助右衛門
同くミ　小介
五人組頭　半介
同くミ　三右衛門
同くミ　仁兵衛
同くミ　源太夫
同くミ　少九郎

僧坊村庄や　善右衛門
五人組頭　九兵衛
同くミ　八右衛門
同くミ　嘉右衛門
同くミ　五介
同くミ　久七
五人組頭　源右衛門
同くミ　六兵衛
同くミ　弥兵衛
同くミ　忠三郎
同くミ　与十郎
五人組頭　五郎兵衛
同くミ　三右衛門 孫ゝ右ゝ衛ゝ門ゝ
同くミ　又右衛門
同くミ　清右衛門
同くミ　八兵衛

辻永庵(4)様

(1)僧坊村　現京都府精華町。この村は下狛郷に属し、旗本高木氏(二〇五石余)・上田氏(一七二石余)と、瑞龍寺(二五八石余)という三人の領主によって支配されていた。これを相給《あいきゅう》という。瑞龍寺は、豊臣秀次の母(瑞龍院)が秀次の追善供養のために京都に建立した日蓮宗寺院。近世では比丘尼門跡寺院。(2)いたつら者　不心得者。(3)未進　年貢を納めないこと。(4)辻永庵　瑞龍寺の代官であろう。

【解説】　一般に近世の村には、年貢納入の共同責任を負ったり、領主の禁令遵守や治安維持などについて相互監視する役割をもった「五人組」が設定されている。史料111は、こうした五人組の請書のなかではごく初期のものであり、この年、幕府から同村内に所領を与えられた瑞龍寺が、新しく所領となった僧坊村内の瑞龍寺分の百姓たちからとった請書である。博打の禁止、盗人や身元の不確かな者への宿泊提供の禁止など、領主から出された法令を遵守することのほか、年貢免状を出したときには惣百姓が残らず寄り合って公平に割り付けること、年貢納入時の蔵番をたて、火事や盗難については惣百姓で責任を負うことが求められている。相給の村では、このように五人組も各領主支配単位ごとに結成される場合があった。この請書は、一見す

ると、領主の命令どおりに遵守することが求められているようにも読めるが、博打の禁止や見知らぬ者へ宿を貸すことの禁止は、中世末の惣掟のなかにも見られる項目であった。ここでは、領主の側でも在地の法を取り込むかたちで法をつくりあげていることに注意したい。

112〔八日市市史〕**万治元年（一六五八）十二月二日近江国中野村組頭請**

一　今度御公儀様ゟ頼母子《たのもし》(1)ハ面と取前ニ而相返し申様ニと急度被二仰付一候御法度堅可二相守一処ニ、それニてハ方とゟのかしかりも一円無ㇾ之候故、御年貢御納所不二罷成一、弥小百姓以下迄迷惑仕候ニ付、たのもしハ隠密ニて如二跡と(2)の一仕候、有来候吸物酒ハ堅相止申候、自然此儀ワキ〳〵ゟ御公儀様へ相聞へ、庄屋肝煎《きもいり》曲事ニ被二仰付一候者御村中不ㇾ残罷出、庄屋肝煎之越度《おちど》無ㇾ之様ニ申分仕、御佗言可二申上一候、仍為二後日一判形如ㇾ此候、以上

万治元年
戊ノ十二月二日

中ノ組かしら(3)
市左衛門㊞　作左衛門㊞
二郎左衛門㊞　才兵へ㊞
半三郎㊞　茂右衛門㊞
四郎兵へ㊞　五左衛門㊞
仁右衛門㊞　二郎右衛門㊞
か左衛門㊞

中野村(4)御庄屋　平兵衛殿
肝煎　七郎右衛門殿
同　清右衛門殿

(1)頼母子　講を結成して、構成員の相互扶助のために金を積み立てること。積み立てた金は籤で順番を決め、構成員が利用した。(2)如跡と　の前々のように。(3)中ノ組かしら　十人組の組頭。(4)中野村　近江国蒲生郡中野村(現滋賀県八日市市)。

113〔八日市市史〕**寛文元年（一六六一）七月六日近江国中野村組中定**

定

一　野廻り之事暮六つより明六つ迄四つ之角ゟ一夜に十弐人つゝ無二油断一相守可ㇾ申事
一　茄子ひしやく(1)何ニても作毛猥《みだり》(2)ニあらし候ハゝ、先年之通科銭(3)可二申付一事
一　森林をあらし申間敷事
一　田畠之草みたりにかり取申間舗《もうすまじき》事
一　当御社江老若共ニふミあらし申候ハゝ、相応之過銭可ㇾ申事
右条と之内過銭ニ軽重有ㇾ之、一村之中ニ而盗人見付、証

拠を取候ハヽ、如二先年之一銀百目之可レ為二褒美一事
一作毛之穂くび切取候を見付候ハヽ、銀子三拾匁可レ為二褒美一事
一森林田地之草盗人見付候ハヽ、銀拾匁之可レ為二褒美一事
一当社あらすもの見付申候ハヽ、鳥目(4)三百文ほうび出し可レ申事
一野廻り番之者油断仕候ハヽ、為二科料銭一弐百文可二申付一事
右之通可二相守一者也、仍如レ件

寛文元年

七月六日

東ノ北組中㊞
同　中組中㊞
同　南組中㊞
西之南組中㊞
同　中組中㊞
同　北組中㊞

(1)ひしゃく　ひさご(ひょうたん)。(2)作毛　田畑からの収穫物。
(3)科銭　過料・過料銭とも書く。罰金のこと、もしくは罰金刑をさす。
(4)鳥目　銭のこと。

【解説】 領主の法の遵守を五人組単位で誓約させられていたことは、史料111でも確認できるが、それは村の慣習や村の法を包摂してはじめて村が請けることができたともいえる。逆にいうと、村の現実にまったくそぐわない領主の法に対しては、村人たちは独自の対応をしたのである。史料112は、万治元年に仙台藩から禁止された頼母子講に対して、講の寄合のときに酒食をしないという自己規制をしてはいるものの、村でこっそり継続すること、もし露見した場合は庄屋・肝煎《きもいり》が処罰されないように村中で領主に詫びること、を組頭たちが庄屋に対して誓約したものである。前年の十一月には、村中から領主と庄屋・肝煎あてにそれぞれ法令遵守の請書を出しているから、ここではまったく逆の誓約をしたわけである。この組頭とは、この村では五人組の前身として設定された十人組の頭をさす。とすると、領主の法を遵守するための組織が、ここでは村の慣習や実情に反した領主の法を相対化する機能を果たしていることになる。

一般的には、村法は時代が下ると領主法と同内容になり、独自性を失うとされているが、領主の法をただ遵守するのではなく、独自の論理で法を請ける村の姿をここでは確認することができる。史料113は、同じ中野村の村定であるが、田畑・山林からの盗みなどについて村内で自主規制している。違反者に対して過料を課すなど処罰規定もあり、村が、村の法に関しては村人を拘束することができたことを示している。〔参〕水本邦彦『近世の郷村自治と行政』東京大学出版会、一九九三年。横田冬彦「近世村落における法と掟」『神戸大学文化学年報　五』。

3　村方騒動と村役人

114〔太閤検地論〕慶長十三年（一六〇八）十月十三日霜月摂津国東天川村惣百姓訴状

(ア)　おそれなから申上候

つのくに芥川郡(1)之内東天川(2)惣百姓中

① 一 高千四百拾六石七斗三升ノ処之内のめんあい(免相)(3)、百姓同心も不ㇾ仕候に、弥二郎兵衛と申庄屋一人として年〻一分とをりおさへとり申、惣百姓中めいわく仕候事

② 一 拾四石弐斗六升高之外、御けんち御奉行衆〻ぶちがい(歩違い)、い・せ(畝)ちがいニならし(4)候へと被ㇾ仰、さい(在)所へくたされ申候を、庄屋壱人としてせちがいニハならし不ㇾ申候て、けつく(結句)御けんち帳ニかきそへをいたし取申候事

③ 一 御蔵やしき(5)、御けんち御奉行衆〻くたされ候やしきニハ、御蔵立不ㇾ申候て、よ(余)のでんちニたて、けつく主のいゑ、又ハつくりまて仕候て、これも惣百姓へ年貢打かけ取候事

④ 一 高之内三ヶ所壱石九斗一升壱合のふんへ、よしはへ(葭生)出申候を、庄屋一人として年〻かくし取申候事

⑦ 一 御けんち帳おばかくしおき、よの帳を作、主かのハ弐石之所ハ、壱石ニなし、小百姓のハ壱石之所ハ、弐石ニなし、年〻の間かくし取申候事

⑨ 一 惣のあれぢへ、はず(蓮)はへ出申候を、庄屋一人として、うりとり申候、惣百姓へ被㆓仰付㆒候て可ㇾ被ㇾ下候事

⑫ 一 去〻年之未進百十俵、惣百姓中三わりニ御下代衆れんはん(連判)いたしかり(借)申候を、庄屋去年四わりニ仕候て取申、借状いまにかへし不ㇾ申候事

右之通弥二郎兵衛と申庄屋かようにひふん(非分)仕、年〻此かたぬすミ(盗み)取申故、去年もおんな子とも五十六人方〻へ身をうりめいわく仕候、かようニ御座候へハ此百姓共かんにん罷成不ㇾ申候まゝ有様ののむね(ママ)、きこめし(し脱)わけられ候て可ㇾ被ㇾ下候者可㆓忝奉ㇾ存候、如ㇾ件

慶長拾三年十月十三日　津のくに芥川ノ郡東天川

惣百姓中

なくら清兵衛様

青山隼人様

(イ)　乍ㇾ憚申上候

①一　高千四百拾六石七斗三升之内、免相《めんあい》壱分惣百姓同心
不レ仕候ニ弥二郎兵衛取申由申上候、もちろん一分惣
百生(姓)同心仕、其上百姓之内三右衛門殿・久との即算
用日記此方へ出し申候事

②一　拾四石弐斗六升、高ノ外ニ検地御奉行衆弥二郎兵衛
壱人ニ被レ下候事ハ、御検地入目なとハいつれのさい
所ニも惣中ゟ仕候へ共、此地下ニハ左様之造作も一
円不レ仕、其上、弥二郎兵衛も、御奉行衆へ似合之気
遣をも仕、又ハ万一斗違せちかい候ハヽ、右之内に
て少ミ出入ハならしかへし被レ仰候て被レ下候事

③一　御蔵屋敷之儀、□(前)ニハ是も惣中相対仕、御蔵をは別
ニたて申候へ共、只今ハ蔵のふんハ、惣中米高ノ免
にて引をとし御年貢入申事

④一　高之内三ヶ所ニ壱石五斗壱升一合のふんへよしはゑ
出申を、弥二郎兵衛一人かり取申よし申候、是も田
地御座候て、昨今成共打渡し□申事

⑦一　御検地帳をは不レ出うつしを仕、もりまし仕取申様
ニ申上候、左様之儀ハ少も無二御座一候事

⑧一　惣之荒地へ蓮はゑ出申候□(を庄屋かり)□取□(申)由申上候
乍、これも御代官様ゟたしかに被レ下候事

⑩一　去年未進百十俵、惣百姓中ゟ、□(私)方ニ御下代衆ニれ
ん判仕かり申候□(を)、弥二郎兵衛四わりニ仕取申由申
候、□□弥二郎兵衛少もとり不レ申候、是も御下代衆
御為レ命候て、四わりニ算用仕□(り候事)

右条ミ有様ニ聞召分られ候て可レ被レ下候

慶長拾□(三)年
霜月
摂州芥川郡天川
弥二郎兵衛

(出典) 宮川満『太閤検地論 第Ⅲ部』お茶の水書房、一九六三年第一版、一九七七年改装版。
(1)芥川郡　摂津国。(2)東天川　高槻市。(3)免相　年貢。(4)ぶちがい…ならし　検地丈量上での誤差を不公平がないように均すこと。(5)御蔵やしき　のちの郷蔵にあたるものか。領主が現地に設定した蔵とも読める。

【解説】　中世の惣村から近世の村へどのように移行したのかということは村落史研究の未解決の課題の一つである。統一権力による検地・兵農分離政策に重点を置いて、上からの編成替えという契機を強調する見方と、惣村段階で形成・蓄積された自主的な地域運営能力に注目する見方の二つがあるが、整合的な理解はできていないというのが現状であろう。ここでは、この問題について考える材料の糸口として、慶長十二―十三年(一六〇七―〇八)にかけて摂津国芥川郡東天川村で起こった村方騒動についての史料二点を掲げた。(ア)が、惣百姓が高槻藩の地方役人に対して庄屋弥二郎兵衛の不正を訴え出た訴状である。(イ)がそれに対する弥二郎兵衛の反論で、惣百姓側から出された争点に対して逐一反論するかたちをとっており、一部省略した

が、(ア)に対応する部分を掲げた。庄屋弥二郎兵衛は、年貢を一分上乗せして徴収し、検地奉行から免除された十四石余分の土地や蔵屋敷として下付された土地、高に結ばれた地内の葭・惣有の荒地（高外）の蓮を独り占めしたと非難されている。また、検地帳を別に作成して小百姓の石高を増やしたり、未進年貢の利息を一割余分に徴収したとされる。惣百姓たちは、このような非分、盗み同様の所業をされたために、女房・子どもを身売りしなければならないといった状況になり、我慢できないとしている。惣に対して下付された高外地・蔵屋敷・惣有の荒地や検地帳の管理をめぐる庄屋と惣百姓（惣の年寄衆と小百姓）の間の争論であり、その背景には惣中の管理・運営を藩権力を背景とした庄屋が「一人」で専断することへの強い反発があった。この件の結末は不明だが、こうした争論を経て、庄屋が近世の村の中に村の代表として定着していくものと考えられる。〔参〕水本邦彦『近世の村社会と国家』東京大学出版会、一九八七年。宮川満『太閤検地論2』お茶の水書房、一九五七年第一版、一九七七年改装版。

115〔備中真鍋島文書〕寛永十二（一六三五）・十五年（一六三八）真鍋島年寄中宛代官河上清太夫書状及びお千への庄屋依頼につき一札

(ア)　以上

急度申遣候、其嶋庄屋二郎右衛門近年庄屋之隙《ひま》被ㇾ下候様ニと切ゝ申候、されども　公儀大事ニ候故、隙遣不ㇾ申候へ共、かんにん不ㇾ成様ニ惣百性（姓）仕懸之由候間、庄屋ニ隙遣申候、今より百性中庄やを見立候而　公儀御用等万事手を(1)つき不ㇾ申候様ニ可二相定一候、為二以後一如ㇾ此候、以上

寛永拾弐年

七月十一日　　河上清太夫（花押）

まなべ嶋(2)

年寄中へ

(イ)

二郎右衛門殿御はてニ付、其方庄や被ㇾ成□（仰）□申候へ共、御かつてんなく候条、（之脱カ）助丞様へ御理《おことわ》り申上候へ者、惣百性（姓）共其分別ニ候者其方ニ庄や仰被ㇾ付と御意ニ候、然者二郎右衛門殿時之ことく相不ㇾ替地走（馳）(3)申、御公儀之事油断仕間敷候間、左様ニ御心得候而可ㇾ被ㇾ下候、自然被ㇾ付ㇾ仰候事少も油断仕候者、御代官様へ則被ㇾ上ㇾ仰、何様共曲事《くせごと》ニ可ㇾ被ㇾ付ㇾ仰候、其時少も御うらミニ存間敷候、為二後日一如ㇾ件

寛永拾五年

寅ノ十一月廿六日

八郎兵衛（略押）　源左衛門（略押）

六郎左衛門（略押）　小左衛門（略押）

善　介（略押）　孫兵衛（略押）

伝　蔵（略押）　又□　□（略押）

仁右衛門(略押)　善左衛門(略押)
助左衛門(略押)　平右衛門(略押)
市兵衛(略押)　次兵衛(略押)
八郎右衛門(略押)　甚二郎(略押)
十郎左衛門(略押)　彦□郎(略押)
源兵衛(略押)
九右衛門(略押)

お千殿
　参

(出典)『備中真鍋島の史料』日本常民文化研究所、一九五五年。
(1)万事手をつき　途絶えて支障が出ること。(2)まなべ嶋　現岡山県笠岡市真鍋島。(3)馳走　尽力すること。

【解説】 近世の庄屋は、最終的には幕藩領主が任免するかたちをとっていたが、一方的に任免できるものでもなかった。村の構成員の合意と支持抜きには村の運営ができなかったからである。(ア)は、寛永十二年(一六三五)、備中幕領の代官である河上清太夫が真鍋島の年寄中に対して、百姓の「見立て」によって庄屋を選任するようにと命じたものである。庄屋二郎右衛門が、惣百姓から我慢できないとして訴訟を起こされ、庄屋を罷めたいと申し出たことを受けてこのような措置がとられたのであるが、その後二郎右衛門が死去し、後任はすぐに決まらなかったようである。寛永十五年になると、今度は惣百姓たちが、(イ)のように、二郎右衛門の娘の千に対して、庄屋就任を要請している。惣百姓の共通意思が確認され、公儀御用などに差し支えがなければ、代官の方では認めるとされており、女性も庄屋になることができたわけである。この千は、庄屋として文書を作成しており、二年間庄屋の責を果たしたことが確認できる。ここで略押をしているのは島の年寄たちだと考えられるが、彼らが公儀から命じられた役などについては尽力し、庄屋から命じられたことにもともに従うことを誓約していることに注目したい。近世の庄屋は惣百姓の合意や支持を必要とし、惣百姓は庄屋へ村政を委任することが必要だったのである。〔参〕定兼学『近世の生活文化史』清文堂出版、一九九九年。

4　いわゆる「慶安の御触書」と近世の農民像

116〔甲西町誌〕元禄十年(一六九七)八月百姓身持之書付帳

(表紙)

元禄十丁丑年九月 百姓身持之書付帳

百姓身持之覚書

① 一　公儀御法度を怠り、地頭・代官之事をおろそかに不レ存、扨《さて》又名主・組頭をハ真の親とおもふへき事

② 一　名主・組頭を仕者、地頭・代官之事を大切に存、年貢を能済《よくすまし》、公儀御法度を不レ背、小百姓身持能仕様に可二申渡一、扨又手前之身上不レ成、万《よろず》不作法に候得ハ、小百姓ニ公儀御用之事申付候而も、あなとり不レ用物に候間、身持を能致し、不便不レ仕様に常々心掛可レ申事

④ 一　耕作に精を入、田畑之植様同拵《こしらえ》に念を入、草はへ《(生)》さる様に可レ仕、草を能取、切々《せつせつ》作之間江鍬入仕候得ハ、作も能出来、取実も多有レ之、付、田畑之堺ニ大豆・小豆なと植、少々たりとも可レ仕事

⑤ 一　朝おきを致し、朝草を苅、昼ハ田畑耕作にかゝり、晩にハ縄をない、たわらをあみ、何にてもそれ〳〵の仕事無二油断一可レ仕事

⑥ 一　酒・茶を買のみ申間敷《まじく》候、妻子同前之事(1)

⑨ 一　正月十一日前ニ毎年鍬のさきをかけ、かま《(鎌)》を打直し、能きれ候様ニ可レ仕、悪きくわ《(鍬)》にてハ田畑おこし候に、はかゆき《(捗)》候ハす、かま《(鎌)》もきれかね候得ハ同前之事

⑩ 一　百姓ハこへはい《(肥灰)》調《ととのへ》置《おき》候儀専一ニ候間、せつちん《(雪隠)》をひろく作り、雨降り候時分水不レ入様に仕へし、それニ付夫婦かけむかいのものニ而、馬をも持事ならす、こへため申候もならさるものハ、庭之内ニ三尺に二間程にほり《(掘)》候而、其中へはきため又ハ道之芝草をけつり入、水をなかし入、作りこゑ《(肥)》を致し、耕作へ入可レ申事

⑪ 一　百姓ハ分別《ふんべつ》もなく末の考もなきものニ候故、秋ニ成候得ハ、米・雑穀をむさと妻子ニもくハせ候、いつも正月二月三月時分の心をもち、食物を大切ニ可レ仕候ニ付、雑穀専一ニ候間、麦・粟・稗・菜・大根、其外何に而も雑穀を作り、米を多く喰つふし候ハぬ様に可レ仕候。飢饉之時を存出し候得ハ、大豆の葉・あつき《(小豆)》の葉・さゝけ《(大角豆)》の葉・いもの(2)落葉なと、むさとすて候儀ハ、もつたいなき事に候

⑫ 一　家主・子共・下人等迄、ふだんは成程疎飯をくふへし、但、田畑をおこし田をうへいねを苅、又ほねをり申時分ハ、ふたんより少喰物を能仕、たくさんにくハせ《(食)》つかひ可レ申候、其心付あれは、精を出すものに候事

⑭ 一　男ハ作をかせき《(稼)》、女房ハおはた《(苧機)》をかせき、夕なへ《(鍋)》を仕、夫婦ともにかせき可レ申、然ハみめかたちよき女房成共、夫の事をおろかに存、大茶をのみ物まいり遊山すきする女房を離別すへし、乍レ去《さりながら》子供多く有レ之て、前廉《まえかど》恩をも得たる女房ならハ各別なり、又み

めさま悪候共、夫の所帯を大切にいたす女房をハ、
いかにも懇《ねんごろに》可レ仕事

⑯ 一百姓ハ、衣類之儀、布(3)・木綿より外ハ帯・衣裏《きぬ》ニも
仕間敷事

⑰ 一少ハ商心も有レ之而、身上《しんしょう》持上ケ候様に可レ仕候、其
子細ハ、年貢之為に雑穀を売候事も、又ハ買候にも、
商心なく候得ハ、人にぬかるゝものに候事

⑲ 一屋敷之前の庭を奇麗ニ致し、南日向を受へし、是ハ
稲麦をこき大豆をうち雑穀を拵《こしらえ》候時、庭悪《あしく》候得ハ
土砂ましり候而、売候事も直(値)段安く、事の外しつゝい(失墜)
に成候事

⑳ 一作の功者成人《こうしゃなる》に聞、其田畑の相応したるたねをまき
候様に、毎年心かけ可レ申事、付《つけた》り、しつきみ(湿気味)ニ作り
候て能き物有レ之、しつきみを嫌候作も有、作ニ念入
候得ハ、下田も上田の作毛ニ成候事

㉑ 一所にハよるへく候得共、麦田ニ可レ成所をハ、少成
共見立可レ申候、以来ハれん〳〵麦田に成候得ハ、百
姓之ため大き成徳分に候、一郷麦田を仕立候得ハ、
隣郷も其心付有レ之物に候事

㉒ 一春秋灸をいたし、煩《わずらい》候ハぬ様ニ常ニ心掛へし、何
程作ニ精を入度と存候而も、煩候得ハ其年之作をはつ
し、身上つふし申ものニ候間、其心得専一なり、女
房・子共も同前之事

㉓ 一たは粉(煙草)のみ申(喫)間敷候、是ハ食にも不レ成、結句以来
煩ニ成ものニ候、其上隙《ひま》もかけ、代物《しろもの》も入、火の用
心も悪候、万事ニ損成ものニ候事

㉔ 一年貢出し候儀、反別ニかけて、一反ニ付何ほと、高
にかけてハ一石に何程割付、差紙(4)地頭・代官よりも
出し候。左候得ハ、からさく(耕作)に入二精を一、能作り、取
実多く在レ之ハ、其身の徳に候。悪候得ハ人不レ知身
上のひけに候事

㉖ 一身持を悪敷《あしく》いたし、其外(年カ)之年貢不足ニ付、たとへハ
米を二俵ほとかり(借)、年貢ニ出し、其利分年々積り候
得ハ、五年ニ本利之米拾五俵ニ成ル(5)、其時ハ身躰《しんだい》を
つふし、妻子をうり(売)、我身をもうり(売)、子孫共に永く
くるしむ事に候、此儀を能々かんかへ、身持を可レ仕
候、まいかと(前廉)米二俵之時分ハ、少之様ニ存候得共、
年々之利分積り候得ハ、如レ斯候。扨又何とそいたし、
米を二俵ほともとめ出し候得ハ、右之利分くハへ、
拾年目ニ米百十七俵持候て、百姓之ためニ其うとく(有徳)
成事無レ之哉

㉙ 一独身《ひとりみ》之百姓、隙入候而又煩、田畑仕付兼候時ハ、五

人組惣百姓助合、作あらし候ハぬ様に可レ仕候、次に独身之百姓田をかき苗を取、明日ハ田を可レ植と存候処を、地頭・代官所又ハ公儀之御役にさゝれ、五日も三日も過候得ハ、取置候苗も悪敷成、其外之苗も節立、植時過候故、其年之作毛悪敷故、実もすくなく、百姓たをれ候、田植時はかりニ不レ限、畑作ニもそれ〳〵の植時・蒔時の旬《しゅん》のひ（延）候得ハ、作も悪敷候。名主・組頭此考を仕、独身百姓右申すことく役にさゝれ候時は、下人共持よき百姓ニさしかへ、独身の百姓を介抱可レ申事

㉛一　一村之内にて耕作ニ入二精を一、身持よく致し、身上好もの一人あれハ、其まねを仕、郷中之ものみなよくかせ（稼）くものに候、一郡之内ニ左様なる在所一村有レ之ハ、一郡皆身持をかせき候、左候得ハ一国之民豊に成、其後ハ隣国迄も其ひゝきあり、地頭ハ替もの、百姓ハ末代其所之名田を便とするものに候間、能く身持を致し、身上能成候者、百姓之多（大）きなる徳分にては無レ之哉、扨又一郷ニ徒《いたずら》なる無法もの一人あれハ、郷中皆其気にうつり、百姓中（仲）ケ間の言事《いいごと》不レ絶、公儀之御《ご》法度《はっと》なと背き候得ハ、其者を奉行所へ召連参、上下《かみしも》之造作、番等以下之苦労、一郷之費《ついえ》、大き成事（ママ）、物毎（事）出来候はぬ様ニ、みな〳〵よく入レ念、此趣ハ名主たるもの心ニ有レ之、能々小百姓ニおしへ申へし

附、隣郷之者共中能（仲好）、他領之者公事《くじ》抔仕間敷事

右之ことくに物毎入レ念身持をかせぎ可レ申、身上よく成、米・金・雑石（穀）をも持候ハヾ、家をもよく作り、衣類食物己（已）下ニ付、心の儘ニ成べし、米・金・雑石を沢山ニ持候とて、無レ理地頭・代官よりも取事なく天下泰平之御代なれば、わきよりおさへとるものも無レ之、就者《ついては》子孫迄うとくに暮し、世間飢饉之時も妻子下人等をも心やすくはぐくみ候、年貢さへすまし候へば、百姓程心やすキものは無レ之、よく〳〵此趣を心がけ子々孫々まで申し伝へ能々身持をかせぎ可レ申者也

一　此書付は、名主替り目之時分、年番之名主[6]宅へ大小之惣百姓集メ、幾度も為二読聞一可レ申者也

元禄十丁丑八月

藤帯刀[7]内

河合六郎左衛門 ㊞

（出典）『甲西町誌 資料編』一九七三年。

（1）酒・茶を…同前之事　酒造制限は寛永十九年（一六四二）以降しばしばなされるが、飲酒の制限は元禄九年（一六九六）以降。（2）いも　サト

イモか。(3)布　麻布。(4)差紙　指紙とも。年貢割付状のこと。年貢割付状を「差紙」と称したのは十八世紀初頭頃までで、地域的には信州から甲州にかけてである。(5)五年ニ本利…成ル　年ニ割の複利計算では二俵の米が五年後に十五俵になるという。大変高利な貸借関係だが、白川部達夫氏によれば、この時期の甲州地方の高利な借用証文の存在から現実を反映した可能性があるという。(6)年番之名主　甲州では寛文年間から長百姓たちによる年番名主制が始まっている。(7)藤帯刀　甲府家徳川綱豊の家臣藤枝帯刀方教。この地域の知行主。河合はその代官か。

【解説】「慶安御触書」は、近世の百姓の生活をこと細かく規制したものとして、これまでは小中高の教科書で必ずとりあげられてきた史料である。しかし、最近では、少なくとも慶安二年(一六四九)に幕府が全国に出した法令ではなく、元禄十年(一六九七)に甲府徳川領で出された藩法(農村教諭書)「百姓身持之覚書」がその原型ではないかという説が有力になりつつあるので、ここでは「百姓身持之覚書」の方を抄録した。男は耕作、女は機織りなどという男女の分業が「耕織図」などの影響を受けていると考えられることなど、どこまで近世前期の一般的な百姓の実態を反映しているのかについては議論の余地があるが、喫煙・飲酒、女房たちの飲茶や物見遊山などの禁止条項からは逆に、取締の対象となるような百姓の生活の実態を読みとることができる。また、文政十三年(一八三〇)に美濃岩村藩で木版刷で出された「慶安御触書」以降、各地で木版本が出されたことからも、解体過程に入った十九世紀の幕藩領主たちにとって「期待される百姓」像に近かったと言えるのかもしれない。〔参〕山本英二『慶安御触書成立試論』日本エディタースクール出版部、一九九九年。

117〔**御触書寛保集成**〕**寛永二十年(一六四三)三月幕府代官宛条々(「田畑永代売」の禁止)**

一　毎年春夏面々御代官所(1)え相越、堤川除《かわよけ》(2)等之御普請念を入令㆓見分㆒、可㆓申付㆒之、并麦作之善悪をも可㆓見届㆒事、

一　秋中も在々所々見㆓廻之㆒、田畑之様子委細致㆓見分㆒、有《あり》体《てい》ニ納所可㆓申付㆒事、

一　身上《しんしょう》能百姓は田地を買取、弥《いよいよ》宜成《よろしくなり》、身体《しんだい》不㆑成者は田畠令㆓沽却《こきゃく》㆒、猶々身上不㆑可㆑成之間、向後田畠売買可㆑為㆓停止《ちょうじ》㆒事、

一　身上不㆑成百姓は諸代官精入、万事可㆑致㆓差引㆒、其上にても難㆑続ものには、見合食物類借㆑之、身体持立候様に可㆑入㆑念事、

一　前廉《まえかど》名主・惣百姓御法度之趣能々申聞セ、不㆓相背㆒様に可㆓申付㆒之事、

一　少々違背之儀在㆑之者には、其身ニ応し、日数を相定、為㆓過怠《かたい》㆒、堤川除又は竹木を植立、其外所之ために可㆑成御普請可㆓申付㆒之、科重ものは奉行所え訴㆑之、或死罪或籠舎任㆓差図㆒可㆓申付㆒事、

一在々所々御目付可レ遣之間、仕置悪御代官ハ可レ為二越度《おちど》一之条、手代等ニ至迄、前廉入念可二申付一事、

右条々、今度被二仰出一候間、無二油断一可レ被二相守一者也、

寛永二十年未三月

(1)御代官所　代官支配地のこと。(2)堤川除　護岸工事。

【解説】　この史料は、寛永二十年(一六四三)に幕府代官にあてて出されたものであるが、とくに第三条だけが「田畑永代売買禁止令」としてしばしば引用されている。同年三月十一日付の「土民仕置覚」(『御触書寛保集成』一三一〇号)にも「田畑永代之売買仕まじき事」とあり、寛永十八・十九年の「寛永の飢饉」の影響下で、経営規模が小さくて生活の安定しない百姓たちが土地を手放すことを禁止しようとしたものである。中後期になると、質入れのかたちをとった事実上の「売買」が行われるようになるが、明治五年(一八七二)に自由な売買を許可する法令が出され、地租改正を経て百姓たちの土地所有権が公認されるまでは、年貢徴収権の前提としての領主的土地所有権が否定されることはなかった。なお、代官に対しては、麦の出来具合など、田畑の収穫を正確に把握し、名主らから惣百姓たちに幕府の法令をよく読み聞かせてその遵守を徹底させる一方で、春夏の現地視察を命じ、護岸工事や経営の苦しい百姓への救恤などを行うように指示しており、生産基盤を保障するのが領主側の責任であることを自覚していることもわかる。

第四節

鎖国への道と四つの口

1　家康政権の対外政策

(1)　明との関係を模索

118　〔旧記雑録後編〕　慶長五年(一六〇〇)正月二十七日島津義弘・忠恒・寺沢正成書契写(原漢文)

日本薩州太守源義弘・源忠恒(1)・寺沢志摩守正成、大明総理軍務都指揮茅老爺(2)の幕下に、謹んで啓す、

一　去歳己亥年夏五月、愚翰を呈せり。伝達するや否や、今に至り未だ回章を見ず。本邦の如きは、大相国太閤戊戌の秋下(3)世せり。内大臣源家康公遺命に事《つか》え、令嗣《れいし》秀頼公を輔佐す。これを治むるに文を以てし、これに施すに武を以てす。故に国豊かに民安らかなり。抑《そもそ》も、皇朝の質子四官人(4)の、日本に淹留《えんりゅう》するは三霜に垂《なんな》んとす。久しく音問を絶つは、則ち朝鮮(5)、本邦両国和平の背約叛盟な

るは決せり。刑戮《けいりく》を加うべきは理の常なり。然りと雖も内大臣、大罪無くして誅殺するを忍びず。朝鮮の大臣を日本に来らして、堅盟を結ばざるは、罪、朝鮮に在り。蓋《けだ》し諸老爺命ずるところか。質子の四官人においては、咎無きに似たり。故を以てこれを寛宥し、仁政を施して誅さず。則ち囚人と作《な》すこともまた何の益有らんか。本国に送り、その心を安んずるに若《し》かず、と。即ち舟人に命じ春風に飛皈(帰)せしむ。両国和交の大事、各欲せざるにあらず。大明皇帝の勅言を受くるには年月を経るに因り、則ち今歳・来歳はこれを待つべし。本邦朝鮮和平を作さば、則ち皇朝に到ること、また前規(6)の如く金印・勘合を以て往返を作すべし。猶予《ゆうよ》して壬寅年(7)に及ばば、諸将再び滄溟(8)を超ゆべし。しかのみならず、兵船を福建・浙江に浮かべ、県邑を却すべきなり。（下略）

(1)源義弘・源忠恒　島津義弘・同忠恒(家久)。寺沢正成(広高)は肥前唐津城主。(2)茅老爺　明将茅国器。慶長三年九月末から十月初めにかけて、朝鮮の全羅道泗川で島津軍と戦った。人質の一人茅国科はその配下で、当時薩摩にいた。(3)下世　豊臣秀吉が死去したことを指す。(4)四官人　朝鮮半島からの日本軍撤退に際し、明の提督董一元が停戦を保証するため差し出した人質。(5)朝鮮　日明講和交渉期以来、日本は明に対して、朝鮮の不正が日明関係の障害であるとの立場をとっていた。(6)前規　室町時代の日明関係を指す。(7)壬寅年　慶長七年(一六〇二)。(8)滄溟　青海原。

【解説】 徳川家康が島津義弘・家久・寺沢広高を通して、明との関係回復を働きかけさせた手紙。秀吉死後の流動的な政治状況の中で、家康は政権獲得に向けて積極的に動いたが、外交・貿易関係を握ることはその一つの柱だった。護送を託された薩摩坊津の商人鳥原《とりはら》宗安は同年福州を経て北京に到り、明朝廷は薩摩への商船派遣を約した。しかし、翌年薩摩に向かった明商船を堺の商人伊丹屋助四郎の船が海上で襲撃したため、貿易は実現しなかった。なお本文中、「朝鮮の大臣を日本に来らして、堅盟を結ばざるは、罪、朝鮮に在り。蓋し諸老爺命ずるところか」と、朝鮮との交渉に言及している部分は、史料120の記述と符合し、家康が朝鮮との関係復活にも関与していたことを示す。

119〔異国日記〕慶長十五年(一六一〇)十二月十六日本多正純書契案(原漢文)

日本国臣上野介藤原正純、旨を奉じ(1)、書を福建道総督軍務都察院都御史所に呈す。それ吾邦の、中華に聘問商貿するは、漢隋唐宋元明の史(2)及び我が国記・家乗(3)に雑《さまざま》に出るは、昭々たり。然るに、前世朝鮮紛擾(4)の時に当たり、中華の貴价(5)我邦に来たる有りと雖も、而れども訳者旨を枉《ま》げ、執事牴牾《ていご》(6)して、その情意彼此相通じず。比来、海波揚がりて風船絶ゆ。遺憾と謂うべし。方今、吾が日本国主源家康、闔国を一統す。諸島を撫育し、文武を左右にし、経緯綱常(7)、往古の遺法に遵《したが》い、旧時の炯戒《けいかい》(8)を鑑とす。(中略)今ここに応天府(9)の周性如は、適《たま》ま五嶋に来り、乃ち上国(10)に詣で、因って此の事に及ぶは、亦た幸いならずや。明歳福建の商船我邦に来るや、期するに長崎港を以て湊泊の処と為し、彼の商主の意に随い、有無を交易し、大いに鬧《こう》市(11)を開くは、豈に二国の利にあらずや。期するところは是に在るのみ。その来るに比《なら》び、亦た大明天子の旨を承り、以て勘合の符を賜わらば、則ち必ず我《われ》使船を遣わし、来秋の番風(12)を以て、その帆を西にすることは、何ぞ疑わんや。符来るに及びて、我只だ大使船一隻を遣わさんのみ。その信を明らかにするなり。若し余船の我が印書(13)无《な》くして到らば、我が遣わすところにあらざるなり。（中略）遣使の交わりを修めて、勘合の符を索《もと》めんと欲す。復古の功、斯に在らざるか。我邦、海隅日出と雖も、抑も諺に所謂《いわゆる》蕞爾《さいじ》(14)国なり。中華大を以て小に事《つか》うる(15)の意、想うにそれ廃せざるか。然れば則ち来歳請を為すところ、頒符使来らば則ち海東の幸いにして、黎《れい》庶(16)の仰望するところなり。（下略）

（1）旨を奉じ　家康の命を受け。（2）史　史書。（3）家乗　諸家の記録。（4）前世朝鮮紛擾　豊臣秀吉の朝鮮侵略を指す。（5）貴价　貴国の使者。（6）牴牾　互いに食い違うこと。（7）経緯綱常　社会の秩序と人々の守るべき道義。（8）烱戒　明らかな戒め。（9）応天府　南京。（10）上国　ここでは京都・大坂方面。（11）鬧市　賑やかな市。（12）番風　都合の良い風。（13）我が印書　家康の朱印状。（14）蕞爾　小さい。（15）大を以て小に事うる　大（中国）が小（日本）を大切にする。（16）黎庶　人民。

【解説】 徳川家康が南京の商人周性如の求めに応じて、日本での安全と長崎への回送を保証した朱印状を発給した際、側近の本多正純が福建総督に宛て周に託した書契。「異国日記」の記述によれば、長崎奉行長谷川藤広から駿府の家康に働きかけがあったようである。ここでは、「遣使の交わりを修めて、勘合の符を索めんと欲す」と、明との公式関係を希望することが記されており、陪臣の立場からとはいえ、「中華」「天子」などの語が使用されている。当時、日本では中国産の生糸や絹織物への旺盛な需要が存在したが、日本に来航する中国船に対する幕府の統制は不徹底だった。家康は、明と公式関係を結ぶことができれば、中国貿易の統制ひいては国内支配の面で意味が大きいと考えたのであろう。ただし、冊封や朝貢など中国側の制度が具体的に考慮されていたか否かは不明である。なお、琉球と明との交渉については、史料145参照。

(2)　朝鮮との関係の復活

120〔続善隣国宝記〕（慶長六年（一六〇一））宗義智書契（原漢文）

日本国対馬州太守豊臣義智(1)、謹んで朝鮮国礼曹大人閣下(2)に稟《もう》す。

僕大坂に在りと雖も、調信(3)の信を以て、五内大臣(4)に達す。家康之を怪み、重ねて僕に命ずるに、帰去して、貴国の信を督せよと。是を以て去る七月中旬帰島す。時に橘智正(5)帰り来り、貴報を出し示す。薫誦再三、珍重なり。書中に曰く。敝邦は事大小となく皆天将(6)の処分を稟《う》く。敢て毫も自擅すること有らず。倘《も》し足下禍を悔い誠を表し、以て後福を求めば、則ち天朝(7)水陸の諸将は、必ず其の験ずべきの実に因りて、天朝に転稟《ひん》し、裁処する所有らん、豈《あに》両国の幸に非ずや、と云々。僕謹んで之を以聞《いぶん》す。大(太)閤(8)在るの日、家康常に撤兵を諫めしも、讒臣《ざんしん》強く之を拒めり。その薨《こう》ずるの日に及び、惑已《すで》に解け、家康の諫を納る。故に陋邦は非を改め和を求む。謂う所豈両国の幸に非ずや。陋邦は貴と無く賤と無く人心短慼なり。冀《こいねが》う所の事遅延無くば惟《こ》れ幸なり。茲《ここ》に因り再び橘智正を差《つか》わし、心事を漏洩す。余は調信の書に在り。万々恕宥せよ。恐惶不宣。頓首謹言。

(1)豊臣義智　宗義智《よしとし》。天正十八年(一五九〇)、豊臣姓と羽柴の名字を秀吉から許された。(2)礼曹　朝鮮で儀礼や外交を司る中央官庁。ここで「礼曹大人」は礼曹の三等官である礼曹参議鄭曄《チョンヨプ》を指す。(3)調信　宗氏の重臣柳川調信《しげのぶ》。(4)五内大臣　豊臣政権の五大老。実際にはこの時点では存在しない。(5)橘智正　宗氏の重臣井手弥六左衛門。本姓(橘氏)と実名(智正《としまさ》)を組み合わせ、朝鮮に対してはこのように称する。(6)天将　朝鮮に駐留する明の将軍。(7)天朝　明朝。(8)太閤　豊臣秀吉。

【解説】 関ヶ原の戦いの後、対馬島主宗義智が朝鮮国に宛てて和平を求めた書契。すでに一五九九年以来、対馬では朝鮮との関係修復を求めて数次にわたり使者を派遣していたが、一六〇一年の橘智正(井手弥六左衛門)になって、ようやく回答を得るに至った。それを受けて、和平が家康等中央政権の意向であることを強調し、さらに交渉の進展を図った文書と考えられる。橘智正はこの年、再度朝鮮に渡っていることが、朝鮮側史料から確認できる。

121〔朝鮮通交大紀〕万暦三十五年(一六〇七)正月朝鮮国王李昖国書(原漢文)

朝鮮国王李昖《えん》、日本国王殿下(1)に復し奉る。

交隣(2)には道有り。古《いにしえ》よりして然り。二百年来海波揚がらず。何ぞ天朝(3)の賜《たまもの》にあらざる莫《な》きや。而《しか》して弊邦また何ぞ貴国に負《そむ》くならんや。壬辰の変(4)、故無く兵を動かし、禍を構え惨を極む。而して先王の丘墓に及ぶ(5)に至る。弊邦の君臣、痛心切骨、義貴国と共に一天を戴かず。六七年来、馬島(6)和事を以て請を為すと雖も、実に是れ弊邦の恥ずるところ(7)なり。今貴国、旧を革めて、新たに問札先に及び、乃ち前代の非を改むると謂えり(8)。款を致すこと此に至る。苟《いやしく》も斯説の如くんば、豈に両国生霊(9)の福にあらずや。茲に使价《しかい》を馳せ、来意に庸《よう》答せん。不腆《ふてん》の土宜、具《つぶ》さに別幅に在り。盛亮せられんことを統希(10)す。

万暦参拾伍年正月　日

朝鮮国王李昖

（1）日本国王　徳川家康を指す。（2）交隣　隣国と交わること。（3）天朝　明国。（4）壬辰の変　豊臣秀吉の朝鮮侵略を指す。壬辰は一五九二年。（5）先王の丘墓に及ぶ　宣陵（成宗墓）・靖陵（中宗墓）などが荒らされたことを指す。（6）馬島　対馬島。（7）恥ずるところ　義において共に天を戴かざるの相手と和を通じるのは恥であるという認識。（8）問札先に及び…　先に書契を出し、前代は非があったと。（9）生霊　人民。（10）統希　こいねがう。

【解説】李昖《イヨン》は朝鮮第十四代の国王。宣祖、昭敬王。在位一五六七―一六〇八年。慶長十年（万暦三十三年・宣祖三十八年）、対馬に来島していた朝鮮の使者僧惟政・孫文彧《ソンムヌク》らは、宗義智や柳川景直（のち智永。調信の子）の案内で伏見城に至り徳川家康・秀忠と会見し、一三九〇名の朝鮮人被虜人送還（「宣祖実録」）を実現した。翌年、国王の徳川氏に対する正式な使節として準備された一行が来日し、江戸で秀忠、駿府で家康に謁見し、一四一八名の被虜人送還を実現した（慶七松「海槎録」）。本文書はその時の朝鮮国書である。「朝鮮通交大紀」は、対馬藩の儒者松浦《まつら》允任《まさただ》（一六七六―一七二八。号は霞沼《かしょう》）がまとめた中世から近世前期にかけての対馬・朝鮮関係の外交文書集。同書に載せる本来の文面は、右に掲げたように家康の国書に対する返書の形式であるが、対馬ではこれを来書の形に改めて幕府に提出した。改ざん後の文面は、「続善隣国宝記」に載せる。なお対馬藩の国書改ざんについては、江戸幕府の書物奉行を務めた近藤重蔵の「外蕃通書」以来指摘がある。

122〔朝鮮通交大紀〕慶長十四年（一六〇九）己酉約条（原漢文）

送使約条

一　館待に三例有り。国王使臣（1）一例とす。対馬島主特送（2）一例とす。対馬島受職人《じゅしょくにん》（3）一例とす。

一　国王使臣出来《しゅつらい》（4）の時、只だ上・副船を許す事。

一　対馬島歳遣《さいけん》船は弐拾隻。内に特送《とくそう》船三隻、合せて弐拾隻の事。大船六隻、中・小船各七隻。

一　対馬島主の処に、歳賜米・太豆并びに壱百石《せき》の事。

一　受職人は歳に一たび来朝し、人を遣すことを得ざる事。〈平時の受職人（5）は、則ち罪を免ずるを幸いと為し、今論を挙げざる事。〉

一　船に参等有り。弐拾五尺以下を小船と為す。弐拾陸《六》・柒《七》尺を中船と為す。弐拾捌《八》尺・玖《九》尺・参拾尺を大船と為す。船夫は、大船肆《四》拾、中船参拾、小船弐拾を、定額と為す。若し足らざれば則ち点数を以て給料の事。

一　凡そ遣す所の船は、皆対馬島主の文引《ぶんいん》（6）を受け、而《しか》る後乃ち来《きた》る事。

一　対馬島主の処に、前例に依り、図書《としょ》を成給す。着見を紙に様《ため》し（7）、礼曹及び校書館に蔵す。又釜山浦に置き、書契の来る毎、憑考してその真偽を験《ため》す。違格船は入送を還す事。

一　文引無き者及び釜山に由らざる者は、賊を以て論断する事。
一　過海料は、対馬島人は五日糧(8)を給す。島主特送は五日糧を加え、日本国王使臣は弐拾日糧を給する事。
一　他の余事は、一《いっ》に前規(9)に依る事。

(1)国王使臣　将軍の使者。ただし江戸幕府は朝鮮へ使節を派遣しなかった。(2)特送　特送使。本来は宗氏が幕府(室町幕府)の意向を伝達するための使者だったが、当時は一般の送使より接待や貿易額で優遇される使者として権益化していた。(3)受職人　朝鮮に対する功績ありとして朝鮮政府から官職を与えられた者。(4)歳遣船　宗氏が毎年朝鮮に派遣することのできる船。(5)平時の受職人　秀吉の朝鮮侵略が始まる以前の受職人。(6)文引　渡航証明書。吹嘘《すいこ》ともいう。(7)校書館　印などのことを管掌する朝鮮の役所。(8)五日糧　五日分の食糧。(9)前規　これ以前に朝鮮・対馬間に存在した約条を指す。

【解説】　江戸幕府と朝鮮政府間での関係復活を受けて、一六〇九年に成立した対馬と朝鮮との間の約条。朝鮮側が接待を許可する範疇、対馬島主歳遣船の数、船の大きさや接待の基準について規定している。第一条には、日本からの使者として、国王使臣・対馬島受職人の規定があり、他に受図書《としょ》人(同様に、図書=銅印を与えられた者。受職人より格上とされた。この段階では景轍玄蘇《けいてつげんそ》と柳川景直の二名)の例もあったが、実際の貿易は対馬島主=対馬藩に集約されていった。また、歳遣船が戦争前の三十艘から二十艘に減らされたので、対馬藩では後にさまざまな名目を付けて実質的な船数の増加を図った。

(3)　琉球の位置づけ

123　**〔通航一覧〕　慶長十三年(一六〇八)八月山口直友書状写**

尚々御人数(1)を被レ催、先御使者を御渡被レ成、渡海仕候様(2)可レ被二仰遣一事専一存候、其上ニ而相済不レ申候ハヽ、被レ得二御諚(3)一御人数計御渡被レ成尤存候、不レ及レ申候得共、御人数も不レ及二御渡一、渡海仕候様御才覚(4)専一存候、尚追而可レ得二貴意一候、以上、

好便之条令二啓上一候、仍爰許(5)相替儀無二御座一候、然者当城(5)御番衆関東より被二罷上一候、就者此中在番之衆、銘々駿府へ被二罷下一候、拙子も来月者当地(5)罷立駿府江罷下候、猶追而可レ得二御意一候、将又《はたまた》琉球之儀、去六月之時分御礼可二申上一候様ニ、和久甚兵衛罷上候へ共、如何御座候哉、今度本上州(6)より令二申上せ一候、琉球人上様江御礼申上候様ニ御才覚可レ然由、自二拙者一可二申入通一被二申越一候、若于レ今渡海不レ仕候者、御使(7)琉球江被遣、被レ成二御究一可レ然存候、兎角琉球人渡海不レ仕候者、御人数計可レ被レ渡様被二仰遣一可レ然候哉、何様彼方より之返事之様子、被レ成二御注進一被レ得二御意一尤存候(8)、猶惟新(9)様江迄申入候、恐惶謹言、

慶長十三年
八月十九日　　山　駿河守
直友判
薩摩
少将様
参人々御中

(1)御人数　軍勢。(2)渡海仕　(琉球に御礼の使者を)渡海させるように。(3)被得御諚　幕府の命令。(4)才覚　工夫。(5)爰許・当地　伏見。(6)本上州　本多上野介正純。(7)御使　御礼の使者派遣を求める島津氏からの使者。(8)尤存候　……が適当である。(9)惟新　島津義弘。家久の実父。前藩主。

【解説】　徳川家康の側近である山口直友が、鹿児島藩主島津家久に対して、琉球問題に関する家康の意向を伝えた書状。これより前の慶長七年(一六〇二)、陸奥国に琉球人が漂着した際、家康はその送還を島津氏に命じ、あわせて琉球に、送還に対する御礼の使者派遣を家康が望んでいることを伝えるよう命じた。またこれとは別に、鹿児島藩内部では、破綻状態にある財政の立て直しのため、奄美諸島を武力で琉球から獲得しようとする動きがあった。その後琉球との使者派遣の交渉は進展せず、慶長十二年以来、島津氏は家康に琉球への出兵許可を求めていた。この時点での家康の指示は、なお交渉による御礼の使者派遣を第一希望とするものだった。しかし、同年九月五日付の家久宛直友書状(島津家文書)では、「到唯今琉球より無音之仕合ニ候哉承度存候、于今難渋申候者、御人数を可被渡旨、再三彼方江も被仰遣、其上難渋申候者、様子可被仰越候、披露可申候、先御人数を被催可被相渡御用意御尤存候」と、より強硬な姿勢に変化している。

124〔旧記雑録後編〕慶長十四年(一六〇九)七月七日徳川家康感状写

琉球之儀、早速属二平均(1)一之由注進候、手柄之段被二感思食一候(2)、即彼国進之(3)条、弥《いよいよ》仕置(4)等可レ被二申付一候也、

(朱)慶十四年七月
七月五日　家康(御黒印)
薩摩少将(5)とのへ

(1)属平均　平均に属す。平定する。(2)被感思食候　感に思し召された。感心なされた。(3)彼国進之　琉球国を与える。(4)仕置　支配。(5)薩摩少将　島津家久。鹿児島藩主。

【解説】　島津氏の琉球に対する軍事行動が成功した知らせを聞いた徳川家康が、島津家久の琉球支配を認めた感状。慶長十四年三月、島津氏は三千の兵を送り、琉球を軍事力で制圧した。国王尚寧や三司官以下の重臣は、捕虜として鹿児島に連行された。報告を受けた駿府の家康は、この感状で琉球の征服を喜び、琉球は所領として島津氏に与えるので、支配を行うようにと述べている。江戸の秀忠は七月五日付で感状を出しているが、そちらには琉球の支配に関する文言はない。なお、翌年五月十四日付本多正純書状(通航一覧)には、「今度琉球之王御同道被成候而、此地江被成御下之旨、誠ニ路次中御苦身之段奉察存候、然者右之王御下ニ付而、伏見より江戸迄路次中ニ而、御宿等并人馬御馳走之儀、此以前朝鮮より之勅使御越之時分、於路次中御馳走之様子ニ、此度も御馳走可致之旨ニ御座候」と、琉球国

王の道中の接待は朝鮮国王の使節並みに行うよう指示があり、幕府が琉球使節の来日を重視していたことを示している。

(4)　松前氏と「蝦夷」

125 〔北海道開拓記念館所蔵文書〕慶長九年(一六〇四)正月二十七日徳川家康制札

定

一　自二諸国一松前へ出入之者共、志摩守(1)不二相断一而、夷仁(2)与直ニ商買(売)仕候儀、可レ為二曲事一事、

一　志摩守ニ無レ断而令二渡海(3)一、売買仕候者、急度可レ致二言上一事、付、夷之儀(4)者、何方へ往行候共、可レ致二夷次第一事、

一　対二夷仁一非分申懸者、堅停止事、

右条々若於二違背之輩一者、可レ処二厳科一者也、仍如レ件、

慶長九年正月廿七日(家康黒印)

松前志摩守とのへ

(1)志摩守　松前慶広。(2)夷仁与…可為曲事事　アイヌと直接交易することは曲事(けしからぬこと)である。(3)令渡海　アイヌの居住地に船で渡り。(4)付、夷之儀…可致夷次第事　アイヌはどこへ往こうとアイヌ次第である。第二条本文と合せ、松前氏の許可を受けた者とアイヌだけが蝦夷地内外へ往復できることを示している。

【解説】　徳川家康が松前慶広に対して、松前におけるアイヌ交易の管轄に関する権利を保障した文書。松前氏にとって本文書が持った重要性はともかく、文書の形式としては、他の大名における領知判物《はんもつ》や領知朱印状とは異なり、冒頭「定」とあるように、松前で交易を行う者たちへ示すための定書、制札の類である。

126 〔異国近年御書草案〕慶長六年(一六〇一)十月徳川家康書契案(原漢文)

日本国源家康、呂宋国郎(1)・巴難至昔高・提腰足下(2)に回章す。旧年貴国の海辺において、大明・弊邦の悪徒賊を作《な》すの輩、刑すべきはこれを刑せよ。明人は異域の民なり。これを刑するに及ばず、本国に帰らしめよ。定めて大明において誅罰せらるるを知らん。本邦の如きは、去歳凶徒反逆(3)を作すと雖も、二月の間、遺余無くこれを誅戮《ちゅうりく》せり。故に海陸安静、国家康寧なり。本朝より発する所の商船、多くを用うること无《な》くんば(4)、来意に随うべし。他日本邦の舟、其の地に到らば、則ち此の書押す所の印(5)を以て信を表すべし。印の外は許すべからざるなり。弊邦、濃毘数般(6)と隣好を修せんと欲す。貴国年々往来の人にあらざれば、則ち海路通じ難し。希求するところは、足下の指示に依り、舟人・船子、時々往返せしめんことを。貴邦の土宜(7)、これを納受す。遠方の信、厚意謝し難し。孟冬(8)漸く寒し、順序保嗇(9)せよ。

慶長六年辛丑冬十月　日

御印

(1)呂宋国　現在のフィリピン。(2)郎・巴難至昔高・提腰　ドン・フランシスコ・テーリョ・デ・グスマン(Don Francisco Tello de Guzman)。フィリピン諸島長官。ポルトガルやスペイン勢力が、マカオやフィリピン等から日本に宛てて漢文文書を出す場合、彼らの元で働く中国人がその発音で漢字を宛てた。(3)去歳凶徒　関ヶ原の戦いを指す。(4)多くを用う无くんば　グスマンの来書に、日本からの商船は年三隻を限度とするよう要望があった。(5)押す所の印　史料127の異国渡海朱印状に用いたのと同じ印であろう。(6)濃毘数般　ノビスパン。メキシコ。(7)土宜　土地の産物。土産品。(8)孟冬　冬の初め。陰暦十月。(9)保嗇　健康に気をつける。

【解説】　慶長六年に家康は、マニラのフィリピン諸島長官グスマンと安南国統兵元帥瑞国公阮潢とに宛てた手紙で、いわゆる朱印船制度を創設する意向を示した。なお、寛永十年(一六三三)に始まる奉書船制度とは、貿易家に対して将軍の朱印状のほかに老中名の奉書を交付し、朱印状は長崎奉行の元に保管して海外へは奉書のみを携行させるというものであった。これは、もし朱印船が海外で拿捕《だほ》されたりすれば、朱印状＝将軍の権威が損なわれると意識されたための措置であった。

127〔前田尊経閣文庫所蔵文書〕慶長七年(一六〇二)九月十五日徳川家康異国渡海朱印状

自㆓日本㆒到㆓安南国(1)㆒舟也、

右

慶長七年壬寅九月十五日

□(「源家康弘忠恕」朱印)

(1)安南国　現在のベトナムの一部。名称は唐時代の安南都護符に由来する。

【解説】　本文「日本より安南国に到る舟なり」。安南国へ渡る船に対して、徳川家康が海賊船ではないことを証明するために携行させた朱印状。こうした文書の発行を管理していた以心崇《いしんすう》伝《でん》(金地院《こんちいん》崇伝)自身が、この形式の文書を「渡海之御朱印」と書いている(「本光国師日記」)のにならい、異国渡海朱印状と呼んでいる。この文書は、現在確認されている最古の例。日本人の海外渡航が禁止される寛永十二年(一六三五)までの間に、のべ三六〇隻ほどの朱印船が派遣されたことが確認されている。ただし、秀吉の時期から朱印船の制度があったか否かは、議論が分かれている。朱印状を得て海外貿易を行ったのは、いずれも家康(その死後は秀忠、家光)やその側近たちと縁故を持つ大商人や九州・西国の大名であった。宛先を書かないのが特徴で、表記された国までの一航海を終えれば返納する原則であったが、使用者の希望により手元に残る場合もあった。

(5) オランダ・イギリスとの関係

128 〔オランダ国立中央文書館所蔵文書〕 慶長十四年（一六〇九）七月二十五日徳川家康朱印状

おらんた船、日本江渡海之時、何之浦ニ難レ為二着岸一、不レ可レ有二相違(1)一候、向後守二此旨一、無二異儀一可レ致二往来一、聊疎意有間敷候也、仍如レ件、

慶長拾四年七月廿五日

□（「源家康弘忠恕」朱印）

ちやくすくるうんへいけ(2)

（1）不可有相違　問題ない。（2）ちやくすくるうんへいけ　Jacob Groenewegen（ヤコブ・ホルーネウェーヘン）

129 〔異国日記〕 慶長十八年（一六一三）八月二十八日徳川家康朱印状案

一 いきりすより日本へ、今度初而渡海之船、万商売方之儀、無二相違一可レ仕候、渡海仕付てハ、諸役(1)可レ令二免許一事、

一 船中之荷物之義ハ、用次第(2)目録ニて可二召寄一事、

一 日本之内、何之湊へ成共、着岸不レ可レ有二相違(3)一、若難風逢、帆楫絶、何之浦々へ寄候共、異儀有レ之間敷(4)事、

一 於二江戸一望之所ニ、屋敷可レ遣之間、家ヲ立、致二居住一、商売可レ仕候、帰国之義ハ、何時ニ而もいきりす人可レ任二心中一付、立置候家ハ、いきりす人可レ為レ儘事、

一 日本之内にて、いきりす人病死なと仕候者、其者之荷物、無二相違一可レ遣事、

一 荷物押かい(5)狼藉仕間敷事、

一 いきりす人之内、徒者(6)於レ有レ之者、依二罪軽重一、いきりすの大将次第可二申付一事、

右如レ件、

慶長十八年八月廿八日

御朱印

いんきらていら(7)

（1）諸役　税金。「諸役免許」とは税金を課さないこと。（2）用次第　家康・秀忠の希望次第。（3）不可有相違　問題ない。（4）異儀有之間敷　問題ない。（5）押かい　押し買い。無理に買い取ること。（6）徒者　いたずらもの。日本人と喧嘩する者。（7）いんきらていら　ポルトガル語 Inglaterra（イングラテルラ）による。

【解説】 史料128は徳川家康が日本に来航するオランダ船に対して、任意の場所での貿易を認めた朱印状。この年五月、平戸に二隻のオランダ船が来航、駿府の家康からこの朱印状を得た後、八月平戸に商館を開いた。「異国日記」に載せる文面は一部相違があり、「何之浦ニ」以下の部分、「何之浦ニ難為着岸、不可有異儀候、向後守此旨、可致往来」となっている。史料129はオランダに遅れて日本貿易に参加したイギリスに対する貿易許可

の朱印状。司令官ジョン・セーリスがあらかじめ提出した請願書の内容にしたがい、具体的に権利を保障している。しかし、家康死後の元和二年(一六一六)になると、オランダ・イギリスともに貿易地は平戸に限定された。

130〔天理大学附属天理図書館所蔵文書〕慶長九年(一六〇四)五月三日板倉勝重・本多正純制札

黒船着岸(1)之時、定置年寄(2)共糸のね(値)いたさゝる以前(3)に、諸商人長崎江不レ可レ入候、いとのね相定候上者、万望次第可レ致二商売一者也、

慶長九年五月三日

本多上野介(花押)
板倉伊賀守(花押)

(1)黒船着岸　ポルトガル船の長崎への着岸。(2)年寄　糸年寄。(3)糸のねいたさゝる以前　生糸の値段を決定する前。

【解説】板倉勝重と本多正純が、糸年寄に対して与えた制札。勝重は京都所司代、正純は家康の側近。この時家康は伏見城にいたので、その意向を確認して出したと考えられる。①あらかじめ定めてある年寄が糸(ポルトガル船から輸入する生糸)の購入価格を決定するまでは、貿易商人は長崎の町に入ってはならない。②糸の価格が決定したら自由に商売をしてよいと述べており、幕府として、ポルトガル貿易における糸年寄の特権を認めた内容である。各種の「糸割符由緒書」によれば、この年幕府は長崎・京都・堺の三直轄都市の生糸商人に糸割符仲間を組織させ、その代表である糸年寄が、長崎に来航するポルトガル船が持ち込む白糸の値段を決めて一括購入し(パンカドと呼んだ)、それを長崎一、京都一、堺一・二の比率で配分するようになったという。ただし、当初どこまで制度化されていたかは不明である。糸割符制度は、寛永八年(一六三一)から同十年にかけて変更が加えられ、糸割符仲間に江戸と大坂の商人を追加し、中国船の白糸も一括購入の対象とした。また寛永十八年オランダが平戸から長崎に移されると、その白糸も対象となった。明暦元年(一六五五)廃止。

2　「鎖国」への傾斜

(1)　キリスト教禁止の強化

131〔異国日記〕慶長十八年(一六一三)十二月二十三日宣教師追放文案

乾《けん》(1)は父なり、坤《こん》は母なり。人その中間に生じ、三才(2)ここにおいて定まるなり。それ日本は、元これ神国なり。陰陽不測、これを名づけて神と謂《い》う。聖の聖たる、霊の霊たる、誰か尊崇せざらんや。況《いわん》や人の生を得るは、悉《ことごと》く陰陽の感ずる所なり。五体六塵《じん》(3)、起居動静、須臾《しゅゆ》(4)も神を離れず。神は他に求むるにあらず、人々具足す。个(箇)々の円成、すなわ

ちこれ神の体なり。又た仏国と称す。拠《よりどころ》無からず。文に云く、惟《これ》神明の応迹《おうじゃく》する国、而して大日の本国なりと。(5)(中略)ここに吉利支丹《きりしたん》の徒党《ととう》、適《たまた》ま日本に来り、ただに商船を渡して資財を通ずるのみならず、叨《みだ》りに邪法を弘め、正宗《しょうしゅう》を惑わさんと欲す。域中の政号(6)を改むるを以て、己《おのれ》が有となす。これ大禍の萌しなり、制せざる有るべからざるなり。日本は神国仏国、而して神を尊び仏を敬う。仁義の道を専らにし、善悪の法を匡《ただ》し、過犯の輩あらば、その軽重に随い、墨・劓《ぎ》・剕《ひ》・宮《きゅう》・大辟《だいへき》(7)の五刑を行う。

(1)乾、坤　陽(天)と陰(地)。(2)三才　すべてのもの。(3)六塵　心を汚す六つの感覚(色・声・香・味・触・法)の対象。(4)須臾　しばらくの間。(5)神明の応迹する…　(日本は)神がいろいろに姿をかえて出現する国、そして大日如来の本国である。(6)政号　政治と号令。(7)墨・劓・剕・宮・大辟　入れ墨、鼻そぎ、足切り、宮刑、死刑。

【解説】　徳川家康の命により以心崇伝(金地院崇伝)が作成した文。神国思想の立場から、幕府が宣教師追放政策をとらなければならない理由を説明している。ただしここでいう「神国」は、神仏習合状態を前提に書かれている。この前年の慶長十七年、岡本大八事件の処理過程で、幕臣の中にも多くのキリシタンが存在することが明らかになったため、幕府は直轄領を対象に禁教令を出し、あらためてキリスト教禁止を明確にした。そして慶長十八年十二月十九日、全国に対してキリスト教禁教令を出した。その直後の十二月廿二日夜、以心崇伝は家康から「伴天連追放之文」作成を命じられ、翌朝これを提出した。ここでは、①日本は元来、神国仏国である。②キリスト教徒は日本に来て、ただ貿易を行うだけでなく、邪法を弘め、神仏の正しい教えを惑わそうとしている。③ある地域では政治や命令を改め、すでに己のものにしている。④これは大きな禍いの萌しであり、規制しなければならない、という論理が示されている。

(2)　長崎奉行に対する統制強化の指示

132　**〔徳川禁令考〕寛永十二年(一六三五)九月江戸幕府年寄連署下知状写**

条々　長崎

一　異国江日本之船遣レ之儀、堅停止之事、

一　日本人異国江遣し申間敷候、若忍ひ候而乗渡る者於レ有レ之ハ、其者ハ死罪、其船船主共ニ留置、言上可レ仕事、

一　異国江渡り住宅仕有レ之日本人来り候ハヽ、死罪可二申付一事、

一　伴天連之宗旨有之所江ハ、両人より申遣し可レ遂二穿鑿一事、

一　伴天連訴人褒美之事、

　上之訴人ニハ銀子百枚、其より下ニハ其忠にしたかひ可二相計一事、

一　異国船申分有レ之而江戸江言上之間番船之事、此以前之

如く大村方江可ニ申越一事、
一 伴天連之宗旨改《(弘)》候南蛮人其外悪名之者有レ之時ハ、如ニ
前々一大村之籠ニ可ニ入置一事、
一 伴天連之儀、船中之改迄念入可ニ申付一事、
一 諸色一所江買取申儀、停止之事、
一 武士之面々、長崎ニおゐて異国船之荷物唐人より直ニ
買取候儀、停止事、
一 異国船荷物之書立、江戸江注進候而、返事無レ之以前ニ
も、前々之如く商売可ニ申付一事、
一 異国船つみ来候白糸、直《(値)》段を立候而、不レ残五ヶ所其外
書付之所割符可レ仕事、
一 糸之外諸色之儀、糸之直段極り候而之上、相対次第商
売可レ仕、但唐船者小船之事ニ候間、見計可ニ申付一事、
附、荷物之代銀、直段立候而之上可レ為ニ廿日切一事、
一 異国船もとり候事、九月廿日切たるへし、若おそく来
り候船ハ、着候而より可レ為ニ五十日切一也、唐船者見計、
かれか《(う)》(1)たより跡ニ出船可ニ申付一事、
一 異国船売残し之荷物、預ケ置候儀も、又預り候儀も停
止之事、
一 五ヶ所惣代之者長崎江参着之儀、七月五日切たるへし、
其よりもおそく参り候者ニハ、割符をはつし可レ申事、
一 平戸江着候船も、長崎之糸之直段之如くたるへく、長
崎ニ而直段立候ハぬ以前ニ、商売停止之事、
右可レ被レ守ニ此旨一者也、仍而執達如レ件、

寛永十二年
(堀田正盛、年寄) 加賀守判
(阿部忠秋、年寄) 豊後守判
(松平信綱、年寄) 伊豆守判
(酒井忠勝、年寄) 讃岐守判
(土井利勝、年寄) 大炊頭判

(職直、長崎奉行) 榊原飛騨守殿
(久隆、長崎奉行) 仙石大和守殿

(1)かれうた　ガレウタ。帆船の一形式。日本ではポルトガル船・スペイン船の総称としても使われた。ポルトガル語の galeotal による。

【解説】 いわゆる寛永十二年「鎖国令」である。寛永十年(一六三三)から同十三年までの「鎖国令」は、実態としては長崎奉行に対する現地(長崎)での取り扱い方針指示であった。

(3) ポルトガル船来航禁止を決定させた条件

133 〔**オランダ商館長日記**〕 一六三九年五月二十日

上記の閣下(1)はさらに質問した。もし日本の最高政府(2)がポルトガル人をその国から追放した場合、我々(3)は、これまでポ

ルトガル人がしていたのと同じくらいの薬種や絹織物を日本に供給する方法を見出すことができるかどうか、と。我々は、勿論できる、とはっきり答え、次の理由を挙げてこれを説明した。すなわち、ポルトガル人もスペイン人も、世界中でオランダ人がその貿易を行っていない国々とは通交していない。そして、彼等が日本に齎《もたら》していた物は総《す》べてを、我々も自分たちの資金で手に入れることができる、と。これまでポルトガル人が日本へ持って来た高価なカントン産の織物や金羅紗などは、彼等が日本から拒否された場合には、シナ人達にとって無用の品となるであろう。何故ならば、他の国々ではこのような品を求めていないからである。そして、シナ人は大層銀を渇望している国民であるから、総べての織物や金羅紗を、彼等自身の考えにより、(中略)オランダ人に売り渡すため、凡《あら》ゆる手段を講ずるに違いないし、またそうせざるを得ぬ充分な理由がある筈だ。ポルトガル人が齎す乾物や薬種については、その覚書を我々に渡してくれれば、我々はそれを満すつもりである、と。

(1)上記の閣下　井上政重。大目付。幕府内で外国問題の担当者でもあった。(2)日本の最高政府　幕府。(3)我々　オランダ。この文章の書き手は商館長カロン。

134〔オランダ商館長日記〕一六三九年五月二十二日

閣僚達は互いにこの件について熟考した。大部分は国外へ渡航する日本のジャンク船(1)には許可証(2)を与えるべきではなく、それは、外国人がその手でこの国民を侵害せぬため(3)である、との考えであった。しかし、数人はこの考えに異議を唱えたが、結局、各自が自分の考えを述べ、最後に最高の閣僚(4)が結論してこう言った。我々は、他の人々の奉仕を受けることができる限りは、日本が自身の船を国外に渡航させることを必要としない。私は、良い時期にこの件を考えた上、そうするのに良い機会に陛下(5)に取次ぐつもりである、と。

(1)日本のジャンク船　朱印船貿易に使われていた船を指す。(2)許可証　異国渡海朱印状。(3)この国民を侵害せぬため　朱印状を持つ船が海外で外国勢力と紛争を起こすことを避けるため。(4)最高の閣僚　老中酒井忠勝。(5)陛下　将軍徳川家光。

【解説】　ポルトガル船来航禁止を決定する直前、幕府内部でどのような議論があったかを知ることができる史料。キリスト教禁止徹底のためポルトガル船の来航を禁止しても、オランダが代わりに海外の品をもたらすならば、再度朱印船を海外へ出す必要はないという判断である。

(4) ポルトガル船来航禁止

135〔御触書寛保集成〕寛永十六年（一六三九）七月五日江戸幕府大老・老中連署下知状写他

①
太田備中守（資宗、若年寄）御前え被二召出一、御用之覚書被二渡下一、所レ謂

条々

一 日本国被レ成二御制禁一之きりしたん宗門之儀、乍《ながら》レ存二其趣一弘二彼法一之者、于《いまに》レ今密々差渡之事、

一 宗門之族《やから》結二徒党一、企二邪義一、則御誅罰之事、

一 伴天連同宗旨之者かくれ居所え、従二彼国一つゝ（続）けの物送あたふる事、

右因レ茲、自今以後、かれかた（う）渡海之儀被レ停二止之一畢《おわんぬ》、此上若《もし》差渡にをひてハ、破二却其船一、并乗来者悉可レ処二斬罪一之旨、被二仰出一、仍執達如レ件、

寛永十六年七月五日

対馬守（阿部重次、老中）在判
豊後守（阿部忠秋、老中）在判
伊豆守（松平信綱、老中）在判
加賀守（堀田正盛、老中）在判
讃岐守（酒井忠勝、大老）在判
大炊頭（土井利勝、大老）在判
掃部頭（井伊直孝、大老）在判

右かれかた（う）御仕置之奉書、

②
条々

一 きりしたんの宗門雖レ為二御制禁一、今以従二彼国一密々伴天連を差渡ニ付て、今度かれかた（う）船着岸之儀御停止事、

一 領内浦々ニ常々慥《たしかなる》成者を付置、不審有レ之船来にをひてハ、入念可レ相二改之一、自然異国船着岸之時は、従二先年一如二御定一、早船中之人数を改め、陸地え不レ上して、早速長崎え可レ送二遣之一事、

一 自然不審なる者船にのセ来、又ハ密々其船中之者を陸へ上之輩《ともがら》あらハ、可レ申二出之一、随二訴人之高下一、急度《きっと》御褒美可レ被レ下レ之、若以二属託一たのミ候にをひてハ、其約束之一倍可レ被レ下事、

右条々、所レ被二仰出一也、仍執達如レ件、

寛永十六年七月五日

対馬守 在判
豊後守 在判
伊豆守 在判

右諸大名え被二仰出一浦々御仕置之奉書、

③
覚

一 きりしたん宗門之儀、かたく御制禁之上、弥《いよいよ》守二其旨一、伴天連并宗旨之者不レ可二乗来一、若致二違背一候は、其船中

悉《ことごとく》可レ為二曲事一、自然かくしのせ来るにをひてハ、同船之者たりといふとも可レ申二上之一、急度御褒美可レ被レ下レ之者也、

是ハ唐舟ニ乗来族江相伝覚書、

④　覚

きりしたん宗門之儀、堅御制禁之上、弥守二其旨一、弘二彼法一者不レ可二乗来一、若致二違背一候は、其船中悉可レ為二曲事一、自然かくし載来るにをひては、同船之者たりといふとも可レ申二上之一、急度御褒美可レ被レ下レ之者也、

是ハ阿蘭陀人え相伝之覚書、

【解説】将軍家光の上使として長崎に赴いた太田資宗に渡された一連の文書。①はポルトガル船に伝える日本来航禁止の命令。第二条「結徒党、企邪義、則御誅罰」は、島原・天草一揆を指す。②は九州・西国の大名にこの措置を告げ沿岸防備を命じる。そして③中国船に伝達すべき「覚」と、④オランダ船に伝達すべき「覚」である。江戸でも、国持大名と十万石以上の大名が、江戸城でこの内容を酒井忠勝から伝達された。一六三七―三八年の島原・天草一揆で「キリシタンの脅威」が現実のものと意識される一方、オランダ船がポルトガル船の代替となる貿易能力を発揮し、またオランダ船や中国船が幕府の設定する秩序に従う姿勢を示したことから、幕府は最終的にポルトガル船の来航禁止を決断したのである。

(5)　幕府に対するオランダの姿勢

136〔オランダ国立中央文書館所蔵文書〕寛永十九年(一六四二)六月二十九日オランダ領インド総督アントニオ・ファン・デーメン書状

一　今度おらんたかひたん(1)、御江戸へ指上申之条、万端被レ加二御不便(2)一奉レ頼事、惣別日本ノ御意(3)被二仰出一旨、聊《いささかも》相違無二御座一故、拙者義迄忝本望ニ奉レ存処、去年ニ今年ハ替り、おらんた致二迷惑(4)一事のミ有二御座一之間、恐多雖二言上(5)一、

御上様江可レ然様御取成・御披露、被レ加二御慈悲一、古昔三十八ケ年如(6)二以来一被二仰付一奉レ頼、其子細ハ、いつ迄も幾久御奉公申上度念望不レ浅、如レ此奉二言上一、（中略）

一　右令二言上一ことく、何篇ニ付おらんた迷惑申上、就レ中、商売ニ損仕候するやうニ被二仰付一候儀、拙者おらんた(7)ヲいかやうニ被二思食上一、かやうノ躰ニ御座候や、多年ノ間、何そ毛頭背二御意一たる事無レ之、扨《さて》又おらんた人ハ、日本御譜代ノ被官同前ニ御奉公可二申上一と奉レ存事、然者、拙者おらんた人ニ如在(8)有レ之共被二思食上一候やと、疑申御事に候、又従二此方一御いとま申請、重而日本ノ不レ致二通路一様ニも被二思食上一候や(9)、

一　羅うまノはつは(10)ノ下知ニしたかふ日本人、若御国ニ御座候て、おらんたヲ致二讒言一、かやうニ有二御座一か共奉レ察候、古今不レ背二御意一おらんた方ゟ言上仕る儀、御承引無之事不レ及二是非一、将《はた》又おらんた宗門ノやうす、扨らうまのはつはノ下知ニしたかふ南蛮人宗旨ノ儀、従二最前一具致二言上一候条、定而可レ被二聞食上一事、又南蛮人日本へ御敵ヲ企るしたこゝろ無二其紛一、各能御存知故、御国ヲ御払(11)被レ成候、就レ中、南蛮人偽り表裏ノ者たる儀も、拙者おらんた方ゟ致二言上一たる御事に候、忠あるおらんた不忠ニ罷成儀、難二筆紙尽一候、又理非ヲ不レ被二聞食分一御事、日本ノ御外聞(12)もいかゝ、おらんた人日本へ通路凡四十ケ年ニ及申事、（中略）

右数ケ条訴訟申上事、若御公儀へハいまた御存知無レ之かと、少々疑も依レ有二御座一、具ニ令二言上一候、此趣各江戸御奉行様中(13)として可レ然様ニ御取成・御披露被レ成、被レ加二御不便一、いにしへ古権現様御朱印(14)之旨不レ致二相違一様ニ、偏奉レ頼候、就レ中、おらんたノ儀、御譜代ノ被官と被二思食上一、弥以忝本望ニ奉レ存候、誠恐誠惶謹言、

寛永十九年
六月二日(15)

おらんたせねらる案当仁(16)
半　天満(17)（封印）

進上
御江戸御奉行様中
御小姓衆中御披露

(1)かひたん　カピタン。商館長。(2)御不便　不憫。憐れみ。(3)日本之御意　日本政府(幕府)のお考え。原本では、この「御意」をはじめ、幕府や将軍に関わる用語に闕字《けつじ》(一字あけ)や平出《へいしゅつ》(改行)が多用されているが、ここでは省略した。(4)致迷惑　困る。(5)恐多雖言上　この日本文文書はオランダ側が用意した。当時の日本の公的な書状とは多少文体が異なるところがある。(6)三十八ヶ年如以来　一六〇五年にヤコブ・クーケルナックが日本渡航許可の家康朱印状を得ている。(7)拙者おらんたヲ　私どもオランダ人を。(8)如在　如才。手落ち、手抜かり。(9)又従此方……　あるいはオランダ側から日本を退去し、再度日本に貿易に来ないようにさせようとお考えになっているのだろうか。(10)羅うまのはつは　ローマの**Papa**(教皇)。(11)御払　追放。(12)御外聞　海外での評判。(13)江戸御奉行様中　江戸政府(幕府)の奉行方。長崎奉行。(14)古権現様御朱印　慶長十四年(一六〇九)七月二十五日付徳川家康朱印状(本史料集128)。オランダの日本での自由な貿易を保証。(15)六月　オランダ語原文は一六四二年六月二十八日付。この時用意された、「長崎政所様」宛の書状は、「陸月(六月)二十九日」となっている。(16)せねらる　ヘネラール。総督。(17)案当仁半天満　アントニオ・ファン・デーメン(**Antonio Van Diemen**)。なお「(封印)」の箇所にはヨーロッパ式の封じ蠟がある。

【解説】　バタフィア在住のオランダ領インド総督ファン・デーメンが、長崎奉行に宛てた手紙。寛永十八年(一六四一)、平戸商館の破壊と長崎出島への移転を強制されたオランダが、長崎での諸制限の緩和を求めた文書で、「御奉公」「譜代の御被官」を強調している点に特徴がある。日本貿易の継続を第一に考え

るオランダは、幕府が権威を重視することを認識していた。しかし幕府の姿勢はオランダが考えるほど互恵的ではなく、一方的な奉仕を前提とするものだった。長崎奉行はこの文書の受け取りに難色を示し、結局正式に提出されることはなかった。原史料は三十六ヵ条にわたる長大な書状であるが、ここではその内の三ヵ条と末尾のみを示した。

3　周辺情勢の変動と対外関係の修正

(1)　南明政権からの援兵要求と幕府の対応

137〔華夷変態〕正保三年(一六四六)正月十二日井上政重・馬場利重書状写他

右崔芝(1)が書二通、林高長崎(2)へ持来、江戸へ伝達、老中被レ備二上覧一、春斎(3)於二御前一読レ之、其後松平伊豆守(4)、依二上意一、井伊掃部頭《かもんのかみ》直孝(5)宅へ行向ひ、春斎読レ之、此時馬場三郎左衛門・山崎権八郎(6)、長崎の両奉行たり、馬場は在江戸、山崎在長崎、而《しこうして》崔芝が書簡并林高口上を注進す、井上筑後守(7)は長崎の事を取次役人なり、

正保二年乙酉十二月

去月廿六日之御状到来候、然ば林高持参之書簡并林高申口之書物令二披見一候、大明兵乱に付加勢并武具之事、申越候通御老中へ申候へば、日本と大明と勘合百年(8)に及で無レ之によりて、日本人唐(9)へ出入無レ之候、唐船年来長崎へ商買に参候といへども、密々にて渡候由に候間、此度林高参候て訴訟申候共、卒爾に言上申事にて無レ之の旨に候条、右之通申聞せ、早々林高帰国候様に可レ被二申渡一候、恐々謹言、

正月十二日　馬場三郎左衛門
井上筑後守

山崎権八郎殿

右上意之趣、松平伊豆守承て殿中にて春斎自筆に書レ之、御右筆も不レ知レ之、

(中略)

隆武帝(10)二年は、正保三年に当る、其年の八月十三日、隆武帝の使者黄徴明渡海、日本へ加勢を乞ふ、鄭芝竜(11)が書簡数通あり、日本の正京皇帝(12)へ二通、上将軍へ三通、長崎王へ三通、各進物あり、然るに徴明海上にて韃靼《だったん》人に抑へられ、来朝する事あたはず、故小船に已れが使者を載せ、芝竜が書簡并進物に徴明も亦書簡を添て長崎へ到来す、同年十月長崎より江戸へ注進す、先考(13)於二御前一

読進す、数日評議あり、尾張・紀伊の両大納言(14)、水戸中納言(15)も登城、右之書簡春斎これを読む、阿部対馬守(16)月番たるに依て、右の書簡どもを預り、毎日出納し、毎度自ら封して漫《みだり》に他見を許さず、故に写すことあたはず、然れども毎日評議の席に侍《はべ》るゆへ、其大概の趣を先考自筆にこれを書す事如レ左、（中略）

此度加勢可レ被レ遣かと、数日御評儀（議）之上にて、被レ遣間敷に大形極候、但し豊後府内城主日根（野脱）(17)織部正に内藤庄兵衛を被ニ差添一、為ニ上使一長崎へ被レ遣、黄徴明が使者に対面し、上意之旨を申渡し、使者を可レ令ニ帰国一、但し猶も使者申旨有レ之ば、能承届、帰府可ニ言上一と被ニ仰出一、

（1）崔芝　肩書きは「総督水師総兵官前軍都督府右都督」。鄭芝竜の部下と考えられている。日本宛ての上奏文で精兵三千と甲冑二百の借用を求めた。（2）林高　崔芝の書状を長崎にもたらした商人。（3）春斎　林鵞峰。「華夷変態」のこの部分の編者。（4）松平伊豆守　松平信綱。老中。（5）井伊掃部頭直孝　大老。（6）馬場三郎左衛門・山崎権八郎　長崎奉行。（7）井上筑後守　井上政重。大目付。（8）勘合　国家間の貿易。史料38の注(8)参照。（9）唐　明。（10）隆武帝　唐王。南明《なんみん》の二代皇帝。この年没。（11）鄭芝竜　福建出身の海商。明末に明の武将となり、その滅亡後は南京の福王、福建の唐王に従って清に抵抗したが、一六四六年清に降った。平戸の田川氏女との間にもうけた子が鄭成功（国姓爺《こくせんや》）である。（12）正京皇帝…長崎王　正京皇帝は将軍、上将軍は老中、長崎王は長崎奉行を意図したものと考えられる。しかしこれらの呼称は、幕府内で問題とされた。（13）先考　父。林鵞峰（春斎）の父羅山。（14）尾張・紀伊の両大納言　徳川義直・頼宣。（15）水戸中納言　徳川頼房。（16）阿部対馬守　阿部重次。老中。（17）日根野織部正　日根野吉明。実際にはこの年十月、福州が清側の手に落ちたとの報が入ったため、上使の派遣は中止となり、長崎奉行から使者に援兵拒否を伝えるにとどめた。

【解説】「華夷変態」から、正保二年（一六四五）～同三年にかけての、いわゆる南明政権（一六四四年に滅びた明の残存勢力が清に対抗して建てた政権）の日本への援軍要請と幕府の対応を示す部分を抜粋して示した。唐船（中国船）の船頭等がもたらした情報を幕府内で解読・分析する際には、つねに儒者の林家が関与していたが、林鵞峰（春斎）は自家に残る関係書類が散逸することを惜しみ、延宝二年（一六七四）にその編纂を開始した。これが「華夷変態」で、作業は子の鳳岡《ほうこう》（信篤）に引き継がれた。書名の由来は、清が明を滅ぼして中国が華から夷に変わったことから取っている。

(2)　イギリスの貿易再開要求

138　〔通航一覧〕延宝元年（一六七三）五月二十五日長崎奉行書状写

以ニ別紙一申上候、

一　今廿五日午刻、異国船壱艘入津仕候ニ付、如レ例旗合之(1)検使差遣候処、阿蘭陀船にて者無ニ御座一、ヱケレス船之由申候間、当湊江碇入申候、依レ之、重而様子相尋候得者、人数八十六人乗組、去々年十月本国致ニ出船一、為ニ商売一

日本江渡海仕候由申候付、於レ然者日本御掟候之間、武道具之分差上之上、訴仕候様ニと申渡候処、早速武道具差出申候、則彼一船之者共申候趣、委細別紙書付(2)差二上之一候、

一　商売船之儀ニ御座候得共、数年(3)中絶ニ而、今度渡海仕事御座候故、番船二三艘も付置可レ然奉レ存、大村因幡守(4)雖レ在二江戸一、領分長崎近所、殊小船二三艘之儀御座候故、因幡守方江申遣候、大村より警固之者不二相越一内者、松平右衛門佐(5)番所へ申渡、警固船三艘、手前之番船差加て附置申候、勿論商売船之儀候故、船中之者共気遣不レ仕候様ニ為レ相二守之一候、

一　耶蘇宗門之儀付渡海仕候哉と、再返相尋候処、左様之てたてにて渡候様に者少も不二相聞(6)一候、雖レ然若南蛮人(7)乗来候儀も可レ有二御座一哉と奉レ存、在留之かひたん(8)ニ申渡、阿蘭陀人一人ヱケレス船へ遣し、船中之者共、一人充《ずつ》口つくハせ(9)、不レ残相改候処、南蛮人一人も無二御座一候由申候、其上踏絵をも申付候得共、無二覚束(10)一処無二御座一候、

一　右之外、類船壱艘も頓《やがて》而着津可レ仕様ニ申候、何も商船に紛《まぎれ》無二御座一候者、荷物等出嶋江揚させ、商売可レ被二仰付一候哉、奉レ窺二御下知一候、

一　ヱケレス船入津之段、於二隣国一色々雑説騒動可レ仕哉と奉レ存、商売船ニ相究別条無レ之旨、近国領主へ申送候、

以上、

五月廿五日

稲（稲葉正則、老中）美濃守様
久（久世広之、老中）大和守様
土（土屋数直、老中）但馬守様
板（板倉重矩、老中）内膳正様

(1)旗合　オランダ船であることを確認するため、あらかじめ決めておいた秘密旗を地上と船上から示し合う手続き。(2)別紙書付　イギリス人の口書(調書)。(3)数年　多年。(4)大村因幡守　大村純長。大村藩主。(5)松平右衛門佐　黒田光之。福岡藩主。(6)不相聞　(そのような)様子はない。(7)南蛮人　ポルトガル人・スペイン人。(8)かひたん　オランダ商館長。(9)口つくハせ　しゃべらせ。(10)無覚束　不明瞭。

【解説】　イギリス船リターン号の入港に接した長崎奉行岡野孫九郎から老中宛の書状。イギリスは元和九年(一六二三)、不振の日本貿易から自発的に撤退していた。四番目の箇条で、「商船に間違いなければ、荷物等を出島へ揚げさせ、貿易をご許可になりますでしょうか。ご指示を伺い申し上げます」と述べている点が注目される。長崎奉行にとって、オランダ船・中国船以外との貿易は行わないという自明の前提はなかったのである。しかし、オランダは幕府にイギリスとポルトガルの王家に婚姻

関係があることをつげ、貿易再開を防ぐことに成功した。

⑶　定額貿易の徹底

139〔徳川禁令考〕正徳五年（一七一五）正月十一日江戸幕府老中連署定書写

長崎表廻銅定例

一　長崎表廻銅、凡《およそ》一年之定数、四百万斤より四百五拾万斤迄之間を以其限とすへき事、

一　唐人方商売之法、凡一年之船数、口船・奥船合せて三拾艘、すへて銀高六千貫目ニ限り、其内銅三百万斤を相渡すへき事、

一　阿蘭陀人商売之法、凡一年之船数弐艘、凡《すべ》て銀高三千貫目限り、其内銅百五拾万斤を渡すへき事、

右、今度被二仰出一候所ニ候、廻銅之数・唐船之数等定法之如くニ候時にあたりてハ、此例ニ随ひて商売可二申付一事勿論ニ候、或ハ廻銅之数不足し、或ハ唐船之数不足し候事等も有レ之時ハ、此例ニ准して其時宜をはからひ、商売之事宜レ有二其沙汰一者也、

正徳五年正月十一日

（戸田忠真、老中）山城守
（松平信庸、老中）紀伊守
（久世重之、老中）大和守
（阿部正喬、老中）豊後守
（井上正岑、老中）河内守
（土屋政直、老中）相摸守

（定持、長崎奉行）久松備後守殿
（清相、長崎奉行）大岡備前守殿

【解説】　正徳新例（海舶互市新例）は、新井白石と長崎奉行大岡清相が中心になって立案し、正徳五年（一七一五）から実施された長崎貿易の新しい枠組みである。新例は正月十一日付の老中指示書とその後の追加修正や施行細則から成り、全体ではかなり大部になるが、ここで示したのは老中指示書の一部である（各箇条には理由説明の文章が付いているがここでは省略した）。銀・銅の産出能力に見合った輸出額と貿易船数を設定し、中国・オランダ船にこの数値を確実に守らせるとともに、その結果生じる積戻りの不満を代物替（物々交換）許可で緩和し、また長崎住民に銀や米を配分する制度を整備した点に特徴があった。

140〔長崎歴史文化博物館所蔵史料〕安政四年（一八五七）八月三十日信牌（長崎通商照票）（原漢文）

（割印）（1）

長崎訳司（2）平葉鄭 業陳劉陳 薛劉陳馬特に鎮台（3）の憲命を奉じ、択商給牌、貿易粛清の法紀の事の為にす。照得するに（4）、爾《なんじ》等唐船、本国に通商するは歴ること年有り。

長崎通商照票
信牌

絡繹(5)する所絶えず。但だ其の来る人、混雑して稽《かんがえな》無く(6)、以て奸商を致し、故《ことさら》に禁令に違う。今特に各港の船額を限定す。乙巳年(7)来販する船隻の内、該南京港門の壱艘、帯する所の貨物は估価(8)約玖千伍百両(9)を限定し、以て生理を通ぜよ。諭する所の条款は、船主楊敦厚親しく供する甘結(10)を取り具し、案に在り。今合行《まさ》に照(11)を給すべきなり。即ち信牌壱張を与う。以て凭拠《ひょうきょ》(12)と為せ。進港の日験は牌票に明らかなり。繳《おさ》め訖《おわ》れば即ち収む。船隻其の凭無きは、即刻遣回す。爾等唐商、必ず愈《いよい》よ謹み飭《ちょく》(13)を加えんことを務めよ。儻《も》し条款に違反する有らば、再びは牌票を給さず、例を按じて究治し、決して軽貸(14)せず。各《おのおの》宜しくこれを慎み、須《すべか》らく牌に至るべきものなり。

右票、南京船主楊敦厚に給す。

安政肆年捌月参拾日給(15)　　限到　　日繳
訳司(印)(印文「訳司会同之印」)

(1)割印　発行台帳である「割符留帳」との間で割印を押す。印文「永以為好」。(2)長崎訳司　長崎の唐通詞。下に小さく書かれた平・葉・鄭……は、唐通詞たちの本姓。(3)鎮台　長崎奉行所。(4)照得するに　知り得たところでは。(5)絡繹　絶え間なく続く。(6)稽無く　よりどころが無い。(7)乙巳年　弘化二年(一八四五)。(8)估価　価格。(9)玖千伍百両　九千五百両。両《テール》は清の銀貨の単位。日本の単位で銀九十五貫目。(10)甘結　誓約書。(11)照　照票。信牌。(12)凭拠　よりどころ。(13)飭　いましめ。(14)軽貸　軽々しく許す。(15)安政肆年捌月　安政四年八月。

【解説】　長崎の唐通詞が中国人商人に与えた信牌。現存する信牌はいずれも十九世紀のものだが、形式は開始期と変わっていない。信牌は、正徳新例において、中国船の来航数を制限するために始められたもので、来航年と貿易額を記した許可証を入港制限数(当初三十艘)分発行し、それを持参した者だけに貿易を認めた。ただし商人間での譲渡は認められており、受け取った人間と来航する人間は同一でなくてもよかった。日本年号の使用や、原本で「鎮台」を一文字、「本国」(日本のこと)を二文字擡頭させる(行頭で高く書く)など、尊大な書き方になっていた。このため中国商人の一部は、信牌の受領は日本に従い清に背くものだとして清の朝廷に訴え出た。しかし、康熙帝の裁可により問題なしとされ、信牌を利用して中国船を統制する方式は以後幕末まで継続することになった。

(4)　朝鮮との関係の「合理化」

141〔本邦朝鮮往復書〕寛永十二年(一六三五)十月平義成書契写
(原漢文)

日本国対馬州太守拾遺平義成(1)、書を朝鮮国礼曹大人足下(2)に奉る。気候寒凜、伏して惟《おもん》みるに、履況(3)冲裕(4)ならん。茲に煩しきは、頻年柳川調興《しげおき》(5)、邪佞僭越、しかも貴国の徠往、中間にて私を行い、且つ東武(6)に浮言す。故に徂冬(7)以降、常例の差价(8)を遷延す。何ぞこれを怪しむ有らんか。粤《ここ》に三月十一日、台命《たいめい》(9)是非を裁決し、而して調興を遠夷に放逐す(10)。玄方《げんぼう》長老(11)・宗讃岐(12)・玄昊首座《げんこうしゅそ》(13)等、亦た過誤有るに依り、以て流徙す。島川内匠《たくみ》(14)・調興の家司松尾七右衛門(15)両士は、厳戮に遭いたり。時に訳官(16)・騎士(17)、来りて斯に在り、視聴の及ぶ所なり。曲折はすべからく僉公《せんこう》(18)に口稟《こうひん》(19)すべし。良《まこと》に我が大君(20)、道を直《ただ》すの所行なり。豈《あ》に悠久を雍熙(21)せざらんや。陋島《ろうとう》(22)復た静謐、素臆満愜《きょう》(23)、何ぞ柔遠(24)の悃《こん》念(25)を労せんや。仍《よ》りて想うに、自後貴国、益《ますます》す誠信の好を修めん。早速送使を遣さんと欲すと雖も、先便平智友船尾において斯の一挙を報ぜり。統《す》べて丐《こ》う(26)、融炤(27)、序を揆《はか》り練を保たれんことを。不宣。

竜輯(28)乙亥十月　日

対馬州太守拾遺平　義成　光璘(29)

(1)平義成　宗義成。対馬藩主。対馬・朝鮮間の書契では肩書きを「対馬州太守」とした。「拾遺」は藩主が侍従になっている場合につく。(2)礼曹大人　ここでは礼曹の次官である礼曹参判。参判宛か参議(三等官)宛かはその使者の格式により、この部分の書き方からは判断できない(返事から判断することができる)。また、呼びかけには個人名を書かない。(3)履況　ごようす。(4)沖裕　穏やか。(5)柳川調興　対馬藩の重臣。祖父調信以来、朝鮮との交渉や中央政権との関係作りに力を持っていた。(6)東武　江戸幕府。(7)徂冬　去冬。(8)差价　使者。(9)台命　将軍の命令。(10)遠夷に放逐　弘前へ配流となった。(11)玄方長老　規伯《きはく》玄方。景轍玄蘇の跡を継ぎ対馬以酊庵《いていあん》住持。宗氏の外交僧。盛岡へ配流。(12)宗讃岐　宗智順《としまさ》。義成の従兄弟、宗氏の重臣。最上へ配流。(13)玄昊首座　柳川氏の外交僧。本庄へ配流。(14)島川内匠　宗氏の右筆。死罪。(15)松尾七右衛門　柳川氏の重臣。死罪。(16)訳官　倭学訳官。朝鮮王朝の日本語通詞。(17)騎士　馬上才(馬の曲乗り)を行う者。将軍家光の要望により江戸に来ていた。(18)僉公　ここでは、貴公(書契の宛先である礼曹参判)の意味。(19)口稟　口頭で申し上げる。(20)大君　将軍。(21)雍熙　和らぎ楽しむ。(22)陋島　対馬。(23)愜　心地よい。(24)柔遠　遠くの者(対馬)をやわらげる。(25)悃念　(朝鮮王朝の)懇ろな心。(26)丐　乞う、請う。(27)融炤　あきらか。(28)竜輯　竜集と同。歳次、一年。(29)光璘　この文書の作成者である輪番僧玉峰光璘。

【解説】　柳川氏との争論が幕府の裁決により解決したことを朝鮮に伝える宗義成の書契。宗氏の重臣柳川調興が幕府直参化をめざしたことに端を発したこの争論は、「柳川一件」と呼ばれる。幕府における審理の過程で、対馬が徳川将軍・朝鮮国王書契の改ざんや、「日本国王使」の無断派遣を行っていたことが明らかになり、関係者が処罰された。この事件の後、江戸幕府は日本国大君号の使用や京都五山僧の対馬派遣(以酊庵輪番制)を開始し、また朝鮮が派遣する使者は、正式に「通信使」という名称になった。対馬と朝鮮の間でも、歳遣船使者の兼帯(本来二十艘二十人の使者を五人で代行する)や、貿易品決済の集約化などが合意された。

142〔**本邦朝鮮往復書**〕**寛永十二年**（**一六三五**）**五月宗義成書契写**

（原漢文）

日本国対馬州太守拾遺平義成、書を朝鮮国礼曹大人足下に奉る。

客歳(1)初冬、貴国の民、生業漁猟の者四名、本邦石州の辺浦に漂到す。州主(2)為すに、糧服を給し、舟楫を補す。遠く使价をして、馬嶋に送達せしむ。茲にまた其の乏するところを済《すく》い、回使の便に附し、以て護還す。只だ使の舌に在り。謹んで冀《こいねが》わくば、炳原せられんことを。不宣、頓首。

乙亥五月　　日　　義成

（1）客歳　去年。（2）州主　石見浜田藩主古田重恒。

143〔**本邦朝鮮往復書**〕**崇禎八年**（**一六三五**）**八月朝鮮国礼曹参議李省身書契写**（原漢文）

朝鮮国礼曹参議李省身、書を日本国対馬州太守平公足下に復し奉る、

浜海の居民、漁を業いとし、船を使う。風に因り石州辺浦に漂到す。州主本国の人口たるを知り、その衣糧を済し、その舟楫を修めて貴島に替交すと。貴島、多方津護し、回价に順付す。万死に生得を余し、還郷の願いを遂ぐ。両国敦好の誠、これに即して益々見るべきなり。嘉尚何ぞ既《つ》きん。不腆の土宜、略ぼ謝忱を表す。統希す、莞納せられんことを。

崇禎八年八月　　日

礼曹参議李　省身

【**解説**】近世の対外関係の特徴として、漂流民の相互送還体制が整ったことがある。たとえば朝鮮人が日本の沿岸に漂着した場合、長崎奉行所で身元確認後、対馬を経由して本国へ帰ることができた（この史料の段階では直接対馬に送ることもあった）。これはオランダ人・中国人・琉球人なども同様であり、江戸幕府が日本沿岸の安寧を保っていることを示す行為でもあった。また海外に漂流した日本人も、日本と交渉がある国に救助されれば帰国することができた。

144〔**辺例集要**〕**巻十一館宇・辛亥年**（**一六七一**）**六月条**（原漢文）

差倭平成太(1)、茶礼(2)の時乃《すなわ》ち曰く。移館の請、誠に万已《や》むを獲《え》ざるに出ず。朝家(3)の許さざる所以《ゆえん》は、意安《いず》くに在るや、と。臣等(4)答えて曰く。十余年来(5)、此事に因り差を送り相望む。苟《いやしく》も以て聴き従うべくんば、則ち何ぞ等しく今年を待つに至らんか。釜山一歩の地を離れれば、即ち我が国関防なり。郡県にあらず、則ち辺将の鎮浦なり。夫《そ》れ豈《あ》に空閑の処有りて、これをして移館せしむべけんか、と。差倭曰く。他処に移さば、則ち釜山即ち関防たり。此を以て彼に

易《か》うるは、本《もとよ》り損益無からん。知らず、朝家何の軽重有りて、島主悶迫の情を念《おも》わざるかを。須《すべから》く俺等《えんら》の言うところを以て、詳細に啓聞(6)すべし亦為白去乙《といわれますので》(7)、臣等又た答う。今啓聞すると雖も、朝廷断じて聴許の理無きを以て、防塞の事を措辞す(8)、と。啓す。

(1)差倭平成太　津江兵庫。藩家老。移館交渉のための使者として朝鮮に派遣。差倭とは、倭人の使者。この年八月、津江兵庫は在館の対馬人二百余人を率いて東莱府に赴き(このように非合法に倭館を出ることを闌出《らんしゅつ》といった)、そのまま東莱客舎にて十二月客死した。このことにより、津江兵庫は一命を賭して移館交渉を成功に導いた人間として、藩内では長く記憶された。(2)茶礼　この宴席で、対馬からの使節と東莱府使など中央で任命された朝鮮側の官が最初に顔を合わせる。(3)朝家　朝鮮の朝廷。(4)臣等　宣諭使と東莱府使。(5)十余年来　万治元年(一六五八)以来倭館の移転を求めていた。(6)啓聞す　朝廷に申し上げる。(7)亦為白去乙　この部分、朝鮮時代に漢字の音や意義を借りて文のニュアンスやつながりなどを表現した、いわゆる吏読《りとう》が使用されている。(8)防塞の事を措辞す　防備のこととして言葉を選ぶ。

【解説】　十五世紀以降、朝鮮王朝が日本からの使者滞在のために設けた施設・区域を倭館(対馬藩の記録では「和館」という。日本と朝鮮との接点がほとんど対馬藩ルートに一本化された(通信使訪日の際に、使節が直接幕府に訴えるという可能性は、一応存在した)近世では、倭館が日朝間の外交・貿易の場所となった。近世の外交関係復活にともなって設定された倭館は、釜山湾の奥に位置していたが、船がかりが悪く狭小であったため、十七世紀半ばになると対馬藩はその移転・改善を求めた。われわれが絵画や絵図に見る広大な草梁倭館は、十年以上にわたる執拗な要求の結果実現したものである。「辺例集要」は、朝鮮王朝の礼曹(外交や儀礼を扱う役所)が、秀吉の侵略戦争より後の対日関係の重要事項を十九の項目に分類してまとめた記録集。十九世紀中ごろ成立。

(5) 近世国家と琉球

145〔歴代宝案〕万暦四十一年(一六一三)五月十三日福建等処承宣布政使司咨(原漢文)

福建等処承宣布政使司、進貢謝恩等の事の為にす(1)。万暦四十年三月十五日、案照(2)するに、該国の咨(3)を准《う》くるに、法司馬良弼(4)・正議大夫鄭俊等を差遣し、夷梢を率領し船隻に坐駕し、硫黄・馬匹を装載して前来し(5)進貢謝恩せしむ、等の因(6)あり。司に到る。此れを准け、随《つ》いで福州府海防館の査するに(7)行拠するに(8)、進到の方物(9)を将《もっ》て盤験(10)し明白ならしむ、とあり、呈報(11)して前来す。両院(12)に転詳する(13)の外、続いて撫院(14)の案験(15)を奉ず。題請して(16)勅諭を遵奉する(17)に、爾《なんじ》の国、新たに残破を経、財匱《つ》き人乏し。何ぞ必ずしも間関と(18)して遠来せんや。還《ま》た当に厚く自ら繕聚すべし。十年の後、物力稍《やや》完うするを俟《ま》ちて、然る後復た貢職を修むるも未だ晩《おそ》しと為さざるなり。見今の貢物は巡撫衙門《じゅんぶがもん》をして査せしめ、倭産(19)に係わる者は、其れ悉く携え帰り、若《なんじ》の国に出ずるに係わる者は、姑《しばら》く収解(20)を准《ゆる》して以て爾の恭順の意を見ん。其の来貢の人は、旧に照らして給賞し、即便に回国し必ずしも入朝せしめず、以て跋渉の労苦を省かん、等の因あり。司に到る(21)。此れを奉ず(22)。

依奉して査するに、夷使の法司馬良弼等の日給の廩餼《りんき》(23)・蔬薪(24)、賞賚(25)等の項は、倶に旧規に照らして優給して欠かず。但だ進貢の硫黄は収めて煎銷《いとかす》(26)を候《ま》ちて部に解《おく》る。其の謝恩の真金(27)・沙魚皮靶(28)、各項の方物は、倶に法司良弼等をして照数(29)して領回せしむるの外、合《まさ》に就《すなわ》ち咨覆すべし。此の為に今、汛期《じんき》(30)に値《あた》れば、一に便《すなわ》ち船隻を製造し完備して、相応《あいまさ》に送帰すべし。貴国に移咨す。勅諭に遵照(31)して施行せよ。須《すべか》らく咨に至るべき者なり(32)。

右、琉球国に咨す

万暦四十一年五月十三日

(1)…事の為にす　…の件。…について。(2)案照　下記の文書によれば。(3)該国　琉球。(4)馬良弼　名護親方良豊。三司官。(5)前来し　よこす。(6)…等の因　引用の終了を示す語。(7)査する　検査する。(8)行拠するに　それによると。(9)方物　土産品、献上品。(10)盤験し　検査し。(11)呈報し　上級機関(ここでは海防館から布政司)に文書を提出する。(12)両院　巡撫と巡按。(13)転詳する　詳文(上級機関への報告)を取り次いで送る。(14)撫院　巡撫。(15)案験　下級機関への指示文書。(16)題請して　(福建巡撫が)上奏文の一種である題本によって請願して。(17)遵奉する　うけたまわる。(18)間関として　遠い道を苦労して。(19)倭産　日本の産物。(20)収解　受け取ること。(21)司に到る　布政司に(文書が)到着する。(22)奉ず　受け取る。(23)廩餼　扶持する食料。(24)蔬薪　蔬菜と薪。(25)賞賚　下され物。(26)煎銷　加熱して溶かす。(27)真金　純金。(28)沙魚皮靶　沙魚はハゼ、靶は柄、刀の握り。(29)照数し　数を確認する。(30)汛期　(琉球へ帰る)風の時期。(31)遵照して　従って。(32)須く咨に至るべき者なり　公文書の文末に置かれる語句。咨文の内容を実現することを求める。

【解説】　明の福建布政使司が、琉球国王の咨文に対して返答した咨文。この文書は、同司が琉球の咨文を受け取ってから皇帝の裁可が帰ってくるまでの関連文書の内容が何重にも引用された構造になっている。その構造は概ね左の通り。

（1）万暦四十年三月十五日、馬良弼のもたらした琉球国王の咨文を受け取ったところ、法司馬良弼・正議大夫鄭俊等を派遣して進貢・謝恩を行うとあった。

（2）福州海防館から、進貢品を確認した旨報告があった。

（3）（1）（2）を承け、巡撫と巡按に公文を提出し指示を求めた。

（4）（3）に対する福建巡撫丁継嗣の指示書を受け取った。それによると、

(a)万暦四十年十一月乙巳、巡撫から皇帝に題奏した。

(b)それに対する勅諭には、以下のようにあった。

①琉球国は戦争で疲弊しており、無理に進貢する必要はない。

②国力を養って十年後に進貢すればよい。

③今回の進貢品は巡撫で検査し、倭の産物は除き、琉球の産物は受け取る。
④進貢使節は従来通りに給賞するが、労苦を省くため北京へ入れず直に帰国させる。
（5）布政司では右記（4）の巡撫からの指示の内容を了解した。
（6）それにより、法司馬良弼等に食糧・薪炭・賞賚を給する。
（7）同じく、進貢品の内硫黄は領収し、その他は馬良弼等に持ち帰らせる。
（8）以上のように（1）の咨文に回答する。
（9）琉球へ帰る季節風の時期に当たっているので、直ちに船の準備をして帰国せよ。
（10）勅諭の趣旨に遵《したが》え。

咨文とは、明代・清代に同格の高級行政機関相互、または同格と見なしうる者の間で用いられた文書様式。朝貢国琉球と地方官衙との間には、本来上下関係がないので、相互に咨文形式でやりとりした。日本からの帰国を報じて進貢・謝恩の使者を送るとした琉球国王尚寧の咨文に対して、琉球からの使者を国内に入れず、また今後は十年一貢（従来は二年一貢）にするとした朝廷の意向を伝達する内容である。ここには、日本および日本に占領された琉球に対する明側の警戒感を見ることができ、江戸幕府や鹿児島藩が期待した、琉球を介した中国との公的な貿易関係樹立の余地がなかったことが明らかである。

読み下し文は、沖縄県教育委員会発行『歴代宝案・訳注本』によった。（一部、表記を改めたり、省略したりしたところもある。）

146〔旧記雑録後編〕寛永元年（一六二四）八月二十日嶋津久元・伊勢貞昌・比志嶋国隆定書写

定

一　三司官《さんしかん》(1)其外諸役職之扶持方、自今以後者可レ為ニ御分別(2)次第一之事、
一　科人死罪・流罪之儀、此方(3)ニ不レ及ニ御伺一、御分別次第たるへき事、
一　日本名を付、日本支度(4)仕候者、可レ為ニ停止一事、
一　おりめまつり(5)の儀、此方御蔵入(6)之分者、耕作時分不レ違やうにと被ニ仰付一候、御分領之儀者、御分別次第たるへく候事、
一　他国人其地へ参儀、可レ為ニ停止一事、
右条々向後不レ可レ有ニ違篇一者也、

寛永元年子八月廿日

（国隆、家老）比志嶋宮内少輔　判
（貞昌、家老）伊勢兵部少輔　判
（久元、家老）嶋津下野守　判

（1）三司官　琉球王府で王・摂政に次ぐ重職。（2）御分別　国王尚豊の考え。（3）此方　鹿児島藩。（4）日本支度　日本風の服装、風俗。（5）

おりめまつり　折々に行う祭礼。(6)此方御蔵入　鹿児島藩の直轄地。当時の琉球の石高は十一万三千四十一石余で、その内八万九千八十六石が王府領(内五万石が王の直轄地)、それ以外が鹿児島藩の直轄地だった。

147〔薩州唐物来由考〕明暦元年(一六五五)九月十三日鹿児島藩家老衆披露状写

其後韃靼《だったん》順治帝[1]者唐を責取、琉球ニ茂冠船[2]差渡風聞有レ之、自然王位并三司官以下首領共、韃靼人之様[3]可レ為レ致与申候ハヽ、乍二異国一も御領内ニ而、御外聞ハ勿論、日本迄可レ及二瑕瑾一与之御吟味被レ為レ在、前以被レ得二御差図一候処、左之通、

覚

一　琉球江従二韃靼一使者船遣候由、長崎江遍風説有レ之趣、彼地江召置候物聞之者[4]承、御役所江申出、以二通事一唐船ニ相尋候処、十四番船之船頭、福州ニ而右之物沙汰有レ之候、殊為二其用意一大船を作候由承候と申候、彼儀大隅守[5]不レ承候而不レ叶仕合故、江戸へ申遣候、就レ夫、御内証酒井讃岐守[6]様江申上、其上ニ而御当番松平伊豆守[7]様江嶋津中務[8]を以被レ致二披露一候、其以後間候而、大隅守登城可レ仕旨、八月廿二日被二仰出一候、左候而、讃岐守様御老中御間之御使被レ成被レ承候ハ、琉球国江韃王(ママ)ゟ使者遣由候、人数大勢遣候而者有レ之間敷と被二思召一候、若右之使者琉球ニ相渡候而、髪を韃人之衣冠を着用可レ仕趣申候共、其分ニ相心得可[9]レ申候、右之外之儀者、領国之儀候間、心計[10]可二申付一由被二仰出一候趣、使者を以被二申下一候、得二其趣一、此度高崎惣右衛門・本田六左衛門与申者、琉球江渡海申付候、此上者琉球王位茂異儀有間敷候、首尾能仰出、我々茂安堵仕候、此旨御披露頼存候、以上、

明暦元年九月十三日

鎌田源左衛門(政有、家老)
町田勘解由(久則、家老)
新納《にいろ》右衛門(久詮、家老)
伊勢兵部(貞昭、家老)
嶋津図書(久通、家老)

長崎御奉行山岡十兵衛様御家老
遠山三郎右衛門殿

(1)韃靼順治帝　清の三代皇帝順治帝。在位一六四三―六一。(2)冠船　冊封使。琉球では御冠船(うかんしん)という。(3)韃靼人之様　弁髪など女真人の風俗。(4)物聞之者　長崎聞役。長崎奉行所対応のため西国諸藩が長崎に詰めさせた家臣。(5)大隅守　藩主嶋津光久。(6)酒井讃岐守　大老酒井忠勝。御内証とは内々に相談できる関係。(7)松平伊豆守　老中松平信綱。(8)嶋津中務　嶋津久茂。(9)其分ニ相心得　清使の言うとおりにする。(10)心計　考え通りに。

【解説】　史料123・124で見たように、薩摩藩は江戸幕府承認のも

と慶長十四年(一六〇九)琉球を征服した。その後、やはり幕府の意を受けて琉球に日明間の関係模索を行わせたが、明は琉球と日本との関係を疑って琉球の朝貢回数を制限したので、琉球は経済的に困窮した。そこで琉球における日本色を薄めるために、史料146にあるごとく直接支配をやめて琉球王府が広汎な権限を持つ間接統治に転換し、日本風俗も禁止した。しかし一方で、寛永十一年(一六三四)八月四日付の徳川家光領知判物(島津家久宛)では、薩摩・大隅二カ国と日向国の一部合計六十万五千石余に加えて、「琉球国拾二万三千七百石」が島津氏の領地として公認された。このようにして明(のち清)から冊封を受けつつ島津氏の領分でもあるという琉球独自の位置づけが生じた。史料147は清が琉球に弁髪等の風俗を強制した場合の対処について、鹿児島藩から幕府に問い合わせた結果を長崎奉行へ連絡した文書。なお鹿児島藩の征服以前を「古琉球」、以後を「近世琉球」と呼び、日本・中国双方に関係を持つ性格から、近世琉球は「幕藩制国家のなかの「異国」」と呼ばれることもある。

(6)「蝦夷地」の位置とシャクシャインの戦い

148〔北方探検記〕一六二〇年カルワーリュの旅行記

その西方[1]から松前へ来る蝦夷人は七十四日間も航海し、礼として[2]甚だ上質の絹布[3]を松前殿[4]へもって来ます。それは坊主の衣または十徳[5]用になります。(中略)北方から、もっと正しくいえば北東方から松前へ来る別の蝦夷人は、六十三日間航海し、彼等も前にいった人々も、この地方の海岸にある諸港へ寄ります。この蝦夷人は、礼として松前殿へ、前にも触れた如く猟虎《らっこ》という島から出るので猟虎皮と申している柔らかい毛皮を将来します。また生きた鷹や鶴[6]、日本人が箭《や》に付けて飾る鷲の羽をも齎《もた》らします。(中略)彼等が松前で主として買うのは、酒造用の米であり、そのために麹《こうじ》をも求めます。また彼等は酒好きですから、頻繁に行う酒盛のためにも酒を購《あがな》います。彼等が松前にいる間は、筵《むしろ》と予め準備して来た木の骨組みとで海浜に造った小屋に住み、すぐに舟を引き上げ、それを横倒しにしておきます。海上で悪天候または暴風にあうときにも同様に致します。その舟には一本の釘も打ってありません。というのは舟は皆纏縛《てんばく》[7]して造られ、帆は筵でできているからであります。妻子と家族全部を連れてきます。今までわかったところでは、この民族は少しも文字を使いませんし、読み書きのできる者もおりません。彼等の服従する一人の王もいませんが、部落毎に酋長のような者が一人または数人いて、これにいくらかの敬意を懐いております。松前の殿は日本人ですけれども、彼等の王[8]であるともいえるでしょう。何故なら、前に申しました如くに、この地へ来る人は誰も皆これに礼を尽し、またその標章と許可状とを携行する者(9)が蝦夷じゅうを安全に歩けるからであります。

(1)西方　西蝦夷地方面。(2)礼として　松前氏とアイヌ首長とのウイマム(贈答品交換)儀礼。(3)上質の絹布　中国の王朝が朝貢に集まる北方の諸民族に与えた絹織物、いわゆる蝦夷錦であろう。(4)松前殿　松前藩主。(5)十徳　衣服の名称。(6)彼等　松前に来るアイヌ。(7)纏縛　絡め縛る。(8)彼等の王　支配者というよりも交易の管理者という立場であろう。(9)標章と許可状とを携行する者　金の採掘や鷹子捕獲のため松前藩の許可を得てアイヌの居住地に入り込む和人がいた。

【解説】宣教師の記録は、江戸時代初期の蝦夷地の様子を知る上で重要である。アンジェリスの第一蝦夷報告(一六一八年)、ここに掲げたカルワーリュの旅行記(一六二〇年)、アンジェリスの第二蝦夷報告(一六二一年)が残っている。また、「金銀島」探検を行ったオランダ船カストリクム号の船員の記録(一六四三年)にも、当時の道東のアイヌのようすを記した部分がある。訳文は、H・チースリク編、岡本良知訳『北方探検記』吉川弘文館、一九六二年によった。(一部、表記を改めたり、省略したりしたところもある。)

149

〔津軽一統志〕寛文九年(一六六九)九月一日津軽信政注進書

松前の様子土井能登守殿(1)迄被二仰遣一候覚

一　今度狄(2)蜂起仕候子細は、鬼菱(3)と申狄、シャクシャイン(4)為には先祖敵にて御座候故、十三ケ年已前迄七年の間、鬼菱と年々取合(5)申候処、十三年已前、松前より侍共遣、シャクシャイン・鬼菱両方え音物《いんぶつ》なと取せ取扱候て和談致させ候に付、其後は取合相止候、然処、去年春鬼ひし他所へ罷出候を、シャクシャイン出合打殺申候、就レ夫、一門の狄共シャクシャイン討申度存候得共、兵具不自由に付、松前へ兵具・兵糧借に参候得共、松前にて同心無レ之に付、罷帰候処、道に使参候狄(6)相煩、果候事、

一　右の様子シャクシャイン具《つぶさ》に承届候に付、鬼菱一門の狄共に内通(7)申候は、鬼ひし義は我等先祖の敵にて候故、不レ及二是悲(非)一相果申候、

今度松前え其方迄訴訟申候へ共、不二相叶一、剰使の狄迄毒にて殺候上は、松前は其方共の敵にて候間、我等迄一味いたし、松前より参候船を打取、其後松前えあだをなし(8)候様にと色々申遣候に付、何《いずれ》も一味仕《つかまつり》、今度蜂起候事、

一　松前へ通路(9)の狄三千人程有レ之由、此度蜂起仕候狄も右の内にて候へとも、人数はしかと知れ不レ申候、惣島中には狄二万余も可レ有レ之かと申候事、

(1)土井能登守　土井利房、若年寄。発信者の津軽信政は弘前藩主。(2)狄　えぞ。中国古代、北方の異民族を狄、東方の異民族を夷と呼んだ。江戸時代前期、松前藩や弘前藩では「えぞ」に狄の字をよく用いた。

(3)鬼菱　オニビシ。ハエ(門別町の内)の首長。(4)シャクシャイン　シャクシャイン。シブチャリ(静内町の内)の首長。(5)取合　争い。(6)使参候狄　オニビシの姉婿ウタフ。帰途疱瘡にかかり野田生《のだおい》で死亡した。(7)内通　内々に連絡する。(8)あだをなし　仕返しをする。(9)通路　交易に来る。

150〔津軽一統志〕寛文十年(一六七〇)六月阿部喜兵衛万聞書控

しりふか(1)の大将カンニシコル、のなまい(2)の潤《ま》(3)え参申候は、去年拙者共殺申候子細は、前々志摩守《しまのかみ》(4)様御代には米弐斗入の大俵にて、干鮭《からざけ》五束宛御取替被ㇾ成候、近年蔵人《くらんど》(5)仕置に罷成、米七、八升入にて干鮭五束宛御取替被ㇾ成候得共、狄共の義御座候得は、不ㇾ及二是悲(非)一、其通に差上申候、余り迷惑(6)に存、近年は度々御訴訟申上候得共、年寄たる蝦夷共(7)我儘申候間、毒酒にて年寄狄の分御たやし、若狄計に可ㇾ被ㇾ成御相談にて、はし〳〵にて右の酒にて相果候由及ㇾ承、(中略)就ㇾ夫、シャクシャインも商船殺申候由承、上《かみ》(8)の国にても迚《とて》ものかれぬ事と存、しやも船(9)殺申候、御慈悲さへ御座候はゝ、何にしに此方より左様の義可ㇾ仕候哉、此段高岡の殿様(10)え御披露被ㇾ下たく由申候、右のカンニシコル申候は、近年あち(11)商に松前より御越候て、拙者共取候川にて大網おろし、鮭すきと御取、上方え商に御越被ㇾ成候に付、左様に被ㇾ成候ては、蝦夷共取申鮭無二御座一候て、餲死《かつえじに》申候間、拙者共に取せ、御買被ㇾ下度由色々御訴訟申上候得共、松前の知行所(12)にて候間取申に、我儘申とて御打たゝき、其上にても少も拙者共取申候鮭やすく御買被ㇾ成候得は、何共迷惑仕候、ケ様の事に付て蝦夷共一揆を発《おこし》申候、

(1)しりふか　シリブカ。共和町の内。(2)のなまい　ノナマイ。積丹町の内。(3)潤　船を着ける場所。(4)前々志摩守　松前公広か。当時の藩主は松前兵庫吉広(後の矩広)。(5)蔵人　蠣崎広林《かきざきひろしげ》、家老。(6)迷惑　困る。(7)年寄たる蝦夷共　アイヌの首長層。(8)上の国　松前から上ノ国・江差・西蝦夷地方面。(9)しやも船　和人(シャモ)の船。(10)高岡の殿様　弘前藩主。高岡は弘前の旧名。(11)あち　秋味。鮭。(12)松前の知行所　松前藩が決めた知行所。

【解説】 寛文九年(一六六九)にシブチャリの首長シャクシャインが松前藩に対する戦いを呼びかけると、太平洋岸はシラヌカ、日本海岸はマシケに至る広い範囲のアイヌが和人を襲撃し、蝦夷地は大騒動になった。このとき弘前藩は、幕府の許可を得て救援の部隊を松前に派遣した。同年十月、松前藩がシャクシャインを謀殺したことで事態は一段落したが、弘前藩は翌寛文十年にも、東西蝦夷地に船を出して情勢を探った。この弘前藩の記録が、シャクシャインの戦いを知る上での基本史料になっている。史料149は寛文九年の戦いの最中、松前で入手した情報を整理して藩主信政から幕府に注進したもの。史料150は翌十年西蝦夷地に赴いた藩士阿部喜兵衛の報告の一節。いずれも、享保十六年(一七三一)にまとめられた弘前藩の藩史「津軽一統志」

の巻第十、津軽信政の条に収められている。史料149で、隣り合うオニビシの勢力と長年対立していたシャクシャインが、松前藩に対する戦いを呼びかけるように転じた理由は必ずしも明らかではない。しかし、広範囲のアイヌがこれに呼応した背景としては、史料150にあるように、①交易の交換比率切り下げ、アイヌが松前へ出ることの禁止、②松前藩の恫喝や毒殺の噂、③商場《あきないば》知行主の許可を得た和人が入り込みアイヌの生活基盤を荒らす、といった事態が蝦夷地内で広く進行していたためと考えられる。

第五節　政治体制の安定と秩序

1　綱吉政権の成立

(1)　代官服務規定

151〔御触書寛保集成〕延宝八年（一六八〇）閏八月三日老中仰渡し条々

条々

一　民は国之本也、御代官之面々常に民之辛苦を能《よ》く察し、飢寒等之愁無レ之様ニ可レ被二申付一事、

一　国寛なる時は民奢《おごる》ものなり、奢時は己か事業に懈《おこた》り安（易）し、諸民衣食住諸事奢無レ之様ニ可レ被二申付一事、

一　民は上え遠きゆへに疑有ものなり、此故に上よりも又下を疑事多し、上下疑なきやうに、万事念入可レ被二申付一事、

一　御代官之面々常々其身をつゝしみ、奢なく民之農業細

ニ存二知之一、御取ヶ《おとりか》(1)等念入宜様ニ可レ被二申付一候、惣て諸事不レ任二手代一(2)、自身被レ勤儀肝要候、然時は手代末々迄私在レ之間敷事、

一　面々之儀は不レ及レ申、手代等に至まて、支配所之民私用につかはす、并金銀米銭民より借用、又は民えかし(貸)不レ申様に堅可レ被二申付一事、

一　堤川除《かわよけ》道橋等其外諸事常々心にかけ、物こと不レ及二大破一時、支配所え達し、可レ被レ加二修理一、并百姓争論(3)かましき儀在レ之節は、軽きうちに聞届、内証《ないしょう》(4)にて可二相済一儀は、依怙《えこ》贔屓《ひいき》なく不レ及二難儀一様に可レ被二申付一事、

一　面々御代官所得替又は私領相渡候節、跡々未進《みしん》(5)其外諸事無二油断一、常々念を入、第一御勘定無レ滞様ニ可レ被二心得一事、

右之条々、堅可レ被二相守一者也、

延宝八年閏八月三日　　備　中(6)

(1)御取ヶ　取箇《とりか》は収穫物のうち領主の取分を決める比率。年貢率。年貢量そのものを言うこともある。(2)手代　代官や郡代の下役で地方支配の実務を担った。(3)争論　相論とも記し、争いごとをいう。代官に訴える訴訟も含まれる。(4)内証　内々のこと。幕府勘定所などに持ち込まず代官独自の判断で済ます意。(5)未進　年貢の未納。(6)備中　備中守。老中堀田正俊(一六三四—八四)。

【解説】　将軍徳川綱吉は、酒井忠清にかわって幕閣の中枢に座った老中堀田正俊と勘定奉行に対して、代始めにまず農政を命じた。幕領農民の疲弊・困窮を救い、幕府財政を改善するため、堀田正俊は代官の服務規程七ヵ条を布達した。一条目は、民は国の本であるから代官の面々は常に民の辛苦をよく察し、飢寒等の愁いのないように申し付けることを命じており、初期綱吉政権に仁政の評価をなす根拠とされた。四条目で、代官は手代に任さず自ら農業を詳しく知って年貢などのことを勧めるようにせよと命じ、それまで代官の中には任務を自ら遂行せずに手代に任せきりの者がいたことを示している。五条目では、支配所の民を私用に使わず、金銀米銭を民と貸借してはならないと命じており、代官たちの中に領民を私的な夫役に動員したり金銭貸付などを行っていた者があったことを示している。

(2)　武家諸法度の改定

152〔**御触書寛保集成**〕**天和三年(一六八三)七月二十五日武家諸法度**

武家諸法度

一　文武忠孝を励し、可レ正二礼儀一之事、

一　参勤交替之儀、毎歳守二所定之時節一、従者之員数不レ可レ及二繁多一事、

一　人馬兵具等、分限に応し可二相嗜一事、

(8カ条略)

一　養子は同姓相応之者を撰ひ、若無レ之においては、由緒を正し、存生之内可レ致二言上一、五拾以上十七以下之輩及二末期一雖レ致二養子一、吟味之上可レ立レ之、縦《たとい》雖二実子一、筋目違たる儀、不レ可レ立レ之事、

　附、殉死之儀、令二弥制禁一事、

（3カ条略）

右条々、今度定レ之訖《おわんぬ》、堅可二相守一者也、

　天和三年七月廿五日

【解説】　徳川綱吉による将軍代始めの武家諸法度である。一条目は、それまで「文武弓馬の道専ら相嗜《たしな》むべき事」であったものを、弓馬ではなく忠孝、すなわち主君に対する忠義と父祖に対する孝行を第一に奨励し、上下秩序維持のために礼儀を正すべきことを命じた。国内外の平和が続き、将軍が軍事指揮権を発動させて大名統制をする状況にはなく、儀礼や精神面から上下の身分序列を維持する方策に転換したことを、この一条目は象徴している。十二条目は末期養子に関する規定であり、五十歳以上十七歳以下の末期養子は認める内容が盛り込まれている。また、附《つけたり》として寛文三年（一六六三）に四代将軍徳川家綱によって発せられた殉死の禁止が、武家諸法度条文に掲げられた。

(3) 服忌令

153〔御触書寛保集成〕貞享三年（一六八六）服忌令追加

一　今般服忌《ぶっき》令少々被二相改(1)一之条、自今以後、可レ相二守此旨一之段依レ被二仰出一、在府在邑之諸大名及交替之寄合等之家来、今朝大久保加賀守宅え呼(2)二寄之一、篇目一巻充相二渡之一、且又右之家来共直戸田山城守館え召(3)二寄之一、今度於二東叡山御法事之節一定式之覚書渡レ之、右服忌令并御法事之覚書左記レ之、

一　老中并御近仕之面々え一巻充、大久保加賀守於二御奥一相二渡之一云々、

此外老中支配之面々　殿中有合之輩え、右一巻充渡レ之、不二有合一分は、大目付え加賀守相二渡之一、

　　服忌令

一　父母　　忌五十日(4)　　服十三月(5)

　　　　閏月をかそへす

一　養父母　　忌三十日　　服百五十日

遺跡相続或分地配当之養子ハ、実父母のことし、同姓ニても、異姓ニても、養方之親類不レ残実之如し、相互ニ服忌可レ受レ之、実之方之父母ハ五十日十三月之服忌可レ受レ之、伯叔父姑ハ半減服忌可レ受レ之、兄弟姉妹ハ相互

ニ半減之服忌可レ受レ之、此外実之方之親類相互ニ服忌無レ之、遺跡相続せす、或分地配当せさる養子ハ、同姓ニても、異姓ニても、養父母ハ定式之通服忌可レ受レ之、養兄弟姉妹ハ相互に半減之服忌可レ受レ之、此外養方之親類相互ニ服忌無レ之、実之方之親類ハ定式之通相互に服忌可レ受レ之、

一 嫡母(6)　忌十日　服三十日

父存生之内ニても、又父死去之後ニても、他え嫁して死去之時ハ、妾之子不レ可レ請二服忌一、父離別するにおいてハ、妾之子不レ受二服忌一、

一 継父(7)　忌十日　服三十日

但、初より同居せされハ無二忌服一、

一 継母　忌十日　服三十日

父死去之後、他へ嫁して死去之時は、不レ可レ受二服忌一、

一 離別之母　忌三十日　服百五十日

一 夫　忌三十日　服十三月

一 妻　忌二十日　服九十日

一 嫡子　忌二十日　服九十日

女子ハ最初ニ生れても、末子ニ准す、

一 末子　忌十日　服三十日

一 養子　忌十日　服三十日

家督と相定る時ハ、嫡子ニ同し、其外之養子ハ定式之服忌可レ受レ之、実方(8)之父母ハ末子に准すへし、

一 夫之父母　忌三十日　服百五十日

一 祖父母　忌三十日　服百五十日

母方　忌二十日　服九十日

一 曾祖父母　忌二十日　服九十日

母方には服忌無レ之、

一 高祖父母　忌十日　服三十日

母方には服忌無レ之、

一 伯叔父姑　忌二十日　服九十日

母方　忌十日　服三十日

一 兄弟姉妹　忌二十日　服九十日

別腹たりと云共、服忌ニ差別なし、

一 異父兄弟姉妹　忌十日　服三十日

一 嫡孫　忌十日　服三十日

女子ハ最初ニ生れても、末孫ニ准す、父死去之後、祖父之家督たる時ハ、祖父母たりと云共、実父母之ことく服忌可レ受レ之、祖父母の方よりも嫡子に准すへし、曾孫玄孫たりと云とも、同例也、外之親類ハ定式之通相互ニ服忌無二別儀一、

一 末孫　忌三日　服七日

娘方之孫　　忌三日　　服七日

一　曾孫玄孫　　忌三日　　服七日

　娘方ニハ曾孫玄孫共ニ、服忌無レ之、

一　従父兄弟姉妹　　忌三日　　服七日

　父之姉妹之子并母方も服忌同前、

一　甥姪　　忌三日　　服七日

　姉妹之子も服忌同前、

一　七歳未満之小児ハ無レ服、但子死去之時ハ遠慮三日、其外同姓之親類ハ遠慮一日、当歳たりといふ共同前、

一　聞忌之事[9]、

死去之日数過候ハ、追て不レ及二遠慮一、遠国ニおいてハ、死去之月を経て告来ルといふ共、父母ハ聞付る日より忌五十日服十三月、外之親類ハ聞付ル日より服忌残る日数可レ受レ之、忌之日数過て告来ハ、一日遠慮、服明候共同前、

一　重る服忌之事、

父之服忌いまた不レ明ニ、母之服忌有レ之ハ、母之死去之日より五十日十三月之服忌可レ受レ之、不レ及二二年一服也、重き服忌之内、かろき服忌有て其日数終ハ、追て不レ及二服忌一、若日数あまらは、其残る服忌の日数可レ受レ之、かろき服忌之内、重き服忌有レ之ハ、聞付る日より重き服忌可レ受レ之、

　穢之事

一　産穢　　父七日　　母三十五日

　遠国より告来る内、七日過候ハヽ、不レ及レ穢、

一　血荒[10]　　父七日　　母十日

一　流産　　父七日　　母十日

一　死穢　　一日

一　踏合[11]　　行水次第

　追加

一　父死去之後、母他え嫁して死去之時ハ、定式之服忌可レ受レ之、

一　離別之母之親類ハ不レ残半減之服忌可レ受レ之、

一　養父死去之後、養母他え嫁して死去之時は、服忌無レ之、

一　継父母之親類ハ服忌無レ之、

一　父之妾服忌無レ之、但父妻ニ准する時ハ、継母の服忌可レ受レ之、

一　妾ハ服忌無レ之、但子出生ニおいてハ遠慮三日、

一　離別之祖母半減之服忌可レ受レ之、

一　嫡子相果候以後、二男ニても、末子ニても、家督と定る時は、其服忌嫡子ニ准すへし、次男ニても、家督ニ定メさる時ハ、末子ニ准すへし、

一　養娘たりといふとも、幼少より養育せられ、或入聟を取、家督相続之時ハ、養父母之服忌も実父母と同前、
一　義絶之子も服忌差別なし、嫡子たりといふとも、末子ニ可レ准レ之、外之親類同姓たるにおゐては、定式之服忌可レ受レ之、
一　同姓ニても、異姓ニても、壱人え両様之続有レ之は、重き方之服忌可レ受レ之、
一　養子たるもの、養方之親類他家え養ハるゝ者は、服忌無レ之、
一　半減之日数、三十日之忌ハ十五日也、余ハ是ニ准す、但三日之忌ハ二日也、七日の忌ハ四日也、

以上

(1)今般…　二年前の貞享元年(一六八四)に初めて服忌令が定められたが、早くも改定が行われた。(2)大久保加賀守　老中大久保忠朝。(3)戸田山城守　老中戸田忠昌。(4)忌　近親者の死去により家にこもって慎しむこと。(5)服　喪に服し、慶事・神事を控えること。(6)嫡母　庶子(妾の子)からみて父の正妻。(7)継父　母の夫だが、実父・養父ではない。(8)実方　養子に入った者の実家。(9)聞忌之事　遠方の近親者の死を聞き知った場合。(10)血荒　胎児になる以前の早期の流産。(11)踏合　死者のあった家にたまたま行き合わせてしまったこと。

【解説】　服忌令は貞享元年(一六八四)に徳川綱吉政権によって初めて発布された後、五回の追加補充がなされた。その後元文元年(一七三六)徳川吉宗政権によって改定されたものが明治維新まで続いた。死と血の穢れを忌避する思想で、生類憐み令とともに、武士を始め庶民に至る人びとの価値観に影響を与えた。すなわち、戦国時代以来続いた死や血をいとわず武に頼って上昇を図る論理は否定され、儀礼や身分序列を重視する考え方に転換した。

(4)　生類憐み政策

154　〔御当家令条〕　貞享四年(一六八七)四月生類憐み令

覚

一　捨子(1)有レ之候ハゝ、早速不レ及レ届、其所之者いたハり置、直ニ養候か、又ハ望之者有レ之候ハゝ、可レ遣候、急度不レ及二付届一候事、
一　鳥類畜類人の疵付候様成ハ、唯今迄之通可二相届一候、其外友くひ(2)又ハおのれと痛煩候計《ばかり》にてハ不レ及レ届候、随分致二養育一、主有レ之候ハゝ、返可レ申事、
一　無レ主犬頃日《けいじつ》(3)ハ食物給させ不レ申候様に相聞候、畢竟食物給させ候えハ、其人之犬之様に罷成、以後迄六ヶ《むつか》敷《しき》事と存、いたハり不レ申と相聞、不届《ふとどき》候、向後左様無レ之様可二相心得一事、
一　飼置候犬死候えハ、支配方え届候様相聞候、於レ無二別条一は、向後ケ様之届無用事、

一 犬計に不レ限、惣て生類人々慈悲の心を本といたし、あハれミ候儀肝要事、

以上

卯四月日

(1)直ニ　そのまま。(2)友くひ　ともぐい、共食。(3)頃日　ひごろ。

【解説】 生類憐み令とは、将軍綱吉が貞享四年（一六八七）から二十二年間にわたって、犬に限らず、小さな虫に至る生類の殺生や虐待を禁じた五十数回にわたる種々の法令の総称である。生類の対象は、捨て子や捨て病人・行き倒れ人など人間にも及んでいた。一条目は捨て子が見つかったとき、すぐに届けて自分の町や家と関係がないことを主張するのではなく、まず捨て子が死なないように養育することを考えろと命じた。五条目では、犬ばかりではなく生類すべてに対し仏教の慈悲の心を本として憐みを持つことが肝要であると命じた。

(5) 鉄砲改め

155〔御当家令条〕貞享三年（一六八六）四月二十二日鉄砲改めに付き口上

口上之覚

鉄炮改向後諸国一同被二仰付一候、証文等之儀、河野権右衛門(1)、加藤兵助(2)方え可レ被二相伺一候以上、

貞享三寅也四月廿二日

(1)河野権右衛門　河野通成。大目付。(2)加藤兵助　作事奉行兼鉄炮改。

156〔江戸町触集成〕元禄元年（一六八八）正月二十三日鉄砲改めに付き町触

覚

一 浪人致二所持一候鉄炮　一 商売鉄炮

一 町人致二所持一候鉄炮　一 預リ鉄炮

一 何者ニ而も町中ニ居候者之鉄炮

右玉目何程之筒、明細ニ改、書付上可レ申候、自今以後、鉄炮致二出来一次第書付上可レ申候、勿論増減候分、書付上可レ申候、若隠置脇よりしれ候ハヽ可レ為二曲事一者也

右之通、町々ニ而相改、委細ニ書付、町年寄方迄持参可レ有レ之候、以上

辰正月

右は正月廿三日御触、町中連判

157〔小山町史〕元禄三年（一六九〇）十一月駿州駿河郡生土村鉄砲御改帳

（表紙）

駿州駿河郡御厨領生土《いきど》村(1)鉄炮御改帳

（竪帳）

就二鉄炮御改一以二書付一申上候事

一　高八拾九石七斗九升九合　駿州駿河郡御厨生土村

此村之内鉄炮所持仕候者

一　鉄炮壱挺　玉目三匁壱分　持主郷足軽《ごうあしがる》(2)

持高拾三石六斗弐升九合六勺　市郎左衛門㊞

一　鉄炮壱挺　玉目三匁五分　持主郷足軽

持高九石弐斗七升三合三勺　次郎左衛門㊞

右之者共ハ平生ハ百姓仕、小田原ニ而御足軽数人御用之時分、小田原江罷出御足軽役相勤、又ハ御関所ニ而急ニ御足軽大勢入申時分ハ、御関所近村之郷足軽共欠付《かけつけ》相勤申候、依レ之前々ゟ鉄炮御免ニ而致二所持一、常々為二渡世《とせい》一猟仕候

一　鉄炮壱挺　玉目三匁五分　持主小百姓

持高七石壱斗四升六合　利兵衛㊞

右之者田畑少ク持申候故、前々ゟ為二渡世一猟師仕来候、其上鉄炮所持不レ仕候而ハ、山附之村ニ御座候故、鹿猪田畑荒シ、身代禿ニ罷成候故、先御代ゟ鉄炮御免ニ而所持仕来候

一　鉄炮壱挺　玉目弐匁八分　持主組頭

持高拾五石弐斗八升三合弐勺　市郎兵衛㊞

右之者共山附之村ニ御座候故、鹿猪田畑荒、身代禿ニ罷成迷惑仕候ニ付、鹿猪おどしのため前々より鉄炮所持仕来候

右者最前ゟ御改之通り少しも偽無二御座一候、若相違之儀申上、後日ニ御聞届ケ被レ遊候ハヽ、鉄炮持主ハ不レ及二申上一、名主・組頭・五人組迄如何様之曲事にも可レ被二仰付一候、為レ其鉄炮主・名主・組頭・惣百姓代判形仕指上申候、右之者共鉄炮所持不レ仕候而ハ、鉄炮持不レ申候百姓共之田畑まで、鹿猪悉荒し村中難儀ニ御座候、以上

元禄三年

午ノ十一月

生土村

名主　八左衛門㊞

組頭　勘左衛門㊞

同　市郎兵衛㊞

惣百姓代　太郎左衛門㊞

萱沼村(3)郷足軽小頭

九郎左衛門

郡御奉行所様

(1)生土村　現静岡県駿東郡小山町生土。元禄三年当時は小田原藩領。(2)郷足軽　村足軽や村筒とも呼ばれた。城下町に居住する足軽とは異なり、郷村に居住し、鉄砲を所持して村人として農耕のほかに猟をして暮し、藩からの命令で城下や関所に勤めた。(3)菅沼村　現小山町菅沼。小田原藩領。

【解説】　徳川綱吉によって貞享三年(一六八六)、幕領・私領を問わず全国規模で鉄砲改めが命じられた。四代家綱政権でも寛文期に鉄砲改めを命じたが、それは関東農村に限定されていた。綱吉政権による全国統治策の一環である。鉄砲改め役は幕府大目付が任じられ、農村部のほか都市部でも実施された。鉄砲の種類と所持者が登録され、隠し置くことを厳禁し、以後は製造され次第、書き付けられることが命じられた。農村部での所持者には郷(村)足軽のほかに猟師がいたが、彼らのほかの百姓の鉄砲所持は鳥獣被害対策のためであり、登録された鉄砲による空砲(威《おどし》鉄砲)が用いられた。この点、綱吉政権による生類憐み政策と連動する面を持つ。

2　朝儀再興と格式重視

(1)　霊元天皇と近衛基熙

158〔伊達家文書〕　延宝六年(一六七八)近衛基熙口上覚書写

近衛様御口上之覚

内々江戸江御下向も被レ遊候ハヽ、御対面ニ而可レ被二仰入一と被二思召一候へとも、御次而も無レ之ニ付、此度兼寿(1)ニ被二仰含一候、

一　禁中向近年御用之義ニ付、万事相談等区《まちまち》ニ候故か、諸家之存念武家江不レ通事、

一　関白三公(2)其已下列座相談之儀、多クハ関白之御下知ニ而決定候事稀ニ候、其上関白三公等一向領状(3)無レ之事も、或　叡慮(4)ニことよせ、或武威を軽ニことよせ、治定候事度々ニ候故、関白之職尸位《しい》(5)之様ニ見え候へ者、諸家も自朝威ヲ軽々布《しく》被レ存事、

一　朝廷之御沙汰之義、万事早速武家江相聞え候様ニ被レ成二御聞一候間、自レ是被二仰入一迄も無レ之候へとも、又其席ニて見被レ申候様ニハ有レ之間布《まじく》候、御用之品武家へ

相達、尤と沙汰も可レ有レ之義も、其儘被ニ捨置一、不レ被ニ申入一事も有レ之、又ハ当分御頼不レ被レ成候而も不レ苦義も、被ニ申入一義も有レ之者、相談区故歟と思召候、畢竟何方より政之出申とも見え不レ申、後ニハ人も不レ知様ニ而、事之埒明申事度々有レ之、依レ之諸家ともニ不快被レ存事、

一　其御身(6)御才学も無レ之、ケ様之義被ニ仰入一事も、御遠慮之至ニ被ニ思召一候へとも、譜代之摂録之臣(7)ニて、已ニ一《いちの》上《かみ》(8)ニも被レ任、此上後之職ニも被レ補候半《そうらわん》ヲ、御辞退可レ被レ成義も無レ之候故、何とそ朝廷之御様子もわけのよろしき様ニ被レ成度思召候か、いかゝ可レ有哉、又ハ唯今迄之通ニ被レ成候而可レ然事歟、当分御身持弁かたく思召候ニ付、いか様とも御了簡次第、御異見をも被レ仰度思食候事、

一　御内意ヲ被ニ相頼一、朝威ヲ専ニ御執被レ成度と申御望ニてハ無レ之候、官位封禄公武之御恩ニ候へハ、朝廷之御為之事ハ勿論、太樹(ママ)様御為、曾御搆被レ成間布と申儀も、御冥加如何と思召候ニ付、如レ斯被レ仰事、

一　若右被レ仰候品、御尤ニ思召候ニおゐてハ、禁中御沙汰之義、関白伝奏(9)一堂仕候上、越前守殿(10)へも被ニ仰通一度事、又ハ一堂ニ無レ之時ハ、関白より越前守殿ヲ御里亭へ被レ招候て、直々御談合被レ成候様ニ被レ成度事、又ハ品ニより直々其許へも御内談被レ成度事、

一　大樹より之御馳走無ニ残所一様ニ思召候、此上ハ今一等朝廷之風儀之よろしく成申様ニハなり可レ申事之様ニ思召候故、御卒爾《そつじ》(11)之様ニも可レ有レ之候へとも、被レ得ニ御異見一度御事、

此趣美濃守(12)様へ御次ニ被ニ仰達一、いか様とも御差図御頼被レ成度由、御意ニ候、

(1)兼寿　猪苗代兼寿。連歌師。(2)関白三公　関白鷹司房輔、左大臣近衛基熙、右大臣一条内房、内大臣大炊御門経光。(3)領状　領掌。(4)叡慮　霊元天皇の思慮。(5)尸位　あって無きが状態。(6)其御身　近衛基熙のこと。(7)摂録之臣　せつろく(摂籙)は摂政の異称。(8)一上　左大臣。(9)伝奏　武家伝奏の花山院定誠・千種有能。(10)越前守殿　京都所司代戸田越前守忠昌。(11)卒爾　にわか、突然の様。(12)美濃守　老中稲葉美濃守正則。

【解説】 本史料は左大臣近衛《このえ》基熙《もとひろ》が仙台藩主伊達綱村を通して老中稲葉正則に、当時の朝廷の様子を伝え、幕府の力によって改善されるよう望んだもので、京都に在って伊達家に各種の情報を伝えていた猪苗代兼寿に口上をもって伝え、これを兼寿が「近衛様御口上之覚」として伊達家に書き送ったものである。従って、近衛基熙が自身について語る場合にも敬語が用いられている。近衛基熙の伝えたい当時の朝廷の様子は、(第一条)禁中向の御用について諸家(公家)の存念が幕府に通じない状態になっている。(第二条)叡慮にことよせあるいは武威を軽んずる

にことよせて朝議を治定するため、関白職が尸位になっている。（第三条）朝議は幕府に伝えるべきものであるのに、それがまちまちになり公家たちは不快に存じている。（第四条）近衛基熙はすでに左大臣であり、その次の職（関白）を辞退するつもりはないのだが、いずれにしても朝廷がわけの判るようにして欲しい。（第五条）近衛基熙は、朝廷の御為のことはもちろん、大樹様の御為のことを願っている。（第六条）以上のことを関白等と京都所司代等と相談したい。（第七条）朝廷の風儀がよくなるよう願う、というものであった。「朝廷の風儀」を乱している者たちの中心に霊元天皇の恣意が働いていると近衛基熙は認識していた。この当時、朝廷復古を求める霊元天皇と、朝幕協調の左大臣近衛基熙との間に対立が存在していたことは疑いようもない。

(2)　大嘗会再興

159〔宮内庁書陵部所蔵本〕貞享三年（一六八六）貞享度大嘗会儀ニ付両伝より所司代往来留

一　来年御即位(1)以後大嘗会被レ行度思召候、久々断絶之事候へ共、従ニ東宮一御即位被レ遊候帝王者必有ニ此事一、従ニ東宮一御即位以後此事闕候御代ハ無レ之候、必定此事候ハて叶御事ニ候、尤大礼之事ニ候へとも御馳走之上ニ而候間、相調候様ニ宜関東へ被ニ申入一候様ニ頼思召候事

下行《げぎょう》(2)等者寛文之度(3)御譲位御即位等之下行之高之内ニ而可レ被レ行候、殿下(4)ニも其御所存ニ候故、各別ニ下行被レ出候事ニテハ無レ之候事

（中略）

土屋相模守(5)言上之趣

一　来年東宮御即位以後大嘗会被レ行度思召候事、老中へ申達候処、何事も当今(6)御即位之例御吉例之事ニ候、其剋大嘗会不レ被レ行候、此度も其通ニ被レ遊被ニ差止一候而可レ然存候由申来、依レ之両人(7)兎角従ニ東宮一御即位以後ハ必大嘗会被レ行候義候故、難レ被ニ差止一由申達候へ者、相模守、如何にも其段冣(最)前両人差越候書付も差遣、自分書中にも委細申遣候事候処、右之返事ニ候間、被ニ差止一可レ然奉レ存候、先此趣可レ致ニ言上一之由申候、其上是非難レ被ニ差止一事候者未レ遅事候間、追而之御沙汰ニ而可レ有レ之候之由申候事

（下略）

（1）来年御即位　貞享四年（一六八七）東山天皇即位のこと。（2）下行　幕府が与える儀式費用。（3）寛文之度　寛文三年（一六六三）の霊元天皇即位時。（4）殿下　関白鷹司房輔。（5）土屋相模守　京都所司代土屋政直、駿河田中藩主。（6）当今　霊元天皇。（7）両人　武家伝奏千種有維・柳原資廉の二人。

【解説】　文正元年（一四六六）の後土御門天皇の大嘗会挙行以来、九代の天皇は大嘗会を行えなかった。霊元天皇はいくつかの朝

儀再興を目指した中でも、とくに天皇即位儀式に不可欠の大嘗会再興を悲願とした。霊元天皇は自ら譲位し、東宮(皇太子)の即位(東山天皇)に当たっては大嘗会を挙行することを、関白・武家伝奏を通して幕府側の窓口京都所司代から老中へ要請した。本史料は武家伝奏から京都所司代への要請と、京都所司代からの返答である。武家伝奏からは、大嘗会に要する費用は幕府からそのために特別に下行を求めるのではなく、後西天皇譲位と霊元天皇即位時の寛文三年の幕府下行高と同額の内で、今回の譲位・即位の費用と大嘗会の費用を賄うことを、朝廷側から訴えることで、大嘗会の実現を望んだ。これに対して京都所司代は、霊元天皇即位時と同様に大嘗会は挙行しないという老中の考えを示した上で、ただし「いまだ遅からざる事」と今後に交渉の余地のある含みを残している。朝廷はこの後、下行米を新規に求めないということのほかに、天皇行幸を容認しない幕府の意図にそって、大嘗祭前の御禊《みそぎ》行幸を賀茂川に行うことも断念して、幕府と交渉を重ね、大嘗会は実現の運びとなった。貞享四年、二二一年ぶりに東山天皇即位時の大嘗会が再興された。〔参考〕武部敏夫「貞享度大嘗会の再興について」(『書陵部紀要』四号)。

(3)　山陵の修復

160〔松村家文書〕元禄十六年(一七〇三)七月十三日御陵への出入り停止の訴状

乍レ恐言上

一　河州丹南郡南嶋泉村(1)之領内ニ御座候雄略天皇之御墓所(2)之御義ニ付、当十一日ニ両方(3)被レ為ニ召寄一、山(4)へ罷上リ草抔苅申義、堅ク御停止被レ為ニ仰付一候故、急度御請申罷帰り候、然処ニ、北嶋泉村ゟ御意相背、剰山ノ山頭へ罷登り草苅申候故、とらへ候而、是迄召蓮(連)伺公仕候、乍レ惶《おそれながら》御僉儀被レ為レ遊可レ被レ為レ下候、以上

元禄十六年
未ノ七月十三日　　南嶋泉村庄や　作兵衛(5)
同村年寄　甚右衛門
同　五郎右衛門
同　源右衛門
同　八郎兵衛

御奉行様(6)

(1)河州丹南郡南嶋泉村　現大阪府羽曳野市島泉。(2)雄略天皇之御墓所　『宋書』倭国伝に記される倭王武に比定される雄略天皇陵は、羽曳野市島泉八丁目に所在する高鷲丸山古墳とされる(宮内庁書陵部『陵墓要覧』)。しかし現在は河内大塚山古墳であるとの説がある。(3)両方　南嶋泉村と北嶋泉村。(4)山　丸山と呼ばれていた雄略天皇陵のこと。(5)作兵衛　南嶋泉村庄屋を代々つとめる。史料所蔵者松村家の先祖。(6)御奉行様　大坂町奉行松野助義。

【解説】南北嶋泉村では丸山の池を農業用水に、丸山に生い茂る草を肥料に用いてきた。しかるに、徳川綱吉政権によるいわゆる「山陵修理」に伴って、元禄十年(一六九七)大坂町奉行所は、嶋泉村庄屋・年寄を召し出して絵図を提出させたのち、与力以下大工・絵師など三十一名を現地に派遣し陵を巡見させた。その上で、翌年丸山古墳の周囲に竹垣を築かせ「雄略天皇陵」との認識をさせた。そして、本史料にあるように、元禄十六年七月十一日大坂町奉行は南北嶋泉村民を召し寄せ、丸山に登って草を刈ることを禁止した。にもかかわらず北嶋泉村は丸山の「山頭へ」登って草を刈ったと、南嶋泉村庄屋・年寄は大坂町奉行所に訴え出たのである。山頭に登るとは、雄略天皇の墓をまたぐことになるが、山陵修理以前と変わらぬ意識で生活を送る者があった様子である。〔参〕西田孝司『雄略天皇陵と近世史料』末吉舎、一九九一年。

(4) 鳴物停止令

161〔江戸町触集成〕延宝八年(一六八〇)五月九・十日鳴物停止の町触

覚

一 公方様(1)薨御被レ遊候、大納言様(2)御城中入御被レ為レ成二御座一、殿中御別条も無レ之、今日〔候間〕町中致二安堵一、弥物静成様ニ火之本等堅可二申付一候、右之趣可レ被二相触一候、以上

五月九日　町年寄三人(3)

覚

一 町中なり(鳴)物并作事等、此方ゟ致二左右《そう》(4)一候迄は可二相止一事

一 自然悪事可レ仕者於レ有レ之は、見出し聞出次第、早々両番所(5)江可二申来一事

一 喧嘩口論無レ之様ニ可レ仕候、若左様之儀出来《しゅったい》候ハヽ、名主月行事近所之者早速出合取扱、無事ニ可レ致事

一 火之用心跡々(6)申渡候通、弥念を入油断仕間敷事

一 家持同召使并店借裏屋之者迄も、此節用事なくして他所江出申間敷事

右之旨堅可二相守一、若於二相背一は曲事《くせごと》ニ可二申付一者也

申五月十日

右御触町中連判

右御触之趣 慥《たしかに》 御請負申上候間、町中家持は不レ及レ申、借屋店かり地かり下々等迄為二申聞一、此旨急度相守可レ申候、若相背者於レ有レ之は、何様之曲事ニも可レ被二仰付一候、為二後日一町中連判之手形差上申候、仍如レ件

延宝八年申ノ五月十日

御奉行所

覚

一　町中なり物、次ニ堺町(7)なり物見世物、今日より御赦免之間、早々可レ被ニ相触一候

右之通被ニ仰渡一候間、此旨町中不レ残可レ被ニ相触一候、以上

　六月廿九日　　町年寄三人

(1)公方様　四代将軍徳川家綱。(2)大納言様　世子徳川綱吉。(3)町年寄三人　奈良屋・樽屋・喜多村の三家。(4)左右　差図をする。(5)両番所　南北の町奉行所。(6)跡々　前々より。(7)堺町　堺町は歌舞伎劇場の江戸三座(中村座・市村座・森田座)があった。

【解説】 鳴物停止令とは、貴人の死去に際して一定期間鳴物や普請などを停止し静謐を保たせる命令のこと。日数が長いほど物故者の権威は高いものと、庶民に至るまで認識させた。本史料は徳川家綱の死去に伴う鳴物停止で、江戸町に向けて、五月九日より六月二十九日まで四十九日間続けられた。京都においても同様に命じられた。

(5) 富士山噴火後復興金

162 **〔蠹余一得《とよいっとく》(1)〕正徳元年(一七一一)七月**

　富士山焼砂降積候村々御救金元払

元方《もとかた》御金蔵御勘定帳(2)相糺《ただし》候処、左之通相記有レ之候。

一　金四拾八万八千七百七拾両余

　銀壱貫八百七拾目余

　是者宝永四亥年砂積候村々御救旁諸国高役金《たかやくきん》、御料《ごりょう》、私領百石ニ付金弐両ツヽ之積を以、元方御金蔵江相納候分

同年元方御金蔵払之分

一　金六千弐百弐拾五両余

　是者伊奈半左衛門(3)江相渡候武蔵、相模、駿河国砂積候村々江為ニ御救一被ニ下置一候分

一　金千八百五拾両余

　是者駿州須走《すばしり》村(4)焼失ニ付被レ下候

一　金五万四千四百八拾両余

　是者武蔵、相模国村々砂除《すなよけ》并川浚《かわざらい》其外諸役人諸入用之分

右之通書留有レ之候、以上

　卯　七月

(1)蠹余一得　幕臣の向山誠斎が編纂した史料集。内閣文庫所蔵。(2)元方御金蔵御勘定帳　幕府金蔵への収納を記す勘定帳。(3)伊奈半左衛門　関東郡代。噴火被災地は幕領になり伊奈氏の支配を受けた。(4)須走村　駿河国駿東郡須走村。現静岡県駿東郡小山町須走。

【解説】 宝永四年(一七〇七)十一月二十三日富士山が大噴火を起こした。いわゆる「宝永噴火」である。富士山に近い集落の須走村は噴石によって焼失した家三十七戸、三メートルの深さに及ぶ降砂で潰れた家屋三十六戸であった。砂は武蔵・相模・

駿河国に深く降り積り、田畑を埋めて農業に被害を及ぼしたほかに河川の川床を上げた。幕府は被災地救済を名目に翌年閏正月全国に諸国高役金を課した。御料・私領を問わず全国から石高百石につき二両ずつの上納が命じられ、期限の三月までに約四十九万両が江戸の幕府金蔵に納められた。この金額から逆算すると、この国役は遠く薩摩に至る全国に及ぼされたもので、幕府権力の威力を示している。復興のために本史料のごとく合計六万三千両が支出されたように記されているが、残り四十数万両はどうなったのか不明である。

3　集団と身分

(1)　寺院僧侶

163〔**徳川禁令考**〕**寛文五年（一六六五）七月十一日諸宗寺院法度**

定

一　諸宗法式不レ可二相乱一、若不行義之輩於レ有レ之者、急度《きっと》可レ及二沙汰一事、

一　不レ存二一宗法式一之僧侶、不レ可レ為二寺院住持一事、

　附、立二新義一不レ可レ説二奇怪之法一事、

一　本末之規式不レ可レ乱レ之、縦《たとい》雖レ為二本寺一、対二末寺一不レ可レ有二理不尽之沙汰一事、

一　檀越《だんおつ》之輩、雖レ為二何寺一、可レ任二其心得一、僧侶方不レ可二相争一事、

一　結二徒党一、企二闘諍一、不二似合一事業不レ可レ仕事、

一　背二国法一輩、到来之節、於レ有二其届一者無二異儀一可レ返レ之事、

一　寺院仏閣修復之時、不レ可レ及二美麗一事、

　附、仏閣無二懈怠一掃除可二申付一事、

一　寺領一切不レ可二売買一レ之、并不レ可レ入二質物一事、

一　無二由緒一者、雖レ有二弟子之望一、猥《みだりに》不レ可レ令二出家一、若無レ拠子細於レ有レ之者、其所之領主代官江相断、可レ任二其意一事、

右条々諸宗共可二堅守一レ之、此外先判之条数、弥不レ可二相背一レ之、若於二違犯一者、随二科之軽重一、可二沙汰一レ之、猶載二下知状一者也、

寛文五年七月十一日

御朱印

条々

一　僧侶之衣躰、応二其分限一、可レ着レ之、并仏事作善《さぜん》(1)之儀式、檀那雖レ望レ之、相応軽可レ仕之事、

一　檀方建立由緒有レ之寺院、住職之義者、令レ為二檀那計一之条、従二本寺一遂二相談一、可レ任二其意一事、
一　以二金銀一、不レ可レ致二後住之契約一事、
一　借二在家一、搆二仏壇一、不レ可レ求二利用一事、
一　他人者勿論、親類之好雖レ有レ之、寺院坊舎女人不レ可二抱置一之、但有来妻帯者可レ為二各別一事、
右条々可二相守一之、若於二違犯一者、随二科之軽重一、可レ有二御沙汰一旨、依レ仰執達如レ件、

寛文五年七月十一日

大和守(2)
美濃守(3)
豊後守(4)
雅楽頭(5)

(1)作善　仏像・堂塔を造るなど善根をなすこと。(2)大和守　老中久世広之。(3)美濃守　老中稲葉正則。(4)豊後守　老中阿部忠秋。(5)雅楽頭　老中酒井忠清。

【解説】仏教諸宗派寺院と僧侶を対象に一括して幕府が命じた統制令。慶長・元和期(一五九六－一六二三)には、京都や鎌倉などの本山・本寺の地位を認め配下の寺院統制を行わせる寺院法度を、一宗派ごとに出した。その結果、本山・本寺による宗派の組織化が進んだ寛文五年(一六六五)に、幕府は宗派の違いを超えて全寺院・僧侶に共通の法度を示した。前年の寛文印知は寺院・神社も含まれたが、これと呼応し、また同年の諸社禰宜神主法度ともセットで発布された。諸宗寺院法度は将軍徳川家綱朱印状の「定」九カ条と老中連署の「条々」五カ条からなる。

(2)　神社神職

164〔松尾大社所蔵文書〕寛文五年(一六六五)七月十一日諸社禰宜神主法度

定

一　諸社之禰宜《ねぎ》神主等、専学二神祇道一、所二其敬一之神躰、弥可二存知一之、有来《ありきたる》神事祭礼可レ勤レ之、向後於レ令二怠慢一者、可レ取二放神職一事、
一　社家位階、従二前々一以二伝奏(1)一遂二昇進一輩者、弥可レ為二其通一事、
一　無位之社人、可レ着二白張《しらはり》(2)一、其外之装束者、以二吉田(3)之許状一可レ着レ之事、
一　神領一切不レ可二売買一事、
　附、不レ可レ入二于質物一事、
一　神社小破之時、其相応常々可レ加二修理一事、
　附、神社無二懈怠一掃除可二申付一事、
右条々、可二堅守一之、若違犯之輩於レ有レ之者、随二科之軽重一可二沙汰一者也、

寛文五巳年七月十一日

（1）伝奏　神社伝奏。朝廷に執奏する公家。石清水八幡宮の場合は広橋家、松尾社は白川家などであった。（2）白張　白布の狩衣。無位の白丁の装束。（3）吉田　吉田家。卜部氏。吉田神社神職の家柄である堂上公家。

【解説】　寛文五年（一六六五）諸宗寺院法度と同日に神社神職の統制を目的に発した。第一条で専ら学ぶことを命じた神祇道とは、神仏習合ではない唯一神道（吉田神道）を想定。第二条では社家が位階を受ける際、伝奏のある場合はこれまでどおりとし、それ以外は吉田家の執奏を受けるよう暗示した。これに出雲大社などが反発し、延宝二年（一六七四）伝奏のない社家も吉田家の執奏に限るものではないことを幕府は明示した。第三条は、白張以外の装束は吉田家の許状を受ければ着すことができるとした。これ以後、白張以外の装束の着用については吉田家が取り締った。本法度を根拠に吉田家は神職の組織化を進め、末端の神職は吉田家の許状を得ることで自らの身分を保つことになった。

165〔御殿場市史〕元禄十四年（一七〇一）五月二十七日神職職分につき内済証文

差上申一札之事

駿河国御厨《みくりや》当山方明王院(1)訴出候ハ、同所神主・禰宜《ねぎ》四人之者共、烏帽子《えぼし》狩衣《かりぎぬ》を着し、輪袈裟《わげさ》を掛、数珠・錫杖《しやくじよう》を持、経陀羅尼《きようだらに》を読、祈禱之札守ニ梵字《ぼんじ》を居、偏ニ沙門《しやもん》之相形ニ而吉田(2)之免を請候ト申触シ、屋札・地祭・迁宮《せんぐう》諸祈禱執行仕候之由申上候、因レ茲《ここにより》双方御評席江被二召出一、被レ遊二御吟味一候処、私共儀先祖より両部神道(3)相勤候、法元ハ富士郡大宮浅間(4)別当宝憧院ニ而、両部神道并数珠・袈裟・錫杖免状受レ之、法無二覚束一儀無レ之由申上候ニ付、宝憧院当住被二召寄一、御尋被レ遊候処、免状差出候先住玉円義去辰之年相果候、神主形部熟届ニ付、護身法(5)等を授、念珠・袈裟・錫杖をも差免候由及レ承候、然共烏帽子狩衣を着、輪袈裟を掛、数珠・錫杖を持、経陀羅尼を読、異相之躰《てい》ニ而四人之者致二緋絅（徘徊）一候様ニとの免状ニ而ハ、聊《いささかも》有レ之間敷候、念珠・輪袈裟・錫杖等ハ看経之節用候ため差免申たるニ而可レ有レ之候、屋札・屋堅・迁宮・地祭の作法梵字を以経陀羅尼・仏之種字(6)を書、屋札等相調候儀真言之秘法手易《たやすく》差免儀ニ而無レ之由申上候、然所吉田之免ト申触、或ハ家伝或ハ宝憧院より伝受などと紛敷《まぎらしき》儀申廻、神職之者ニ不相応成形相ニ而徘徊、剰《あまつさえ》祈願ハ師椴(7)心次第之所、修験之家業を妨、我儘千万不届至極ニ被二思召一候、依而何分之越度ニも可レ被二仰付一候得共、私共儀数代神職相勤候段被二聞召一、以二御有免一於二在所一、百日閉門被二仰付一候、急度蟄居可レ仕旨奉二承知一候、向後於二面々抱之社一神事等相勤候儀ハ格別、他之村々之社ニ而迁宮祭礼且檀那場を定置、屋札・

屋堅・地祭等相勤候儀堅相止、勿論仏者之形相ニ而徘徊仕間敷之旨被ニ仰渡一、難レ有奉レ畏候、然上ハ万端急度相改、尤修験之家業妨申間鋪候、若相背候ハヾ、何分ニも可レ被ニ仰付一候、為レ其一札仍如レ件、

元禄十四辛巳年五月二十七日

駿州御厨菅沼村(8)山王権現禰宜
高村右近　印
同国同所東田中村(9)神明禰宜
内海采女　印
同国同所二ノ岡(10)七社大権現神主
内海兵部　印
同国同所古沢村(11)富士浅間神主
高村形部　印

寺社御奉行所

(1)当山方　醍醐寺三宝院門跡を本山とする真言宗系修験道組織。(2)吉田　神祇管領長上を称した京都吉田神社祠官の公家。江戸幕府の諸社禰宜神主法度(史料164)によって神社神職編成の権限を与えられた。(3)両部神道　真言密教系の習合神道。(4)大宮浅間　静岡県富士宮市鎮座の浅間神社本宮。江戸時代は真言宗宝幢院が別当として存在。(5)護身法　密教で印を結び真言を唱えて自分の心身を護持する法。(6)種字　梵字。サンスクリット文字。(7)師檀　師檀。宗教者と檀家。(8)菅沼村　現静岡県小山町。(9)(10)(11)東田中・二ノ岡・古沢　いずれも現静岡県御殿場市。

【解説】　元禄十四年(一七〇一)駿河国駿東郡新橋村(現御殿場市)の修験者(山伏)明王院が寺社奉行所に、古沢村神主高村刑部ら四神職を訴えた。訴えによれば四神職は、烏帽子・狩衣という神職の装束の上に、僧侶のように輪袈裟を掛け数珠を持ち、錫杖もたずさえて経・陀羅尼を読み、祈禱の札守に梵字を記して遷宮や地祭などを執行しているという。四人の神職は先祖より浅間本宮別当の免しを受けて両部神道を勤めてきていると反論したが、神職に不相応な形相で徘徊し、修験者の家業を妨げたとして、百日間の閉門蟄居に罰せられた。修験道は本山派が聖護院門跡を中心に、当山派は醍醐寺三宝院門跡を中心に組織化が進むとともに、末端の修験者は身分にともなう職分を権利として主張するようになった。敗訴した四神職にとって、大宮浅間別当は習合した両部神道とともに力になり得ず、敗訴から六年、宝永四年(一七〇七)古沢村神主高村刑部は、吉田家から唯一神道の裁許状を受け山城守の受領を名のるようになる。このほかの地域においても、仏教僧侶・神社神職・修験者の間の職分の分化は本山・本所を中心とした組織化が進むにつれ進行していった。

(3) 陰陽師

166〔土御門家御家道規則記〕天和三年(一六八三)五月十七日陰陽道支配につき霊元天皇綸旨

陰陽道支配事自レ今以後所レ被レ付ニ安家(1)一也、存ニ此旨一可下令レ下ニ知諸国一給上者依ニ天気(2)一執達如レ件、

天和三年五月十七日

左中将篤親(3)

土御門兵部少輔殿(4)

(附箋)(5)「伝奏花山院亜相(6)・千種献納(7)以二格別之御懇厚一連夜御参会、且局上臈御懇篤、内実御取計粗相調候上、貞治御綸旨・応永御教書達二叡覧一候上、以三二卿一関東江被二仰入一、可レ任二叡慮一之旨御答、五月十四日於二御前一、日本国中陰陽師支配之事被二仰出一、累代之面目、子孫之規則、全以泰山府君(8)之神霊冥加不レ可レ忽、　」

(1)安家　安倍家すなわち土御門家。(2)天気　霊元天皇の意向。(3)左中将篤親　中山篤親。(4)土御門兵部少輔　土御門泰福。(5)伝奏　武家伝奏。(6)花山院亜相　花山院定誠正二位権大納言。亜相は大納言の唐名。(7)千種献納　千種有能。正二位前権大納言。献納は大納言の唐名。(8)泰山府君　中国泰山の神で人の生死を司るとされた。陰陽道で信仰の対象とされた。

【解説】　土御門家に陰陽道支配のことを命じた霊元天皇綸旨と、この綸旨が出されるに至った経過が、同家の編纂物「御家道規則記」に記されている。花山院・千種の両武家伝奏によって連夜参会され、貞治年間の綸旨と応永十三年(一四〇六)の足利義満御教書の先例(未詳)を天皇に示した上で、武家伝奏が幕府に伝え、幕府からは天皇の判断に任すとの回答を引き出して、五月十四日に天皇の御前で土御門泰福に諸国陰陽道支配のことが仰せられたとする。土御門家がこれを累代之面目とするのは、これ以前幸徳井《こうとくい》(賀茂)家の友景・友種・友傅の三代が陰陽頭であったものを土御門家が競望して、友傅の死後任じられたことによる。一条兼輝は日記(「兼輝公記」)にこの間の事情を、幸徳井家から土御門家に有利に情勢が逆転したと記している。

167〔御触書天保集成〕寛政三年(一七九一)四月陰陽道支配につき全国触

大目付え

陰陽道職業いたし候輩《ともがら》は、土御門家支配たるへき儀勿論候処、近年甚乱雑ニ相成、陰陽道猥ニ執行候族《やから》も有レ之様に相聞候、以来右体之心得違無レ之、土御門家より免許を受、支配下知堅相守、可二取行一候、右之趣、不レ洩様可レ被二相触一候、

四月

【解説】　天和三年(一六八三)の綸旨とこれを追認する将軍徳川綱吉朱印状だけでは、土御門家による諸国陰陽師の編成には限界があり、畿内とその周辺にとどまった。宝暦期(一七五〇年代)以降の神職編成をめぐる吉田家・白川家による家職争論にも刺激を受け、土御門家は再三にわたって武家伝奏を介して江戸幕府に全国触れを要請した。九州地方で占考の権限をめぐって盲僧と陰陽師との間に争論が発生し、これを「近年甚乱雑ニ」なったと認識した幕府は、全国に向けて陰陽道を職業とする者(陰陽師)は土御門家支配であることを触れた。土御門家はこの触れを梃子に組織編成(強化と拡大)を展開していった。

(4) 日用

168 〔江戸町触集成〕承応二年（一六五三）九月日用札に付き町触

一 跡々《あとあと》(1)より如二申付候一日用《ひよう》取候もの、ひよう頭より札を取可レ申候、若無札之もの有レ之候ハヽ、前々之ことく過料を取、其上曲事《くせごと》たるへし
一 日用取宿仕候ハヽ、日用札之儀せんさくいたし、宿可レ仕候、若無札之者宿仕候ハヽ、是又曲事たるへし
一 鳶口《とびくち》(2)てこ(3)之者も同前たるへし
巳九月廿九日

(1)跡々　前々、以前。(2)鳶口　棒の先に鳶の口のようにとがった金属の付いた道具。ここでは鳶口を用いて足場を組んだり、家の解体など土木作業に携る作業員である鳶のこと。(3)てこ之者　手木《てこ》を用いて土木に従事する者。

169 〔江戸町触集成〕寛文五年（一六六五）三月二十七日日用座設置の町触

覚
一 町中之諸日用座、箔屋《はくや》町安井長兵衛・辻勘四郎此両人之者共ニ、自今以後被二仰付一候間、来四月朔日より町々ニ有レ之候鳶口并米つき(1)、せおい(2)、かるこ持(3)其外諸日用之者共、右之会所江参、札を取、日用座之者共差図次第ニ可レ仕候、但、札銭之儀は壱ヶ月札壱枚ニ付弐拾四文ツヽ毎月相渡可レ申候、附、町中つき米屋ニ抱置候米つき之分、壱年・半季居《はんきおり》(4)之奉公人ハ格別之事、其外月切ニ雇れ申者も札を取可レ申候、尤其町々名主・家主致二僉議一可二申付一候、勿論諸日用直（値）段之儀も日用座江罷越、様子承、下知次第可レ仕候、若相背、札なしニ而日用取候ハヽ可レ為二曲事一者也
右之通被二仰付一候旨承届申候間、町中家持ハ不レ及レ申、借や店かり等迄為二申聞一、自今以後堅相守、諸日用之者共右之日用座江罷越札を取、其外御定之通急度相守候様可二申付一候、若違背仕、札取不レ申日用取候は、当人ハ不レ及レ申、家主共ニ何様之曲事ニも可レ被二仰付一候、為二後日一町中連判之手形差上ヶ申候、仍如レ件
寛文五乙巳三月廿七日
御奉行所
如レ此うつし取町中連判ニ致、帳面ニ作り候て、明日中ニ樽屋《たるや》(5)所へ月行持印判持参可レ被レ申候

(1)米つき　米搗き。玄米を搗いて精白する作業の者。(2)せおい　背《し》負子《よいこ》に荷物を積んで運ぶ人。(3)かるこ持　軽籠《かるこ》を用いて物を運ぶ人。(4)半季居　半年契約。(5)樽屋　江戸町年寄。奈良屋・喜多村ととも

に世襲で町奉行の下で町政にあたった。

【解説】　承応二年(一六五三)前後では江戸の鳶やてこの者も含めた日用(日雇)たちは札銭を納めて日用頭から日用札を受け取っていた。札を取らない者はそれ以前同様に過料(罰金)を取るとした。日用札の所持を徹底させるために、日用たちが宿を取る(居所を定める)際に、宿主が札の所持を確認するよう命じた。寛文五年(一六六五)になると、幕府は日用身分の者たちを統制するために日用座を設置した。日用たちは四月以降日用座会所において日用札を受取り、日用座の者たちの差図を受けるよう命じた。札銭は一ヵ月単位で一枚銭二十四文として毎月更新することとした。米つきは、半季居で奉公している場合は日用とせず、月単位以下で奉公する米つきは日用とした。ここでも日用の居住する町々の名主・家主による日用札所持の確認が義務づけられた。この町奉行の布令を受けた町々の名主は家持・借屋・店借にまで申し聞かせたことを確認のため、町中連判の手形を帳面にして作成し、各町の帳面を月行事がとりまとめて町年寄の樽屋まで届けることとした。このように日用たちの統制は、日用頭を通したものから、日用座会所を通した統制に改められたものの、その後も日用たちは札銭を納めて札を持つ者ばかりでなく、十八世紀に入ると日用として働ける普請場・土木工事の数が減少して困窮する者など、札を受けない者たちが増加した。さらに日用座の者たちの統制に抵抗する者も増え、ついに寛政九年(一七九七)、幕府は日用座の廃止を命じた。

(5) 非　人

170〔御触書寛保集成〕延宝二年(一六七四)十一月非人改めに付き町触

(ア)

一　当年米高直《こうじき》(1)付て、頃日《けいじつ》非人少々相見候、町内ハ不レ及レ申、近所之河岸端広小路ニ罷在候非人、名主、月行事立合相改、非人之在所同地頭(2)、領主并年承届ヶ書付、明日明後日之内御番所迄可レ致二持参一候、追て非人かたつけ様可レ被二仰付一候間、其迄ハ先其所ニ可二差置一候、もし六ヶ鋪存《むつかしくぞんじ》(3)、他所え遣し候ハヽ、名主、月行事急度可レ被二仰付一候間、其心得可レ有レ之候以上、

十一月

(イ)

一　今度町中ニて改候非人之儀、当分ハ其所々に差置候様ニ相触候得共、最早埒明候間、如二前々一非人心次第何方をも乞食致させ可レ申候、但シ町内に罷在候ても障も無レ之者は、其通差置尤ニ候以上、

十一月

(1)高直　高値。(2)地頭　ここでは旗本の意味。(3)六ヶ鋪存　厄介

なことと考え。

171〔江戸町触集成〕延宝八年(一六八〇)八月九日非人取締り方に付き町触

申八月九日

奈良屋市右衛門(1)殿町々名主江被二申渡一候趣

一町中ニ而非人徒《いたずら》(2)致候ニ付、今日御内寄合《ごないよりあい》(3)江非人之頭両人(4)被二召出一、非人共夜之内は、頭両人之方江引取申候様被二仰付一候、依レ之町中ニ夜中非人一切差置申間敷候、非人小屋有レ之候ハヽ、明日中ニ取払せ可レ申候、尤昼之内も祝儀事抔之節、非人強ねたり候ハヽ捕、御番所江可二罷出一候、勿論夜中不レ置儀ニ付、非人致二違背一候ハヽ是又捕、御番所江可二罷出一旨、従二町御奉行所一被二仰渡一候間、自今以後右之旨相心得候様被二申渡一候

(1)奈良屋市右衛門　江戸町年寄三家の一つ。町年寄は町奉行所の下にあって各町名主を統轄した。(2)徒　ねだり事や小盗み。(3)御内寄合　町奉行所月番役宅で月に三回、南北両奉行が町政に関して審理すること。幕府評定所に諮らない専管事項の審理。(4)非人之頭両人　浅草の車善七と品川の松右衛門の二人の非人頭。

【解説】　延宝二年(一六七四)十一月、米の高値が原因で非人が町内・河岸端・広小路に出没するようになったことから、町奉行所は非人の年齢や出身地などの改めを名主・月行事に命じ、非人をとりあえずその居場所に置いておくこととした。次の史料(イ)で、埒が明いたのでこれ以前同様に、非人の心次第にどこでも乞食(物乞い)させることとした。この延宝二年段階では、発生した非人(乞食)状態にある人たちの改めを町の名主たちに命じている点が注目される。延宝八年(一六八〇)八月では、非人のいたずら行為について、町奉行所内寄合の場に非人頭両人を召出し、夜分は非人たちを非人頭の下に引き取り、町中には置かないこと、町中の非人小屋を取り払うことを命じた。また、日中に非人が祝儀をもらうことは、ねだり行為がなければ容認されることが示された。この延宝八年の段階では、町奉行所は非人頭を通した統制への依存度を高めており、非人頭の下での組織化が前提になっている。

172〔江戸町触集成〕文政五年(一八二二)正月二十日非人施行に付き町触

小口年番名主《こぐちねんばんなぬし》(1)共

江戸四ヶ所非人頭(2)共手下《てか》小屋持非人(3)共、古来ゟ銘々勧進《かんじん》場《ば》(4)之内、日々相廻り施物を貰、右助成ヲ以浅草品川両溜《ため》(5)預ヶ者之番并囚人送迎又は奉行所江も相詰、或は野非人《のひにん》(6)共狩込《かりこみ》(7)手下ニ致、町々不浄物之取片付も可レ致之処、近来稼薄手下之者共相減、野非人共之制ニも怠り候故、増長致、店前ニ立塞り悪ねたり致し、川岸抔《など》群居、場末ニは小屋ヲ作大勢住居致候分も有レ之、右之内ニは無宿者《むしゅくもの》(8)抔も入込悪事致候類も可レ有レ之哉、且町々往還之不浄物等片付も等閑

ニ成行候ニ付、是又祝日等にて遣来候外、古来之如く場所柄ニ応し、日々隔日或は二日置位ニ其所之小屋持共勧進いたし施物乞受度、尤志無レ之もの江強而ねたり候儀ニ而は無レ之旨、非人頭共相願候ニ付、願之通り聞届ヶ候間、得二其意一其方共ゟ急度なく申渡置候様可レ致、右之通被二仰渡一奉レ畏候、仍如レ件

右は昨十九日南北小口年番相揃、不レ残和泉守(9)様御番所江被二召出一御年番中村八郎左衛門殿仁杉五郎左衛門殿御立合ニ而被二仰渡一御請印形仕候、御支配限行届候様御取計可レ被レ成候、此段御達申候、以上

(朱書)「文政五午年」正月廿日　　年番

(1)小口年番名主　江戸の各町の名主に町奉行所が触れ廻す際、最初の受取りをする名主を小口と呼び、年番で勤めた。(2)四ヶ所非人頭　浅草車善七・品川松右衛門・深川善三郎・代々木久兵衛の四人の非人頭がそれぞれの地域の非人たちを統轄していた。(3)小屋持非人　非人頭の下で九尺二間程度の広さの小屋を持つ非人のこと。その下に抱非人がいる。(4)勧進場　非人が勧進(物乞い)をして施しを受ける場所。なわばり。(5)溜　囚人で病気になった者を収容する場所で、浅草と品川に設けられ、非人頭の管理の下に置かれた。(6)野非人　非人組織に入っていない非人状態にある者。(7)狩込　野非人を識別できる非人によって、野非人を強制的に収容すること。(8)無宿者　広くは人別帳から除かれた者をいう。ここでは犯罪など治安を乱す可能性のある無宿者を指す。(9)和泉守　南町奉行の筒井和泉守政憲。

【解説】享保七年(一七二二)えた頭弾左衛門と非人頭車善七らとの争論に裁許がなされ、江戸の非人組織は弾左衛門支配下に在ることが確認された。非人組織は浅草・品川両非人頭に加えて深川・代々木の四ヵ所の非人頭が地域の非人たちを配下におさめた。非人の役儀(勤め)は⑴浅草・品川の溜に預かった者たちの管理、⑵囚人の送迎と町奉行所に詰めての番、⑶野非人の狩込、⑷川・堀の浮物《うきもの》や町々の不浄物の取片付、などであった。これらの役儀を果たすかわりに、非人たちは勧進場を日々廻って施物を受け取ってきた。ところが近頃、勧進場での稼ぎが少なく、手下(組織内)の非人も減って、野非人の制道(野非人を組織化すること)が緩んだため、野非人が増長し、店前で悪ねだりをしたり、場末では小屋に大勢住居して無宿者なども入り込む状態で治安も悪くなった。しかも町の通りの不浄物の片付もなおざりになっている。正常化のためには稼ぎを得て、非人組織を活性化させる必要があり、そのために毎日ないし二日置きに小屋持非人たちが勧進するので、志のある人から施物を受けたい、というのが非人頭からの要望であった。町奉行所は要望を認め、小口年番名主にその旨が伝えられた。非人たちが集団として社会的役割を果たしてきたことがよく窺えると同時に、後期になるとたえず発生する野非人の存在が非人組織の機能を停滞させる要因になっていたことも窺える。〔参〕塚田孝『近世日本身分制の研究』兵庫部落問題研究所、一九八七年。

4　家宣政権と新井白石

(1)　武家諸法度改定

173〔**御触書寛保集成**〕**宝永七年（一七一〇）四月十五日武家諸法度**

一　文武之道を修め、人倫を明かにし、風俗を正しくすへき事、

一　国郡家中之政務、各其心力を尽し、士民の怨苦《えんく》(1)を致すへからさる事、

一　軍役《ぐんやく》之兵馬(2)を整備へ、公役《くやく》之支料《しりよう》(3)を儲《もうけ》蓄ふへき事、

一　参勤の交替其定期を違ふへからす、従者之員数其分限《ぶげん》に過へからさる事、

附、江戸城下召供之者、貴賤大小又各其分限を守るへき事、

（11カ条略）

一　殉死の禁(4)、更に厳制を加ふる所也、或ハ徒党を植《た》て、或は誓約を結ふのことき、妄《みだ》りに非義を行ひて敢て憲法を犯すの類、一切に厳禁すへき事、

一　諸国散在の寺社領古より寄附の地等、これを没却する事をゆるさす、新建の寺社に至ては、停止既に訖《おわ》りぬといへとも、若故ありて望請ふへき事あるにおひてハ、上裁を仰く事をゆるす、且は耶蘇《やそ》の厳禁はいふに及はす、たとひ古より流布の諸宗たりといふとも、或は新異《しんい》の法(5)を立て、或は妖妄《ようぼう》の説(6)を作りて、愚俗を欺き惑すの類、是又厳禁すへき事、

右条々、旧章(7)に由りてこれを修飾す、すへて教令の及ふ所、遠近一ッによろしく遵行すへき者也、

宝永七年寅四月十五日

(1)怨苦　恨み、苦しみ。(2)軍役之兵馬　戦時や日光社参などに際しての大名の負う役儀の将兵や武器。(3)公役之支料　軍役以外の勤番・普請・火消・馳走・遠近の使いの公的役儀の費用。(4)殉死の禁　史料103を参照。(5)新異の法　新規に立てる異教、異法。(6)妖妄の説　あやしくみだらな教説。(7)旧章　かつての「武家諸法度」。

【解説】　将軍宣下を終えた六代徳川家宣の代始めの武家諸法度である。大学頭林家ではなく新井白石によって全面的に改定され、しかも書き下し文となった。第一条は前代の改定をさらに改め、「文武の道」と「人倫」と「風俗」の正しさを第一に求めた。「人倫」とは、父子の親しみ、君臣の義、夫婦の別、長幼の序、朋友の信の五つの教えであり、「風俗」とは、上の教化による「風」が正しければ、下の習うところの「俗」も正しくなるという、儒教色の濃厚な性格をもつ。第二条は国郡家中

の政務の重要さと、愛民を命じた仁政の実現を目指すもので、大名の勤めの基本を最初の条に示した点で特徴がある。第三条では、大名の幕府に対する奉公の内容が軍役と公役として明示された。第四条では、大名の奉公の一つ参勤交替において大名の格式の分限を重視した供連れを命じた。第十六条は殉死の禁止が独立した一条とされた。第十七条では従来の宗教に関する条文をひとまとめにした。

(2)　武家官位ノ事

174〔**新井白石全集**〕**武家官位装束考**

（前略）

当家ノ老中ハ朝家《ちょうけ》大臣(1)ノ職任ニ相同ジ、然ルニ其官ハ従下五位相当ノ侍従ナリ、其位ハワヅカニ従四ノ下ナレバ、堂上ノ人々モ、イカデカ其職ヲアハセテ軽ンジオモヒタマハズト云フコトアルベカラズ、マシテ異朝並(2)ニ朝鮮琉球ノ国々、我国執政ノ大臣、其位其官カクノ如クナリト、聞人アザケリ笑ハズト云フコトナカルベシ、古ノ勲位《くんい》(3)トイヒシハ秦ノ武功ノ爵ニヤ事起リケム、唐代ノ制(4)ニテ武人勲功アル者ニ賜ヒシ所ナリ、我朝ニモ其例ニヨラレテ勲階ヲ定メオカル、中世ヨリ後ハ其事聞エズ、タヾ今モ諸社ノ神位《しんい》(5)ニハ勲階ノアル多シ、勲一等ト云フハ正三位ニ相当ナリ、コレヨリ次第ニクダリテ、勲十一等ハ正八位ニ相当リ、勲十二等ハ従八位ニ相当レリ、其位高シトイヘドモ、勲功小キナレバ勲位ハヒクシ、其位卑シケレドモ、勲功大キナレバ勲位ハタカ、リキ、其事令式並ニ国史等ニ詳カナリ、譬ヘバ武家老中、其位ハ正四ノ上ヲ極トセンニ、天下機密ノ大臣ノ位ニハ猶卑シト云フベシ、カ、ルニ勲一等ヲ賜ハランニハ、勲位ハ公家ノ正三位ニ相当レバ、サラバ老中ノ職、公家大納言ノ官ニ相当ルベシ、尤国体ヲ得タリト申スベキ歟、殊ニ勲位トイフコト、昔ヨリ武人ノ為ニ設ケオカレシ所ナレバ、武家ヨリ申請レンコト尤御理運ノ御望ミナリ、其上又勲位望申サセ玉ヘバトテ、公家ノ人々ニサラニ相妨ルコトアラザレバ、スコシモカタブケ(傾)(6)申ス人アルベカラズ、但又鎌倉京ノ代(7)ニナキ例ナリ、イカヾト申スモノモアランカ、鎌倉ノ代ノ如キ武家トイフモノ出来シモ、鹿苑院殿(8)ノ代ニ、武家ノ儀式トイフモノイデキシモ、皆々先例アルニモアラズ、サレド申請レテ其式ヲバ立ラレタリ、此勲位ノコトハ、本朝ノ昔朝家ノ例アリテ、シカモ武人ノ為ノ事ニテ、神祖(9)武家ノ官位ハ堂上ノ外ト定(10)メオカレシ所ニ、ヒシトアヒタルコトナレバ、ナニゴトモシカルベキ御事共ナリ、タヾ今ノ世ノ人ノ心ノツカヌト(11)申スモノニヤ、

附

令ニ見エシ勲位ノ事

勲一等　相当正三位　勲二等　相当従三位

勲三等　正四位　勲四等　従四位

勲五等　正五位　勲六等　従五位

勲七等　正六位　勲八等　従六位

勲九等　正七位　勲十等　従七位

勲十一等　正八位　勲十二等　従八位

此勲位ト云コト、異朝ニハ今ニアリ、朝鮮国ニモアルコトナリ、

（後略）

（1）朝家　朝廷。（2）異朝　中国。（3）勲位　律令制で軍功ある者に授与された位階。（4）唐代ノ制　武散官の制。（5）神位　神に叙した位階。（6）カタブケ　この場合、批判する。（7）鎌倉京ノ代　鎌倉時代・室町時代。（8）鹿苑院殿　足利義満。（9）神祖　徳川家康。（10）武家ノ官位ハ堂上ノ外ト定メ　「禁中並公家諸法度」第七条のこと。（11）心ノツカヌ　気付かない。

【解説】　武家の官位は史料87「禁中並公家諸法度」第七条のごとく「公家当官の外」として、幕府が実質的に掌握していた。しかし用いていた官位は律令制以来の公家の官位と同様のものであった。そのために朝廷でいえば大臣の職に当たる幕府の老中が、従五位下相当の侍従にしか任官されていないし、その位階は従四位下を最高とする。これを見て公家たちは老中を軽んずるであろうし、まして中国・朝鮮・琉球の国々は日本の執政の大臣である老中の官位がこのようであれば、嘲り笑うにちがいない。そこで白石は、武家独自の官位として古代に存在した勲位の制度を用いることを主張している。神位階が用いられているように勲位を用い、老中に勲一等を与えれば、公家の正三位に相当し、官位相当では大納言に当たるので、対外的な国家の体面も保て武家政権としての独自の「国体」（国家体制）にふさわしい、とする。しかもこの制度は、鎌倉・室町政権でもみられなかったが、徳川家康の意図に「ヒシトアヒタル」ことなのであるからぜひ行うべしと主張する。白石の主張した勲位制度は実現しなかったが、白石の危惧したように武家独自の官位を持たなかったことは、後に天皇・朝廷権威の浮上を招くことになる。

⑶　近衛基熙と霊元上皇

175

〔下御霊神社所蔵〕　霊元上皇御祈願文

祈願事

一　当年別而無病息災に、怪我急病、不慮之災難等無レ之、年中安穏に而、所願成就之　御加護偏奉レ憑《たのみ》事、

一　朝廷之儀、年々次第に逐レ日暗然、歎敷無レ限、是併私《し》曲邪佞之悪臣《きよくじやねいのあくしん》（1）　執政《しつせい》（2）既重ニ三代一（3）、憖（4）ニ己志一之故也、早以ニ神慮正直之威力一、早被レ退ニ彼邪臣等一、可下守ニ朝廷復古之

儀一給上事、
一　大樹《たいじゅ》(5)重ニ朝家一之心、猶増加ニ深切一、早退ニ彼邪臣之謀計一、叨《かたじけなく》可レ有ニ沙汰一事、

(1)私曲邪佞之悪臣　近衛基熙ないしは近衛家久。(2)執政　政治を執ること。ここでは摂政・関白。(3)三代　近衛基熙の執政が三代の天皇(霊元・東山・中御門)に亘ったとする解釈、ないしは近衛基熙・家熙・家久の三代が執政を重ねたとする解釈がある。(4)慭　ほしいままにする。(5)大樹　将軍。ここでは徳川家宣ないしは徳川吉宗。

【解説】　霊元上皇が京都の下御霊神社(禁裏・公家等の産土神)に祈願をしたのはいつのことか、二説ある。一説は宝永七年(一七一〇)春とするもの、もう一説は享保十三年(一七二八)二月とする。注(5)の大樹は両説に従う。ところで注(1)(3)も両様の解釈が成り立つが、いずれにしても朝廷を歎かわしい状態に置く原因の「私曲邪佞之悪臣」とは近衛基熙ないし近衛家三代を指すという理解は動かない。かつて「朝廷復古」の最たる大嘗会を貞享四年(一六八七)に再興させた霊元上皇ではあったが、これが近衛基熙ないしは三代の勢力と幕府によって抑制され、挫折したことを背景に、もはや神願によって私曲邪佞の悪臣の排除を願うに至った。近衛ら摂家と武家伝奏による朝廷統制と、これに対する「朝廷復古」の動きは一旦おさまるものの、その後もこの対立構造は持続していく。

(4)　閑院宮創設

176〔光台一覧〕宝永七年(一七一〇)八月

親王家と申は伏見(1)・京極(2)・有栖川(3)・閑院(4)之宮也以前は三軒にてありしか、中御門院の御父帝東山院、宮方多くいましける中に、新大典侍《すけ》の御腹とて、櫛笥《くしげ》前故内大臣隆賀《たかよし》(5)公の御女の腹に、御両宮、中御門院は御せう(6)と今の閑院直仁親王は秀宮とて御弟なり、外に女院の御本腹に一ノ宮貴の宮様とて姫宮御坐あり候て宝永六己丑年極月十七日東山院崩御の砌も貴の宮様と秀の宮様とは御部屋住にて御座なされけるを、従ニ関東一被レ及ニ聞召一御諸司松平紀伊守信庸(7)え御書到来せり、其写し伝奏衆(8)へ参り拝見、覚へ居申候御文言には、

一　秀宮之御事東山院御病中被レ遊ニ御苦労一候段被レ為ニ聞召一候に付、今般親王家一家新規被レ成ニ御取立一家領千石被レ遣レ之候、是は格別之思召依レ有レ之、後後之例には難レ被レ成思召候御事

一　貴宮御事東山院御病中被レ遊ニ御苦労一候段被レ及ニ聞召一候に付、今般伏見殿え(9)被レ有ニ入輿一候様にと被ニ思召一候、然る上は為ニ御化粧料一家領三百石被レ遣レ之候事

右両条之趣両伝奏衆迄、其方差越急度可ニ申達一旨　御諚

之御事候、恐々謹言

御老中連名印如レ前

月　日　　土屋相摸守(10)

名乗書判

松平紀伊守殿

如レ斯趣にて、貴宮には伏見貞建親王え御入輿有、秀宮様には下立売御門之内下る処え東山院之御旧殿を被レ用、従二江戸一造作被レ成、被レ進二千石一にて親王家一軒新規之御取立被レ進、今之閑院様是なり、是も中御門院御幼年之砌は随分御懦弱《だじやく》(11)に見へたまひける故、其事関東えも洩聞へ、若もの事欠にと思召入有レ之候而、俗親王にて被二差置一なり、それ故格別の思召入依レ有レ之被二仰出一けると、去御堂上の御秘談承りしところ也、然れとも末代俗親王四軒の列に立たまふ事結構なる御事なり、関東の御書出しなかりせは、何地かの門跡方の御附弟となりたまひ、沙門のものうき御境界たるへきに、文照院(12)様天下をしろしめされし時、禁庭御裁断之始也し故、国王へ謝し仙洞様えの御手前何角にかく被二仰出一けるものならんと、無沙汰に乍レ恐奉二感歎一御事そかし、惣別親王の御子は現在皇孫と申者なれとも、二代目は天子か院の御猶子に御なりなされず候得は、親王宣下無レ之候、

(1)伏見　室町時代の崇光天皇皇子栄仁《よしひと》親王を祖とする宮家。(2)京極　後陽成天皇の弟八条宮智仁《としひと》親王を祖とする宮家。常盤井宮・京極宮・桂宮と改称。(3)有栖川　後陽成天皇皇子好仁親王を祖とする宮家。高松宮・花町宮・有栖川宮と改称。(4)閑院　東山天皇皇子直仁親王を祖とする宮家。(5)櫛笥前故内大臣隆賀　四条家庶流、旧家・羽林家。四代前の隆致《たかむね》の女隆子は後西天皇生母(逢春門院)。(6)御せうと　兄上。(7)御諸司松平紀伊守信庸　京都所司代(元禄十(一六九七)～正徳四(一七一四))、丹波篠山藩主。(8)伝奏衆　二名の武家伝奏すなわち庭田重条と徳大寺公全。(9)伏見殿　伏見宮貞建親王。(10)土屋相摸守　土屋政直、老中、常陸土浦藩主。(11)懦弱　体力の弱いさま。(12)文照院　六代将軍徳川家宣。

【解説】「光台一覧」は、伊達隠士某の述作で延享二年(一七四五)九月になった雑書であり、一次史料ではないが、閑院宮創設時の経過と幕府の意図を伝える史料である。家宣政権期には、近衛基熙・家熙父子主導の朝廷や霊元上皇の仙洞御所との関係は協調的であったが、その時期にもっとも象徴的であったのが閑院宮創設であった。新井白石の建言もあり、身体の弱い中御門天皇にもしものことが起った場合を考え、皇弟の秀宮を門跡の付弟にさせずに、新たに四つ目の親王家を設立させることになった。史料中に見られるように江戸幕府からの「御書」がなければ門跡になっていたところである。ただし親王家創設は「後後之例」にはしないと釘をさしたのは、新井白石が『折たく柴の記』の中で述べる「やむごとなき人」(近衛基熙)の親王家創設不賛成を配慮してのことと考えられる。こうした特例としての親王家創設の理由として、秀宮が父東山院御病中に苦労をしたことを根拠にする以上、同様に東山院御病中に苦労をし

た姫宮(貴宮)にも処遇が必要と考えられたものであろう。伏見宮貞建親王との婚儀や化粧料三百石があわせて進献された。なお閑院宮邸宅は、故東山院の旧殿を下立売御門内に、幕府によって移築されたことも史料は伝えている。

第六節　幕藩体制を支える思想と学問

1　近世的世界像の構造

(1)　国家イデオロギーの成立過程

177 **〔宗義制法論〕**(日奥)元和二年(一六一六)三月

一　謗施(1)を受くる人、ただ仏祖《ぶっそ》(2)を背《そむ》くのみならず、はた天下の御下知《げち》を破る事

それ一宗の制法は、源《みなもと》、経説の明文《みょうもん》に依る。依法不依《えほうふえ》人《にん》(3)の立義《りゅうぎ》、天下の諸宗敢へて防難を加へず。これによって国主代々制法の趣、明らかに御許容の旨、永代不易《えいたいふえき》の御下知を賜《たま》ふ。その文《もん》に云く、

当宗都《と》鄙《ひ》(4)　本末寺《ほんまつじ》衆徒同じく檀那《だんな》等の事、他宗の志《こころざし》を受け施さず。殊に諸勧進《しょかんじん》以下(5)、出されざる儀、祖師已来堅き制法の段、御代々(6)聞《きこ》し食《め》し入れられ、御許容の旨、去年八月二日御下知を成《な》さるるの上は、向後《きょうこう》い

よいよ宗躰《しゅうてい》の法度を専らにせらるべきの由、仰せ(7)下さる所なり。執達件《しったつくだん》の如し。

元亀《げんき》三年(8)十一月廿三日　右馬助《うめのすけ》(9)　在判
左衛門尉《さえもんのじょう》(10)　在判

法華宗中

この外《ほか》、京都所司代(11)の折紙《おりがみ》、悉《ことごと》く皆これあり。右憲章の趣、儼然《げんぜん》たるに因《よ》つて、数百年の間、天下異儀《てんがいぎ》なく、都鄙《とひ》一同に堅くこの制法を守る。もしこの法度に背く者あらば、即ちこれを謗法に落し(12)、その師の前において必ず改悔《がいけ》せしむ。もし異義を存し、改悔せざる者をば、永く宗門を放つ(13)。これ等の文証《もんしょう》を以てこれを思ふに、当宗としてこの制法を破る者は、ただ仏祖を背くのみにあらず、はたまた、国命(14)を用ひざる者なり。その罪科あに軽からんや。

（出典）日本思想大系57『近世仏教の思想』。

（1）謗施　法華宗を信仰しない者からの施し・供養。（2）仏祖　仏と祖師＝日蓮のこと。（3）依法不依人　「法に依りて人に依らざれ」と訓み、釈尊の経法に依拠し、人師の教説に依らないこと。（4）都鄙　都と田舎であるが、ここでは京都とその周辺地域のこと。（5）諸勧進　寺社が建物の建立等を理由に庶民の寄付をつのること。（6）御代々　室町将軍家代々の意味。（7）仰せ　足利家八代将軍義昭の仰せ。（8）元亀三年　一五七二年。（9）右馬助　室町幕府奉行人、飯尾昭連か。（10）左衛門尉　同諏訪俊郷か。（11）京都所司代　織田信長によって置かれ、京都の市政や朝廷の警護・寺社行政などを管轄する職名。（12）謗法に落し　法華宗の宗義に従わないものと見做し。（13）宗門を放つ　法華宗から追放する。（14）国命　法華宗の宗義は国家＝室町幕府からも公認されたものであるとの立場から、制法への違反者は、国家の命令への違反者でもあるとする。

【解説】　近世的世界像の形成は第一義的には織田・豊臣・徳川など統一権力の成立過程における権力編成や民衆支配の政策に求められなければならないが、それと並んで重要なのは、支配イデオロギーの形成の問題である。支配イデオロギーは、当該社会における支配的な思想であるとともに支配階級の思想であるが、それはつねに国家装置を通して人々の前に立ち現れる。いわば階級的な思想が「公」的な装いをまとうのであり、それがイデオロギー（虚偽意識）といわれる所以である。だが、同時にまたそれはそれぞれの歴史社会によって刻印されたものであり、自由に選びとることのできないものでもある。

ここではそれを政治的異端、預かりもの論、儒教的世界像、社会的意識形態の四つの側面からとりあげる。

まず第一の問題は、独自の宗教的世界観をもち、強力な信徒集団を有して、中世末、一定の政治勢力となっていた一向宗や法華宗などの宗教的諸勢力、及び十六世紀に入ってきたキリスト教と統一権力との関係である。それは具体的には政治的異端の創出と諸宗教への弾圧として現れた。

日蓮を開祖とする法華宗は、僧侶は他宗（謗法）からの布施・供養を受けず、信者は、他宗の僧侶や寺院に対して布施をしないという不受不施を宗法として堅守し、室町幕府の治下においてもそれは公認の宗法であった。だが文禄四年（一五九五）豊臣政権は、京都東山方広寺大仏の千僧供養を挙行するにあたって、洛内法華寺にも出仕を強要した。それに対して洛内法華寺では、国主の供養であり、謗法供養もやむなしとする受不施派(本満寺日重ら)と、宗内制法を遵守し出仕を拒否すべしとする不受不施派(妙覚寺日奥ら)とが対立した。

本史料は、元和二年(一六一六)日重の弟子日乾の「破奥記」に対して日奥が反論したもので、不受不施の正議なることを主張したもの。

この後の寛永七年(一六三〇)、幕府の命により江戸城中で身延・日乾らの受不施派と池上本門寺日樹ら不受不施派の対論が行われ、幕府は前者を幕府公認の宗義とし、後者を邪義と断定した。破れた不受不施派は、以後主要都市から追放され、寛文年間には弾圧がより強化され、次にみるキリシタンともども地下に潜伏せざるを得なくなった。中世とは異なり、宗教(仏法)に対する政治権力(王法)の優位性を決定づけた歴史的事件として重要である。

178〔排吉利支丹文〕(崇伝)**慶長十八年(一六一三)十二月二十二日**

かの伴天連《ばてれん》(1)の徒党、みな件《くだん》の政令に反し、神道を嫌疑し、正法《しょうぼう》を誹謗《ひぼう》し、義を残《そこ》なひ、善を損《そこ》なふ。刑人あるを見れば(2)、すなはち欣《よろこ》び、すなはち奔《はし》り、自ら拝し自ら礼す。これを以て宗の本懐となす。邪法にあらずして何ぞや。実に神敵仏敵なり。急ぎ禁ぜずんば後世必ず国家の患《うれ》ひあらん。ことに号令を司《つかさど》る(3)。これを制せずんば、かへつて天《てん》譴《けん》(4)を蒙らん。日本国のうち寸土尺地、手足を措《お》くところなく、速《すみ》やかにこれを掃攘《そうじょう》せん。強《し》ひて命に違《たが》ふ者あれば、これを刑罰すべし。いま幸ひに天の詔命を受け(5)、日域《じついき》(6)に主《つかさど》り、国柄《こくへい》を秉《と》ること(7)、ここに年あり。外《そと》五常の至徳を顕はし、内《うち》一大の蔵教に帰す(8)。この故に国豊かに民安んず。経に曰く(9)、「現世《げんぜ》安穏《あんおん》、後生善処《ごしょうぜんしょ》」(10)。孔夫子また曰く、「身体髪膚《はっぷ》、父母に受く。あへて毀傷《きしょう》せざるは孝の始めなり」(11)。早くかの邪法を斥《しりぞ》けば、いよいよわが正法昌《さか》んならん。世すでに澆季《ぎょうき》(12)に及ぶといへども、ますます神道仏法紹隆《しょうりゅう》(13)の善政なり。一天四海(14)、よろしく承知すべし。あへて違失するなかれ。

慶長十八竜集《ろうしゅう》(15)癸丑《きちゅう》臘月(16)　日

(出典)　日本思想大系25『キリシタン書 排耶書』。

(1)伴天連　ポルトガル語のパードレが日本語化したもので、キリシタン司祭・神父の意。(2)刑人あるを見れば　キリシタンにおける殉教者への崇敬は為政者に強い衝撃と不安感を与えた。(3)号令を司る　天下の政令を司るものとしての意。(4)天譴　儒教の天命思想にもとづくもので天のとがめ、天罰。(5)天の詔命…　幕府・将軍の権力行使を天命にもとづくものとする。(6)日域　日本のこと。(7)国柄を秉る　国家統治の権を行使する。(8)外五常の至徳を顕はし…　この日本が、外典としての儒教、内典としての仏教にもとづく国であることを示す。仏教を内典、儒教を外典とする中世的イデオロギーを踏襲している。(9)経に曰く『法華経』薬草喩品による。(10)後生善処　死後、極楽浄土に生れること。(11)身体髪膚…『孝経』開宗明義章。(12)澆季　道徳が衰え、人情が浮薄となった時代、儒教・仏教の立場からは時代が下るにつれて道徳が衰退すると考えられた。(13)紹隆　前人から受け継いだことを一層盛んにすること。(14)一天四海　満天下の意であるがここでは日本全体のこと。(15)竜集　「年」のこと。(16)臘月　陰暦十二月。

【解説】近世の国家イデオロギーの形成における異端創出の第二着はキリシタン問題である。

徳川政権は、秀吉のバテレン追放令を引き継ぎつつ、キリスト教への禁圧を強化し、慶長十八年(一六一三)、家康に登用され、主として外交文書の起草等に携っていた金地《こんち》院崇伝《いんすうでん》(一五六九—一六三三)にバテレン追放文の起草を命じ、それに応じて将軍秀忠に献上されたのが本史料である。

秀忠はこれに朱印を捺し、京都所司代板倉周防守重宗に下した。元和・寛永に及ぶキリシタン弾圧開始の宣言文である。以後、キリシタンは、明治政府によって解禁されるまでの二百五十年余、「邪宗」「邪義」として厳しい取締りの対象となった。

また、キリシタンの排撃にあたっては、仏僧・禅僧が数多く参加し、それが後に寺請制度の創設につながった。踏絵や密告の奨励によるキリシタンの摘発や殉教による集団自殺、寺請制の強化などにより、キリシタンは地下潜伏を余儀なくされた。

なお、日本＝神国・仏国論は、儒教や仏教の経典に依拠して主張されており、「神」とは、『易経』繋辞伝上の「陰陽不測、之を神と謂う」による。

179〔羅山先生文集〕(林羅山)

ここを以てこれを推すに、二氏(1)の云ふところの道は、果して虚無《きょむ》にして無、寂滅《じゃくめつ》にして滅なり。吾が云ふところの道にあらず。古賢は易・中庸を以て合せてこれを言ふ。喜・怒・哀・楽未発の中《ちゅう》は寂然《じゃくぜん》として動かず(2)。発して節に中《あた》るは、感じて遂に天下の故《こと》に通ずるなり。それ道は人倫《じんりん》を教ふるのみ。倫理の外、何ぞ別に道あらんや。彼は、世間を出づと云ひ、方外《ほうがい》に遊ぶと云ふ(3)。然れば則ち人倫を捨てて虚無・寂滅を求む。実にこれ、この理なし。故に尭・舜は司徒《しと》の官を設く(4)。人倫の教へと曰ふは、父子有レ親、君臣有レ義、夫婦有レ別、兄弟有レ序、朋友有レ信なり、これを五《ご》典《てん》と謂ふ(5)。また、これを五《ご》達道《たつどう》と謂ふ。古今不易《ここんふえき》の道なり。故に曰く、「聖人は他なし。ただ人倫の至りなり(6)」と。思はずんばあるべからず。

(出典)　日本思想大系28『藤原惺窩　林羅山』。
(1)二氏　老子と釈迦、老荘思想と仏教の意、『史記』太史公自序に「道家は為すことなく、その術は虚無を以て本と為す」、『涅槃経』に「寂滅為楽《じゃくめついらく》」とあり、儒教・朱子学の立場からは、老・仏ともに「人倫」を否定するものと見做す。(2)喜・怒・哀・楽未発の中…　未発の中は理であり、人間は本来的に道徳的存在であることを指す。朱子の『中庸章句』に「性の中たる所以は、寂然として動かざる者なり」とあるのによる。(3)世間を出づ…　仏教の「出世間」＝「出家」と「方外」とは世俗外の世界の意。『荘子』大宗師篇に「孔子曰く、彼は方の外に遊び、丘（自分のこと）は方の内に遊ぶ者なり」とあるのによる。(4)司徒の官　教育を司る官。(5)五典　五達道、古今不易の道。いずれも人間が踏み行うべき社会関係における五つの道徳・倫理を指すが、その内容は諸書によって若干異なる。(6)聖人は他なし…　『孟子』離婁上篇の「規矩は方員の至りなり、聖人は人倫の至りなり」による。聖人は道徳を極め尽した人であるの意。

【解説】　徳川社会における思想・文化の特質を考える場合、重要なのは儒学思想の興隆である。中国の儒学思想は、古代以来入って来てはいたが、戦国時代末期に朱子学・陽明学などに関する明末の思想文献が大量に流入し、当時の知識人である僧侶たちが競ってこれを学んだ。土佐に南村梅軒が出て海南学派の祖となったといわれ、京都では妙心寺で禅学を学んでいた藤原惺窩《せいか》（一五六一—一六一九）が、秀吉の朝鮮侵略の際、捕虜となって渡航した姜沆《かんはん》から学んで朱子学に転じたのがそれである。その後、山崎闇斎も仏門から朱子学に転じた。

　仏教から儒教への支配思想の転換は、現実社会における人間関係とそれを律する道徳が「人倫」「人道」として人々の前に立ち現れたことを意味すると同時に、他方では、そのような立場から旧来の仏教や老荘思想をそれぞれ「寂滅」「虚無」として批判し、思想の正統性を主張したこと、また「排耶《はいや》書」を書いた林羅山（一五八三—一六五七）、「闢異《へきい》」を書いて仏教を批判した山崎闇斎らが、幕府や大名に登用されたことは、儒教思想が政治権力と結びついたことを意味しよう。

　参考文献として、ヘルマン・オームスの『徳川イデオロギー』黒住真ほか訳、ぺりかん社、一九九〇年など。

(2)　預りもの論

180〔掟書の事〕（黒田長政）

武士之軍功之多少ニヨリテ、夫ニ応ジテ大身小身、時之仕合ニテ候。如水・我等ノ武功ニ誇申ニテハ無候得共、二代ノ功ニテ拝領之筑前一国ニテ候得バ、子孫ニ至テ何ゾ軍功ノ大功成ル事モ仕候ハヾ、其者ノ功ヲ相続申事ニ候。如レ斯無事ノ天下ニ成候テハ、軍功之時節ニ逢候事、著時《ちやくじ》(1)ニ有間敷候。今之分ニテ相続候テハ、如水・我等之領国ヲ預リ候ト心得、武功有ル家来共ヲモソコナヒ不レ申、民百姓迄安堵ニ持《たも》チ可レ申事肝要ナリ。我ガモノト心得候ハヾ、功モナキ子孫共、必定天罰ヲ蒙リ可レ申事、可レ為二目前一候事。

（出典）日本思想大系27『近世武家思想』。

(1)著時　すぐには。

181〔申出覚〕（池田光政）

上様《うえさま》(1)は日本国中の人民を天より預り被レ成候。国主(2)は一国の人民を上様より預り奉る。家老と士《さむらい》とは其君を助けて、其民を安くせん事をはかる者なり。一国の民の安《やすき》と不レ安《やすからざる》とは、一国の主人にかゝるべき事なれども、天下の民の一人も其所を得ざるは上様御一人《ごいちにん》のせめ(3)なれば、此国民を困窮せしむるは上様の御冥加をへらし奉る義なり。不忠なる事是より甚《はなはだしき》はなし。上《かみ》に不忠、民に不仁、国主の罪《つみ》死にも入られず。今時、何事もあらば御用に立んと、乱の忠を心がけ候得ば、余多《あまた》有レ之ときに宜《よろしく》候得ども、上様御冥加へりて、何事あらんには忠を存候共益有間敷候。寸志ながらも此国におゐては、上様の御冥加をまし奉り、長久の御いのりをいたし、無事の忠をいたさんと存者也。汝等大臣・小臣、共に我寸志をたすけて其業を遂《とげ》しむべし。士は貧《ひん》を以て常とす、貧くとも百姓の畠にはまさるべし。士の奉公人いつのきゝんにも餓死する事はなし。人々不自由をかんにん仕候はゞ、汝の君に忠可レ有候。

（出典）日本思想大系38『近世政道論』。
(1)上様　将軍のこと。(2)国主　大名。(3)一国の民の安と不安と…一国の人民を安んずることが大名の将軍への忠としてとらえられていることに注意。

【解説】　歴史社会を見る場合に重要な視点の一つは、人と人との社会関係、人とものとの関わり合いの変化の様態である。この場合、ものとは、必ずしも具象的なものに限られない。ここでは当時の将軍や大名などの為政者だけでなく、町人や農民たちが、天下・国家・家・家産などをどのように観念していたかに関する史料を掲載する。

180は、筑前藩主黒田長政が継嗣にあてた遺書で領国を祖父・父からの「預り」ものと考え、「我ガモノ」と考えてはならないと説く。181は江戸時代初期の名君として名高い岡山藩主池田光政が家臣に対して与えたもの。

日本国中の人民は天から上様(将軍)へ、一国の人民は将軍から国主(大名)へ預けられたものであるとして、国主の将軍への忠、大臣・小臣の国主への忠を説くものだが、その意図は、将軍を媒介にしつつ国主の権力を正当化し、家臣団の国主への忠を喚起することにあり、また「乱の忠」に対して「無事の忠」を説くことにも注目したい。

従来、将軍への忠を強調するもののごとくみなされてきたが、その本来の意図は藩政の確立過程においてむしろ、家臣団の国主への忠を喚起することにあったとみられる。

182　〔幸元子孫制詞条目〕（**鴻池新六**）

一　万端正路(1)を専《もっぱら》とし、王法国法を守り、仁義五常之道に背かず、主君大切、父母に孝行、家内睦《むつまじく》、謙《へりくだ》り驕《おご》らず、第一家職(2)を勤べき事。

一　神明棚(3)・持仏壇(4)毎朝払ひきよめ、精誠祈念仕《つかまつる》べし。今日一飯一衣を得《う》も、天地・神仏・国王之御守護無レ之して、其業成べからず。高恩日夜忘るべからざる事。

一　先祖恒例之仏事怠慢なく、急度《きっと》勤行《ごんぎょう》仕べし。先祖無くして父母なし。父母なくして己が身なし。当時家業都合宜候も、己が利根発明にして、勤出すにあらず。全《まつたく》先祖累代之積徳(5)にして、父母之養育也。厚恩忘るべからざる事。

一　先祖御位牌場並に御墓所、平日塵積り草芸《は》へ、見苦敷《しき》躰有レ之候はゞ、当相続人越度《おちど》たるべし。若し清からざれば、其流必濁る。嫡家正しからざれば、氏族之家法自ら乱《みだる》。古より国を治め、民を安んじ給ふ君は、先《まず》御身を正しくして民に及《およぼ》し、御国を治め給ふ。国を亡し、家を失給ふ君は、御身正しからず、民を苦しめ給ふこと諸書に顕然たり。故に其家主じたる者は、第一、己が身もち肝要に候。惣而家内之者、皆主人之好所を見習ふ故に、主《ある》じたる者は、己を慎《つつしみ》正しく守《まもる》事大切に候。己行ひ正しからずして、家内之者を咎《とがむ》ときは、一応は威勢に恐て、服するに似たれ共、内心感得せざるが故に、自ら家法乱るべし。其家を斉《ととのえ》んと欲る者は、先其身を修るの聖言(6)忘べからず。先家法正しく立《たて》、己が身を先《まず》立て勤《つとむる》事。

(出典) 日本思想大系59『近世町人思想』。

(1)正路　正しい道、正道。(2)家職　家の職業、家業。(3)神明棚　神棚。(4)持仏壇　仏壇。(5)先祖累代之積徳　現在家業がうまくいっているのは、代々の先祖が徳を積んだ結果であるとの意。(6)聖言　中国の聖人の言葉。修身斉家治国平天下とは道徳修養の順序をも示す。

【解説】鴻池新六(のち新右衛門、一五七〇―一六五〇)は、近世大坂の豪商鴻池家の始祖。十六世紀末の慶長初年清酒醸造と江戸積《づみ》に成功し元和五年(一六一九)大坂に進出。寛永二年(一六二五)大坂・江戸間の海運業と大名貸をはじめた。

本史料は、江戸初期の町人が自己の存在をどのような世界像のなかで把握し、またそれとの関わりでいかなる生活＝倫理意識を作りあげていたかを典型的に示すもの。また同時に家の観念やそれに伴う家法の成立と家の主の責任の自覚、儒教思想の影響などを窺うことができる。民衆の家における祖先崇拝が成立するのもこのような文脈のなかで理解すべきであろう。民衆レベルにおける儒教思想の受容の一端が看取できる。

(3) 家職論と世界像

183〔万民徳用〕(鈴木正三《しょうさん》)

職人問云、後世菩提(1)大切の事なりといへども、家業を営《いとなむ》に隙《ひま》なし、日夜渡世をかせぐ計《ばかり》(2)なり、何としてか仏果(3)に到べきや。答云、何の事業も皆仏行なり。人々の所作の上にをひて、成仏したまふべし。仏行の外《ほかなる》成作業有べからず。一切の所作、皆以世界のためとなる事を以しるべし。仏体をうけ、仏性そなはりたる人間、意得(4)あしくして、好《このみ》て悪道に入事なかれ。本覚真如の一仏(5)、百億分身して、世界を利益したまふなり。鍛治番匠をはじめて、諸職人なくしては、世界の用所、調《ととのう》べからず。武士なくして世治《おさむ》べからず。農人なくして世界の食物あるべからず、商人なくして世界の自由(6)、成べからず。此外所有《あらゆる》事業、出来て、世のためとなる。天地をさた(沙汰)したる人もあり、文字を造出たる人も有、五臓を分て医道を施《ほどこす》人もあり。其品々、限なく出て、世の為となるといへども、唯是一仏の徳用なり。如レ此ありがたき仏性を、人々具足すといへ共、この理をしらずして、我と此身を賤《いやしく》なし、悪心悪業を専《もつぱら》として、好て悪道に入を、迷の凡夫とはいふなり。三世の諸仏、出世在て、衆生則仏成事を直にしめしたまへり。眼に色を見、耳に声を聞、鼻に香をかぎ、口に物を云て、思事の自由をなす。手の自由、足の自由、唯是一仏の自由なり。去間、後世を願といふは、我身を信ずるを本意とす。誠成仏を願人ならば、唯自身を信ずべし。自身を信ずるといふは、自身則仏なれば、仏の心を信ずべし。仏に慾心なし、仏の心に瞋恚《しんい》(7)なし、仏の心に愚痴なし、仏の心に生死なし、仏の心に是非なし、仏の心に煩悩なし、仏の心に悪事なし、如レ此の理を信ぜずして、私に貪欲を作出、瞋恚を発、愚痴に住在して、日々夜々、我執、我慢邪見妄想を主として、彼に随《したがつ》て、苦痛悩乱の心、休《やむ》時なく、本有の自性を失て、一生空《むなしく》大地獄を造《つくり》堅《かため》て、未来永劫すみかとせん事、かなしまざるべけんや。是を恐《おそれ》、是をなげきて、一大事のこゝろざしをはげまし、万念を放下して、所作所為の上に就て、切に急に真実勇猛の念仏(8)を以、自己の真仏を信仰せば気の熟するに随て、自然に誠の心至極して、終に信得し、究時、不レ覚無我、無人、無住所の境に入て、自己の真仏顕然たるべし。一筋に信仰せよ、信仰せよ。

(出典) 鈴木鉄心編『鈴木正三道人全集』山喜房仏書林。

(1)後世菩提　死後の冥福。(2)渡世をかせぐ　生業に従事する。(3)仏果　悟り。(4)意得　考え方、心がけ。(5)本覚真如の一仏　現実世界をすべて一仏の具体的な現れとみなす思想。(6)世界の自由　ものの流通の便のこと。(7)瞋恚　怒り。(8)真実勇猛の念仏　鈴木正三特有の念仏に立ち向う精神のあり様。

【解説】 江戸時代が身分制社会であり、しかもその身分は固定しており、身分間の流動性はほとんどなかった。現在のような自由・平等を原則とする社会からみればきわめて不合理にみえるこのような身分制が二百六十余年もの間続いたのは何故であろうか。身分制社会を単に上からの政治的・権力的な強制の産物とみるだけでは歴史認識としては不充分である。

　歴史社会の発展は社会的分業を必然化し、その意味で職業諸集団の成立は自然発生的な側面をもつが、身分制度は、そのような自生的な職業集団を政治的・社会的に身分として編成することによって人為的に創り出されたものである。また身分制度と職業とが有機的に結びつけられ、それぞれの職能集団はそれぞれの職能の維持・再生産のために独自の道徳や倫理意識を形成することになる。

ところでこの場合に問題になるのは、一つは、士・農・工・商といわれる身分制度の排他性や固定性をどう考えるかということ、二つは、それぞれの身分階層がそれぞれどのような独自の道徳・職分意識を形象化したか、三つは、身分と職業は家職すなわち家の職業として代々受けつがれ「家の経営＝永続」は、社会的な役割を担っていたという問題である。

本史料は、徳川家譜代の家臣でのちに出家した鈴木正三（一五七九―一六五五）『万民徳用』の一節であるが、職人・武士・農人・商人それぞれが、その身分に伴う職分を尽すことが、「世界を利益」することであり、同時に「成仏」することであると説く。現実社会における職業労働への出精が死後の極楽往生につながるとするもので、M・ウェーバーの『プロテスタンティズムの倫理と資本主義の精神』との類似性を認めることもできる。

184〔**神路手引草**〕（**増穂《ますほ》残口《ざんこう》**）

慶長治天《けいちょうちてん》の当代(1)は、大半幼年《ようねん》より物書手《ものかき》ならふ(習)わざに馴《なれ》て、人皆歴史《れきし》をうかゞひ、令記《れいき》(2)をのぞき、眼《まなこ》をひろめ、こゝろざしを磨《みがく》。さるによりて、空拳《くうけん》をあたへ、黄葉《こうよう》(3)を握《にぎ》らせて点頭《うなずく》べきや。浅博《あさはか》なるおしへ(4)をさみして儒見《じゅけん》におちいり、さなきは別伝《べつでん》の活法《かつぽう》(5)を得たり貌《がお》に、断無《だんむ》釈眼《しゃくげん》(6)の名字の禅門に泥《なず》む。終帰於空《しゅうきおいくう》(7)の空を舌上《ぜつじょう》にのせば、断無《だんむ》にぞならん。其断無に思慮を止《とめ》ば、今日の人間世《せい》は一日も立がたし。世《せ》々相続《あいつい》で無窮《ぶきゅう》に至《いた》れとの神の託《つげ》(8)を叛《そむく》は、国敵《こくてき》なり、恐るべし。彼耶蘇《かのやそ》が宗理《しゅうり》と同じ法賊《ほうぞく》なり、本《もと》の本、始《はじめ》の始《はじめ》を守る国の神のおしへは、此身を鎮《おさむ》るにあり(9)。士農工商家業《しのうこうしょうかぎょう》の一にとゞまりて、形をつかひ、身をはたらき、時をうしなわず、節《せつ》をみださず、分《ぶん》を知り、己《おのれ》をはかりて、其道〳〵の智《ち》をみがくによりて、世《よ》とあらそはず、我家《わがいえ》〳〵の職《しょく》にかしこく、下《しも》をあなどらず、上《かみ》をかろしめず、おのづから法を守る。〈女は女の職《しょく》、男は男の職にかしこく、只今日の身を大事にかけ、あやまらぬやうに月日をおくり、世をうらみず、人にあかれず、朝《あさ》夕《ゆふ》たのしみて、天命をつくすぞ道也。是をさとらば、彼《かれ》も悟《さと》り、此世も直《すぐ》ならば未来《みらい》も又直《すぐ》ならん。〉

〔出典〕日本思想大系39『近世神道論　前期国学』。

(1)慶長治天の当代は…　家康が江戸で天下支配を始めてからの徳川の御世は「治国平天下文明」の世であるとする。(2)令記　法令を載せた書物。(3)黄葉　枯葉。(4)浅博なるおしへ　ここでは地獄、極楽、厭離穢土、欣求浄土を説きながら、極悪の人が救われるとするのは「戯言」であり、浅薄な教えであるとする。(5)別伝の活法　禅宗のこと。(6)断無釈眼　一切の思念を断ち、「無」と観ずること。(7)終帰於空　この世のすべてのものは「空」であるとする仏教の考え。(8)世々相続で…　天照大御神による皇位の無窮性を一般化し、家の永続性におきかえている。(9)本の本…　記紀神話の神々の教を典拠にして個人の修身を説く。

【解説】　増穂残口（一六五五―一七四二）は、民衆相手に神道を布教した俗神道家。「儒・仏は神道の用の一偏にして、兼ね含むが神の道なり」「釈迦も孔子も和朝に生れ給はば、日本流の敷道の道の外は説きのべたもふべからず」と現世主義の立場から、家職への出精など通俗道徳を説いた。「我国の外に浄土なし」とし、また記紀神話の神々との連続性において国の習俗・習慣などを「道」とし、「いよいよ日本にては神の掟を守るべし」と説く点でのちの国学の先駆をなす言説を展開した。

185〔農民鑑〕（任誓）

夫《それ》土民の家にむまれ、田夫《でんぷ》の身を受《うけ》たらむものハ、先《まず》諸事を抛《なげうち》て農業を専《もつぱら》にすへきものなり。農ハ是上《これかみ》政道の根元《こんげん》、下《しも》家を 暦《ととのえ》、身を樹《たつ》る基《もとい》也。論語にいはく、耕《たがやす》や餒《うえ》其《その》中にあり(1)と文《いえり》。春耕《たがや》さす、夏 耘《くさぎら》さる則《とき》ハ、秋の収《おさめ》、冬の 貯《たくわえ》不足《たらず》して、凍餒《とうき》是よりおこり、或《あるい》ハ袖《そで》を握《にぎり》て道路の岐《ちまた》に臥《ふし》、椀を持《もち》て人の門《かど》に佇《たたずむ》。奸《かん》邪爰《ここ》に生《なり》、或ハ垣《かき》をやふり、壁を穿《うがち》、人を 誑《たぶらかし》、人を掠《かすめ》、白地《はくち》に恥を蒙《こうむ》り、名を穢《けが》し、黄《こう》泉《せん》に骸《かばね》を砕《くだき》、魂を痛《いたま》しむ。千非《せんひ》の根《ね》百苦の本《もと》、悉《ことごとく》皆不農《ふのう》よりおこらすといふ事なし。これ漢書の誡《いましめ》なり。因レ茲《これによつて》、百姓ハ農業を以て骨髄に染《そめ》て、是を励《はげむ》へし。春耕《たがや》さすして腹に飽《あく》まて喰《くら》ひ、冬織《おら》すして餝《かざり》て 暖《あたたか》に被者《きるもの》ハ、国の賊《ぬすびと》なり、と云云。若《もし》聊尓《りようし》(2)余《よ》の道に徘《やすら》ひ、仮染《かりそめ》にも邪途《じやず》に歩者《あゆむもの》ハ、田野《でんや》茫々《ぼうぼう》と荒《あれ》、舎宅《しやたく》零々《れいれい》と 傾《かたむく》へし。（中略）扨《さて》又惣《そう》してハ、王道の格式公方の制戒《せいかい》を守《まもり》、別してハ国の守護・代官、所の地頭《じとう》・名主等《なぬしとう》の教訓に順《したが》ひて、万端に渉《わた》りて毛頭違乱《いらん》あるへからす。夫普《それふ》天《てん》の下《した》王地に不非《あらず》といふことなし。君ハ民の父母《ふも》たり。君天《てん》に代て能《よく》民を育《はぐくみ》、能民に教給《おしえたま》へり。天又《また》君を立て、善政を敷《しき》て、或ハ如法《によほう》正直の者をは誉揚《ほめあげ》てこれを賞し、或ハ奸曲《かんきよく》邪悪のものをは譴《せめ》糺《ただし》てこれを誅《ちゆう》す。爰を以て人ハ我におゐい損害を加《くわえ》す。我《われ》又邪路《じやろ》遁《のがれ》て正道《しようどう》に赴《おもむ》く。（中略）

然《しかれ》ハ 則《すなわち》、守護ハ 全《まつたく》自身を守護せむ為《ため》にあらす。偏《ひとえ》に国《くに》民《たみ》守護し給ふ。爰其《なんぞ》高徳を 傍《かたわら》にして格を戻《もどし》、其厚恩《こうおん》を忘《わすれ》て命《めい》に背《そむ》かむや。将《まさに》其冥加《みようが》を知て彼恩沢《かのおんたく》を報せむと欲《おもわ》ハ、常に公儀を尊重して法度に随《したが》ひ、年貢課役におゐて 蟠《わだかまり》をなさす。人の害とならす。事の 妨《さまたげ》をなさす。唯一途《ただいちず》に家業を勤《つとむ》へし。是 則《すなわち》天下泰平の端《はし》、自身安穏《あんのん》の瑞《ズイ》也。縦令《たとえば》君不仁無道にして一旦《いつたん》政 苛《まつりごとからし》といふとも、敢怨 憤《あえてうらみいきどおる》事なかれ。粗古籍《ほぼこしやく》を考《かんがえる》に万民悪気《あくき》を起則者《おこすときには》、或霖雨《あるいはりんう》厥風《けつふう》雷電洪水旱魃《かんばつ》等の天災有。或ハ野には螽螟《いなむし》を生し、人疫《ひとしてえき》を憂《うれふ》。天鑑 明《あきらか》にして此相《このそう》を示し、給ふと云々。豈恐《あにおそれ》て是を慎《つつしま》さらむや。 然《しかれば》則諸奉行の下知に順し名主等の指図に任《まかせ》て、万般《ばんたん》の禁制堅固にこれを守へし。

若又《もしまた》上を 蔑《ないがしろ》にして、故由《ゆえ》もなき訴訟を達し、悪人と組して徒党を企《くわだて》て我慢(3)偏屈にして是非を論し、理《り》を募《つのり》、己《おのれ》を立て、公事《くじ》(4)に及《およひ》、瞋意《しんい》強盛《ごうじょう》にして闘諍喧吒《とうじやうけんか》を好《このみ》、口に任《まかせ》心の儘《まま》に打擲《ちょうちゃく》蹂躪《じゅうりん》、悪口両舌《あっこうりょうぜっ》し、大欲放埒《たいよくほうらっ》にして、他の物を隠奪《かくしうばい》、人の境《さかい》を押領《おうりょう》する則《とき》ハ生《いき》てハ禁籠斬罪《きんろうざんざい》の刑罰に偶《あい》、死しては奈落《ならく》多劫《たごう》の苦患に沈む。其期《そのご》に及《およん》て千《ち》度《たびなげき》(歎)百悔《ももたびくやむ》とも、何《なに》の益あらんや。故《かるがゆえ》に平生におゐて、深《ふかく》思量分別して律儀を守へき事肝要《かんよう》なり。(中略)古人の曰《いわく》、一切《いっさい》の人物《にんもつ》(5)ハ本我《もとわれ》と一躰《たい》なり。吾気《わがき》和順なれハ、人物皆和順なり。人物和順なれハ、吾気弥《いよいよ》和順にして、情欲退《しりぞい》て心躰泰《やすし》、といへり。復次《また》に、私欲に耽《ふけり》、利徳に溺て、構《かまえ》て労を人に施《ほどこ》し、巧《たくみ》て損を人に課《おわす》へからす。縦令《たとい》其人愚鈍にして、其構《かまえ》を悟らす。其巧《たくみ》をしらす(不知)といふとも、内心幾許《そこばく》の罪科天道我身に外《ほか》ならすして、罰レ之《これをばっす》。

観レ夫《それおもんみる》に、人ハ我に依《より》て立《たち》、我亦《また》人を怙《たのみ》て立り。互に因縁して一家《いっけ》斉《ととのい》、一国泰《やすし》。誠に其根《ね》甚《はなはだ》深し。和合何浅《なんぞあさ》からさらむや。天理人《ひと》を隔《へだて》す。一理の上《うえ》におゐて自他等立《ひとしくたて》り。是非の理《り》誰《たれ》か能知《よくしり》、得失の源誰《たれ》か能別《よくわか》たむ。元来人と我と内証(6)差別なし。故に是非得失を人に譲るに環《たまき》のことくにして(7)、我にかへらすといふ事なし。夫《それ》人ハ天地《てんち》の中に生れて天地の心なり。天地ハ辺《かぎり》なく極《きわまり》なし。人の姓《せい》なんそこれに異《こと》ならむや。故《かるがゆえ》に辺者《かぎるもの》ハ砕易《くだけやすし》、極《きわまるや》者壊《やぶれ》に近し。若《もし》人辺事《かぎること》なく、極事《きわまること》なき則《とき》ハ、自然《じねん》に天地の徳に運載《うんさい》せられて、而后能世《しこうしてのちよくよ》を押移《おしうつり》て凝滞《ぎょうたい》せす。人と相順《あいじゅん》して逆違《ぎゃくい》なし。

然るに世ハ定《さだめ》なし。人また常ならす。一期《いちご》ハ夢のことし。万事《ばんこと》ハ皆非《みなひ》なり。身心《みこころ》の実相《ありそう》を観《かんす》るに、身心ハ倶《とも》に依怙《えこ》する所なし。況《いわんや》身の外《ほか》におゐて憑《たのむ》へき物なし。頻《しきり》に我を責《せめ》て家職を勉《つとめ》、骨を砕《くだき》て農業を専にすへきもの也《なり》。迚《とて》も仇《あだ》にして棄去《すてさる》へき此身なり。徒《いたずら》に身を倦《うま》して一生自堕落《じだらく》に年月《としつき》を消《けす》ことなかれ。抑《そもそも》耕さずして夢幻《ゆめまぼろし》の身命《しんみょう》を続《つぎ》て何益《なにのえき》ありとやせむ。外《ほか》ハ渡世活計の為《た》めに似たりといへとも、実《じっ》にハ後世《ごせ》の輪廻《りんね》を出離《しゅつり》せんか為なり。これを一大事(8)といふ。速《すみやか》に宜有《よろしくう》縁《えん》の教法に依て、未来の解脱《げだつ》を儲《もうく》へし。夢《ゆめ》幻《まぼろし》の身を以て、能耕《たがやし》て夢幻の身を養ひ、夢幻の身を育《やしない》て夢幻の身を厭《いとう》。所レ作皆《なすところみな》夢幻にして、不思議の法門に入則《とき》ハ、実相を證《さとる》へし。耕《たがや》すも此為勉《このためつとむる》もこの為なり。豈《あに》身を粉《こ》にして、骨を砕《くだき》て耕さざらむや。此《この》一大事の為に農業を勉《つとめ》、人事に交り、身ハ常に世路《せいろ》艱難《かんなん》の境に趍《はしる》といへとも、心は鎮《とこしなえ》に無為安楽の域に遊へし。実《まこと》に喜《よろこび》て耕し精《いさみ》て耕せよ。農夫の名もなく徳もなき行状《ありさま》、恭《かたじけなく》も古《いにしえ》の聖人賢人に隣《となり》、外相《げそう》を餝らす我慢なき為躰《ていたらく》、恐《おそらく》ハ今の遁《とん》世《せい》出家に越《こえ》たり。

(1) 論語にいはく…　出典は論語、衛霊公「子曰く、君子は道を謀りて食を謀らず、耕して餒え其の中に在り」により、君子は道徳を第一とし、生活を憂うることはしないの意味であるが、ここでは耕作は食を得る所以であるという意味で使っている。(2)聊尓　聊爾、少しでも。(3)我慢　我儘、わがまま。(4)公事　訴訟。(5)人物　人ともの。(6)内証　本来、もともと。(7)環のことくにして　めぐりめぐって。(8)一大事　死後の安心。

【解説】　本史料は、大桑斉『寺檀の思想』(教育社歴史新書177、一九七九年)末尾の付録から採ったが、本史料集の体裁に合わせたところがある。任誓は、加賀の真宗の僧侶任誓とされるが不明。前掲史料183の鈴木正三が、幕藩制社会におけるそれぞれの身分に応じての職分遂行をすべて「仏行」として捉え、社会分業論を展開したものだとすれば、本史料は、農民に対し、農業への出精や倹約、領主階級への随順と法の遵守を説くものであり、ある意味ではきわめて通俗的ではある。

だが同時に、儒教では、天災は君主の「不仁無道」によるとされるが、ここでは「万民(が)悪気を起」すためであるとし、政治が「苛《から》」くとも「敢て怨み憤ることなく」「万般の禁制」を守ることが要求される。また、注目すべきは、天地や人との和順・和合と家業への出精が説かれるが、それはたんに「渡世活計の為」だけでなく、「後世の輪廻を出離せんが為」であるとされ、その背後に「夢幻の身命」という無常感があることが注目される。真宗の側からの当時の民衆教化の一端を表徴するものといえる。

それぞれの身分に充当された家業への出精が仏教・儒教・神道など、それぞれ異なる世界像から同時に説き出されていることがわかる。

(4)　儒学的世界像の構造

186〔**彝《い》倫《りん》抄**〕(**松永尺《せき》五《ご》**)

誠《まこと》ハ「真実無《ぶ》妄《ぼう》」(1)ト注《ちゅう》シタリ。天地自然ノ理《り》ヨリ出《いづ》ルヲ誠ト云。誠ノ一字ヲシラセントテ、忠ノ字ヲヲシヘタマフ。忠ハ人ノ工夫ノ上ニテマコトアルヲ申スナリ。天地ノ誠ハ、夏ハアツク冬ハサムキ、コレ天道ノマコトナリ。コノ四季ノマコトチガハヌユヘニ、万物ガ生ジツ滅《めつ》シツスルゾ。此マコトナケレバ、万物モ生滅《しょうめつ》セズシテ天地モ滅却スル也。ソレ儒道(2)ハ天道ト一理ト教ユルコトナリ。天ニアツテハ命《めい》ト云、人ニアツテハ性《せい》ト云、皆理《り》ナリ。天ニ陰・陽アレバ、人ニ男《なん》・女《にょ》アリ。天ニ木《もく》・火《か》・土《ど》・金《ごん》・水《すい》ノ五行《ぎょう》アレバ、人ニ仁・義・礼・智・信ノ五常《じょう》アルナリ。天ニアツテハ五常則《すなわち》元《げん》・亨《こう》・利・貞也。四季ニ配スレバ、春ハ仁也。夏ハ礼也。秋ハ義也。冬ハ智也。信ハ則土《ど》用《よう》也。皆天地ヲ表《ひょう》シテ行フ道ナレバ、天即《すなわち》我、我即天、コレヲ天人合一《ごういつ》ノ学文《がくもん》ト申スナリ。又己《おのれ》ガ心ヲオシテ人ノ心ヲシリ、善ヲスヽメ悪ヲイマシムルコトナレバ、人己《じんき》合一ノ学トモ申スナリ。

ソノウヘ上《かみ》天子ヨリ、下《しも》万民ニイタルマデ、シルベキ道ト申スハ、周易ニモ「有テ二天地一而シテ後ニ有リ二夫婦一。有テ二夫婦一而シテ後ニ有リ二父子一。有テ二父子一而シテ後ニ有ル二君臣一」(3)ナレバ、タレカコレヲノガレンヤ。即親ニ孝アル心ヲ以テ君ニツカフレバ忠トナリ、家ヲオサムル法ヲ以テ天下国家ヲオサムレバ安穏太平ナリ。道理一本ナルユヘニ、オサムルトキハ一寸の胸中ニオサマリ、ヒロムルトキハ天下国家ニ充満スル。全体大《たい》用《よう》ノ道(4)トハコレヲ申スナリ。天子ハ天下ヲオサムル心ト法(5)ト、諸侯ハ国ヲオサムル心ト法ト、大《たい》夫《ふ》ハ家ヲオサムル心ト法ト、士《し》庶人《しょじん》ハ身ト心トヲオサムル法ヲ、ソレゾレニ学問ヲ教ユル道ハ、一々ニ四書五経ニアルコトナレバ、人倫タルモノハ一日モシラズシテアルマジキコト也。

(出典)日本思想大系28『藤原惺窩　林羅山』。
(1)真実無妄　朱子の『中庸章句』第二十章の「誠」に対する注。天地自然の本来的なはたらきが全き善であることをいう。(2)儒道　儒学一般ではなく、ここでは朱子学のこと。(3)周易ニモ…　『易経』序卦伝。(4)全体大用ノ道　人の心に本来的に備わっている道徳性(本体)を具現すれば、それは同時にその結果(作用)として、天下国家も安穏太平となり、道徳的となるとの意味。(5)心ト法　心とは仁義礼智などの道徳性、法とは、その道徳性を実効あらしめるための具体的な方法の謂。

【解説】　江戸時代の思想と文化をみる上で、儒学思想が重要な意義を有するのは、それが近世権力の成立過程において重要な役割を果たしたからでも、あるいはまた国家教学として近世権力の維持・再生産に重きをなしたからでもない。中国・宋代に朱熹(一一三〇―一二〇〇)は、孔子を学祖とする儒家の伝統をふまえつつも、仏教的思惟を媒介として宇宙論や人間観を含む壮大な哲学大系を構築したが、それが徳川社会の社会思想として支配的思惟となり、近世の知識人はいずれもその思想体系との格闘を通して自己の思想を形象化していったからである。その点は、いわゆる朱子学派や陽明学派のみならず、朱子学の人間観や宇宙論への批判に立ってそれぞれ独自の言説体系を構築した伊藤仁斎や荻生徂徠においても同様であり、また儒学総体を批判する学説を確立した本居宣長などの国学においても変りはない。その意味で儒学は近世の思想・文化史を活性化させる上できわめて大きな役割を果したといっても過言ではない。

本史料は、藤原惺窩門下の四天王の一人、松永尺五(一五九二―一六五七)のものであるが、天地自然と社会関係、他者と自己、修身から治国平天下とを連続的にとらえる朱子学的思惟の特質を簡便に概説したもので、自然・社会・人間を本来的な道徳性が貫いているとする朱子学の思想構造を表現している。同時期広汎に流布した「心学五倫書」も近世的世界像の形成に大きな影響を与えた。また君臣と父子の関係においても後者を優先させている点に儒学の祖述的色合いが表われている。

187〔藤樹先生年譜〕(中江藤樹)

十有八年辛巳。先生三十四歳。

夏、二三子ト〔ト〕モニ勢州大神宮(1)ニ参詣ス。此ヨリ前、曾テ以為《おもえら》ク、「神明(2)ハ無上ノ至尊也。賤士ニシテ貴人ニ近《ちかづ》クスラ、訓瀆(3)ノ恐レアリ。況《いわん》ヤ神明ヲヤ」。是ヲ以テ終ニ神ニ詣拝セズ。其后、学日々ニ精徴(4)ニ入。故ニ以為ク「士庶人モ亦神ヲ祭ルノ礼アリ。然ラバ則チ神ニ詣スルコトモナクンバアルベカラズ。且、大神宮ハ吾朝開闢ノ元祖(5)ナリ。日本ニ生ル丶者、一タビ拝セズンバアルベカラズ」ト。是ニ於テ詣ス。

是年、始テ 専《もつぱら》格套(6)ヲ守ルノ非ナルコトヲ覚《おぼゆ》。此ヨリ前、専ラ朱註(7)ヲ尊信シテ、日ニ講㆓明之㆒、「小学」ノ法ヲ以テ門人ニ示ス。是故ニ、門人格套ニ落在《らくざい》シ(8)、拘攣《こうれん》(9)日ニ長ジテ、気象《きしよう》漸ク迫レリ(10)。或ハ圭角(11)アリテ、同志ノ際、ナヲ融通セズ。一日、門人ニ謂テ曰、「吾、久シク格套ヲ受《じゆ》用《よう》シ来ル。近来、漸其ノ非ヲ覚《おぼ》フ《(ユ)》。格套ヲ受用スルノ志ハ、名利《めいり》(12)ヲ求ルノ志ト、日ヲ同シテモ語ルベカラズトイヘドモ、真性《しんせい》活潑ノ体《たい》(13)ヲ失フコトハ均《ひと》シ。只《ただ》吾人、拘攣ノ意ヲ放去シ、ミヅカラ本心(14)ヲ信ジテ、其跡《あと》(15)ニ泥《なず》ムコトナカレ」。門人、大ニ触発興起ス。○一日、門人ニ語テ曰、「昨夜、夢ニ人アリテ、吾ニ光嘿軒《こうもくけん》ト云号《ごう》ヲ授ク。光嘿(16)ノ号、吾ニ過《すぎ》タリ。只《ただ》嘿軒可ナリ」ト云テ、此ヨリ自《みずから》嘿軒ト称ス。

（出典）日本思想大系29『中江藤樹』。

(1)勢州大神宮　伊勢神宮。(2)神明　ここでは儒教の天の神霊と日本の記紀神話における神々との両義を含む。(3)訓瀆　馴瀆の誤りか。馴瀆は、なれなれしくしてけがすの意。(4)精徴　精密微妙の境地。(5)吾朝開闢ノ元祖　皇室の祖先神とされる天照大御神のこと。(6)格套　儒教の古典にある起居動作など礼の形式的な規範。(7)朱註　古典に関する朱子(熹)の注釈。(8)落在　陥る。(9)拘攣　つなぎ縛られること。(10)気象漸く迫レリ　心の状態が窮屈になる。(11)圭角　言葉や動作などが角立って折り合わないこと。(12)名利　名誉と利益。(13)真性活潑ノ体　人の心の本来的な活動性。王陽明の「良知」に当たるもの。(14)本心　人が生まれながらにもつ本来の心のあり様。(15)其跡　形跡＝「心」とその発動の結果である事蹟＝「迹」とを区別し、「心」を重んずるのは、藤樹の思想の特色の一つ。(16)光嘿　自分の心のあり様に忠実であること。『王竜渓先生全集一巻』、撫州擬峴台会語「学は原と自己の性命のために黙々として自修自証す…」によるか。

【解説】　徳川儒学の思想系譜の代表の一つが朱子学＝宋学であるとすれば、もう一つは明末の陽明学であり、徳川儒学でそれを代表するのが中江藤樹(一六〇八―四八)である。中国では、朱子学から陽明学への思想展開が時代思潮として看取できるが、徳川思想においては両者は、共存ないしは併存した。

藤樹は、藤原惺窩や林羅山がその職業上の必要から儒学を学び儒者となったのとは異なり、武士身分にあって儒学を学び、儒学を武士生活の中で活かそうと試みた数少ない儒者の一人であったが、二十七歳のとき、藩の内紛に巻き込まれ、生母への孝養を理由に致仕・脱藩し、生まれ故郷の近江高島郡小川村に帰り、民間にあって武士や農民に儒学を講じた(藤樹書院)。

当初は、実践的な朱子学の立場から、排仏を標榜する朱子学を奉じながら法印の僧位をうけた林家を厳しく批判したが、三十三歳の頃、『性理会通』や『王竜渓語録』『陽明全集』等、明末の陽明学左派の文献にふれることを通して陽明学に転じた。本史料は、そのような思想転換の契機を如実に表すものである。

藤樹における外在的・固定的な規範（格套）を重視する朱子学から、自己の内面に本来的に具有する良知を働かすことへの転換は、老荘や仏教をも包摂する「太虚の神道」を生み出した。それは、太虚の本質を宇宙の生命力とする気の哲学であり、その太虚の生命力を維持して正しく生きることが「孝」の工夫であり、実践であるとするものである。また史料前半の大神宮への参詣も、天を祭るのは天子のみの専権であり、士庶人が祭ってはならないとする格套からの転換を意味しよう。

188〔**鬼神論**〕（**新井白石**）

世の人常の言葉に、「積善の家には余《よ》慶有《けいあり》、積不善の家には余《よ》殃有《おうあり》(1)」とは侍れど、よしと見し人の福にあふはまれに、よからぬときく人の福をうくるはおほかり。されば、仏の教に、三世《さんぜ》(2)の事をとき給へるこそ、ことに勝れたれ。よき人の不幸なるは、前世《ぜんせ》の悪報なり。此債《おいめ》(償)をつぐのひてんには、後世《ごせ》は必《かならず》善報をうくべき物なり。悪《あし》き人も前世の修《しゅ》善《ぜん》によりてこそ、かく今の世には幸は多けれ。彼《かの》善報の既に尽なん後は、後世必悪趣に堕すべきもの也」とぞ云なる。是すこしきなるを知りて、大なるを忘れたるの説なるべき。

福善禍淫の事は(3)、是《これ》天のおのづからなる理なれば、これもいひ、かれもいふ〈これは聖人、かれは仏也〉。たゞその云所の異なるに、かれは妄にして、これは真なるぞ。異なる、其理は同じきに似たり。されば、易にも、善不善共に、「積《つむ》」とは見えたり。家とは、上は父祖より下は子孫に至りて、中はおのが身、旁は伯叔兄弟、共に通じていへる名なるべき。しからば、かれが云所は、三世と云とも、まことはたゞおのが身一人なり。聖人の宣《のたま》ふ所は、上中下に通じて、千百世と云とも、たゞひとつの家にてぞある。古しへより、家をも国をも興《おこ》せし人、其先多くは忠信の人なり(4)。またよき人の子孫衰ふる事、いまだきかず。世の人、智すこしきに、慮近くて、我百年のほど見る内の事のみを以て、彼天命をうたがふこそ、うたてけれ。「積」と宣へる事、深き心得有べしや。縦《たとえ》ば、おのれ僅《わずか》に一チ二の大善をなさんに、其善いかにおほき成とも、つむ事なからんには、福をいたすに及ぶべからず。「善すこしきなるを以てせざる事なかれ(5)」と侍れば、たゞ善もつみてこそ、我徳をもなしつべく、天福をいたしぬべけれ。おのが身より上つかたは、かのいはゆる前世にて、下つかたは、いはゆる後世也。おのが身いかに善ありとも、祖先の世に悪をつみなんには、その余波《なごり》猶およぶべき。さればこそ、「あまれるわざはひ」とは宣ひたれ。よからぬ人の福あるも、猶かくの如し。たゞ是祖先のつみけん〔善の〕余波なるべき。

（出典）日本思想大系35『新井白石』。

（1）積善の家には…　解説参照。ちなみに慶はよろこび、殃はわざわいの意。（2）三世　仏教にいう前世・現世・来世（後世）。（3）福善禍淫の事　『書経』湯誥の「天道は善に福《さいわい》し、淫に禍《わざわい》す」に由る。（4）忠信の人　行いが誠実で偽りのない人。（5）善すこしきなる…　『易経』繋辞伝下に「善、積まざれば以て名を成すに足らず、悪、積まざれば以て身を滅ぼすに足らず、小人は小善をもって益なしとして為さざるなり。小悪を以て傷《そこな》うなしと為して去らざるなり」とあるのに由る。

【解説】人の拠るべき道徳性の根拠を人間の本来性や、天地万物の本来的有り様に求めるのが儒学であるが、儒学は宗教性を全くもたなかったとはいえない。司馬遷『史記』列伝冒頭の伯夷伝が、終生高い道徳性を保った伯夷・叔斉の兄弟が結局餓死し、他方、名代の盗賊であった盗跖が長寿を全うしたことを例に引きながら、「天道は本当にあるのだろうか」と自問したように、現実社会では、人の道徳性の高さと幸不幸、富貴貧賤、長寿夭折とは必ずしも即応しないからである。

そこで儒学が用意したのは、個人の幸不幸の原因を当人の道徳性のみならず、家の系譜の中で捉えることである。「積善の家には必ず余慶あり、積不善の家には必ず余殃あり」（『易経』坤卦）とするのがそれであり、それは現在、道徳的に正しい人が不幸であるのは、先祖の「余殃」であるとし、他方、現在を道徳的に生きれば、それは子孫において「余慶」をもたらすことになるとして、いずれにせよ道徳的に正しく生きることを鼓舞する思想である。本史料は、仏教も現世における人の有り様を前世と後世に関わらせて説く点で「勝れた」ものだとしつつも、仏教の場合には、それを個人一身において説く点で、家系における系統性を説く儒教に比すれば劣るものだとする。周囲の強い圧力のもとで遂行された儒教的理想主義にもとづく新井白石の政治的実践が、このような儒教的な合理主義と宗教意識に裏打ちされていたことを見すごしてはならない。

参考文献として、ケイト・中井『新井白石の政治戦略』平石直昭ほか訳、東京大学出版会、二〇〇一年など。

2　武家政治の正統化とその論理

(1)　王家の衰退と武家政権の成立

189〔日光東照宮文書　二〕徳川家康に東照大権現の神号を追贈し給へる宣命（元和三年二月二十一日）

天皇我詔旨良万止、故柳営大相国源朝臣爾詔倍止勅命乎聞食止宣。振二威風於異邦之外一比、施二寛仁於率土之間一須。行二善敦一而徳顕留。身既没而名存勢利。崇二其霊一氐、東関乃奥域爾(1)大宮柱広敷立氐、吉日良辰乎択定氐、東照乃大権現止上給比治賜布。

此状乎平介久安介久聞食氐、霊験新爾、天皇朝廷乎宝位(2)無レ動久、常磐堅磐(3)爾、夜守日守爾護幸給比氐、天下昇平爾、海内(4)静謐爾護恤賜倍度、恐美恐美毛申賜者久止申。

天皇《すめら》が詔旨《おおみこと》らまと、故柳営大相国源朝臣《こりゅうえいだいしょうこくみなもとあそみ》に詔《のりたま》へと勅　命《のりたもうおおみこと》を聞食《きこしめ》さへと宣《の》る。威風を異邦の外に振ひ、寛仁《かんにん》を率土《そつど》の間に施す。善敦《とん》を行ひて徳顕《あらわ》る。身既《すで》に没《ぼっ》して名存《そん》せり。其《そ》の霊を崇《あが》めて、東関《とうかん》の奥域《おくいき》に大宮柱広《おおみやはしらひろ》敷立《しきた》て、吉日良辰《きちにちりょうしん》を択《えら》び定めて、東照の大権現《だいごんげん》と上《のぼ》し給《たま》ひ治《おさ》め賜《たも》ふ。此《こ》の状を平《たいら》けく安《やすら》けく聞食して、霊験新《れいげんあらた》に、天皇朝廷《すめらみこと》を宝位動無く、常磐《ときわ》堅磐《かきわ》に、夜守日守に護り幸へ給ひて、天下昇平に、海内《かいだい》静謐に護り恤《あわれ》み賜へと、恐《かしこ》み恐みも申賜《もうしたま》はくと申す。

(出典)辻善之助監修『歴代詔勅集』目黒書店、一九三八年。

(1)東関の奥域　日光のこと。(2)宝位　天皇の位。(3)常磐堅磐　とこしえに、永久不変に。(4)海内　国内。

【解説】　元和元年(一六一五)五月大坂落城、秀頼・淀君を自殺せしめた家康は翌二年三月太政大臣に任命され、四月、七十五歳で死去。遺骸は当初久能山に葬られたがのち日光山に移され、同三年三月、日光東照宮社殿が竣工、そしてその前月の二月二十一日後水尾天皇から東照大権現の神号を授与され、徳川政権の守護神として祭られた。だが、その宣命に、一つはその業績が「威風を異邦の外に振ひ、寛仁を率土の間に施す」とされ、二つは、天皇朝廷の地位の不動性を守ること、三つは天下昇平、海内静謐が明記されていることは、のちにみる武家の側からの将軍の任務・役割の規定性と併せて重要である。また、武家の棟梁が神格化されることとともに、その神号を授与するのが天皇であることも、近世権力の性格をみる上で看過することのできない問題である。

190〔後水尾天皇宸翰御教訓書〕

一　帝位《ていい》にそなはられ候と覚召《おぼしめし》候御心《おこころ》候へば、おぼえさせおはしまし候はで、御橋《おんおごり》と成候て、人の申候事、御承引《ごしょういん》なく成行候事にて候まゝ、よく〳〵御心《おこころ》にかけられ候て、つゝしまれ候はん事、肝要《かんよう》に候。むかしこそ、何事も勅定《ちょくじょう》をばそむかれぬ事のやうに候へ。今は仰出《おおせいだ》し候事、さらにそのかひなく候。武家は権威ほしきまゝなる時節の事に候へば、仰《おおせ》にしたがひ候はぬも、ことはりとも申べく候歟。重代《じゅうだい》の臣下共《ども》すら、動《ややもすれ》ば、勅命《ちょくめい》とてもかろしめ候事のみに候。澆季《ぎょうき》の世(1)、あさましく候へども、是非《ぜひ》なき事に候。さ候へば、御橋心《ごきょうしん》(2)など、今の世に別して不相応の御事《おんこと》に候まゝ、ふかく御つゝしみあるべき事に候。

(中略)

一　天地人《てんちじん》の三才は、其《その》もと一致《いっち》なるがゆへに、天地に災《わざわい》あれば、人にをよぶことはり也。依レ之《これにより》、天変地妖《てんぺんちよう》出現する時、諸道勘文《しょどうかんぶん》(3)をたてまつりて、御《お》つゝしみある事、常の事也。されども熟《つらつら》思《おもう》に、天地には私《わたくし》(4)なく、人には私ある事なれば、政道たゞしからずして、急難すでに出来《しゅったい》せむとする時、其災《わざわい》天地に及《およん》で、妖怪出現すべき事なる歟。然《しから》ば人道《じんどう》の変《へん》、本《もと》なれば、前非《ぜんび》をあらため、弥《いよいよ》深くつゝしまるべき事にこそ。

一　禁中ハ敬神《けいしん》第一ノ御事候ヘバ、毎朝ノ御拝《ぎょはい》、御私《ぎょし》ノ御《ご》懈怠《げたい》、且以不レ可レ有レ之事《かつもつてこれあるべからざること》。

一　鳥羽院《とばいん》、美福門院《びふくもんいん》御寵愛ノ余《あまり》ニ、近衛院《このえいん》御即位候事、大乱ノ基《もとい》ト成候テ、帝位ノ御威光、次第《しだい》ニ衰《おとろえ》候事候ヘバ、女色《じょしょく》ノ誡《いましめ》、如二探湯一可レ被二覚召一事《くがたちがごとくおぼしめさるべきこと》、干要《かんよう》ニ候事。

一　近習之《きんじゅうの》衆、当分御心《おこころ》ニ相候様ニ被二覚召一《おぼしめされ》候者モ、悪事ヲ申進《もうしまいらせ》候者ハ、畢竟御為《ひっきょうおんため》ニハ寇讎《あだ》ニ候条、可レ被二遠《とおざけらる》避《べく》一候。是又干要《これまたかんよう》ニ候事。

一　御行跡不レ軽様《おんぎょうせきかるからざるよう》ニ、御進退被レ付二御心一《ごしんたいおこころづけられて》可レ然《しかるべく》候事。

(出典)　前掲『歴代詔勅集』。

(1)澆季の世　衰えた世の中。(2)御憍心　おごりたかぶる心。(3)勘文　吉凶の原因を考えて意見書を出すこと。(4)天地には私なく　天地自然は公平でえこひいきしないの意。「天に私履なく、地に私載なし」(孔子閒居)など。

【解説】　本史料は、第二代将軍秀忠の娘和子を女御とし、一六二九年三十四歳で譲位した後水尾天皇(在位一六一一—二九)が、継嗣の興子内親王に与えたもの。天皇の権威の低下、天地の災の本は人道にあることに加え、天皇として心得るべき注意事項が列記されている。武家興隆の当代を「澆季の世」と規定していることが注目される。武家が制定した「禁中並公家諸法度」と併せて考える必要がある。後水尾天皇は、譲位後も四代にわたって院政を行った。

(2)　天子の代行者としての将軍

191　〔武家事紀〕(山鹿素行《やまがそこう》)

①

帝王日中行事、年中行事ツマヒラカニ旧記ニ出タリ、況《いわん》ヤ天祖天照大神ノ遺勅ニ因テ、代々ノ天子三種神宝ヲ以テ帝王ノ聖徳ヲ表シ、宝鏡ヲ以テ神常ニ在《います》カ如キ戒トナシ、聡明睿知ノ天徳ヲタ、シ玉フ、是乃天子ノ道也、世久シク泰平ニ属シ、往古ノ神勅モ形ハカリ残リ、朝廷ノ礼儀モ威儀ノ節ヲ事トシ、楽ノ和ハ管絃ノ事ニナリ、ツイニ好色ノ道幽玄ノ儀ノミ、朝廷ノ有識《ゆうそく》(1)トスルニナレリ、故ニ天下ノ治道政法ハ上下トモニ失却ス、(中略)故ニ武臣コレヲ受テ天子ニ替テ、億兆ノ民ヲ安シ四海ヲ静謐セシム、サレハ詠曲管絃ノアヤマチニアラス、コレヲ用《もちいる》ニ道ヲ失ナヘハナリ、武臣上ヲナミシテ世ヲ政スルニ非ス、上ニ君道不ㇾ明カユヘニ武臣コレヲ承テ天下ヲ安スル也、保元ヨリコノカタ建武ノ乱ニ至ルマテ、朝廷ノ礼楽政道正シキニ、武臣己レカ私ヲホシイマヽニ致ス事アラス、全ク上ニ無道アツテ天下困窮スルカユヘニ、武臣日々ニ盛ニシテ是ヲ静謐セシムル也、サレハ平清盛コトクナル我マヽヲナセシ武臣タリトイヘトモ、猶朝廷ヲ立テ命ヲ重《おもん》スル事、是併天神地祇ノ神霊、万世ノ後マテ相ノコリテ、君君タラサレトモ臣以テ臣ノ道ヲ守ルノユヘナレハ、難ㇾ有本朝ノ風俗也、

②

朝廷ハ禁裏也、辱《かたじけなく》モ天照太神ノ御苗裔(2)トシテ万々世ノ垂統(3)タリ、此故ニ武将権ヲ握テ、四海ノ政務文事・武事ヲ司トルト云々、猶朝廷ニカワリテ万機ノ事ヲ管領セシムルノコトワリナリ、王朝ノ事聊《いささか》モ懈怠ナクツトメ玉フ事君臣ノ大礼也、君臣ノ礼不ㇾ行トキハ上下ノ差別不ㇾ明、上下ノ差別不ㇾ明ハ天地所ヲカヘ、万物其本ヲ失テ政道ノ綱紀遂ニ不ㇾ可ㇾ明也、時殊ニ世衰テ君々タラサルカユエニ、君ノ威(4)天下ニ施行イタスニ不ㇾ足事、既ニ久シトイヘトモ、臣ハ臣ノ道ヲ守テ武将代々京都ヲ守護シ、朝廷ヲ尊《たっとび》官位ヲ重ジテ、朝廷ヲ以テ朝廷タラシメ、君臣上下ノ儀則ヲ存スル事、是武家大礼大義ヲ有シ、本朝ノ風俗・人物、異域(5)ニマサル要道ナリ、

(出典) 山鹿素行先生全集刊行会『武家事紀』上巻、大正四年。

(1)有識　故事典礼に明るいこと。(2)御苗裔　血筋、子孫。(3)垂統　『孟子』の「君子業を創め、統を垂れ、継ぐべきを為す」(梁恵王章句下)に典拠し、事業の緒口をはじめてつくり、後に伝えること。(4)君ノ威　天皇の権威性。(5)異域　一般的には外国の謂であるが、具体的には大陸中国が意識されている。

【解説】 江戸時代初期の知識人にとって、成立した武家政権をどのように合理化・正統化するか、また、いまや政治上の実権を全く喪失してしまった天皇や公家の存在をどのように意味づけ合理化するかは、重要な思想的課題の一つであった。何となれば、武家は政治的には武力で全国を制覇し、将軍を頂点とする統一権力を樹立しつつも、他方では、天皇から将軍宣下を受け、官位もすべて朝廷から授与されたからである。すなわちこのような政治上の実態と形式的な名とのズレをどのように合理的に説明するかが、元来名と実の一致を思想の根幹とする儒教を信奉する儒学者たちに課せられたのである。

山鹿素行(一六二二―八五)は『武家事紀』において、わが国における政治権力を「皇統」から「武統」への交替と位置づけ、あたかも王朝の交替があったかのごとく叙述しつつも、他方では天皇と武将との関係を君臣関係であるとし、武家による政権行使を天子・朝廷の代行者と位置づけ、武家は朝廷に対しては、あくまでも「臣」として朝廷を尊崇するとともに「君臣上下ノ儀則」を保持することが武家の「大礼大義」であり、それが異

域＝唐土とは異なるわが国の独自性であるとする。

192〔集義和書〕（熊沢蕃山）

①問。かならず王者に天下のかへるまじきとは如何なる道理侍るにや。もと日本の主《あるじ》なれば、本にかへりぬべきことにて候。

云。代《よ》をかさねて天下をたもつは天の廃する所なりといへり。しかれ共、王者は天神の御子孫にして地生《ちせい》にあらず(1)。ことに日本にをいて広大の功徳をはします故、天下の権勢をばさり給ひて、やはらかにして上におはしませば、いつまでも日本の主にてをはします道理にて侍り。武家もたとひ天威(2)のゆるし有《あり》とも、みづから王と成《なり》てはむつかしき事也。臣として摂政などの心にて天下を知《しり》給(3)ふは心易き事也。何たる無分別の人有て王とは成《なり》給ふべからん。又此方よりかへし奉られても末つゞき申まじきと申事《もうす》は、後醍醐《ごだいご》の帝《みかど》の時さへ、公家は日本の人情・時変うとく成給ひて、かへりたる天下を失ひ給へり。今はなを〳〵うとくなり給へば、たとひかへし奉り給ふとも、やがて乱逆出来《らんぎゃくいでき》て本までもあやうかるべく候。武家の人の帝位に上り給はんと、王の天下をとり給はんとは、共に無分別たるべき也。然れども一ツの道あり。将軍家に賢君出《いで》をはしまして、三十年も用意あり、家を作るごとく地形《じぎょう》よりくみ立《たて》、末代までの法をまうけて奉り給はゞ、人じちも何もいらで、又五百年も風波なく世中ゆたかなるべし。後世にはかくのごときの人出《いで》給ふべきもはかりがたく候。

②問。時有て公家の天下にかへる事も可レ有《あるべき》か。

云。中〳〵かへるまじく候。此方よりあたへたまふ共《とも》末つゞき申まじく候。昔は武家より御気遣《おんきづかい》も有《ある》べき事なるが、今は何の御用心もなき御事也。是《これ》を以《もって》いよ〳〵位を位に立《たて》(4)て尊敬し給ふが日本の為にて、又将軍家御冥加《ごみょうが》のため也。

問。日本の国の為とは、如何なる道理候や。御冥加の儀は尤《もっとも》に候。

云。もろこしよりも、日本をば君子国とほめたり。其故は、もろこしの外には、日本程礼楽の道正しく風流なる国は、東西南北になき事也。それは禁中をはします故にて候。清盛・頼朝よりこのかたは、武人、大君と成《なり》て、武勇のつよき人、天下をとれり。武は野人に近き程達者に成申《なりもうし》候。武家といへども、久しく治《おさま》りぬれば、次第に上らふになり、おごり生じ、やはらかになりて、心ばかりはたけれども、武勇の達者はおとれり。大方は心もつれ申事(5)にて候。其《その》おとろへざまには野人出《いで》て天下を取れり。この故に、国主といへ共《ども》、田夫をさる事いくばくもなく候。公家なくて幾度もかはりなば、二三百年の内には天竺南蛮《てんじくなんばん》にかはらぬあらゑびす(6)と成侍《なりはべる》べし。禁中をはします故に、天下治《おさまり》て後にはかならず将軍家参内《さんだい》をとげられ、諸大名皆あつまり給ひ、束帯衣冠の礼儀を見て、初《はじめ》て人の則《のり》ある事を知《しり》、御遊《ぎょゆう》の体《てい》管絃のゆたか成《なる》を聞《きき》て、初て太平の思ひをなせり。彼といひ是といひ、己が身をかへりみるにまことのゑびすなり。此《この》無道にしては、国・天下のしりがたき事をしれり。野人よりおこり給へども、天下を知《しる》ほどの人なる故、必《かならず》古礼をあふぎ古楽をしたひ、禁中をあがめて君臣の義を天下に教《おしえ》給ひ候。天下の人是を見て、威も力もなき人を日本の主筋《しゅすじ》とし、かくのごとくあがめ奉り主君となしてかしこまり給へるは誠に道ある君なり、我等いかで国・郡を給はりながら忠を存ぜざらむやと、むかし賊心ありし者も、たちまちひるがへして普代《ふだい》の思ひ(7)をなせり。こゝを以《もつて》世の太平すみやかなり。禁中をはしまさではいかで此徳あらんや。こゝを以て日本国のためとは申《もうす》なり。

(出典) 日本思想大系30『熊沢蕃山』。

(1)王者は…　天皇は天照大御神の血統を引くとされること。(2)天威　天命の謂か。(3)知給ふ　統治する。(4)位を位に立て　公家の位を尊いものとして。(5)心もつれ申事　武勇が劣るにつれて心の方も劣るようになる。(6)あらゑびす　荒夷、華夷思想にもとづき、文化を知らない野蛮人のこと。(7)普代の思ひ　永続的な忠誠を感じるようになる。

【解説】 熊沢蕃山(一六一九―九一)は、足利尊氏以降は「一向武家の世とはなれり。是より天下の諸大名、大樹を主君として奉りて、天子にはつかふまつらず。陪臣の、国の君を主とすると同理なり」(「集義和書」巻第八)といい、現在の日本における天子は「大樹一人也」といいつつも、他方では、「武家の人の帝位に上り給はんと、王の天下を取り給はんとは、ともに無分別たるべき也」とし、名と実の分離、権威と権力との二重構造論を明示した。この観点はその後、後期水戸学の藤田幽谷や頼山陽などをはじめとして種々のバリエーションを伴いつつ踏襲されていくことになる。また蕃山は、独自の礼楽論の立場からわが国が「君子国」であるのは「禁中をはします故」であるとし、「威も力もなき」禁中を「あがめ奉」ることが将軍の有徳性の証であり、それが「世の太平」を保持する所以であるとする。

素行においては上下の差別を教えるという政治的効果を、蕃山においては礼楽の担い手としての文化的効用を説く点で論点に違いはあるものの、いずれも天皇の存在が当該社会において有用性をもつと説く点では同一である。徳川将軍家による権力保持や幕藩制国家の政治支配にとって、天皇がいかなる意味で不可欠な存在であったのかを考える上で示唆的である。

(3) 国王としての将軍

193〔読史余論〕（新井白石）正徳二年（一七一二）

孔子曰(1)、名不レ正則言不レ順、言不レ順則事不レ成ト、又名レ之必可レ言也、言レ之必可レ行也、君子於二其言一無レ所《するところなき》レ苟而已《のみ》矣ト見ユ、夫所レ謂大臣トハ人臣ニシテ君ニ仕フノ官也、其官有ル時ハ必其職掌アリ、是ヲ名レ之可レ言言レ之可レ行トハ申ス也、王朝既ニ衰ヘ武家天下ヲシロシメシテ天子ヲ立テ(2)世ノ共主トナサレシヨリ其名人臣也ト雖、其実ノ有所ハ其名ニ反セリ、我既ニ王官ヲ受テ王事ニ従ハズシテ我ニ仕フル者ハ我事ニ従フベシト令セムニ下タル者豈《あに》心ニ服セムヤ、且ハ我受ル所ハ王官也、我臣ノ受ル所モ王官也、君臣共ニ王官ヲ受ル時ハ其実ハ君臣タリト雖其名ハ共ニ王臣タリ、其臣豈我ヲ尊ブノ実アランヤ、義満ノ世叛臣常ニ絶ヘザリシハ其不徳ノ致ス所ト雖、且ハ又其君ヲ敬フノ実ナキニヨレリ、其上身已ニ人臣タリ、然ルニ王朝ノ臣ヲ召仕テ是ヲ名付テ昵近《じっきん》トシ其家礼トスト云ヘドモ、僭窃ノ罪(3)豈万代ノ譏《そしり》ヲ遁レンヤ、世態スデニ変ジヌレバ其変ニヨリテ一代ノ礼ヲ制スベシ(4)、是即変通ズルノ儀ナルベシ、モシ此人ヲシテ不学無術ナラザラシメバ、此時漢家本朝古今事制ヲ講究シテ其名号ヲタテ天子ニ下ル事一等ニシテ(5)、王朝ノ公卿大夫《たいふ》士ノ外ハ六十余州ノ人民悉《ことごとく》其臣下タルベキノ制アラバ今代ニ至ル共遵用ニ便アルベシ、

（出典）『読史余論』岩波文庫。

（1）孔子曰…　『論語』子路に由る。（2）天子ヲ立テ…　足利尊氏が光明院を天皇として立てたこと。（3）僭窃ノ罪　義満は将軍でありながら太政大臣にもなった。（4）一代ノ礼…　礼を制定することは天子の専管事項である。（5）天子ニ下ル事一等…　この称号は「国王」号以外には考えにくいであろう。

【解説】　素行や蕃山が天皇家から武家への実質的な政治権力の交代を認めつつもなお、武家権力を天皇の「代行者」として位置づけ、名と実との分離や共存をはかる思想的立場を明確にしたのに対して、近世の歴史思想において天皇家から武家への政権交替を最も明快に論理化したのは、六代将軍家宣・七代将軍家継に仕えた儒学者新井白石（一六五七―一七二五）である。

白石は主著『読史余論』において、王家の衰退は藤原氏による摂関政治から始まり、源頼朝による武家政治の開始・後醍醐天皇の建武の新政の失敗等によって極点に達し、足利尊氏の光明院の擁立によって朝廷は全くの「虚位」となり、「天下は全く武家の代」となったと断じた。そして儒教の名実一致論に拠って足利義満は、将軍がその天下支配の実にふさわしい名を立てて「六十余州の人民」をすべてその「臣下」とする礼の体系を創設していれば、それを今に遵用することができたとする。

それは綱吉政権において確立した将軍権力を背景とし、幕府創設百年を経て、第六代将軍家宣を天子たらしめようとした白石自身の直面した政治的課題でもあった。そして事実、白石は、

朝鮮との国書交換において当時慣行として使用されていた大君号を国王号に改めるなど礼制の改革を行ったが、七代将軍家継の夭折と八代将軍吉宗の就任によって烏有に帰し、白石の企図は挫折した。白石が、国際社会において「国王とは何か」を原理的に問い直し、それを政治の実権的行使者と規定し、将軍をして名実ともに国王たらしめようとした試みは、天皇を国王とする日本社会の伝統的・習俗的な意識に対する思想的挑戦であったとみることもできる。だが、他方では同時期における雨森芳洲のみならず、その後も、闇斎学派や水戸学派による厳しい批判を受けることになる。

　この時期、白石の同門である室鳩巣のみならず、思想的には白石と対立した荻生徂徠・太宰春台などが、将軍を事実上の国王とみなす立場をとっていたことは注意されてよい。

194〔政談　巻之三〕（荻生徂徠）

且天下ノ諸大名皆々御家来ナレドモ、官位ハ上方ヨリ綸旨・位記ヲ被《ル》レ下《サ》コトナル故、下心ニハ禁裏ヲ誠ノ君ト存ズル輩モ可《シ》レ有《ル》。当分唯御威勢ニ恐テ御家来ニ成タルト云迄ノコトナド、ノ不《レ》レ失《ハ》二心根《ヲ》一バ、世ノ末ニ成タラントキ、安心難《キ》レ成《リ》筋モ有也。

関東ニテハ、装束ヲモ烏帽子・直垂《ひたたれ》迄ニシテ、是ニ十二階級ヲ拵ヘ置キ、官位ニ附テノ装束ハ御上洛ノ時計《ときばか》リ用ル事ニ定メ置キ、宰相・中将・少将・侍従・四品・諸大夫等ノ官ハ唯上ノ化粧迄ニ心得サセ、実ハ勲階ノ方ヲ重ク取《リ》行ハゞ、人ニハ仕癖《しくせ》ト言物大切ナル事ニテ、年久ク如《キ》レ此《クノ》仕癖付タランニハ、公武各別ノ詮、慥《たしか》ニ立ベシ。(1)総ジテ御政務ノ筋、何事モ堂上方邪魔ト成テ、上ノ御心一杯ニ御取行ヒ難《キ》レ被《サ》レ遊《ル》筋有様ナレバ、及《ブ》二此愚案《ニ》一也。

且又朝鮮人来聘ノ時、三家ノ御方ヲ三使ノ相伴《しょうばん》ニ被《ル》レ遊《サ》事、三使何レモ三位ナル故、三位ノ御方ト位階相当シタルトテ、斯定《ク》リタルコトナルベシ。是ハ五山ノ長老ドモガ了簡カ、又ハ林道春ナドガ了簡ナルベシ。甚ダ事情ニ暗クシテ、文盲ナル事也。子細ハ、朝鮮人来聘ノ事、専ラ武家計リノ取扱ニテ、堂上方ヘハ不《ル》レ構《ハ》事也。去バ公儀ト朝鮮王トヲ同格ト儀式ヲ定テ、扨《さて》此方ヨリハ上使ハ遣《ゲ》ハサレズ、朝鮮ヨリ計リ聘使ヲ差越ス所ヲ、日本ヘ手ヲ下タル筋ニ立タル所、(2)是朝鮮日本往来ノ大格也。公儀ヲ朝鮮王ト同格ト見ルトキハ、三家ノ御方ハ宗室・親王ノ格ニ当リ、宗室・親王ハ一位ヨリハ上ニ当ルニ、其御方ヲ三使ノ相伴ニ出ス事、此方ヲ甚ダ下タル礼法也。若朝鮮ヨリ禁裏ヘ使ヲ進《まい》ラセバ、此方ノ三位ノ人ヲ三使ノ相伴ニ出コト相応ナレドモ、是亦日本ノ古法ニテハ朝鮮王ヲ禁裏ト同格ニハ立ズ。禁裏ハ皇帝也。朝鮮王ハ王位也。去バ朝鮮ハ日本ヘ臣ト称《ス》ル礼法ニスル故、イツモ家来会釈ニテ、朝鮮ノ使者ハ陪臣ノ格ナレバ、是又合ヌ事也。当時上方ノ官位ヲ堅ク守テ、三位ト三位ト同格トスルトキハ、朝鮮ヲ禁裏ト同格ト見ル故、公儀ハ一格落コトニナリ、国体(3)ヲ取失ヒ、甚不《ル》㆑宜《カラ》事也。御先々御代、新井筑後守此事ヲ憤テ、三家ノ相伴ヲ止タレドモ、三位ト言名目アル故、朝鮮ノ方ニテ先規違タルトテ不㆓合点《セ》㆒。是皆制度不《ル》㆑宜《カラ》故、箇様ナル処ニ到テ行支ヘアル也。武家ニテ勲階ヲ重ニ立テ、勲三等ノ人ヲ三使ノ相伴ニセバ、明朝・清朝ニテモ勲一等ヲヤハリ一位ト相格《あいかく》ニスル故、朝鮮人モ最ト思ヒ、事体相調テ宜カルベキヲ、新井ナドモ文盲ナル故、是等ノコトニ了簡ツカヌ也。兎角何事モ公武各別ト言筋ヲ堅固ニ建タキ事也。

(出典) 日本思想大系36『荻生徂徠』。

(1)上ノ御心　将軍の政治意思。(2)日本ヘ手ヲ下タル　公儀＝将軍と朝鮮王とを同格とみるとき、朝鮮国は日本国よりも一段劣るものとなるの意味。(3)国体　国家の体面。

【解説】　徳川体制が成立して百年が経ち、将軍権力が名実ともに確立すると、国の内外において名と実との間の乖離が著しく目立つようになった。幕府は、「庄屋仕立て」といわれる旧来の軍事組織をそのまま治政に準用し、また律令制国家の官位体系を――公家当官の外としつつも(「禁中並公家諸法度」)――準用したため、国内においても、また対外関係、とりわけ朝鮮との関係において、少なからざる礼制の混乱を惹き起こした。

このとき、礼楽制度の改革を指向したのが、六代将軍家宣・七代将軍家継に仕えた新井白石と、八代将軍吉宗に政治の諮問を受けた荻生徂徠である。両者は、ともに将軍を国王とみる立場から、朝廷の官位体系とは別の独自の勲階制度の制定をめざし、またそれを通して将軍の代替りごとに来日する朝鮮使節の応接様式の整備をはかろうとした。だが、将軍をして形式的にも国王たらしめることは、他方で、朝廷＝皇室をしてそれよりも一段押し上げること、すなわち中国の皇帝と対等の位置におくことにもなった。

白石や徂徠のこのような意図、律令制的官位体系とは異なる独自の勲階制度や将軍を国王たらしめる意図は結局実現されず、むしろ国学の成立や後期の政治社会変動のなかで、逆に名分論の立場から皇室を中心として幕府＝将軍を控制する議論――将軍をして摂政と改称すべきとする藤田幽谷「正名論」や、将軍を「武臣」として限定しようとする頼山陽『日本外史』など――が頭をもたげてくることになる。

(4)　革命否定の論理と心理

195〔玄洞筆記〕(徳川光圀)

一　公家衆参向の序ニ、となた哉《や》覧《らん》、小石川へ御出有而、御饗設有。色々御はなしのありしに、皇家の天下を武家へとられまいらせて(と)もありしに、いや〳〵皇家の天下をとり申たるにてハ候ハす。摂家の天下を武家へ取申たるにて候と御答ありけれハ、まことに左様ニ候とて感歎な

されしと也。〈是迄承而委敷《くわしく》不レ存事ニ候。中村兄・三木兄なとよく覚なされへく候。〉

（出典）常磐神社・水戸史学会編『徳川光圀関係史料 水戸義公伝記逸話集』。

【解説】　天皇家と武家との間での政権交代の事実を認めつつ、他方で武家政権を天子の代行者として位置づける山鹿素行らの矛盾に対して、一つの解決策を提示したのは徳川光圀（一六二八－一七〇〇）である。光圀は、司馬遷の『史記』伯夷伝を読んで歴史書の編纂を思い立ち、一六五七年、史局を江戸小石川に開設し、以後完成まで二五〇年を要した『大日本史』の編纂に着手したが、礼儀類典など朝廷の儀礼を編纂して献上するなど朝廷に対しても独自の意識をもっていた。

『玄洞筆記』は、光圀の近臣であった小池玄洞が生前の光圀の言行を書き綴ったもので、ここでは武家は「皇家の天下」をではなく、「摂家の天下」を取ったのだとして易姓革命が否定されており、この考え方は後の藤田幽谷「正名論」にも踏襲されることになる。また光圀のこのような考え方は「文王は聖人也。武王は聖と申がたし。伯夷がいさめこそ正道なれ。武王簒弑之義のがれがたし」（「西山公随筆」徳川圀順編『水戸義公全集』中巻所収）とも附合するものである。

196 〔劄録《さつろく》〕（浅見絅斎《あさみけいさい》）

○「集義和書」ト云ル心学者(1)ノ書ニ、楠正成ハ北条ガ臣ナレ共、天子ノ為ニ働ハ関東ニ叛《く》モ苦《から》ザル由ヲ書リ。扨《さて》モ名分ノ学ヲ知ザレバ浅マシキ義論ナリ。天ニ両《ふた》ツノ日ナク、土ニ両《ふたり》ノ王ナク、普天《の》下王臣ニ非ルナシ。如《く》レ此天子ノ正統目《め》出《でた》度ク都ニアリ〳〵ト御坐アルニ、頼朝ガ世ナドト思ルコト甚《だ》以《て》スベ無コトナリ。其上頼朝ハ本《もと》総追捕使ニ命ゼラレタレバ、文王ノ西伯ナドト云ルモノニ略《ほぼ》似タリ。頼朝天子ヨリ拝領ノ国ノ外ニ我家来タル者可レ有コトナシ。頼朝次第ニ天子ノ権ヲ窃《ぬすみ》、天下ヲ覚ズ知ズ天下ノ権ヲ窃《む》様ニシタル覇術詐謀ヨリ加様《（斯様）》ニ成《り》ハテ、、天下ノ諸士ヲ下知スル様ニ成タルコトヲ、直ニ頼朝ガ臣タルト思ルコトサヘ浅《あさ》猿《まし》キコトナルニ、況ヤ北条ハ頼朝ガ舅ニテ家来ナリ。是頼朝ガ権ヲ次第ニ窃《み》、頼朝ガ子孫ヲ絶シ、都ヨリ三将軍ヲ迎《え》、年タケヌ内ニ逐上《おいの》ボセ、了《つい》ニ北条ガ天下ノ権ヲ窃《む》様ニシタル、別シテ乱臣賊子ノ又乱臣賊子也。然バ天子ヨリミレバ、頼朝ハ天子ノ権ヲ窃《み》タルモノナレバ、凡《そ》天下ノ諸士天子ノ為ニ罰ス可《き》者也。頼朝ヨリミレバ、北条ハ別シテ頼朝ガ家ヲ絶《たや》シタル者ナレバ、頼朝ヲ主人ト思《う》者ハ尚《お》以《て》罰ス可《き》者也。加様ノ抜《き》レ根《を》塞《ぐ》レ源《を》ノ吟味ヲ不レ知、加様ニヒタト人ガ窃ムト、窃ムヲ主人トシテ、根本ヲ吟味セヌト、「遺言」ニ云ル如《く》、世ヲ取サヘスレバ君臣ノ義ト思《い》、盗人ニ家ヲ盗レテ其ヲ主人ト仰《ぐ》者ト、七巻目ニ書タルハ其為ナリ(2)。恐有《る》コトナレド、只今トテモ天子ヲ崇《あが》マヘ天子ノ御名代《ごみょうだい》トシテ天下ヲ東(3)ヨリ御下知アルハ、古《いにしえ》西伯(4)ノ事体ノナリニテ、上下如《く》レ此穏ナレバ、十分古王代ノ時ノ様ニ天子ノ権コソ無レ、頼朝ガ何トナク窃タル体トハ抜群違テ正キコトナリ。是ヨリサキハ今日尚《お》敢テ言《う》処ニ非《ず》。学者各自《みずから》察シテ自《みずから》吟味シ得テ可也。

(出典) 日本思想大系31『山崎闇斎学派』。

(1)心学者　熊沢蕃山。朱子学を(性)理学というのに対して、陸象山と王陽明の思想を心学という。『集義和書』はその主著。(2)七巻目ニ書タル…　絅斎の主著『靖献遺言』全八巻。(3)東ヨリ　江戸幕府のこと。(4)西伯　周の文王のこと。

【解説】 孟子が湯武放伐を肯定した(末尾の「参考」参照)のに対して、孔子は、天下の三分の二を領有しつつも悪徳の紂王を天子として終始奉った西伯文王を「至徳」とし、紂王を武力で伐った武王を「未だ善を尽さず」(『論語』魯論)としたことに表れているように、孔子を始祖とする儒家も易姓革命については必ずしも一様ではなかった。

前掲の徳川光圀が易姓革命を否定し、のちの水戸学に影響を与えたように、近世思想において天皇の天子としての地位を不動のものとし、それとの関係で武家の僭越を厳しく批判したのは山崎闇斎を始祖とする闇斎学派であった。同派の佐藤直方(一六五〇―一七一九)は湯武による革命を肯定したが、浅見絅斎(一六五二―一七一一)は王土王民思想の立場から、頼朝・北条氏を「天子ノ権ヲ窃」むものとし、武家政権の正統性は「天子ノ御名代」としてのみ正当化されるとした。政治の実権は変わるとしても天子の名を変えないことが大義であり、天子の名を守ることが臣としての分であるとした。いわゆる大義名分論の立場である。

以上にみた、天皇と将軍家との名と実の分離と並存は、後期以降の社会変動の中で種々なヴァリエーションを生み出すことになる。

『箚録』は宝永三(一七〇六)年九月二十六日から十二月二十日まで十七回の浅見絅斎の講話を門弟が筆記したもの。のちに掲げる「赤穂四十六士論」も本書に収められている。

(参考)

斉《せい》の宣王《せんのう》、問いて曰く、湯《とう》・桀《けつ》を放ち、武王《ぶおう》・紂《ちゅう》を伐《う》てること、諸《これ》有りや。孟子対《こた》えて曰く、伝《でん》に於《おい》てこれ有り。曰く、臣にして其の君を弑《しい》す、可《か》ならんや。曰く、仁を賊《そこの》う者之を賊《ぞく》と謂《い》い、義を賊《そこの》う者之を残《ざん》と謂《い》う、残賊《ざんぞく》の人は、之を一夫《いっぷ》と謂《い》う。一夫紂《ちゅう》を誅《ちゅう》せるを聞けるも、未《いま》だ其の君を弑《しい》せるを聞かざるなり。

（『孟子』梁恵王章句下）

3　武士意識の諸形態

(1)　戦国武士道とその変質

197 〔話記〕（朝倉宗滴《そうてき》）

一　武辺の儀(1)に付て、一切成まじきといわぬ事也、心中の程見かぎられ候者也、

一　敵のふまへたる所を取懸《とりかかり》候者、敵こたへ間敷などといわぬ事也、取懸候へて、自然(2)敵こたへ候へば、諸勢心かわるものなり、

一　仁不肖に不レ寄(3)、武者(4)を心懸る者は、第一うそをつかぬ物也、聊《いささか》もうろん(5)なる事なく、不断理致義《りちぎ》を立、物恥を仕る(6)が本にて候、其故は一度大事の用に立つ事は、不断うそをつき、うろんなるものは、如何様の実義を申候へども、例のうそつきにて候と、かげにて指をさし、敵御《み》方《かた》共に信用なき物にて候間、能々《よくよく》たしなみ可レ有事、

一　武者は犬ともいへ、畜生ともいへ、勝事が本にて候事、

一　大将たる仁は不レ及レ申、似合の人数持候人覚悟の事、第一内の者能々なりたち候やうにと、不断心懸看経《かんきん》(7)すべき也、殊に久敷侍《ひさしきさぶらい》、もとより新参当参の者にても、忠節奉公仕たる跡、幼少の子供あらば、いかにも大切に取立、人に成やうに懇《ねんごろ》にすべし、自然実子無レ之侍をば、親存生の時に、似合の養子を仕候へと意見を申加へ、跡の不レ絶やうに申付候へば、無レ子ものも安堵の思をなし、忝《かたじけなく》存候て、身命を軽んずるものにて候、如レ此懇に候へば、内の者冥加(8)にて、聞及び見及び頼もしく存じ、内輪の者は不レ及レ申、他家より忠節奉公可レ仕とて、可レ然者共出来候事、

一　主人は内の者の罰当り、又内の者は主之罰当る也、君臣共に油断有べからず候事、

（中略）

一　仁不肖に不レ依、又上下に不レ限、武者数寄《むしゃずき》たる侍は、天道之冥加候て、衆人愛敬福分之相(9)也、又無数寄に候て、武者嫌の侍は、仏神の綱もきれ、第一人にくまれ、びんぼうの相也、其故は、武者嫌は、諸人に対し懇なる事なく、内の者には目を掛ず候へど、をのづからすいび（衰微）すると常々御雑談候事、

一　侍は信心肝要也、但余《あまり》に過たるは、おどけ者の名執すると相見へ候、其故は、少々の事をも、神仏のとがめぞと思なし、心のあやかりに成ものに候(10)、惣別之看経には、

現世安穏後生善所、第一弓矢冥加、此外は有まじく事に候、色々難題を神仏へ祈誓仕懸候へば、神は非礼をうけざる故に、諸事不レ叶事共に候、

（出典）『続々群書類従』一〇。

（1）武辺の儀　武道に関する事柄。（2）自然　もしも。（3）仁不肖に不レ寄　思いやりがあるとないとにかかわらず。（4）武者　武士の異称、また武士の本業である戦い。（5）うろん　胡乱、でたらめ、いいかげんなこと。（6）物恥を仕る　恥を知ること。（7）看経　経文を黙読すること。（8）内の者　家来、家臣。（9）武者数寄たる…　戦い好きの侍には、神仏の加護があるとの信念が語られている。（10）心のあやかりに…　自分を反省する手立てにすること。

【解説】　朝倉宗滴（一四七七―一五五五）は戦国時代の武将、名は教景。宗滴は天文七年（一五三八）に剃髪してからの法号。本史料は宗滴自身の軍陣での体験にもとづき武士や大将としてのあり方を子孫への教訓として述べたもので、常に戦いの場に生きるものとしての〝強み〟や〝正直さ〟、家臣団を統率する大将として具えるべき精神態度、常住勝負に生きるものの精神的緊張を背後から支える宗教心など、戦国時代に生きた武将の精神的有りようを生き生きと描き出している。いまだ儒教思想の影響は認められないが、儒教を受容する精神態度とまったく無関係であるとはいえまい。

198　〔三河物語〕（大久保忠教）

次郎三郎清康《きよやす》(1)、御法名道法《どうほう》。拾三之御年、御世に渡ラせ給ひしより此方、諸国迄、人之馭《もちい》申事、只事不《な》レ被《られ》レ成《ず》。去《さる》程《ほど》に、此君は御勢(背)低クシテ、御眼《まなこ》之内、クナラテウノゴ(2)トシ。只、打ヲロシノ小鷹よりモ、猶も見事にシテ、御図《かたち》并《ならぶ》人無《なし》。殊に弓矢之道に上越《こす》人も無。御優シクシテ、大小人ヲヘダテ給ハデ(3)御慈悲ヲアソバシ、御情ヲ懸サせラレ給ふ。去程に、御内之衆も一心《ひとつこころ》に思ひ付。此君にハ妻子ヲ帰(顧)りみず、一命ヲ捨テ屍《かばね》ヲ土上ニサラシ、山野《さんや》ノケダ物に引チラサル、トテモ、何カハ惜シカランヤ。此御跡六代の君、何《いず》れも御武辺并《ならび》に御慈悲、同《おなじく》御情ヲモツテ、次第〱にツノラせ給ふ(4)ト云《いう》共、御六代に勝《すぐれ》サせ給えバ、天下ヲ納《おさめ》サせ給ハン御事、目の前なり。去程に、御前(膳)の上《あがる》時分、各ゝ出仕ヲスル処に、御汁ノ御定器《じょうぎ》を打アケサせ給ひて、指出《さしいだ》サせ給ひ、「面々、是にて酒ヲ被レ下《くだされ》ヨ」(5)ト仰ケル。各ゝ頭《こうべ》ヲ地に付て、謹ンで祗候《しこう》申ス。「何トテ被レ下ヌゾ。トク〱」トノ御意ナレ共、別の御酒盃共思ハず。御主の御飯《めし》ノ定器ナレバ、誰《たれ》カハ可レ被レ下哉ト思ひて、猶モヒレフスヲ御覧ジテ、「面々何トテ被レ下ヌゾ。果古(過去)之生《うまれ》(性)将能《よけれ》バ主ト成、果古(過去)之生(性)将悪《あし》ケレバ内之者(6)ト成。侍に上下《あがりさがり》は無《なき》物なり。謙《ゆるす》に、早ク被レ下ヨ」ト御意之下《くだる》故、余リ御辞退申《もうし》、帰(却)て悪《あし》カリナント存《ぞん》知《じ》、カシコマツテ召出しに罷出ル。其時、包(頽)笑《えませ》給ひて、「老若共に不レ被レ残罷出、三つづゝ被レ下ヨ」ト御意ナレバ、

余り目出《めで》度忝《たくかたじけな》サに、下戸モ上戸モ押《おし》ナベテ、三坏《ばい》ヅ、ホシテ罷立。道にて物語ヲスル様《よう》ハ、「只今之御定器ノ御酒盃、并に御情之御詞《ことば》ヲ、何程ノ金銀米鈝《べい》(銭)ヲ知行に相ソヱ、宝《たから》物ヲ山程被レ下タルト申《もうすとも》共、此御情にハ帰難《(替)がたし》。只今之御酒盃之御酒は、何ト思召候哉《や》。御方々又ハ我等共之頸《くび》の血なり。此御情にハ妻子ヲ帰覩《かえりみ》(顧)ズ、御馬の先にて打死《じに》ヲシテ、御恩之宝前事《(報ぜん)》、今生之面目、冥土ノ思出可レ成」ト申。各〻一同に、「尤なり」ト説《よろこぶ》。

（出典）日本思想大系26『三河物語 葉隠』。

(1)次郎三郎清康　戦国期の武将(一五一一―三五)。三河岡崎城主、徳川家康の祖父。(2)クナラテウ　仏説に出てくる眼の美しい鳥、拘那羅鳥。(3)大小人ヲヘダテ給ハデ　相手が大身であるか小身であるかによらず。(4)ツノラせ給ふ　勢力が盛んになる。(5)酒ヲ被レ下ヨ　酒を飲めよ。(6)内之者　家来、家臣。

【解説】　史料197『話記』が戦国期の有名武将の立場からの発言であるのに対して、本史料は三河徳川家の譜代の武士で家康・秀忠・家光三代の将軍に仕えた大久保彦左衛門忠教《ただたか》(一五六〇―一六三九)が、徳川氏の創業の歴史とその過程における戦闘、主人と従者との関係について自己の体験を示したもの。主人の具備すべき条件として武辺・慈悲・情を挙げ、それに対して従者は、妻子をもかえりみず、主人の馬前で討死してその御恩に報いることが面目であると説く。主人と従者との情誼的・全人格的な関係を生き生きと描いているところに、儒教の君臣関係とは異なる主従関係の特質が表現されている。

199〔葉隠〕（山本常朝《つねとも》）

①

一　武士道と云《いう》は、死ぬ事と見付《みつけ》たり。二つ〳〵の場にて、(1)早く死方《しぬかた》に片付《かたづく》ばかり也。別に子細なし。胸すわつて進む也。図《づ》に当らず、(2)犬死などいふ事は、上方風《かみがたふう》の打上《うちあがり》たる武道(3)なるべし。二つ〳〵の場にて、図に当るやうにする事は不レ及《およばざる》事也。我人《われひと》、生《いく》る方がすき也。多分すきの方《かた》に理が付《つく》べし。若《もし》図に迦《はず》れて生《いき》たらば、腰ぬけ也。此《この》境《さかい》危《あやう》き也。図に迦れて死《しに》たらば、気違にて恥には不レ成《ならず》。(4)是が武道の丈夫也。毎朝毎夕、改めては死々《しにしに》、常住死身(5)(6)に成《なり》て居る時は、武道に自由を得、一生落度なく家職を仕課《しおお》すべき也。

一　奉公人は一向《いっこう》に主人を大切に歎く迄也。是《これ》最上の被官《ひかん》(7)也。御当家御代々名誉の御家中の生出《うまれいで》、先祖代々御厚恩の儀を不レ浅《あさからざる》事に奉レ存《ぞんじたてまつり》、身心を擲《なげう》ち、一向に奉レ歎《なげきたてまつる》ばかり也。此上に、智恵・芸能も有て、相応〳〵の御用に立《たつ》は猶《なお》幸《さいわい》也。何の御用にも不レ立《たたず》、無調法千万《(8)せんばん》の者も、滞《ひたす》らに奉レ歎志さへあれば、御頼切《たのみきり》(9)の御被官也。智恵・芸能ばかりを以《もつて》御用立《にたつ》は下段《げだん》(10)なり。

②

御家来としては、国学(11)可二心懸《こころがくべき》一事也。今時、国学目落(12)に相成候。大意(13)は、御家の根元を落着《おちつけ》、御先祖様方の御苦労・御慈悲を以《もって》、御長久の事を本付申為《もとづけもうすため》に候。剛忠様(14)御仁心・御武勇、利叟《りそう》様(15)の御善根・御信心にて、隆信《たかのぶ》様(16)・日峯《にっぽう》様(17)御出現、御威力にて、御家御長久、今の世迄無双の御家にて候。今時の衆、ケ様《かよう》の儀はとなへ失ひ(18)、余所《よそ》の仏を尊ぶこと、我等は一円(19)落着《おちつき》不レ申候。釈迦も、孔子も、楠も、信玄も、終《つい》に竜造寺・鍋島に被官被レ懸《かけられ》候儀無レ之候えば、当家の風儀に叶ひ不レ申《もうさざる》事に候。如睦《じょぼく》・甲冑(20)共に、御先祖様を奉レ崇《あがめたてまつり》、御指南を学《まなび》て、上下共《とも》に相澄申《あいすみもうす》事に候。その道々にては、其家の本尊をこそ尊び申候。御被官などは余所《よその》学文無用に候。国学得心の上にては、余の道も慰《なぐさみ》に可レ承《うけたまわるべきこと》事に候。能々《よくよく》了簡仕《つかまつり》候えば、国学にて不足の事、一事も無レ之候。今、他方《よそ》の衆より、「竜造寺・鍋島の根元、又竜造寺の領知、鍋島領知に成《なり》候謂《いわれ》、又竜造寺・鍋島は九州にての鑓突《やりつき》(21)と承及《うけたまわりおよぶ》が、如何体《いかてい》の武功に候哉《や》」など被レ尋《たずねられ》候時、国学不レ知《しらざる》衆一言の答も成《なる》まじく候。

(出典) 日本思想大系26『三河物語　葉隠』。

(1)二つ〳〵の場にて　生きるか死ぬかという極限状況においては。(2)図に当らず　当初の計画もしくは予想通りにならないこと。(3)上方風の打上たる武道　上方風とは、田舎風に対して言う言葉で、上品な。打上たるとは、根のないの意か。(4)常住死身　常に死の覚悟をもって生きること。(5)武道に自由を得　死を怖れないため、ものに囚われることがない。(6)家職　家に伝わる職業。ここでは武士の職分、生き方。(7)被官　家来。(8)無調法《ぶちょうほう》　行き届かない、至らないこと。(9)御頼切　全面的に信頼できる。(10)下段　劣っている。(11)国学　自分が所属する藩の成立事情、由来等。(12)目落《めおとし》　なおざりに。(13)大意　国学を学ぶ目的の大要。(14)剛忠様　竜造寺家兼。(15)利叟様　鍋島平右衛門清久。直茂の祖父。(16)隆信様　竜造寺隆信。鍋島藩の基礎を開く。(17)日峯様　鍋島藩祖、直茂。(18)となへ失ひ　唱へ失ふ、時を経る間にすたれること(日葡辞書)。(19)一円　まったく。(20)如睦・甲冑《かっちゅう》　平時と戦時。(21)鑓突　武功者、戦上手。

【解説】　冒頭の一句で著名な山本常朝の『葉隠』は、一般に戦国武士の意識を形象化したものとされるが、その成立は享保六、七年(一七二〇―二一)頃であり、十七世紀後半、藩政における官僚制の成立と儒教的士道の社会的浸透を眼前にしつつ、いまはなき戦国武士の余風を憧憬・追慕したものと捉えることが妥当であろう。義理や分別にもとづく行動をよしとする儒教の合理主義的士道に対しては主君への没我的献身を、智恵・芸能など個別的能力を以てする官僚的な奉公人に対しては、御家を一人で荷う大高慢を、儒教の普遍主義的論理に対しては、藩という所属集団の個別主義を対置する。主君との情誼的な主従関係を前提とする従者＝奉公人の心構えと勝負に生きる戦闘者としての武士の生き方に通底するのは、生よりも死へのいさぎよさ、死を恐れないことを最大の価値とする精神態度であり、そこに『葉隠』の独自の境地が窺える。

(2) 儒教的士道

200〔山鹿語類〕巻第二十一（山鹿素行述）

師嘗テ曰、凡ソ天地ノ間、二気(1)ノ妙合ヲ以《ツテ》人物(2)ノ生々ヲ遂グ、人ハ万物ノ霊(3)ニシテ、万物人ニ至テ尽《ツク》。コヽニ生々無息ノ人、或ハ耕シテ食ヲイトナミ、或ハタクミテ器物ヲ造リ、或ハ互ニ交易利潤セシメテ天下ノ用ヲタラシム、是《これ》農工商不レ得レ已《ムヲ》シテ相起レリ。而シテ士ハ不レ耕《たがやさず》シテクライ、不レ造《つくらず》シテ用イ、不二売買《セ》一シテ利タル、ソノ故何事ゾヤ。我《われ》今日此身ヲ顧《かえりみ》ルニ、父祖代々弓馬《きゅうば》(4)ノ家ニ生レ、朝廷(5)奉公ノ身タリ、彼ノ不レ耕《サ》不レ造《ラ》不レ沽《うらざる》ノ士タリ。士トシテ其《その》職分ナクンバ不レ可《カラ》レ有《ル》、職分アラズシテ食《くらい》用足《たら》シメンコトハ遊民ト可《シ》レ云《フ》ト、一向《ひたすら》心ヲ付《つけ》テ我身ニ付《つい》テ詳《つまびらか》ニ省リミ考フベシ。サレバ天下ノ間、人間ハ云《いう》ニ不レ及《バ》、鳥獣ノタグイ、魚虫ノイヤシキ、草木ノ非情ナル、何レカイタヅラニシテ天性ヲ全《まっとう》スルヤ。鳥獣ハ自《みずから》飛走シテ食ヲ求メ、魚虫ハ游昆《ゆうこん》シテ其《その》食ヲ尋《たずね》、草木ハ土ニ根ザシヲ深カランコトヲナセリ。各《おのおの》唯《ただ》食ヲ求ムル事不レ暇《いとまあらず》、一年ノ間一日一時モ飛走游昆ヲ忘ル、事ナシ。物皆然リ。而シテ人ノ上ニ農工商又如《シ》レ此《ノ》、士若《もし》ツトメズシテ一生ヲ全ク可《ク》レ終《ル》バ、天ノ賊民(6)ト云ベシ。シカレバ士何ゾ職業ナカラント、自《みずから》省《かえりみ》テ士ノ職分ヲ究明イタサンニハ、士ノ職業初メテアラハルベキナリ。（中略）

凡ソ士ノ職ト云ハ、其身ヲ顧《おもう》ニ、主人ヲ得テ奉公ノ忠ヲ尽シ、朋輩ニ交《まじわっ》テ信ヲ厚クシ、身ノ独リヲ慎《つつしん》デ義ヲ専《もっぱら》トスルニアリ。而シテ己レガ身ニ父子兄弟夫婦ノ不レ得《ル》レ已《ムヲ》交接アリ。是又天下ノ万民各《おのおの》ナクンバ不レ可《カラ》レ有《ル》ノ人倫ナリトイヘドモ、農工商ハ其職業ニ暇アラザルヲ以テ、常住相従《したがっ》テ其道ヲ不レ得レ尽《スコトヲ》。士ハ農工商ノ業ヲサシ置テ此道ヲ専《もっぱら》ツトメ、三民ノ間苟《いやし》クモ人倫ヲミダラン輩ヲバ速ニ罰（サ）シテ、以テ天下ニ天倫ノ正シキヲ待ツ。是士ニ文武之徳知不《レ》レ備《ハラ》バアルベカラズ。サレバ形ニハ剣戟弓馬ノ用ヲタラシメ、内ニハ君臣朋友父子兄弟夫婦道《ノ》ヲツトメテ、文道心ニタ（足）リ武備外ニ調《ととのい》テ、三民自《おのずか》ラ是師《ヲ》トシ是ヲ貴ンデ、其教ニシタガイ其本末ヲシルニタレリ。コヽニオヰテ士ノ道タツテ、衣食居ノツグ（償）ノイ以テ心易カルベク、主君ノ恩、父母ノ恵、シバラク報ズルニタリヌベシ。此ツトメアラザランニハ、父母ノメグミヲ盗《ヌスミ》、主君ノ禄ヲムサボツテ、一生ノ間唯《ただ》盗賊ノ命ヲ全クスルニ同ジ、甚《はなはだ》以テ歎息スルニタエタリ。故ニ先《まず》身ノ職分ヲ詳ニ究理可《シ》レ仕《ル》ト云《いう》也。

（出典）日本思想大系32『山鹿素行』。

（1）二気　陰気と陽気。（2）人物　人と物、万物。（3）人ハ万物ノ霊

『書経』泰誓上「惟れ天地は万物の父母、惟れ人は万物の霊」により、人間は万物のなかで最もすぐれたものであるの意。(4)弓馬ノ家　武士。(5)朝廷　幕府のこと。(6)天ノ賊民　天の本来的な働きをそこなう人。

【解説】乱世から治世となり、武士は戦闘者から統治者へと階級的にはその存在形態を変化させたが、その実、大多数の武士は、それぞれの城下に集住させられて全き消費階級＝遊民となった。もはや戦乱が予想されない平和状況のもとでの戦闘者というアイロニイ。このような状況を眼前にして山鹿素行は、それぞれの社会的に有用な生産労働に従事することで忙しい農工商三民に対して、武士は人倫、すなわち人としての道の道徳的模範者として「文武之徳知」を身につけることが「天ノ賊民」とならないための条件であるとして、士道を提唱した。万物の本来的なあり方からすれば「盗賊」たるべき武士を、三民に対する道徳的模範者として造型することによってその存在意義を確証しようとしたのである。

ここに、中国においては、為政者となるべき者にとって必須な教養であった儒教が、固定的な身分制度のもとで担った社会的機能の一端が表明されている。

201〔武訓〕（**貝原益軒**）

武に本末あり、忠孝義勇は兵法の本也、武徳也。節制謀略は兵法也、節制とは人数をくばり、兵を行《や》る道、是いはゆる軍法也。弓矢剣戟等の兵器の術は、兵法の末也、武芸なり。本末共にそなはるをよしとす。武芸は兵法を本とし、兵法は仁義を本とす。此三の品ある事をしりて、其序《ついで》をわかち其軽重を知べし。三の者かぬる事を得ずんば、忠孝義理の武徳をはげむべし、武芸をしらざる人も、忠孝義理の勇あれば、戦功を立、武名を得る人多し。武芸に達すとも、忠義なき臆病人ならば、戦功を立、武名をとる事かたかるべし。君子は本をつとむ、本立て道生《な》るとは是也。武芸はまことに学ぶべくして、すつべからずといへど、必武徳を本として、つとめはげますべし。軽重本末ある事をしるべし。又忠義と剛勇にも本末あり。程子ノ曰、人必有㆓仁義之心㆒、而後有㆓仁義之気㆒。仁義の心は本なり、剛勇は仁義の気也、末也。仁義の心あれば、勇気はをのづから出《いで》くる也。仁義なくして武勇を好めば、大人は乱をおこし、小人は盗賊となる。

（出典）日本教育文庫3〔訓戒篇〕中。

【解説】江戸時代の儒教が旧来の武士道に与えた影響は、一つは道徳＝義理に生きるという観念であり、二つは包括的な道の概念によって旧来の兵法や技芸とを下部概念として論理的に整序したことである。そのことによって以後、外来思想としての儒教と旧来の武士道との間の相互浸透がはかられることになった。貝原益軒(一六三〇―一七一四)は、朱子学の体用の論理によって武を、徳＝仁義、軍法＝節制謀略、武芸＝弓矢剣戟の三つのカテゴリーに弁別し、それを軽重本末として価値的に序列化した。先述した『葉隠』が強く反撥したのは、このような「生死義にかなうべし」として「犬死」を否定する「打上りたる武道」に対してであろう。両者はある種の違和感をもちながらも、共存し融合し合いながら存在した。

202〔太平策〕（荻生徂徠）

又武士道ト云ハ、大形ハ戦国ノ風俗也。（中略）抑《そもそも》古ノ武士ハ、皆郷民也。兵革アル時ハ、公卿牧守(1)ノ催促ニ従フテ、斬馘《ざんかく》(2)ノ功ヲ以テ荘園ノ賞ニ予《あずか》レドモ、常ハ郷民ナレバ、何ノ職掌モナキモノナリ。公上ノ務ハ武事バカリナル故、吾ハ弓馬ノ家也、武士也ト覚ヘ伝ヘタルナリ。然ルニ世移リ時替リテ、世官(3)ノ弊ヨリ公卿ニ愚庸多ク、武士ニ豪傑生レ出テ、天下遂ニ武家ノ世トナル。種姓(4)ハ武士ナリトモ、天下国家ヲタモチテハ人君ナリ。奉行諸役人トナリタランハ、卿大夫ナリ。王侯卿大夫ノ職ニ供《たずさわ》リテ、吾身ノ君子ナルコトヲバシラズ、賤シキ昔ノ武士ノ名ニ拘ハリ、学問ヲ以テ才智ヲ広メ、文ヲ以テ国家ヲ治ムルコトヲバシラズ、眼ヲイラ、ゲ、臂ヲ張リ、刑罰ノ威ヲ以テ人ヲ恐《おど》シ、世界ヲタ、キツケテ、是ニテ国ヲ治ムルト思ヘルハ、愚カナルコトノ頂上ナリ。

（中略）

殊ニ一治一乱ハ、天運ノ循環也。コノ天運ニ乗ズルユヘ、治リカ、リタル世ハ、イカヤウニシテモ治マルモノナレドモ、上ナル人ニ学問ナク、聖人ノ道ヲシラザレバ、世界早ク老衰シテ、末々ニ至リテハ、権勢下ニ移リ、大海ヲ手ニテ防グ如クニナリテ、上ノ威力次第ニ薄クナリユキ、乱ヲ醸スコト速ナリ。ソノ萌《きざし》今已ニ見エ侍ル。シカルヲ国初ヨリ今マデ治リ来リタル筋ヲノミ覚ヘテ、聖人ノ道ノ外ニ、別ニ国土相応ノ武士道アリトイヘル、畢竟是モ不文ノ過《あやまち》ニテ、今ノ習俗ニ馴《なれ》染リタル心ヨリ料簡スルユヘ、田舎人ノ都ノコトヲ会得セヌ類ナルベシ。

（中略）

只戦ノ物語、切合《きりあい》ノ仕組ヲ覚エ、或ハ匹夫ノ先途トスル武芸ヲノミ、武士ノ道ト心得、ソレサヘ其芸術ノ師、皆治世ノ人ニテ、治世ニテコシラヘタルコトナルトハシラヌヤウナル、是皆文学ナクテ、今ノ習俗ノ内ヨリ目ヲ見出シタル過也。荀子ニ学問ヲ飛耳長目ノ道(5)トイヘリ。耳ヲ飛シ、目ヲ長クスルトヨミテ、坐《い》ナガラ数千里ノ外ヲモ聞キ、数千載ノ昔ヲモ見ルハ、学問ノ道也。

（出典）日本思想大系36『荻生徂徠』。
（1）牧守　地方長官。（2）斬馘ノ功　敵の首級をあげる。（3）世官　官職の世襲。（4）種姓　うじ、素姓。（5）飛耳長目ノ道　学問を「飛耳長目」というのは、荻生徂徠の愛用句。出典は『管子』巻十八、九守篇。

【解説】　万人に妥当する普遍的な道徳学としての儒学ではなく、為政者の学問として儒教の政治学化をはかった荻生徂徠は、いまや武士は治者であり、天下政治の責任を担う存在であるとの立場から、旧来の武士道の意味転換をはかった。

儒学における聖人の道とは普遍妥当性をもつ政治の方法であり、その目的は仁＝安民であるとの立場から、徂徠は当時の幕府政治のあり方を「制度ナシ」(『政談』)と批判し、それを「戦国以来の悪習」に因るものと見做した。その上で武の本来の目的は安民であり、その意味で「聖人の道の一端」であると位置づけた。

さらにまた、いまや武士はかつて公家に雇用された戦闘者ではなく、天下統治に責任をもつ治者であるとの立場から、天下統治へのかかわり方によってそれぞれが具えるべき資質や能力を身につけるべきことを要求する。さらにまた私的な争いをさけ、公的な統治者として生きることを要求した。それは戦闘者としての武士から為政の担い手としての治者への転進をはかろうとするものであった。それに加えて次に掲げるような、武士に期待される社会的な眼差しの変化も無視できないが、他方では、現実の武士が果たしてそれに即応するものであったかどうかはおのずと別の問題である(赤穂事件の項を参照されたい)。

(参考)
近代《きんだい》は、武士《ぶし》の身持《みもち》。心のおさめやう。各別《かくべつ》に替《かわ》れり。むかしは、勇《ゆう》をもつぱらにして。命《いのち》をかろく。すこしの鞘《さや》とがめなどいひつのり。無用《むよう》の喧嘩《けんか》を取むすび。其場《そのば》にて打はたし。或《あるい》は相手《あいて》を切《きり》ふせ。首尾《しゆび》よく立《たち》のくを。侍《さぶらい》の本意《ほんい》のやうに沙汰《さた》せしが。是ひとつと道《みち》ならず。子細《しさい》は。其主人《そのしゆ》。自然《しぜん》の役《やく》に立《たて》ぬべしために。其身相応《そうおう》の知行《ちぎよう》をあたへ置《おか》れしに。此恩《おん》は外になし、自分《じぶん》の事に。身《み》を捨《すつ》るは。天理《てんり》にそむく大悪《あく》人。いか程の手柄《てがら》すればとて。是を高名《こうみよう》とはいひがたし。

(井原西鶴『武家義理物語』岩波文庫)

(3)　臣　論

203　〔拘幽操《こうゆうそう》〕(山崎闇斎)

文王羑里《ゆうり》ニシテ作リタマヘリ

目窅窅《ようよう》タリ(1)兮。其レ凝《こ》リ其レ盲《めし》ヒヌ。耳粛粛《しようしよう》タリ(2)兮。聴クニ不レ聞《か》声ヲ。

朝不ニ日出《いで》一兮。夜不レ見ニ月与《と》一レ星ヲ。

有リヤレ知ルコト無シヤレ知ルコト兮。為センレ死セリトヤ為センレ生ケリトヤ。

嗚呼臣ガ罪当リヌレ誅ニ兮。天王ハ(3)聖明ナリ(4)。

程子ノ曰《く》。韓退之作テニ羑里操ヲ一云《う》。臣ガ罪当リヌレ誅ニ兮、天王ハ聖明ナリト。道《いひ》ニ得《え》文王ノ心ヲ一出来シレリ。此レ文王至徳ノ処也。(遺書)

問《う》。君臣父子、同ジク是レ天倫ナリ(5)。愛スルレ君ヲ之心、終ニ不ルハシカレ如カ愛スルニレ父ヲ何ゾヤ。也。曰。離畔《そむ》クモ也《また》只是レ庶民ナリ。賢人君子ハ便チ不レ如《く》ナラレ此《の》。韓退之ガ云《う》。臣ガ罪当リヌレ誅ニ兮、天王ハ聖明ナリト。此ノ語何ガ故ゾ。程子道《いへ》ルニ是レ好《よ》シト一、

文王豈《あに》不知紂之無道。却如此説。是非欺誑《あざむキたぶラカスニ》衆人。直是有説。須是有転語方《まさニ》説得文王心出。看来《きたレバ》臣子無説君父不是底(6)道理。此便見得是君臣之義処。荘子云。天下之大戒二。命也、義也。子之於父、無適而非命也。臣之於君、無適而非義也。無所逃於天地之間。旧《もと》嘗題跋一文字、曾引此語以為《おもへり》、荘子此説、乃《すなわち》楊氏無《なみ》君之説。似他這《かのこの》意思、便是没《なクシ》奈何《いかン》了、方《まさニ》恁地《かくのごとク》有義。却不知此是自然有底道理。（語類）

礼曰(7)。天先乎地、君先乎臣。其義一也。坤《こん》之六二(8)、敬以直《なおウシ》内、大学之至善、臣止於敬。誠有旨《むね》哉。泰誓云(9)。予《われ》弗順天、厥《その》罪惟《これ》鈞《ひとシ》。是泰伯文王之所深諱《いみ》、伯夷叔斉之所敢諫、而孔子所以謂《のたまフ》未尽善也。吾嘗読拘幽操、因程子之説、而知此好文字不可漫《みだり》観《みル》。既而見朱子以程説為過《すぎタリ》、信疑相半。再考之、朱子更転語、説得文王心出。夫然後天下之為君臣者定矣。遂附程朱之説于操後云。

山崎嘉跋

（出典）日本思想大系31『山崎闇斎学派』。(1)窅窅　目がくぼんでいるさま。(2)粛粛　ものさびしく風が吹くさま。(3)天王　天子のこと、ここでは殷の紂王。(4)聖明　天子の知徳がすぐれていること。(5)天倫　天地自然の道徳。(6)君父不是底《ふぜてい》　君父を批判すること。(7)礼曰　『礼記』郊特牲。(8)坤之六二　「易」で坤は臣下の道を表わし、六二は陰爻・陰位で最も純粋なものの意。(9)泰誓云　『書経』泰誓篇。

【解説】　僧侶から儒学に転じた山崎闇斎は、「述べて作らず」として朱子学一尊を奉じた。その著述のほとんどは朱子学文献からの引用であり、唐の韓退之が、罪なくして幽囚されながらもなおかつ罪を自分に帰した文王の心情を唱った本史料もそのような闇斎学の形態を表す。「遺書」とは程明道・程伊川のもの、「語類」とは、朱熹のものである。佐藤直方、浅見絅斎、三宅尚斎など多くの著名な弟子を輩出した闇斎学派は、林家とともに朱子学の正統をもって任じ、徳川時代を通じて思想的命脈を保ったが、その思想の特質は、君臣関係を絶対化し、精神修養の方法として敬を重視したことにある。

中国儒学の受容にあたって一つの問題は、悪徳の君主を臣下が武力で放伐することを是認した孟子の易姓革命の思想であるが、闇斎は、殷の天下の三分の二を領有しつつもなお悪徳無道の天子である紂王に恭順を示した文王を至徳とする孔子を尊崇し、孟子の放伐を否定した。

本史料は、文王が讒言にあって紂王に不当にも幽閉されながらなおかつその罪を自分に帰し、「天王は聖明なり」とした文王を顕彰することで、君に対する臣の絶対的随順を臣の道徳性として説くもので、いわば革命否定の思想である。そしてそれを「敬」として説くところに闇斎の道徳思想の特質がある。次に掲げる「参考」と比較されたい。

（参考）（『孟子』離婁章句下）

孟子斉《せい》の宣王《せんのう》に告げて曰く、君の臣を視《み》ること手足《てあし》の如くなれば、則ち臣の君を視ること腹心《ふくしん》の如し。君の臣を視ること犬《けん》馬《ば》の如くなれば、則ち臣の君を視ること国人《こくじん》の如し。君の臣を視ること土芥《つちあくた》の如くなれば、則ち臣の君を視ること寇讎《こうしゅう》の如し。

204〔徂徠先生答問書〕（荻生徂徠）

御身は主君へ被㆓差上㆒。無物と被㆓思召㆒候由。是は今時はやり申候理窟に候得共。聖人之道に無㆑之儀に候。畢竟阿諛逢迎(1)之只中と可㆑被㆓思召㆒候。宋儒も忠之字を見誤り如㆑此解し申候。忠と申候は。総而《すべて》人之事を吾身の事の如くに存じ少も如在無㆑之(2)事に候。是にて忠臣之道に余蘊《ようん》(3)無㆓御座㆒候。尤《もっとも》義に依て命を棄候事も。吾身の事の如くに存候内にて相済申事に候。畢竟聖人の道は国家を治め候道故。忠之立様世俗之了簡とは違申候。其分れ所は。上より下に任せ候と。下より上に任せ候にて分れ申事にて御座候。今の世の風俗にて。上より打まかすると申事無㆓御座㆒候故。臣たる者皆其日ぐらしの日用取(4)の了簡の様に成行。重き役人も月番(5)切の仕のきにて。跡の事には構《かまい》不㆑申候は。其職に有ながら尸位素餐《しいそざん》(6)と申物に候。身はなき物と存《ぞんじ》候しるし如㆑是にて御座候。其子細は身を我身と不㆑存候事は妾婦之道にて候。女は身を人に任せ候ものなる故。己が了簡を出さず。夫《おっと》に打任せ候事に候。臣は君の命をうけて。其職分をわが身の事と存じ務むる事に候。若《もし》己が存念に合不㆑申。わが了簡に落《おち》不㆑申事なれば。其職を辞し候事は。不忠に成候を恐れ候故に候。身を我物と不㆑存候はば。わが了簡を出さず。いかやう共主君の心まかせに可㆑仕候。しかれば君一人にて候。臣ありても臣なきがごとくに候。臣は君の助にて。使ひもの(7)にては無㆓御座㆒候を。奴僕を使ふごとくに思召候上の過《あやまち》より起りて。聖人の道には背き申候事に候。君の上にてはまかする(8)とまかせざるとの違に候。臣の上にては。わが身の事と存候と不㆑存候との違に候。君の思召次第にて。此方よりはいろはぬ(9)事と存候は。上下心を二つにすると申物に候。是皆忠の字の義理分れ不㆑申候より起り申候。能ゝ御勘弁あるべき事と存候。以上

（出典）『荻生徂徠全集　第一巻』みすず書房。

（1）阿諛逢迎　阿諛も逢迎もともに、おもねり、人にへつらうこと。（2）如在無之事　手ぬかりのないこと。（3）余蘊　あますところ。（4）日用取　一日をかぎってやとわれ、また働く人。（5）月番　ひと月ずつで交代すること。（6）尸位素餐　いたずらにその位についているだけで責任を尽くさないこと。禄盗人。（7）使ひもの　使われ者。使用人。（8）まかする　仕事を委任すること。（9）いろはぬ　争わない。

【解説】　荻生徂徠は戦国武士道、宋学、闇斎学派など当時の支配的な思想潮流をすべて批判しつつ、独自の思想を形象化したが、それは当時の体制イデオロギーの代弁者であったとは必ず

しもいえない。徂徠において聖人の道は、「治国平天下」、「安民」を実現するための方法であり、君も臣もともに治国平天下という政治目的を実現するための天職として意味づけられた。それゆえ、君臣関係は、闇斎のように君に対する臣の道徳を君に対する絶対的随順に求めるのとは異なり、君に対する臣の職分の相対的な自立性が強調された。君は臣に職務の遂行を委任し、臣は自分の与えられた職分に対しては、身を入れて責任を果たすことが主君への忠であるとされた。その意味で徂徠の主張は、当時の「風俗」＝社会的習慣とは異なるものであった。徂徠における臣の為政の場における自立性については『政談』巻三に詳しい。

205〔**明君家訓**〕（**室鳩巣**《むろきゅうそう》）

自今《じこん》以後、父母、妻子、兄弟、其外親族のうち、国法を背《そむ》き罪科有レ之候をよく〳〵承知仕候とも、したしきものとして申出候はゞ、士《さぶらい》の法とは存まじく候。且又《かつまた》一門のみに非《あら》ず、平生別《へいぜいべつし》てはなし申《もうす》友だちの内にても申出候儀、是又《これまた》同心に不レ存候。但《ただし》さやうに国法を背《そむき》不忠のものを、しゐて隠置《かくしおき》、才覚を以て、罪をのがれ候様《よう》にいたし候はゞ、様子承りとゞけ罪に可二申付一候。若又《もしまた》叛逆の巧《たくみ》いたし候か、何とぞ国のさはぎにもなり、某《それがし》が大事《だいじ》にも成程の儀は、国にもかまはず、それがしにもおもひかへ、見のがしをかるゝ儀は不レ可レ然候。其段は某《それがし》が申付候にをよばず、各《おのおの》可レ有二了簡《りょうけん》一候。それ程の儀にても、子として父を申出候はゞ同心に不レ存候。君父は義理のをも《(重)》き事いづれもおとらぬものにて、忠孝は偏《かたがた》闕《かか》しがたき事に候。其事の品《しな》により時の首尾により、子たるものゝ了簡有べき儀に候。一筋《すじ》に申がたく候。たとひ父子兄弟たりといふとも、罪人《ざいにん》をば申出候やうに相定《あいさだめ》候てこそ、某がためにはよろしく候へども、士《さぶらい》の風儀《ふうぎ》は左様の仕形《しかた》はあしく候。惣《そう》じて某が心底《しんてい》、をの〳〵のたてらるゝ義理をもまげ候ても、某一人に忠節いたされ候へとは努々《ゆめゆめ》不レ存候。某に背かれ候ても、をの〳〵の義理さへたがへられず候へば、於レ某珍重二存候。

（出典）日本思想大系27『近世武家思想』。

【解説】　歴史社会において忠誠観の相剋は、それを人間の道徳の有り様であると考えるならば、いかなる時代と場所においても存在するが、儒教道徳においてそれが最も鮮明に現われるのは、主君への忠と親・親族など家族道徳＝孝との相剋である。一般に中国儒教は、家族道徳が外延的に拡大されたところに生まれたものであるところから、孝など家族道徳が先天的・絶対的な価値とされ、君臣関係は後天的かつ義合的で、孝が忠に優先したと考えるのに対し、徳川社会では、忠の方が孝に優先されたと考えるのが一般的であるが、果たしてそのように言い切れるかどうかは疑問である。そのような国家道徳優先の論理は、専ら近代の天皇制国家になってから支配的になったもので、中世はもちろん、近世においても、武士の自立性は存在しつづけたといえる。幕府においても、あるいは藩においても、武士の自立性を完全に否定することができなかったことは、赤穂事件を想起するまでもなく、君主の側からも要請される道徳律であったのであり、武士は必ずしも理非を問わず上位権力に対して従順であったわけではなかったことに注意する必要がある。それは『葉隠』等にもあるように、武士の究極の拠り所は、己の誇りや名誉感情を守ることであったからである。

ここに掲載した幕府儒官で朱子学者室鳩巣（一六五八—一七三四）の史料における「士の法」や「士の風儀」も、そのような武士の具えるべき矜持と密接に結びついたものであろう。またそのような矜持をもち、「士の風儀」を具備することによってこそ武士は武士たりえたのである。鳩巣が、赤穂浪人の討入り後いち早く「赤穂義人録」を著して、彼らを「義人」として顕彰したのも、以上のような考え方と関わりがあろう。

4　権力・法・道徳——赤穂事件をめぐって

(1)　天道・権力・法

206〔**貞丈家訓**〕（**伊勢貞丈**）

非理法権天の事

一　非と云は無理の事也、理と云は道理の事也、法と云は法式也、権と云は権威也、天と云は天道也、非は理に勝事ならず、理は法に勝つ事ならず、法は権に勝つ事ならず、権は天に勝つ事ならぬ也、此五ッを能弁《よくわきま》ふべし、

一　非は理に勝つ事ならずと云は、たとへば人の物をあづかり置て、其主に返さず、是は前々より我持伝へたる物也といふは非也、其物の主はあづかり証文を持居る故、取り返すべしと云は理也、たがひに争やまず、奉行所へ訴へ出る時、証文持たる者の勝になる也、非は理に勝つ事ならぬ物也と云は、此類にて知るべし、

一　理は法に勝つ事ならずと云は、たとへば人の子が、父を悪口し打たゝきて、父が無理をいふ故、如ㇾ此すると云は、父が無理にて子は道理也、然れども、父はいか程無理にても、子の身としては、父に対して悪口せず、手向ひすまじき事、天下の大法也、その子は大法を背く故、罪におとさるゝ也、理は法に勝つ事ならぬ物と云は、此類にて知るべし、

一　法は権に勝つ事ならずと云は、たとへば主人の身持悪きを、家来の身として、意見もいはず、打捨て置くは、忠の道にあらざるゆゑ、意見をいふを、主人大《おおい》に腹を立て、主人の権威を以て、其家来を手討にする時、其家来

は主人へ手向ひならぬ法なる故、身を動さずして手討になる也、法は権に勝事ならぬ物と云は、此類にて知るべし、

一　権は天に勝つ事ならぬと云は、たとへば国王ほど御権威つよきはなく、何事も覚しめすまゝにならずと云事なし、然れども明日何時に雨をふらせよ、何時に日を出せよと被㆓仰出㆒ても、仰《おおせ》の通りにはならず、御寿命は千年たもちたもふべしと仰出されても、仰の通りにはならず、権は天に勝つ事ならぬ物といふは、此類にて知るべし、

右の五ヶ条を弁《わきま》へざれば、物争の道理に心得違ある也、

（出典）日本思想大系27『近世武家思想』。

【解説】伊勢貞丈（一七一七―八四）は江戸中期の幕臣・有職故実家。一般に「非理法権天」は、中世末、楠木正成の旗指物に書かれていたとされるが、それが江戸時代においてどのような意味合いで観念されていたかが重要である。これは、天、権威、法、道理、非という道徳的権威の序列の体系であるかのごとく見えるが、父―子、主人―家来の関係において前者の「無理」「権威」を「天下の大法」として、やむをえないものとしていること、あるいは天を自然現象に限定し、権威者を国王とする点などは、先にみた儒学における諸観念とは全く異なることに留意する必要がある。近世社会はこのような現実意識と儒学的観念との共存と相互浸透の中にあったというべきであろう。また、この理と法との関係については「武家諸法度」第三条の「法是礼節之本也、以レ法破レ理、以レ理不レ破レ法、背レ法之族、其科不レ軽矣」を併せて考える必要がある。

207〔町人嚢　巻五〕（西川如見）

或人の云、「公儀を恐れ慎む事は、下《しも》たる人の第一肝要なる所也。公《こう》の字はおふやけ(1)と読《よみ》て、天理にして私なき事を(2)公とはいへり。天子は万民の上に居給ひ、天道の御名代《ごみょうだい》と成《なり》給ひて、天道を恐れ慎み、万民を教誡《おしえいまし》め給ふ事、其法度《はっと》・法式みな天理のおふやけにして、御身の私にあらずといふ心にて、禁中(3)の御事を公儀とは申奉る也。禁中様にて執行《とりおこない》給ふ節会《せちえ》行事をば公事《くじ》といへり。又世俗に晴なる所へ出る事を公界《くがい》に出るといふも、禁中へ参る心也。武家の御代となりてよりは、将軍家の御事にもみな公の字を付て公儀といふ也。将軍家は天子の御名代に成給ひて、天下の政道をつかさどり給ふ故也。天子・将軍いづれも天道にしたがひ給ひて、法度禁制(4)を立給ひ、四民は天子・将軍にしたがひ奉て、法度禁制を慎み守りて、天下太平也。其法度禁制は何事ぞと尋れば、一切の悪行なり。悪行の第一は何事ぞといへば、乱逆《らんげき》(5)なり。乱逆の始は何ぞといふに、一つの奢《おごり》也。不忠不孝の五逆《ぎゃく》十悪(6)などの類も、皆此奢の心

よりおこれるもの也。御制札(7)には差当《さしあたり》たる条目斗《ばかり》を出し置給へり。此外の法度禁制は国により時代に依てかはり有といへ共、此天理の法度禁制は万代不易《ふえき》の定法にて、日本はいふに及ばず、唐《から》・天竺《てんじく》・阿蘭陀国《おらんだこく》といふ共かはりなかるべし。天理の法度禁制をおそれ慎む人を、公儀を守る人といふべし。世俗に風流花麗《かれい》なる人を公儀者《しゃ》なりといふは誤り也。それは浮世人といふものなり」と語られし。

(出典) 日本思想大系59『近世町人思想』。

(1)おふやけ　おほやけともいい、原義は大宅、大家の意。(2)公　もともとは漢語で公平・公正・均平の意味。この漢語が入って来たとき、和語のおほやけの読みが充てられ、それ以来、両者の意味の混同がはじまった。朱子学では「天理の公、人欲の私」として、ともに個人の内面的な道徳のあり方を意味する。(3)禁中　朝廷。(4)法度禁制　法度も禁制も同じ意味。徳川時代、法度は、ほとんどしてはいけないという禁止事項の例示であった。(5)乱逆　謀叛。(6)五逆十悪　五逆は君・父・母・祖父・祖母を殺すこと、十悪は、謀反・謀大逆・謀叛・悪逆・不道・大不敬・不孝・不睦・不義・内乱の意。ともに「大宝律令」にある。(7)制札　幕府や藩は禁止事項を高札などの掲示によって民衆に示した。

【解説】西川如見(一六四八―一七二四)の代表作。西川は長崎在住の町人学者、木下順庵門下の南部草寿に朱子学を学んだ。当時幕府のことを意味した「公儀」や「天理の公、人欲の私」という朱子学の個人の内面的な道徳にかかわる概念が通俗的に読みかえられていく様子がよく分かる。天子は「天道の御名代」「将軍家は天子の御名代」と序列化され、「法度禁制」が「天理」「万代不易の定法」となり、それを慎み守ることが下たる人の「肝要」とされる。朱子学における内面的な道徳原則が、為政者が立てた外在的な行動基準である「法度禁制」となるのは、徂徠の制度論を彷彿とさせるものがある。

(2)　赤穂浪人の論理と心理

208〔堀部武庸《たけつね》筆記〕元禄十四年四月

落去以後留書覚

高田郡兵衛(1)
定江戸　奥田兵左衛門(2)
堀部安兵衛(3)

一　上野介殿生死未㆓分明《いまだぶんみょうならず》㆒、然れ共内匠頭《たくみのかみ》切腹被㆓仰付㆒候上は、定て上野介死去と推察し、屋敷騒動鎮り候人数に加り罷在候処、未《いまだ》上野介殿存生之由、其上《そのうえ》手も軽く、養生可㆓相叶㆒体と相聞候。然る上は其通に難㆓指置㆒、右三人申合、兎角上野介宅へ切込可㆑申所存心底難㆑止、家中之面々へ走り廻り相談仕るといへども、志立候者無㆑之、家老用人共は曾《かつ》て不㆓取合㆒、其以後罷越候といへども、或〔は〕留守或は用事とて不㆑能㆓対面㆒、於㆓赤穂表㆒志之者有㆑之候哉と聞耳を立るといへども、家老共秘して不通に不㆓申聞㆒、空《むなしく》敷日を送り候間、如何可㆑致哉案じ煩《わずらい》候。然れば可二相止一儀にあらず、兎《と》角《かく》ふみ込可レ申歟《か》と申合見候得共、上杉殿父子(4)かわる〴〵上野介宅え被二相詰一候由、左候はゞ本望難レ達儀、犬死可レ致様なし。我々一分之身《み》晴《はれ》に討死可レ致道理なし。其上騒動がましき儀仕候はゞ、親類へ御掛り可レ被レ遊候由被二仰渡一候得ば、本意不レ達儀、諸親類迄難儀を掛候事心外たるべし。所詮赤穂へ罷越、家中離散せざる内に此一儀可二申談一候。若《もし》於二赤穂一志之面々無レ之候はゞ、達《たっ》ていさめ可レ申儀歟、且亦《かつまた》公儀へ可レ奉レ願品も可レ有レ之、外に一同之所存相極籠城之覚悟も候はゞ、幸《さいわい》古内匠頭(5)取立候城にて討死可レ仕事、本望之至りたるべし。此儘《このまま》にあらば諸人に面をさらし、生前之恥たるべし。一刻も早く罷登可レ然と相定、四月五日江戸表発足す。罷立候跡にて、江戸家老共、家中之者共呼寄、此度之落去(6)に付て、赤穂へ罷越候儀堅く無用と申渡候由。扨《さて》十七日路之処十日振にて、同十四日戌上刻赤穂へ着す。直に大石内蔵助宅へ落着、内蔵助も書院へ出向対面す。よろずの言葉なく、早速一儀申談ず。三人申分、「上野介今以存生に候得ば、当城離散致し何方《いずかた》へ面を向可レ申様無レ之候。唯城を枕〔と〕して果《はっ》る之外無二他事一儀」と、色々談候といへども、「此儀は先《せん》達《だっ》て志之面々申合候。(中略)殊更大学殿(7)へ両家老共出入仕候上は、籠城仕候ても、後日之沙汰偏〔に〕大学殿指図之様に罷成候得ば、大学殿御身上滅亡に及なん歟、然らば浅野の名跡まで失ひ候はん事不忠たるべし。此度之籠城相止、大学殿一分立候様に可二罷成一歟、安否之程暫く可二見届一儀迄《とて》、城無レ滞引渡候に相極候」由、内蔵助申聞せ候。(中略)其以後色々相すゝむるといへども承引不レ仕候。又三人申談、「左候はゞ、内蔵助・将監退候て物頭共へ申談、家中之志之者共へ調《ちょう》じ合《あわせ》、一同に所存相極候はゞ、両人も定て無レ拠《よんどころなく》籠城可レ仕候。此儀可レ然」とて、又右之於二遠林寺一物頭共招、逐一相談之処、何《いずれ》も一同之了簡相極り、「采女《うねめ》正殿迄は御請を申候。此上は籠城難レ叶候。其上大学殿腰を押候様罷成候。旁以《かたがたもって》本意難レ達候。兎《と》角《かく》内蔵助初て何《いず》れにも、大学殿一面目も有レ之、人前も罷成候様不レ被二仰付一候はゞ、是切に不レ可レ限、已後含も有レ之」由申候に付、三人共、「此儀は珍重に存候。左候はゞ内蔵助前に罷出、無二相違一様に可二申合一」と、三人内蔵助前へ罷出、段々申談候所、内蔵助申候は、「各儀此度内蔵助に随《したがい》候半《そうらわん》と思召候て遥々御登候て被二仰聞一候上は、先此度は内蔵助に任《まかせ》候へ。是切《これきり》には不レ可レ限、以後之含も有レ之候」由直に申《もうす》に付て、「左候はゞ承り届候」旨請《うけ》候て、三人旅宿へ帰る。

（出典）日本思想大系27『近世武家思想』。

（1）高田郡兵衛　二百石、江戸給人。討入りには加わらず。（2）奥田兵左衛門　孫太夫と号す。百五十石、馬廻、武具奉行。（3）堀部安兵衛　二百石。（4）上杉殿父子　上杉家の養子となった上野介の長男綱憲とその子の吉憲。（5）古内匠頭　長矩の祖父長直の時（正保二年）常陸笠間より赤穂に転封。（6）落去　落着。長矩の切腹・領地召上げによって事件が一応片付いたことをいう。（7）大学殿　長矩の弟、浅野大学。元禄七年、私墾田三千石を分与され、旗本寄合、八年長矩の養嗣子となる。長矩の刃傷事件により閉門、采地没収の処分をうけていた。

【解説】　元禄十四年（一七〇一）三月十四日勅使の饗応役に任じられた赤穂城主浅野長矩の殿中での刃傷による切腹と改易、翌年十二月十四日赤穂藩浪人集団による吉良上野介義央の暗殺からなるいわゆる赤穂事件は、泰平を謳歌していた元禄の徳川社会に大きな衝撃を与えただけでなく、現在にいたるまで、多くの人々の関心の的となってきたことは周知のことに属するが、それは、この事件が徳川社会における法と道徳との問題、さらには実定法と慣習法、君臣道徳と家族道徳など、法や道徳相互の矛盾や相剋を内包する事件であったからである。ここでは吉良邸襲撃に関わった浪人たちの意識と事件に関する儒学者たちの考え方や評価に関わる史料を掲載する。

本史料は赤穂浪士の一人、堀部安兵衛（武庸一六七〇―一七〇三）らによる、長矩切腹後の旧家臣たちの動向に関するもので、幕府への抗議をこめて籠城・討死すべしとするいわゆる急進派と、長矩の弟浅野大学の処遇の行方――浅野家の再興の可能性――を見極めた上でその後の対応を考えようとする大石内蔵助らいわゆる穏健派の考え方の対立を見てとることができる。後者の路線が挫折した後に吉良邸襲撃に一本化していったことがわかる。

一般に討入りに参加した四十六人の動向のみが注目されがちであるが、主君切腹後の家臣団の多様な動向、そして最終的な討入り参加者は、藩士二百七十人前後のうちの約六分の一であったことにも留意する必要がある。

209 〔赤穂義士史料〕大高源吾「母への書状」（元禄十五年九月）

一　私事、今度江戸へくたり申候そん《(存)》ねん《(念)》かねても御ものかたり申上候とをり、一すしに、との様御いきとをりをさんし《(散)》たてまつり、御家の御ちし《(恥)》よく《(辱)》をすゝき申たく一筋にて御さ候、かつハ侍の道をもたて、忠のため命をすて、せんそ《(先祖)》の名をもあらハし申にて御座候、もちろん大勢の御家来にて御座候へハ、いかほとかく〳〵御厚おんの侍も御座候ところ、さしての御こん意ニもあそはし不レ被レ下、人なミの私義にて御座候へハ、此節たいていに忠をもそん《(存)》し、なからへ候て、そもし様御そん《(存)》命のあいたハ、御やういく《(養育)》仕罷有候ても、世のそしり有ましきわれらにて御座候へとも、なましいニ御そはちかき御奉公相つとめ、御尊かんはいし奉しあさ暮之義、今もつてかたときわすれたてまつらす候、誠ニ大せつなる御身をすてさせられ、わすれかたき御家をも思召はなたれ候て、おうつふん《鬱憤》とけ《遂》られ候ハんと思召つめられ候相手を御うちそんじ、あまつさへ、あさましき御しやう《生害》がひとけられ候たん、御うんのつきられ候とハ申なから、無念至極、おそれなからその時の御心てい、おしはかり奉り候へハ、こつすいニとをり候て、一日かたときもやすきこゝろ無二御座一候、されとも御たん《短慮》りよにて、時節と申所と申、ひとかたならぬ、御ふてう《不調法》ほうゆへ、

天下の御いきとをりふかく、御しをき《仕置》に仰付候事ニ御座候へハ、ちからおよひ申さぬ事、まつたく

天下へ御恨可二申上一様無二御座一義にて候ゆへ、御城ハしさひなくさしあけ申たる事ニ御座候、是

天下へたいし奉り候て、いき《異議》をそんし奉り申さぬゆへにて御座候、併殿様御らんしん《乱心》とも無二御座一、上野介《吉良義央》殿へ御いしゆ《意趣》御さ候由にて、御切つけ被レ成たる事にて候へは、其人ハまさしくかたきにて候、主人の命をすてられ候程の、御いきとをり御座候かたきを、あんおん《安穏》にさしおき可レ申様、むかしより、もろこし《唐土》我てう《朝》ともに、武士の道にあらぬ事にて候（以下略）

（出典）『赤穂義士史料』下巻。

【解説】　吉良邸襲撃に加わった赤穂浪人のひとり大高源吾（一六七二―一七〇三）が、討入りの直前に郷里の母親へ書き送った書簡の一節である。ここには、主君が自分の命と御家＝藩をも犠牲にして吉良に切りかかりながら討ち損じて切腹せざるを得なかったことによる無念さと鬱憤を晴らすことが側近にあって恩顧を蒙った武士の道であるとし、母を扶養することの責任よりも、主君への忠を優先させようとする考え方が表明されている。幕府による処分をやむをえないものとしつつも、浅野を害したわけではない吉良が、どのような意味で「かたき」と見做されたのかを知ることができる。

(3)　儒者の主張

210　〔復讐論〕(1)（林鳳岡《ほうこう》）

関西一牧の士臣、大石ら四十有六人、亡君のために心を一にし党を結び、元禄十五冬十二月十四日、讐を報い囚と為る。(2)公、有司に命じ、詳審密察せしめ、罪を鞫《きく》(3)して以て令を下《くだ》し、彼の党をして自殺せしむ。（中略）彼の心を以てこれを論ずれば、則ち天を同じうせざるの仇讐は、苫《とま》に寝《い》ね刃を枕にし以てこれを復して可なり。(4)生を偸《ぬす》み恥を忍ぶは、士の道に非ざるなり。法律に拠《よ》りてこれを論ずれば、則ち法を讐とする者は必ず誅せらる。彼、亡君の遺志を継ぐと雖《いえど》も、天下の法を讐とするを免れず。これ悖驁《はいごう》(5)にして上《かみ》を

凌《しの》ぐなり。執《と》へてこれを誅し、天下後世に示すは、国家の典(6)を明らかにする所以なり。二者同じからずと雖も、並び行はれて相悖《あひもと》らず。上に仁君賢臣ありて、以て法を明らかにし令を下す。下に忠臣義士ありて、以て憤《いきどほ》りを攄《の》べ志を遂《と》ぐ。法のために誅に伏するは、彼の心においてあに悔あらんや。

（出典）日本思想大系27『近世武家思想』。

（1）一牧　ある大名。（2）公　公儀、幕府のこと。（3）罪を鞫して　罪を取り調べる。（4）天を同じうせざる……　『礼記』檀弓に「子夏、孔子に問いて曰く、父母の仇に居ること、之を如何と。夫子曰く、苫に寝ね干《たて》を枕として仕えず、与に天下を共にせざるなり」による。「苫に寝ね」とは、親の敵を討つまでは安楽に眠らないの意。（5）悖驚　道理に逆らって気ままである。（6）典　定まった掟、法律。

211〔四十六人の筆記〕（佐藤直方）

元禄壬午ノ年(1)臘月《ろうげつ》十(2)四日丑ノ刻(3)、浅野内匠頭家臣大石内蔵之助〔等〕四十六人、甲冑ヲ帯シ弓矢鎗ヲ持テ、吉良上野介ガ本所之宅ヲ襲テ、家臣多《おおく》殺害シ、嫡子左兵衛疵ヲ蒙リ、上野助ヲ討テ首ヲ取リ、十五日ノ朝、芝泉岳寺ニ退去、首ヲ主ノ墓前ニ供ヘ、爰《ここ》ニ留ル。本所ヲ退ク途中ヨリ、吉田忠左衛門・富森助右衛門ヲ以テ、大目付仙石伯耆守之宅ヘ遣シ、其意趣ヲ訴ヘ一書ヲ捧ジ、上之令(4)ヲ待ト云。上命ジテ四十六人ヲ細川越中守・松平隠岐守・水野監物・毛利甲斐守ニ預ケ給フ。同ク癸未(5)二月四日、下令シテ死刑ニ行ハル。其令言ニ曰、

浅野内匠頭儀、勅使御馳走御用被㆓仰付置㆒、其上時節柄殿中ヲ不㆑憚不届之仕形ニ付、御仕置被㆓仰付㆒、吉良上野助無㆓御構《おかまいなく》㆒被㆓差置㆒候〔処、主人之讐報ト申立、内匠家来四十六人致㆓徒党㆒、上野宅エ押込、飛道具抔《など》持参、上野ヲ討候〕始末、公儀不㆑恐段重々不届ニ候。依㆑之切腹
　申附者也。

此命令義理明白也。大刑(6)〔ニ〕不㆑行《おこなわれず》、切腹之刑ニ被㆑行事、上之慈ニシテ彼等幸《さいわい》ト可㆑謂。然ルニ世俗雷同シテ、四十六人ヲ忠臣義士ト称ス。上野助ハ彼等ガ讐ニハ非ズ。上野介ガ内匠頭ヲ害シタラバ讐ト云ベシ。内匠頭ハ死刑ニ行ハル、コト、大法(7)ヲ背キ上ヲ犯ス之罪人也。又士之志ヲ以テ考ルニ、怨怒之意不㆑得㆓已《やむ》コトヲ㆒、己レガ職終リ其場ニ考《かんがへ》可㆑害事也。勅答大礼之節、大法ヲ背キ、其上ヘ上野介ヲ討コトモ、急迫未練ノ腰ヌケノ仕形也。上野介、梶川与惣兵衛ト立ナガラ事ヲ談ズル時、後ヨリ短刀ヲヌキ、逃ル処ヲ切ト云ヘドモ、其疵少ニシテ死ニ不㆑到、梶川氏ニ被㆑捕。無㆑勇無㆑才、可㆑笑之甚キ者也。死刑ニ行ハレ、城地ヲ取上ゲ給フコトハ事理ノ当然也。上野助、短刀モ抜ズ、駭《おどろ》キ倒《たおれ》、顔色変ジ、天下

ノ士是〔ヲ〕笑フ。死タルニ劣リ、恥キコト也。上ヨリ何ノ咎メ有《あらん》ヤ。是《これ》君ノ讐ニ非ル事明白也。

(出典) 日本思想大系27『近世武家思想』。
(1)壬午ノ年　十五年(一七〇二)。(2)臘月　十二月。(3)丑ノ刻　午前一時から三時の間。(4)上之令　幕府の処置・対応。(5)癸未　元禄十六年(一七〇三)。(6)大刑　死刑などの重刑。ここでは斬首。(7)大法　幕府法。

212〔四十六士論〕(浅見絅斎《けいさい》)

播州赤穂敵討ノ物語、世上ニカクレナキコト勿論ナリ。マヽコレニ疑アルモノ有レ之由ニテ、四十六人ノ者其主人ヘノハタラキハ無二余議一ヤウナレドモ、天下(1)ヨリユルシヲカレタルヲ討ハ、天下ヘ対シテノ不義也ト云(2)。其レヨリサマ〴〵ノ附会ノ説モ有レ之。彼方此方ヨリ此《この》是非得失如何、聞カマホシキ由ニテ書キ来ル。一覧スレバ皆大カネ(3)ノ立ザル議論ナリ。(中略)

夫レ上野介、大礼公儀ノ役人ノ主トシテ、私欲私意ヲ以、内匠頭不調法ニナルニモ心ヲ用ズ、晴ナル殿中人前ニテ恥辱ヲアタヘルヤウニシテ、内匠頭ヲ激怒セシメ、如レ此ノ事ニ及《およぶ》ハ、根本、上野介君《きみ》ヲ後ニシ己ヲ恣《ほしいまま》ニスル罪不レ容レ誅《ちゆうをいれず》。譬《たと》ヒ内匠頭初ヨリ不レ打トモ其罪不レ可レ逃。若《もし》誅ニ不レ及《およばざれば》、其位ヲ退テ可也。其禄ヲ褫《うばい》テ可也。然《しかれ》ドモ内匠頭ニ於テハ私忿ニ不レ堪、公庭大礼ノ節ヲ不レ憚、卒爾《そつじ》ノフルマヒ、是亦夥シキ越度《おちど》ナリ。然ドモ一点一毫公上ヘ対シテノ意ニアラズ。又公儀ハトモアレ、憚カルコトナキノ心有レ之ニアラズ。兼々《かねがね》ト云、其日ノ恥辱ト云、忿激心ヲモヤシ、前後顧ルニ不レ暇《いとまあらず》シテ是ヲ切テ、上野介タチニゲ、且ツ取リヲサヘタル方有レ之ユヘ、俄《にわかの》コトニテ得《え》存分ヲ不レ遂。若《もし》存分ニ切リ得タラバ其マヽ、自害スルニテアルベシ。自害ノ間ニ不レ及《およばざれば》、御誅罰ニアヅカルベキ合点、勿論ノコト也。然ラバ大法ヲ以云ヘバ、自分同士ノ喧嘩両成敗ノ法(4)ナリ。若又内匠頭大礼ノ場ヲ乱リタルヲ科トセバ、只乱リタルニテ非ズ、皆上野介私意ニテカヤウニナルコトナレバ、内匠頭成敗ニアヅカレバ上野介モ成敗ニアヅカルベキ筈也。然ドモ只内匠頭ハ大礼ノ場ヲ乱ルノ罪ヲ以誅セラレテ、相手ノ上野介ハ其分ニテ少モ責罰ノ体モナケレバ、内匠頭死ハ上野介ガ為ニウタレタルニキハマレルトコロ、無二余議一コト也。然レバ内匠頭臣子タルモノ、内匠頭先太刀ノ刃ヲ遂《とげ》テ上野介ヲ討ザレバ、大義イツマデモ不レ済。是タヾ我主ノ相手ヲ、主ノ討ント欲スル存念ノ通リニ討タルマデニテ、全ク上ヘ一点ノ怨、一毫ノ手サス存念無レ之コト明ナリ。上ヨリユルシヲカルレバ、其分ト云ハ大体ノコト(5)ナリ。我君タリ親タルモノ、敵ヲ、上ヨリユルシヲカルヽホドニト云テ、上ニ憚リ討ザルト云大義無レ之。

（出典）日本思想大系27『近世武家思想』。

（1）天下　公儀、幕府のこと。（2）ト云　同門の佐藤直方のこと。（3）大カネ　大矩。直角を測るのに用いる大型の三角定規。ここでは規矩の意味。（4）喧嘩両成敗ノ法　これは明確に幕府の実定法であったとはいえないが、室町から戦国時代において多くの分国法に規定され、徳川社会においても慣習法として社会意識化されていた。吉良と浅野との関係を「喧嘩」とみるか否かは一つの争点である。（5）大体ノコト　あらまし、おおよそ。

【解説】　主君の不始末によって御家断絶となった赤穂浪人が主君の讐として集団で徒党を組んで幕府高官を襲撃した赤穂事件は、儒学者たちの間にもその行動の評価をめぐって大きな論争を引き起こした。前掲（史料205）の室鳩巣は、事件後ただちに『赤穂義人録』を著して事件の顚末を跡付けるとともに、浪士の行動を顕彰し、また同じく幕府儒官林鳳岡《はやしほうこう》（一六四四―一七三二）は、幕法違反に対する処罰をやむをえないとしつつ、他方、浪士の行動をその内面的動機において評価する態度を示したのに対して、それを真向から批判したのが、同じく朱子学の立場に立つ山崎闇斎門下の佐藤直方（一六五〇―一七一九）である。直方は、浅野が切腹の刑に処せられたのは、殿中における刃傷という不法行為によるものであり、吉良が浅野を害したのではない以上、吉良は浅野の讐ではないと断じ、巷間の赤穂義士論に一石を投じた。また直方と同門の浅見絅斎（一六五二―一七一一）は、直方とは異なり「喧嘩両成敗」であるとしつつ、君父の讐を討つことは公儀に対する「不義」ではないとする。等しく朱子学者でありながら、相互に異なる三者の主張が示されている。

213〔赤穂四十六士論〕（太宰春台《しゅんだい》）

純（太宰春台）聞く、神祖(1)の法、人を朝に殺す者は死なりと。赤穂侯の吉良子におけるは、これを傷つくるのみ。これその罪よろしく死ならざるべし。しかも国家(2)これに死を賜ふは、則ちこれその刑、当を過ぎたり。赤穂侯の臣たる者、まさにただこれをこれ怨むべし。いま良雄らその怨む所を怨まずして、吉良子を怨む。良雄（大石）らの怨む所の者は小なるかな。凡そ侯国(3)に仕ふる者、県官(4)その君に礼あるときは、則ち固《もと》よりまさにその君に従ひて県官を畏るべし。もし不幸にして県官その君に礼なきときは、則ちまさに県官を怨むべし。蓋し諸侯の臣は、ただその君あるを知るのみ。あに県官あるを知らんや。かつわが東方の士、おのづから一道あり。その君長の死を見れば、立ちどころに即ち心乱れ狂を発し、踵《くびす》を旋《めぐ》らさずしてその難に赴き、ただ死を以て義と為し、またその当否を問はず。仁者よりこれを観れば、或は徒死《とし》たるを免れずと雖も、しかも国家因(5)《よ》りてこの道を存す。また以て士気を厲《はげ》ますに足る。故に棄つべからざるなり。いま良雄らその怨む所を怨まずして、吉良子を怨み、進退(6)、県官を畏るるを以て辞と為す。ただに人臣の義を知らざるのみならず、またこの方の士の以て道と為す所を失ふ。あに哀れならずや」と。曰く、「然らば則ち赤穂の士はその君のためにまさに奈何《いか》んすべき」と。曰く、「赤穂城に死するに如《し》かず。吾これを聞く。赤穂は富国なり。民その君を欣《よろこ》び戴くこと一世に非ず。良雄ら苟《いやし》くも能く義を以てこれに先んぜば、誰か敢へてこれに叛かん。則ちその戦士何ぞただに四十六人のみならんや。誠に以て城を背にし使者と一戦すべく、然るのち城に登り火を縦《はな》ち、人びとおのおの自殺し、その尸《しかばね》をして城と倶《とも》に焚けしめば、赤穂人の能事畢《を》はれり。良雄らここに出づるを知らず、手を拱《こまね》きて使者に城を授く。策を失すと謂ふべし。既に赤穂城に死すること能はざるときは、則ちまさに趣《すみや》かに東都(7)に往き、その部伍を率ゐて、以て吉良氏を攻むべし。これに克つもまた死し、克たざるもまた死す。これを均しくするに死するのみ。なほ以て責を塞ぐべきなり。良雄ら爾《しか》すること能はず、悠悠として時を待ち、徒らに陰謀秘計を用ひて、以て吉良子を殺さんことを求む。彼その志は事を済《な》し功を成し以て名利(8)を要《もと》むるに在り。鄙なるかな。

（出典）日本思想大系27『近世武家思想』。

（1）神祖　家康。（2）国家　ここは幕府。（3）侯国　諸侯の国、藩国。（4）県官　天子、朝廷のこと。ここでは幕府。（5）国家　ここでは侯国のこと。（6）進退　その行動においては。（7）東都　江戸のこと。春台は将軍を事実上の天子と見ていた。（8）名利　名声と利益。

【解説】 佐藤直方のいうようには事は単純ではなかった（史料212解説参照）。浪士らの吉良邸襲撃後、その処分が下るのに五十余日を要したという事実そのものが、この事件をめぐる幕府内部の動揺ぶりを示していよう。その動揺に決着をつけたのが荻生徂徠の『擬律書』（参考）であるといわれるが、徂徠が主として幕府を中心とする中央集権国家の立場から発想したのに対して、将軍と大名との関係を礼的関係として捉え、むしろ封建的な主従関係により重きをおいて議論を構成したのが徂徠の弟子、太宰春台（一六八〇―一七四七）である。大名の家臣にとって将軍は「君主」ではないとし、赤穂の浪人たちは幕府に対して抵抗すべきであったと、先の『葉隠』の藩至上主義や堀部ら急進派の籠城説を肯定する発言をしており、徂徠とは一線を画する考え方を開陳している。

幕藩制国家は、このように君臣道徳と実定法、幕府や藩に対する忠誠観の相剋など、互いに矛盾する道徳的要素が相互に共存する社会であった。事実、綱吉の死後、赤穂の浪人の遺児たちの罪は許され、長矩の弟、浅野大学長広も帰参が許され旗本寄合衆に加えられた。

以上にみるように赤穂事件は、主従関係における道徳や武士意識と天下の大法との対抗・相剋をめぐって、学派を問わず論争の的となり、それぞれの儒学のあり方を浮き彫りにするリトマス試験紙の役割を果たすことになっただけでなく、幕藩制国家における封建・郡県の政治システムとの関係や道徳の多元的・重層的なあり様をも垣間みせてくれるのである。

なお赤穂事件をもとにした「忠臣蔵」は、恨みをのんで死んだ者の怨霊を鎮めるための社会的祭儀であったとする考えもある。（丸谷才一『忠臣蔵とは何か』講談社、一九八四年）

（参考）徂徠擬律書

義は己を潔くするの道にして、法は天下の規矩なり、礼を以て心を制し義を以て事を制す、今四十六士其主の為に讎を報ずるは、是侍たる者の恥を知るなり、己を潔くする道にして、其事は義なりと雖も、其党に限る事なれば、畢竟は私の論なり、其ゆへんのものは、元是長矩殿中を不レ憚其罪に処せられしを、又候《またぞろ》吉良氏を以て為レ仇、公義(儀)の免許もなきに騒動を企る事、法に於て許さゞる所也、今四十六士の罪を決せしめ、侍の礼を以て切腹に処せらるゝものならば、上杉家の願も空しからずして、彼等が忠義を軽《かろん》ぜざるの道理、尤公論と云ふべし、若私論を以て公論を害せば、此以後天下の法は立べからず、

荻生惣右衛門

5　儒教の社会化

(1)　朱子学への疑問と批判

214〔配所残筆〕（山鹿素行）

一　学問之筋古今共に其品多し。是に依て儒仏神道共に各《おのおの》其一理有《ル》レ之事に候。我等事、幼少より壮年迄、専《もつぱら》程子・朱子之学筋《すじ》を勤《つとめ》、依《リ》レ之其比《ころ》我等述作之書は、皆程朱之学筋迄に候。中比《なかころ》(1)老子・荘子を好み、玄々虚無之沙汰(2)を本と存候。此時分は別《べつし》て仏法を貴び候て、諸五山之名知識に逢《あい》、参学悟道を楽《たのしみ》、隠元禅師え迄令二相看一候。然共《しかれども》我等不器用故に候哉、程朱之学を仕《つかまつり》候ては持敬静座之工夫に(3)陥《おちいり》候て、人品沈黙(4)に罷成《まかりなり》候様に覚《おぼえ》候。朱子学よりは、老荘禅之作略《そうりやく》は活達《かつたつ》自由に候て、性心之作用、天地一枚之妙用、高く明《あきらかなる》成様に被《レ》レ存《ゼ》候て、何事も本心自性《じしよう》之用所《ようしよ》を以て仕候故、滞《とどこおる》所無《ク》レ之、乾坤打破(5)仕候ても、万代不変之一理は惺惺洒落《せいせいしやらく》(6)たる所無《ク》レ疑《モ》存候。然共《しかれども》今日日用事物之上においては、更に合点不レ参《ラ》候故、是は我等不器用故に可《ク》レ有《ル》レ之候、今少《すこしく》合点

仕候はゞ、可《ク》レ参《ル》被《レ》レ存《ゼ》、弥《いよいよ》此道を勤《つとめ》候。或は又日用事物之上の事は甚《はなはだ》軽《かるき》儀、如何様に仕候ても、不《ル》レ苦《シカラ》儀共存候へ共、五倫之道に身を置、日用事物之間に応接仕候へば、左様には不二罷《リ》成《ラ》一候て、つかゐ申候。然《しかれ》ば樹下石上之住居、閑居独身に成《なり》、世上之功名をすて候は、無欲清浄成《なる》事絶《シ》二言語《ニ》一、妙用自由成《なる》所可《キ》レ有《ル》レ之様に覚《おぼえ》候に、天下国家四民事功之上にわたりては、大成《なる》事は不レ及《ハ》レ言《フニ》レ之《ヲ》、細事にても世上之無学成《なる》者程にも合点不レ参《ラ》候て、或は仁を体認するときは、一日之間に天下之事相済《あいすみ》候と存じ、或は慈悲を本《もと》に仕候へば、過去遠々《えんえん》之功徳に成候とまで申候て、実は世間と学問とは別の事に成候(7)。

（中略）

依《ツテ》レ之《ニ》我等事、学問に不審出来《いできたり》、弥《いよいよ》博く書々を見、古之学者被《シ》二申置《カ》一候儀共考《かんがえ》候へば、我等不審之条々埒明《らちあき》不レ申《サ》候間、定て我等料簡相違可《ク》レ有《ル》レ之と存候て、数年此不審不二分明《ナラ》一候所、寛文之初、我等存候は、漢・唐・宋・明之学者之書を見候故、合点不レ参《ラ》候哉、直に周公・孔子の書を見申候て、是を手本に仕候て、学問之筋を正し可《クト》レ申《ス》存《ぞんじ》、それより不通に後世之書物(8)をば不レ用《ヒ》、聖人之書迄を昼夜勘《かんがえ》候て、初て聖学(9)之道筋《みちすじ》分明に得心仕候て、聖学之のりを定《さだめ》候。

たとへば紙を直《すぐ》にたつに、いか程細工《さいく》能《よく》候ても、定規無《ク》レ之、手にまかせ候て立《たち》(10)候へば、不レ残《ラ》ろく(11)には不レ成《ラ》候。又其身はろくに立候ても、人々に左様にたゝせ候事は不レ成《ラ》候所に、定規をあてゝ裁《たち》候へば、大方幼若之者迄、先《まず》其筋目のごとくには裁《チ》レ之《ヲ》候。其間に尤《もつとも》上手下手は有《リ》レ之候得共、其筋目は一通に参候。然《しかれ》ば聖人之道筋と云を能《よく》得心仕候ては、右之定規を知《しり》候故、何事にても其人之学問程には其道を合点可《ク》レ仕《ル》候。此故に聖学之筋には、文字も学問も不レ入《ラ》、今日承《うけたまわり》候て今日之用事得心《とくしん》参候。工夫も持敬も静座も入《いり》不《ル》レ申《サ》事に候。

（出典）『聖教要録・配所残筆』岩波文庫。

(1)中比　素行が三十五歳前後のことか。(2)玄々虚無之沙汰　老荘思想で、万物の本質を虚無とみる考え方。(3)持敬静座之工夫　朱子学における自己の内面的道徳性を涵養する方法。(4)人品　人柄。(5)乾坤打破　天地がひっくり返る。(6)惺惺洒落　心が晴れ晴れして執着がない。(7)世間と学問…　老荘禅が日用事物の上においても、天下国家四民の上についても役立たないとの認識の表明。(8)後世之書物　一般的には宋学以降のことをいうが、ここでは漢唐の訓詁学と宋明の理学とをともにいっている。(9)聖学　聖人の学問。(10)立　裁つの意味。(11)ろく　まっすぐ。

【解説】　近世前・中期において、朱子学を批判して「孔子に還る」という名のもとにそれぞれ独自の思想を形象化した山鹿素行・伊藤仁斎・荻生徂徠らを古学派と総称する。彼等はいずれも当初朱子学を学んだが、のちに朱子学を強く批判しそれぞれ独自の思想を形成したのだが、素行のそうした思想遍歴のプロセスを語ったのが本史料である。

素行は、朱子学を批判した『聖教要録』を著した廉《かど》で、山崎闇斎を賓師として仰いでいた保科正之(四代将軍家綱の後見役)の嫌忌を受け、旧主の赤穂藩に配流され、そこで十一年余の謫居生活を送った。その間、『武家事紀』『謫居童問』『中朝事実』など多くの著作を著したが、自己の学問遍歴を叙述したのがこの『配所残筆』であり、素行の思想形成の跡をみるのに恰好の史料である。朱子学への批判の結果、素行がどのような思想方向に向かったかが看取できる。

215〔**大疑録**〕(**貝原益軒**)

宋儒の説は、無極《むきょく》を以て太極《たいきょく》の本となし、(1)無を以て有の本となし、理気を以てこれを分つて二物となし、(2)陰陽《いんよう》を以て道にあらずとなし、かつ陰陽を以て形而下《けいじか》の器《き》となし、(3)天地の性と気質《きしつ》の性とを分別して以て二となし、(4)性と理とを以て死生《しせい》なしとなす。(5)これみな、仏老(6)の遺意《いい》にして、吾が儒の先聖の説とは異なれり。学者、精詳明弁《せいしょうめいべん》せざるべからざるなり。かつ守心《しゅしん》(7)の法を論じては、主静《しゅせい》と曰《い》ひ、静坐と曰ひ、黙坐澄心《もくざちょうしん》して天理を体貼《たいちょう》すと曰ひ、静坐を以て平生《へいぜい》守心の工夫となす。これみな静に偏して、動静を時にする能はず。(8)即ちこれ、禅寂習静《ぜんじゃくしゅうせい》(9)の術にして、儒者のよろしく言ふべき所にはあらざるなり。かつ心体を論じては、虚《きょ》霊不昧《れいふまい》(10)となし、天理を論じては、冲漠無朕《ちゅうばくむちん》(11)となす。これ仏老の遺意にして、孔孟の教ふる所と異なれり。凡《およ》そ宋儒の説は、もとよりこれ孔孟を祖述せるも、又孔孟にもとづかずして仏老に出づるものあり。学者、揀択去取《かんたくきょしゅ》(12)せざるべからず。それ、宋儒の仏老を排斥すること極めて謹厳なるに、而《しか》も何ぞ外道《げどう》(13)を以て祖述をなすこと、かくの如くなるや。これみな、愚《ぐ》(14)の疑惑して解する能はざる所以《ゆえん》なり。

(出典) 日本思想大系34『貝原益軒 室鳩巣』。

(1)無極を…　宋学の先駆者 周濂渓《しゅうれんけい》の太極図説にあることば。太極は宇宙の根本的理法を、無極は太極の限定されない性格の表現。(2)二物となし　宋学では、すべての存在を理と気によって説明する。(3)陰陽を以て…　陰陽の動静変化そのものを道とするか、それとも陰陽それ自体の背後にある「然る所以」を道とするかという問題。この後者の場合、陰陽は形而下の器となり、陰陽する所以が形而上の道となる。(4)天地の性と気質の性…　宋学では人間の性を万人に共通の絶対善である天地の性と個々人の差異の根拠となる気質の性の二元論で捉える。(5)性と理…　性・理の安定性に対する疑問の表明か。(6)仏老　仏教と老荘思想。宋学は漢代以降盛んになった仏教・老荘思想の影響をうけつつ、その内的な革新を経て成立した点で、仏老と無関係であるとはいえない。(7)守心　心の本来性を保持する。(8)動静を…　宋学は本来的に静的性格をもつとの認識。(9)禅寂習静　宋学が禅的性格をもつとの認識は前掲の素行も同じ。(10)虚霊不昧　心の働きが自由であること。(11)冲

漠無朕　奥深く透明である。(12)揀択去取　取捨選択と同意。(13)外道　儒教からみた仏教と老荘思想。(14)愚　自分のこと。

【解説】朱子学に対する体系的な批判は、後にみるようにいわゆる古学派によって展開されるが、終生朱子学者を以て任じ、また朱子学を庶民にわかりやすく解説して朱子学の普及に尽した貝原益軒(一六三〇—一七一四)にも認められることは看過すべきではあるまい。宋学の宇宙論、人間論、実践道徳論をいずれも仏教・老荘思想に依拠するものであると批判し、宋学と孔孟との間に一線を引こうとする益軒の考え方は、その前後における素行・仁斎・徂徠にも共通するものであった。

朱子学における無極—太極、理—気、性—理などの諸説は、有限な現象の背後に現象を現象たらしめる根拠を措定し、その根拠ないしは意味を把握することによって宇宙・人間の本来性と現実の有り様との間に緊張関係を設定し、道徳的実践によってその本来性を具現しようとする思想であるが、徳川社会の儒教はそのような観念的な形而上学については大概否定的で、専ら日常的な道徳的側面をのみ社会的教説として展開した。

(2)　人間観と社会・政治思想

216〔語孟字義〕（伊藤仁斎）

おのれの心を竭《つ》くし尽《つ》くすを忠とし、人の心を忖《はか》り度《はか》るを恕《じょ》とす。按ずるに集註《しっちゅう》引く程子《ていし》「おのれを尽くすこれを忠と謂う」、当れり。ただ恕の字の訓《くん》いまだ当らざることを覚ゆ。(1)註疏《ちゅうそ》「おのれを忖《はか》り人を忖るの義」に作る。(2)忖《そん》の字をもってこれを訓ずるの得たりとするに如《し》かず。言うこころは人を待《たい》する(3)こと必ずその心思苦楽いかんを忖り度るなり。おのれを忖る二字いまだ穏やかならず。故にこれを改めて「人の心を忖り度る」と曰うなり。それ人　おのれの好悪するところを知ることは甚だ明らかにして、人の好悪においては、泛然《はんぜん》(4)として察することを知らず。故に人われと毎《つね》に隔阻胡越《かくそこえつ》(5)、あるいは甚だ過ぎてこれを悪《にく》み、あるいはこれに応ずること節《せつ》無く、親戚知旧《ちきゅう》(6)の艱苦を見ること、なお秦人越人《しんひとえつひと》の肥瘠《ひせき》を視るがごとく、茫乎《ぼうこ》として憐れむことを知らず。その不仁不義の甚だしきに至らざる者はほとんど希《めずら》し。いやしくも人を待するその好悪するところ如何、その処《お》るところなすところ如何《いかん》と忖り度って、その心をもっておのが心とし、その身をもっておのが身とし、委曲体察《たいさつ》(7)、これを思いこれを量るときは、すなわち人の過ち毎《つね》にその已《や》むことを得ざるところに出《い》で、あるいはその堪うることあたわざるところに生じて、深くこれを疾《にく》み悪《にく》むべからざる者有ることを知り、油然靄然《ゆうぜんあいぜん》(8)として、毎事《まいじ》必ず寛宥《かんゆう》(9)を務めて、刻薄《こくはく》(10)をもってこれを待するに至らず。人の急に趨《はし》り、人の艱《かん》を拯《すく》うこと、おのずから已むことあたわず。その徳の大《だい》、限量《げんりょう》すべからざる者有り。夫子以為《おもえ》

らく　もって身を終うるまでこれを行なうべし[11]。亦宜《むべ》ならずや。

（出典）日本思想大系33『伊藤仁斎　伊藤東涯』。

（1）按ずるに集註…　朱子『論語集註』里仁第四「夫子の道は、忠恕のみ」の註で「己を尽すこれを忠と謂ひ、己を推す之を恕と謂ふ」とある。ただし程子の名は出てこない。（2）註疏…　宋の邢昺《へい》の『論語註疏解経』の当該箇所に「恕とは己を忖《はか》り物を度《はか》るなり」とある。（3）待する　人と接する。付き合う。（4）泛然　上っ調子。（5）隔阻胡越　北方の異民族と南方の異民族のように互いに遠くへだたっていること。（6）秦人…　まったく無関心なさま。（7）委曲体察　相手のことを親身になって考える。（8）油然靄然　寛容な心がわきあがるさま。（9）寛宥　大目にみて許す。（10）刻薄　寛宥の反対、むごくて情が薄い。（11）もって身を…　『論語』衛霊公篇、「身を終うるまでこれを行なうべき者…それ恕か」による。

【解説】　江戸時代の儒学史は、全時代を通して朱子学的思惟という共通の土台の上にそれぞれ朱子学・陽明学・古学・折衷学などの諸学を生み出したが、中でも朱子学に対して最も明確に批判的態度を鮮明にしたのは、伊藤仁斎、山鹿素行、荻生徂徠などのいわゆる古学派である。

　とりわけ伊藤仁斎（一六二七―一七〇五）は、孔子や孟子などの儒学の正統を継ぐとした朱子学に対して、仏教や老荘思想の影響をうけたもので孔子や孟子の思想とは異なるものであるとし、朱子学の宇宙論を否定して、孔子の思想を人間学として独立させた。掲載した史料は、朱子学の基本文献である四書に関する朱熹の注解『四書集註』に引用された程子の「恕」に関する解釈を批判したものだが、そこには、自己と他者とを本来同質のものと見做し、恕を「おのれをおす」こととする朱熹に対して、むしろ自己と他者との異質性を前提として、おのれを否定し、相手の心を己れの心とすることだとする新しい人間理解とそれにもとづく道徳観とが語られており、そこから仁斎は他者への寛宥と思いやりを中心とする愛の哲学を形象化した。

　仁斎は門人三千人ともいわれるが、五人の息子たちも儒者として大成した。紀州藩から千石で召し抱えるとの話があったとき、仁斎が「中々外へ奉公ハ仕ラジ。但シ禄ノ多少ニヨラズ、少シノコトナリトモ、国政ヲ御相談成サレ候ハバ参ルベシ」と答えたとする湯浅丈山「文会雑記　巻之一」の記事は興味深い。

217 〔山鹿語類　巻第三十三〕（山鹿素行述）

欲をしてこれを充《み》てしむべからざることを論ず

師の曰く、人の情欲は必ず過溢《かいつ》して足ることを知らず。聖人教《おしえ》を立ててこれを制節す、又已むことを得ざるの自然なり。人の情欲おのおの天子公侯の富貴に至らずんば止むべからず。人々天子公侯と為《な》るときは、則ち民人《みんじん》なく僕従《ぼくじゅう》なく、五穀の作るなく器用の商《あきな》ふなけん。天下、天下に倍し、財宝、財宝に倍するも、竟《つい》にこの理なし。故に天上《かみ》に位し地下《しも》に載せ、君は尊く臣は卑しくして乾坤定まる。なほ力を以て争うて国を利し家を利し身を利せんと欲するときは、則ち上下こもごも利を征し、君を弑し父を無《なみ》し、奪はざれば饜《あ》かず、その勢夷狄に同じく、その極禽獣の相食《あいは》むがごとし。これ聖人の教を設けてその情欲を節して、他《ひと》をして人たるの道を知らしむる所以なり。故に君子は学んでその人たるの道を知る、小人は教に随ひ法を慎んで風俗化し、竟に三綱立ち彝倫《いりん》平にして、親を遺《わす》れず君を後にせざるを以て習俗と為す。かくのごときときは乃ち家斉ほり国治まり天下平なり。

（出典）日本思想大系32『山鹿素行』。

【解説】 朱子学を批判してそれぞれ独自の政治・社会思想を形象化した思想家をみる場合に、その政治思想の前提となるのは人間観であり、この点は儒学者と国学者とを問わない。

本史料は山鹿素行のものであるが、ここでは、人間の情欲がその限界を知らないものであり、それをそのまま放置すれば欲望の戦国時代を現出するとして、そのような「禽獣の相食むがごと」き戦国時代を防止するために中国古代の聖人は、「教を設けてその情欲を節し」「人たるの道を」知らしめたのだとする。具体的には、君臣上下、貴賤尊卑の区別とそれに伴う道徳を明確化することが「斉家・治国・平天下」の要件であるとした。朱子学が人間平等観と個人内部の道徳的な緊張・葛藤を説いたのに対して、人間の欲望を抑制するために「聖人の教」という客観的な枠付けを強調したところに素行の独自性がある。思想の枠組みとしては荀子に近いものであるが、荀子が性悪説を説きながらも個人の道徳実践により聖人になる可能性を認めたのとは大きく異なる。素行における聖学とは、人々が則るべき規矩準縄を学ぶことであった。

218〔弁名 下 理気人欲〕（荻生徂徠）

理なる者は、事物にみな自然にこれあり。我が心を以てこれを推度《すいたく》して、その必ずまさにかくのごとくなるべきと、これ必ずかくのごとくなるべからざるとを見ることあり、これこれを理と謂《い》ふ。凡そ人、善をなさんと欲するときも、またその理のなすべきを見てこれをなし、悪をなさんと欲するときも、またその理のなすべきを見てこれをなす。みな我が心そのなすべきを見てこれをなす。故に理なる者は定準なき者なり。何となればすなはち理なる者は適《ゆ》くとして在らざることなき者なり。(1) しかうして人の見る所は、おのおのその性を以て殊《こと》なり。譬《たと》へばすなはち飴は一なり。伯夷(2)はこれを見て、「以て老を養ふべし」と曰《い》ひ、盗跖《とうせき》(3)はこれを見て、「以て枢《くるる》に沃《そそ》ぐ(4)べし」と曰ふ。これ它《た》なし。人《ひとびと》おのおのその見る所を見て、その見ざる所を見ず、故に殊なるなり。故に理はいやしくもこれを窮めずんば、すなはち能く得て一にすることなし。然れども天下の理は、あに窮め尽くすべけんや。ただ聖人のみ能く我の性を尽くし、能く人の性を尽くし、能く物の性を尽くして、天地とその徳を合す(5)。故にただ聖人のみ、能く理を窮めてこれが極を立つる(6)ことあり。礼と義とこれなり。故に説卦にいはゆる「理を窮む」といふ者は、聖人の事にして、凡人の能くせざる所なり。故に先王・孔子の道は、義を言ひて理を言はず。

(出典) 日本思想大系36『荻生徂徠』。
(1)適くとして…　どこにでもあるもの。(2)伯夷　『呂氏春秋』異用「仁人之得㆑飴、以養㆑疾侍㆑老也、跖与㆓企足㆒得㆑飴、以開㆑閉取㆑楗也」、また『淮南子』説林訓、「柳下恵見㆑飴曰、可㆓以養㆒老、盗跖見㆑飴曰、可㆓以黏㆒牡、見㆑物同而用㆑之異」とあるに由るか。(3)盗跖　昔の有名な盗人の名前。『史記』伯夷伝に、伯夷とともに出てくる。(4)枢に沃ぐ　扉の回転軸の所に飴を注いで、開くときに音がしないようにする。(5)ただ聖人のみ…　この一文は『中庸』を典拠とするが、徂徠における聖人は、同時に政治的君主であり、政治制度の制作者である。(6)極を立つる　人々が拠るべき行動の規準を立てること。

【解説】　徳川儒学において朱子学を最も体系的かつ総括的に批判し、孔子への回帰の名のもとに独自の儒教体系を構築したのは荻生徂徠(一六六六—一七二八)である。十一世紀中国の宋代、朱熹によって体系化された宋学の特徴が、宇宙・社会・人性に対する一貫した理の内在性と超越性を説く思弁的合理主義、万人の本来的な道徳的善性を前提とし、誰でもが学問修養によって自己及び万物に内在する理を獲得できるとする理想主義と道徳的リゴリズム、修身斉家という個人道徳と治国平天下という政治性を連続させるオプティミズム等にあるとすれば、徂徠はそれとは対蹠的な思想を形成した。

まず第一に徂徠は、事物における理の存在を認めつつも、朱子学の理のもう一つの側面である「然る所以」の理の存在を認めず、朱子学の合理主義的世界観を否定した。すなわち、人は対象世界に限りなく存在する万物の理を窮め尽くすことはできず、また人間はそれぞれ性格と能力において個別性と限定性をもつが故に、獲得される「理」はその見るところによって「殊」なり、人々の拠るべき規準とはならないとされたことである。この点は『政談』において「天地の道理」と「人情」とは往々にして「食い違うもの」との認識に示されているが、これは徂徠において天地自然と人間社会との予定調和的世界観が否定されたことを意味しよう。そこから徂徠が考えたのは、個人の道徳性の涵養から治国平天下へという朱子学の個人主義的原理を逆転させて、儒学=学問の第一義的な課題は政治社会の秩序の維持であるとの立場から、「天地の道理」と、性格的・能力的に多様性と限定性をもちかつ過剰な欲望をもつ現実の人間存在とを当初の課題に向けてどう調整するかという課題であった。その方法として要請されたのが、万物の理を窮め性を尽して政治制度をつくる聖人=君主、君主の行政を分担して担う君子の存在、そして聖人=君主の制定した外在的な礼儀を行動準則としてそれぞれが具有する個別的な能力を伸長し発揮することで全体社会の秩序の維持と再生産を担うことがその生の意味となるような万民の存在である。

徂徠が政治の目的を安民におき、それを仁としたこと、そしてその仁とは、一方では社会全体の維持を意味し、他方では社会構成員の個々の性格や能力の長養をはかることを意味したことからすれば、徂徠の思想が儒学の枠組みを外れたものとは必ずしもいえない。

(3)　公と私

219〔五常訓　巻之二〕（貝原益軒）

孔子曰《ク》、「仁者ハ己《おのれ》タヽントホツシテ人ヲタツ。己達《たつ》セントホツシテ人ヲ達ス」ト。此意《このこころ》ハ、仁者ハ心ニ私《わたくし》ナクシテ公《おおやけ》ナル故、人我《にんが》ノ隔《へだて》ナシ。我身ヲタテント思ヘバ、人ヲモ共ニタツ。我ガ身ヲ達セント思ヘバ、人ヲモ共ニ達ス。人ト我トノヘダテナシ。人ヲ思フ事、ワガ身ト同ジ。是《これ》仁者万物ヲ以《もつて》一体トスルノ心ナリ。モシワガ身ヲ専《もつぱら》ニ愛シテ、人ヲ愛セザルハ、人我ノ私ニヘダテラレテ、公ノ心ナシ。是不仁也。仁ニイタラントホツセバ、チカクワガ身ノ上ニテ人ノ心ヲタトヘ、ワガコノムコトヲ人ニホドコシ、我ガキラフ事ハ人モキラフモノナレバ、ワガ心ニテ人ノ心ヲオシハカリテ、人ニホドコサズ。是オノレヲオス恕《じょ》ノ道ニシテ、仁ニイタル工夫也。

（出典）日本思想大系34『貝原益軒　室鳩巣』。

【解説】　中国儒学と徳川儒学を比較する場合のキー概念の一つが公私である。

朱子学において公と私は、いずれも個人における心の有り様に関わる概念であったが、益軒もこの点は朱子学を踏襲していることは明らかである。仁と不仁との区別は、「公ノ心」の有無にあり、「公」とは、個人の心に内在して「私」のない状態――「人ト我トノヘダテ」のない状態の謂である。またその前提となるのが、人と我とが同じであるとする同質的な人間観であり、先に掲げた仁斎のそれが、こうした朱子学的人間観とは異なる位置にあったことはすでにみた通りである。一般に「己の欲せざるところ、他人に施すことなかれ」とは世界的に共通の道徳律であるが、それでは人に施す場合、益軒のように「ワガ心ニテ人ノ心ヲオシハカリテ」行うのがよいのか、仁斎のように、人と己とは好悪が違うのだから、己を否定して相手の心を忖度してそれに沿うのがよいのかは難しい問題である。徳川思想における朱子学と反朱子学も、そのような人間観の違いのなかで捉え直すことができる。

もう一つ益軒に特徴的なことは、次に掲げる朱熹の場合、仁の実現が「己の私」との関係において、すなわち自己自身の内部における緊張関係の中で設定されているのに対し、益軒の場合には、他者との関係が第一義的に重視されることである。恕が仁にいたる工夫として重視されるのはそのためである。その意味で、素行や徂徠における「公」の外在化と無縁であるとはいえない。また朱熹においては、自分の「私欲」を克服すれば、自己が本来的に内在させている「仁」を具現できるとしたのに対して、仁斎は「己に克つ」とは、「己を舎《す》てて人に従う」ことであり、それが「衆を愛する」ことであるという。両者のへだたりをみるべきである。

（参考1）

○顔淵問フレ仁ヲ。子曰ク。克チテレ己ニ復ルヲレ礼ニ為スレ仁ト。一日克モチテレ己ニ復レバレ礼ニ。天下帰スレ仁ニ焉。為スコトレ仁ヲ由ルレ己ニ。而由ランヤレ人ニ乎哉。

仁は本心の全徳なり。克つは勝つなり。己は身の私欲を謂ふなり。復《かえ》るは反《かえ》るなり。礼は天理の節文なり。仁を為すとは、其の心の徳を全うする所以なり。蓋し心の全徳は、天理に非ざる莫し。而れども亦人欲に壊《そこなわ》れざる能はず。故に仁を為す者は、必ず以て私欲に勝ちて、而して礼に復る有り。則ち事皆天理にして、而して本心の徳、復我に全し。帰すとは猶与《くみ》すのごとし。又一日己に克ちて礼に復れば、則ち天下の人皆其の仁に与すと言へるは、其の効の甚だ速にして至大なるを極言せるなり。又仁を為すこと己に由る。而して他人の能く預る所に非ずと言へるは、又其の機の我に在りて難きこと無きを見《あらわ》せるなり。日日之に克ちて、以て難しと為さざれば、則ち私欲浄尽して、天理流行す。而して仁勝《あ》げて用ふ可からざるなり。程子曰く、礼に非ざる処は、便《すなわ》ち是れ私意なり。既に是れ私意なり。如何ぞ仁を得ん。須《すべか》らく是れ己の私を克尽して、皆礼に帰すべし。方に始めて是れ仁なり。又曰く、己に克ちて礼に復れば、則ち事事皆仁なり。故に曰く、天下仁に帰すと。謝氏曰く、己に克つには、須らく性偏の克ち難き処より克将し去るべきなり。

（朱熹『論語集註』）

（参考2）

顔淵問フレ仁ヲ。子曰ハク。克テレ己ニ復ルヲレ礼ニ為スレ仁ト。此夫子以下仁二天下一之道上告レ之也。克。勝也。己者。対レ人之称。復。反復也。克レ己者。猶二舎レ己従レ人之意一。言不レ有レ己也。克レ己則汎愛レ衆。復レ礼則有二節文一。故能汎愛レ人。而亦能有二節文一。則仁斯行矣。

（伊藤仁斎『論語古義』）

220〔謫居童問　巻四　学問〕（山鹿素行）

公私
○問　公論私見ノワカチ如何。

答　公論ト云ハ天下ノ人々是ヲ用テ行ニ利アリ、天下ノ善知ノ人是ヲ是トシ、上古ノ聖人是ヲ行ニ、鬼神是ニ通スルヲ公義・公論・公是ト云也。其身一人ノ是トシ一人ノ行フコトニシテ、一人楽ムコトハ、皆私見・臆説・孤議・独楽也。異端ハ身ヲ利シテ人ヲ不レ用、身ヲタノシマシメテ大倫ヲステ、身ヲ潔シテ世間ヲ不レ顧、是其利スル処所レ楽所レ潔、トモニ一人己身ノ私ニシテ、大道公共底ニアラス。聖人ノ道ハ楽トキハ人ト共ニ楽ミ、患寸(時)ハ人ト共ニ患。人ヲ立テ己ヲ後ニシ、人ヲ利シテ身ヲ後ニス。是異端・聖教・公私・大小ノ論明白ニシテ不レ可レ掩。異端ノ道ハ一己ノ道、人コレヲ以テ自《みずから》楽ヘクシテ、若是ヲ家ニ施セバ家不レ斉《ととのわず》、況国天下ニ及スニ足ンヤ。是以世々ノ聖道聖人ノ道ニチナム寸《（時）》ハ天下安シ。異端ニヨル寸《（時）》ハ国ヤブレ天下ホロブ。タトエハ異端ヲ信スル主将アリト云トモ、天下国家ノ政道ニ異端ヲ用ルト云コトアラズ、只一人ノ安楽ヲ云ノミ也。又主将聖学ニ志アリト云トモ、其道ヲキワメズシテ専性心ヲ弄シ、公義公論ヲ事トセサレハ、異端ヲ不レ学シテ、其政道異端也。是以国亡《ほろび》天下乱ル。是秦・晋ノ亡ルユエン也。ココヲ以テ云寸《（時）》ハ、国家ノ治乱悉聖学異端ニ不レ出。国家ノ敗亡ハ異端ノ制アレハ也。国家ノ治平ハ聖学ノ趣向アレハ也ト可レ知也。実ニ異端ヲ用テハ無レ不レ亡、聖教ヲ立テ無レ不レ治ト可レ知也。〈有二儒而異端者一、有二異端而儒一〉

（出典）『山鹿素行集』第六巻（国民精神文化文献八）。

【解説】　朱子学において公と私は個人の心の在り方に関わる概念であったが、徳川儒学は専ら「公」を個人においては外在的な規範概念とすることが少なくなかった。その一つの例が素行であり、素行はその一身に関わるものを「私見・臆説・孤議・独楽」とし、他方、「天下」「世間」が是とするものを「公義・公論・公是」とする。また同時にそれは大小と言い換えられる場合は、価値の量的な差違にとどまるが、聖教と異端と換言される場合には、政治的な価値概念となった。

これは素行が義と利とを全体に関わる「大利」と自分一身に関わる「小利」とに比定したことと関わっており、価値の軽重はより大きな共同体に関わるものが相対的に義とされた。素行においては「義理」という道徳的な正しさの概念は、その実「利」の及ぶ範囲の広狭――「利」の及ぶ範囲が大なるとき「義」となり、小なるとき「利」となる――に置換されたのである。

221〔政談　巻之四〕（荻生徂徠）

丸橋《まるばし》忠弥ヲ訴人シタル者ニ、今モ御奉公被レ二仰セ付ケ一ズト言事、ツマラヌ事也。総ジテ武家ノ風俗ニテ、訴人ヲスルヲ大ナル臆病トス。夫ハ己ガ意趣アル人ヲ討果《うちはた》ス事ハ命ガ惜ケレバ、其人ノ悪事ヲ訴人シテ、上ヨリ殺サスル故、臆病トスル事也。忠節ノ訴人ハ其ニ混ズルコトニ非ズ。去ドモ愚ナル風俗ニテ、何ノ差別モナク、兎《と》角《かく》訴人ハ臆病ノ所為ト云ヨリ、武家ニ不レ限ラ、町人・百姓モ訴人ハセヌ事ニ覚テ居ル也。依リレ之ニ、其時分何《いず》レモ我ヲ立タル事故《ゆえ》、人々刀ヲ一所ニ不ルレ置カヨリ、喧嘩ヲ気遣ヒ、其時ノ老中ノ申付タルヨリ、今ニ至ル迄御奉公被レ二仰セ付ケ一ザルナルベシ。総ジテ訴人ヲ臆病ト云ハ私ノ義理也。右ノ訴人ハ大ナル忠節也。戦国ノ時分ハ幾人モ可シレ有ル。何《いず》レモ皆忠節ニ立テ、其子孫今ニ大名ニモ御旗本ニモ可シレ有ル。総ジテ私ノ義理ト公ノ義理・忠節トハ食違者也。国ノ治ニハ私ノ義理ヲ立ル筋モ有ドモ、公ノ筋ニ大ニ違テ有《ル》レ害事ニ至テハ、私ノ義理ヲ不《ル》レ立《テ》事也。如《キ》二忠弥《ノ》一ノコトハ、此以後トテモ必有間敷事ニ非ズ。御詮議有テ、御奉公被《レ》二仰《セ》付《ケ》一可《キ》レ有《ル》事也。

（出典）日本思想大系36『荻生徂徠』。

【解説】　徂徠の思想を一貫しているのは、全体社会――当時の幕藩支配体制――の秩序の維持を政治・道徳思想の根幹にすえるという発想である。道に関してみれば、鎌倉・室町期の武士道を為政者論であるとしつつ、戦国武士の余習を否定したり、赤穂浪人の処置に関して、その行為を一方では「己を潔くする道」として評価しつつも、他方では「天下の大法」を優先させる態度などにその点が現われている。掲載史料もその一端を示すものであり、ここでは、「国ノ治」と「公ノ筋」とを対比させ、前者よりも後者を優先すべきことを主張し、封建制の論理を踏まえつつも中央集権的な幕府政治の有り様を肯定するところに、徂徠の思想的位置がある。

徂徠のこのような考え方に関して、従来、道徳に対する政治優先の論理であるとの見方があるが、徂徠は、政治の目的は安民、すなわち民を安んずることであるとし、それをもって最高の道徳であるとした以上、徂徠の政治思想は、個人道徳よりも全体社会の秩序の保持を最優先させた点で政治的であったとはいえるが、必ずしも道徳それ自体を無視したものとはいえず、また幕府政治それ自体を絶対化したわけでもない。

参考文献として、黒住真『近世日本社会と儒教』ぺりかん社、二〇〇三年など。

(4)　ナショナリズムの諸形態

222　〔配所残筆〕（山鹿素行）

本朝は　天照大神之御苗裔(1)として、神代より今日迄、其正統一代も違不レ給、藤原氏輔佐《ほさ》之臣迄、世々不レ絶して、摂禄(2)之臣相続候事、乱臣賊子之不義不道成事無レ之故也。是仁義之正徳、甚厚成が故にあらずや。次に神代より人皇(3)十七代迄は、悉《ことごとく》聖徳之人君相続あり、賢聖之才臣輔佐し奉り、天地之道を立、朝廷之政事国郡之制を定、四民之作法、日用衣食、家宅冠昏喪祭《かんこんそうさい》之礼に至迄、各其中庸をゐて、民やすく国平《たいらか》に、万代之規模立て、上下之道明成《あきらかなる》は、是聡明聖知の天徳に達せるにあらずや。況《いわん》や勇武之道を以て、いらい三韓(4)をたいらげて、本朝へみつぎ物をあげしめ、高麗をせめて其王城をおとし入、日本之府を異朝にまふけて、武威を四海にかゞやかす事、上代より近代迄しかり。本朝之武勇は、異国迄是をおそれ候へ共、終に外国より　本朝を攻取《せめとり》候事はさて置、一ヶ所も彼地へうばゝるゝ事なし。されば武具、馬具、剣戟之制、兵法、軍法戦略之品々、彼国之非レ所レ及。是勇武之四海に優れるにあらずや。然ば知仁勇之三は聖人之三徳也。此三徳一つもかけては、聖人之道にあらず。今此三徳を以て、　本朝と異朝とを一々其しるしを立て校量せしむるに、本朝はるかにまされり。誠にまさしく中国(5)といふべき所分明なり。是更に私に云にあらず。天下之公論なり。

（出典）『聖教要録 配所残筆』（岩波文庫）。

（1）苗裔　血筋、子孫。（2）摂禄　摂籙、摂政の別称。（3）人皇　神武天皇以降の天皇。（4）三韓　かつて朝鮮半島にあった百済、高麗、新羅の三国。（5）中国　もともとは、天地の中心にある国とか、国の中央の部分とかいう意味であり本来固有名詞ではなかったが、大陸中国が自国を尊んで「中国」「中華」というようになった結果、徳川社会はそれを嫌って、「漢土」とか「唐土」という呼び方をすることが多かった。素行はそれを逆用して、日本こそが漢土や朝鮮よりもすぐれているという意味で万国の中心であるとする。なお素行にはその点を著述した『中朝事実』がある。

【解説】　徳川初期における対外観として重要なのは、大陸中国の儒学思想を体系的に受容したことによって必然化される問題、すなわち中国という歴史的・社会的に実在する特定の地域において形象化された思想をわが国に適用しようとする際におこる思想的軋轢――とりわけエスノセントリズム（自民族中心主義思想）との関係――をどのように調整するかという課題である。

儒教思想の普遍性を確信していた徳川初期の儒学者たちの逢着した問題は、一つは先にみた歴史思想における天皇と武家との政権交代であり――それを「革命」と見做すかどうか――、二つ目は政治思想や道徳観の基礎となる人間観――具体的には朱子学の土台をなす孟子の性善説を認めるかどうか――の問題であるが、他の一つは華夷思想である。そのいずれに対しても屈折した意識を表出したのが山鹿素行である。『武家事紀』において皇統から武統へとあたかも易姓革命の存在を実証したかにみえる素行も、他方では「神代より今日まで、その正統一代も違不給」とし、また古代における朝鮮半島の属国化に「本朝之勇武」の発現をみようとする。中国流の華夷思想と知仁勇三徳思想を援用しつつ、朝鮮及び大陸中国に対する日本の優越性を主張するのがそれである。

またこの時期、一六四〇年代に明王朝がそれまで北狄として賤しめていた満洲族によって征服され、清王朝が成立したことが、「華夷変態」として大陸中国に対する日本の優越意識を醸成させる背景ともなったことは看過することができない。

223〔中国弁〕（浅見絅斎）

或《あるひと》曰《く》、（中略）夫《それ》唐九州(1)礼義ノサカン道徳ノ高大ナルコト可《き》レ及《ぶ》事ナシ。然レバ中国主ニシテ夷狄コレヲシタフコト、ヲノヅカラ其体相応タルベシ。曰《く》、先《まず》名分ノ学ハ道徳ノ上下ヲ以《て》論ズルコトヲヲキ、大格(2)ノ立様《たてよう》ヲ吟味スルコト第一也。サレバ徳ノ高下カマハズ、瞽《こ》瞍《そう》ノ頑トイヘドモ舜《しゅん》ノ父タルコト天下ニ二ツナシ。舜、吾父ハ不徳也トテ吾トイヤシミ(3)、天下ノ父ノ下ニツケント思フ理ナシ。唯己ガ親ニツカヘ終ニ瞽瞍豫《こそうのよろこび》ヲ底《いた》シテ、却テ天下ノ父子定ル様ニナリタルハ、舜ノ親ニ事《つかう》ルノ義理ノ当然也。サアレバ、吾国ニ生レテ、吾国タトヒ徳不レ及トテ、夷狄ノ賊号ヲ自《みずか》ラナノリ、トカク唐ノ下ニツカネバナラヌ様ニヲボヘ、己ガ国ノイタヾク天ヲ忘ル、ハ、己ガ国ヨリ道盛ニ行ハレ、吾国ヲ他国ノノリトモスル合点ナキハ、皆己ガ親ヲイヤシムル同前ノ、大義ニ背キタル者也。況ヤ吾国天地ヒラケテ以来、正統ツヾキ万世君臣ノ大綱不変ノコト、コレ三綱ノ大ナル者ニシテ、他国ノ不《る》レ及《ば》処ニアラズヤ。其外武毅丈夫ニテ、廉恥正直ノ風天性根ザス。コレ吾国ノスグレタル所也。中興ヨリモ数《しばしば》聖賢出デ吾国ヲヨク治メバ、全体ノ道徳礼義、何《いずれ》ノ異国ニ劣コトアラン。ソレヲ始ヨリ自《みずから》カタハ《（片輪）》者ノゴトクニ思ヒ、禽獣ノ如クニ思ヒ、作リ病《やまい》ヲシテナゲク族《やから》、アサマシキコトニアラズヤ。コレヲ以《て》見レバ、儒者所レ説《く》ノ道モ天地ノ道也、吾学ンデヒラク所モ天地ノ道也。道ニ主客彼此ノヘダテナケレバ、道ノヒラケタル書ニツイテ其道ヲ学ベバ、其道即《ち》吾天地ノ道也。タトエバ火アツク水ツメタク、烏黒ク鷺白キ、親ノイトヲシク君ノハナレガタキ、唐ヨリ云モ吾国ヨリ云モ天竺《てんじく》ヨリ云モ、互ニコチノ道ト云コトナキガ如シ。ソレヲ、儒書ヲヨメバ唐ノ道〱トテ、全体風俗トモニセウネ《（性根）》ヲウツサレテ、手ヲアゲテ渡ス様ニ思ヒチガヘルハ、皆天地ノ実理ヲ不レ見シテ、聞見ノセバキニウツサルヽ故也。

（出典）日本思想大系31『山崎闇斎学派』。

（1）唐九州　中国古代に禹が全土を開いて九つの州に分けたということから、中国全土をいう。『書経』禹貢にある。（2）大格　大本、根本の意。（3）吾トイヤシミ　自分から父親を卑下して。

【解説】　中国儒学の受容にあたって問題となるのは、中国を「中華」＝文化・文明の中心とし周辺の諸民族を「夷狄」とする華夷思想と、易姓革命の思想である。前者はエスノセントリズムとの関係で、後者は日本の天子は易わることなく天皇であるとする考え方と抵触するからである。このような中国儒学と日本社会との間の矛盾・軋轢に一つの考え方を与えたのが、闇斎学派であった。かつて山崎闇斎は、孔子や孟子が大将となってわが国を攻めてきたとき孔孟の道を学ぶ者としてはどうするかと問い、武器をとって戦い、孔孟を擒《とりこ》にして国恩に報ずるのが孔孟の道であると答えたという逸話（『先哲叢談』）があるが、このような闇斎の思想を明確に形象化したのが浅見絅斎である。大義名分論がそれである。

その思想の特徴は、「天地ノ道」は一つであるとしつつも、「唐土ヨリハ唐土ヨリノ天地日月、我国ヨリハ我国ヨリノ天地日月、往《ク》トシテ中に非《ル》コトナシ」とする個別主義《パティキュラリズム》の考え方である。具体的には、その道徳性如何に関わりなく名分を重んずること、すなわち自分の父や仕える君主あるいは自分が生まれた国をそのものとして尊び、それに帰属することが「大義」であるとするのであり、そこから通常いわれるところの君父の絶対化や国家至上主義が生まれることになるのだが、ここで注意すべきは、自己に与えられた忠誠対象を「天命」としてうけ入れ、それに対して能動的に道徳性を尽すことが「義理ノ当然」として要請されたのであり、いわゆる盲目的な服従が要求されたのではない。

　このような闇斎学派によって形象化された考え方は、徳川光圀の「毛呂己志《もろこし》を中華と称するは、其国の人の言には相応なり。日本よりは称すべからず。日本の都をこそ中華といふべけれ、なんぞ外国を中華と名づけんや。其いはれなし」(『西山公随筆』日本随筆大成(第二期)七巻)などとも併せ、以後、儒学諸流派や国学などにも影響を与えていくことになる。

224〔日本水土考〕(西川如見)

日本東西の経度は地の十二度に相亙《わた》れり。南北は東西四分の一を有つて、地度の三に及べり。之を天竺辰旦(1)に比するときは、則ち小島と謂ふと雖も、然れども万国の間、堺内の日本に如かざる者最も多し。況んや偏熱偏寒の類に於てをや。伝へ聞く、大海中の島洲の大なる者八、その中に日本国を以て第一の大島と為すと。何ぞ小島と謂はんや。或は以て粟散《ぞくさん》国(2)と為す者あり。甚だ然らず。夫れ大地は広大なりと雖も、その里数の極まる所あつて著明なり。今の世界と号する者は、その周囲三百六十度にして、万五千里に過ぐることなし。即ち日本東西の経度を以て之を較べ計るに、則ち三十二倍に余ることなし。然らば則ち、日本も亦大国なり。豈に粟散国と号することを得んや。夫れ国なる者は広大を以て貴しと為すべからず。四時の正偏、人物の美悪を以て、その貴賤を定めつべし。是の故に、国土極めて大なる者は、その人情風俗多岐にして一統し難し。故に辰旦の聖国なりと雖も、動《やや》もすれば、皇統変乱して久しく治め難きことあり。周の世系は八百余年を経たりと雖も、その間、治平純静なる者は三百年に足らず、況んやその以下の歴世三百年に及べる者殆んど希《まれ》なり。日本の限度は広からず亦狭からず、その人事風俗民情相斉しく、混一にして治め易し。是の故に、日本の皇統の、開闢より当今に至りて変ることなき者は、万国の中ひとり日本のみ。是れ水土の神妙にあらずや。

日本国の要害は万国に勝れる者なり。蓋《けだ》し小国の大国に連れる者は必ず大国の為に屈せられ、或は終に大国の為に併せらるゝことあり。日本の地は大国に近しと雖も、灘海を隔てて而して相遠きが如し。故に大国に屈せらるゝの患なし。況んや其の併せらるゝをや。辰旦の大国の北狄の強大に苦めらるゝ者は、其の地相連れる故なり。況んや小国をや。然らば則ち日本の風水要害の好きこと万国最上なり。浦安《うらやす》国(3)と号する者は、要害堅固の義なり。

細矛千《くわしほこち》足《たる》国(4)と号する者は、勇武全備の謂なり。浦安の大城に住し、千矛の武徳を備へて、永久に天地と窮なし。此の民は神明の孫裔にして、此の道は神明の遺訓なり。清浄潔白を愛し、質素朴実を営む者は、則ち仁勇の道にして、而して智は自ら足れり。是れ此の国自然の神徳なり。豈に貴ばざらんや。

(出典)『日本水土考・水土解辯　増補華夷通商考』岩波文庫。

(1)天竺辰旦　インドと中国。(2)粟散国　粟粒をまき散らしたような小さな国。仏教的思惟が支配的であった中世において、インドや中国に対して日本のことをいう。(3)(4)『日本書紀』巻第三、神武天皇の末尾に「日本は浦安の国、細戈千足の国…」とあるのによる。浦安の国は心安らぐ国、細戈千足の国はよい武器がたくさんある国の意で、ともに日本国の美称。

【解説】　エスノセントリズム(自民族中心主義)は近代以前の社会や国家にのみ固有な旧い意識ではなく、民族や国家など永続的な集団や共同体において本質的な契機をなすことは否定できない。十八世紀前半、すでに一千年前に予祝的な美称として登場した浦安の国、細戈千足の国という日本の国名が、いまや東アジアにおける大国であり、かつ文明国である中国に対抗的かつ優越的な美称として、さらにまた実体的な内実を与えられて定立・再生産されていることに注意。このような文化的なナショナリズムは、以後、賀茂真淵や本居宣長の国学などを生み出す思想的原基となり、近世後期以降、歴史意識や政治意識とかかわる形でより一層強化されていくことになる点で重要である。

第三章　幕藩体制の展開

幕藩体制の基本的な構造が確立した上に、一定程度の経済成長を経た十八世紀(一七〇〇年代)のおよそ百年間を本章の対象とする。対外的にはほぼ安定した秩序を維持する中で、人びとの国内における生産・経済活動はなお一層の展開を見せた。そのため、幕藩体制の基本的な構造は早くも形を変え、幕藩領主は枠組みの補修・改変や、さらには新たな制度確立を図ることを余儀なくされた。本章の扱う徳川吉宗の享保改革期も田沼政権期も、松平定信の寛政改革期もいずれも新たな社会の動きに対応した体制・制度の枠組み作りであった。

享保元年(一七一六)将軍襲職した徳川吉宗は、戸口調査や国役普請を命じて全国を統治する将軍権力の存在を示した上で、財政再建という最大の課題に取組んだ。前代の寺社造営などの放漫な財政支出と、徳川綱吉・家宣・吉宗三代の幕臣増員にともなう人件費増大による財政窮乏を再建するために、吉宗政権は倹約策を取ったほか、足高の制を採用して支出を減じた上で人材登用を可能にした。財政再建には、増収策も必要であった。新田開発による幕領の拡大や定免制による増収のほか、最も効果的であったのが上米制であった。参勤交代の在府期間を半分にして大名の役儀を軽減させる代りに、一万石に付き百石の米を幕府に上納させるという制度で、一年間に十八万石余りが納められ幕府財政を潤した。この制度は将軍─大名間の主従制の観点からすれば、幕府が「御恥辱」と感じたように将軍権力の後退を意味した。

かくして財政再建の一応の達成を果たした享保十三年(一七二八)、将軍吉宗は六十五年ぶりの日光社参という名の大軍事演習を命じた。征夷大将軍として諸大名・旗本に対し軍役を課し、軍事指揮権を発動することで武威を前面に出し、上米制を廃止して将軍権力を押出した。かくして主従制を安定させた上で、吉宗政権の末期には国家制度の充実をはかる。「公事方御定書」や「御触書集成」の法制整備や「寺院本末帳」を提出させ、以後の判断基準を整えた。また勧化制度も寺社の自助努力に幕府が支援の保証を与えるもので、財政支出削減策と呼応した制度であった。同様に朝廷統制の枠組みを引締めた上で、元文三年(一七三八)大嘗会の再興や甲子革令にともなう上七社と宇佐・香椎宮奉幣使の発遣を容認して、朝廷権威を幕府に協調させる政策を継続した。

宝暦～天明期(一七五一―八八)には、封建制度の基盤である農村構造の変化が顕著となった。太閤検地以来、領主は米穀生産農民から年貢米を最大限徴収することを目指してきたが、商品作物の生産と地主―小作関係の展開は、農民が生み出した富を商人や地主に集積させることとなった。この時期、幕府権力中枢に入った田沼意次は、鉄座・朝鮮人参座など幕府直営による専売制を行い、自らが大商人となって事業展開をした。中でも銅座は、長崎貿易とも結び付いており、俵物とともに銅は貿易決済を担った。また商品流通の促進のために南鐐二朱銀を発行した。重商主義的な性格を示す事例である。この時期はまた吉宗政権期同様、仲間組織を公認して身分集団化させたり冥加金を上納させることにも積極的であった。

しかし、天明の飢饉と引き続く天明七年(一七八七)の打ちこわしによって田沼政権は最終的に崩壊し、代って松平定信を中心とした政権が寛政の改革を推進する。定信は、財政再建の解決を田沼政権のように重商的にではなく、封建制に依拠した農村復興に求めた。寛政二年(一七九〇)「旧里帰農奨励令」を出したがこれは同時に都市(江戸)の治安対策でもあった。天明の打ちこわしの遠因となったと考えられた流入農民の帰農策である。また七分積金仕法の中渡しも江戸町会所による困窮者救済を目的にした。定信政権は、正統な封建思想に基づく再建策を志向したことが特徴的であった。

しかしながら、この時期は、対外的危機が迫り、深刻に受けとめ始めた時期でもあった。寛政四年のラクスマンの根室来航は、幕府に大きな影響を与え、これ以後幕末に引き続く外交政策の困難の始まりとなった。そしてまた、朝廷統制策についても大きな転換期を迎えた。前代の宝暦事件が摂家たちによる朝廷内部の弾圧であったのに対し、尊号一件は幕府が直接処分を命じたもので、朝廷との協調関係は変容し、以後、朝廷権威が幕末に向けて高まり自立して行く、大きなきっかけとなった。

(高埜利彦)

第一節

享保の改革と田沼政権
——転換期の政治と社会

(1) 相対済し令

225〔**御触書寛保集成**〕**享保四年(一七一九)十一月相対済しニ付覚書**

覚

一 近年金銀出入(1)段々多成、評定所寄合(2)之節も此儀を専取扱、公事訴訟(3)ハ末に罷成、評定之本旨を失候、借金銀買《かい》懸《がか》り(4)等之儀ハ、人々相対《あいたい》(5)之上之事ニ候得は、自今は三奉行所ニて済口《すみくち》(6)之取扱致間敷候、併欲心を以事を巧候出入ハ、不届を糺明いたし、御仕置可㆓申付㆒候事、

但、不届と有㆑之候ハ、身体《しんだい》かきり(7)申付候類之儀候事、

一 只今迄奉行所ニて取上、日切《ひぎり》(8)に申付、段々済寄候金銀出入も、向後罷出間敷由可㆓申付㆒候事、

以上

十一月

(1)金銀出入　金銭貸借に関する訴訟。金公事《かねくじ》。(2)評定所寄合　寺社・町・勘定三奉行がおこなう評議。(3)公事訴訟　民事の訴訟のことで、ここでは金公事以外を指す。(4)買懸り　買掛《かいかけ》と同じ。後日清算する掛払いでの売買。(5)相対　当事者同士が直接におこなうこと。(6)済口　解決すること。(7)身体かきり　負債者が身体(身代、財産)をすべて債権者に提供して破産すること。(8)日切　日限を定めて決済させること。

【解説】徳川吉宗政権初期に発せられた相対済し令は、貸借訴訟(金公事)を今後は評定所において受理せず、相対(当事者間)で済ますようにと命じた法令である。旗本・御家人など債務を負った者たちの救済策との解釈もあるが、山積した金公事を受理しないことで、繁忙な評定所の仕事を簡素化し、今後の改革政治に備える意図もあったと解される。

(2) 全国の戸口調査

226〔**徳川禁令考**〕**享保六年(一七二一)六月二十一日御国領知田畑町歩并人数書出すべき旨御書付**

諸国領知之村々田畑之町歩、郡切(1)ニ書記、并百姓町人社人男女僧尼等、其外之者ニ至る迄、人数都合領分限ニ書付可㆑被㆓差出㆒候、奉公人并又者《またもの》(2)ハ不㆑及㆓書出㆒候、惣而拝領高之外、新田等高ハ不㆑及㆑記、町歩計《ばかり》可㆑被㆓書出㆒候、但、無高ニ而反別計之新田も可㆑為㆓同前㆒候、右書付ニ付、難㆓心得㆒事候ハヽ、御勘定所江可㆑被㆓聞合㆒候、書付は下之御勘定所江可㆑被㆓差出㆒候、

右之趣、万石以上并老中若年寄中支配江可レ被二相触一候以上、

六月

（1）郡切　郡単位。（2）又者　大名の家臣の従者。足軽・中間などの武家奉公人より上位に置かれた若党や供廻りの者。

【解説】　吉宗政権は全国を統治する権力としての立場から、国絵図・郷帳の作成を命ずることはなかった。これに代って日本国総図の作成と全国の戸口調査と面積の調査を命じた。地図と戸籍（「版図」）を作成させることで、土地と人民の支配を明示した。面積について郡単位の集計を命じたが、新たに検地を求めるものではないので新田は対象外とした。容易に集計することに意味を置いている。

227〔徳川禁令考〕享保十一年（一七二六）二月十九日人別改之儀ニ付触書

一　去ル丑年（1）被二差出一候諸国領知之百姓町人社人男女僧尼等、其外之者共迄、不レ残今年相改、惣人数郡切ニ書記、領分限ニ可レ被二差出一候、此度ハ田畑町歩被二書出一候ニ不レ及、人数計書付、当四月より霜月迄之内、勝手次第可レ被二書出一候、尤何月改、何歳以上認メ候と申訳書加可レ被レ申候、且又武家方之奉公人并又ものハ、書出ニ不レ及候事、

一　向後ハ相触候ニ不レ及、子年と午年ニ今年之通可レ被二心得一事、

右之趣、万石以上并老中若年寄支配江可レ被二相触一候、若難二心得一儀も候ハヽ、猶又御勘定所江可二承合一候、自今至二其年一候ハヽ、右之通書出候様ニ可レ被二相達一候、勿論子年午年と有レ之ハ、従二今年一七年目七年目之事ニ候、御料之分ハ従二御代官一御勘定所江、私領之分ハ頭支配江、書付出候様可レ被二相達一候以上、

午二月

（1）去ル丑年　享保六年（一七二一）のこと。史料226を指す。

【解説】　前号（史料226）の享保六年には人別改めのほかに諸国領知の村々田畑の面積調査が命じられたが、この享保十一年は人別改めのみを命じた。しかも全国の人口調査は、いちいち触れを出さずとも今回の午年以後子年と午年に繰り返し行うことを命じた。実際に子午の年に調査は実施され、弘化三年（一八四六）まで継続された。

(3)　国役令

228〔御触書寛保集成〕享保四年（一七一九）六月朝鮮通信使来朝ニ付国役

山城　大和　和泉
摂津　河内　近江
丹波　播磨　美濃

三河　遠江　駿河
伊豆　相摸　武蔵
右国々知行所有レ之面々、当秋朝鮮人来朝(1)并帰国之時も、人馬出候儀御代官より可ニ相触一候間、無レ滞可ニ差出一之旨相触候得共、請負通し人馬(2)ニ相極、右賃銀高割(3)にて取立筈ニ候間、追て御代官より触可レ在レ之候以上、
六月

(1)朝鮮人来朝　徳川吉宗将軍襲職祝賀のために十月に訪れる正使洪致中をはじめとする朝鮮通信使四七五人。(2)請負通し人馬　本来の宿駅制の人馬付けかえによらず、上方から江戸まで通し日雇《ひよう》を雇って請負わせる方式。(3)高割　石高に応じて負担割合を定める方式。百石について金三分余となった。

【解説】　朝鮮通信使を迎えるにあたって、吉宗政権は使節一行が街道を通行する際に荷物運搬などに必要とする人馬は、宿駅で付けかえをせず付け通す通し日雇を用い、その費用は幕府が立て替えた後、主に通行路にあたる畿内から武蔵にかけての十六カ国に国役金(高百石について金三分余)を課して徴収した。前回(一七一一年)までは沿道の助郷の人々が集中的に人馬を供出した。今回の国役化は、一部の助郷村々の疲弊を招く負担方式を改め、幕領・私領を問わず十六カ国に均等に負担を課すものであった。朝鮮通信使は唯一の国家使節であり、国役で負担するのは名目的には理由が成立しよう。

229〔徳川禁令考〕享保五年(一七二〇)五月堤川除旱損所等普請之儀ニ付御書付

覚
諸国堤川除《かわよけ》(1)或旱損所等之普請之儀、一国一円(2)又ハ廿万石以上之面々ハ、只今迄之通たるべく候、其以下自普請難レ成打捨置候而ハ、亡所ニ可レ成程之儀ニ而、其領主ニも難レ及大き成普請ニ候ハヽ、其所御料私領之無ニ差別一割にて出《しゅっ》来《たい》、尤公儀よりも右入用被レ加ニ而可レ有レ之候間、自分普請難レ成節ハ、其段可レ被ニ申出一候、委細御勘定奉行江承合可レ被レ申候、
但、弐拾万石以上ニ而も、高之内、国を隔て小分之領知はなれ候場所ハ、弐拾万石以下同前たるへく候、
五月

(1)川除　水害防止のため蛇籠《じゃかご》などで水勢を弱め堤防を防護すること。
(2)一国一円　一国一円を支配する国持大名。

230〔徳川禁令考〕享保五年(一七二〇)五月川除御普請国役ニ可申付由被仰出候儀ニ付御書付

今度日光大谷《だいや》川竹ヶ鼻川川除御普請御入用之事、下野国中国役に可ニ申付一候、但、右入用高五分一ハ御入用ニ相立、残分ハ御料私領寺社領百姓ニ可ニ申付一候、依レ之、惣而向後国々川除御普請御入用之儀、五分一ハ御入用ニ相立、寅年

より拾分一公儀御入用ニ成、残分為二国役一、御料私領寺社領百姓役ニ割掛
可レ申候、若入用大分之時ハ、一国ニ不レ限、隣国迄も割合
可レ申候、

子五月

【解説】吉宗政権の発した国役普請令。元禄八年(一六九五)美濃国で堤川除普請を国役で行うことが命じられたが、これは高百石に付き人足百人を出させるものであった。今回の国役普請制度は一国一円支配の国持大名や二十万石以上の大名はこれまでどおり自普請を行わせ、それ以下の領主の力に及ばぬ大きな河川普請については幕府が主導して、普請(土木工事)そのものは町人に請負わせ、請負った町人が労働力を編成して工事を担い、幕府から金を受取る方式で、幕府は費用の十分の一(当初五分の一)を負担し、残りは国役として幕領・私領の差別なく高百石につき銀三十匁を上限として徴収した。国役普請制度が、対象とする河川は利根川をはじめ三十六河川で、対象の国は武蔵など計十二カ国であった。

(4) 新田開発令

231〔日本財政経済史料〕享保七年(一七二二)七月二十六日日本橋計《ばかり》へ立候高札

覚

一 諸国御料所又は私領と入組候場所にても、新田に可レ成場所於レ有レ之者、其所之御代官地頭并百姓申談、何も得心之上新田取立候仕形委細絵図書付にしるし、五畿内者京都町奉行所、西国中国筋者大阪(ママ)町奉行所、北国筋関八州は江戸町奉行所へ可二願出一候、願人或は百姓をだまし、或は金元之ものへ巧を以て勧め、金銀等むさぼり取候儀を専一に存、偽りを以申出者あらば、吟味之上相とがむるにて可レ有レ之事

寅七月廿六日　奉行

右之趣可二相心得一者也

【解説】江戸日本橋に高札が立てられ、新田開発が奨励された。高札は商人資本などの出資を促した。新田開発の対象地として、御料所(幕領)または私領と入組む場所のほか、山野または芝地、海辺の出洲など新田畑になるべき所が挙げられた。個別の領主権の及んでいない未開発地を開発した新田畑は幕府領となった。この結果、湖沼である飯沼(一五二五町歩)・紫雲寺潟(一六四七町歩)・見沼(一二二八町歩)の干拓や採草地であった武蔵野新田(一二七〇町歩)開発によって六五七〇町歩もの幕領が増加した。

(5) 足高の制

232〔御触書寛保集成〕享保八年（一七二三）六月足高ニ付申渡

諸役人役柄に不レ応小身(1)之面々、前々より御役料(2)被二定置一被レ下候処、知行之高下有レ之故、今迄被二定置一候御役料にてハ、小身之者御奉公続兼可レ申候、依レ之今度御吟味有レ之、役柄により、其場所不相応ニ小身ニて御役勤候者ハ、御役勤候内御足高《たしだか》(3)被二仰付一、御役料増減有レ之、別紙之通相極候、此旨可二申渡一旨被二仰出一候、

但、此度御定之外取来候御役料は其儘被二下置一、

御側衆
五千石より内ハ
五千石之高ニ可レ被二成下一候、

高井飛驒守
土岐信濃守
千俵充御役料
被レ下レ之候

御小性
御小納戸
同　長福様附　断
五百石より内ハ
五百石之高ニ可レ被二成下一候、

御役料今迄之通千石より内ハ三百俵、但部屋住之者ハ只今迄之通、御切米御役料可レ被レ下候、次男ニても同断、

御広敷
御用人
五百石より内ハ
五百石之高ニ可レ被二成下一候、
御役料今迄之通三百俵、

高家衆
千五百石より内は
千五百石之高ニ可レ被二成下一候、
肝煎ハ御役料八百俵可レ被レ下候、

御留守居衆
大御番頭
五千石より内ハ
五千石之高ニ可レ被二成下一候、

御書院番頭
御小性組番頭
四千石より内ハ
四千石之高ニ可レ被二成下一候、

大目付
町奉行
御勘定奉行
三千石より内ハ
三千石之高ニ可レ被二成下一候、

御旗奉行
弐千石より内ハ
弐千石之高ニ可レ被二成下一候、

百人組之頭
三千石より内ハ
三千石之高ニ可レ被二成下一候、

御鑓奉行
弐千石より内ハ
弐千石之高ニ可レ被二成下一候、

御持弓御持筒之頭
千五百石より内ハ
千五百石之高ニ可レ被二成下一候、

西丸御留守居
弐千石より内ハ
弐千石之高ニ可レ被二成下一候、

小普請組支配
三千石より内ハ
三千石之高ニ可レ被二成下一候、

新御番頭
御作事奉行
御普請奉行
小普請奉行
弐千石より内ハ
弐千石之高ニ可レ被二成下一候、

惣御弓御鉄炮頭
千五百石より内ハ
千五百石之高ニ可レ被二成下一候、

千石より内ハ
千石之高ニ可レ被二成下一候、
七百石より内ハ
七百石之高ニ可レ被二成下一候、
千石より内ハ
千石之高ニ可レ被二成下一候、
七百石より内ハ
七百石之高ニ可レ被二成下一候、
六百石より内ハ
六百石之高ニ可レ被二成下一候、
高之多少に無レ構
御役料弐百俵可レ被レ下候、
六百石より内ハ
六百石之高ニ可レ被二成下一候、
三百石より内ハ
三百石之高ニ可レ被二成下一候、
四百石より内ハ
四百石之高ニ可レ被二成下一候、
高之多少ニ無レ構、
御役料弐百俵可レ被レ下候、
四百石より内ハ
四百石之高ニ可レ被二成下一候、
高之多少ニ無レ構
御役料弐百俵可レ被レ下候、

御留守居番
御目付
御使番
御書院番組頭
御小性組之組頭
西丸御裏御門番頭
御徒頭
小十人頭
二丸御留守居
御納戸頭（元方・払方）
御腰物奉行
御船手
新御番組頭
御膳奉行
大御番組頭
小十人之組頭
西丸切手御門番頭
御裏門切手番頭
御広敷番之頭
御天守番之頭
富士見御宝蔵番之頭
御賄頭

七百石より内ハ
七百石之高ニ可レ被二成下一候、
御役料弐百俵可レ被レ下候、
一位様
月光院様
御用人
五百石より内ハ
五百石之高ニ可レ被二成下一候、
御役料弐百俵可レ被レ下候、
瑞春院様
浄円院様
御用人
四百石より内ハ
四百石之高ニ可レ被二成下一候、
御役料弐百俵可レ被レ下候、
竹姫君様
法心院殿
蓮浄院殿
寿光院殿
御用人

(1)小身　俸禄の少ない者。(2)役料　役職に付いた者に支給した禄米。(3)足高　役職ごとに基準高を設け、不足している就任者に不足高を支給すること。

【解説】　足高制度とは、史料のように御側衆や御留守居衆・大御番頭には五千石、大目付・町奉行・御勘定奉行・百人組之頭・小普請組支配には三千石というように役職ごとに基準となる家禄を定め、就任者がそれ以下の家禄の者であれば、たとえば家禄五百石の旗本が勘定奉行に登用されたならば在職期間中は二千五百石加給されるという制度である。ただし寛文期・元禄期に施行された役料制度をのみ適用する御膳奉行・御広敷番之頭・御賄頭や、足高制度と役料制度をともに適用する御小姓・御広敷御用人なども存在した。足高の実施により大目付・

町奉行・勘定奉行では五百石以下の旗本の登用が可能になり、しかもその比率を増した。小身でも有能な旗本を登用することが可能になり、幕府財政の節約にもなった。

(6) 上米制

233〔御触書寛保集成〕享保七年(一七二二)七月上米ニ付仰出書

(一)

御旗本ニ被二召置一候御家人　御代々(1)段々相増候、(2)御蔵入高
も先規よりハ多候得共、(3)御切米御扶持方其外表立候御用筋
渡方ニ引合候ては、畢竟年々不足之事ニ候、然とも只今迄
は所々御城米を廻され、或御城金ヲ以急を弁られ、彼是漸
御取つヽきの事ニ候得共、今年ニ至て御切米等も難二相渡一、
(4)御仕置筋之御用も御手支之事ニ候、それニ付、御代々御
沙汰無レ之事ニ候得共、万石以上之面々より(5)八木差上候様
ニ可レ被二仰付一と思召、左候ハねは御家人之内数百人、御
扶持可レ被二召放一より外は無レ之候故、御恥辱を不レ被レ顧、
被二仰出一候、高壱万石ニ付八木百石積り可レ被二差上一候、
且又此間(6)和泉守ニ被二仰付一、随分遂二僉議一、納り方之品、或
新田等取立候儀申付候様ニとの御事候得共、近年之内には
難二相調一可レ有レ之候条、其内年々上ケ米被二仰付一ニて可
レ有レ之候、依レ之在(7)江戸半年充被レ成二御免一候間、緩々休息
いたし候様ニ被二仰出一候、
何も在府之儀ニ付ては、江戸人多ニも候間、此以後在府
之間も少キ儀候条、可レ成程は人数可レ被二相減一候、

(二)

今度万石以上より八木差上候儀、并参勤之時節御用捨《ようしゃ》被
レ遊被二差延一候段、委細別紙ニ被二仰出一候、それに付、参
勤御用捨無レ之面々、又は御暇等不レ被レ下、或当地在役之
輩ハ、八木差上候儀被二仰出一間敷思召候、然に御勝手御不
(8)如意之故を以、八木等差上御用立候儀ハ、何も可レ為二本
意一儀ハ勿論ニ候、然上ハ縦在役之者たりといへとも、一
統に被二仰出一候様ニ年寄共相願候付て、難二黙止一被二思召一、
左候ハヽ八木少々可二差上一旨被二仰出一候条、参勤御用捨無
レ之面々并御暇等不レ被レ下輩、壱万石ニ付百石之割合三分
一之積りヲ以可二差上一候、
右之趣、可二申聞一旨被二仰出一候、

(三)

覚

一 参勤御暇之儀、只今迄外様四月、御譜代六月交替被二仰
付一候得共、向後は一同ニ、三月中九月中交替可レ被二仰
付一候事、
一 嫡子御暇被レ下候者は、其父在所到着以後六十日過候て、

可レ致二参府一候事、

一　在所又ハ居所有レ之面々ニても、幼少若年之者えは御暇被レ下間敷候、併一年半ハ御暇之格ニ准し、御門番、火之番等被二仰付一間敷候、尤半年充在府之格ニて、右御用等可レ被二仰付一候事

一　上ケ米之儀、大坂御蔵え成共、当地御蔵え成共、面々勝手次第上ケ米高半分宛、春秋両度ニ可レ被二相納一候事、

一　当年は上ケ米高半分之積り、秋中可レ被二相納一候事、

以上

(1)御代々段々相増　五代綱吉が館林藩から、六代家宣が甲府藩から、八代吉宗が紀州藩から大量に幕臣に編入した。(2)御蔵入高　幕領よりの年貢米納入高。(3)御切米　旗本・御家人に支給する俸禄米。(4)御仕置　政治支配・統治。(5)八木　米のこと。(6)和泉守　老中水野和泉守忠之。(7)在江戸　参勤交代による在府。(8)御勝手御不如意　財政の困窮。

【解説】　人件費が膨張し財政逼迫したため、このままでは御家人数百人の扶持を召し放つよりほかはなくなる状態となる。前代までにはないことだが「御恥辱を顧みず」、万石以上の大名に、高一万石につき米百石の割合で、米を江戸でも大坂でも御蔵に上納するように命じた。そのかわり参勤交代年限を半減するが、役儀があるため参勤の半減が免除されなかった大名については、上米を三分の一にするとした。この制度の開始により、一年間で上米総額は十八万七千石余にのぼり、幕臣への切米（人件費）などの約半分に相当した。

234　**〔御触書寛保集成〕享保十五年（一七三〇）四月上米制廃止令**

従二来年一、諸大名上ケ米　御免被レ遊、参勤交代先規之通可レ仕之旨、今度被二仰出一候、夫ニ付、御勝手向いまた事足候程ニは無レ之候得共、最早《もはや》久敷《ひさしく》上ケ米仕候付、御免之事ニ候、然上は諸向御入用筋之儀遂二吟味一、可レ成程ハ相減候様ニ、其向々役所々ニて了簡仕、可二申出一候、右御用和泉守并伊予守(1)可二相勤一旨被二仰出一候間、可レ存二其趣一候以上、

四月

(1)和泉守并伊予守　老中水野和泉守忠之と若年寄本多伊予守忠統。

【解説】　八年間続いた上米制の停止である。勝手向（財政）はいまだに事足りてはいないのだがと触れており、まずもって参勤交代を従来の通りに戻すことが求められた。吉宗政権は参勤在府の半減を「御恥辱」と強く認識していたことから、日光社参（享保十三年）を契機に武威を復活させ、将軍と大名との主従関係（参勤交代制度）を元に戻した。

(7) 将軍日光社参

235〔御触書寛保集成〕享保十二年（一七二七）八月日光社参御供并勤番之面々召連候人数之覚

日光山　御社参御供并勤番之面々召連候人数之覚

一 拾万石以上
　旗　五本
　鑓　七十本
　弓　三十張
　鉄炮　百挺
　馬上　四十騎

一 五万石
　旗　四本
　鑓　六十本
　弓　二十張
　鉄炮　八十挺
　馬上　三十騎

一 四万石以下は可レ為二半役(1)一候、

今度日光山　御社参ニ付て御供并罷越面々結構成儀且又美々敷無レ之様ニ可二相心得一候、有来諸道具を可レ被レ用候、

（二）

日光え御供罷越候面々人数之覚

一 三百俵より五百九拾石迄
　鑓　一本
　馬　一疋
　人数　十人

一 六百石より九百九拾石迄
　鑓　一本
　馬　一疋
　人数　拾二人

一 千石より千五百九拾石迄
　鑓　一本
　鉄炮　一挺
　馬　一疋
　人数　拾三人

一 千六百石より千九百九拾石迄
　鑓　一本
　鉄炮　一挺
　馬　二疋
　人数　廿人

一 弐千石以上は可レ為二半役一事、

一 布衣《ほい》(2)以上之御役人、五百石以上は鑓二本、人数十五人、千石より千九百九拾石迄ハ鑓二本馬二疋、人数廿人可二召連一事、

八月

(1)半役　本役に対し五割の役儀。(2)布衣　旗本の中で六位の者をいうが、とくに小普請支配・番頭・目付・佐渡奉行などの役職に就き布衣（無地の狩衣）が与えられた者。

【解説】　享保十三年四月の将軍日光社参に向けて大名・旗本に対する石高に応じた軍役規定が指示された。日光社参は将軍が東照権現に参詣することであるが、同時に軍役規定に基づく大軍事演習の意味をもった。四代家綱が寛文三年（一六六三）四月に行ったあと五－七代将軍は行わず、六十五年ぶりの社参であった。膨大な費用（次回の十代将軍の安永五年（一七七六）では

二十二万三千両と十万人の扶持人を要した）の上に、大行列の軍勢の荷物の運搬に関八州村々から人足・馬が大動員された。これほどの負担を掛けても、将軍吉宗は軍事指揮権を発動し、東照権現イデオロギーを喚起させて、この間の上米制など大名側への妥協策から転回し、将軍権力を強く認識させる効果を企図した。

(8) 勧化制度の整備

236〔徳川禁令考〕享保十年（一七二五）九月南都興福寺勧化《かんげ》之事

一 南都興福寺焼失之伽藍造立ニ付、諸国勧化[1]之事、一乗院[2]御門跡、大乗院[3]御門跡より公儀江被二相願一候付而、今度勧化之儀被二仰出一之、従二公儀一も御寄附之品有レ之候、依レ之諸大名并御旗本之面々、且寺社町方其外御料私領国々在々所々江も、興福寺伽藍造立勧化之儀、彼寺之僧来春より巡行いたし可二相進一候間、被レ存二其趣一、志之輩ハ寄進之儀可レ有レ之候、勿論志無レ之者ニハ押而すゝめ候之儀、堅く無用ニ候、猶勧化之状ニ書二載之一候以上、

九月

(1)勧化　勧進と同義。寺社の修復・造営のために行う募金行為。本来は仏の教えをすすめ教化すること。(2)一乗院　一乗院尊昭法親王。法相宗門跡。(3)大乗院　大乗院隆尊。法相宗門跡。一乗院とともに興福寺を支配。

237〔御触書寛保集成〕寛保二年（一七四二）五月御免勧化ニ付触書

諸国寺社修復為二助力一、勧化　御免之上、寺社奉行連印之勧化状持参、御料私領寺社領在町致二巡行一候寺社之輩、只今迄村方ニより勧化停止之旨、地頭より申渡有レ之候間、勧化難レ成由断申所々も候段相聞候、私之勧化[1]相留メ候義は、領主心次第ニ候、従二　公儀一御免之上、諸国巡行之事ニ候条、寺社奉行連印之勧化状持参候寺社之輩えは、志次第可レ致二勧化一旨、御料ハ御代官、私領は領主、地頭より兼て可二申聞置一候、右之通、可レ被二相触一候、

(1)私之勧化　権力の公認のない私的な勧化で、乞食などの勧進行為（物貰い）まで含まれる。

238〔御触書天明集成〕明和三年（一七六六）八月相対勧化ニ付触書

諸国寺社修復為二助成一、相対勧化[1]巡行之節、自今ハ寺社奉行一判之印状持参、御料私領寺社領在町可レ致二巡行一候、公儀　御免之勧化ニは無レ之、相対次第之事ニ候間、御免勧化と不レ紛様可レ致旨、御料ハ御代官、私領は領主、

地頭より兼て可ニ申聞置一候、

八月

右之通、可レ被ニ相触一候、

（1）相対勧化 公儀御免の勧化に準じて、当事者の双方の意志次第で寄進を行う。

【解説】 吉宗政権は寺社修復費用を一年間で一千両の予算に押え込んだ代りに、興福寺勧化のようにすでに行われていた御免勧化を寛保二年に制度化し、寺社奉行連印の勧化状持参で国単位で行う勧化を、諸大名・旗本らは阻止してはいけないことを命じた。伝統的な官寺（法隆寺・西大寺・興福寺など）の系譜を引くものや徳川氏との由緒を持つものなどが数多く許可を求めた。寺社の申請が多くなったため、一段格の下った寺社には相対勧化を認めて、寺社が巡行して行う勧化を保証し、修復の支援をすることとした。

(9) 寺院本末帳提出

239〔大岡越前守忠相日記〕 延享二年（一七四五）六月二十四日

（前略）

一 石見殿（1）御申候者、此御書付之趣可レ然哉一覧可レ仕候、此御書付之内ニも猶又書加可レ然事者書加可レ申候、先御内証ニ而御見せ被レ成候、中務殿（2）ゟ表向可レ被ニ仰聞一由御申聞、右御書付之趣左之通

寺院本末争論之事、寛永十年諸宗より差上候寺院本末帳を以取揃（捌カ）可レ申義勿論ニ候、若又本末不ニ相改一而不レ叶事有レ之ハ伺之上裁許可ニ申付一候、但寛永以来裁許申付候内本末帳面与相違出来之分此節猥ニ相改候儀にてハ無レ之候、向後右之通堅ク可ニ相心得一事、右寛永十年差出候帳全備無レ之様ニ相見江候間、右帳面ニ載候寺格之寺院不足之分此節帳面取置可レ申事

右拝見仕候処一段可レ然義奉レ存候、中務殿被ニ仰聞一候ハヽ、同役相談之上御請可ニ申上一之由申上候処、追付中務殿可レ被レ仰旨御申候

（1）石見殿 御側御用取次小笠原石見守政登。（2）中務殿 老中本多中務大輔忠良。

【解説】 寺社奉行であった大岡忠相に対し、将軍吉宗の意を受けた御側御用取次から、諸宗末寺帳の作成提出の幕令案文の検討が命じられたもの。寛永九・十年（一六三二・三三）に提出された諸宗末寺帳は、全宗派に及んでいなかったり、地域に欠落があったため、寺院本末争論の裁許に有効に機能しない状態であった。そこで改めて「本末帳」の提出を各宗派に命じ、以後の基本台帳としてこの種の争論に備えさせることにした。〔参〕杣田善雄『幕藩権力と寺院・門跡』思文閣出版、二〇〇三年。

(10) 宇佐奉幣使発遣

240〔兼香公記〕寛保三年（一七四三）九月十六日武家伝奏より京都所司代宛て書付

御代[1]之中一ヶ度奉幣使[2]を被レ立度被二思食一候社々有レ之候、然処来年甲子[3]ニ相当り候故此御祈を被二相兼一右之社々江奉幣使を来年被レ立度被二思食一候、尤七八社ニ不レ可レ過候、此中ニ宇佐[4]江之奉幣使も有レ之候事、

添切帋

往古者年中二ヶ度廿二社[5]江祈年穀[6]奉幣使を被レ立候得共、当時之儀故難レ被レ遂事と被二思食一候、依レ之伊勢・石清水・賀茂下上江右祈年穀奉幣ニ被レ准春秋一ヶ度宛年中ニ両度奉幣使を被レ立度被二思食一候事

（1）御代　桜町天皇の治政下。（2）奉幣使　天皇が幣帛《へいはく》を奉献する使。勅使。（3）甲子　十干十二支の各々最初の年で六十年に一度訪れる。甲子の革令と呼ばれ、この年に変乱が多いとされる。（4）宇佐　豊前国（大分県宇佐市）にある宇佐八幡宮。（5）廿二社　祈年穀や祈雨などのため奉幣使を遣した二十二の神社。白河天皇の一〇八一年（永保元）から二十二社が奉幣の対象となり、以後社格となった。そのうち伊勢・石清水・賀茂・松尾・平野・稲荷・春日が上七社とされた。（6）祈年穀　その歳の豊穣を祈念する祭儀。

【解説】桜町天皇と関白一条兼香・右大臣一条道香父子は、武家伝奏（久我通兄・葉室頼胤）を介して京都所司代（牧野貞通）に意向を伝えた。往古は二十二社に祈年穀奉幣使を遣していたが現在は無理であるから、伊勢・石清水・賀茂にだけは遣わしたい、という願望を示しつつ、現実的には来年が甲子の年で変乱が予想されるので、安全祈願のために七、八社に奉幣使を遣わしたい、そのうち一社は宇佐八幡宮であり、残りは上七社というものであった。所司代を介して幕府老中・寺社奉行らは検討を重ね、甲子革令にともなう上七社（約三百年ぶり）と宇佐・香椎宮（約四百年ぶり）への奉幣使発遣を容認する。

241〔御触書宝暦集成〕寛保四年（一七四四）二月宇佐奉幣使発遣ニ付触書

寺社奉行え

当夏秋[1]之内、宇佐え奉幣使可レ被レ遣候、中絶[2]之儀ニ付、右宇佐祠官[3]等京都え被二召呼一、御尋之儀も可レ有レ之候、右之儀ニ付て、於二彼地一取計之儀、諸事伊勢、日光例幣使之格ニ准し候様、何もより右祠官え可レ被二申付一候、於二彼地一彼是取扱重くれ候儀も可レ有レ之候間、諸事伊勢、日光之通聞合、手軽ク相済候様ニ可レ被二申付一候、

一右奉幣使は、四位五位[5]之内壱人堂上方[4]被レ遣ニて可レ有レ之候、尤御奉納物も二品程可レ有レ之事、

（一）

当夏秋之内、豊前国宇佐宮え　奉幣使被レ遣レ之、陸地通

行之事候間、旅宿道橋船川渡等之儀、諸事東海道、木曽路筋、日光例幣使旅行之格被ニ承合一、其趣ニ可レ被ニ申付一候、

右之趣、大坂より中国通宇佐迄、領分有レ之面々え可レ被レ達候、

二月

右之儀ニ付、相伺候儀も候ハヽ、丹後守(6)え可レ被レ伺候

（二）

寺社奉行え

右同文言

右之趣、大坂より中国通宇佐まて寺社之分、可レ被ニ相触一候、

（三）

御勘定奉行え

右同文言

右之趣、大坂より中国通宇佐まて、御料所御代官え可レ被ニ相触一候、

(1)当夏秋 この時点では決定していなかったが、九月二十五日に京都を発つ。(2)中絶 正安三年(一三〇一)に発遣されたあと、元応元年(一三一九)には僉議されて中止された。それからでも四二六年中絶していた。(3)宇佐祠官 宇佐八幡宮神主。宇佐伝奏烏丸家を通して呼び寄せる。(4)堂上方 日光東照宮奉幣使が公卿(三位以上)の中から選ばれるのに対し、四位・五位の堂上(殿上人)から選ぶことを命じた。(5)奉納物 神宝(剣・鏡)の二品。(6)丹後守 老中土岐丹後守頼稔。

【解説】 幕府は日光東照宮奉幣使と伊勢奉幣使の毎年の例幣使を年中行事として認めていたが、今回、甲子革令にともなう上七社と宇佐奉幣使を容認した。吉宗政権晩期の制度充実の一環として、朝儀再興したものだが、これを日光例幣使の格式に準ずるものと位置づけ、幣使の位階や奉納物などに配慮がなされた。朝廷は再興を慶び、旧例に従い太政官符を発したが、これは形式に止まり、実際には幕府の触れが諸大名を通して通行の諸国諸領に、寺社奉行・勘定奉行を通して寺社領・幕領に伝えられた。

242 〔広島県史〕 延享元年(一七四四)九月・十月奉幣使通行に付道橋修繕の達

態申遣ス

一 奉幣使京都御出之程も来ル十三日比与《ころと》粗《あらあら》相聞へ候、就レ夫往還道橋損しも所々積り之通繕《つくろい》等之儀、兼而申付置候事ニ候得共、尚又右之訳ニ候間、当郡御通行も間も在レ之間敷候条、道橋繕候儀者勿論、其外諸事仕構等間違差閊《もつれ》等無レ之様ニ心ヲ付取計可レ申候、尤道橋破損之儀隣郡之趣を以急キ取付繕せ候様ニ可レ仕者也

九月七日

(賀茂郡代官)(1) 小池文左衛門
(賀茂郡代官) 藤川次右衛門

割庄屋共

右之通被ニ仰付一候間、往還村々道橋其外御仕構兼而被ニ仰付一置候通無ニ御油断一御調可レ被レ成候、以上

九月十日

東村庄屋
作左衛門

態触遣ス

一奉幣使御登りニ付、来ル廿九日・晦日両日之内四日市[2]御泊り之筈ニ有レ之候

一廿九日ゟ晦日迄三日之間、寺方釣鐘・半鐘共不レ及レ申打鳴らし之類何ニても鳴物決而停止《ちょうじ》、勿論御通り筋ニて勤行《ごんぎょう》等も用捨《ようしゃ》仕候様ニ堅可ニ申付一候

一僧尼之類たとへ隠居たりとも物見ニ罷出候儀不ニ相成一候、勿論男女往還途中ニて拝見仕候義停止ニ候、人家敷居ゟ内者（土アルカ）間ニて拝見仕候ハ不レ苦候

一村々ニて人ニ悪敷犬有レ之候者繋置可レ申候

一牛馬等繋置尤申候

一右之日取之内往還筋人留申付候、津出し人馬等返し不レ申様ニ可ニ申付一候

一右同断往還筋見へかゝり之家ニ火煙立不レ申、尤く（ママ）ニし等も仕せ申間敷候

一往還筋村々之儀者、先日も申談候通諸事相心得、間違之儀無レ之様ニ可レ仕候、尤御通行之時分先達而往還筋村限り掃除仕せ可レ申候

右之通ニ候、諸事先日御下り之節之趣ニ相心得、末々迄念ヲ入可ニ申付一者也

十月廿七日　かも郡御役所

(1)賀茂郡代官　広島藩賀茂郡の郡方支配を行った。なお本史料は「竹原下市覚書」より広島県史が採録したものを転載。(2)四日市　広島藩賀茂郡四日市。

【解説】　幕府が通達した触れは、史料のように実際に各藩領主等を通して地域の末端にまで行き届いたと考えられる。十月二十七日付の史料は、奉幣使一行が帰路、中国筋を京都に向う際の達しで、僧尼の拝見を禁じ、釣鐘・半鐘等の鳴物や読経などの勤行を停止させている。奉幣使が神事であることに配慮がなされ、排仏や排穢の考え方が徹底されている。六十年後、百二十年後の甲子の宇佐奉幣使に際しては、さらに排仏思想が強まる。

(11)　銅座の設置

243〔大阪市史〕明和三年(一七六六)六月銅座設立の大坂町触

覚

一此度銅座被ニ仰出一、是迄当地過書町[1]有レ之候長崎銅会所

相止、銅座ニ相定、役人相詰、諸国ゟ相廻り候銅一ト手ニ取捌候、依レ之大坂銅吹屋(2)・問屋・仲買其外共、都《すべて》而正銅取扱候儀者、銅座ゟ差配可レ致ニ付、銅方ニ携候者共此旨可ニ相心得一事、

一　山元ゟ相廻り候荒銅(3)鍰銅《かんどう》共、銅座并問屋之外江者不ニ相廻一筈ニ付、外ニ而荒銅引受候儀致間鋪《まじく》候、若山元ゟ心得違、所縁ヲ以相送り候儀有レ之節者、早ヽ銅座へ申出可レ任ニ差図一候、銅座之外ニ而荒銅売買堅致間敷候事、

一　諸国出銅(4)之内、大坂問屋江相廻り候分者、廻着次第多少ニよらす、員数書付問屋共ゟ銅座へ相届、差図可レ受候、且大坂廻船者勿論、何国之廻船ニ而茂、銅積登候者、廻着次第早速銅座へ相届ケ、大坂廻船者其船主ゟ、他国廻船者船宿之ものゟ、銅員数書付町奉行所へ茂可ニ相届一候、勿論銅座并問屋之外江積送り候儀、決而致間敷候事、
　但し、廻船ゟ艀《はしけ》下候者、右艀下候船ゟも員数是又書付可ニ相届一事、

一　地売銅(5)之儀、銅座ゟも売出、吹屋仲買共江茂銅座ゟ相渡置筈ニ付、望之者ハ過書町銅座并吹屋仲買内より、勝手次第可ニ買取一事、

一　吹屋仲買共銅座ゟ買受候銅、并銅取扱候もの共、決而買〆等致ましき事、

右之条ヽ触知らせ候上者、銅廻着之節、若船方之もの共銅座へ不ニ相届一、外へ積送り候か、又者銅座外ニ而荒銅売買有レ之ニおいてハ、急度可ニ申付一者也、

六月

右之趣従ニ江戸一被ニ仰下一候条、三郷町中可ニ触知一者也

戌六月　　甲斐(6)

　　　　　出雲(7)

(1)当地過書町　大坂過書町は大阪市東区北浜にある。(2)銅吹屋　荒銅を精錬して精銅とし棹銅(輸出用)などを鋳造した。(3)荒銅　銅山山元で採掘された鉱石を品位九〇—九五%に製錬した銅。これを銅吹屋で精錬して品位九九%以上の精銅にする。(4)諸国出銅　秋田、南部、別子、吉岡などで銅は産出した。(5)地売銅　輸出用ではない国内販売用の銅。(6)甲斐　大坂町奉行曲淵甲斐守景漸。(7)出雲　大坂町奉行鵜殿出雲守長逵。

【解説】　大坂過書町にあった銅会所を廃止してこれを銅座とした際の大坂町触れ。田沼政権は長崎貿易の輸出銅確保のために、秋田藩阿仁銅山を直轄地にしようとして拒まれたように、銅の確保を政策とした。銅座は、諸国からの荒銅をすべて買い上げ、銅吹屋仲間に精錬させて輸出と地売りを行わせた。銅座は明治元年(一八六八)まで存続する。田沼政権は銅座のほか、鉄座・真鍮座・朝鮮人参座・朱座など、幕府直営による専売制を行い、利益を挙げることを考えた。年貢米収入のみに頼らない重商的な財政策と見なされている。

(12) 南鐐二朱銀の発行

244〔御触書天明集成〕明和九年（一七七二）九月南鐐二朱銀通用ニ付触書

此度通用之ため吹抜候上銀、南鐐(1)と唱候銀を以、弐朱之歩判被ニ仰付一候間、右歩判八を以金壱両之積、文銀并銭共、時之相場之通無レ滞可レ致ニ両替一事、

一　右弐朱銀両替ニ付、切賃(2)之儀是又金と同様相心得、取遣り可レ致事、

一　弐朱銀包之儀は、文字銀と違ひ、於ニ銀座一包致候間、其通相心得可レ申事、

右南鐐弐朱銀之儀、金と同様通用之為被ニ仰付一候間、無レ滞可レ致ニ通用一事、

右之趣、国々えも可ニ触知一もの也、

九月

右之通、可レ被ニ相触一候、

(1)南鐐　良質の美しい銀の意味。(2)切賃　元々は両替屋などが秤量貨幣を切って用いた手数量の意味であるが、ここでは単に両替賃。

245〔御触書天明集成〕明和九年（一七七二）十月南鐐二朱銀貸付ニ付申渡

御勘定奉行え

此度於ニ銀座一吹方被ニ仰付一候南鐐弐朱判、当年より来巳年中(1)迄ニ、金高五万両分、両替屋其外身元慥《たしかなる》成町人共え、無利足(息)ニて御貸付被ニ仰付一候間、返納之儀は、貸渡之初年を除、翌年より三ケ年賦之積、勿論家質《かじち》(2)等ニ不レ及候間、身元宜敷者共え、吟味之上身元ニ応シ貸渡、返納方之儀は、金銀弐朱判五匁銀取交候とも、又は皆弐朱判或皆銀ニ候ハヽ、時相場を以勝手次第上納之積申渡、年賦割合之通、年々返納無レ滞様可レ被ニ取計一候、尤委細之儀、御勘定奉行可レ被レ談候、

十月

右之通、牧野大隅守(3)え申渡候間、可レ被レ得ニ其意一候、

(1)当年より来巳年　辰年・巳年の二年間。(2)家質　家屋敷を担保（引当て）に入れること。(3)牧野大隅守　町奉行（南）牧野成賢。

【解説】田沼政権が商品流通の活発化のために発行した計数貨幣（重量ではなく表示された金額の価値を持つ）である南鐐二朱銀は、銀貨でありながら八枚で小判一両（金貨）と交換できるものとした。関西の銀遣《つか》い、関東の金遣いの統合をめざした。流通を浸透させるために、二年間に金高五万両分（南鐐二朱銀四十万枚）を両替屋などに無担保・無利息で貸渡した。田沼政権の政策意図の積極性を窺うことができる。

⒀　俵物生産奨励

246〔徳川禁令考〕安永七年（一七七八）三月二十六日煎海鼠・干鮑・鱶鰭等稼方之儀触書

御勘定奉行江

於二長崎一唐船江相渡候煎海鼠《いりこ》(1)・干鮑《ほしあわび》之儀、前々より諸国浦々ニ而相稼、長崎俵物請方(2)之もの買取来候由ニ候得共、是迄生海鼠《なまこ》・鮑之漁猟不二仕馴一浦方も有レ之、又者唐人向(3)之煎海鼠・干鮑ニ仕立方を存せす、等閑ニ打過候浦々も有レ之由相聞候、前々より稼来候浦方ハ不レ及レ申、是迄漁猟并仕立方ハ不二致馴一浦々ハ仕立馴候近浦と聞合、出方相増候様無二油断一可二相稼一、尤長崎俵物請人共手先之もの国々ニおゐて申談可二買取一候間、直段等ハ浦方と相対次第たるへく候、御料所浦々、是迄運上相納来候浦々之儀ハ格別、此度煎海鼠・干鮑之類、稼方始候新浦之分ハ、当分運上之沙汰ニ不レ及候間、猟業相増候儀を専一ニ可レ致候、

一浦方有レ之国々、其領主々々より串海鼠・串貝之類献上致付来《いたしつけきたり》候分も、献上并御残之分之仕込不レ致、長崎廻シ請負之者江売渡候様可二申付一候、万石以下私領之分も、浦方有レ之分ハ、右ニ可レ准候、

一於二長崎一唐船江相渡候鱗(鱶)鰭(4)之儀、前々より諸国浦々ニ而相稼、長崎俵物請負之もの買取来候由ニ候得共、是迄鱗(鱶)鰭不二仕馴一浦方も有レ之、出方少候由、前々より稼来候浦方ハ不レ及レ申、是迄ハ鱗(鱶)鰭不二仕馴一浦々ハ、鱗(鱶)鰭猟仕馴候近浦ニ聞合、出方相増候様無二油断一可二相稼一候、尤長崎俵物請負人共、手先之もの於二国々一申談、可二買取一候間、直段ハ浦方と相対次第たるへく候、尤御料所ニ而是迄運上相納来候浦々之儀ハ格別、此度鱗(鱶)猟新規ニ稼方始候浦々之分者、当分運上沙汰ニ不レ及候間、鱗(鱶)猟有レ之様可レ致候、且先達而相触候煎海鼠・干鮑、段々出方相増候得共、是又随分致二出精一弥《いよいよ》相増候儀を専一ニ可レ致候、

右之趣、浦々有レ之国々、御料ハ御代官、私領ハ領主地頭より可二相触一候、

右之通、宝暦十四申年明和二酉年相触候処、稼方等閑成浦方も有レ之趣相聞候間、以来無レ怠稼出増候様可レ致二出精一候、

三月

右之通、可レ被二相触一候、

(1)煎海鼠　海鼠《なまこ》の内臓を取り、ゆでた後で天日干しにする。干鮑・鱶鰭とともに俵物として中国に輸出された。(2)長崎俵物請方　請人とも

呼ばれ、延享元年(一七四四)幕府が俵物独占集荷のために長崎町人八名に任じた。長崎・下関・大坂に俵物会所を設置して各地域の集荷に当らせた。(3)唐人向　清朝の宮廷料理の食材とされた。(4)鱶鰭　ふかのひれの外側の皮をむいて乾燥させた食材。

【解説】　宝暦十四年(一七六四)・明和二年(一七六五)に引続いて触れ出された俵物生産奨励令。長崎貿易における中国船との決済に宝暦十三年から銅と俵物が当てられるようになり、そのことが生産と集荷を一層求める背景となった。唐人向けの食材にするための仕立方を近隣の浦から教わり、生産を高めるよう命じるなど、田沼政権の意図がよく示されている。しかし俵物一手請方は、浦方において相対で買入れるため、値上りを抑えることができなかった。そのため天明五年(一七八五)長崎会所の下に俵物役所を設けて直仕入制度に改め、俵物一手請方による相対の仕入れを廃止した。

(14)　印旛沼干拓工事の中止

247〔徳川禁令考〕天明六年(一七八六)八月二十四日印旛沼新開相止候御書付

御勘定奉行江

下総国印旛沼(1)新開之儀、此度出水(2)ニ付、新開場も押流シ、迚《とて》も右難二埒明一趣ニ付、開発之儀無用ニ致、諸取〆方之儀相調、可レ被二相伺一候、

八月廿四日

(1)印旛沼　千葉県佐倉市・成田市にまたがる沼。(2)出水　利根川の洪水。

【解説】　寛文三年(一六六三)・享保九年(一七二四)の二度の干拓工事の失敗のあと、田沼政権の下で安永九年(一七八〇)から干拓工事は着手された。浅間山噴火(天明三年)の影響による利根川の洪水(天明六年)によって打撃を受け、工事は中止に追い込まれた。田沼政権の崩壊を象徴する工事中止であった。

(15)　素人相撲の禁止

248〔御触書天明集成〕安永二年(一七七三)十月素人相撲禁止ニ付触書

角力興行之節、木戸(1)を建、札銭(2)取候儀ハ、角力渡世《とせい》(3)致し候もの之儀ニ有レ之候、然処国々ニおゐて御料は御代官、私領は領主、地頭え(4)願之上、素人《しろうと》共寄合角力相催、其外神事(5)等之節も角力興行致し、殊ニ神事等之砌興行致し候は、畢竟先年より致来候嘉例ニて致二興行一候付、見物も可レ致二群集一故、取〆之ため囲《かこい》等致し候迄ニて、木戸を建、札銭等請取候儀、向後無用ニ可レ致候、尤勧進角力興行(6)致し候は、角力渡世之者共え対談(7)之上催候儀は格別之事候間、其趣相心得、在方之者共心得違無レ之様可レ致候、

右之趣、向々え寄々可レ被二相触一候、

十月

（1）木戸　見物人の出入口。（2）札銭《ふだせん》　木戸銭と同義。木戸で支払う入場料。（3）角力渡世　相撲興行をなりわいとする。（4）地頭　旗本のこと。（5）神事　神社の祭礼など。（6）勧進角力興行　寺社修造などの勧進を目的に木戸銭を取る相撲の興行。次第に勧進の言葉は名目だけになり、渡世のための相撲興行を指す。（7）対談　単に相談する意味だけではなく、内実は金銭を払って許可を受けること。

【解説】　前年の明和九年（一七七二）七月に「越後国相撲出入一件」と呼ばれる争いが起った。蒲原郡のある村方で、寺院修復のため木戸銭を集めての素人相撲が、若者を中心になされていたところ、近隣で相撲興行を行っていた江戸相撲年寄井筒万五郎の弟子二人が飛入り、札銭をめぐって乱闘になり、死傷者を出した事件であった。相撲年寄から幕府に訴えがなされ、吟味のうえ双方ともに幕府から重科が課された。その翌年に幕府が全国に触れたのが本史料である。相撲年寄・相撲取・行司らの、相撲で渡世する集団（相撲渡世集団）にとって、素人相撲禁止の全国触は、興行権の擁護となり、集団としての基盤を支える拠所となった。

⒃　盲人組織

249〔御触書天明集成〕　安永五年（一七七六）十一月検校仲ケ間（当道座）の統制ニ付触書

三奉行え

都《すべ》て百姓町人之悴盲人ニ候ハヽ、検校仲ケ間(1)之弟子ニ成、夫々之渡世修行致し、第一官位(2)を心懸候筈之処、近来検校之弟子ニ不ニ相成一、琴三味線等針治(鍼)導引(3)を渡世之種ニいたし、或仕官之身と相成、脇差抔《など》を帯候類之盲人多相成候趣ニ相聞候、以来百姓町人之悴之盲人、琴三味線等針治導引を渡世ニ致し、又は武家え被レ抱候ても、市中ニ住居致シ候ものは勿論、主人之屋敷内に罷在候とも、右家芸(4)を以他所をも相稼候者ハ、検校之支配たるへき事、

一　武家陪臣之悴之盲人ニても、市中ニ住居いたし、琴三味線等針治導引を以渡世致候分は、是又検校之支配たるへき事、

但、武家出生之盲人他え被レ抱、市中ニ罷在候共、稽古場を拵《こしらえ》、弟子集抔致間敷、若弟子集致し候ハヽ、主人之方相断、検校之支配請へし、

一　百姓町人之悴之盲人ニても、琴三味線等針治導引を以渡世不レ致、親之手前ニ罷在候而已《のみ》之もの并武家え被レ抱、主人之屋敷又は主人之在所え引越、他所之稼も不レ致分は可レ為ニ制外(5)一事、

右之通可ニ相守一旨、不レ洩様可レ被ニ相触一候、

十一月

（1）検校《けんぎょう》仲ケ間　当道座のこと。検校・別当・勾当《こうとう》・座頭の四官の階層により成立つ。検校が支配するので検校仲ケ間とか座頭を代表させて座

頭仲ヶ間と呼ぶこともある。（2）官位　座頭官と呼ばれ、当道座内の独自の制度で、検校・別当・勾当・座頭の四官がさらに十六階に分かれ座頭官金を座に上納することで官位が上昇する仕組みであった。（3）導引《どういん》　あんまのこと。座頭は琴・三味線の芸能や鍼治・導引（按摩）の医療活動を行った。（4）家芸　当道座（検校仲ヶ間）に属する盲人たちに認められた芸能・医療活動。家職。（5）制外　当道座組織の統制外。

【解説】　百姓町人の悴で盲人ならば検校仲ヶ間（当道座）の弟子になって琴・三味線などの芸能や針（鍼）治・導引の医療を身に付けて生きる途をつくる。娘であれば瞽女仲ヶ間に入る。武家の悴であれば盲僧組織に入る。これが幕府の考えた枠組みである。しかしこの枠組みからはずれた存在の出現によって、改めて検校仲ヶ間に入るべき盲人について規定したのがこの触書である。

250〔徳川禁令考〕天明五年（一七八五）八月五日盲僧共青蓮院宮支配ニ相成候事

中国西国筋其外是迄無支配之盲僧（1）共、青蓮院宮（2）御支配ニ相成候ニ付、武家陪臣之悴盲人ハ盲僧ニ相成、右宮支配ニ付候とも、又は鍼治導引琴三味線等いたし、検校之支配ニ相成候共、勝手次第たるへく候、百姓町人之悴盲人ハ、盲僧江ハ不ニ相成一、鍼治導引琴三味線等いたし、検校之支配ニ可ニ相成一候、若内分ニ而寄親《よりおや》（3）等いたし、盲僧ニ相成候儀ハ、決而不ニ相成一候、右ハ百姓町人之悴盲人ニ而、琴三味線鍼治導引を以渡世不レ致、親之手前ニ罷在候而已《のみ》之者、并武家江召抱、主人之屋敷又ハ主人之在所江引越、他所稼不レ致分ハ、安永五申年（4）相触候通、制外たるへき事、

右之通可ニ相守一旨、不レ洩様可レ被ニ相触一候、

（1）盲僧　竈《かまど》の前に座り琵琶を弾いて地神経を唱え、祓いや祈禱をする盲人の僧侶。西国（九州）や中国、大和地方に分布した。（2）青蓮院宮　天台宗山門派門跡。尊真法親王。（3）寄親　身元引受人をつくり仮の親として身を寄せること。（4）安永五申年　史料249。

【解説】　史料249の触書と対になるもので、武家陪臣の悴が盲人になった場合になる盲僧の組織に関わる触書。院号や袈裟の許可を、盲僧たちは比叡山から受けていたが、幕府は延宝二年（一六七四）禁止した。組織の存在をかけて盲僧たちがその後青蓮院門跡に働きかけたことで、天明五年幕府は青蓮院宮支配の公認を触れた。

(17) 名目金貸付

251〔大阪市史〕宝暦十二年（一七六二）八月朔日円満院門跡貸付銀に付三郷町中に触書

覚

一円満院御門跡（1）御小知故（2）、御勝手向御難渋ニ付、先御門主覚尊親王日光御門室（3）江御移転之節従、御無住（4）之間、御知行物成払出、被ニ貸付一、右利足ニ而御勝手向不足被ニ相調一候処、貸付銀拝借之者返納滞義有レ之、御難儀、此以後右貸付銀相願拝借之者、証文之通無ニ遅滞一可ニ相済一旨、

京都・大坂并大津町中へ触流之義、支配之町奉行江申渡有レ之趣ニ被レ成度、且自然関東筋之者も相願、右銀子拝借之者、返納之節相滞義有レ之ハ、彼地奉行所へ可レ被二仰入一間、其節ハ早速可二返納一旨被二仰付一被レ達候様ニ被レ成度旨就二御願一、御聞届被レ成候間、右銀子借請候者共、定之通無レ滞可レ致二返済一候、

右之趣従二江戸一被二仰下一候条、三郷町中可二触知一者也

午八月朔日

(1)円満院御門跡　天台宗寺門派。聖護院門跡・実相院門跡とともに三井寺(園城寺)の長吏になった。(2)御小知　この当時、門跡領は六一九石。十二の門跡が千石を越える中で、六一九石は安井・実相院・随心院に次いで小知であった。(3)日光御門室　輪王寺門跡のこと。日光門主・寛永寺管領となる輪王寺門跡の相続は幕府の意向で他門跡から移転させ入室させることがあった。(4)御無住　寺に住職がいないこと。円満院に門跡不在の状態をいう。

【解説】　円満院は門跡領からの年貢を貸付銀にして利息を寺院財政にあてたところ、貸付銀の借主の返済滞りが生じた。幕府は、相対済し令のように金公事は相対で処理すべきところだが、この場合は各町奉行が借銀返納を督促して債権を保護した。門跡の再生産を幕府は保証する必要があったためである。門跡の貸付銀の債権が保護されることから、やがて商人資本が出資して門跡貸付銀の名目で貸付けを行うようになる。

⒅　宝暦事件

252〔広橋兼胤公武御用日記〕宝暦七年(一七五七)正月十四日

(前略)

一吉田二位[1]召寄、内密尋問云、竹内式部[2]講談候神書之説、邪説を講候由風聞有レ之候、如何被レ及レ聞候哉委存知之事哉相尋候処、曾以不レ存候、風説ニハ邪説を講候由被レ聞候へ共、風聞之儀不レ足レ言候、何も聢《しか》与《と》被レ聞候事無レ之候由被レ示、然ハ其趣書付可レ被二差越一由示了、

(小書)「右之儀、去十日殿下[3]被レ仰、去冬両度吉田参二于殿下一、式部邪説を講候処、堂上之内ニも門弟も多有レ之、甚以如何敷存之由訴申ニ付、両人[4]より得と可二尋聞一依レ被レ命也、」

(1)吉田二位　吉田兼雄。神祇大副、神祇管領長上。(2)竹内式部　越後出身で名は敬持《たかもち》。垂加神道家で徳大寺家に仕え、公家たちに神書・儒書を講じた。(3)殿下　関白一条道香。(4)両人　武家伝奏広橋兼胤と柳原光綱の二人。

【解説】　小書にあるように、宝暦六年冬(十二月)、唯一神道家の吉田兼雄は関白一条道香に竹内式部が邪説を講じ、堂上公家の内にも門弟が多くあるのはいかがなものかと訴えた。関白は武家伝奏両人から吉田兼雄に尋ね聞くよう命じたことから、広橋が正月十四日に尋ねたところ吉田兼雄は、竹内式部の件はあ

くまで風説であると返答した。かくして、関白、所司代は竹内式部宅への堂上公家の出入りは、ひとまず勝手次第とされた。

253〔**兼胤記**〕**宝暦八年（一七五八）七月二十四日**

竹内式部門弟堂上、式部教方不レ宜ニ付、近年毎度風説流行、朝廷及二騒動一候、依レ之、門弟堂上結レ党謀反之志有レ之候風説盛ニ相聞候も、無二余義（儀）一候、謀反と申義ハ事重き義、中々二三十人計《ばかり》之徒党、一両年計之申合ニ而ハ、一向難二事調一義ニ候、畢竟只各主上(1)江御馴添申候而、朝廷之権を取候趣意ニ候、軽二関白(2)已下一列、且伝奏、議奏(3)等一、法外失礼之義共、難二勝計一候、依レ之別紙(4)之通被二仰出一候、

(1)主上《しゅしょう》　桃園天皇。(2)関白　近衛内前。宝暦七年三月十六日に任官。(3)議奏　姉小路公文・正親町三条公積・葉室頼要・東久世通積・五辻盛仲の五名が任じられていた。(4)別紙　この史料に引き続いて処分の面々二十七人が列記されている。

【解説】　竹内式部の説を受けた近習の公家たちが桃園天皇に入説し、天皇を戴くかたちで一体化することに、関白・武家伝奏は強い警戒心を持ちつづけた。天皇が垂加流神書講読を行い、一度停止させたにも拘らず再開したことに、摂家たちは危機感を抱き、正親町三条公積・徳大寺公城ら合わせて二十七人を処分した。処分理由を述べたのが本史料で、堂上の公家に結党・謀反という大罪の風説が聞こえてきたのは、式部の教え方が悪いためで、責任は式部にあるとした。関白・武家伝奏・議奏のラインが江戸幕府による朝廷統制の要となることを自覚しての処分であったもので、幕府側の命令による処分ではなかったことは特徴的である。

第二節

飢饉と一揆・打ちこわし

1　天明の飢饉と農村

254〔群馬県史〕天明三年（一七八三）浅間焼出大変記

（前略）

一于レ時天明三癸卯年四月九日ゟ焼始り(1)、夫ゟ日々に止事なく灰砂ふり、七月三日四日別而焼事甚敷、軽井沢・碓氷・坂本・安中・高崎・武州児玉郡・椿（榛）沢郡三拾余里之間灰砂弐尺三尺、碓氷笹が峠者五尺六尺ふり、人馬の通路なく、上り下りの大名小名甲州廻り(2)、軽井沢火石ふり三拾軒余焼失、碓氷社人の家拾四軒砂之重りニて潰、右村々山々諸草木迄皆埋まり、冬山のごとし

一同四日晩浅間吹出し、火石五拾丈モ高ク打上ケ、火石手まり（カ）取のごとく煙、先々石砂雨《あめ》のごとし

一同五日之晩八ツ半時分、浅間山ゟ黒雲出て、寅卯の方へ（よ脱カ）にろ〳〵登り、其中に差渡し壱丈余成光物くる〳〵とまわり、火花稲妻のごとし、其けわしき事難レ譬、実ニ天魔外道の業ならんと鉄炮ヲ打けるに、吾妻上妻嶽ニおぼしき所にて、彼光物次第〳〵に薄くなり、北国の方へ雲白くちりたり

一同四日五日上州碓氷郡・群馬郡、武州児玉郡・椿（榛）沢郡之内、昼闇の夜のごとし、家々ニて行燈（を）おとぼし、往還の旅人提灯を持、是浅間の故か

一不思議や（也カ）、翌日朝関八州者不レ及レ申ニ、信州・加賀・能登・越中・越後・出羽・奥州迄白キけふり、三寸五寸或者壱尺余り有もあり、昔慶安三寅年焼出し(3)ス（候カ）節も、諸国へけふるといふ、久安年中(4)ニもありし事年代記ニ見へたり

一七日ハ別而なる事強く、土を動かし大地震のごとく、戸障子ぐわら〳〵と成り、山より石とまりまで其日に三度押出ス(5)、鎌原村(6)ニてハ先年石とまりし故に、夫より下へ可ニ押出ス一不レ思、只火石ふると計り案じ、人々土蔵岩穴抔《など》を心懸おきしと也

（中略）

一八日の朝ゟ間もなくなる事、皆草木迄大風吹来如にゆりわたり、神仏の石塔震崩シ人々の心持あしく、念仏諸神に祈誓し所に、四ツ半時分に信州木曾御嶽戸隠山辺ゟ、

光物浅間が嶽へ飛入りしと見へし、夫ゟ山中うごき押出し、上州吾妻川通り鎌原村を初〆として、大前(7)ゟ川付村々押崩し候事、第一番の水先が黒鬼と見へしもの大地を動かし、家の囲ひ森其外、何百年共なく年をへだつる老木皆押くぢき、砂音つなみ土をはき立煙をたて震動雷電、第二の泥火石百丈余も高く打上、青竜紅の舌をまき両眼如二日月の一、一時計り闇の夜にして火石の光雷百万の響き、天地崩ごとく也、火焔のほのう空をつらぬく計也、田畑高免の場所不レ残只一面如二泥海ノ一、何れの畑境是をしらん、老若男女流死末しすべき時も来らん、思ひ懸なく命を大海のみくずに、浅間の鬼神地獄へ生ながら人をすゝめ、一時の災難露まぼろし稲妻の消るがごとし、誠ニ大変目を覚し、前代未聞に如レ夢

(後略)

(出典)『群馬県史 資料編11 近世3』。

(1)焼　噴火。(2)甲州廻り　中山道碓氷峠が火山灰で通行できなくなり、参勤交代の大名たちは甲州街道へと行路を変えた。(3)慶安三寅年　慶長元年(一五九六)の噴火の誤り。このときは焼砂が遠国に降ったとされる。(4)久安年中　弘安四年(一二八一)の誤りか。(5)押出ス　火砕流と熱泥流が下る。(6)鎌原村　現群馬県吾妻郡嬬恋村鎌原。(7)大前　大前村(現群馬県吾妻郡嬬恋村大前)。鎌原村に隣接する。

255〔群馬県史〕天明三年(一七八三)九月、吾妻郡草津村小前百姓ら鎌原村復興事業へ出稼ぎに出るべき旨、組頭請書

一札之事

一　当村(1)之義、当春ゟ湯治人至而不足、猶亦七月中浅間焼山津浪(2)已来湯治人一向無レ之、村方必至と行詰り、今日ヲ暮兼及レ飢候ニ付、御勘弁ヲ以御救之義、御支配　御代官様(3)江御願被レ下難レ有奉レ存候、然処当村之義者百姓迚者不レ仕、諸国ゟ参候湯治人計り当ニ仕今日暮候間、御拝借被二下置一候而茂、御返納之義難義《なんぎ》可レ仕ニ付、重キ御慈悲ヲ以、此節鎌原村御普請御取掛り相成候ニ付、右場所江罷出御普請人足相勤賃銭頂戴可レ仕旨、尤女子童足弱等迄茂罷出、御普請相勤候得者、是亦相応之御賃銭被二下置一候旨、勿論鎌原村江者里数五里余茂相隔候義、大笹村名主長左衛門(4)殿義者、鎌原村御普請引請人ニ付、右長左衛門殿小屋等之義茂致二世話一呉、誠ニ聊之物入等ニ而小屋茂出来仕候様、其上飯米等之儀茂、麦稗等茂信州上田ゟ付直ヲ以随分致二下直一、何角差支無レ之様取計呉候段、御支配御役所ゟ長左衛門殿江被二仰付一、猶亦各茂長左衛門殿江御掛合被レ下候段、勿論此已後追々外村ニ茂御普請相始可レ申旨、是江茂勝手次第罷出候ニ相成候旨、先ツ鎌原村者此節御普請御取掛りニ付、飢人之分者足弱

等迄稼相成候義者召連罷出候様、右之趣私共組下江壱人茂不レ洩様、得《とく》と可二申聞一旨被二仰聞一致二承知一候、万一私共等閑ニ仕、再応被二仰聞一之趣、陸々《ろくろく》組下へ不二申聞一、飢人等有レ之候得ハ、大切之義重キ御咎ニも相成候段、逐一被二仰聞一致二承知一候、且小前銘々へ被二仰聞一候而、此節飢人之義稼候手間費及二難義一候ニ付、私ともへ被二仰渡一候間、早々小前へ右之趣得与申聞、早速稼ニ罷出候様可レ仕候、尤明廿六日晩迄ニ委細各へ御答可レ申候間、其節ハ長左衛門殿方へ被二仰遣一、小屋飯米等茂用意呉候様被レ成可レ被レ下候、重御慈悲之御救被二仰付一候所、右場所へ稼ニも不二罷出一及レ飢候不埒之もの、組下之内有レ之候ハヽ、猶又其節ハ御届可レ申候、依レ之一札如レ件

天明三卯年九月廿五日

直右衛門㊞
友右衛門㊞
勘左衛門㊞
（外二十八名連印略）

村役人中

（出典）『群馬県史　資料編11　近世3』。

（1）当村　草津村（群馬県吾妻郡草津町）。（2）浅間焼山津浪　浅間山爆発による火砕流と熱泥流。（3）御代官様　幕府代官。（4）大笹村名主長左衛門　近隣の有力者のなかで、いち早く炊き出しなど被災者の救済活動に立ち上がったうちの一人である大笹村名主黒岩長左衛門。

【解説】　天明三年（一七八三）の浅間焼けと言われた浅間山の大噴火は、爆発の規模の大きさもさることながら、このあとの社会・政治に大きな影響を与えた。遅くともこの年の四月九日には爆発が始まり、その後も何度か小爆発を繰り返していたが、七月八日午前十一時ごろ、突然大爆発をおこして火砕流を発生させ、まず北麓の鎌原村などの村々を襲った。さらに吾妻川に流れ込んで熱泥流となり、川沿いの集落にも被害を与えただけでなく、利根川にまで達して被害を拡大した。一方、成層圏まで吹き上げた噴煙は、広範囲にわたって日射を妨げ、東日本だけでなく北半球全体にまでおよぶ冷害の原因となったとされる。天明年間以降、長期的に気温が低下し始めることもあって、この大噴火は天明の飢饉を一層深刻なものにした。この大噴火は大被害をもたらしただけでなく、政治・社会に大きな変化をもたらすものと考えられ、すぐにさまざまなかたちで記録された。史料254も、その一つであり、噴火の原因を天魔外道の仕業とし、怪奇現象で説明するところなど、事実関係を追うときには注意を要する史料だが、おおよその経緯と庶民の反応とを知ることができる。なお、八月二十五日になると、幕府は勘定奉行所勘定吟味役根岸九郎左衛門に、上信武三ヵ国の道橋復旧・堤防改修・泥入り地の再開発を主とする「御救御普請」の実施を命じ、渋川総支配役所以下臨時の現地役所を設置した。史料255は、この一環として行われた「鎌原村御普請」が、いわば公共の災害復旧事業として周辺の被害者の働く場を提供していたことを示す。草津村は、この当時、湯治に来る温泉客を相手に生計をた

てていたため、大噴火後は客が途絶えて困窮していた。この史料は、草津村の組頭らが、草津村の村役人に対して、せっかく救済事業として賃人足に出ることが奨励されているのだから、その趣旨を組内の者にきちんと知らせるようにすることを請け合って提出したものである。なお、鎌原では、一九七九年以降、浅間山麓埋没村落総合調査会によって発掘が行われており、江戸時代の街道沿いの集落に住んだ人々の生活を知ることのできる遺物が多数出土している。〔参〕浅間山麓埋没村落総合調査会・東京新聞編集局特別報道部編『嬬恋・日本のポンペイ』東京新聞出版局、一九八三年。渡辺尚志『近世村落の特質と展開』校倉書房、一九九八年。児玉幸多ほか編『天明三年浅間山噴火史料集 上・下』東京大学出版会、一九八九年。

256 〔後見草《のちみぐさ》 下〕（杉田玄白）

出羽陸奥の両国は、常は豊饒《ほうじょう》の国なりしが、此年《この》(1)はそれに引かへて取わけての不熟にて、南部津軽に至りては、余《よ》所《そ》よりは甚しく、……元より貧しき者どもは生産の手だてなく、父子兄弟を見棄ては我一にと他領に出《いで》さまよひなげき食を乞ふ。されど行く先〳〵も同じ飢饉の折からなれば、他郷の人には目をかけず、一飯与ふる人も無く、日々に千人二千人流民共は餓死せし由、又出行《いでいく》事のかなはずして残り留る者共は、食ふべきものの限りは食ひたれど、後には尽果《つきはて》て、先に死たる屍《しかばね》を切取ては食ひし由、或は小児の首を切、頭面の皮を剝《はぎ》去りて焼火の中にて焙《あぶ》り焼、頭蓋のわれめに篦《へら》さし入、脳味噌を引出し、草木の根葉をたきまぜて喰ひし人も有しとなり。又或人の語りしは、其ころ陸奥にて何がしとかいへる橋打通り侍りしに、其下に餓《うえ》たる人の死骸あり、是を切割、股の肉籃《かご》に盛行人《もりゆくひと》有し故、何になすぞと問侍《といはべ》れば、是《これ》を草木の葉に交《まぜ》て犬の肉と欺《あざむき》て商《あきな》ふなりと答へし由。……凡《およそ》去年今年の間、五畿七道にて餓死せし者何万人といふ数しれず、おそろしかりし年なりし。

（出典）『燕石十種』二。

（1）此年　天明四年（一七八四）。

【解説】　江戸時代に何度か起こった飢饉のうち最大の餓死者（菊池勇夫氏は東北地方全体で三十万人以上だと推定している）を出した天明の飢饉の惨状について、杉田玄白の見聞記である『後見草』から抜粋した。飢えて人肉食をせざるをえなくなっている様子がリアルに描かれている。この飢饉は、相続く冷害と天明三年の浅間山大噴火、天明六年の関東・陸奥の大洪水などによって起こった、長期にわたる深刻な不作が原因であった。十八世紀を通じて、米以外の商品作物の生産が広がり、都市の製品が流入するなど、消費的な生活が進み始めた農村に、この大凶作はさらに大きな被害をもたらし、これ以降土地を捨てて農村を離れる農民が増加し、農村の荒廃が進むことになる。〔参〕菊池勇夫『飢饉の社会史』校倉書房、一九九四年。同『近世の飢饉』吉川弘文館、一九九七年。

257 〔宇下人言《うげのひとこと》〕（松平定信）

すでに町かた人別の改《あらため》てふものも、只名のみに成りければ、いかなるものにても町にすみがたきものはなく、出家の定《さだめ》もなければ、実に放蕩無頼《ほうとうぶらい》の徒すみよき世界とは成りたりけり。さるによりて在《ざい》かた人別多く減じて、いま関東のちかき村々、荒地多く出来《いできた》り。やうやう村には名主ひとりのこり、その外はみな江戸へ出ぬといふがごとく、末にのみわしりけり。……天明午《うま》のとし(1)、諸国人別改られしにまへの子《ね》のとしよりは(2)諸国にて百四十万人減じぬ。この減じたる人みな死うせしにはあらず、只帳外(3)となり、又は出《しゅっ》家《け》山伏《やまぶし》となり、又は無宿(4)となり、又は江戸へ出て人別にもいらずさまよひありく徒とは成りにける。

（出典）松平定光校訂『宇下人言・修行録』岩波文庫、一九四二年。

(1)天明午のとし　天明六年（一七八六）。(2)子とし　安永九年（一七八〇）。(3)帳外　村から出奔したり、勘当されたりして、人別帳の記載からはずされること、もしくははずされた者。村の側では、こうした者たちが犯罪を犯したときに責任がかかることを避けるためこの処置をとる。(4)無宿　帳外れによって、どこの人別帳にも記載が無い者。

【解説】　農村の荒廃、農民の離村と都市への流入といった現象は、幕藩領主にとっては直接に年貢が減るという意味ではゆゆしき問題であった。一方、都市政策の側からみると、農村から許可無く出てきた者は、無宿としてその行跡が社会問題化しており、厳しく取り締まらなければならなくなっていた。寛政改革の都市社会政策の一つである人足寄場設置・人返し令や農村対策である他国出稼ぎ制限令と備荒貯穀奨励策・荒地起返し奨励策などは、この史料に示されている松平定信の現状認識が反映されている。〔参〕山口啓二「寛政改革と『宇下人言』」岩波文庫『宇下人言・修行録』解説。

258 〔明和伝馬騒動の記録〕百姓騒動記

武州高麗郡植(上)野村名主弥右(左)衛門(1)家打潰事

扨《さて》も今度村々百性(姓)共蜂起して所々ニて家打潰候謂ヲ委尋るに、此騒動の発りと申ハ前書有レ之候中山道通り宿々伝馬新助郷(2)被二仰付一、諸民是を恨て何国何レの村より蜂起致し又何レより触出となく、今度願に一列無レ之村は其村ヲ打潰又ハ焼払申抔(3)と風聞有レ之候て、申閏十二月十七日上州横瀬村名主の家を打潰申候、是を事の始として大変に及ぬ、爰《ここ》ニ武州高麗郡植野村淵之上申処一ヶ所右の願の思召一列の心無レ之候ニ付、閏十二月晦日酉刻頃、何レ村より押寄来候共不レ知百性三百余人押寄て鯨波《とき》(4)を揚けれハ、兼而弥右(左)衛門方江も此取沙汰の聞けるニや、早束其村医王寺多門寺と中寺僧弐人寄手の前ニ出て被レ申けるハ、「今度当村弥左衛門義地頭所(5)よりの仰付厳敷候事をおそれ村々助郷伝馬御訴詔(訟)の一烈ニ入不レ申候間、依レ之各々方今日弥左衛門家為二打潰一御出の由承り及候間、我々両僧是にて罷出候」

と中様の詫言申訳致候得共百性共、更ニ聞入不レ申、なれ共両僧手ヲ束ね言葉を尽詫申ける間、百性共も聞受可ニ打崩一事を用捨《ようしゃ》して帰りけれ共、此触次段々村々へ相達候と也、其夜丑ノ下刻頃、押寄来ル百性共は凡弐千余人、弥左衛門の屋敷の廻りを追取巻鯨波を揚ける故、家内の者共仰天し周章騒き泣さげ(ママ)びうろたいける間、枕を抱キ或は摺鉢又はほうろくの類を持出、下女童は消て有る行灯《あんどん》を提て道具を尋、下男ハ丸裸ニて馬を引裏道より逃出けると也、前代未聞之事共ニて後々迄も茶呑咄之たねと成、扨又寄手の百性共手々に鳶口鎌斧棒の類(6)を持長屋門を始として居家も土蔵も打倒候、翌日巳之刻頃迄に打潰時(閧)の声を揚、行方知れず帰りけり

(出典)『越生《おごせ》の歴史　近世史料〈古文書・記録〉』一九九二年。

(1)上野村名主弥右衛門家　弥左衛門の誤り。このときの騒動に際し、村から参加する者を出さなかったために打ち壊される。(2)新助郷　幕府は、中山道の宿場の人馬不足を補うために、それまで負担してこなかった武蔵国の村々に新しく助郷役をかけることにした。増助郷である。(3)今度…焼払申抔　今度の嘆願騒動のための集会に参加せず、共闘しない村は打ち壊し、焼き払う。(4)鯨波　閧の声。えいえいおーなどと呼ばわる。集団の力を見せつける行為。(5)地頭所　領主である旗本の屋敷あるいはそこに設定された執行機関。(6)鳶口鎌斧棒の類　いずれも百姓たちが生業を営むために操ることが得意な道具であり、一揆の際にはこうしたものを持って参加した。このほかに鍬・鋤を持ち出すこともあり、総称して「得物《えもの》」と呼ぶ。

【解説】　明和元年(一七六四)、幕府は、中山道の宿駅を救済するために武蔵国内に増助郷を設定しようとしたが、その前年に朝鮮通信使来聘費用を国役として課していたため、このような国家的な役を二重に勤めることに反発した百姓たちは、閏十二月から翌一月にかけて広域に及ぶ大規模な百姓一揆を起こした。一般に明和伝馬騒動と呼ばれるものであるが、二十万人とも言われる参加者の多さもさることながら、幕府へ嘆願するための大集会を開いて村々の結集を呼びかけ、参加しない村へは打ち壊したり焼き払ったりすると脅して、参加を強制するという戦術をはじめて採用した一揆として知られている。幕府は命令を撤回したが、一揆勢の怒りは収まらず、集会に参加しなかった村々の村役人たちを打ち壊してまわった。この弥左衛門が名主を勤める上野村も参加者を出さなかったため、一揆勢に押し寄せられ、いったんは寺院のとりなしで難を逃れたかに見えたが、結局打ち壊された。〔参〕『越生の歴史Ⅱ〈近世〉』第四章第一節、一九九九年。

2　頻発する一揆

259〔**天明御触書集成**〕**明和七年**(**一七七〇**)**四月徒党訴人の高札**
(**徒党札**)

定

一　何事によらす、よろしからさる事に百姓大勢申合せ候をととう《（徒党）》ととなへ、ととうして、しゐて《（強いて）》ねかひ事くハた《（企）》つるをこうそ《（強訴）》といひ、あるひハ申あハせ、村方たちのき《（立ち退き）》候をてうさん《（逃散）》と申、前々より御法度に候条、右類の儀これあらは、居むら他村にかきらす、早々其筋の役所え申出へし、御ほうひとして、

　　ととうの訴人　　銀百枚
　　こうその訴人　　同断
　　てうさんの訴人　同断

右之通下され、その品ニより帯刀苗字(1)も　御免あるへき間、たとへ一旦同類になるとも、発言いたし候もの(2)ゝ名まへ申出におゐてハ、その科《とが》をゆるされ、御ほうひ下さるへし、

一　右類訴人いたすものもなく、村々騒立候節、村内のものを差押へ、ととうにくわゝらせす、一人もさしいたさゝる村方これあらハ、村役人にても、百姓にても、重《おも》にとりしつめ候ものハ御ほうひ銀下され、帯刀苗字　御免、さしつゝきしつめ《（鎮）》候ものともゝこれあらハ、それ〳〵御ほうひ下しおかるへき者也、

　　明和七年四月　　　　　奉　行

右之通、御料は御代官、私領は領主・地頭より村々え相触、高札相建有レ之村方は、高札ニ認《したため》、相建可レ申候、

　　四月

右之通、可レ被二相触一候、

(1)帯刀苗字　帯刀苗字の許可は、武士身分もしくはそれに準ずる身分に取り立てるという意味を持ち、特別の栄誉を与えることになる。(2)発言いたし候もの　はじめに一揆を起こそうと言い始めた人。発頭人とも。

【解説】　十八世紀半ば以降の百姓一揆の増加、激化、広域化などに直面した幕府は、一揆を禁止する法令を出し(史料259)、高札場のある村ではこの「定」を高札に書き写してたてるようにと命じている。実際にこの法令は、これ以降高札(徒党札と呼ばれる)のかたちで告知され続け、明治以降も五榜の掲示の一つとして継承される。百姓が大勢で集まり、何かを決め、行動に起こそうとすることを「徒党」、実際に領主役所などに押し寄せ、その数の力で要求(訴願の趣旨)を実現させようとすることを「強訴」、集団で村から退去することを「逃散」と呼んで分けてはいるが、「徒党」＝一揆が基本形態である。高札のなかでは、キリシタン訴人の高札(以下キリシタン札)とならんで、典型的な懸賞札になっている。少なくとも、高札場を持つ幕領の村では、キリシタン札は必ず掛けられていたが、この徒党札も掛けられている比重が高かった。〔参〕久留島浩「近世の村の高札」永原慶二編『大名領国を歩く』吉川弘文館、一九九三年。

3　一揆の諸相

260〔**鴨の騒立**〕**天保七年**（一八三六）

参河《みかわ》国加茂《かも》郡騒立《さわぎたち》の濫觴《らんしょう》を尋《たずぬ》るに、天保七年と云《いう》年の八月十三日昼七つ時、光あり電光の如し。一声雷の如く響くと斉《ひと》しく暴風雨起り、晩六つ時より風甚しく、竹木は勿論、家多く吹倒しける。漸《ようやく》夜五つ時に到り、風鎮《しず》まりぬ。僅《わずか》二時《ふたとき》の間に諸国凶年となり、米穀次第に高直《こうじき》となりしかば〈八月頃は拾両に拾弐三俵(1)といゝける〉、八月廿一日、甲州騒立(2)、大家《おおや》(3)を毀《こぼ》ちけり。されども、江戸御役人并《ならび》に隣国の諸侯御役人出張《でば》りありしより、廿五日に一国まづ鎮まりぬ。

こは他国の事とおもひしに、加茂郡九牛平《くぎゅうだいら》村に、千吉《せんきち》・繁吉《しげきち》と云《いう》兄弟あり。大工を家業とす。此者騒立の発頭《ほっとう》なれども、人柄も鄙《いや》しく智恵も薄ければ、同加茂郡下川内《しもごうち》村に、松平辰蔵《まつだいらたつぞう》と云者あり。初め大工を業とせしが、後は小相撲《こずもう》を取り博奕《ばくち》を好み、俗云道楽者《ぞくにいうどうらくもの》なり。然れども邪智《じゃち》ありて、小ざかしく口きく(4)男子《ヲノコ》なり。

（中略）

先《まず》相談の一番頭《がしら》は、加茂郡下河内辰蔵、二番川向《かわむき》善四郎・川田の千蔵・文六・椿木《つばやぎ》伊助・矢並《やなみ》次兵衛兄弟・林添《はやしそね》藤兵衛・同じく佐平・松平村隆蔵・同近藤勇《いさみ》・菅沼《すがぬま》村繁蔵兄弟・大津大吉、茅原村・七売村・大田村者集まり、弐拾余人となりぬ。村々え云継ぎ申贈る。

口上《こうじょう》の趣

今般八月大風にて麦米高直《こうじき》、大豆小豆類、又稗《ひえ》なども一升五拾弐三文と云。他国は知らず、国中一統難渋《なんじゅう》に付、露命《ろめい》もつなぎ難し。依レ之《よって》、今日一千余人相談の為、石御堂に相集り罷在《まかりあり》候。拾五以上六十以下の男子、取急ぎ罷越《まかりこし》、帳面に名を記すべし。若《もし》不承知の村は、一千人の者共押寄《おしよせ》、家々不レ残打崩《うちくず》し可レ申《もうすべし》。若遅参の村は、真先《まっさき》に庄屋を打砕き候趣。中次ぎにて云送りける。

（中略）

九月廿一日夜五つ時、螺《ほらがい》の代りに竹筒《たけづつ》を吹き、時(関)の声を発しける。其音に驚き、隣村の人々、出でずは(マヽ)んば家を打砕かれん事を恐れ、取物《とるもの》もとりあへず石御堂に集まりける。人数六拾人余と聞えし。其夜八つ時より、竹筒を吹ながら、松平数馬《まつだいらかずま》様(5)御《ご》知行処《ちぎょうしょ》滝脇村庄屋へ八九人走り来り、「中次ぎの廻状順達致せしや」と問《とい》ける。其を聞《きく》より、庄屋ブル〳〵とフルイ出し、「地頭《じとう》役人、羽明《はあす》村河合庄兵衛《かあいしょうべえ》へ伺《うかがい》の上、御挨拶仕《つかまつ》る」と云ながらかけ出《いで》ける。跡に、一同時の声を発しければ、間もなく大勢欠付《かけつけ》、庄屋の家を微塵《みじん》に打砕き、直様組頭《すぐさまくみがしら》弐軒を打砕く。此物音に近村驚き、我もく＼と欠(駆)付き、已《すで》に弐百余人となりにける。

（中略）

足助村騒動の事(6)

（中略）

爰《ここ》に矢並《やなみ》村の友吉が家を崩し、弐手《ふたて》と成《な》して今は一手となり、酒呑・桐山・則定・大島・田振・成瀬・近岡を通り抜《ぬけ》けり。近郷《きんごう》より追々馳加《はせくわわ》り、人数三千四五百人余になりける。伊奈海道《いなかいどう》(7)往来の人々、此騒《さわぎ》におそれて、通り抜る者一人もなしとかや。

時は廿三日七つ時なり。足助村地頭《じとう》本多御代官《だいかん》、仮同心《かりどうしん》四人により棒(8)を為レ持《もたせ》、外鎗《ほかやり》一筋、仲間《ちゅうげん》二人御召連《めしつれ》、村入口御固めの処、党者共《とうのものども》、ドヤく＼と乱入、何の苦もなく同心の持ちたるより棒を奪取《うばいと》り河へ投込み、鎗は藪の中へぞ投棄《なげすて》ける。代官腹は立《たて》ども詮方なく、大声にて呼《よばわ》りける。「汝等《なんじら》願の趣聞届けたり。早々引取《ひきとれ》よ」とあれども聞入れず。目ざす処は西町《にしまち》の酒屋なりと、相図の竹筒フウく＼と吹出しければ、前後の者共、一同に時の声を発し四方を囲み、声高らかに呼りて曰、「汝等よく聞け。金銀のあるにまかせ多《おおく》の米を買しめ、貧乏人の難渋《なんじゅう》を顧《かえり》みず、酒となして高直《こうじき》に売《うり》、金銭かすめ取たる現罰逃《げんばつのが》るべからず。今日只今、世直し神々(9)来て現罰を当て給ふ。観念《かんねん》せよ」と呼《よば》はりく＼、家も蔵も一同に打崩しける。此時貯置《たくわえおき》たる壱朱金《いっしゅ》(10)三升斗《ばかり》もありしを取出し、町中へ投散らしけるとかや。

（中略）

寺部御屋敷(11)にて辰蔵御吟味《ごぎんみ》の事

寺部御屋敷には、鳴海御役人共に御立合、白砂《しらす》(12)には同心八人、手鎖《てぐさり》は山の如く、尺角《しゃくかく》(13)の栗柱《くりばしら》にくさりを付、此処《このところ》え辰蔵引出され、御帳付《おちょうづけ》(14)と見えて、三州賀茂郡下河内村辰蔵と呼《よば》はる。御吟味役と見えて、物静《ものしずか》に、「其方《そのほう》、家業何を致す」。辰蔵曰、「拙者事《せっしゃこと》は百姓で御座ります」。役人曰、「田畑はどれ位ある」。「田は三反七畝拾五歩斗《ばかり》、畑は弐斗四五升蒔《まき》も御座ります」。「汝独《ひとり》して作るか」。「丁稚《でっち》為蔵と申者を相手に作ります」。「年はいくつになる」。「為蔵が事で御座りますか」。「其方が事だ」。「ハイ、私は辰《たつ》の年で、当年四十一歳に相成ります」。「右田畑で米麦何程ある」。「私共近郷《きんごう》は、先《まず》一反は三拾刈《さんじゅうかり》と申《もうし》、中年《ちゅうねん》には五俵半六俵位は取揚《とりあげ》ます」。「手前の作《さく》で米は如何程《いかほど》ある」。「先《まず》廿二三俵は平年でも取あげます」。「家内幾人暮す」。「母親と女房、悴《せがれ》弐人、都合五人に、丁稚《でっち》為蔵、外に馬壱疋《ぴき》御座ります」。「廿弐三俵の米を取入《とりいれ》、結構に口過《くちすぎ》相成るべきに、ドウして此度《このたび》騒動を企《くわだて》、多人数を相誘ひ、諸人に難渋《なんじゆう》をかくる人《にん》非《び》人《にん》。かく召捕上《めしとる》は天命難ㇾ遁《のがれがたき》処、速《すみやか》に有様申上げよ」とありける処に、又外の御役人曰、「汝《なんじ》、滝脇の石御堂で示談の発端より、村々え申次ぎ出した次第、逐一言上《ちくいちごんじょう》せよ」。辰蔵曰、「是は〳〵、私よりあなた様方能《よく》御存じ。何を隠しませう、委細申上ますが、先《まず》第一、「廿弐三俵の米を取入、結構の口過ぎの成《なる》に、此度の騒動をナゼ企《くわだて》、多人数を相誘ひ、諸人に難渋を掛《かけ》タ」との御尋《おたずね》、御尤《ごもっとも》至極。成程《なるほど》、家内五六人の口過《くちすぎ》は結構に仕《つかまつ》れ共《ども》、諸人難渋にて命に拘《かかわ》る趣、右に付世間世直《せけんよなおし》の祭を致し、難渋を救合《すくいあう》との事にて、石御堂で会合《かいごう》仕ッタ者。決《けっし》て諸人に難渋をかくるとて企た義では御座りませぬ」。役人曰、「ナンダ、世間世直の祭だ。大家《おおや》を崩し酒樽などを打砕くが世直の祭だか。法外《ほうがい》至極《ごく》の事をぬかす奴《やつ》」。「ハイ、米を買《かい》しめ、又露命を繋《つな》ぐ米をつぶして酒に致せば、弥《いよいよ》諸人難渋の基《もとい》。御大名ならば思召《おぼしめし》も御座る処、御旗本《おはたもと》では、有《ある》を取立《とりたて》、無き者を倒《たおし》ても御慈悲も御座らず。一同大家え願ひに参ったのも、崩《くず》す了簡なき処、不ㇾ斗《はからず》も喧嘩《けんか》を致した物で御座りましやう。余り人の喉《のど》首しめる者は、間には憂目《うきめ》に逢《あわ》ねば、黄泉《よみじ》の障《さわ》りになりまする」。役人曰、「ダマレ、上《かみ》を恐れず不束《ふつつか》至極ナ奴。下《しも》として入らざる地頭領主の詮議《せんぎ》」。辰蔵曰、「ハイ、上がゆがむと下は猶ゆがみます」。役人曰、「ダマレ、我は弥《いよいよ》此度の惣頭取《そうとうどり》と相見ゆる」。辰蔵曰、「ハイ、頭取株は致しましたが、私より上増《うわます》頭取六七人、私同様の者、又次の者、余程御座ります」。

（中略）

「知らぬもあり。其に付《つい》て珍敷《めずらしき》事が御座る。岡崎様・挙母《ころも》様・其外御大名の歴々、張弓・鉄炮・火縄などそへて、仰《ぎょう》山《さん》な御行列《ぎょうれつ》。是迄見た事もござらぬ古《いにしえ》の軍《いくさ》の体《てい》と存じられます。ナントマア、鎌《かま》・鋤《すき》より外に持《もっ》事知らぬ百姓共、御上意とあらば鎮まりそふなもの。あまり厳重過ぎた御行烈と、乍ㇾ憚《はばかりながら》存じます。兼《かね》て承りまするに、農人《のうじん》は天下の御百姓とて、上《かみ》にも御大切に御取扱、其百姓に怪我でもあらば、御気の毒と存《ぞんじ》ます」。「ダマレ己《おのれ》、問はぬ事をべか〳〵吐出《はきだ》し、上《かみ》を恐れぬ人非人《にんぴにん》。爰《ここ》をドコダト心得る」。「ハイ〳〵、我に過《すぎ》たる六人の頭取株《とうどりかぶ》と申すは」。役人曰、「ドコニアル」。「六人の頭と云は、とち元村に四人、下狭切《しもさぎり》村に一人、両宮村に一人、都合六人。乍ㇾ憚私に被㆓仰付㆒《おおせつけられ》ば、疵《きず》を付ずに召捕へて差上ませうか」。役人曰、「出しやばるな。逸々《いちいち》名前を申上げよ」。「ハイ、彼等が家は心得て居ますが、名付の所は慥《たしか》に申兼ねます様に御座る」。「今日はさがれ」。「ハイ」。「引とれ」。「ハイ」。

(出典) 日本思想大系58『民衆運動の思想』。

(1) 拾両に…　一俵あたり四斗入になる計算。(2)甲州騒立　甲州天保一揆。(3)大家　富豪。(4)小ざかしく口きく　訴訟の仲裁をするだけでなく、もめ事を煽動しては礼金をとって取り鎮めたりもしている。(5)松平数馬　六百石の旗本。(6)足助村　所領七千石の旗本本多家の陣屋町。(7)伊奈海道　信州松本から飯田を経て三河へ入る道。(8)より棒　撚り棒。人をからめ取る棒。(9)世直し神々　世直し神とは、既成の権威に立ち向かおうとする一揆勢が持ち出した権威ではあるが、不正な手段で富を蓄積したり、それを貧民に分配しない者たちを打ちこわすときに、その行為を正当化するものとして使われている。(10)壱朱金　文政一朱銀。粗悪な貨幣であるが、三升となると大金である。(11)寺部御屋敷　尾張藩の給人の屋敷がある場所。(12)白砂　白洲。(13)尺角　一尺四方。(14)御帳付　記録係り。

【解説】　十八世紀後半には、商品生産・貨幣経済の農村への広がりによって、土地を喪失し、農業生産に従事するだけでは生計を立てることのできない小作・貧農が増加する。彼らは、十九世紀には、とくに商品生産や交通の発達した地域では、諸種の賃労働に収入を依存するようになり、「買食」層と呼ばれるように食料その他の生活必需品を購入しなければならなくなる。他方、利貸し経営による土地集積・米穀販売も含めた商品生産の組織化などを行って富を蓄積した豪農が現れはじめる。天保四年以降の凶作によって深刻な天保の飢饉が起こると、とくに米の自給ができない地域では、これらの豪農たちによる飯米の買い占めをめぐって、豪農層と小作・貧農層との間の矛盾が激化して、後者による一揆が起こされることになる。なかでも、天保七年に甲斐・三河で相次いで起こった一揆(甲州天保一揆・三河加茂一揆)は、幕領もしくは幕領の比重の高い地域で広範囲にわたって激しい打ちこわしが行われたこと、それに対して周辺の領主も幕府も迅速に対応できなかったことなどから、幕藩領主たちに深刻な危機感を与えた。ここでは、加茂一揆に関する基本的な記録を掲げる。筆者は、三河国幡豆《はず》郡寺津八幡宮神主渡辺政香《まさか》であり、在村の知識人から見た一揆像がよくわかる記録である。一揆勢が、足助に向かうあたりから「世直し」の論理を自覚的に使いはじめることもよくわかるが、頭取として捕まり尋問された辰蔵が、「上がゆがむと下は猶ゆがみます」と答えるあたりなど、嘆願を行って領主の仁政を要求する従来の一揆とは大きく性格を異にし始めていることもわかる。

〔参〕 斎藤純「加茂一揆研究ノート」『専修史学』四号。同「三河加茂一揆と旗本領主支配の危機」『天保期の人民闘争と社会変革 上』校倉書房、一九八〇年。

4　農民層分解の持つ意味

261〔**世事見聞録抄録**〕

さてその悪むべき風俗の第一は、まづ富める百姓は身分を忘れて、都会に住める貴人も同じやうに奢りを構へ、家《いえ》居《い》も古今雲泥の相違にて、門構・玄関・長押《なげし》・書院・床《とこ》・違棚《ちがいだな》など結構を尽し、書院そのほか物数寄《ものずき》を尽し、あるいは公儀へ冥加《みょうが》と号して金銀を上げて奇特ものとなり、苗字帯刀などを御免を蒙りて権威に募り、あるいは領主・地頭へ用立金《ようだてきん》などして、その功に依つてこれまた苗字帯刀・扶持切米《きりまい》など免《ゆる》されて近辺に威を振ひ、小前《こまえ》百姓を誣《しいた》げ遣ひ、あるいは小身なる地頭を侮り疎《うと》みて、宮門跡《みやもんぜき》(1)方そのほか有職《ゆう》《そく》(2)の家へ取り入り、金銀賄賂を遣ひて用達《ようたし》または家来分などとなり、愚昧の民を怖ぢしめ、さまざま我儘をなし、また村役人そのほかすべて有余なる族は、耕作を召仕ひの下男女に任せ置き、己れは美服を着し、あるいは婚礼・聟取り・諸祝儀・仏事等、すべて武家の礼式に倣《なら》ひて大造《たいそう》なる招請饗応などなし、または常に浪人などを囲ひ置きて、身分にあらざる武芸を習ひ、あるいは師匠を選みて詩文章を志し、唐様《からよう》を書き、和漢の書画風を学び、または茶湯師・歌俳諧師・音曲の芸者などを抱へ置きて遊芸を学び、我が遊興の相手とし、あるいは繁花の地より美女を連れ来たりて妾となし、日々酒宴を催し、または私《ひそ》かに繁花の地へ遊びに出て、田舎には妻妾を置きながら都会の地にも囲ひ女などを致し、あるいは遊里に泊まり妓女に戯れ子を拵へ、あるいは公事《くじ》出入りを好み、己が身に不足なく隙《ひま》あるに任せ、人の腰押しを致し(3)、わづかなる事をも大いなる出入りに及ばせ、人の身上に拘はるべき事をも厭ひなく、または己が心に叶はざる時は、変死そのほか非義・非道の事をも訴訟の取次ぎを致さず、無体《むたい》に押し噤《つぐ》みて内済《ないさい》など致させ、あるいは大体に訴訟の事を始め、領主・地頭の用向きなどに出て、その用事を次にし、世に自分の遊び事をなし、繁花に心を奪はれ、公事《くじ》出入りの落着を長引き手間取るをかへつて歓び、永遊びを致し大金を費すなり。その失費は村《むら》高懸《だか》かりなどへ割り込み(4)、己が遊興の失費をもかれこれ身を替へ曲《ま》げ紛らして、年貢諸入用などへ費えを入れ、つひに小前百姓へ課するなり。小前の百姓は先に付き添ひ見届けざる事なれば、是非の糺《ただ》しも出来かね、また素《もと》より威しを取り挫《くじ》かれたる上なれば、たとひ非分の証拠明白に知れたりとも、一言のとかくをいふこと能《あた》はず、そのままにしまふ事なり。

一体村役人なるものは、よく小前百姓を育て上ぐるやうに致すべき役意なるに、今は小前の難儀を厭はず、あるいは家の潰るるも構はず、親妻子散々《ちりぢり》になり果つるをも心に入れず、我が方へ取るべきものは少しも用捨《ようしゃ》なく取る事なり。右体の振合ひ故、近年は何方《いずかた》も村入用莫大《ばくだい》に懸かり、ことにより年貢よりも余計に懸かる風情にて、小前百姓の難儀、以前に倍せり。

（中略）

　さて右の富有《ふゆう》等に競《くら》ぶれば、わづかばかりの不仕合せが凌ぎがたくなりて、耕作すべき田畑みな物持ち等に取られ、身のたつきを失ひて他国へ出づるなり。一体、小前百姓といふもの、繁華の地のその日渡世の者と同じ振合ひにて、何程に稼ぎ継ぎたりとも凌ぐに足りかぬるものなり。もつとも繁華の地は種々の所業あるゆゑ、凌ぎゆくこと安けれども、百姓は農業一図(途)ゆゑ、その道に弛《はず》るれば他国へ出るのほかなし。すべて村内にても、上田《じょうでん》といへるよき地所はみな福有《ふゆう》等が所持となり、下田《げでん》にして実入《みい》り悪しき地所のみ所持いたし、また国所によりて、その地所に従来付き来たる所の石高を差引いたし、外へ譲る田畑へは高を少し付けて直段よく売り渡し、その高をあとに残す地所へ課して所持する故、福有なるものはひたもの(直物)よき地所を高《たか》少なくして買ひ取り、困窮人悪田に多分の高を負ひて、年貢も格外に出だし、諸役も余分に勤むる故、損に損を重ぬるなり。またその悪田をも取り失ひし族は小作のみを致し、高持《たかもち》百姓の下に付きて稼ぎ尽し、作りたる米はみな地主へ納むれば、その身は秕籾・糟糠・藁のみ得て、年中頭の上がる瀬なく、息を継ぐ間さへ得ざるなり。

　依つて盛んなるものは次第に栄えておひおひ田地を取り込み、次男三男をも分家いたし、いづれも大造《たいそう》に構へ、また衰へたるは次第に衰へて田地に離れ、居屋敷を売り、あるいは老若男女散々《ちりぢり》になりて困窮に沈み果つるなり。当世かくの如く貧福偏り勝劣甚だしく出来て、有徳人《うとくじん》一人あればその辺に困窮の百姓二十人も三十人も出来、たとへば大木の傍に草木の生ひ立ちかぬる如く、大家の傍には百姓も野立ちかね、自然と福有の威に吸ひ取られ、困窮のものあまた出来るなり。福有はその大勢の徳分を吸ひ取りて一人の結構となし、右の如く栄花を尽し、あるいは他所までも財宝を費える程の猶予出来るなり。

　さてまたその盛衰の懸隔なる体をここにいふ。まづ右体過分の田畑を持余《もてあま》したるものあれば、耕作すべき地所もなきもの出来、また年貢わづかばかり納めて有余米沢山なるものあれば、年貢米出来ず領主・地頭の咎めに逢ふもの出来、また米五十俵百俵乃至二百俵三百俵とも売り払ふものあれば、節句に米の飯も給《た》べかね正月餅も舂《つ》かぬるものも出来、あるいは子供を寵愛に余るものあれば、子を売る親も出来、あるいは前にいふ如く家蔵結構、座敷をも襖《ふすま》・唐《から》紙《かみ》を立て、畳を敷き、絹布を着たるものあれば、屋根漏り、壁破れ、竹の簀子《すのこ》落ち、古き筵《むしろ》切れ、身に覆ふ衣敝《やぶ》れて、飢寒に堪へかぬるもの出来るなり。百姓の一揆徒党など発《おこ》る場所は、極めて右体の福有人と困窮人と偏りたるなり。

百姓の騒動するは、領主・地頭の責め誣《しいた》ぐる事のみにはあるべからず。必ずその土地に有余のものあつて大勢の小前を貪《むさぼ》るゆゑ、苦痛に迫りて一揆など企つるなり。

前にいふ如く、昔百人にて共に稼ぎ来し村方をも、今は五十人ほどは遊び暮すのみならず、小前を犯すゆゑ、小前の五十人は難儀の四重にも五重にも覆ひ懸かるゆゑ、なかなか食料たらず、耕作の間にあるいは駄賃を取り、あるいは日雇《ひやとい》に出で、あるいは手業そのほかの業をなせども、遠国の事なればさのみ助成にもなりかねて、身も心も落ち付くべき所なし。あるいは病に臥したる親の看病をもいたし得ず、もとより薬をあとふる力なく、また家族どもも夏の夜は蚤蚊《のみか》に責められ、寒気は乏しき焼火《たきび》の影を頼み、苧《お》を編み、糸をとり、機《はた》を織るなどいたし、あるいはその機の代銭をも前借などして、商人等勝手ままなる安き直段に差し引かれ、または種々の難儀を唱へ、余計のものを添へ取られなどしてあとに残る徳分なく、夜々忍び忍びに稼ぐに詮《せん》なく、かへつて本手《もとで》を失ふ如き事をするなり。しかし辺《へん》鄙《び》はほかに金銭を得べきたよりなければ、品を持ち出して価を取るのほかなければ、たとひ本手を失ひ幾許《いくばく》の精根を損するとも止む事を得ざるなり。昔は産業なくとも済みし所に、前にいふ如く、今は土民を犯し費すこと起りし故、かくの如き苦痛をするなり。

（出典）本庄栄治郎校訂／奈良本辰也補訂『世事見聞録』岩波文庫、一九九四年。

（1）宮門跡　皇子が入った寺院。（1）有職　公家。（3）腰押しを致し訴訟をそそのかす。（4）その用事を次にし…　訴訟や領主から命じられた公務をしないで遊び、その費用は村入用に組み込んで、村人の負担に転嫁する。

【解説】　この書は、文化十三年（一八一六）に書かれたもので、武陽隠士という署名があるが、武陽隠士については一切わからない。しかし、熊沢蕃山・荻生徂徠・新井白石・太宰春台の諸著作だけでなく、幕府に提言したことで知られた山下左内・植崎九八郎らの上書をも熟読しており、当時の政治・社会状況を深く憂えていた相当の知識人であったことはたしかである。ここでは、農村で貧富の差が著しくなり、秩序が乱れていくところを強く批判している部分から抜粋した。前半部分は、十八世紀後半から十九世紀にかけて富を蓄積した豪農たちの生活がリアルに描かれている。彼らは村役人を兼ねていることが多かったため、村役人としてもいかにひどかったかが縷々述べられている。誇張して非難している部分もあるが、少なくとも当時の村方騒動で村役人が糾弾されている内容と重なっているところもある。後半部分では、その一方で、土地を失って困窮していく農民たちの姿が詳細に描かれている。

第三節　寛政の改革

1　都市と農村の再編成

262〔**燕石十種**〕**後見草**《のちみぐさ》

又、今年も春より雨多く、洪水せし国もありしかど、本立《もと》て道行はるゝのならひにて、朝に賢者(1)をあげ給へば、聞人さらに恐怖せず、殊に又、五穀のみのり近年の豊作と申触侍《はべ》るにより、万民泰山による心地してけり、賤しきたとへに、雨降て地かたまる、といへるが如く、若《も》し今度の騒動(2)なくば、御政事は改る(3)まじき、など申人も侍り、やつがれ、若かりし時より、風化次第に乱れ下り、此末いかなる世とやなりなん、また如何なる事や出来なんと、五十にあまる老の身にも応ぜぬ事のみを、日夜案じ居侍りしに、白河の大守(4)老職に挙られ給ひて後、わづか三月ばかりにして世にあふは道楽ものにおごりものころび芸者に山師運上(5)世にあはぬ武芸学文《がくもん》御番衆のたゞ慇懃《いんぎん》にりちぎなる人といへる悪風、忽《たちま》ちにあらたまり、又逢がたきと思ふ世に、再びあひ奉《たてまつ》ることのうれしさに、拙き筆をこゝに止む、

(1)賢者　松平定信。(2)騒動　ここではおもに天明七年(一七八七)五月の江戸での打ちこわしをさす。(3)御政事は改る　幕府の寛政の改革。(4)白河の大守　陸奥白河藩主松平定信。(5)運上　商工業者などに課した営業税だが、ここでは、営業特権を認められた者が納めた運上・冥加金の意味で使われている。

【解説】　田沼意次が天明六年(一七八六)八月に老中を辞職したのちも、田沼が引き立てた田沼派ともいうべき人びとが、幕政の実権を握っていた。そして、これを排除して松平定信を老中に就任させ、幕政の改革を行わせようとする一橋家の徳川治済や御三家とのあいだで、激しい権力闘争が繰り広げられていた。これに決着をつけたのが、江戸での打ちこわしであった。田沼派は失脚し、定信が老中に就任して、寛政の改革が断行された。蘭方医の杉田玄白(一七三三―一八一七)は、江戸の打ちこわしがおこらなければ、定信の登場も寛政の改革もなかった、と見抜いたのである。後見草は三巻からなり、そのうち中・下巻は、杉田玄白が、宝暦十年(一七六〇)から天明七年(一七八七)までの天変地異と世相の変化を記述したもの。田沼時代への批判と松平定信への期待がこめられている。

263〔**楽翁公伝**〕**天明八年**(**一七八八**)**正月二日吉祥院歓喜天願文**

天明八年正月二日、松平越中守義、奉レ懸二一命一心願仕候、当年米穀融通宜く、格別之高直(1)無レ之、下々難義不レ仕、安

堵静謐仕、并ニ金穀御融通宜、御威信・御仁恵下々江行届き候様ニ、越中守一命ハ勿論之事、妻子之一命ニも奉レ懸候而、必死ニ奉二心願一候事、右条々不二相調一、下々困窮御威信・御仁徳不二行届一、人々解体仕候義ニ御座候ハヽ、只今之内ニ私死去仕候様ニ奉レ願候、生なからへ候ても、中興之功出来不レ仕、汚名相流し候よりハ、只今之英功を養家(2)之幸、并ニ一時之忠ニ仕候へハ、死去仕候方、反て忠孝ニ相叶ひ候義と奉レ存候、右之仕合ニ付、以二御憐愍一金穀融通、下々不レ及二困窮一、御威信・御仁恵行届、中興全く成就之義、偏ニ奉二心願一候、敬白、

(1)高直　高値のこと。(2)養家　定信は田安家に生まれ、陸奥白河藩主松平定邦の養子となった。

【解説】　天明七年(一七八七)六月に老中に就任し寛政の改革に取り組んでいた松平定信は、天明八年正月二日に霊岸(巌)島吉祥院の歓喜天に願文を捧げた。願文には、米の値段が高くならず、金融も滞ることなく民衆が平穏に暮らせるように、幕府の威信と仁恵が行き届くことを、定信の一命のみならず妻子の命にかけて願っている。天明の大飢饉と米価の高騰、それを引き金にした大規模な打ちこわしの続発と、幕府の御威光・威信の失墜により陥った、体制の危機を乗り切ろうとする定信の強い決意がうかがわれる。

264〔御触書天保集成〕寛政三年(一七九一)十二月七分積金仕法申渡

当地之儀は、万物諸国より入来候て、自由をたし候事ニて候得共、天明午未米直(1)段甚引上候節、弐拾万両之御金(2)御下ケ被レ下、買米相渡候ても、末々は及二困窮一候程之事ニて候、都《すべ》て国々ニは諸大名囲穀(3)を始として、京、大坂、其外共夫々《それぞれ》ニ凶年之備有レ之といへとも、江戸表にては其備も無レ之ニ付、此度町法改正(4)之上、町入用之費用を省き、右を以非常之備囲籾并積金致し置へく候、

一　町入用減金之七分通を以、町々永続之囲籾且積金致し、弐歩通は地主共増し手取金たるへし、残壱歩は町入用之余分として差加可レ申候、全体町入用減之儀は、所々ニて悉不同ニ有レ之、惣町中えならし候ては、余程之減ニも見へ候得共、銘々地主共之所得ニ遣候ても纔《わずか》之儀、又地代店賃《たなちん》等引下させ候ニも、軒別ニ割配候得は、至て少分之事ニ候、かるきもの共渡世之一助ニ可レ成程ニも無レ之、其上一旦之事は無レ詮儀ニ候、一同永続之手当金石囲置候ニしく事なく候間、右之次第能々《よくよく》弁可レ申候、(中略)

一　右積金等之儀は、町々永続之備に相成候儀ニ付、従《より》二公儀一も御金壱万両惣町中え被レ下、右積金え差加へ、場

所を撰、追々米蔵(5)を建、囲籾致し、年々余金は猶積置、往々非常之備ニ相成候様可レ致候、尤囲ひ籾は、格別之凶年、実々一同困窮、飢ニも至り可レ申時之手当にて、常々米価高直成《こうじきなる》節々等渡遣候筋ニは無レ之候、割渡遣候儀は、奉行所より之沙汰たるへく候、(中略)

右之通、町中為二御救一不時之備を建被レ置候、猶取計方之儀は、追て夫々え委敷《くわしく》可二申付一候、右は町方永続之基本ニ候間、名主、地主、家守(6)共精々申合、此上町法たかはさる様、永く相守へきもの也、

亥十二月

(1)天明午未　天明六、七年(一七八六、一七八七)。(2)弐拾万両之御金　天明七年の江戸打ちこわしの直後、幕府は窮民救済のため二十万両の金を投下した。(3)諸大名囲穀　幕府は、寛政元年(一七八九)に大名に一万石につき五十石の米を、五年間にわたり領内に備蓄することを命じた。(4)町法改正　寛政三年四月、町奉行所は町名主らに三十五項目にわたる町入用の減額を指示した。町入用は、消防・上水・祭礼・町名主の役料など、町を維持するための支出で、町内の地主が土地面積に応じて負担した。(5)米蔵　七分積金を運営する江戸町会所を設置し、同じ所に囲籾を蓄える籾蔵を建てた。(6)家守《やもり》　家持、地主から長屋の管理を委託された者で家主ともいう。

【解説】　幕府は、物価上昇の一因である地代を下げる代わりに、地主が負担していた町入用を町法改正により削減しようとした。削減額は総額で三万七千両にのぼったが、減額は町によって異なり、そのうえこの額ではさしたる地代の引き下げにはならないと判断し、これを懸案であった飢饉に備えた米の備蓄に回すこととした。削減額の七〇%を積金に回し、町会所を設立して運用し、米の備蓄・困窮地主らへの融資・困窮者の救済などにあてた。風邪の流行や飢饉などのさいに施米や施銭につかわれ、とくに天保の飢饉には、天保二、五、七年(一八三一、一八三四、一八三六)に米・銭を放出し、江戸では打ちこわしなどの騒動を未然に防止するのに役立った。七分積金は、地主たちの負担で飢饉のさいに打ちこわしなどの騒動がおこることを未然に防止するのが目的であった。

265 〔寺西代官治績集〕 寛政六年(一七九四)十月代官寺西封元御触書

村方に於て、懐胎致し候婦人有レ之候はば、其段村役人相届可レ申候、名主方にて帳面へ何某《なにがし》女房懐胎の趣相記《あいしるし》置《おき》、其旨御代官所へ相届可レ申候、

一　懐妊の女房有レ之候はば、役人並に組合申合、丈夫、不丈夫相改め、若煩敷《わずらわしき》節は猶更心を付、養生等々閑(1)に無レ之様致し世話可レ遣事、

一　臨月に至り候はば、役人・組合別而心を付、臨産の節先づ組合へ為レ知、打寄《うちより》赤子取揚方入レ念産婦の世話致し、出産男女・丈夫の訳迄も書付、役人より御代官へ相届可レ申事、

一　出産若《もし》死産に候へば、産所に其儘《そのまま》差置、役人共篤《とく》と相改候上、(2)該死胎に候はば為二取片付一可レ申候、万一不都合之所業(3)も於レ有レ之は急度《きっと》相糺、父母者勿論其節打寄候者迄、厳重之可レ及二沙汰一候事、

一　出産より七夜迄、赤子日々心を付、八日目より御代官へ相届可レ申事、

一　出生之子届出候節、其家の貧富を篤と糺、様子に随ひ勘弁を以て養育料可レ被レ下候、最も極困窮之者へ七夜過ぎ籾二俵被レ下、十二ケ月過ぎ又候《またぞろ》籾二俵被レ下、都合籾四俵可レ被レ下事、

右之趣能々《よくよく》相心得、懐妊の女房有レ之候はば、不都合之始末等無レ之、村々人数年々に相増し、追々賑ひ候様心懸け、農事を励み、潰門(4)為二相続一百姓並に他より入人取持、除地(5)等以前へ復し可レ申儀を専一に取計ひ可レ申候、最も村役人共相心得、小前之者に至る迄不レ洩様可二申付置一事、

寅十月　日

(1)等閑　なおざり。(2)該　その。(3)不都合之所業　間引きなどの行為をさす。(4)潰門　廃絶した家。(5)除地　荒地となり年貢賦課の対象からはずれた地。

【解説】寛政四年(一七九二)から文政十年(一八二七)まで三十六年間も陸奥塙・桑折の代官を勤めた寺西封元《たかもと》(一七四九―一八二七)は、荒廃した農村の復興に力を注いだ。天明の大飢饉や間引きなどによる人口の停滞・減少は、農業労働力の不足による荒地を広くうみだし、農村を荒廃させた。幕府は寛政の改革において農村の再建を重視し、代官を大幅に更迭するとともに有能な人材を登用し、しかも同一代官所に長期に勤務させた。農村の再建に必要な資金については公金貸付政策を展開し、寺西もこれを活用し農村再建に取り組んだ。寺西は、人口の増加をはかるため赤子養育仕法を作り、間引きを止めさせ妊娠から出産までを管理し、養育困難な農家へは一歳になるまでに籾四俵を与えた。さらに潰れた家の再興や他領から農民を招くことによって荒地の再開発を奨励した。なお、代官所のあった塙に寺西神社が造られ神と祀られた。各地で類似の政策がとられ、「名代官」と讃えられる者が輩出した。

2　揺れる朝幕の関係

266〔落葉集　九〕天明七年(一七八七)六月二十九日御所千度参り

当月七日比《ころ》、何より申出候儀に御座候哉、禁裡《きんり》御所へ御千度参り初り、最初百人斗《ばかり》も参り候よし、夫《それ》々日ことに増長、京都中は不レ及レ申近在々参詣、老若男女貴賤之論なく毎日参詣、誠に布引(1)に御座候、南門・唐門(2)参銭(3)四十貫文余

毎日御座候由、尤其内十二銅包帋（紙）に色々願書共訴も御座候由、一昨日より散銭は相成不レ申候由、両御門へ仕丁出世話致し申候、余り之大人寄《よせ》に御座候得は、両御附武家（4）衆ゟ差留之儀被レ伺候処、仙洞御所様（5）ゟ信心に而参詣致候事故、其儘《そのまま》に致置候旨被二仰出一候、暑之時分故禁裡ゟ四方之溝（6）さらへ被二仰付一、御泉水ゟ水ヲ流し出し候様被二仰付一候、有栖川宮様ゟ茶所接待被レ下、昨日は仙洞御所ゟりんご（7）三万、一人へ一つ宛被レ下候処、昼過には無二御座一候、人数は不レ計様子、扨々《さてさて》珍敷《めずらしき》事共に御座候、今日は大坂人夥敷《おびただしく》、祇園神事ヲ掛《かけ》登り候と存候処、大坂表も右御千度之噂一向に相成、禁裡御千度参り施行（8）船施主人御座候而、登り船賃百六十四文つゝ之処、八十文つゝに而京参り之分乗せ申候よし噂御座候、其外近江・河内辺追々浮出《うかれいで》、先年之御影参り（9）之様に被レ存候、余り之人群集致候得は、身元宜町人、腰元二三人・手代・□座男共召連候而、人柄之者も人見物に参り、不レ思二三遍も御所を廻り候様子に而、其外一昨日比ゟ、東西茶屋町・祇園町・島原辺ゟ追々美々《びび》敷《しく》美服をかざり参候、朝は明六時ゟ、先頃は夜参り御座候処、夜分は御差留に御座候、日中は暑強少々人数不足に御座候へとも、八半時比ゟ浮出候人数夥敷事御座候、菓子類・酒肴類、或トコロテン・瓜之類商に出候人斗も五六百人も御座候趣に、右御影《おもかげ》故歟夫ゟ天気も宜、豊作之印と申、弥《いよいよ》信心相増、参詣も群集仕候、右之通参詣七日にも相成候得は、御評定に相掛り候儀に御座候との噂に御座候、誠に余国には家々打つふしの騒動御座候処、京都は打テ替り候御千度は、京中之悦に御座候、是迄奉行所（10）数度願書差出候得共、一つも御憐愍之筋も無二御座一候、町中も了簡替禁裡へ直に御訴訟申上候道理、扨又《さてまた》町々申合一町に限施行《せぎょう》、則借屋人之分裏借屋何程、表借屋何程つゝ分、一人分鳥目（11）五百銅、表一人鳥目三百銅つゝ、尤町に而高下御座候得共、凡一町ゟ鳥目五十貫文、百貫文位一町限に施行致候、折節《おりふし》米少々つゝ追々下落仕候得は、少々人気和らき候方に御座候、

　天明七丁未五月（12）廿九日来書、京都ゟ

（1）布引　人の列が続くこと。（2）南門・唐門　御所の門で、南門は紫宸殿に、唐門は清涼殿にあい対している。（3）参銭　散銭。賽銭のこと。（4）御附武家　朝廷の監督を行う幕府の役人。（5）仙洞御所　前々代の天皇で後桜町上皇。（6）四方之溝　御所の築地塀を取り巻く溝。（7）りんご　真夏の時期に熟す酸味の強い小りんご。（8）施行　貧民などに施しをすること。（9）先年之御影参り　明和八年（一七七一）に大流行した伊勢お蔭参り。（10）奉行所　京都町奉行所。（11）鳥目　銭のこと。（12）五月　六月の誤り。

【解説】　天明七年（一七八七）六月初めから始まった御所千度参りは、またたくまに三万とも五万ともいわれる参詣者で膨れ上がった。御所の周囲を廻りながら、天皇を神仏にみたて、飢饉

の苦痛からの解放を願ってお賽銭を投げたという。京都市中だけではなく、大坂や近江・河内あたりからも、明和の伊勢お蔭参りを彷彿とさせる勢いで人びとがやってきたようである。京都の民衆は、京都町奉行所に飢饉対策を何回か求めたが、町奉行所が有効な手当をしなかったため、天皇へ直接に願いでたというのが真相であった。朝廷は、幕府に窮民を救済する措置をとることを求め、幕府も米を放出した。朝廷・天皇への民衆の期待と天皇権威の高まりを象徴した事件であった。

267〔**有所不為斎雑録**〕**天明八年(一七八八)十月御心得之箇条**

一　何ゆへに斯ハ御尊く被レ為レ在候と、常々可レ被ニ思召一候、(中略)古人茂天下ハ天下之天下、壱人の天下ニあらすと(1)中候、まして六十余州は禁廷(2)より御預り被レ遊候御事ニ御座候得は、かりそめにも御自身之物に思召ましき御事ニ御座候、将軍と被レ為レ成天下を御治被レ遊候ハ、御職分に御座候、(中略)

一　声色《せいしょく》も御遠《とおざ》け御飲食を被レ節候御事、御平生之御心かけ第一之御事、御病身に被レ為レ在候而ハ天下之大任ニ御堪被レ遊かたく御座候、御養生被レ遊候而無疆《むきょう》之寿(3)を御保ち被レ遊、永く天下を御治め被レ遊候御事　皇天(4)及ひ禁廷江之御勤、御先祖様方へ之御孝心ニ可レ被レ為レ当、(中略)

天明八年戊申冬十月

右十五箇条、依ニ　台命(5)一此度奉レ撰者也、　松平越中守(6)

(1)天下ハ天下之…　出典は「六韜　天師」。(2)禁廷　朝廷のこと。(3)無疆之寿　長生きすること。(4)皇天　天皇のこと。(5)台命　将軍の命令。(6)松平越中守　松平定信。

【解説】　天明八年(一七八八)十月に、将軍補佐の松平定信が将軍徳川家斉に上呈した将軍心得である。日本の六十余州は朝廷から将軍に預けられたものであり、将軍は長生きして太平に治めることが、天皇・朝廷への勤めであり、徳川家の先祖への孝行であると説いている。これは、将軍が国土と人民を統治する権限は天皇から委任されているという政治論で、大政委任論といわれる考え方である。本居宣長は「玉くしげ」のなかで、天皇が将軍に国土と国民を預けたとする「朝廷の御任《みよさし》」という論を展開して将軍の統治権を正統化し、藤田幽谷は「正名論」で、幕府が朝廷を尊べば諸大名が幕府を尊び、その家臣も大名を尊び、これにより上下の秩序が保たれ平和が維持されると、尊王の政治的効用を説いた。このような天皇・朝廷を利用して将軍の政治を正統化し補強する思想がこの時期に登場しており、松平定信の考え方もその一部である。

268〔**閑院一品宮尊号一件**〕**寛政五年(一七九三)三月七日所司代宛老中達書**

(前略)右之通ニ付重キ御仕置可レ被ニ　仰付一思召候得共、是迄相応ニ被ニ　召仕一候者之儀、万々一　叡慮(1)御不安之御事候而者、是又不安　思召候、乍レ去《さりながら》右体不心得之仁其儘《そのまま》

ニ被二差置一候而者不二御為一儀ニ付、此所ニおかせられ候而ハ、一旦之御事者 聊《いささかも》御厭ひ無レ之、厳重之御取計有レ之候義、御崇敬之第一与 思召候、況《いわんや》関東(2) 御職掌ハ、公事ニ而其罪ニ当候を可レ被レ有も、御職掌を被レ敬候ニ者当り申間敷儀、御職掌江対し御不敬有レ之候而者、御崇敬ニも相障候義、殊両卿ニ而已《のみ》相限、其罪状を以被レ達二 叡聞(3)一、爾後《じご》御所置(4)有レ之候而者、是又御体段(5)に被レ取候而も不レ可レ然 思召候、其故ハ、いつれか王臣(6)ニ無レ之者可レ有レ之哉、五位以上位記 口宣(7)を下賜候儀ニ而、関東武家とても尤以無レ隔《へだて》御事ニ候、万石以上たとひ官ハ不レ重候とても、封内之治・藩翰(8)之任ニ置候而者不レ軽者被レ罪候儀、たとひ甚之重科ニ至り候とも被レ達二 叡聞《えいぶん》一候義者無レ之、尤以前者参議以上ニ候とても、重き御仕置被二 仰付一候例証不レ少候得共、是も又被レ経二 叡聞一に者無レ之、況両卿之罪科不レ軽と者乍レ申、重科ハ可レ被レ有ものと被二 思召一候上者、王臣無レ隔其善悪ニよりて抑揚・賞罰有レ之候者、則 御職掌を被レ重候処、被レ敬候所御崇敬第一之御事ニ候得者、堂上(9)之人而已被レ達二 叡聞一候様ニ而者、王臣之御隔有レ之も、是又御不敬之至ニ可レ有レ之、乍レ然《しかしながら》此度者 思召候旨も有レ之候間、別紙御仕置書之趣ニ者不レ被二 仰付一、閉門(10)・逼塞(11)而已被二 仰付一、帰京被二 仰付一候間、帰京之上閉門等 御免之即日、万里小路《までのこうじ》前大納言(12)・正親町《おおぎまち》前大納言(13)・中山前大納言(14)、右三卿ハ、伝奏(15) 議奏(16)御役 御免被二 仰付一様ニと 思召候、夫《それ》共於二京都一閉門等 御免之即日、右免職之儀被二 仰付一出来不レ申候ハヽ、最早不レ被レ経二 叡聞一直ニ 御仕置可レ被二 仰付一との御事ニ候、此旨関白殿并摂家衆江対面之上可レ被二申達一候、

(1)叡慮　天皇の考え。(2)関東　幕府・将軍のこと。(3)叡聞　天皇が聞くこと。(4)所置　解官の措置。(5)体段　ものごとの順序。(6)王臣　天皇の臣下の意味か。(7)位記・口宣　叙位・任官のさいに発給される文書。(8)藩翰　天皇・朝廷を守護すること。(9)堂上　三位以上、および清涼殿に昇殿を許された人。ここでは広く公家一般をさす。(10)閉門　刑罰の一つで、居宅の門を閉じ、窓を閉めて謹慎。(11)逼塞　居宅の門を閉じて謹慎。閉門より軽く差控より重い。(12)万里小路前大納言　政房。武家伝奏。(13)正親町前大納言　公明。武家伝奏。(14)中山前大納言　愛親。議奏。(15)伝奏　武家伝奏のことで、朝廷と幕府の間の連絡・交渉の役をつとめた公家。(16)議奏　関白のもとで朝廷の重要な政務について評議する役をつとめた公家。

【解説】　光格天皇(在位一七七九―一八一七)が、実父の閑院宮典仁親王に太上天皇の尊号をおくりたいと許可を求めたのに対し、幕府は、天皇の位につかなかった方に天皇の譲位後の称号である太上天皇の尊号をおくるのは道理にあわないと拒否した。寛政四年(一七九二)に、朝廷は多数の公家の支持を背景に尊号宣下を強行しようとしたため、幕府はその要求を拒絶するとともに、この一件の責任を追及するため、武家伝奏正親町公明と議奏中山愛親を江戸に呼びよせて取り調べ、処罰した。幕府内

部では、処罰する以前に天皇に報告し、その者の官位を取り上げる解官《げかん》という措置をとってから処罰するか否かでもめたが、幕府が閉門などの処罰を直接おこない、武家伝奏などの役職の罷免は朝廷にやらせることになった。その論拠は、いままで官位を有する大名などを処罰するさい解官の措置をとったことがないのに、公家にのみその措置をとることは、ともに天皇の臣下である公家と武家に差別をもうけることになり、筋が通らないというものであった。この尊号一件は、朝廷と幕府の関係がギクシャクしはじめたことを、はっきり示した事件であった。

3　近づく対外的危機

269〔魯人再掠蝦夷一件〕(1) **寛政五年(一七九三)六月国法書**

兼て通信なき異国の船、日本の地に来る時は、或は召捕、又者海上にて打払ふこと、いにしへよりの国法にして、今も其掟にたかふことなし、仮令《たとい》我国より漂流したる人を送り来るといふとも、長崎の外の湊にては上陸のことをゆるさす、又異国の船漂流し来るハ、兼てより通信ある国のものにても、長崎の湊より紅毛船(2)をして其本国に送りかへさしむ、されとも我国法にさまたけあるハ、猶とゝめてかへさす、亦国初より通信なき国よりして漂流し来るハ、船は打くたき、人は永くとゝめてかへすことなし、しかれとも遥々我国の人を送り来る所の労をもおもひ、且は我国の法をもいまた不レ弁《わきまえざる》によりて、此度は其儘《そのまま》かへすことをゆるさるゝの間、重てハこの所にも来るましき也、

一国書持来ることありとも、かねて通信なき国は国王の称呼もわかりかたく、其国の言語も文字も不レ通、貴賤の等差もわかち難けれは、をのつから其礼のたゝしき所を得かたし、我国にてハ敬したることも、其国におゐてハ、疎慢にあたらむもはかるへからされは、国書の往復ハゆるしかたき也、今度漂流の人を送り来るを拒みて、さいふにはあらす、此地より通信のゆるしかたきを以てなり、

一江戸江直に来ることも亦ゆるしかたし、其所以は、古より通信・通商の国といふとも、定ある外は猥《みだりに》不レ許レ之、仮令押て来るとも皆厳にあつかいて、いつれの湊にても、すへて言の通る趣はあらすして、却て事をそこなふへき也、此度蝦夷地よりして、直に江戸に入来るへきとの、其国の王命なるよしをひたすらにいひつのりて、今告しらすることの趣にたかひなは、却て其国の王命にもたかふにおなしかるへし、如何にとなれは、異邦

の船みゆるときは、浦々厳重にして、或はとらへ又は打払ふ掟なれは、交りのむつましからむことを乞求て、却て害をまねくにひとしかるへし、されは其国の王命にもたかふとハいひつへし、今かくのことくいひさとす件々の旨をもうけひかすは、こと〳〵く搦《からめ》とりて我国の法にまかせんとす、其期に臨みては悔おもふとも詮なかるへし、（中略）

一 長崎の湊に来るとも、一船一紙の信牌(3)なくしてハ通ることかたかるへし、また通信・通商の事も定置たる外、猥ゆるしかたき事なれとも、猶も望《のぞむ》ことあらは、長崎にいたりて其所の沙汰にまかすへし、こまかに言さとすことの旨趣をくわしく了知ありて、早く帰帆すへき也、

（1）通信　正式に国書を交換することをさす。（2）紅毛　オランダ。
（3）信牌　貿易のために来る清国船に与えた長崎への入港許可証。

【解説】 寛政五年（一七九三）六月、ロシア使節ラクスマンに幕府目付から渡した国法書である。ラクスマンは、寛政四年（一七九二）九月に大黒屋光太夫らを伴って根室に来航し、漂流民の引き渡しとともに通商関係の樹立を求めた。そのさい、持参した書簡を江戸に行って幕府へ渡すことを強く求め、はじめ根室ついで松前で交渉した。幕府は、翌寛政五年六月に回答として「国法書」をラクスマンに与え、通信のない外国の船が日本沿岸に近づけば打ち払うのが国法である、外国船が江戸湾へ来ることは禁止されている、通信・通商はすでに定められている国以外にみだりに許可しない、しかし信牌を与えるので、なお通信・通商について希望するならば長崎に回航して交渉すること、などを回答した。老中松平定信らは、日本の軍備が不十分な現状でロシアとの紛争を避けるため、信牌を与えて通商許可の可能性をにおわせた。事実この措置は、杉田玄白らに通商許可のサインと理解された。また、通信・通商の国はすでに定められていると表明し、日本の対外関係の枠組みを規定した。

270 〔蝦夷御備一件〕 寛政四年（一七九二）十二月二十七日

蝦夷取〆《とりしまり》之義品々評義仕候段ハ、先達て弾正大弼(1)ゟ奉レ入二御覧一候通りニ御座候、其段私取調候様ニと申聞、右一件弾正大弼ゟ引渡候ニ付、まつ三奉行所存ゟ相尋置候処、未不レ残差出不レ申ニ付延引ニ相成候間、愚意之趣同列へ申談候処、先大概之処ハ一決仕候、依レ之大略認《したため》先奉レ入二御覧一候、

一 蝦夷地御取〆ハ松前(2)へ御任せ可レ有レ之事、

一 青森・三馬屋(3)之辺、松前へ渡海仕候南部・津軽之辺三四千石ほとも村かへ被二仰付一、郡代(4)とか青森奉行とか申趣にて、交代之遠国御役人被二差置一、土着之御役人被二差置一、松前・蝦夷地等之様子監察等之任ニ可レ仕なり、唐蛮船(5)製之御船を被レ造、右ニて直ニ蝦夷地等見分なとも

被二仰付一候へハ、不時之事故《ことゆえ》松前の勤惰も相分り可レ申と奉レ存候、
一 青森・三馬屋等村かへ気請不レ悪様にハ、又評義之仕かた可レ有二御座一哉ニ奉レ存候、尤南部・津軽ハ黒田・鍋島(6)之類ニ被二仰付一、尤可レ然義ニ奉二存上一候事、
一 海辺一体之御備、先達てゟ被二仰付一候ニ付、追々取調候趣左之趣ニ御座候、
諸大名領分等ハ追々備向之義申達、品ニゟ不時見分等も遣し候ハヽ、相応ニハ相とゝのひ可レ申奉レ存候、
第一房相豆駿二総(7)之間ハ、少給之領分のみニて城地も甚稀ニ御座候、其上江戸入海等ハ別て咽喉之要地、大切之義ニ奉レ存候、然ル処、走水・三崎(8)等ニも已前《いぜん》遠国奉行有レ之処、元禄之頃被レ廃、下田奉行ハ享保之比《ころ》浦賀へ被レ遷候、此数ヶ所大切之義ニ付、(中略)
十二月廿七日(9)

(1)弾正大弼　老中格本多忠籌、陸奥泉藩主。(2)松前　松前藩。(3)三馬屋　三厩。青森県東津軽郡三厩村の港で松前渡海の地。(4)郡代　北国郡代のこと。(5)唐蛮船製　竜骨のある外洋を航海できる洋式船。(6)黒田・鍋島之類　長崎を一年交代で警備した福岡藩黒田家と佐賀藩鍋島家のこと。(7)房相豆駿二総　安房、相模、伊豆、駿河、下総、上総のこと。(8)走水・三崎　神奈川県三浦半島の地名で、走水奉行・三崎奉行が置かれていた。(9)十二月廿七日　寛政四年(一七九二)。

【解説】 十八世紀末には、ロシアの蝦夷地接近、クナシリ・メナシのアイヌ蜂起、外国船の沿岸航行、ロシア使節ラクスマンの来日など、北方を中心に対外的な緊張が生まれた。これに対して幕府は、諸大名に海岸の防備、松前藩に蝦夷地の厳重警備を指示するとともに、南部・津軽両藩には蝦夷地防備を命じた。さらに青森・三厩周辺を幕府が直轄して北国郡代ないし青森奉行を新設し、松前藩の監督や洋式船により蝦夷地巡視をさせるという構想をたてた。また、ラクスマンが江戸入港を要求したことを契機に、江戸湾防備の必要性が認識され、寛政五年に松平定信みずから相模・伊豆を巡視し、防備策を立案している。しかし、北国郡代も江戸湾防備構想も定信の辞職とともに中止となった。このころから、対外的な危機への軍事的な対応の必要性が認識され、具体的な防備策や海防論が盛んとなった。

本史料は、寛政四年(一七九二)十二月二十七日付で水戸藩主徳川治保に送った松平定信の書状である。

271〔草茅危言　巻之四〕朝鮮の事　寛政元年(一七八九)

神功(1)の遠征已来《いらい》韓国服従朝貢、我属国たる事歴代久く絶ざりしに、今の勢是に異り、其故は御当家の初、豊公(2)瀆武《とくぶ》の局(3)を結び、一時の権を以隣交を修め給ふ御事成しかば、渠《かれ》も以前の如く我皇京(4)に朝貢するに非ず、唯好《よしみ》(5)を江都に通ずるのみなれば属国ともし難く、聘使を待客《たいかく》(6)礼を以せざる事能はず、豊家に由無《よしなき》兵端を開かれし故、止事を得ずして斯《かか》

る勢と成たる者也、其諸侯に命有て往反《おうへん》の駅次供億(7)盛成は、元来日本の豊富を示し給ふの意成可《べく》を、侯国にて追々取誤り、朝使を重んじ御馳走の盛成と心得らるゝ勢有、因て承平已来外を飾て内は窮せる侯国、此供億の大費に追々甚困《くるし》むと成来り、元来蕞爾《さいじ》たる偏邦の使价(8)、仮令《たとい》今は属国に非ずとも、斯迄天下の財粟(9)を傾けて応接するに及ざる事成《なる》可《べし》、今日廟堂に此弊を能《よく》知ろしめし、韓聘(10)の期を姑《しばら》く停めさせられたるは、恐乍《おそれなが》ら寔《まこと》に有難き御事ならんかし、最早有来りたる故事なれば、今更関を閉て謝絶するも如何成可、数年の後には又是典を挙させ給ふ可事《べきこと》有ん、然らば旧式を大に変じて、沿道侯国の疾苦とならぬ様の御処置も定て有可御事と俯伏して待のみ、（中略）

韓人来聘は隣交の礼にて欠べからざる事成べけれども、今日にては大に両国を疚《いたま》しむる事に成たれば、互に省略していかに事を殺ても、隣交の礼さへ立たらば済可とならば、先儒(11)も論ぜし如く、彼方より僅の人数にて対州(12)迄渡し、国書・聘物計《ばか》りを受取て上達し、此方よりも御返簡並に酬幣(13)を対州《たいしゅう》迄遣され相渡し、双方とも対州切にて礼を畢《おわり》て使者を返させられば、是にて事済み、彼方にても大に悦ぶ可、官にも大に経費を省、天下の諸侯億兆の民迄、永く肩を息る事成可、

(1)神功　神功皇后。仲哀天皇の皇后で、朝鮮半島に出陣し、新羅を討ち、百済、高句麗も服属させたと伝承される。(2)豊公　豊臣秀吉。(3)瀆武の局　文禄・慶長の役。(4)皇京　京都。(5)江都　江戸。(6)対客礼　客人への礼。(7)供億　物を振る舞って安心させること。(8)蕞爾たる偏邦の使价　取るに足らぬ小国の使者。(9)財粟　金品と穀物。(10)韓聘　朝鮮通信使。(11)先儒　新井白石。(12)対州　対馬。(13)酬幣　贈り物へのお返し。

【解説】「草茅危言」は、大坂の儒者中井竹山《ちくざん》(一七三〇—一八〇四)の著作で、寛政元年(一七八九)の成立。朝鮮使節は、江戸時代に十二回にわたって来日している。このうち十一回は使節が江戸にきて将軍に謁見したが、文化八年(一八一一)の十二回目の時は、対馬において将軍の使者が朝鮮使節に応対している。これを易地聘礼とよんでいるが、この外交儀礼の重大な変更の背景には、日本と朝鮮両国がともにかかえていた財政的な問題とともに、日本が朝鮮を「朝貢国」とみなし蔑視する考え方の強まりがある。新井白石(一六五七—一七二五)が主張し、竹山も、もともと日本の属国であった朝鮮との外交関係の維持に莫大な経費をかけることをやめ、対馬で応対すればよいと論じている。

4　進む学問と統制

272〔憲教類典〕寛政二年(一七九〇)六月林大学頭宛申渡書

寛政二庚戌年五月廿四日、松平越中守殿御渡、
林大学頭(1)江
朱学(2)之儀者、慶長以来
御代々御信用之御事ニ而、已《すで》ニ其方家代々右学風維持之事
被ニ　仰付置一候儀ニ候得者、無ニ油断一正学相励、門人共取
立可レ申筈ニ候、然ル処、近頃世上種々新規之説をなし、
異学(3)流行風俗を破候類有レ之、全く正学衰微之故ニ候哉、
甚不ニ相済一事ニ而候、其方門人共之内ニ茂右体学術純正な
らさるも折節《おりふし》者有レ之様ニも相聞、如何ニ候、此度聖堂(4)御
取締厳重ニ被ニ　仰付一、柴野彦助(5)・岡田清助(6)儀も右御用被ニ
仰付一候事ニ候得者、能々《よくよく》此旨申談し、急度門人共異学相ニ
禁之一、猶又不レ限ニ自門一他門ニ申合、正学講究いたし、人
才取立候様相心掛可レ申候事、

(1)林大学頭　林信敬。林家の当主。号は錦峰。(2)朱学　朱子学。(3)異学　朱子学以外の学派で、古学や折衷学などを指す。(4)聖堂　孔子を祭った祀堂。江戸湯島にあり、林家の塾があった。(5)柴野彦助　柴野栗山(一七三六―一八〇七)。寛政三博士の一人。(6)岡田清助　岡田寒泉(一七四〇―一八一六)。寛政三博士の一人。

【解説】　寛政二年(一七九〇)六月、幕府は、林大学頭信敬に、朱子学を正学、それ以外の徂徠学、仁斎学、折衷学などを異学とし、林家の塾では朱子学以外の学派の教育と研究を禁止することを命じた。幕府は、寛政の改革で学問の奨励、学問吟味などの試験制度の導入、柴野栗山《りつざん》・岡田寒泉の登用による林家塾の強化、さらには林家塾を学問所として直轄するなど一連の教学政策を打ち出し、正学と定めた朱子学により幕臣教育の振興をはかった。朱子学を正学とし、官学として認定したこの措置は、林家塾、そして学問所内部に限定され、学問や思想の統制を意図したものではなかった。しかし、儒学界に与えた影響は大きく、異学とされた折衷学派の亀田鵬斎らは強く反対し、異学を教授する私塾では門人が激減したり、諸藩の藩校などでも異学を排除し朱子学を採用するところも出た。

273〔御触書天保集成〕寛政二年(一七九〇)五月町触

書物草紙之類、新規ニ仕立候儀無用、但不レ叶事ニ候ハ
ゝ、相伺候上可ニ申付一候、尤当分之儀早速壱枚絵(1)等ニ
令ニ板行一商売可レ為ニ無用一候、右之品々有来物ニても、
最初は其仕方之品軽候ても、段々仕形を替、花美を尽し、
潤色を加へ、甚費《ついえなる》成儀ニ成候間、最初之質朴を用候様
可レ致候、且新板書物其筋一通之事は格別、猥《みだりなる》成儀異説

を取交作り出候儀、堅可レ為二無用一候、只今迄有来《ありきたり》候板行物之内、好色本之類は、風俗之為にもよろしからさるニ付、段々相改、絶版可レ致、又は書物ニよらす、以後新板之物作者并板元之実名奥書ニ致可レ申旨、其外品々享保年中(2)相触候処、いつとなく相ゆるみ、無用之書物作出令二板行一、并子供持遊《もちあそび》草紙絵本類ニ至迄、年々無益ニ手を込メ、高直《こうじき》ニ仕立、甚費成事ニ候間、前々相触通弥《いよいよ》相守、猶又左之趣に可二相心得一候、

一　書物類古来より有来通ニて事済候間、自今新規ニ作出申間敷候、若無レ拠《よんどころなき》儀ニ候ハヽ、奉行所え相伺、可レ受二差図一候、

一　近年子供持遊ひ草紙絵本等、古代之事ニよそへ、不束《ふつつか》成儀作出候類相見候、以来無用ニ可レ致候、

　但、古来之通質朴ニ仕立、絵様も常体ニいたし、全子供持遊ひニ成候様致候儀は不レ苦候、

一　浮説(3)之儀、仮名書写本等ニ致し、見料(4)を取、貸出候儀致間敷候、

　但、浄瑠理(璃)本は制外之事、

一　都《すべ》て作者不レ知書物類有レ之は、商売致間敷候、

右之通ニ候間、以来書物屋共相互ニ吟味いたし、触ニ有レ之品隠候て売買いたし候もの有レ之は、早速奉行所え可二申出一候、若見遁し、聞遁しニ致置候ハヽ、当人は勿論、仲間之もの迄も咎可二申付一候、制禁之書物類、若《もし》国々より差越候儀も有レ之は、是又奉行所え申出、可レ請二差図一候、

　戌五月

(1)壱枚絵　一枚刷りの版画で、その時の事件や話題を題材にした。(2)享保年中　享保七年(一七二二)十一月。(3)浮説　噂、流言のこと。(4)見料　貸本の料金。

【解説】　幕藩制の矛盾の深まりや対外的な危機の発生は、社会に緊張を生み、さまざまな言説を登場させた。文学の世界では、田沼時代や寛政の改革を茶化したり風刺した黄表紙が、盛んに作られた。また、現実の出来事を、時代設定を古くして描いたりするものもあった。さらに、現実の事件や風聞に題材をとった実録物がたくさん作られ、写本のまま貸本屋を通して広く流布していった。幕府政治に対する批判や風刺を取り締まるため、厳しい出版統制がおこなわれ、寛政三年(一七九一)には山東《さんとう》京伝《きょうでん》(一七六一—一八一六)が処罰され、同五年には林子平(一七三八—九三)が弾圧された。

274 〔御触書天保集成〕 寛政三年・五年(一七九一・九三)学問吟味触書

○寛政三亥年十月

此度寄合(1)、布衣(2)以下御役人、御番衆(3)、小普請(4)之面々　御目《おめ》見《みえ》以下之者迄、当人并惣領・厄介(5)等、且布衣以上御役人は

惣領・厄介等計《ばかり》、一統学問吟味可レ仕旨、対馬守(6)殿被二仰渡一候間、別紙案文《あんもん》之通御認《したため》、当十二月廿日頃迄、拙者共之内え御差出可レ有レ之候、尤頭《かしら》支配(7)有レ之面々は、頭支配ニて吟味之上姓名可レ被二書出一候、依レ之申達候、以上、

十月

中川勘三郎(8)
森山源五郎(9)

○寛政五丑年十一月

聖堂(10)ニおゐて学問御吟味有レ之儀は、惣て学問之儀専御引立之御趣意ニ候間、右御吟味之節、望《のぞみ》候て罷出候ものニ不レ限、学問厚く心掛、相応ニ解了致し候者ハ、倅共並厄介ニ至迄も、不レ洩様可二差出一候、尤御吟味之上は、若年寄対面之儀も可レ有レ之候条、可レ被レ得二其意一候、右之趣、向々え可レ被二相触一候、

十一月

(1)寄合　三千石以上の旗本で無役の者。(2)布衣　六位以下の位階の者が着る無紋の狩衣で、それを許された格式の幕臣。(3)御番衆　役方の役人ではない大番など番方の幕臣。(4)小普請　三千石以下で無役の旗本・御家人。(5)厄介　当主の傍系親族や縁故者。(6)対馬守　若年寄安藤信明。(7)頭支配　小普請ならば小普請支配が頭にあたる。(8)中川勘三郎　目付中川忠英。(9)森山源五郎　目付森山孝盛。(10)聖堂　孔子を祭った祀堂。江戸湯島にあり、林家の塾があった。

【解説】　江戸幕府は、寛政四年(一七九二)を第一回として、学問吟味という朱子学に関する学術試験を、旗本・御家人とその子弟を対象に実施した。幕府は士風の改善や新たな政治的社会的情勢に対応するため、武術とともに学問を奨励し、学問吟味はその一環であった。幕府は、さらに林家の塾を官立の学問所として拡充し、教育の振興をはかった。成績優秀者には褒賞が与えられるだけだったが、なかにはこれをきっかけに人材として登用される者もあった。諸藩でも、藩校の新設や拡充をするところが多く、民間の寺子屋など庶民教育の発展と併行するように、武士の教育が盛んに行われるようになった。

第四節　開かれた学問と文化

1　儒教的パラダイムの変容と展開

(1)　学問観の転回

275〔**東雅《とうが》首巻**〕（**新井白石**）

我国、古今の言に相通じなむには、まづ其世を論ずべき事也。旧事紀《くじき》(1)・古事記・日本紀等(2)の書にみえし太古の語言のごときも、其書撰述の代の人のいふ所をもてしるされしとみえし事もあれど、神名・人名また歌詞のごときは、古よりいひ嗣《つぎ》しまゝなるものとぞ見えたる。古をさる事やゝ遠くして、海外の人のゆきかふ事ありしより此かた、それらの語言相まじはれりとみえし事もありて、韓地の諸国本朝に服属せし後に及びては、彼土の人等、此に来れるのみにもあらず。彼国に置れし官府(3)をしりて、其政を掌《つかさ》どれる　本朝の人々も多かりしほどに、これかれの方言相雑らざる事を得べからず。六経《りくけい》(4)の学の相伝はれるより後、百済の博士等、をの〳〵其学をもて来りつかふまつる、代々に絶ず、秦・漢、隷・楷(5)の書体を取用ひ、我国の古文廃せしに至ては、古語のごときも、或は其言廃《すた》れ、或は其義隠《かく》れて、我《わが》東方の語言、大きに変ぜし事の始とこそ見えたれ。それより後、仏氏の書(6)また伝はれる。梵語のごときも、其教と共に此《ここ》に行はれ、そののち、また禅教(7)の来れる後、宋・元、代々の方言をもて、我国の俗諺となりしもすくなからず。近世に及びては、西南洋の番語(8)も、俗間に行はれしありけり。

されば、我国、太古の初より今世に至るまで、五方雅俗の言、風と共に移り、俗と共に易《かわ》れるのみにあらず、海外諸国の方言のごときも、また相混じぬと見えたり。凡そは、人の言における、そのいふ所として其義あらずといふものなし。また、其義を取れる所のごときも、世の俗尚(9)のある所に随ひて、其趣亦各〻同じからず。今のことばの義を取れる例を推《お》して、古のことばを解しなむ、実に其義に合《あ》ぬべしとはおもはれず。上古、おのづから上古の俗あり。中古、おのづから中古の俗あり。近古、おのづから近古の俗あり。これよりして、後世を逓《たが》ひにして(10)、をの〳〵其世の俗ありて、すべて其尚《たつと》ぶ所同じからず。されば、「古今の言に相通じなむ、まづ其世を論ずべき事也」とはいふ也。

(出典)日本思想大系35『新井白石』。

(1)旧事紀　神代から推古朝までの事跡を記した歴史書、十巻。(2)日本紀　日本書紀のこと。(3)官府　任那の日本府。(4)六経　易経、書経、詩経、礼経、楽経、春秋の儒教の六つの古典。(5)隷・楷　それぞれ漢字の書体の一種。(6)仏氏　仏教。(7)禅教　禅宗。(8)西南洋の番語　スペイン語・ポルトガル語など。番は正しくは蕃。(9)俗尚　世俗で尚ぶこと。(10)逓ひにして　次から次へと伝え送ること。

【解説】　十七世紀は、近世的統治体制の確立とそれにふさわしい思想の枠組みが形成される過程であったが、十八世紀は、元禄という社会発展の大きな転機を経過することによって、儒学自体の変容と非儒教的な世界観が、様々な形でその姿態を現し、近世の思想・文化が、最も多元的に花開いた時期である。そこで、本節では、そのような多様な思想動向を象徴する史料を取り上げる。近世初期の儒学は、朱子学の受容に始まり、陽明学、古学等の諸流派の興隆をみたが、近世中期の学問は、儒学の相対化に道を開いた。その一つの現れが、言語や思想の、時間と空間における変化に関する認識の獲得である。新井白石は朱子学者であるが、「古史通」「古史通或問《わくもん》」を著して、古代史への関心を示し、それを方法論的に基礎づけたのが、「東雅」に代表される言語への関心である。「言語」が、時間の推移と人的交流のなかで変化し、また、それぞれの時代には、それぞれの時代の風俗があり、言語に通じるためには、その言葉が使われた時代の理解が不可欠であるとする。

荻生徂徠も、「今《きん》言を以て古言《こげん》を視、古言を以て今言を視れば、これを均しくするに朱偽《しゅり》鴃舌《げきぜつ》なるかな……、世は言を載せて以て遷《うつ》り、言は道を載せて以て遷る」(「学則」二)といい、言語と道の変遷を説いた。このような言語への注目と関心は、歴史への関心とともに、実証的な学問への道を切り開いた。

276〔政談　巻之三〕(荻生徂徠)

総ジテ天地ノ道理、古キモノハ次第ニ消失セ、新キ物生ズルコト、道理ノ常也。天地ノ間ノ一切ノ物、皆如《シ》レ此《クノ》。古キ物ヲ何程イツマデモ抱ヘ置度《おきたく》思フトモ、力ニ不《ル》レ叶《ハ》コト也。材木モ朽《くち》失セ、五穀モ年々ニ出来替《かわり》、人モ年寄タルハ死失《しにうせ》テ新キ人入替ルコト也。又天地ノ道理、下ヨリ段々上テ上ニナル。昇リ詰タルハ次第ニ消失テ下ヨリ入替ルコト、是又理ノ常也。道理如《シ》レ斯《クノ》。然ルニ治《おさめ》ノ道ハ、古キ功アル人ノ家ヲバ随分ニ介抱シテ、成タケ家ノ続ク程ハ続ク様ニシ、又家内ノ老人、曾祖父母・祖父母・父母等モ寿命イツ迄モ長カラント祈リ、早ク死ネトハ仮初《かりそめ》ニモ不《ル》レ思《ハ》ハ人情ノ常也。去共《されども》天地ノ道理ト人情ノ常トハ違フ物ニテ、何程カヽヘ置度思トモ、兎角《とかく》古キ物ハ消失ルコト也。去バトテ、古キ物ハ早ク無ナレト云ハ悟リ過タルコトニテ、聖人ノ道ニ不レ叶《ハ》。又古キ物ヲイツ迄モ抱ヘ置ント計リスルハ愚ノ過タルコトニテ、是又聖人ノ道ニ不レ叶《ハ》。聖人ノ道ハ人情ノ常ヲモ成程念比《ねんごろ》ニ立置テ、人ノ情ヲ破ラズ。又始終ノ道理ハ明カニ見ヘ透テ、曇リ掛リナケレバ、愚痴《ぐち》ニ人情ノ常計《つねばかり》ニモ不レ滞ラ。是世界ノ人ヲ取扱フ本カネ也。

（出典）日本思想大系36『荻生徂徠』。

【解説】朱子学は、宇宙・自然・社会を、一貫した「理」が、貫徹しているとする一種の自然法思想であるが、徂徠は、道は、天命をうけて王となった中国古代の帝王が、民を安んずるという政治的な目的のもとに作為したものであり、「天地自然」にあるものではないと朱子学を批判した（「参考」参照）。また「天地の道理」と「人情の常」との間には齟齬があるとし、その両者を踏まえて、為政者が、中国古代の聖人が制作した「礼楽」を参考にしつつ、民衆が安心して生活できるように、「政治制度」を制作することが、政治であるとした。このような考え方は、政治的君主が政治の目的を果たすために政治・社会制度を主体的に作為することを、方法的に提示したものであり、その後の政治・経済論の登場の理論的な前提となるものである。

（参考）先王の道は、先王の造る所なり。天地自然の道に非ざるなり。けだし先王、聡明睿知《えいち》の徳を以て、天命を受け、天下に王たり。その心は、一《いつ》に、天下を安んずるを以て務めとなす。ここを以てその心力を尽くし、その知巧を極《きわ》め、この道を作為して、天下後世の人をしてこれに由りてこれを行はしむ。あに天地自然にこれあらんや。

伏羲《ふくぎ》・神農・黄帝もまた聖人なり。その作為する所は、なほかつ利用厚生の道に止《とどま》る。顓頊《せんぎょく》・帝嚳《ていこく》を歴《へ》て、尭《ぎょう》・舜《しゅん》に至り、しかるのち礼楽始めて立つ。夏《か》・殷《いん》・周《しゅう》よりしてのち粲然《さんぜん》として始めて備る。これ数千年を更《へ》、数聖人の心力知巧を更て成る者にして、また一聖人一生の力の能く弁ずる所の者に非ず。故に孔子といへどもまた学んでしかるのち知る。しかるに天地自然にこれありと謂ひて可《か》ならんや。（「弁道」四）

277〔稽古談　巻之一〕（海保《かいほ》青陵《せいりょう》）

一体、天地ハ理ヅメ也。ウリカイ利息ハ理ヅメ也。国ヲ富サントナラバ、理ニカヘルベキコト也。理ニカヘリテ見レバ、周礼《しゅらい》(1)ハ甚《はなはだ》ヨキ手ガカリ也。天子ハ天下ト云シロモノヲモチタル豪家《ごうけ》(2)也。諸侯ハ国ト云シロモノヲモチタル豪家也。コノシロモノヲ民ヘカシツケテ、其利息ヲ喰《くろ》フテヲル人也。卿大夫《けいたいふ》士《し》(3)ハ己レガ智力ヲ君ヘウリテ、其日雇《ひやとい》賃銭ニテ喰フテオル人也。雲助《くもすけ》ガ一里カツギテ一里ダケノ賃ヲトリテ、餅ヲ得酒ヲ得ルニ何《なに》モチガイハナシ。

聖人ノ御代(4)ニハ下々ノ民マデ、路ニ捨《すつ》ルヲ拾《ひろ》ハズト云《いう》語ヲ見ルニ、面白キコト也。聖人ノ御世ニハ刑措《おい》テ用《もちい》(5)ズト云語ヲ見ルニ、感心シタルコト也。聖人ハウリカイ算用ハツキリトキメルト云ハ、形名《けいめい》参同(6)ノコト也。形名参同ハ天地ノ理也。民ニハツキリト理ヲ見スル、民モ何カシラ人理ヲ心ニヲカネバ、聖人ノ御世ノヨウニハイカヌ也。

王制(7)ニハ死罰ノ罪人キハマレバ、箇様《かよう》〳〵ノ罪アルモノナレバ、死罪ニ申付《もうしつく》ルト天子ニ申上レバ、天子ハ何トゾユルシテヤツテクレイト三度トメル。トメテモ役人キ、入レズニ、死罪ニスルトアリ。是古法也。死罪ノ人ヲ死罪ニスルハ、ウリカイ算用ハツキリトキマリタル也。天子トメテモ役人ガツテンセズニ死罪ニスルコトハ、天子ノ御意《ぎょい》ヨリモ天ノ理ガヲモキユヘ也。シカレバ天子ノ御意ヨリモ、ウリカイ算用ハヲモキコト也。

(出典) 日本思想大系44『本多利明 海保青陵』。(1)周礼　周官ともいい、周王朝の行政典範。(2)豪家　権勢のある者。(3)卿大夫士　天子や諸侯の臣をいい、中国の支配階級。(4)聖人ノ御代　中国古代の理想の時代。(5)刑措テ用ズ　刑罰の規定があっても、罪を犯す者がないから適用されることがない。(6)形名参同　臣下の名に伴う職責とその行いとを照合して、名実の一致を求め、賞罰を行う、韓非子など法家の学説。(7)王制　「礼記」王制篇に「刑は、刑なり。刑は、成すなり。一変して変ずべからず」とある。

【解説】　江戸時代後期の思想展開の前提をなす思想を形象化した新井白石と荻生徂徠は、それぞれ朱子学、古学と思想傾向を異にしつつも、ともに徳川政権の確立期にその思想を形成した。両者は、ともに思想の時間と空間による規定性を認識し、また現実の政治社会に対する強い関心に裏打ちされつつ、儒学の普遍妥当性の確信の上に立ち、その有効性を現実の政治において実証しようとした思想家である。

その二人の約五十年後に出た海保青陵(一七五五―一八一七)は、その両者を「真ノモノヲ前ニヲキテ論ジタル人」、「世ニ稀ナル学問ノ人々」と高く評価したが、青陵は、宋学のみならず儒学それ自体を相対化し、むしろ社会的現実の中から「天理」＝法則を見つけ出そうとした。

そこから発見されたのが、「君臣ハ市道ナリト云」う論理である。すなわち儒学においては「義」という道徳的関係として捉えられていた君臣関係を「ウリカヒ」＝売買関係――現代風にいえば商品交換関係――として捉えようとした。

ここには明らかに学問観それ自体の転換を認めることができる。すなわち経書にすべての理が獲得されており、それゆえに経書を学ぶことが学問だとする立場から、現実の社会関係の中から人々の準拠すべき規範を探りあてることが学問だとする、学問観の転換である。そしてそのことは、他面からみれば、道徳学としての儒学から、政治経済論としての儒学への転換でもあった。

(2) 認識論の深化

278 〔翁の文〕(富永仲基《なかもと》)

又孔子《こうし》の、尭《ぎょう》・舜《しゅん》を祖述し、文・武を憲章して、王道を説出《ときいだ》されたる(1)は、是《これ》は其《その》時分に、斉桓《せいかん》・晋文《しんぶん》(2)のことをいひて、専《もっぱ》ら五伯《ごは》の道(3)を崇《たっと》びたる、其上《うえ》を出たるものなり。又墨子《ぼくし》(4)の同じく尭・舜を崇びて、夏《か》の道を主張せられたるは、是は又孔子の文・武を憲章せられたる、その上を出たるものなり。扨《さて》又楊朱《ようしゅ》(5)が帝道をいひて黄帝《こうてい》などを崇びたるは、又孔《こう》・墨《ぼく》の説《とか》れたる王道の上を出たるものなり。許行《きょこう》(6)が神農《しんのう》を説《とき》、荘《そう》・列《れつ》(7)の輩《ともがら》の無懐《ぶかい》・葛天《かつてん》・鴻荒《こうこう》(8)の世を説きたるは、又皆その上の上を出たるものなり。是等は皆《みな》異端のことにて、同じ孔子の道にも、儒分れて八《やつ》となるとあれば、さまぐ〳〵に孔子にかこつけて、皆その上を出《いで》あひたるものなり。告子《こくし》が性《せい》無レ善《ぜんなく》無二不善一《ふぜんなし》と説《とき》たるは、世子《せいし》が性《せい》有レ善《ぜんあり》有レ悪《あくあり》と説たる、その上を出たるものなり。又孟子《もうし》が性善を説《とき》たるは、告子が性無レ善無二不善一と説たる、その上を出たるものなり。又荀子《じゅんし》が性悪《せいあく》を説たるは、又孟子が性善を説たる、その上をいでたるものなり。楽正子《がくせいし》が孝経を作りて、曾子《そうし》の問答《もんどう》にかこつけて、孝を主張して説たるは、又もろ〳〵の道をすてゝ、孝へおとしこめたるものなり。是をしらずして、宋儒《そうじゅ》は皆これを一なりと心得、近頃の仁斎《じんさい》は、孟子のみ孔子の血脈を得《え》たるものにて、余他《よた》の説は、皆邪説《じゃせつ》也といひ、又徂徠《そらい》は、孔子の道はすぐに先王の道にて、子思《しし》・孟子などはこれに戻《もと》れりなどいひしは、皆《みな》大なる見ぞこなひの間違たる事どもなり。此始末《しまつ》をしらんと思はゞ、説蔽《せつへい》(9)といふ文《ふみ》をみるべし。

（出典）日本古典文学大系97『近世思想家文集』。

(1)孔子の…　孔子は、中国古代の理想化された天子である尭や舜、周王朝を建てた武王やその父、文王の事跡を顕彰して、政治の理想を提示した。(2)斉桓・晋文　斉の桓公、晋の文王、ともに春秋時代の覇者。(3)五伯の道　伯は覇に同じ。武力をもって政治的な統一を実現しようとした諸侯。(4)墨子　儒家の差別愛に対して、他者を平等に愛する兼愛説を説いた。(5)楊朱　戦国時代の思想家。(6)許行　戦国時代の思想家。(7)荘・列　荘子と列子、ともに道家に属する戦国時代の思想家。(8)無懐・葛天・鴻荒　いずれも太古の、伝説上の帝王。(9)説蔽　富永仲基の著、今は伝わらない。

【解説】　江戸前・中期の儒学は、一方では尭・舜から孔・孟の流れを汲むものとしての朱子学の道統説があり、他方で、朱子学批判を契機として独自の儒学説を形成した伊藤仁斎や荻生徂徠などの流れがある。それぞれ孔・孟あるいは孔子を正統とするなど、自説に付合する先達を正統性の拠り所として儒学内部の正統派争いを演じていたが、それら総体を徹底的に批判したのは、大坂の町人学者富永仲基《なかもと》(一七一五―四六)であった。

仲基は、儒学説相互の関係を、先行学説に対する批判的言説として位置づけ、それによってそれぞれの学説そのものを徹底的に相対化した。通常これを加上説というが、学説や理論が、つねにそれ以前の特定の主張や学説に対して言表されたものであることを明らかにして、あらゆる学説の相対性を主張したことは、学説や理論の歴史的意義を考える上できわめて重要な指摘である。

それに加えて仲基は、思想のくせにも言及し、仏教・儒教・神道が、それぞれインド・中国・日本の地域的あるいは、民族的特性と緊密な関わりをもつものであるとして思想の相対的妥当性を説きつつ、他方ではそれら三教に共通するものとしての「誠の道」を説いた。

　このような思想の相対性に新境地を開いた仲基であったが、思想の普遍性の立場に立つ師の懐徳堂初代学主、三宅石庵（一六六五―一七三〇）からは破門された。

279〔夢ノ代《しろ》　神代第三〕（山片蟠桃《やまがたばんとう》）

伊奘諾《いざなぎ》・伊奘冉《いざなみ》ノ(1)二尊始メテ夫婦ノ道ヲナシテ、国土・草木ヲ生ム。ソレマデ天神六代ノ間、地神ノ三代ノ年数ニテミレバ、幾千万年ハカルベカラズ。シカルニ六代九神及《および》ソノ余ノ神々ハ、虚中《そらのなか》ニ居《い》玉《たま》ヒシナルベシ。二尊始メテ国土ヲ生ミテ後、ソノ国土ノ君タルベキモノヲ生《うま》ント云《いい》テ、日《の》神・月《の》神・蛭児《ひるこ》・素戔嗚《すさのお》ヲ生ム。コレ交接ニヨリテ子ヲ生ズルノ始《はじめ》ナリ。シカレバコノ時イマダ万民ナカルベシ。夫《それ》臣アリテ後《のち》君アリ。臣民ナクシテ誰カコレヲ君ト云《いわ》ン。自《みず》カラ称シテ君ト云《いう》ベキヤ。コノ時マデ夫婦ノ道ナケレバ、二尊ノ外ニ夫婦ナシ。四神ノ外ニ子ナカルベシ。ソノ巻中ニアル処ノ神々ハミナ造化《ぞうか》・気化《きか》ノ神也(2)。シカレバ則《すなわち》君アリテモ治ムベキ民ナク、食《やしな》フベキ小人ナシ。君トシテ何ヲカシリ、何ヲカ治メン。詩(3)ニ云《いわく》、「天生ズ㆓蒸民《じょうみん》ヲ㆒、(4)有レバ㆑物有リ㆑則《のり》」、書(5)ニ云、「天降㆓下民《かみんをくだす》㆒、作《なシ》㆓之ガ君ヲ㆒、作《なス》㆓之ガ師ヲ㆒」、孟子(6)ニ云、「君ヲ為《かるしとなし》㆑軽、社稷(7)次《つぐ》㆑之ニ、民ヲ為《おもしとなす》㆑重」。コレ民アリテ後君アルナリ。作ハ作為《さくい》ナリ。民アリテ後君ヲコシラヘ治ムルナリ。国土アリテ生物アリ。人ハコレガ長タリ。シカレドモ教モナク礼モナケレバ禽獣ニ近ク、飽食《ほうしょく》・逸居《いっきょ》シテ争闘ヤムコトナシ。ユヘニ衆人ノ中ヨリ仁智アル人ヲ君トシ、師トシ、能アルモノヲ臣トシテ、コレヲ教ヘ、コレヲ治ム。君・師・臣・民ノヨツテ起ル処ナリ。ソレヨリシテ後、或ハ受禅《じゅぜん》(8)シ、或ハ放伐《ほうばつ》(9)シテ君トナル。コレ自然ノ勢ナリ。シカレバ則《すなわち》民アリテ後君ヲ立《たて》、師ヲ立《たつ》ルナリ。民ナクシテ誰カ君ト云ベキ。コノ時イマダ民ナクシテ天下ニ君タルモノヲ生ントノ玉《たま》フベキヤ。シカレバ始ヨリ民アリ。ユヘニ君ヲ生ムナリ。凡《およそ》国土アリテ後人アリ、人アリテ後君アリ、コレ順ナリ。君アリテ後人アリ、人アリテ後国土アリ、又父ナクシテ子アリ、コレ逆ナリ。順ハアルベシ、逆ハアルマジキナリ。スベテ神代ノ巻ハ逆ナリ。物ノ始メハ上下ノ差別ナシ。ユヘニ自々各々心々ニシテ、争ヒテヤマズ。君ヲ立テコレヲ治メザレバ得《う》ベカラズ。ソレヨリシテ君ヲ立《たつ》ル。コレ自然ノ理ナリ。按《あん》ズルニ我日本、神武東征ノ昔《むか》シ、上代ノコト幾千万年ヲシルベカラズ。大八洲《おおやしま》(10)ノ国々、ミナ当今ノ蝦夷《えぞ》国ノゴトクニシテ、君ナク、長ナク、自々各々争ヒテ過行《すぎゆき》シニ、ダン〳〵ニ沿革アリテ、長髄彦《ながすねびこ》ノ時ニ至リテハ、神武ノ語ノゴトク、邑《むら》ニ君《きみ》アリ、村《ふれ》ニ長《ひとごのかみ》アリテ、相《あい》シノグヤウニナリタルナラン。コノ時日向ノ国ニ坐《まします》ス神武帝、東方ニ国アルコトヲシリテ征討シ、天下ヲ得《え》玉《たま》フナリ。コレヨリ外ニ説アルベカラズ。神代ノ巻ミナ誑言《うそ》ニテ、言伝《いいつた》ヘタルコトヲ引上《ひきあげ》テ書《かき》タルノミ。

（出典）日本思想大系43『富永仲基　山片蟠桃』。

(1)伊弉諾・伊弉冉　古事記・日本書紀などに出てくる男女神で、両者の交合によって、日本の国土と、天照大神等三貴子が生まれたとされる。それに「蛭児」を加えて「四神」といっている。(2)造化・気化ノ神　記紀の神々を、物を産む「霊」や「陰陽」として捉える垂加《すいか》神道の考え方。(3)詩　儒教の古典で「詩経」。(4)蒸民　人民。(5)書　儒教の古典で「書経」。(6)孟子　中国の戦国時代の思想家。(7)社稷《しゃしょく》　土地の神と五穀の神、転じて国家の意。(8)受禅　天子の位を譲りうけること。(9)放伐　武力によって天子の位を奪うこと。(10)大八洲　日本の古称。

【解説】　古事記・日本書紀などの「神話」にどのように向き合うかは、いつの時代においても識者の課題の一つである。大坂懐徳堂の町人学者山片蟠桃（一七四八―一八二一）は、儒学の合理主義の立場から、記紀の神代の巻の叙述を「ミナ誑言《うそ》」であると批判した。また、「無鬼論」において、天命も鬼神も事実としてあるわけではなくいずれも「人事」に関わって言表されたものであり、聖人は「天ヲツツシミ畏ルルコトニシテ、民ヲシテコレニヨラシムル物」であるという。このような蟠桃の合理主義は、大坂の町人社会の経験的な合理思想と密接な関わりを持つものであるが、他方では、ほぼ同じ時期に、水戸学や国学など、記紀神話に依拠した新しい思想が、胎動し始めていたことに注意する必要がある。参考文献として、テツオ・ナジタ『懐徳堂――一八世紀日本の「徳」の諸相』子安宣邦訳、岩波書店、一九九二年などがある。

280〔多《た》賀《が》墨《ぼく》卿《きょう》君に与える書〕（三浦梅園）

混淪《こんりん》・鬱浡《うつぼつ》(1)の義御尋御座候。夫《それ》、人は天地を宅《いえ》とし居るものに候へば、天地は学者の最先講ずべき事に御座候。尤、天文地理、天行の推歩(2)は、西学(3)入候て、段ゝ精密にいたり候へ共、それはそれ切にして、天地の条理(4)にいたりては、今に徹底と存ずる人も不レ承候。かく広き世の中に、かく悠久の年月をかさね、かく数限なき人の思慮を費し、日夜に示して隠すことなき天地を、何ゆへに看得る人のなきとなれば、生れて智なき始より、只、見なれ聞馴れ、触なれ、何となしに癖つきて、是が己が泥《なず》みとなり、物を怪しみいぶかる心、萌さず候。泥みとは、所執の念にして、仏氏(5)にいはゆる習気《じっけ》(6)にて候。習気とれ不レ申候而は、何分、心のはたらき出来《いでき》らず候。阿難(7)はさとられしかども、前生猴《さる》にて有しゆへ、猴の習気やまざりしと申候。是よきたとへに候。とかく人は人の心を以て、物を思惟分別する故に、人を執することやみがたく、古今明哲の輩も、この習気になやまされ、人を以て天地万物をぬりまはし、達観の眼は開きがたく候。

其習気とは、人はゆく事をば足にてなし、拵《こしら》ゆる事をば手にてなすゆへ、運歩作用に手足の習気これあり。さる程に、蛇の足なく、魚の手なき、どふやら不自由に思はれ候。天は足なくして日夜にめぐり、造化(8)は手なくして華をさかせ、子を給はせ、魚をもつくり鳥をもつくり出し候。もし、己に執する処有候へば、其運転造化、甚あやしむべき事に候。あやしむべき事にして、あやしむ人もなく候は、是も朝暮に見なれ、空ゝとして貪着《とんじやく》(9)なしに打過るにて候。物の上よりして見る時は、天地も一物にして、水火も各一物、草木鳥獣も各一物、我となり人となるも、各一物にて候。それを人には人癖つき候て、我にあるものを推して他を観候なづみ、やみがたく候。夫故《それゆえ》、人の癖には、何にても人になして、見もし思ひもし候。子ども遊びの絵本に、鼠の娵《よめ》入、ばけ物づくし(10)などいふあるをみるに、其鼠を鼠のまゝに致しをき候へば、鼠本来の面目に候を、其鼠を悉《ことごとく》人になし、聟殿は社袮《かみしも》大小、娵子は打かけ綿帽子、のり物つらせ、徒士《かち》若党《わかとう》、すべて人の様に成し候。又ばけ物の本を見るに、傘の茶臼にばけ、箒の手桶に変じたる図はなし。只あるとあらゆる物、目鼻手足出来り(11)、とかく人の様なる物に化ざるはなし。涅槃像の図をみるに、其竜王といふ物は、衣冠正しき人体《にんてい》にて、その本体の竜形は、火事頭巾かづける様に画《え》がきなしぬ。かゝる心を以て天地を思惟する程に、天には上帝、地には堅牢(12)、風の神、鳴る神なんど、形はさもいやらしく描きぬれども、足を以て身を運び、手を以て技を出す。さる故に、風は嚢《ふくろ》に蓄はえ、雷は大鼓に声をく。もし誠に嚢あらば、何を以て製するや、もし誠に大鼓あらば、何の皮にてはる事にや、いとあやし。もしかゝらましかば、天も足なくてはゆかれまじ、造化も手なくては細工出来るまじ。猶ちかきに引つけていはゞ、すべて動物は牝牡有りて、草木には牝牡なし。牝牡なくて生ゝせざるは、動物の習にして、牝牡なくても生ゝに事欠ざるは、草木の習なり。己が習ひをもちて、己にあらざる物に推さば、いかで其理に通ずべき。又譬をとりていはんに、火に意ありて水を思はんに、水いかゞして物を焼らん、水いかゞして物を燥《かわ》かす覧と、己がかたにある物のみ推して、かれになき所にもとめ、水も亦《また》意ありて水にある物を火に求めば、其智力を尽し、其生涯を窮めたりとも、知るに益はなかるべし。

(出典)『三浦梅園集』岩波文庫。

(1)混淪・鬱浡　ものと精神。「解説」参照。(2)天行の推歩　天体の運行を推しはかって暦を作ること。(3)西学　オランダ語を介して入ってくる西洋の学問。(4)天地の条理　天地の法則。(5)仏氏　仏教。(6)習気　なれ、習慣、またそれに囚われること。(7)阿難　釈迦の弟子。猴は猿、古代インドの仏教説話の一つ。(8)造化　天地自然の働き。(9)貪着　ものに囚われること。(10)鼠の娵入、ばけ物づくし　日本の昔話。(11)涅槃像の図　釈迦入滅の姿を絵図や彫刻として描いたもの。(12)堅牢　大地を司る神、堅牢地神のこと。

【解説】　三浦梅園(一七二三―八九)は、近世中期の哲学者、大分杵築《きつき》藩富永村に生まれる。本史料は、弟子の多賀墨卿が、退塾後に教えを請うてきた際に、梅園が応えた書簡による。難解な梅園哲学の学問論と、その基礎をなす存在論を分かりやすく解説しており、近世の認識論上、重要なものである。

「混淪・鬱浡」とは、本書簡中に「人物、皆己がかたちを此の混淪にとり、己が神を此の鬱浡に資《と》りて、天地の間にならびたち、各々の作用をなすことなり」とあるように、物と物の内部にあって物を活かす気の働き(これを神という)のことであり、いわば物とその精神との関係についての質問である。

心の働きを自由にするためには、自分がこれまで見慣れ聞き慣れた癖＝「習気」を去るとともに、すでに我にあるものを推して他を見るのではなく、物それ自体に即して見ること、「師とすべきは天地それ自体」であると主張した。また、存在論の独自性としては、宋の邵康節の「皇極経世書」に拠りつつ、ものは、本来、一にして二なるもの、すなわち、一の内部に相対立する二なるものを構造的に孕んでおり、その内なる「反」を「観」る時、対象は、初めてその姿を顕わにするという。これを反観合一という。本書簡は、ニュージーランドのローズマリー・マーサーによって『玄語』などとともに英訳され、出版されている。

(3)　経世論の自立的展開

281〔経済録拾遺〕（**太宰春台**）

昔ハ日本ニ金銀少ク、銭ヲ鋳ルコトモ無カリシ故ニ、上ヨリ下マデ、金銀ヲ使フコト稀ナリ。(1)銭モ異国ノ銭バカリヲ使テ用足レリシニ、慶長年中(2)ヨリ金銀豊饒《ブニヤウ》《タクサン》ニナリ、寛永ニ銭ヲ鋳テ(3)ヨリ、大事ニハ金銀ニテ用ヲ足シ、小事ニハ銭ニテ用ヲ足ス。又当代ハ天下ノ人、貴賤ト無ク、皆江戸ニ集リテ、旅客《タビブト》(4)ナル故ニ、金銀ニテ万事ノ用ヲ足スコト習俗ニナリテ、旅客ニ非ザル者モ、旅客ノ如ク、米穀布帛《ヌノキヌ》ヲ宝トセズ、金銀ヲ宝トシテ、野ニテモ山ニテモ、金銀サヘ有レバ、米穀布帛ハ得ヤスシト思ヘリ。然レバ今ノ世ハ、只金銀ノ世界ニテ、米穀ハ朝夕ノ飯食ニ充《アツ》ルマデニテ足リ、布帛ハ衣服ニ充ルマデニテ足ヌ。其余ハ皆金銀ニテ、大事モ小事モ、用度一時ニ辦ズル故ニ、天下ノ人、金銀ヲ貴ブコト、昔ニ百倍ナリ。サレバ今ノ世ハ、米穀布帛アリテモ、金銀乏《とぼし》ケレバ、世ニ立ガタシ。小民ノ賤キ者ノミニ非ズ、士大夫以上、諸侯国君モ皆然《しかる》ナリ。然レバ今ノ世ハ、禄アル士大夫モ、国君モ皆商賈ノ如ク、偏《ひとえ》ニ金銀ニテ、万事ノ用ヲ足ス故ニ、如何ニモシテ金銀ヲ手ニ入ル、計ヲナス。是今ノ急務ト見ユルナリ。金銀ヲ手ニ入ル、術ハ、買売ヨリ近キコト無シ。当代ニモ、昔ヨリ買売ニテ国用(5)ヲ足シ、禄食ニ代《カ》フル国アリ。（中略）対馬・薩摩・松前ハ(6)皆外国ノ貨物ヲ占《しめ》テ、一口ヨリ売出セバ、他ノ諸侯ノ比類スル所ニ非ズ。津和野・浜田ノ如キハ、其土地ノ物産ヲ占テ、各一口ヨリ売出シテ、国用豊饒ナリ。新宮侯ハ紀侯ノ上卿ニテ、三万石ノ禄ナルガ、熊野ノ山海ノ物産ヲ占テ売出シテ、富十万石ニ比ストイフ。此等ノ経済ニ倣《ならい》テ、計策ヲ用ヒバ、大小ノ諸侯ノ国ニ、何トイフコトナク、土産(7)ナキハ有ラズ。土産ノ出ルニ多キ有リ、寡キ有リ。土産寡キ処ハ、其民ヲ教導シ、督責《トクセキ》《タヾシセム》シテ、土地ノ宜キニ随テ、百穀ノ外、木ニテモ草ニテモ、用ニ立ツベキ物ヲ種《ウヘ》テ、土物ノ多ク出ル様ニスベシ。又国民ニ宜キ細工ヲ教テ、農業ノ暇ニ、何ニテモ人間《じんかん》ノ用ニ立ベキ物ヲ作リ出サシメテ、他国ト交易《シロモノガヘ》シテ、国用ヲ足スベシ。是国ヲ富ス術ナリ。

然レバ今ノ経済ニハ、領主ヨリ金ヲ出シテ、国ノ土産、諸ノ貨物ヲ、コトゴトク買取テ、其処ニテ買フモノアラバ売ルベシ。然ラズハ、船ニ載セ馬ニ駄シテ、江戸・京・大坂ニ運《ハコビ》テ売ベシ。（中略）凡今ノ諸侯ハ、金ナクシテ国用足ラズ。職責《ツトメ》モナリガタケレバ、只如何ニモシテ金ヲ豊饒ニスル計ヲ行フベシ。金ヲ豊饒ニスル術ハ、市賈《アキナヒ》ノ利ヨリ近キハ無シ。諸侯トシテ市賈ノ利ヲ求ル(8)ハ、国家ヲ治ル上策ニハアラネドモ、当時ノ急ヲ救フ一術ナリ。

（出典）日本思想大系37『徂徠学派』。

（1）銭　平安時代中期以降、宋銭や明銭など中国の銭貨が輸入されて流通した。（2）慶長年中　慶長六年金座で大判・小判及び一分判が、また銀座で丁銀・豆板銀が、鋳造された。（3）寛永に銭を鋳て　寛永十三年に銅銭として、寛永通宝が鋳造された。（4）旅客　荻生徂徠は「政談」で、武士が知行所を離れて、江戸や城下町に集住している状態を「旅宿の境界」と呼び、旅人のように何でも金で買わなければ生活できない状態を言う。（5）国用　藩の財政。（6）対馬・薩摩・松前ハ…所ニ非ズ　対馬藩と松前藩は、米を産せず、それぞれ、朝鮮貿易とアイヌ貿易を行っていた。薩摩は、清との間で朝貢交易をしていた琉球を媒介にして、利益を得ていた。（7）土産　その土地の産物。（8）当時　現在。

【解説】　太宰春台（一六八〇―一七四七）は、荻生徂徠の門人。徂徠の門人の多くは、服部南郭をはじめとして徂徠の古文辞による詩作に赴き「詩文派」となったが、その中でただ一人、徂徠の政治経済論を受けついだのが、太宰春台である。当時の社会経済的現実に対して、徂徠が商業を抑制し、自然経済中心の生活に復古することを主張したのに対して、春台は、次善の策としてではあるが、深化しつつある商品貨幣経済の現実と領主財政の窮乏を眼前にして、藩が、それぞれの地域の特産物を領民に生産させて、それを買い上げ、江戸・京都・大坂などの大都市で売ることによって、藩の財政を救うことを主張した。このような考えは、以後広汎に広まり、十八世紀後半以降、諸藩は積極的に、特産物の生産や販売に関わっていく。だが、それは一方では、武士の商人化により武士風俗の退廃をもたらし、また他方では、商人の経済力に依存する度合いが大きくなったために、商人に藩財政の死命を制せられる可能性が増大することをも意味していた。

282〔自然真営道 二十五〕（安藤昌益）

私法盗乱ノ世ニ在《あり》ナガラ自然活真ノ世ニ契《かな》フ論

（前略）

転定《てんち》(1)ハ一体ニシテ上《かみ》無ク下《しも》無ク、統《すべ》テ互性(2)ニシテ二《に》別《べつ》無シ。故ニ男女ニシテ一人、上無ク下無ク、統テ互性ニシテ二別無ク、一般直耕、一行一情(3)ナリ。是レガ自然活真人ノ世ニシテ、盗乱・迷争ノ名無ク、真儘《しんじん》(4)安平《あんへい》(5)ナリ。

然ルニ、聖人(6)出テ、耕ズシテ只居《い》テ、転道・人道ノ直耕(7)ヲ盗《ぬすみ》テ貪《むさぼ》リ食《くら》ヒ、私法(8)ヲ立テ、税斂(9)ヲ責取リ、宮殿・楼格台、美珍味ノ食、綾羅《りょうら》・錦繍《きんしゅう》ノ衣《い》、美《び》宦女《かんじょ》、遊楽、無益ノ慰《い》侈《し》、栄花言フ計《ばか》リ無シ。王民上下(10)、五倫・四民(11)ノ法ヲ立テ、賞罰ノ政法ヲ立《たて》、己《おのれ》ハ上ニ在テ此ノ侈《し》威《い》(12)ヲ為シ、故ニ下ト為《シ》テ之ヲ羨《うらや》ム。且、金銀通用(13)、之《これ》ヲ始メ、金銀、多有《おおくある》ヲ上貴《かみとうとき》ト為シ、少《すくな》ク、無キヲ下賤《しもいやしき》ト為《なし》、凡《すべ》テ善悪二品・二別ヲ制《せい》(14)ス。是レ従《よ》リ、下為《た》ル者、上ヲ羨ムコト骨髄ニ徹《てつ》シ、己モ上ニ立《たち》、栄花ヲ為《なさ》ント思謀ヲ慮《はか》リ、乱ヲ起シ命限《いのちかぎ》リニ合戦シ、上ヲ亡《ほろぼ》シ、己上ニ立テ栄侈《えいし》(15)ヲ為スコト又倍《またばい》ス。之ヲ羨テ乱ヲ起ス者又出《いで》テ戦《たたかい》勝《かち》テ上ヲ亡シ、己上ニ立、奢欲ヲ為スコト又倍ス。是ノ如クシテ、転真《てんしん》ノ転下《てんか》(16)ヲ、或《あるい》ハ盗ミ、或ハ盗《ぬすま》レ、欲欲・盗盗・乱乱トシテ止《やむ》コト無シ。是レニ釈迦出テ、欲心ノ迷《まよい》ヲ足シ(17)、心欲・行欲、益〱《ますます》盛《さかん》ニシテ、世《よ》ハ聖人乱《みだ》シ、心ハ釈迦乱シ、転下・国ヲ盗ムノ欲、極楽往生ヲ望ムノ欲、交〱《こもごも》発《おこっ》テ止コト無ク、欲ハ盗ミ、盗《ぬすみ》ハ乱、乱ハ迷《まよい》ニシテ、君ハ臣ヲ殺シ、臣ハ君ヲ殺シ、父兄ハ子弟ヲ殺シ、子弟ハ父兄ヲ殺シ、王モ僕《ぼく》ト為リ、戎《じゅう》モ王ト為リ、侯《こう》ハ民《たみ》ト為リ、賊モ侯ト為リ、極侈《ごくし》(18)有リ、極窮《ごくきゅう》有リ、軍戦(19)シテ衆人大《おおい》ニ患《うれ》ヒ苦ム。此ノ悲《かなしび》ノ人気《じんき》(20)、転定ノ気行《きこう》ヲ汚《けが》シ、不正ノ気ト成リ、凶年(21)シ、或ハ疫癘《えきれい》シ(22)、転下皆殺《みなごろし》ノ大患有リ。暫年止《や》(23)ミ治《おさま》リ、又発乱《はつらん》シ、兵乱止《や》メバ心欲《しんよく》(24)乱甚シクシテ、又兵乱起リ、治乱倶《とも》(25)ニ乱乱トシテ止コト無シ。治《ち》ハ乱ノ根ト成リ、上《かみ》ニ植《うえ》ザル故ニ(26)、枝葉ノ賊(27)、下ニ生生止《とどまる》コト無シ。上、盗根ヲ断《キ》ラザル故ニ、下、枝葉ノ賊盛《さかん》ナリ。故ニ転下ノ盗乱賊徒ノ絶ヘザルハ、上ノ侈《おごり》ヨリ之ヲ為ス。上《かみ》盗乱ノ根断《たた》ズシテ、日〱《ひび》ニ下ノ盗賊ヲ刑伐《けいばつ》(28)ストモ、全ク絶ヘズ、絶ヘザルハ上《かみ》、己ヨリ之ヲ為ス。己ト賊ヲ出シテ(29)、賊ヲ伐《き》ルヲ政事ト為シテ、威《い》ヲ張ル、狂乱ト言《いわ》ンカ、悪魔ト言ンカ。言語同断、心行不能《しんぎょうふのう》演弁《えんべん》(30)ナリ。軍《いくさ》ニ勝テ上ニ立《たち》、治ルト為《す》トシテ乱根ヲ植ヘ、栄侈ヲ為スト視《み》ヘシガ、忽《たちま》チ乱起《おこつ》テ春雪(31)ノ如シ。勝ツ者、上ニ立、又是《かく》ノ如、無限ニ是ノ如シ。歌・舞・謳《うたい》(32)・能・茶ノ湯・碁・双六《すごろく》・博奕《ばくち》・酒狂《さかぐるい》・女狂《おんなぐるい》・琴《こと》・琵琶・三味線、一切ノ遊芸、情流離《じょうるり》(33)・芝居・野郎(34)・遊女・乞食ノ衆類、悉《ことごと》ク妄乱ノ徒《いたず》ラ・悪事、止《やむ》コト無キハ、上ノ侈《おご》リヨリ出ルナリ。本《もと》、聖・釈従《よ》リ始ル所ナリ。天竺・南蛮・漢土・朝鮮・日本、一般ニ是ノ如ク、迷欲・盗乱止コト無シ。生キテハ四類ノ業《ぎょう》(35)、死《しし》テハ形化《けいか》ノ生死《しょうじ》(36)、免《まぬか》ル、期《ご》無シ。少シクモ活真ノ妙道ヲ弁《わきま》ヒ、改《あらたむ》ルニ非《あらず》ンバ、無限ニ迷欲・盗乱、絶《た》ユ可《べから》ズ。故ニ是レガ私法ノ世ノ有様《ありさま》ナリ。若《も》シ上ニ活真ノ妙道ニ達スル正人《せいじん》有テ、之ヲ改ル則《とき》ハ、今日ニモ直耕一般、活真ノ世ト成ル可シ。

（出典）日本古典文学大系97『近世思想家文集』。

（1）転定　転は天、定は地。（2）互性　昌益は男女について、これを「男女にして一人」「男は女の性、女は男の性」といっているが、一般に、明暗・善悪・剛柔など、対立する性質をもつ二つの事物について、相互の中にそれぞれの反対物の「性」が内在していることを想定し、その対立関係は、相対的なものにすぎないと見るとともに、むしろ両者の間には相互に依存する関係があり、不即不離の一体を成しているのが事物の自然であるとする。この考え方は、「易」の陰陽概念の読み替えと見ることもでき、昌益の思想にとっては、重要な概念の一つである。（3）一般直耕、一行一情　人は、一様に直耕（生産活動を行う）し、一つの行為を行い、一つの私情を持つのが人としての本来のありかたであるとする。（4）真儘　自然、人間の本来のまま。（5）安平　世の中が安らかで平和である。（6）聖人　尭や舜など中国古代の帝王や儒教の基礎を作った孔子などをいう。（7）転道・人道ノ直耕　転定＝天地の本来の働きとして万物を生み育てる直耕と人の道としての直耕。（8）私法　昌益は、「私」を「こしらえ」と読み、「法」は支配階級が、自分たちの利益を計るために作為的に作ったものとする。（9）税斂　租税を取り立てる。（10）王民上下　王と民を上・下に価値付け、差別する。（11）五倫・四民　君臣・父子・夫婦・長幼・朋友の五つの人間関係の道徳と士・農・工・商の四民。（12）侈威　おごりと偉ぶること。（13）金銀通用　金銀の通用を始めたのは、聖人の舜王であるとする。（14）善悪二品・二別ヲ制ス　すべてのことを、善と悪の二つに分類して、差別する制度を作った。（15）栄侈　栄華と奢侈。（16）転真ノ転下　転の活真が万民に平等に与えた転下。（17）欲心ノ迷ヲ足シ　そのあとの「極楽往生を望む」の謂々か。（18）極侈　おごりを極める。（19）軍戦　軍も戦もともにいくさの意味。（20）人気　人の心の有り様。（21）凶年　凶作の年。（22）疫癘　流行病。（23）暫年　暫くすると。（24）心欲乱　人の心が欲によって乱れる。（25）治乱　治まっているときも、乱れているときも。（26）上ニ植ザル故ニ　上に立つものが、治の根を植えないために。（27）枝葉ノ賊　上＝根に対して、下＝枝葉とする。（28）刑伐　刑罰と征伐。（29）己ト賊ヲ出シテ　自分が、原因を作っておいて。（30）心行不能演弁ナリ　心も行いも、言葉で表現することができない。（31）春雪　はかない事のたとえ。（32）謳　謡曲。（33）情流離　浄瑠璃。（34）野郎　男色をうること。（35）四類の業　鳥・獣・虫・魚の四種類の生物の業の意味で、情欲にとらわれた行動をいう。（36）形化ノ生死　死後においては、鳥・獣・虫・魚の輪廻を繰り返す。

【解説】　安藤昌益（一七〇三―六二）は、一般に江戸時代でただひとりの封建制の批判者として著名だが、それにとどまるものではなく、文明や文化の役割、ひいては、社会的な人間存在の本来性とは何かについても貴重な示唆を与えてくれる思想家である。昌益によれば、かつて人間は上下の差別や盗乱迷争のない「自然活真人ノ世」に暮していたが、その後聖人が出現してみずからの階級的利益を守るために差別的な法や制度を立てた結果、盗乱の世になったとし、それらはいずれも上に立つ者の奢りが原因であるとして、荻生徂徠など聖人による道の製作が文化を創ったとする儒学者の文化概念を真向から批判した。

これは換言すれば、階級や差別のない、万人がみな等しく農業労働に従事し物々交換をして生活をしていた原始共産制社会の立場から、文化・文明を支配のための手段であるとして、その虚偽性を暴露するものである。だが、他方でそれは人間の文化的営みの一切を否定するものであったために、民衆が文化を創る担い手となる可能性をも否定することとなり、ただひたすら「活真ノ妙道ニ達スル正人」の到来を待つという、一種の受動的なユートピア思想でもあった。昌益が期待する「正人」が、他方で昌益が厳しく批判した「聖人」と同音であることが、いまだ民衆が歴史の変革主体として登場しない昌益の思想の歴史段階を示している。

近代社会の形成期に原始社会への復古的な思想が生まれるというのは世界史的にはよくみられる現象であり、昌益の思想もそのような事例の一つである。そこが「東洋のルソー」といわれる所以でもある。参考文献として、若尾政希『安藤昌益からみえる日本近世』東京大学出版会、二〇〇四年など。

283〔水懸論〕（大田南畝）

天道人を殺さず(1)、懐手《ふところで》して食う者有り。是れ銭持・金持にあらずして真似《まね》るときは疝気持《せんきもち》(2)と為《な》る必《ひっ》せり。諸《これ》を鵜《う》の似《まね》する烏《からす》(3)に譬《たと》ふ。其《そ》の余《よ》は果報は寝て待て、三年星《ほし》を守る(4)と雖《いえど》も、柚《ゆず》の葉の落ちて煎豆《いりまめ》の花(5)なり。然《しか》らば一生何《なに》を為《し》て食はんや。曰《いわ》く士、曰く農、曰く工、曰く商、此の四つの者を舎《す》てては或《あるい》は永永《ながなが》浪人と為り、又は呉器《ごき》(6)も持たぬ乞食《こじき》と為り、別に一芸を以《もっ》て食《くら》ふ者有り。僧・神道者は姑《しばら》く舎《お》く。儒者と為らざれば医者と為る。手習師匠と為らざれば絵師と為り、詩人と為らざれば歌読《うたよみ》(7)と為り、立花・連誹・鞠・楊弓(8)・三線《さみせん》・茶の湯の閑消《ひまつぶ》し、剣術・柔《やわら》術・弓馬・軍学の武張《ぶば》る(9)、斉《ひと》しく是れ口過《くちすぎ》(10)にして鼻の下(11)の建立《こんりゅう》なり。而《しか》るに相互ひに気を張り以て職敵(12)と為《な》るは、則ち猶《な》を人の味噌を糞にして吾《わ》が糞を味噌にするごとし。糞も味噌も一《いっ》にして始めて吾が糞の臭きを知らんのみ。然りと雖《いえど》も儒の僧を敵《かたき》にし、游芸(13)の武芸を笑ふは猶《な》を可《か》なり。今は則ち儒にして儒を悪《にく》み、僧にして僧を悪む。游芸を以て游芸を悪み、武芸を以て武芸を悪む。何《なん》ぞ其れ流流(14)の分れて一大同士の軍《いくさ》(15)を為《す》るなり。僧に念仏・法華(16)有り、神《かみ》に唯一・両部(17)有り、儒に朱子・徂徠(18)有り、医に道三《どうさん》・張仲景《ちょうちゅうけい》有(19)り、手習に長雄《ながお》・唐様《からよう》(20)有り、絵に和《わ》絵《え》・唐画《とうが》(21)有り、詩に唐明・宋元(22)有り、歌に近体《きんてい》・万葉《ばんよう》有り(23)。立花・連誹・剣術・柔術以下《いげ》諸流《しょりゅう》有りと雖《いえど》も、未だ之を論ずるに遑《いとま》あらず。神仏の唯一・両部・念仏・法華に於ける、復《いま》だ之《これ》を論ぜず。其の罪《ばち》の当つて吾が口の曲らんことを畏《おそ》れてなり。

（出典）新日本古典文学大系84『寝惚先生文集 狂歌才蔵集 四方のあか』。
(1)天道人を殺さず　天は慈悲深いので、人を見捨てない。(2)疝気持　疝気とは下腹部の痛む病気。(3)鵜の似する鳥　自分のできない事をする者の喩え。(4)三年星を守る　忍耐強く待つことの喩え。(5)柚の葉の落ちて煎り豆の花　ともにあり得ないことの喩え。(6)呉器　乞食が物をもらうために持っているお椀。(7)歌読　歌詠。(8)立花・連誹・蹴鞠・楊弓　花木を花瓶に立てて鑑賞する生け花の一種、連歌と俳諧、蹴鞠、遊技用の小弓。(9)武張る　強さ厳《いか》めしさ。(10)口過　生計を立てること。(11)鼻の下　口のこと。(12)職敵　職がたき。(13)游芸　遊びとして嗜む芸事。(14)流流　それぞれの流派。(15)一大同士の軍　同じ職業同士の争い。(16)念仏・法華　仏教の流派で浄土宗・浄土真宗、法華宗(日蓮宗)。(17)唯一・両部　神道の流派で唯一神道、両部神道。(18)朱子・徂徠　儒学の流派。(19)道三・張仲景　医学の流派で、前者は曲直瀬《まなせ》道三《どうさん》で朱子学にもとづく医方、後者は後漢の名医、後医方。(20)長雄・唐様　前者は江戸中期に創始された和様の書の流派、後者は中国の明風の書体。(21)和絵・唐画　大和絵、中国風の絵。(22)唐明・宋元　漢詩において、朱子学派は、主として宋・元を、徂徠学派は、唐・明の詩を愛好した。(23)近体・万葉　万葉＝古体を尊ぶ流派に対して、古今・新古今集を貴ぶ流派を「近体」「後世風」という。

【解説】　大田南畝《なんぽ》(一七四九—一八二三)は、江戸中期の戯作者。号は蜀山人、四方赤良《よものあから》ともいう。本史料は、十九歳の時の狂詩集「寝《ね》惚《ぼけ》先生文集」に収められている。天明・寛政期の思想・文化の状況が、活き活きと描き出されている。中国では、宋代以降、朱子学が国教化され、常に正統と異端という図式のなかでイデオロギー争いが繰り返されたのとは異なり、日本の近世社会では、思想と政治権力との相即的な関係が必ずしも強くなかったために、多種・多元的な思想・文化が花開いた。だが、この時期、寛政異学の禁を手始めに松平定信によって文化の統制が行われ、南畝も筆を断つことになる。

2　国学の成立と展開

(1)　国学の成立過程

284
〔梨本書〕(戸田茂睡《もすい》)

此国は伊《い》弉《ざ》諾《なぎ》尊、伊《い》弉《ざ》冉《なみ》尊(1)生出《うみいだ》させ給ひて、天照大《あまてらすおお》神《みかみ》へ御ゆづり被レ成たる国にて、天照大神の御孫、瓊々杵《ににぎ》尊へ此国を、やす国とたいらかに、しずめおさめ給へとて、天より下し奉《たてまつら》せ給ひてより、地神五代経て、神武天皇、今の人のかたちに生れ出させ給ふより、人と云もの出来《いでき》たり。それ故神武天皇を、仁王(2)のはじめといふ。此御名につきて、をろかなる心に、おもんみるに、上代は知恵深く、末代をかんがみ、何事をもしをきたる事也。神の字は、たましゐとよむ。たましゐは神也。かみは又たましゐ也。神武天皇も、此日本をしづめ、おだやかにおさめさせ給《たまわ》んとて、筑紫《つくし》より(3)、まづ今の五畿内へおはしましたるに、いか程の軍《いくさ》なされ、敵を亡し給ふ。御兄の御子《みこ》(4)も二人討死なされ、武を以《もつて》天が下をおさめ給ふなれば、神ながら武也。

今の世にとつてかんがうるに、神といふは帝王の御事たるべし。武といふは　公方《くぼう》様の御事也。神は神にして日本の主《あるじ》也。武は人間の頂上にして、国を治《おさむ》る　源《みなもと》也。日本のうちには、山に猛獣あり、海に人を取《とる》魚あり。鳥にも、虫にも、人をなやまし、人をとるもあり。これらをしたがゆるは、人なり。此人の中に、悪人とてかたちは人にして、心の畜生あり。又人の中に武士といふもの有て、此悪人を殺ししりぞけて、天下大平なり。然れば此国は神国也。生《しよう》あるもの丶中にては人の国也。人の中にしては武士の国也。是をかんがへて、神武天皇と名づけ奉りたる成べし。此国のはじめ、此国の御ぬし、人たるもの丶御《み》おやは、天照大神也。此御心に、仏法のあはぬ事こそ道理也。その子細は、

○地神五代より親子のわけ有。

　仏法には親を捨る。

○天神七代より陰陽和《いんようわ》合《ごう》の道有。

　仏法にはこれをはなる丶。

○生《しやう》をたのしみ、死をきらひ、福貴《ふつき》をねがふは、人道也。仏法にては、六根六識《ろつこんろくしき》(5)にひかれ、六塵《ろくじん》(6)増長して、明《めい》性《しよう》を曇らするといひて、捨身《しやしん》(7)する法もあり。もとより、福貴《ふうき》、金玉《きんぎよく》は煩脳(悩)(8)のなかだちなりとて、海になげすて、山にかへすといへり。

○魚鳥を喰《くら》ひ、酒をのみ、子孫繁昌、千秋万歳《せんしゆうばんぜい》(9)と、祝ふ作法なるに、

　仏法にては、子孫相続なきやうにといひて、妻をももたず、魚鳥をもくらはず、千秋万歳とも賀せず、電光朝露《でんこうちようろ》(10)の夢の世といふ。

（出典）日本思想大系39『近世神道論　前期国学』。

(1)伊弉諾尊、伊弉冉尊　史料279注(1)参照。(2)仁王　人王。(3)筑紫より　神武の東征。(4)御兄の御子　五瀬命《いつせのみこと》と稲飯命《いなひのみこと》。(5)六根六識　眼・耳・鼻・舌・身・意の六官が、それぞれ根となって眼識・耳識・鼻識・舌識・身識・意識が生ずること。(6)六塵　六根の作用対象としての色・声・香・味・触・法のこと。(7)捨身　俗界をすてて、出家すること。(8)煩脳(悩)　悩み、苦しみのもと。(9)千秋万歳　長寿を祝う。(10)電光朝露　人生の無常のたとえ。

【解説】近世中期における国学の登場は、近世思想史においてのみならず、日本の思想の歴史においても画期的な思想的事件である。それは、第一にそれまで部分的に受容されてきた中国儒学が、近世初期に朱子学を中心に体系的に受容され、儒教の

全体像を見通すことが可能となったために、儒教に対するトータルな批判がはじめてなされたこと、第二に、その過程で儒教とは異なる世界像と人間観が思想として形象化されたこと、第三に、その世界像と人間観が依拠したのは、古事記や日本書紀などの神話と、万葉集、源氏物語などの古代文学であったこと、などである。なかでもとりわけ重要なのは、強い現世主義と政治秩序の安定性への関心であり、その政治的安定性を担保するものとされたのが、神国思想や天照大神を頂点とする天皇制である。国学によって形象化されたこのような思惟は、その後の思想展開に大きな影響を与え、幕末の尊王攘夷思想や近代日本の政治思想の大きな枠組みを規定することになる。

著者戸田茂睡（一六二九—一七〇六）は、江戸前期の和学者。徳川忠長の付き人、渡辺忠の子として生まれ、後、戸田氏の養子となる。堂上派歌学に学びながら、堂上派歌学、とりわけ二条家が、詠歌の際に使用を禁止していた禁制の詞の不条理なることを説いて、歌語の自由な使用を主張し、中世歌学の権威に挑戦した。元禄十五年（一七〇二）、江戸の人々の歌を集めて「鳥の迹」を出版した。本史料は、現世肯定的な神国思想の立場から、出世間的な仏教を批判したもの。

285〔雑説（抄）——万葉代匠記総釈〕（契沖）

本朝ハ神国(1)ナリ。故ニ史籍(2)モ公事(3)モ神ヲ先ニシ、人ヲ後ニセズト云事ナシ。上古ニハ、唯神道ノミニテ天下ヲ治メ給ヘリ。然レドモ、淳朴ナル上ニ文字ナカリケレバ、只口ヅカラ伝(4)ヘタルマヽニテ、神道トテ、儒典仏書ナドノ如ク説《とき》オカレタル事ナシ。旧事紀《くじき》(5)、古事記、日本紀等アレドモ、是ハ神代ヨリ有ツル事ドモヲ記セルノミナリ。唯朝廷ノ公事、諸社ノ祭祀ニ神代ノ遺風アリ。並ベテノ世ニハ、薄ラギナガラ八雲《やくも》(6)猶消果《はて》ズ、傾ブキナガラ八重垣《やえがき》猶残レルノミゾ、神ノ初メサセ給ヘル験《しるし》ナリケル。

（中略）

和歌ハ百錬ノ黄金ノ指鐶トモナル如ク、以上ノ道ニ通ズルノミナラズ、及ビ世間ノ人情ニモ叶ヘリ。藤原有国ノ和歌序(7)云、用二之ヲ（郷カ）卿人ニ一焉、用二之ヲ邦国ニ一、遊讌歓娯之ノ辞(8)、楽テ且タ康シ、哀傷貶謫之ノ詠(9)、愁テ且悲メリ、行旅餞別之ノ句、惜テ而怨ム、鶯花鳧《ふ》藻《そう》之ノ思ヒ(10)、忕《おごりて》以テ憍レリ云々。カヽル事ヲバ暫ラク置テ、先《まず》歌ハ胸中ノ俗塵(11)ヲ払フ玉箒《たまばはき》(12)ナリ。何人ノヨメルニカ、教訓ノ歌トテ百首俗歌ノ有ヲ昔見侍リシ中ニ、覚エタルハ、

連歌セズ歌ヲモヨマヌ其人ノ
サコソ寝覚ノキタナ《サビシイ》カルラメ

ネザメトシモ云ヘルガオカシク侍リ。夜深クネザメテ思ハヌ事ナク思フニ、詩歌ニ心ヨセム人ハ、雪月花(13)ノ時ヲ恋ヒ、琴詩酒ノ友ヲ慕ヒ、或ハ雲居(14)ハルカニ郭公ヲマチ、或ハ枕ニ近キ蟋蟀《きりぎりす》ヲキヽ、常ナキ事ヲサメニシ夢ニ喩ヘ、限リアル世ヲ残レル燈ニヨソヘテ、心ウチニ動テ言外ニアラハ

ルレバ、松ノ声吟ニ代リ鐘ノ音和ヲナセリ。彼名ヲ墜《おと》シテモ利ヲ得ム事ヲ貪リ、身ヲ傷《そこな》ヒテモ富ヲ求メム事ヲ謀《はか》ル輩ハ、浮ベル雲胸ノ月ヲ隠シ、濁レル水心ノ蓮ヲ越テ、守銭ノ奴弥《いよいよ》マドロム事ヲ得ジ。仮令《たとい》儒教ヲ習ヒ釈典(15)ヲ学べドモ、詩歌ニ心ヲオカザル族ハ、俗塵日日ニ堆《うずたこ》ウシテ、君子ノ跡十万里ヲ隔テ追ガタク、開士(16)ノ道五百駅ニ障《さわ》リテ疲レヤスシ。書舜典云、詩ハ言ㇾ志、歌永スㇾ言ヲ、声依ㇾ永、律和ㇾ声。

(出典)日本思想大系39『近世神道論　前期国学』。

(1)神国　神によって作られた国、また神によって守られた国。(2)史籍　日本書紀以下の歴史書。(3)公事　朝廷の行う公的な仕事。(4)ロヅカラ　口承伝承によって。(5)旧事紀　先代旧事本紀。(6)八雲、八重垣　ともに和歌の意味。(7)藤原有国ノ和歌序　「本朝文粋」巻十一所収。(8)遊讌歓娯　酒盛りなどして遊び楽しむ。(9)哀傷貶讁　官位を落として流される。(10)鳧藻　睦み喜ぶさま。(11)俗塵　心のけがれ。(12)玉箒　掃除するものの美称。(13)雪月花　自然の風物の美しさをいう。(14)雲居　雲の間。(15)釈典　仏典。(16)開士　高徳の仏者。

【解説】　儒・仏の教えに対する「我が国の道」の発見は、一つは「記紀」神話であり、もう一つは、「和歌」の再発見である。後者は、人々の現実社会の中での「欲望の充足」「人情の解放」に支えられて、中世の伝統的な歌学からの自由、儒・仏の禁欲主義・道徳的厳格主義からの自由の要求と結びつき、また、古語、古義の実証的な研究は、やがて古道の探求へとつながっていった。

契沖(一六四〇―一七〇一)は、加藤清正の老臣、下川又左衛門を祖父とし、父は、牢人。十一歳の時、真言の学僧として修行に専念、その後、旧主加藤家の縁故により、泉州池田万町の素封家、伏見屋長左衛門重賢宅に滞留中、歌書・史書・物語など多数の古典籍にふれ、真言の学僧から国文研究の道に入った。和歌を堂上派の占有から解放して社会各層の人々の作品を刊行した下河辺《しもこうべ》長流(一六二七―八六)に学び、長流の万葉集研究を継いで本文の校訂と注釈に努力を傾注した。また従来の解釈に囚われることなく、帰納的・実証的な文献学の方法を開拓するとともに、作品の時代背景を踏まえた厳密な考証を行い、その後の国学の研究に大きな影響を与えた。万葉集の注釈書である主著「万葉代匠記」は、徳川光圀の依頼によるもので師長流の志を引き継いだものである。

286 〔恭軒先生初会記〕(藤塚知直)

学規之大綱

一　神道(1)は我国天皇之道、治国之方、君臣之道厳《おごそか》に、不ㇾ可ㇾ不㆓尊敬㆒《そんけいせざるべからず》。開闢《かいびやく》以来神聖治国之方、……

一　神道(1)は我国天皇之道、不ㇾ可ㇾ不㆓尊敬㆒《そんけいせざるべからず》。開闢《かいびやく》以来神聖治国之方、君臣之道厳《おごそか》に、祭政の法正しき事、国史官牒《かんちょう》(2)を以て事実を考《かんがう》るもの、国学の先務たり。俗学之輩正偽《せいぎ》を弁ぜずして、偽書妄撰《ぎしよもうせん》の造言《ぞうげん》を信じ、偽作《ぎさく》の神託(3)、自作の古語、附《ふ》会夭妄《かいようもう》の説をまじへ説く者は、不ㇾ可ㇾ用事《もちうべからざること》。

一　異国之道不ㇾ可ㇾ用。或は儒に便《たよ》り、或は仏説に習合《しゅうごう》し、理説を以《もつ》て高上に説上《ときあ》げ、仏語を用ひ、虚誕《きょたん》に馳《は》せ、奥秘《おうひ》口訣《くけつ》(4)と称して証文なきは信ずべからず。古記実録を以研《けん》覈《かく》(5)すべき事。

一　国学の儀は誰によらず学《まなぶ》べしといへども、祭神の事、斎戒もなく種々の行法を執行《とりおこな》ひ、巫覡《ふげき》(6)のごとく非分《ひぶん》の願を祈り、神明を瀆《けがす》の類《たぐい》、非礼の至なり。堅《かたく》制すべき事。

一　夫《それ》神道とは、我朝天照大神初て天位を知食《しろしめ》し、君臣の道厳にして、おのづから其明徳天下に充満し、万民各《おのおの》其所を得るは、日神(7)自然の御徳なり。神代紀に所謂《いわゆる》、光華明彩照二徹於六合之内一《ひかりうるわしくくにのうちにてりとおる》、又所謂、日神之光満二於六《く》合《にに》(8)一是也。それより以来日神の道を継《つい》で、世々の天皇天神地祇を祭り、万機《ばんき》の政を天下に施《ほどこ》し給ふ。是自然の道ゆへ別に名付ることとなし。孝徳天皇紀に神道の字初て見へたり。其以前神道とも何とも名付ることなく、只如レ此《かくのごとく》有べき道にて、神代已来《いらい》日神より相伝《あいつたわ》る道ゆへ、跡《あと》より名を付て称すれば、神道と云なり。更に神変不思儀の義にあらず。神道は、天皇の行ひ給ふ祭政を、百官の輩命を奉《うけたまわ》りて勤るのみ。仍《よっ》て臣下として神道を行ふと云べからず。況《いわん》や何《なに》流彼《かの》流と流義を立ることとなし。固《もと》より祭政一なるゆへ、神物官物無レ《しんもつかんもつ》別《わいだめ》(9)と云へり。然共《しかれども》中世《なかむかし》より、神祇官《じんぎかん》の輩は専《もっぱ》ら祭事のみに預り、太政官の輩は国政に預るゆへ、祭事政事分《わかれ》たるがごとし。神祇の官人及び諸社の神職を任じて、祭事を勤《つとめ》しめ、太政官にては、文官武官を任じて、政事を勤しむ。然共皆天皇の祭政故、顕露《あらわに》(10)の事にて、別段の儀にあらず。俗学の輩、神を祭《まつる》のみを神道と心得るはあやまり也。祭政(11)の二つともに神道ゆへ、神職の者も文武の官人も、共に官職位階を給《たまわ》りて、天皇の道を守り、是を勤仕す。士農工商に至《いたる》まで其職を勤る、皆君の為にあらずといふことなし。是神道を守るなり。外に神道とて立るは異端にして、神道にあらずと知るべし。

(出典) 日本思想大系39『近世神道論　前期国学』。

(1)神道　「神道」ということばは、元々、「易経」に由来する言葉できわめて多義的であり、ここでは、「天皇のとり行う祭政」とされ、「国学」と同義に使われている。(2)国史官牒　国が編集した正史や官庁が出した文書。(3)偽作の神託　中世以来の、天照大神、八幡大菩薩、春日大明神などを一幅の掛け軸に書いた三社託宣など。(4)奥秘口訣　一般に公開せず、秘密にしたり、特定の人物に口づてに伝えること。(5)研覈　きわめ明らかにすること。(6)巫覡　神と人との媒介者。女を巫、男を覡という。(7)日神　天照大神は、太陽であり、日神であるとする思想。(8)六合　東西南北と上下で、世界のことだが、ここでは「国」のこと。(9)別　わいだめは弁別、区別の意。(10)顕露の事　死後を「幽冥」というのに対して、現実の世界のこと。(11)祭政　神を祭ることと、政治をすること。

【解説】　藤塚知直は、仙台塩竈神社の神職、恭軒先生とは、江戸中期の垂加流の神道家、吉見幸和(一六七三―一七六一)のこと。知直が、寛保三年(一七四三)、吉見の門を叩き、はじめて会ったときの吉見の話を、宿舎に帰ってからしたためたものという。ここで神道とは、①天照大神が始めた「日神の道」であり、②歴代の天皇が、それを継いで行う祭政であり、③士農工商の庶民によって守られるべき道として、規定されている。また、国学が神道と同義で使われていることに注意。神道と、国学との連続性を考える際に重要な視点である。またここには、神道が、「我が国固有の道」とされ、儒・仏が、「異国の道」として、「用いるべからず」とされていることにも注意。のちの国学や水戸学、ひいては近代の天皇制思想につながるものが少なくない。参考文献として、丸山眞男「政事の構造」『丸山眞男集』第十二巻所収など。

(2)　国学の世界像

287　**〔国意考〕**(賀茂真淵述)

ある人の、我は歌やうの、ちひさきことを、心とはし侍らず[1]。世の中を治めむずる、から国の道をこそといふ。おかれ[2]たゞ笑てこたへず。後にまた其人にあひぬるに、万《よろず》のことをことわるめるに[3]、たゞ笑にわらひて、おはせしは故ありやなどいふに、おのれいふ[4]、そこのいふは、から国の儒とやらむのことか。そは天地のこゝろを、しひていとちひさく、人の作れるわざ[5]にこそあれといふに、いとはら立て、いかで此大道を、ちひさしといふにやといふ。おのれいはく、世の中の治りつるや[6]、いなや承りぬべしといへば、尭舜夏殷周などをもて答《こたう》。おのれいふ、其後にはなきや。答なしと。また問、凡《およそ》から国の伝れる代は、いくばくぞや。こたふ、尭より今まで幾《いく》ち[7]云々《しかじか》。また問、さらばなどや尭より周までのさまなる、其後にあらざりけむや、たゞ百《もも》千々《ちぢ》の世の、いとむかしのみかたよりて、さるよきことのありしぞ、そはたゞむかし物語にこそありけれ、見よ〳〵、世の中のことは、さる理《ことわ》りめきたることのみにては、立ぬ物と見ゆるをといへば、此人いよゝはらだち、むかしのこと、しか〳〵と解《とく》。おのれいふ、なづめり〳〵[8]、かの尭は舜のいやしげなるに譲れりとか、天が下のためなることは、よきやうなれど、こは皇御国《すめらみくに》にては、よしきらひもの[9]てふ物にて、よきに過たるや。さるからに、ゆづらぬいやしげなる者の出て、世をうばひ君《きみ》をころしまつるやうになれり。こはあしきらひ物なり。かくよきにすぐれば、わろきにすぐることの出るぞかし。

○こゝの国は、天地《あめつち》の心のまに〳〵治めたまひて、さるちひさき、理りめきたることのなきまゝ、俄《にわ》かに、げにと覚《さと》ることどもの渡りつれば、まことなりとおもふむかし人の、なほきより、伝へひろめて侍《はべる》に、いにしへより、あまたの御代〳〵、やゝさかえまし給ふを、此儒のこと、わたりつるほどに成て、天武の御時、大なる乱[10]出来て、夫《それ》よりならの宮のうちも、衣冠調度など、唐めきて、万《よろず》うはべのみ、みやびかになりつゝ、よこしまの心ども多くなりぬ。凡《およそ》儒は、人の心のさがしく成行ば、君をばあがむるやうにて、尊きに過《すぎ》さしめて、天が下は、臣の心[11]になりつ。

○又人を鳥獣にことなりといふは、人の方にて、我ぼめにいひて、外をあなどるものにて、また唐人のくせなり。四方の国をえびすといやしめて、其言の通らぬがごとし。凡天地の際に生《いき》とし生るものは、みな虫ならずや。それが中に、人のみいかで貴く、人のみいかむことあるにや。唐にては、万物の霊とかいひて、いと人を貴めるを、おのれがおもふに、人は万物のあしきものとかいふべき。いかにとなれば、天地日月のかはらぬまゝに、鳥も獣も魚も草木も、古のごとくならざるはなし。是なまじひにしるてふことのありて、おのが用ひ侍るより、たがひの間に、さま〴〵のあしき心の出来て、終に世をもみだしぬ。又治《おさま》れるがうちにも、かたみにあざむきをなすぞかし。もし天が下に、一人二人物しることあらむ時は、よきことあるべきを、人皆智あれば、いかなることもあひうちとなりて、終に用なきなり。今鳥獣の目よりは、人こそわろけれ、かれに似ることなかれと、をしへぬべきものなり。されば人のもとをいはゞ、兄弟より別けむ。然るを別に定をするは、天地にそむけるものなり。みよ〳〵、さることをおかすものゝおほきを。

(出典) 日本思想大系39『近世神道論　前期国学』。

(1)心とはし侍らず　大切なこととは考えない。(2)おかれ　おのれ、自分は。(3)ことわるめる　筋道を立てていう。(4)そこ　そこもと、そなた。(5)人の作れるわざ　儒教の道を人が作ったものとするのは荻生徂徠の考え。(6)世の中の治りつるや　儒教で世の中が治まったのかどうか。(7)幾ち　幾千年。(8)なづめり〳〵　とらわれていること。(9)よしきらいもの　よすぎることをきらう。(10)大なる乱　壬申の乱。(11)臣の心　君臣関係が冷たいものとなることをいう。

【解説】 古語から古意へ、そして古道への道は、賀茂真淵(一六九七―一七六九)によって切り開かれた。その場合に、日本の道への探求の一つのきっかけを与えたのは、太宰春台の「日本には、元来道といふこと無く候。…中華の聖人の道此の国に行われて、天下の万事皆中華を学び候。それより此の国の人礼儀を知り、人倫の道を覚悟して、禽獣の行いをなさず、…天下は全く聖人の道にて治まり候と存じ候」(弁道書)という一節であろう。儒教が入ってくるまで日本には、道がなかったというささか挑発的な主張に対して、真淵は、それでは、儒教で中国は治まっていたのか、儒教は、厳しい規範を立てることで、逆に乱を起こす原因になっているのではないかと反論し、聖人の作った「道」に対して、「天地の心」を対置するとともに、人間を、他の動植物同様に自然の一部として捉えようとする。

儒教の規範主義に対して、自然の有り様や人間の社会的現実に即して、政治社会の安定を確保しようとする。そこで発見されたのが、万葉集における「直き心」であり、天皇制に象徴される日本の古道である。

以上のような真淵の思想的特質は、国学登場以前にも儒学思想の受容過程において部分的には散見されたものであるが、国学は儒学に対する違和感を梃子にして、儒教の拠って立つ前提＝基盤をなす世界像とその基礎をなす人間観をトータルに批判したこと、そしてわが国の伝統的な民族感情や生活意識を基盤としてその世界像を構想したことによって、その後の儒学思想にも大きな影響を与えることになった。

賀茂真淵や本居宣長の生活意識や生活実感を形象化したものとして、次に掲げる「もののあはれ」や人欲を肯定する意識がある。

（参考1）『排蘆小船《あしわけおぶね》』

さて其物のあはれをしるといひ、しらぬといふけぢめは、たとへばめでたき花を見、さやかなる月にむかひて、あはれと情《こころ》の感《うご》く、則ち是物のあはれをしるなり。是其月花のあはれなるおもむきを、心にわきまへしる故に感ずる也。そのあはれなる趣をわきまへしらぬ情は、いかにめでたき花見ても、さやかなる月にむかひても、感くことなし。是即ち物のあはれをしらぬ也。其月花のみにあらず、すべて世の中にありとある事にふれて、其おもむき心ばへをわきまへしりて、うれしかるべき事はうれしく、おかしかるべき事はおかしく、かなしかるべき事はかなしく、こひしかるべき事はこひしく、それ〴〵に情の感くが物のあはれをしる也。それを何とも思はず、情の感かぬが物のあはれをしらぬ也。されば物のあはれしるを心ある人といひ、しらぬを心なき人といふなり。

（参考2）『直毘霊《なおびのみたま》』

世中《よのなか》に生《いき》としいける物、鳥虫に至るまでも、己《おの》が身のほど〳〵に、必《ズ》あるべきかぎりのわざは、産巣日《むすびノ》神のみたまに頼《より》て、おのづからよく知《リ》てなすものなる中にも、人は殊にすぐれたる物とうまれつれば、又しか勝《すぐ》れたるほどにかなひて、知《ル》べきかぎりはしり、すべきかぎりはする物なるに、いかでか其《ノ》上《ヘ》をなほ強《しい》ることのあらむ。教《ヘ》によらずては、えしらずえせぬものといはゞ、人は鳥虫におとれりとやせむ。いはゆる仁義礼譲孝悌忠信のたぐひ、皆人の必《ズ》あるべきわざなれば、あるべき限《リ》は、教《ヘ》をからざれども、おのづからよく知《リ》てなすことなるに、かの聖人の道は、もと治まりがたき国を、しひてをさめむとして作れる物にて、人の必有《ズル》べきかぎりを過《すぎ》て、なほきびしく教へたてむとせる強事《しいごと》なれば、まことの道にかなはず。故口《かれくち》には人みなこと〴〵しく言《いい》ながら、まことに然行《しかおこな》ふ人は、世ゝにいと有《リ》がたきを、天理のまゝなる道と思ふは、いたくたがへり。又其《ノ》道にそむける心を、人慾といひてにくむも、こゝろえず。そも〳〵その人慾といふ物は、いづくよりいかなる故にていできつるぞ。それも然るべき理《リ》にてこそは、出来《いでき》たるべければ、人慾も即《チ》天理ならずや。

288〔**直毘霊**《なおびのみたま》〕（**本居宣長**）

凡て此世《ノ》中の事は、春秋のゆきかはり、雨ふり風ふくたぐひ、又国のうへの、人のうへの、吉凶《よきあし》き万事《ノ》、みなことごとに神の御所為《みしわざ》なり、さて神には、善《よき》もあり悪《あし》きも有《リ》て、所行《しわざ》もそれにしたがふなれば、大かた尋常《よのつね》のことわりを以ては、測りがたきわざなりかし、然るを世人《ノ》、かしこきもおろかなるもおしなべて、外国《とつくに》の道々の説《こと》にのみ惑ひはてて、此《ノ》意《こころ》をえしらず、皇国《みくに》の学問《ものまなび》する人などは、古書《いにしえのふみ》を見て、必《ズ》知《ル》べきわざなるを、さる人どもだに、えわきまへ知《ラ》ざるは、いかにぞや、抑吉凶《そもそもよきあし》き万《よろず》の事を、あだし国(1)にて、仏の道には因果とし、漢《から》の道々には天命といひて、天のなすわざと思へり、これらみなひがことなり(2)、そが中に仏道《ノ》説《こと》は、多く世の学者《ものまなぶひと》の、よく弁《わきま》へつることなれば、今いはず、漢国《からくに》の天命の説《こと》は、かしこき人もみな惑ひて、いまだひがことなることをさとれる人なければ、今これを論《あげつら》ひさとさむ、抑天命といふことは、彼国《ノ》にて古《いにしえ》に、君を滅し国を奪ひし聖人の、己《おの》が罪をのがれむために、かまへ出《いで》たる託言《ことつけごと》なり、まことには、天地は心ある物にあらざれば(3)、命《めい》あるべくもあらず、もしまことに天に心あり、理《ことわり》もありて、善人《よきひと》に国を与へて、よく治めしめむとならば、周の代のはてかたにも、必《ズ》又聖人は出ぬべきを、さもあらざりしはいかにぞ、もし周公孔子にして、既に道は備《そなわ》れる故に、其《ノ》後は聖人を出《いだ》さずといはむも、又心得ず、かの孔丘が後、其道あまねく世に行はれて、国よく治まりたらむにこそ、さもいはめ、其後しもいよゝ其道《ノ》すたれはてて、徒言《いたずらごと》となり、国もます〳〵みだれつる物を、今はたれりとして、聖人をも出《いだ》さず、国の厄《まが》をもかへりみず、つひに秦始皇がごと荒ぶる人にしも与へて、人草《ひとくさ》を苦しめしは、いかなる天のひがこゝろぞ、いと〳〵いふかし、始皇などは、天のあたへしに非る故に、久しくはえたもたず、ともいひ枉《まぐ》べけれど、そも暫《しばらく》にても、さる悪人《あしきひと》にあたふべき理あらめやも、又国をしる君のうへに(4)、天命のあらば、下なる諸人《もろびと》のうへにも、善悪《よきあし》きしるしを見せて、善人《よき》はながく福《さか》え、悪人《あしき》は速《すみや》けく禍《まが》るべき理なるを、さはあらずて、よき人も凶《あし》く、あしき人も吉《よ》きたぐひ、昔も今も多かるはいかに、もしまことに天のしわざならましかば、さるひがことはあらましや、さて後世《ノ》になりては、やうやく人心さかしき(5)ゆゑに、国を奪ひて天命ぞといふをば、世人《ノ》の諸《うべ》なはねば、うはべは禅《ゆず》らせて取こともあるをば、よからぬことにいふめれど、かの古《いにしえ》の聖人どもも、実《まこと》は是に異ならぬ物をや、後世の王の天命ぞといふをば、信《うけ》ぬものの(6)、古《いにしえ》人の天命をば、まことと心得をるは、いかなるまどひぞも、古《いにしえ》は天命ありて、後にはなきこそをかしけれ、或人、舜は尭が国をうばひ、禹も又舜が国を奪へりしなりといへるも、さも有《ル》べきことぞ、後世《ノ》の王莽曹操がたぐひも、うはべはゆづりを受て嗣《つぎ》つれども、実《まこと》は簒《うば》へるを以て思へば、舜禹などもさぞありけむを、上代《ツ》は朴《すなお》にして、禅れりと云《ヒ》なせるを、まことと心得て、国内《くぬち》の人ども、みなあざむかれざりし故に、かの莽操がころは、世《ノ》人さかしくて、あざむかれにけらし、悪《あし》きしわざのあらはれけむ、かれらが如くなる輩《ともがら》も、上代《ツ》ならましかば、あはれ聖人と仰がれなましものを、

(出典)『本居宣長全集　第九巻』筑摩書房。
(1)あだし国　ほかの国、外国。(2)ひがこと　僻事、正しくないこと。
(3)天地は心ある物にあらざれば　「易経」には「復は其れ天地の心を見るか」(復象)とあり、自然の反復循環のなかに「心」の存在を認める。
(4)国をしる　国を統治する。(5)さかしき　さかしとは賢しの意。
(6)信ぬものの　信じないのに。

【解説】　契沖、賀茂真淵のあとを受けた本居宣長(一七三〇—一八〇一)は、源氏物語をはじめとする日本の古代文学に人間の心情「もののあはれ」の発露・表現を見出すとともに、主として古事記のなかに「日本の道」＝「神《かむ》ながらの道」を求めた。それは、古語、古意に関する文献学的には極めて実証的な研究であるが、他方では、記紀神話という政治的な作品そのものを対象化し、客観化する視点は持たなかった点で、強いイデオロギー性を持たざるを得ないものとなった。だがその背後には、中国の儒教に対する批判を通して獲得・形象化された、真淵にも共通する世界像があることに注意する必要があろう。本史料は、宣長が、三十九年の歳月をかけて完成した「古事記伝」一之巻に収められたもので、「此の編は、道といふことの論《あげつら》ひなり」とあるように、中国儒学における、聖人、道、天命について批判しつつ、儒学では国は治まらない、日本では、治まっていたためにかえって道ということばが作られる必要がなかったとし、「皇国の神道」について論じたもの。引用部分は、宣長の、儒教批判の背後にある世界像について論述したもので、四季の循環などの自然現象のみならず、政治社会や、個人の身の上についても、すべては、「神の御所為」であるとし、それは、人間の限られた認識能力では、合理的に理解することができないものであるとする。

　このような世界像を背景にして、一方では「道」は、天皇が天下を治める政治の方法であるとして道の実践主体が限定され、他方では被治者の、国の風俗や社会的習俗への随順を説く宣長の国体神学が立ち上げられてくることになる。

(参考1)　『初山踏《ういやまぶみ》』

そも〳〵道といふ物は、上に行ひ給ひて、下へは、上より敷施《キ》し給ふものにこそあれ、下たる者の、私に定めおこなふものにはあらず、されば神学者などの、神道の行ひとて、世間に異な

るわざをするは、たとひ上古の行ひにかなへること有といへども、今の世にしては私なり、道は天皇の天下を治めさせ給ふ、正大公共の道なるを、一己の私の物にして、みづから狭く小く説《とき》なして、たゞ巫覡《ふげき》などのわざのごとく、或はあやしきわざを行ひなどして、それを神道となのるは、いとも〳〵あさましくかなしき事也、すべて下たる者は、よくてもあしくても、その時々の上の掟のまゝに、従ひ行ふぞ、即《チ》古《いにしえ》の道の意には有ける、吾はかくのごとく思ひとれる故に、吾家、すべて先祖の祀《まつり》、供仏施僧のわざ等も、たゞ親の世より為《シ》来りたるまゝにて、世俗とかはる事なくして、たゞこれをおろそかならざらんとするのみ也、学者はたゞ、道を尋ねて明らめしるをこそ、つとめとすべけれ、私に道を行ふべきものにはあらず、されば随分に、古の道を考へ明らめて、そのむねを、人にもをしへさとし、物にも書《キ》遺しおきて、たとひ五百年千年の後にもあれ、時至りて、上にこれを用ひ行ひ給ひて、天下にしきほどこし給はん世をまつべし、これ宣長が志也、

(参考2)『玉勝間』

皇国の学者のあやしき癖

すべて何事も、おのが国のことにこそしたがふべけれ、そをすてて、他《ひと》の国のことにしたがふべきにはあらざるを、かへりて他の国のことにしたがふを、かしこきわざとして、皇国《みくに》のことにしたがふをば、つたなきわざとこゝろえためるは、皇国の学者の、あやしきくせ也、はかなきことながらたとへば、もろこしの国を、もろこしともからともいひ、漢文には、漢とも唐ともかくぞ、皇国のことなるを、しかいふをばつたなし(拙)として、中華中国などいふを、かしこきことゝ心得たるひがことは、「馭戎慨言《ぎよじゆうがいげん》」にくはしく論《あげつら》ひたれば、今さらにいはず、又中華中国などは、いふまじきことゝ、物のこゝろをわきまへたる人はた、猶漢もしは唐などいふをば、つたなしとやおもふらむ、震旦支那など書《ク》たぐひもあ《ン》なるは、中華中国などいふにくらぶれば、よろしけれども、震旦支那などは、西の方なる国より、つけたる名なれば、そもなほおのが国のことをすてゝ、人の国のことにしたがふにぞ有ける、もし漢といひ唐ともいはむを、おかしからずとおもはゞ、漢文にも、諸越とも、毛虜胡鵰とも書むに、何事かあらむ、かく己が国のことをたてたらむこそは、雄々しき文ならめ、他《ひと》の国のことにへつらひよりて書むは、めゝしくつたなきわざにぞ有ける、こはもろこしの国の名のみにもあらず、よろづにわたれる事ぞかし、

(参考3)『古事記伝』巻之一

さて凡て迦微《かみ》とは、古御典等《いにしえのみふみども》に見えたる天地の諸《もろもろ》の神たちを始めて、其《そ》を祀れる社《やしろ》に坐《います》御霊《みたま》をも申し、又人はさらにも云《へ》ず、鳥獣《とりけもの》木草のたぐひ海山など、其余《そのほか》何にまれ、尋常《よのつね》ならずすぐれたる徳《こと》のありて、可畏《かしこ》き物を迦微《かみ》とは云なり、(細注略)抑迦微《かみ》は如此《かくのごと》く種々《くさぐさ》にて、貴《たつと》きもあり賤きもあり、強きもあり弱きもあり、善きもあり悪《あし》きもありて、心も行《しわざ》もそのさま〴〵に随ひて、とり〴〵にしあれば、(細注略)大かた一むきに定めて

は論《い》ひがたき物になむありける、（細注略）まして善きも悪きも、いと尊くすぐれたる神たちの御《み》うへに至りては、いとも〳〵妙《たえ》に霊《あやし》く奇《くす》しくなむ坐《まし》ませば、さらに人の小き智《さとり》以て、其理《ことわり》などちへのひとへも、測り知らるべきわざに非ず、たゞ其尊きをたふとみ、可畏《かしこ》きを畏《かしこ》みてぞあるべき、

⑶　国学的イデオロギーの形成

289〔玉くしげ〕（本居宣長）

さて右のごとく、善神悪神《よきかみあしきかみ》、こも〴〵事を行ひ給ふ故に、世世を経るあひだには、善悪邪正《ぜんあくじやしよう》さま〴〵の事ども有て、或は天照大御神《あまてらすおおみかみ》の皇統《こうとう》にましますす朝廷をしも、ないがしろにし奉りて、姦曲をほしいまゝにし、武威《ぶい》をふるへる、北条足利のごとき逆臣もいでき、さやうの者にも、天下の人のなびきしたがひ、朝廷大に衰へさせたまひて世中の乱れし時などもなきにあらざれども、然れども悪はつひに善に勝ことあたはざる、神代の道理、又かの神勅の大本《たいほん》動くべからざるが故に、さやうの逆臣の家は、つひにみな滅び亡《うせ》て、跡なくなりて、天下は又しも、めでたく治平の御代に立かへり、朝廷は厳然として、動かせたまふことなし。これ豈人力《あにじんりよく》のよくすべきところならんや。又外国のよく及ぶところならんや。さて右のごとく、中ごろ朝廷の大に衰へさせ給へること有しは、天下の乱《みだれ》によりての事とおもふは、普通の料簡なれども、実はこれ朝廷の衰へさせ給ふによりて、天下は大に乱れて、万《よろず》の事もおとろへ廃れしなり。此道理をよく思はずはあるべからず。そも〳〵かの足利家の末《すえ》つかたの世は、前代未曾《みぞう》有の有さまにて、天下は常闇《とこやみ》に異ならず、万の事、此時に至て、こと〴〵く衰敗して、まことに壊乱の至極《しごく》なりき。然るところに、織田豊臣の二将出《いで》たまひて、乱逆《らんげき》をしづめ、朝廷を以《もて》直し奉り、尊敬《そんきよう》し奉り給ひて、世中やうやく治平におもむきしが、其後つひに又、今のごとく天下よく治まりて、古《いにしえ》にもたぐひまれなるまで、めでたき御代に立かへり、栄ゆることは、ひとへにこれ東照神御祖命《あずまてるかむみおやのみこと》の御勲功御盛徳によれる物にして、その御勲功御盛徳と申すは、まづ第一に朝廷のいたく衰へさせ給へるを、かの二将の跡によりて、猶次第に再興し奉らせ給ひ、いよ〳〵ます〳〵御崇敬《ごそうきよう》厚くして、つぎ〳〵に諸士万民を撫《なで》治めさせたまへる、これなり。此御盛業、自然とまことの道にかなはせ給ひ、天照大御神の大御心《おおみこころ》にかなはせたまひて、天神地祇《あまつかみくにつかみ》も、御加護厚きが故に、かくのごとく御代はめでたく治まれるなり。（中略）惣じて武将の御政《まつりごと》は、かの北条足利などの如くに、大本《たいほん》の朝廷を重んじ奉ることの闕《かけ》ては、たとひいかほどに仁徳を施し、諸士を

よくなつけ、万民をよく撫給ひても、みなこれ私のための智術にして、道にかなはず。これ本朝は、異国とは、その根本の大に異なるところなり。（中略）

惣じて国の治まると乱るゝとは、下《しも》の上《かみ》を敬ひ畏るゝと、然らざるとにあることにて、上たる人、其《その》上を厚く敬ひ畏れ給へば、下たる者も、又つぎ〳〵に其上たる人を、厚く敬ひ畏れて、国はおのづからよく治まることなり。さて今の御代と申すは、まづ天照大御神の御はからひ、朝廷の御《み》任《よさし》によりて、東照神御祖命より御つぎ〳〵、大将軍家の、天下の御政《みまつりごと》をば、敷《しき》行はせ給ふ御世にして、その御政を、又一国一郡と分て、御大名たち各《おのおの》これを預かり行ひたまふ御事なれば、其御領内《ごりょうない》〳〵の民も、全く私の民にはあらず、国も私の国にはあらず、天下の民は、みな当時これを、東照神御祖命御代々の大将軍家へ、天照大御神の預けさせ給へる御民なり、国も又天照大御神の預けさせたまへる御国《おんくに》なり。然ればかの神御祖命《かむみおやのみこと》の御定《おんさだ》め、御代々の大将軍家の御掟《おんおきて》は、すなはちこれ天照大御神の御定御掟なれば、殊に大切に思召《おぼしめし》て、此《この》御定御掟を、背かじ頽《くず》さじとよく守りたまひ、又其国々の政事《せいじ》は、天照大御神より、次第に預かりたまへる国政なれば、随分大切に執行《とりおこな》ひ給ふべく、民は天照大御神より、預かり奉れる御民ぞといふことを、忘れたまはずして、これ又殊に大切におぼしめして、はぐゝみ撫給ふべき事、御大名の肝要なれば、下下の事執行ふ人々にも、此旨をよく示しおき給ひて、心得違《たが》へなきやうに、常々御心を付らるべき御事なり。

（出典）『玉くしげ・秘本玉くしげ』（岩波文庫）。

【解説】　先の、自然現象のみならず政治や人事すべてを「神の所為」とする世界像を前提にして、天照大神とその皇孫を基軸にして、政治秩序の安定を図ろうとするもの。宣長は、天下の乱れと朝廷の衰退との関係について、普通は、朝廷の衰えたのは天下が乱れたからだと考えがちだが、そうではなく、朝廷が衰えたから天下が乱れたのだとして、朝廷を不動のものとし、それを政治道徳の基準とすることを主張する。北条・足利を「逆臣」とし、朝廷を尊崇した織田・豊臣氏との間に価値の分割線を引くとともに、国の治乱の原因を下位者の上位者に対する精神態度に求めた。

だがまた、宣長が政治社会の安定の責任を被治者にのみ求めたとするだけでは正しくない。

中国の儒教思想が有徳者君主思想によって為政者の責任を一貫して問い、それが易姓革命を肯定する思想として結実したことは周知のことだが、宣長は、儒学における天と天子との関係を天照大神（朝廷）と大将軍家との関係に置換し、天下や民を天照大神からの預りもの——「公的なもの」——として扱うべきことを主張したのであり、将軍や大名は、そのような責任から自由ではありえなかったからである。寛政元年（一七八九）に刊行された「玉くしげ」は、宣長の居所である和歌山藩主徳川治貞に献上された「秘本玉くしげ」の別巻にあたるもので、宣長の古道論が体系的に論述されており、宣長の世界像を知る上には欠くことのできないものである。とりわけ、朝廷と幕府との関係に新たな意味づけを与えた点で、それ以後の後期国学においてのみならず、水戸学などの儒学思想にも強い影響を与えることになった。

近世初期には「天下の主《あるじ》として依怙ひいき有時は、天下の権柄を天道取上げ給ふ」(「東照宮御遺訓」)として、天下は「天道」からの預りものという観念が普遍的に存在したが、近世後期になると、天が天照大神と置換される思想動向が強くなる。

天下が朝廷からの預りものであるとの観念は、同時期、老中首座であった松平定信においても表明されている(『楽翁公伝』)。

(参考)『楽翁公伝《らくおうこうでん》』

古人も、天下は天下の天下、一人の天下にあらずと申候。まして六十余州は　禁廷より御預り遊ばされ候御事に御座候へば、仮初《かりそめ》にも御自身のものと思召すまじき御事に御座候。将軍と成らせられ天下を御治め遊ばされ候は、御職分に御座候。(中略)御尊貴の御身の上、御職分に背かせられ候へば、御咎の儀も亦重く、天下の患にも相及び候事、和漢の書に相記し候如くに御座候。

声色《せいしょく》を御遠ざけ、御飲食を節せられ候御事、御平生の御心懸第一の御事、御病身に在らせられ候ては天下の大任に御耐へ遊ばされ難く御座候。御養生遊ばされ候て、無疆の寿を御保ち遊ばされ、永く天下を御治め遊ばされ候御事、皇天及び禁廷江の御勤、御先祖様方への御孝心に当らせらるべく候。

290 〔霊《たま》の真柱《みはしら》〕(平田篤胤)

然在《しかれ》ば、亡霊《なきたま》の、黄泉《よみ》ノ国へ帰《ゆく》てふ古説《ふるごと》は、(1)かにかくに立がたくなむ。さもあらば、此ノ国土の人の死て、その魂《たま》の行方は、何処《いずこ》ぞと云ふに、常磐《とことわ》にこの国土に居《お》ること、古伝の趣と、今の現《うつつ》の事実とを考《かんがえ》わたして、明に知らるれども、万葉集の歌にも、〽百足《もも》らず、八十《やそ》の隈路《くまじ》に手向《たむけ》せば、過去《すぎに》し人にけだし相《あわ》むかも」(細字注略)と詠《よめ》る如く、此顕明《あらわに》(2)の世に居る人の、たやすくは、さし定め云がたきことになむ。〈故《かれ》、外《とつ》ノ国説の入来《リ》らざりし前《さき》の世人は、大らかなりし故《から》に、かつても、魂の行方などのことは、さだせざりしことになむ。〉そはいかにと云ふに、遠つ神代に、天神祖命《あまつかむろぎのみこと》の、御定《みさだめ》ましゝ大《おお》詔命《みこと》のまにく、その八十《やそ》隈手《くまで》に隠坐《かくりまし》ます、大国主神の治《しら》する、冥府《かみのみかど》(3)に帰命《まつろい》まつればなり。〈此《こ》は、上ノ件、大国主ノ神の、幽事《かみごと》を治すること云へるところと合《あわせ》考ふべし。〉

抑《そもそも》、その冥府と云ふは、此顕国《うつしくに》をおきて、別《こと》に一処《ひとところ》あるにもあらず、直《ただち》にこの顕国の内いづこにも有《ある》なれども、幽冥《ほのか》にして、現世《うつしよ》とは隔り見えず。故《かれ》もろこし人も、幽冥《ゆうめい》また冥府とは云へるなり。さて、その冥府よりは、人のしわざのよく見ゆめるを、〈此は、古今の事実の上にて、明《あきらか》にしか知らるゝことなれば、今例《ためし》を挙ていはずとも誰も知らなむ。〉顕世《うつしよ》よりは、その幽冥を見ることあたはず。そを譬へば、燈火《ともしび》の籠を、白きと黒きとの紙もて、中間《なかお》よりはり分ち、そを一間《ひとま》におきたらむが如く、その闇方《くらきかた》よりは、明方《あかきかた》のよく見ゆれど、明方よりは、闇方の見えぬを以て、此差別《けじめ》を暁《さと》り、はた幽《かみ》冥《ごと》の、畏《かしこ》きことをも暁《さとり》ねかし。〈但し此はたゞに、顕明《あらわに》と、幽冥《かみごと》の別《わき》をたとへたるのみぞ。その冥府は闇《くら》く、顕世《うつしよ》のみ、明《あか》きとのことにはあらず、な思ひ混《まが》へそよ。実《まこと》は、幽冥も、各々某々《それぞれ》に、衣食住の道もそなはりて、この顕世の状《さま》ぞかし。そは古くは、海宮《わたつみや》の故事《ふること》(4)をおもふべく、また、諸夷《から》にも大倭《やまと》にも、たま〳〵は、現身《うつしみ》ながらに幽冥に往還《ゆきかい》せるものもあるを、然《さ》る事実を、つら〳〵に糺し考へてその状を暁るべし。世の生々しき学びの徒《ともがら》、その幽冥を見むとするに、見えぬものから、なしと思ふは、いと愚なることなり。此を熟《よ》く、心得わきまへざらむかぎりは、いかほど事は泛《ひろ》く知るとも、なほ青々しきものしりぞも。〉

さて、人の死《しぬ》れば、その幽冥に帰《ゆ》くからに、八十の隈路に隠りし如く、何処《いずれのところ》に手向《たむけ》して、逢ふべくとも知《しり》がたかるを、神代の学びを委《くわし》く為《し》て、その神代の神等《たち》の、現世人《うつしよびと》に見えまさねど、今もなほ、其社々《やしろ〳〵》に、御身《みみ》ながらに、隠《かくり》鎮坐《しずまりま》すことをよく弁へ、さて人の上をも考《かんがう》れば、其理《ことわり》の知らるめり。

（出典）日本思想大系50『平田篤胤 伴信友 大国隆正』。
(1)亡霊の…古説　本居宣長の考え。(2)顕明の世　現実の世界。(3)冥府　大国主命が統治する幽冥の世、人が死後にいく所。(4)海宮の故事　海幸山幸の物語。

【解説】平田篤胤(一七七六―一八四三)は、江戸後期の国学者。出羽国秋田郡久保田生まれ。江戸に出て、国学を独習し、宣長の没後門人となる。古学をするものは、倭心《やまとごころ》を堅固にすることが大切で、そのためには、この宇宙の生成過程と死後の霊の行方を知ることが不可欠であるという。そのような観点から、宣長の「古事記伝」に添付された服部中庸の「三大考」を参照しながら、天・地・泉の生成過程を明らかにしようとした。それに加えて、我が国が、伊奘諾《いざなぎ》・伊奘冉《いざなみ》の産んだ国、天照大神の生まれた国、皇孫のしろしめす国であるが故に「万国の宗国」であるとし、また、もともとは、記紀神話における国譲りで、天孫の側に譲られた統治権としての現事と、大国主の側に残された祭祀権としての神事を意味する「顕事―幽事」とを、「見える世界・この世」と「見えない世界・あの世」とを構成する概念として使い、後者における審判の存在を説いた。これによって、人は、死後、大国主命の審判を受けることになる。人の死後、霊魂は、その墓の近くに留まって、子孫の行く末を見守っているとの考えは、後の柳田国男の民俗学を彷彿とさせるものがある。死後の審判という考えには、キリスト教の影響が見て取れる。

291〔**混同秘策**《こんどうひさく》〕（**佐藤信淵**《のぶひろ》）

皇大御国《すめらおおみくに》ハ大地ノ最初ニ成レル国ニシテ世界万国ノ根本ナリ。故ニ能ク其根本ヲ経緯(1)スルトキハ、則チ全世界悉ク郡県ト為スベク、万国ノ君長皆臣僕ト為スベシ。謹テ神世ノ古典(2)ヲ稽《かんが》ルニ、「所知《しらせ》ニ青海原潮之《しおの》八百重《やおえ》ヲ一也」トハ、皇祖伊邪那岐《いざなぎ》大神ノ速須佐之男《はやすさのお》ノ命ニ事依《ことよさし》(3)賜フ所ナリ。然レバ則チ世界万国ノ蒼生(4)ヲ安ズルハ、最初ヨリ皇国ニ主タル者ノ要務タルコトヲ知ル。曾《かつ》テ予〔ガ〕著《あらわし》タル経済大典及ビ天刑要録(5)等ハ、悉ク即チ全世界ヲ安集(6)スルノ法ナリ。

蓋《けだ》シ世界万国ノ蒼生ヲ済救スルハ極テ広大ノ事業ナレバ、先ヅ能ク万国ノ地理ヲ明弁シ、便宜其ノ形勢ニ従テ天意ノ自然ニ妙合スルノ所置ナケレバ、産霊《むすび》(7)ノ法教モ得テ施スベカラザルナリ。故ニ地理学モ亦明ニセズンバアルベカラザル所以ナリ。今夫《いまそれ》万国ノ地理ヲ詳《つまびらか》ニシテ我日本全国ノ形勢ヲ察スルニ、赤道ノ北三十度ヨリ起テ四十五度ニ至リ、気候温和、土壌肥沃、万種ノ物産悉《ことごとく》満溢セザルコト無ク、四辺皆大洋ニ臨ミ海船ノ運漕ノ其便利ナルコト万国無双、地霊ニ人傑(8)ニシテ勇決(9)他邦ニ殊絶シ、其形勝(10)ノ勢自ラ八表(11)ニ堂々トシテ、天然宇内ヲ鞭撻(12)スベキノ実徴全備セリ。此ノ神洲ノ雄威ヲ〔以〕テ蠢爾《しゅんじ》(13)タル蛮夷ヲ征セバ、世界ヲ混同シ万国ヲ統一センコト、何ノ難キコトカ有ラン哉。嗟乎《ああ》造物主(14)ノ皇御国ヲ寵愛《いつくしみ》給フコト至レリ尽セリ。

蓋《けだ》シ皇大御国モ、天孫(15)ノ天降《あもり》以後ハ、人君、太古神世ノ法教ニ従事セズシテ遊惰放埒ニ数多ノ年所(16)〔ヲ〕送リ、烈婦ヲ嫌《きらい》美女ヲ愛シテ其ノ天年(17)ヲ傷《やぶ》リ、経済ノ要務ヲ蔑如シテ無益ノ経営ニ奢靡ヲ逞《たくましく》シ、夫妻和セズ家政斉《ととの》ハズ兄弟相《あい》争ヒ親戚相殺シテ其ノ国家ヲ堕落シ、遂ニ君不レ君《タラ》臣不《ル》レ臣《タラ》ノ風俗ト為レリ。故ニ大名持《おおなむち》・少彦名《すくなひこな》(18)ノ規模頽敗シテ国体ヲ衰微セシコト既ニ久シ。故ニ邪魔(19)浮屠(20)等ノ説盛ニ行ハレ、世ニ真教ヲ知レル者ノ有ルコト無キニ至レリ。故ニ澆季(21)ノ愚俗ハ、支那・天竺等其国ノ広大ナルヲ聞キ、且《かつ》皇国ノ土地小ニ気勢ノ弱キヲ見テ、予ガ混同大論ヲ聞ト雖ドモ、或ハ捧腹(22)シテ其量ヲ知ラザル者トシ、実ニ皇国ニ万国ヲ使令スベキノ天理ノ有コトヲ覚《さとる》コト無シ。即是「下士ハ道ヲ聞テ大笑フ(23)」ノ諺ノ如ク、所謂笑ハザレバ道トスルニ足ラザル者是ナリ。

（出典）日本思想大系45『安藤昌益　佐藤信淵』。
(1)経緯　治める。(2)神世の古典　記紀の、天照・素戔嗚・月読《つくよみ》の分治。(3)事依　委任する。(4)蒼生　人民。(5)経済大典及ビ天刑要録　所伝不明。(6)安集　安らかにする。(7)産霊　高皇産霊神《たかみむすびのかみ》と神皇産霊神《かみむすびのかみ》の二神。(8)地霊ニ人傑ニ　土地が優れ、人も優れている。(9)勇決　勇ましいこと。(10)形勝　地勢・風景などが優れていること。(11)八表　四方と四隅で全世界。(12)鞭撻　むち打つ、こらす。(13)蠢爾　無知で道理を弁えない。(14)造物主　注(7)に同じ。(15)天孫　天照大神の孫瓊々《にに》杵《ぎ》尊。(16)年所　歳月。(17)天年　寿命。(18)大名持・少彦名　日本書紀に出てくる大己貴神《おおなむちのかみ》と少彦名で、ともに国土経営に従事。(19)邪魔　邪道。(20)浮屠　仏教。(21)澆季　末の世。(22)捧腹　腹を抱えて笑う。(23)下士ハ…　「老子」第四十一章「上士は道を聞けば、勤めてこれを行う。中士は道を聞けば、存するが若《ごと》く亡するが若し。下士は道を聞けば、大いに之を笑う。笑わざれば以て道と為すに足らず」による。下等な者に笑殺されるようでなければ真理とはいえないの意。

【解説】　佐藤信淵(一七六九―一八五〇)は、江戸後期・幕末の経世家。その主張の中心は、物産開発と交易による富国の実現であるが、平田篤胤の宇宙生成論を取り入れて、中央集権的な国家構想を提示した。この「混同秘策」では、宇内一帝説にもとづき昭和のファシズム期に進められる中国大陸への海外経略が説かれている。出羽の国雄勝《おがつ》郡に生まれ、父に従って、奥羽・関東を遊歴中、天明の飢饉にあって窮民の悲惨な状況を目撃し、「経済トハ、国土ヲ経営シ、物産ヲ開発シ、部内ヲ富豊ニシ、万民ヲ済救スルノ謂いナリ」との立場から、多くの経済論を著した。

　近世の儒学・国学の参考文献として、子安宣邦『江戸思想史講義』岩波書店、一九九八年など。

3　幕藩制の動揺とイデオロギーの再編

(1)　寛政異学の禁とその周辺

292

〔正学指掌付録〕(尾藤二洲《にしゅう》)

古文辞学ハ、物徂徠ヨリ起ル。余初年学ビタル故ニ能《よく》ソノ意ヲ知レリ。其学ノ主トスル所ハ功利(1)ニアリテ、聖人ノ言ヲ仮《かる》ハ縁飾《えんしょく》(2)マデナリ。道ハ先王ノ作リ玉ヘル者ニテ(3)、自然ノ理ニアラズ、安天下ノ具ニテ、当行ノ路ニ非ズトイフコト、其綱要ノ処ニテ、皆功利ニ本ヅキタリ。畢竟ハ道トイフモ、聖人ノ天下ヲ理《おさ》メ玉ヘル法ヲ今ニ伝ヘタルニテ、今時ノ掟ノ如キ者ナリ。六経トイフモ、御成敗式目(4)ノ如キ者ナリトイヘルナリ。コノ起リハ、カノ老平生功利ヲノミ心懸シヨリ、何ヲ見テモ、ソノ姿ニ思ヒナシ居タル処ニ、仁斎(5)ガ説ヲ聞キ、略《ほぼ》其意ニアタル所アルヲ悦ビテ、又面ヲ換(6)ヘ頭ヲ改メテ即チ建立シ出セルナリ。荀卿(7)奇ヲ好テ思孟(8)諸賢ヲ謗リ、其門人李斯《りし》(9)遂ニ聖人ノ書ヲ焚《やけ》ルガ如シ。異ヲ好《このむ》ノ弊懼《おそ》ルベキコトニ非ズヤ。ソノ礼楽ヲ専《もっぱ》ラ説ルモ、亦カノ式目ノ意ナリ。今又彼ガ大意ヲ取リテイハン。先王(10)ト中スモ開国ノ君ヲイヘルニテ、実ハ漢祖唐宗モ同ジコトナリ。タヾ其智勝《まさ》リタルユヘ、式目ヲ立ラレシ処ガ、後ノ帝王ニ越テ好《よ》キナリ。其式目ニ礼楽トイフ者ヲ作リ、ソレニテ政ヲセシユヘ、其世ノ風俗秦漢以後ノ及バヌコトアルナリ。今政ヲ為ル者、カノ古キ蹤《しょう》(11)ヲ追ハヾ、是聖人ノ道ヲ行フトイフ者ナリ。政ニ与《あずか》ラヌ者ハ、タヾ先王ノ道ヲ明カニスルノミナリ。先王ノ道ヲ明カニスルトハ、カノ礼楽ノ説ニ通ズルヲイフ。モシ礼楽ナケレバ、先王ノ道モナシト、大意是程ノ事ナリ。左レバ其学タヾ理民ノ術(12)ノミニテ、自己ノ身心ハ置テ問ハザルナリ。故ニ身ニ非法ノ事ヲ為レドモ恥トセズ。其徒ミナ先王ノ礼、先王ノ義ナドイフコトヲ口実トスレドモ、其志ハ蘇張(13)ニ過ギズ。或ハ嵆阮《けいげん》(14)ガ放蕩ニナラヒテ一世ヲ傲睨《ごうげい》(15)セントス。モシソレニ向ヒテ義理ヲ説ク者アレバ、耳ヲ掩ヒテ腐儒ノ陋見ト嘲リ笑フ。カヽル輩世ニ多クナリテ、淫縦奇怪(16)ノ行ヲスル者往々ニ蔓《はびこ》レリ。ソレヲ余リノ事ト思ヒシニヤ、彼ガ門人太宰某(17)ハ、脩身ノ事ヲモ説キテ、其身ヲモ堅ク持テリ。サレドモ偏執ナルコト愈甚ク、徂徠ガ敢テ言ハザルコトヲモ説キ出セリ〈孟子論・小学論ノ類〉。固ヨリ挙ゲ論ズルニ足ラズ。サテ礼楽ノ事ハ、今已《すで》ニ亡ビテ、且《そのうえ》此方ニ行ヒ難キコトナレバ、姑《しばら》クコノ説ヲナシテ縁飾セルマデニテ、実ハ唯功利ノ事ノミヲ心懸ルコトナルヲ、吠声《べいせい》ノ徒(18)、弁ヘ知ラズシテ、礼楽礼楽トイヒテ、一生ヲ送リ過スコト、返ス〱モ怪ムベキコトナリ。是ハ彼ガ徒タル者、タヾ詩文ノミヲ一生ノ事業トシテ、年月ヲ暮スユヘ、心ツカズト見ユ。モシ道トイフ者ニ心ツキナバ、道ハ礼楽ノミ。礼楽ハ今亡ビヌ。コハイカニ先生ハ何ヲカ道トセラレシト、始テ驚キ思フベキカ。誠ニ浅キ(19)丈夫トイフベシ。

(出典)　日本思想大系37『徂徠学派』。

(1)功利　動機よりも結果の利害を優先する考え方。(2)縁飾　かざり。自説を正当化するために、聖人の言葉で粉飾する。(3)道ハ…　徂徠の道についての考え方は、史料276の「参考」参照。(4)御成敗式目　鎌倉時代、執権北条泰時が制定した法典。(5)仁斎　朱子学を批判し、孔・孟子に帰るべきことを主張した伊藤仁斎。(6)面ヲ換ヘ　表面だけをかえる。(7)荀卿　荀子のこと。荀子が孟子の性善説を批判し、性悪説を主張したことをいうか。(8)思孟　孔子の孫の子思と孟子。(9)李斯　秦の始皇帝に仕えた法家の政治家。(10)先王　中国古代の天子。(11)蹤　事跡。(12)理民の術　民を治める方法。(13)蘇張　中国の戦国時代にそれぞれ合従と連衡を説いた蘇秦と張儀。政治優先の論理をいうか。(14)嵆阮　魏の嵆康《けいこう》と阮籍いずれも竹林の七賢。老荘思想の影響をいうか。(15)傲睨　おごりたかぶること。(16)淫縦奇怪　放蕩でけしからぬこと。(17)太宰某　徂徠の弟子、太宰春台のこと。(18)吠声ノ徒《ともがら》　徂徠学派のことを貶めて謂う。(19)浅キ　「賤しき」の誤記か。

【解説】　寛政二年(一七九〇)、老中首座松平定信による寛政異学の禁は、幕府によって発せられたものであるが、社会的な前史があった。朱子学を批判して独自の古文辞学を打ち立てた徂徠学は、一世を風靡したが、服部南郭をはじめとして、徂徠の弟子たちの多くは詩作を中心とした。当時の社会は、固定した身分制社会であり、学問や個人の能力が社会的な価値の配分に与れる訳ではなかった。そのため、彼等は、社会的に解放されることはなく、詩作という趣味の領域・個人の精神世界でのみ、自らの鬱屈を晴らすよりほかはなかった。「儒学説としての徂徠学の政治優先・人情肯定の主張が、末端で放蕩無頼の風を生んだ」(日野竜夫)。その結果、聖人の道は、安天下の為に中国古代の帝王が作為したもので、天地自然のものではないとする徂徠の儒学説に対する批判とともに、詩文派の行動が風教に害があるとして非難の対象となった。本史料は、徂徠及びその学派の一面を活き活きと捉えている。尾藤二洲(一七四七—一八一三)は、のち昌平坂学問所の教授になった。なお当時、広島藩儒頼春水《らいしゅんすい》(一七四六—一八一六)も、朱子学による藩学の統一をはかることを主張し、幕府による教学統制に強い熱意を示していた。幕府による「異学の禁」はこのような社会的な動き・要請を踏まえて出てきたことに注意されたい。

この時期の参考文献として、辻本雅史『近世教育思想史の研究』思文閣出版、一九九〇年などがある。

(2)　幕藩制改革の思想と朝幕関係

293　〔政語〕(**松平定信**)

第八則　儲積《ちょせき》を備ふる事を論ず

国に儲積(1)なければ尭舜(2)といへども治る事能《あた》わず。昔尭のとき九年の間洪水あり、湯(3)のとき七年の間ひでりせしことあれ共、国中饑《うえ》こゞへたるものゝなきは、儲積多くして、平日の備へたればなり。後世に至りて土地古より広まり、人民古しへより多くして、たくはへを平日に備ふる事あたはざるは、礼を以て財用の節を制する事をしらざるゆへなり。もし然らざれば、耕せども地の力を尽す事能《あたわ》ざるか、民農業にうとく、むだのあそびして本をわすれ末利を貪るもの多きか、山沢の利いまだこと〴〵く出ざる故なるべし。慈愛のこゝろ(4)ありて能《よき》ことになれたるものを択び、これらの事に力を尽さしめ、民をいたわり農桑をすゝめ、税斂(5)を軽くし儲積を広《ひろく》して、洪水・大旱の年民をすくふの備へをなせば、両三年の不熟有とも上下安穏にして、隣国の民迄も仁政をしたふて其国にあつまり益《ますます》とみさかふべし。今是を平日に備へず、水旱の年に至りて俄《にわか》に富民の宝を奪へども、出る所限りあれば餓死するものみちにみちて救ふ事あたはず、国中離散して怨み下にあまねし。尚且《かつ》威を以ておどし、巧みいつはりわづかの利をあらそひ、算計の細巧《さいこう》をなすこと商人にまされども、国ます〳〵困窮するは政の要務をしらざればなり。凡《およそ》大人一日食せざればかならず饑《う》ゆ、終年(6)衣を製ざれば必さむし。今腹うゆれども食ふ事を得ず、はだへ寒けれども其子を養ふ事あたはず。君の心仁なりといへども民を保《やすん》ずる事能はず。元より年に豊凶あるは天の行なり、今年豊なりとも、明年の水旱疾疫あらかじめ知るべからず。故に国を治るものはあらかじめ凶荒に備ふ。凡《およそ》仁者の国民を見る事たとへば我身に疾痛疴《あ》痒《よう》あれば医療保護いたらざる所なきがごとし。民の艱難を見る事又我身の疾痛疴痒のごとくなれば、民其君のことをみる事手足の心腹を助くるが如し。(7) 故に民のうれいを憂るものは、民も又其うれいを愁ふ、民のたのしみをたのしむものは、民も又其楽をたのしむ。民のうれいをうれへず、たみとたのしみを同じうせざるは、独夫《どくふ》(8)とて桀紂(9)の行なり。礼記王制の篇に、「国無《ニ》二九年之蓄《クバ》一曰《フ》二不足《ナリト》一、無《ニ》二六年之蓄《クバ》一曰《フ》レ急《ナリト》、無《ニ》二三年之蓄《クバ》一曰《フ》三国非《ズト》二其《ノ》国《ニ》一」といへり。是はたとひ九年の間五穀不熟なりとも、国中をやしなふほどの蓄をそなへ置べき事をいふなり。故《ゆえに》九年の蓄なきを不足とす。又六年のたくはへなふして、もし饑饉しきりにつゞき、或は其間にはからざるの変事あらば、国用乏ふして国危ふし。ゆへに六年の蓄なきを急といふ。然れども六年の蓄なきは猶国を守るべし。三年の貯はへなふして饑饉しきりにいたりぬれば、公私みなとぼしうして餓死するものおほく、民離散するにいたる。故に国其国にあらずと云。国の国たるは民ある故なり、民のたみたるは衣食有故なり。上仁政なふして衣食ともしく、民離散して国荒廃すれば、誰か上を養ふものあらんや。

（出典）日本思想大系38『近世政道論』。

(1)儲積　貯え。(2)尭舜　尭も舜もともに中国古代の理想的な君主。(3)湯　殷王朝の創設者。(4)慈愛のこゝろ　人君は、これを持つべきであるとする。(5)税斂　租税をとりたてること。(6)終年　ここでは一年のこと。(7)民其君のことを…　君主が民を大事に思えば、民も君主を大事に思うようになるとの意味。孟子の「土芥寇讐説」に同じ。史料203の「参考」参照。(8)独夫　悪い政治を行って民から見放された君主。(9)桀紂　桀も紂もともに中国古代の悪徳の君主。

【解説】　近世前期において、新井白石が、儒教の理想主義に基づく政治を行ったとすれば、後期において、そのような役割を担ったのは、松平定信（一七五八―一八二九）であろう。定信は、八代将軍吉宗の孫（田安宗武の子）であるが、十七歳の時、奥州白河城主松平越中守定邦の養子となり、天明三年、二十六歳で、襲封。この年、東北地方は大飢饉に見舞われたが、定信は機敏に対応し、一人の餓死者も出さなかったという。このような経歴を買われて、四年後の天明七年、三十歳で老中に、翌年には将軍補佐に就任、田沼政治の悪弊と天明の飢饉に揺らぐ政治的危機克服の切り札として登場した。その間、改革政治を強権的に遂行し、とりわけ自然経済の維持、農民の「人返し」、備荒貯蓄、困窮者の救済に成果をあげた。本史料には孟子の仁政思想の影響が強く表われている。「参考」も同様。なお「政語」を秋田藩儒村瀬栲亭の著作とする説もある。

あしかけ六年の後、幕府の役職を辞し、藩政に復帰すると、趣味と著作に専念した。ちなみに定信の子も信濃・松代藩主の養子となり、のち水野忠邦の推挙で老中となった。佐久間象山の主君、真田幸貫がそれである。次の「参考」に掲げる、天明期に藩政改革を行い「名君」として名高い米沢藩主上杉治憲（鷹山）も養子であった。一般に徳川社会は、固定的な身分制と長子相続制を基本とするが、同時にまた、中国や韓国とは異なり、「家」＝経営体を維持するために、血筋のみならず、能力主義が併用されていたことにも注意する必要がある。養子制度がそれである。

（参考）　伝国の詞

天明五年二月七日御隠居御願済の日、治広公へ被レ進なり。

一　国家は先祖より子孫へ伝候国家にして、我私すべき物には無レ之候。

一　人民は国家に属したる人民にして、我私すべき物には無レ之候。

一　国家人民の為に立たる君にして、君の為に立たる国家人民には無レ之候。

右三条御遺念有間敷候事。

天明五巳年二月七日　　治　憲

治　広　殿机前

294〔新論 国体 上〕（会沢正志斎）文政八年（一八二五）

帝王(1)の恃《たの》んで以て四海を保ちて、久しく安《やすらけ》く長く治まり、天下動揺せざるところのものは、万民を畏服し、一世(2)を把《は》持《じ》するの謂《いい》にあらずして、億兆(3)心を一にして、皆その上に親しみて離るるに忍びざるの実《じつ》こそ、誠に恃むべきなり。夫《そ》れ天地の剖判《ほうはん》し(4)、始めて人民ありしより、天胤《てんいん》(5)、四海に君臨し、一姓歴歴として、未だ嘗《かつ》て一人も敢へて天位を覬《き》覦《ゆ》(6)するものあらずして、以て今日に至れるは、豈《あ》にそれ偶然ならんや。夫れ君臣の義は、天地の大義なり。父子の親《しん》は、天下の至恩なり。義の大なるものと、恩の至れるものとは、天地の間に並び立ち、漸漬《ぜんし》積累して、人心に洽浹《こうしょう》(7)し、久遠にして変ぜず。これ帝王の天地を経緯し億兆を綱紀する所以《ゆえん》の大資なり。

昔者《むかし》、天祖、肇《はじ》めて鴻基《こうき》(8)を建てたまふや、位はすなはち天位、徳はすなはち天徳にして、以て天業(9)を経綸し、細大のこと、一も天にあらざるものなし。徳を玉に比し、明を鏡に比し、威を剣に比して、天の仁を体し、天の明に則《のっと》り、天の威を奮ひて、以て万邦《ばんぽう》に照臨したまへり。天下を以て皇孫(10)に伝へたまふに迨《およ》んで、手づから三器(11)を授けて、以て天位の信《あかし》となし、以て天徳に象《かたど》りて、天工に代り天職を治めしめ、然る後にこれを千万世《せんばんせい》に伝へたまふ。天胤の尊きこと、厳乎《げんこ》としてそれ犯すべからず。君臣の分《ぶん》定りて、大義以て明らかなり。天祖の神器を伝へたまふや、特に宝鏡を執り祝《ほ》ぎて曰く「これを視ること、なほ吾を視るがごとくせよ」と。而して万世奉祀《ほうし》して、以て天祖の神となし、聖子神孫(12)、宝鏡を仰ぎて影《えい》をその中に見たまふ。見るところのものは、すなはち天祖の遺体にして、視ることなほ天祖を視るがごとし。ここにおいてか盥薦《かんせん》(13)の間神人相感じて、以て已むべからざれば、すなはちその遠きを追ひて孝を申《の》べ、身を敬《つつし》んで徳を修むること、また豈《や》に已むことを得んや。父子の親《しん》は敦《あつ》くして、至恩は以て隆《さか》んなり。天祖すでにこの二者を以てして人紀《じんき》(14)を建て、訓《おしえ》を万世に垂れたまふ。夫《そ》れ君臣や、父子や、天倫の最も大なるものにして、至恩は内《うち》に隆んに、大義は外《そと》に明らかなれば、忠孝立ちて、天人の大道、昭昭乎《しょうしょうこ》としてそれ著《あらわ》る。忠は以て貴《き》を貴《たっと》び、孝は以て親《しん》を親しむ。億兆のよく心を一にし、上下のよく相親しむは、良《まこと》に以《ゆえ》あるなり。もし夫れ至教(15)の不言に存し、百姓《ひゃくせい》(16)の日に用ひて知らざるものは、これその故《ゆえ》何ぞや。天祖は天に在りて、下土に照臨したまひ、天孫は誠敬を下に尽《つく》して、以て天祖に報じたまひ、祭政(17)これ一、治むるところの天職、代るところの天工は、一として天祖に事《つか》ふる所以にあらざるものなし。祖を尊びて民に臨めば、すでに天と一たり、故に天と悠久を同じくするも、またその勢のよろしく然るべきなり。故に列聖の大孝を申《の》べたまふや、山陵(18)を秩《まつ》り、祀典(19)を崇《たっと》ぶは、その誠敬を尽す所以のものにして、礼制大いに備りて、その本に報い祖を尊ぶの義(20)は、大嘗《だいじょう》に至りて極《きわま》れり。

（出典）日本思想大系53『水戸学』。

(1)帝王　政治的君主。(2)一世　その時代。(3)億兆　万民。(4)天地の剖判　天と地が初めて分かれること。(5)天胤　天祖＝天照大神の血統をひく子孫で天皇のこと。(6)覬覦　分不相応なことをうかがい願うこと。(7)洽浹　広くいきわたる。(8)鴻基　建国の基礎。(9)天業　天工に同じ、天の仕事。(10)皇孫　天照大神の孫、瓊々杵尊《ににぎのみこと》が高天原《たかまのはら》から降臨して、葦原の中津国の主となったことから、代々の天皇は皇孫といわれる。(11)三器　天皇の知・仁・勇の証としての三種の神器。(12)聖子神孫　歴代の天皇。(13)盥薦の間　手を洗い清めてから、供物を神前に進めるまでの間。(14)人紀　人の踏み行うべき道。(15)至教　大切な教え。(16)百姓　万民。(17)祭政　神を祭ることと政治をすること。(18)山陵　山の上にある歴代天皇の墓。(19)祀典　祭祀に関する儀式。(20)本に報い祖を尊ぶ　万物の存在は天にもとづき、人間の存在は祖にもとづくとの考えから、親・祖先を大切にすること。

【解説】　この時期、近世の思想展開と、宝暦以来の社会変動を踏まえて新しい国家イデオロギーが形成されつつあった。その一つが、水戸学である。後期水戸学の創始者、藤田幽谷の薫陶を受けつつも、会沢正志斎(一七八二―一八六三)は、徂徠学的な思惟方法の中に宣長国学を取り込んで、後に近代天皇制国家のイデオロギー的支柱となる国体論を理論的に体系化した。それは、政治の原理は、中国古代の帝王によって作為されたとの徂徠の学説を踏まえ、我が国における政教の原理は、古事記や日本書紀などにおいて立てられたとの、宣長の思想系譜を継承し、記紀神話のなかに臣民の拠るべき道徳原理を看取しようとするものである。「君臣の義」「父子の親」において、具体的に説かれるのは、儒教とは異なり、上に立つ「君」や「父」の道徳ではなく、「忠」や「孝」など下位にある者の道徳であることに注意されたい。また祭政一致とは政治の宗教化であり、宗教の政治化である。

　後に見るように、このような国体論を基盤にして、天保期、徳川斉昭《なりあき》によって藩政の改革が遂行され、藤田東湖《とうこ》らによって尊王攘夷思想が主体化されることになる(史料352参照)。

295〔賀茂石清水両社臨時祭御再興の宸翰御趣意書〕(**光格天皇**)

石清水八幡宮・賀茂皇太神宮下上社は、吾が邦《くに》無比の宗廟にして、累代朝家の崇敬、他に異る者なり。往年恒例及び臨時の祭祀有り。而るに中絶の後、恒例の祭に於いては、両社同じく既に再興せられ、今に連綿として絶えざる者なり。臨時の祭に於いては、中絶の後、数百年の星霜を経歴するも、而《しか》も再興の条無し。其の恐実に少からざる者なり。窃《ひそか》に聞く、桜町聖皇(1)、既に叡慮有らしめたまひきと云々。愚は宗室の末葉(2)にして、而も不測の天運により、辱《かたじけな》くも至尊の宝位(3)に登る。誠に神明・社稷(4)の擁護蔭福(5)なり。然らば則ち偏《ひとえ》に神事(6)を再興するを以て先務と為す。而して神明の恵恩の万分の一に報い奉らむと欲するの旨趣は、勿論の事なり。抑《そもそも》大祀の新嘗(7)及び九月の神嘗(8)奉幣、并に両社恒例四・八月の祭祀等は、元和より已後、連連再興せられ了んぬ。而るに両社の臨時の祭は、最も廃絶す可からざるの理義(9)、各先規を存ずる者か。愚固《もと》より不肖不徳にして、偏に上は神明・宗廟の和光同塵(10)の恩覆(11)に依り、下は執柄《しっぺい》・幕府の文武両道の輔佐を以て、在位安穏なること、既に二十有余年に及べり。朔旦旬・新宮旬(12)等の再興、其の他の諸公事、節会《せちえ》(13)より始めて巨細の事に至るまで、各潤飾を加ふるの者、枚挙す可からず。幸甚幸甚。何ぞ毫端《ごうたん》を尽さむや(14)。而も只恐るるは、神事の大事、未だ一箇として再興有らざることなり。神慮(15)如何。恐怖す可きの甚しきに非ずや。古来神事数多く、各廃絶す可からずと雖も、就中《なかんずく》両社の臨時の祭に於いては、深く故事有るか。月次《つきなみ》神今食(16)、是れ又重事為《た》り。然れども年年新嘗祭連綿として遂行するに於いては、聊《いささか》神意を慰む可きものか。皇太神宮に相続ぎて(17)は、石清水・賀茂は、最も他に異ると為す。而るに臨時の祭は数年中絶す。寔《まこと》に敬神の意に背き、実に発端の旨を謬《あやま》れり。再興せずして須臾《しゅゆ》(18)も五内(19)を安んず可けむや。斯《かく》の如き懇篤志願の意旨、執柄は勿論両伝[20]等、深く思惟を加へ、篤《とく》と勘弁を凝《こら》して、厚く所司代[21]に談じ、成就を以て専要と為す可きの事。
上皇[22]の御気色[23]相伺ふの処、最も御同意あり。速に其の沙汰有る可しと、厚深の仰《おおせ》共之有る事。

百二十代(御花押)

(出典) 辻善之助監修『歴代詔勅集』目黒書店、一九三八年。
(1)桜町聖皇　第一一五代桜町天皇(在位、一七三五—四七)。(2)宗室　天皇家。(3)至尊の宝位　天皇の位。(4)神明・社稷　神と国家。(5)蔭福　おかげ。(6)神事　天皇が行う神に仕える諸行事。(7)新嘗《にいなめ》　その年にできた米を神に捧げて、神に感謝する祭り。(8)神嘗《かんなめ》　その年の新穀を伊勢神宮に供進する儀式。(9)理義　道理。(10)和光同塵　隠れた知恵の光。(11)恩覆　おかげ。(12)朔旦旬・新宮旬　月の初め。(13)節会　公事のある日に行われる宴会。(14)毫端を尽さむや　毫端は筆の穂先の謂であるが、これだけでは充分でないの意味。(15)神慮　神の考え。(16)月次神今食　陰暦六月・十二月の十一日に神々に幣帛を奉り、天皇および国家の安泰を祈請する祭り。かむいまけ、じんごんじき。神今食は天皇自ら調理した神膳を供え、神とともに共食・共寝する儀式。(17)皇太神宮　伊勢神宮。(18)須臾　すこしの時間も。(19)五内　身体全体あるいは心中。(20)両伝　伝奏の意味、天皇と武家との意思疎通を図るための公家の役職。(21)所司代　京都所司代。(22)上皇　後桃園上皇。(23)御気色　お考え。

【解説】 江戸時代の天皇は、一〇八代後水尾天皇から孝明天皇まで、十四代を数えるが、その内、一〇九から一一二代の明正《めいしょう》、後光明、後西《ごさい》、霊元までは、いずれも後水尾の皇子女で、後水尾の院政が続いた。一一三代東山天皇の没後の一七一〇年、新井白石による閑院宮家の設立があり、一一五代桜町天皇の時、五十一年ぶりに大嘗祭が復興、宇佐・春日その他の奉幣使差遣も復活した。次の桃園天皇の時には、神道家竹内式部が公家衆に垂加流の神道を説き、それを公家たちが天皇に進講したことに関白近衛内前ら重臣層が危機感を持ち、京都所司代に訴えるという宝暦事件が起きた。また一一九代光格天皇の時には、天皇が、自分の実父に太上天皇の称号を贈りたいと幕府に申し入れたが、松平定信に反対されるといういわゆる尊号事件が起こった。朝廷と幕府の間の確執である。
光格天皇は、一八一七年、四十八歳で譲位の後も院政を行い、強烈な君主意識で朝儀の再興に努めた。本史料は、賀茂・石清水両社の臨時祭りの再興を求めるもので、幕末における天皇の、政治舞台への登場は、朝廷の側からも兆し始めていたことに注意されたい。

(3)　変化する歴史意識

296
〔柳子新論　正名　第一〕(山県大弐《やまがただいに》)

柳子曰く、物、形なくして名あるものあり。形ありて名なきものは未だこれあらざるなり。名の以て已《や》むべからざるや、聖人これに由りて以て教をその中に寓す。昔、周公[1]、名を百官に正して、万国その仁に服す。仲尼[2]、名を礼楽に正して、天下その徳を称せり。老聃《ろうたん》[3]、乃ち謂ふ、有名は万物の母と。荘周(4)もまた曰ふ、名は実の賓(5)なりと。儒家の修する所、法家の習する所、一にして足らず。我が東方の国たるや、神皇(6)、基《もとい》を肇《はじ》め、緝熙穆穆《しゅうきぼくぼく》、力《つと》めて利用厚生の道を作《おこ》し、明明たるその徳、四表に光被する者一千有余年なり。衣冠の制を立て、礼楽の教を設くるは、周召(7)のごときあり、伊傅《いふ》(8)のごときあり。民、今に到るまで、その化を被らざるなし。これよりその後、昭宣・忠仁(9)の諸公、武を聡王(10)の制に継ぎ、事に大宝の令に従ふ。綿綿たる洪祉《こうし》(11)、日に盛んに月に隆んに、郁郁《いくいく》たる文物は三代(12)の時に譲らざるに幾《ちか》し。保平(13)の後に至りて朝政漸く衰へ、寿治(14)の乱、遂に東夷に移り(15)、万機の事一切武断し、陪臣(16)権を専らにし、廃立その私に出づ。この時に当りてや、先王の礼楽、蔑焉《べつえん》として地を掃《はら》へり。室町氏継いで興り、武威益〻盛んなり。名は将相と称するも、実は南面の位を僭す(17)。（中略）

然りと雖もかくの如く尚能くその宗廟を保ち、百世廃されず、今に到ること四百有余年なり。権下移《かい》す(18)と雖も、道はそれここに在らずや。先王の大経大法は、自ら律令の見るべきあり。若し能く民を愛するの心あらば、名それ正すべからざらんや。礼楽はそれ興すべからざらんや。刑罰はそれ措くべからざらんや。哀しいかな、天下にその人あることなきなり。既に尽《ことごと》くその古へに復する能はず、また尽くその旧に変ずる能はず。その尽《つ》さざる所ある者は何ぞや。豈《あに》その物を尚ぶを知りて名を尚ぶを知らず、己のためにするを知りて天下のためにするを知らざるに由るか。抑《そもそも》〻また学政行はれずして、術智及ばざる所あるか。

（出典）日本思想大系38『近世政道論』。
（1）周公　殷王朝を建てた武王の弟。（2）仲尼　孔子のこと。（3）老聃　老子のこと。（4）荘周　荘子。（5）名は実の賓　名は実に付随したもの。（6）神皇　古代の天皇。（7）周召　武王の子、成王を補佐した周公旦と召公奭《せき》。（8）伊傅　伊尹《いいん》と傅説《ふえつ》、ともに殷の良相。（9）昭宣・忠仁　関白・摂政となった藤原基経・良房。（10）聡王　聖徳太子。（11）洪祉　皇位。（12）三代の時　中国で理想的な政治が行われたという夏・殷・周の時代。（13）保平　保元・平治。（14）寿治　寿永・文治。（15）東夷に移り　源頼朝が鎌倉に幕府を開いたことをいう。（16）陪臣　北条氏のこと。（17）南面の位を僭す　南面は天子の位の謂。（18）権下移す　政権が武家に移ったこと。

【解説】　ここでは当時の徳川政治体制を捉え直す視点をもつ思想を「変化する歴史意識」として取り上げる。

まず第一に取りあげるのは、江戸時代中期の儒学者山県大弐（一七二五―六七）の『柳子新論』である。本書は、江戸で軍学を教授していた大弐が上州小幡藩の内紛に巻き込まれ、藤井右門らとともに捕縛された際に、家宅捜索の結果、筐底《きょうてい》から出てきたものであるが、十八世紀半ばの政治・経済・社会状態について問題点を剔出《てきしゅつ》したもので、幕藩制解体期の政治批判者として独特の光彩を放っている。

加賀美桜塢《おうう》と五味釜川《ふせん》に学んだ大弐は、山崎闇斎学派の尊王斥覇論と、当時の幕藩体制を「制度ナシ」と断じ、礼楽制度と尚農卑商の立場から、現実の社会矛盾の指摘と為政者の責任倫理を重んじた荻生徂徠の思想を踏襲しつつ、古代律令制国家を範型として武家政治を厳しく批判した。この点は、その後の思想展開を先取り的に形象化したものとして重要である。

その特徴は、儒学理解において武よりも文を、政刑よりも礼楽を重んじ、古代律令制国家を中国古代において理想政治が行われたとされる唐虞三代に劣るものではないとし、他方で武家政治を名と実の乖離《かいり》したものとして厳しく批判したこと、徳川体制を名を正し礼楽を興すという復古的な形で改革しようとしたこと、君主を「天下を安んずる」責任主体として機能的に把握し放伐を肯定したこと等にある。

大弐は取り調べの結果、謀反の証拠はないが幕府をはばからざる議論をしたとの理由で「死罪」になった。

297〔正名論〕（**藤田幽谷**）

古の聖人、朝覲《ちょうきん》(1)の礼を制するは、天下の人臣たる者を教ふる所以なり。而して天子は至尊にして、自から屈するところなければ、すなはち郊祀《こうし》の礼(2)、以て上天に敬事し、宗廟の礼(3)、以て皇尸《こうし》(4)に君事す。それ天子といへども、なほ命を受くるところあるを明らかにするなり。聖人、君臣の道において、その謹むことかくのごとし。しかるを況《いわ》んや天朝は、開闢以来、皇統一姓にして、これを無窮に伝へ、神《じん》器《ぎ》を擁し宝図《ほうと》(5)を握り、礼楽旧章(6)、率由《そつゆう》して改めず。天皇の尊は、宇内に二なければ、すなはち崇奉してこれに事《つか》ふること、固《もと》より夫《か》の上天杳冥《ようめい》(7)にして、皇尸、戯《ぎ》に近きがごときの比にあらずして、天下の君臣たる者をして則《のり》を取らしむる、これより近きはなし。この故に幕府、皇室を尊べば、すなはち諸侯、幕府を崇《たっと》び、諸侯、幕府を崇べば、すなはち卿・大夫、諸侯を敬す。夫《そ》れ然る後に上下相保ち、万邦協和(8)す。甚しいかな、名分の正しく且つ厳ならざるべからざるや。今夫《そ》れ幕府は天下国家を治むるものなり。上、天子を戴き、下、諸侯を撫《ぶ》するは、覇主の業(9)なり。その天下国家を治むるものは、天子の政を摂するなり。天子垂拱《すいきょう》して、政を聴かざること久し。久しければすなはち変じ難きなり。幕府、天子の政を摂するも、またその勢のみ。異邦の人、言あり、「天皇は国事に与《あずか》らず、ただ国王の供奉《きょうほう》を受くるのみ」と。蓋《けだ》しその実を指せるなり。然りといへども、天に二日なく、土に二王なし。皇朝自《おのず》から真天子あれば、すなはち幕府はよろしく王を称すべからず。すなはち王を称せずといへども、その天下国家を治むるは、王道にあらざるなきなり。伯《はく》にして王たらざるは(10)、文王の至徳たる所以なり。その王にして覇術を用ひんよりは、その覇にして王道を行ふに曷若《いかん》(11)ぞや。

日本は古より君子・礼義の邦と称す。礼は分より大なるはなく、分は名より大なるはなし。慎まざるべからざるなり。夫れすでに天子の政を摂すれば、すなはちこれを摂政と謂ふ、また名《な》正しくして、言順《げん》ならずや。名正しく言順にして、然る後に礼楽興る。礼楽興りて、然る後に天下治る。政をなす者、豈《あ》に名を正すを以て迂《う》となすべけんや。

(出典) 日本思想大系53『水戸学』。
(1)朝覲の礼　諸侯が天子に謁見すること。(2)郊祀の礼　天子が、都の郊外に祭壇を築いて天地を祭る儀式。(3)宗廟の礼　祖先を祭る礼。(4)皇尸　祖先の形代《かたしろ》。(5)宝図　天子の位。(6)礼楽旧章　古来の制度や礼式。(7)上天杳冥　祭祀の対象である天がとらえがたいこと。(8)万邦　諸国の意味。(9)覇主の業　武力を背景にして統治すること。(10)伯にして…　文王は、西伯でありながら「王」にはならなかった。(11)曷若ぞや　何如に同じ、その方がよいではないかの意味。

【解説】 幕府と天皇家との関係の問い直しは、宣長国学(史料289参照)においてだけでなく儒学の側からも行われた。藤田幽谷(一七七四―一八二六)弱冠十八歳の時の作とされる「正名論」がそれである。

近世前期の歴史思想が、武家政権の確立を天皇家の失徳による衰退の結果として説明し、合理化・正統化したのに対して、後期のそれは、連綿として存在し続ける皇室の存在を自明の前提として、その皇室に対する態度を政治道徳の基準とすることに特徴がある。

幽谷は、君臣上下の名分を厳正に保持することが政治社会の秩序を維持する所以であるとの立場から、将軍は実質的には国王であるが、わが国では「開闢以来、皇統一姓」の皇室が天子として存在する以上、中国において天下の三分の二を領有しながら紂王にあくまで臣従した文王を孔子が「至徳」としたことに倣い、「王たらざる」ことが将軍の有徳性を証する所以であるとするものである。そこに貫いているのは名と実との分離もしくは二元論である。

先にみたように新井白石は、孔子の正名思想によって実質的な国王である将軍に対して国王の名を与えようとしたが、いまや同じく孔子の正名思想に拠りつつ、幽谷は、将軍を「摂政」と呼ぶべきだとするところに、歴史意識の大きな転換をみることができる。

一般に、中国の儒学においては、「天子」を武力で討とうとした武王を諫めた伯夷・叔斉を、臣民道徳の模範とする一方で、他方、悪徳の天子である夏の桀王や殷の紂王を討った湯王や武王をも聖人とする(その典型が、孟子の易姓革命肯定説、史料196の「参考」参照)のであるが、水戸藩においては、光圀以来、革命には否定的である。孟子においては、政治社会に対する為政者の責任が第一義的な問題であったが、幽谷においては、将軍の天子に対する尊崇の姿勢は、「天命は常なく、徳に順ふ者は昌《さか》え、徳に逆らう者は亡ぶ」とする天命思想を前提として、将軍の天道に対する道徳性の一環として要求されている。

298〔日本外史　巻之五〕（頼山陽）

〔楠氏序論〕外史氏曰く、われ将門《しょうもん》(1)の史を修め、平治・承久の際に至り、未だ嘗《かつ》て筆を舎《す》てて歎ぜずんばあらざるなり。嗚呼《ああ》、世道《せどう》の変、名実の相ひ讐《あた》らざること(2)、一にここに至るか。古《いにしえ》の所謂《いわゆ》る武臣なる者は、王に勤むと云ふのみ。源氏・平氏の如き、皆然らざるはなし。平治の後に至つては、綱維《こうい》(3)の弛《ゆる》むに乗じて、以て鴟梟《しきょう》(4)の欲を逞《たくま》しうす。暴悍《ぼうかん》(5)にして忌むなき者あり。雄猜《ゆうさい》(6)にして測られざる者あり。為す所、同じからずと雖も、而も其の王憲(7)を蔑《ないがしろ》にし、私利を営むは一のみ。然れども、猶ほ言ふべきあり。曰く、「王族なり。将家《しょうか》なり」と。北条氏に至つては、将門の属隷(8)を以てして、坐《い》ながら朝廷を制す。天下の事、復《ま》た言ふに忍びざるなり。且つ夫《そ》れ承久の事、孰《たれ》か曲、孰《たれ》か直、筆してこれを伝ふる者、皆北条氏の盛時に出でたり。今、安《いずく》んぞ信を考へん。況《いわん》や君臣の際、寧《なん》ぞ曲直を較ぶべけんや。乃ち指《し》斥憑怒《せきひょうど》(9)、その凌辱《りょうじょく》を極め、万乗の尊を視ること、啻《ただ》に孤豚《ことん》の如きのみならず。嗚呼、八州の生民、誰か先王《せんのう》の遺沢《いたく》を被らざらん。当時の所謂る武士なる者は、その豢養《かんよう》(10)に忸《な》れ、その使嗾《しそう》(11)に供す。名位・族望《ぞくぼう》遠くその右に出づる者と雖も、奔走駆馳、甘んじてこれが役《えき》をなすに、之れ暇《いとま》あらず。気類(12)の召く所、習つて以て常となす。豈《あ》に言ふに勝《た》ふべけんや。即ち称して公卿《こうけい》となす者は、平時は朝廷の上に趨蹌《すうそう》(13)し、天子の爵秩《しゃくちつ》(14)を取り、以て天下に驕れり。而もこの際に及んでは、未だ嘗て一策を画し、以て危難を救はず。袖手《しゅうしゅ》傍観して以て其の為す所に聴《まか》す。是れ曷《な》んぞ武人のみを尤《とが》めんや。時勢未だ可ならざる所あり、君徳未だ洽《あまね》からざる所あり、以て此の禍を致すと雖も、而れども亦た臣子の罪なり。これより以来、百余年間、廃立黜陟《ちゅっちょく》(15)、一にその処分を仰ぐ。而して朝廷は、蹙蹙《しゅくしゅく》として束縛せらるゝが如く、その顔色《がんしょく》を窺つて憂喜をなすに至れり。何ぞ其れ甚しきや。われ聞く、後鳥羽上皇の隠岐に徙《うつ》さるるや、石《せき》窟《くつ》に因つて屋《おく》を縛《ばく》し、纔《わず》かに風雨を庇《かば》ひ、十有九年にして乃《すなわ》ち崩ずと。蓋《けだ》し父子三帝(16)、千里に隔絶し、各ゝ窮海《きゅうかい》に居り、終天(17)相ひ見るを得ず。是れその心に何ぞ嘗《かつ》て一日《じつ》も北条氏を忘れんや。則ち元弘の事、万《ばん》、已むべからざるなり。而してその勤王の功は、われ楠氏を以て第一となす。楠氏微《なか》りせば、則ち西狩《せいしゅ》(18)の駕、吾れ承久と一轍に帰して止むを見んのみ。何ぞや。彼《かれ》北条氏は政を失へりと雖も、その権力は更に甚しきあり。累世《るいせい》の威を藉《か》りて積弱《せきじゃく》の余に加へ、百万の虎狼、その指呼に随ひ、中国に咆哮《ほうこう》(19)して、これに攖《ふる》るあるなし。天下方《まさ》に承久を以て戒《いましめ》となし、踵《くびす》を重ね息を屏《おさ》めて、敢て勤王の事を言ふなし。而して楠公、独り眇眇《ひょうびょう》の躯《み》(20)を以て、義をその間に唱へ、その衝路(21)に当り、その爪牙《そうが》(22)を挫き、以て四方義士の気を鼓舞し、これをして一時に踵《つ》いで起らしめ、元悪《げんあく》を斧鉞《ふえつ》の下に殄戮《てんりく》し(23)、列聖の深仇を報い、累世の大恥《たいち》を雪《すす》ぎ、天下の万姓《ばんせい》、再び日月の光を仰ぐを得たり。皇運の泰(24)に属すと曰ふと雖も、而れども公《こう》これが倡《しよう》(25)をなすに非ずんば、烏《いずく》んぞ能くここに至らん。是れ烏《な》んぞ天斯《こ》の人を生じて、以て世道を匡済《きょうさい》(26)するに非ざるを知らんや。(中略)これを要するに、位その器《き》に満たず、能くその才を展《の》ぶるなし。而れども終に能く躬《み》を以て国に殉じ、先王に靖献(27)す。余烈の及ぶ所、独りその子孫のみならず。公卿《こうけい》より、将士より、各〻弓箭《きゅうせん》(28)を執り、以て王事に勤むるは、概ね皆楠氏の風を聞いて起てる者なり。嗚呼、楠氏の如き者は真に武臣の名に愧《は》ぢずと謂ふべし。われ故に楠氏の事を叙して、以て源・平氏に継ぐと云ふ。

(出典)『日本外史』(岩波文庫)。

(1)将門の史　武家の歴史。(2)名実の…　名と実とが乖離していること。(3)綱維　大本、かなめ。(4)鴟梟　ふくろう、凶悪な人のたとえ。(5)暴悍　猛々しい。(6)雄猜　ねたみの強い。(7)王憲　王位。(8)属隷　隷属。(9)指斥憑怒　天皇を指弾し、ひどくいかる。(10)豢養　穀物で家畜を飼育すること。(11)使嗾　そそのかす。(12)気類　心の合う仲間、同類。(13)趨蹌　走りまわって頼みこむ。(14)爵秩　爵位と秩禄。(15)黜陟　人を罷免したり、登用したりすること。(16)三帝　後鳥羽天皇・土御門天皇・順徳天皇。(17)終天　永久に。(18)西狩の駕　隠岐への配流。(19)中国に熛咻　国中に気炎をあげること。(20)眇眇　小さい。(21)衝路　敵が攻めてくる路。(22)爪牙　つめときば。(23)殄戮　殺し尽くす。(24)泰　易の六十四卦の一つで万物が発生し、天下太平なさま。(25)倡　さきがけ。(26)匡済　悪を正し、善に導く。(27)靖献　臣下が、正義に安んじて先王の霊に誠意を尽くすこと。(28)弓箭　弓矢。

【解説】　江戸後期から近代にかけて多くの読者を獲得した頼山陽(一七八〇―一八三二)の歴史書の特徴は、彼が中国儒学に由来する有徳者君主思想や家系を貫く応報思想を基本としつつも、同時に天皇への尊崇を要求する大義名分論を導入したことである。すなわち歴代の武将を、勤王であったか否かを基準にして毀誉褒貶を加え、併せて「勢」など政治の独自の論理を探求し、多元的な基準で人物中心の歴史を文学性ゆたかに描写した。

具体的にいえば天皇家から武将＝源頼朝への実質的な政治権力の移動を「王家自らその権を放失して」と、一方では朝廷にその責任を帰しつつも、他方では、武家政権を「皆上将を以て、代って国権を採り、以て天子に服事すること」とする位置づけがそれである。

そこに貫いているのは、「この所謂武臣なる者は、王に勤むと云ふのみ」と、武将の役割を「勤王」に限定することで、その立場から最も高い評価を受けたのが「天下万世のためにやむを得ざるの事を創め、以て踰ゆべからざるの限を立つ」とされる頼朝であり、それに次ぐのが、「躬を以て国に殉じ、先王に靖献」した楠木正成(一二九四―一三三六)である。

江戸前期の歴史思想が、いずれも成立した武家政権の側から過去の歴史をながめたのに対して、山陽は、前述の本居宣長や藤田幽谷同様、王土王民思想の立場に立って「源氏は王土を攘《ぬす》み」「足利氏は王土を奪ひ」としつつ、他方では、朝廷と幕府との名実二元論を主張するのだが、そこには原則と現実との微妙なズレとバランスがきわどい形で均衡を保っており、その独自の政治論と併せて、多様な読みとり方を許容するものとなっている。

4　西洋文化の受容と対外問題の発生

(1)　西洋認識の深化

299〔**蘭学事始**〕（**杉田玄白**）

一　これより各〻打連れ立ちて骨ケ原《こつかっぱら》の設け置きし観臓の場(1)へ至れり。（中略）良沢(2)と相ともに携へ行きし和蘭図(3)に照らし合せ見しに、一としてその図に聊《いささ》か違ふことなき品々なり。古来医経《いきょう》(4)に説きたるところの、肺の六葉両耳《ろくようりょうじ》、肝の左三葉右四葉などいへる分ちもなく、腸胃の位置形状も大いに古説と異なり。官医岡田養仙老(5)、藤本立泉老(6)などはその頃まで七八度も腑分《ふわけ》し給ひしよしなれども、みな千古の説と違ひしゆゑ、毎度毎度疑惑して不審《ふしん》開けず。その度々異状と見えしものを写し置かれ、つらつら思へば華夷《かい》(7)人物違ひありやなど著述せられし書を見たることもありしは、これがためなるべし。さて、その日の解剖こと終り、とてものことに骨骸《こつがい》の形をも見るべしと、刑場に野ざらしになりし骨どもを拾ひとりて、かずかず見しに、これまた旧説(8)とは相違にして、たゞ和蘭図に差《たが》へるところなきに、みな人驚嘆せるのみなり。

一　帰路は、良沢、淳庵(9)と、翁と、三人同行なり。途中にて語り合ひしは、さてさて今日の実験、一々驚き入る。且つこれまで心付かざるは恥づべきことなり。苟《いやし》くも医の業を以て互ひに主君主君に仕ふる身にして、その術の基本とすべき吾人の形態の真形《しんけい》をも知らず、今まで一日一日とこの業を勤め来りしは面目もなき次第なり(10)。なにとぞ、この実験に本《もと》づき、大凡《おおよそ》にも身体の真理を弁《わきま》へて医をなさば、この業を以て天地間に身を立つるの申訳もあるべしと、共々嘆息せり。良沢もげに尤も千万、同情(11)のことなりと感じぬ。その時、翁、申せしは、何とぞこのターヘル・アナトミアの一部、新たに翻訳せば、身体内外のこと分明《ぶんみょう》を得、今日治療の上の大益あるべし、いかにもして通詞等の手をからず、読み分けたきものなりと語りしに、良沢曰く、予は年来蘭書読み出だしたきの宿願あれど、これに志を同じうするの良友なし。常々これを慨《なげ》き思ふのみにて日を送れり。各〻がたいよいよこれを欲し給はば、われ前の年長崎へもゆき、蘭語も少々は記憶し居れり。それを種(12)としてともども読みかゝるべしやといひけるを聞き、それは先づ喜ばしきことなり、同志にて力を戮《あわ》せ給はらば、憤然として志を立て一精《ひとせい》出し見申さんと答へたり。良沢これを聞き、悦喜《えつき》(13)斜めならず。然らば善はいそげといへる俗諺《ぞくげん》もあり、直に明日私宅へ会し給へかし、如何やうにも工夫あるべしと、深く契約(14)して、その日は各〻宿所宿所へ別れ帰りたり。

一　その翌日、良沢が宅に集まり、前日のことを語り合ひ、先づ、かのターヘル・アナトミアの書にうち向ひしに、誠に艫舵《ろかじ》なき船の大海に乗り出だせしが如く、茫洋《ぼうよう》として寄るべきかたなく、たゞあきれにあきれて居たるまでなり。されども、良沢はかねてよりこのことを心にかけ、長崎までも行き、蘭語並びに章句語脈《しょうくごみゃく》の間のことも少しは聞き覚え、聞きならひし人といひ、齢《よわい》も翁などよりは十年の長たりし老輩なれば、これを盟主(15)と定め、先生とも仰ぐこととなしぬ。翁は、いまだ二十五字さへ習はず、不意に思ひ立ちしことなれば、漸くに文字を覚え、かの諸言をも習ひしことなり。

（出典）『蘭学事始』（岩波文庫）。

（1）観臓の場　人体解剖の場所。（2）良沢　前野良沢。（3）和蘭図　人体解剖図『ターヘル・アナトミア』。（4）医経　中国の医書。（5）岡田養仙老　寛政九年没、七十六歳。（6）藤本立泉老　この年（明和六）没、六十七歳。（7）華夷　もともとは中国人とそれ以外の外国人であるが、ここでは「夷」は西洋人をいう。（8）旧説　これまで見てきた中国の医書。（9）淳庵　中川淳庵（一七三九—八六）。オランダ医官として来日したスウェーデン人ツンベルクに医学を学び、一七六五年、幕府医官となる。（10）身体の真理　人体の構造。（11）同情　同感。（12）種　手がかり。（13）悦喜　喜ぶこと。（14）契約　約束。（15）盟主　中心。

【解説】　オランダ語を通して西洋の学問を受容した、いわゆる蘭学は、第六、七代将軍に仕えた新井白石が、イタリア人宣教師シドッチへの尋問によって、天文・地理など西洋の自然科学の優れていることを認めたこと、八代将軍吉宗がキリスト教に関係のない書物の輸入を認め、さらに青木昆陽・野呂元丈《のろげんじょう》の二人にオランダ語の習得を命じたことなどに始まるが、その最大の成果は、人体解剖書『ターヘル・アナトミア』の翻訳である。江戸時代における蘭学受容の経緯を概説した医師杉田玄白（一七三三—一八一七）の『蘭学事始』は、近世の学問史としても重要な意味を持つ。玄白自身が、オランダ語の人体解剖書『ターヘル・アナトミア』を入手して後、江戸の刑場・骨ケ原《こつかっぱら》での腑分けに立会い、人体解剖を実見して、それまでの中国医書とは、大きく異なり、人体の構造が蘭書の通りであることに驚嘆し、これまで、人体の構造について無知であったとの強い職業的な反省的自覚に立って、『ターヘル・アナトミア』の翻訳を企てるに到る経緯は、きわめて感動的である。旧来の中国医書による観念的知識が、人体解剖の実見と解剖書によって打ち破られていく過程は、認識のパラダイム転換を示すものとして興味深い。

　翻訳は、長崎に留学した経験があり、オランダ語の素養がある前野良沢(一七二三―一八〇三)を中心に進められ、一七七四年に完成、『解体新書』として出版された。

300〔遁花秘訣《とんかひけつ》 序〕(馬場貞由)

此編ハ魯西亜《おろしあ》ノ皇都「ペテルブルグ」ナル医学館ニ於テ、彼一千八百三年〈日本享和三年癸亥〉、帝王ノ命ニ因テ板行セル書ナリ。題名ヲ「スボ〔ソ〕ツ〔ブ〕・イズバーウヰツシヤ・ソウヱルセンノ・ヲツ・ヲスペンノイ・ザラゼ」ト云フ。是ヲ訳スレバ痘瘡ノ流行ヲ預防スル真法トイヘル義ナリ。故ニ訳成テ後、私《ひそか》ニ是ヲ遁花秘訣《とんかひけつ》[1]ト名ヅク。

　今ヲ去ルコト既ニ十八、九年前、予、嘗テ長崎ニ在ル時、前ノ甲必丹《かびたん》[2]「ヘンデレキ・ドーフ」[3]、予ニ語《かたりて》曰《いわく》、頃《このごろ》、近来《ちかごろ》、入津ノ我《わが》和蘭船ヨリ持来レル我国ノ風説書ヲ見ルニ、牛痘ヲ取テ、人ニ種《うゆ》ルニ、其功人痘ニ勝ルコト抜群ナル由アリト。予思フニ、遠カラズシテ其法ヲ記シタル書冊、舶来アルベシト。乃《すなわち》是ヲ待ツコト数年ナリ。既ニ文化五年戊辰ノ春、予、長崎ヲ出ルノ頃迄ハ此書来ラズ。今猶、其書ノ舶来アルコトヲ聞カズ。然ルニ、予、嘗テ文化十年[4]癸酉ノ春、命[5]ヲ奉ジ、松前ニ到リ、彼《かの》地ニ在留スル魯西亜人[6]ニ就テ彼方言ヲ学ブ。一日、村上某[7]、一小冊ヲ魯西亜人ノ寓居ニ携《たずさ》ヱ来リ、是ハ松前ノ土民五郎治[8]トイヘル者、「ヲホーツカ」ニ於テ得来レル書ニテ、牛痘ヲ人ニ種ユル法ヲ記シタル物ナリト云ヘリ。故ニ、予掌ヲ打テ、既ニ数年〔前〕、長崎ニテ伝聞セシコトノ、今、此遠隔ナル松前ニ於テ再ビ其事ヲ聞キ、加之《しかのみならず》、魯西亜語ニテ記セル物ヲ見ルコトノ奇会[9]、実ニ歓喜ニ堪《たえ》タレバ、忽《たちまち》、是ヲ村上某ニ請《こう》テ、旅舎ニ携帰《たずさえかえ》リ、謄写速《すみやか》ニ終リ、日々コレヲ魯西亜人ノ寓居ニ携行テ、其文意ヲ「モウル」[10]ニ問フ。然ルニ其頃ハ未ダ三、四月ニ満タザル浅学ナレバ、彼ガ示ス所、容易ニ理会スベカラザレバ、其苦心少カラズ。然レドモ、日ヲ積テ、終ニ全編ノ大略ヲ解シ得タリ。其冬、帰府シテ後、早速、是ヲ訳セントセシガ、再ビ考フルニ、編中ノ文意、十ノ二、三ハ理会セザル所アリ。強《しい》テ是ヲ訳サバ、必《かならず》謬語多カルベシ。日ヲ過テ、少《すこし》モ此語ニ熟シタル後ニ訳サバ、其誤ルコト亦少カラント。コ、ニ於テ、是ヲソノ儘ニ捨置シコト既ニ六年ナリ。(中略)後、熟考スルニ、最初、長崎ニテ和蘭人ヨリ聞キ、後、松前ニ於テ魯西亜人ヨリ其書ヲ得、今、又相州ニテ諳厄利亜人[11]、其書ト痂[12]トヲ与ヘント云フ。既ニ其事ヲ見聞スルコト三度ニ及ブ。実ニ奇ト謂ツベシ。コヽニ於テ又、訳稿ヲナサンコトヲ思ヒ企《くわだて》タリ。即、今始テ〔稿〕成ル。前ニ魯西亜ノ板本ヲ訳セシ者ナシ。予ヲ以テ最初トス。故ニ誤解、謬訳、固《もと》ヨリ多カルベシ。後ノ君子、宜ク訂正センコトヲ希《こいねが》フノミ。

文政三年庚辰ノ秋　　馬場貞由　識

(出典) 日本思想大系65『洋学 下』。

(1)私ニ是ヲ…　中国では天然痘のことを「天花」とよんだ。遁花秘訣とは天然痘を遁《のが》れるよい方法の意。(2)甲必丹　オランダ商館長。(3)ヘンデレキ・ドーフ　一八一〇年に二度目の来日後、一七年まで滞在し、この間、のちにオランダ語を学ぶ上で不可欠の書となる「ヅーフ・ハルマ」を著す。(4)文化十年　一八一三年。(5)命　幕府の命令。(6)魯西亜人　ゴローニンやモウルなど。(7)村上某　ロシア通詞の村上貞助。(8)五郎治　中川五郎治。(9)奇会　滅多にない機会。(10)モウル　ゴローニンと一緒に囚われた少尉。(11)諳厄利亜人　イギリス人。(12)痂　かさぶた。

【解説】　西洋の学問・思想が、蘭学を通して伝えられたことはよく知られているが、幕府は、すでに文化六年(一八〇九)オランダ語以外の語学学習の必要を認めて、長崎通詞の中から六人を選んで、ロシア語と英語の学習を命じた。その中で、本木庄左衛門(一七六七—一八二二)は、英語学習の責任者として、日本で最初の英語学習書を作り、また、馬場為八郎の養子となった佐十郎(一七八七—一八二二)は、オランダ語のみならず、フランス語・ロシア語・英語を操り、「紅毛読書達人」と称された。本史料は、佐十郎が、ロシア人からロシア語の手ほどきを受け、はじめてロシア語の種痘の書物を翻訳した経緯を記したものである。

なお、文化八年、幕府に設置された「和蘭書籍和解《わげ》御用」は、後、シーボルト事件に連座し、獄中で亡くなった高橋景保(一七八五—一八二九)が、佐十郎の卓越した語学の才能を認め、その才能を活かすために設置したものといわれる。一八〇三年にロシアで刊行された種痘法の書物が、すでに一八二〇年には翻訳されていることにも注意されたい。

301 〔和蘭通舶〕(司馬江漢《しばこうかん》)

東南ニハ払良察国(1)アリ。此地ハ赤道以北四十二度ニ起テ、五十度余ノ間ニアリ、広サ南北三百里、東西四百里、国ノ風俗人情親切ニシテ、天地・度数(2)及ビ窮理学、人物躁《さわがし》カラズ、且強勇ニシテ、軍略ノ備ヘ常ニアリ、他州ト交ルニ礼譲ヲ厚クシ、必大国ノ風韻アリ、貴賤能《よく》和睦シテ国務ヲナス。此国ノ北、「ゼイネ河(3)ニ添テ、「パゥリス」(4)ト云大都会アリ、国王ノ大城ナリ、広大美観ヲナス。総郭ノ環《めぐ》リ十五里、十七ケ処ノ城門ヲ開キ、人家六万余軒、「コローステル」(5)ト云僧官百余ケ処、大小寺院、又「ガストホイス」ト云貧院アリ、其国悉ク鰥寡《かんか》・孤独(6)ノ者ヲ養フ処ニシテ、其中又各業アリテ、得ルトコロノ綽《わざ》ヲ務メ、瞽者《めくら》ハ手足ヲ運《めぐら》シ、蹇者《あしなえ》ハ耳目ヲ運シ、其才ヲ尽サシム、天壌《すたれ》ノ廃者トセズ。又幼院(7)アリ、専ラ小児ヲ養育スルナリ。貧者ノ児ヲ生《うみ》テ之ヲ挙育《あげそだつる》ノ力ナキ者、道路ニ捨テ、或ハ溝河ヘ投《なぐ》ル故ニ、此院ヲ設ケ、貧者ノ児ヲ撫育スルナリ。又病院アリ、貧窮ニシテ病テ薬ヲ用ル事能ズ、或ハ旅中ニシテ羈《たびつかれ》タル者、皆病ヲ患フル者ノ為ニ、院ヲ上中下ニ処《おき》、其内「ペストホイス」(8)アリ、疫病人ヲ治ムルノ院ナリ。薬ハ、其院ヲ主《つかさど》リ守ル官アリテ、悉是ヲ掌《てにとつ》テ改メ、預《あらかじ》メ名医ヲ備ヘテ、日々疾病ノ者ヲ診視シテ、復《また》衣衾(9)・帷幔(10)ノ属アリ、看病人アリ〈老女ヲ用ユ〉。病愈《いえ》テ去ル者、給資《たすけたすく》ルノ金銀・衣食ヲ与フルナリ。此院国内三十ケ処ニアリ。又金銀・物類ヲ拾得ル者、忽是ヲ聖堂門外ニ書シテ知ラシム。失フ者来テ、言《いう》トコロニ符合スレバ、即是ニ還ス。亦主ヲ得ザレバ、貧人ニ之ヲ散ジ施ス、或ハ貧院ノ飾ニ修ム。乃チ国王・大家ノ建ル所ナリ。総テ此国ニ限ズ、欧羅巴諸州大概カクノ如シ。

（出典）日本思想大系64『洋学 上』。

(1)払良察国　フランス。(2)天地・度数　幾何学・数学のこと。(3)ゼイネ河　セーヌ川。(4)パゥリス　パリ。(5)コローステル　オランダ語で僧院。(6)鰥寡・孤独　老いて妻なしを鰥、老いて夫なきを寡、幼にして父なきを孤、老いて子なきを独という。(7)幼院　乳幼児を養う施設、孤児院・養育院。(8)ペストホイス　オランダ語で伝染病院。(9)衣衾　衣服と夜着。(10)帷幔　たれ幕や引き幕。

【解説】　蘭学を通して入ってきた西洋の学問は、単に天文学・地理学・医学などの自然科学にとどまるものではなく、当時の西洋が、すでに近代＝市民社会であったことから、様々な社会思想が入ってきた。その場合に留意すべきことの一つは、西洋の学問・思想は、近世社会において支配的なパラダイムであった儒学的な素養を基にして摂取されたことである。

西洋の諸科学が、「究理・格物」によるものであり、養院・病院・貧院等が、礼記・礼運篇における「大同の世」に見合うものとされていることに注意されたい。司馬江漢（一七四七—一八一八）は江戸に生まれ、若くして画を学ぶ。後、平賀源内の感化を受けて西洋画を研究し、前野良沢・大槻玄沢らに学び、油絵・銅版画を研究した。また西洋の天文学説の祖述と地動説の普及に貢献、啓蒙活動を展開したが、晩年は虚無的な生活を送った。

302　**〔西域物語　上〕**（**本多利明**）

我邦《わがくに》の人、西域(1)のさる事も弁《わきまえ》なく、和蘭陀《オランダ》国は畜生国(2)也、日本人抔《など》と異りたる事は、年十二、三歳より大人並に壮《さかん》にして、年四十歳前後に死《しす》るといへり。大に左《さ》にあらず、日本人と其寿《とし》異る事なし。昔西域、羅瑪《ローマ》の人三人渡来(3)して虜《とりこ》となり、上《かみ》の御扶助を蒙りて、生涯日本に終りたり。各《おのおの》年八十四、五歳迄存在《ぞんざい》也。是等《これなど》は近年の事なれど、夫《それ》さへ確《しか》と記憶せしもの鮮《すくな》し。

如何《いかが》の訳ありて如レ斯風俗(4)なるかと其拠《よれる》を探索すれば、国初以来、支那の書籍の外書籍なし。是を熟読して其意味を会得してより、智見を開きたる国風なれば、支那の外に国々が有ても、皆夷国《いこく》(5)にて聖人の道(6)有まじく、聖人の道の外《ほか》人の道有《ある》に非《あらず》と、一途に凝塊《こりかたまり》たる風俗なれば、外に大成《おおいなる》美事有ても承引(7)する人少《すくな》し。

其《その》聖人の法はいかにも結構なる善道なれ共、其本来はいかに成《なる》国より起りたるか、又其本旨に内典・外《げ》典《てん》(8)ある事明白に得る事も難《かた》ければ、詮方(9)につき学問の道にあるまじき流儀抔《など》を張《はり》て、固辞(10)を以て、人に勝《かた》ん事のみを巧む人、十にして八、九ならん。其《その》〔心〕根《こころね》より書籍を多く読ざれば、博覧の名を取難《とりがた》し。一図《いちず》に凝塊《こりかたま》り、〔時〕勢にも移り合《あい》難き事も弁なく、片情《かたじょう》(11)張て即詩即文(12)抔《など》々手柄の様に覚《おぼえ》、衆人を見下し、高慢胸外へ溢れ、衆人に忌嫌る也。浅墓《あさはか》なる次第ならずや。

おもふに学問の道は左《さ》には有《ある》まじ。学問の本旨とする処は、衆人に背《そむ》からず、頑愚《がんぐ》をも能容《よくい》れ、国家に益ある道を勉《つと》め守る外に有まじく、其《その》最初は何より学《まなん》で其道に入《はいら》んとならば究理学(13)より入らんも近かるべし。窮理学と有、何といふとなれば、彼《かの》天地の学をいへり。是に闇《くら》くては何一ツ分るはなく、其天地の学は何を以て入らんとならば、其最初は数理、推歩、測量(14)の法より入んも近かるべし。是等を能透脱《とうだつ》(15)の後、西域の学に入《はいる》べし。西域の書籍も多しといへども、其内天文、地理、渡海(16)の書を先とせんか、語路《ごろ》不分明之所有《あり》といへ共、数字は異体にても、一より十に至るの数は日本と相等し。因《より》て数を以て推《おし》て知《しる》事多し。

数理の学は、元来欧羅巴《ヨーロッパ》に起り、天竺《てんじく》、支那、日本と東《とう》移《い》渡来せり。近来東都司馬《しば》江漢《こうかん》なる者、天球と地球の図を銅板を以て彫刻せり。是見《これをみれ》ば、天体はヱケプテ国(17)にて六千余年以前に製作せしも知れ、地体《ちたい》(18)は立円玉《りつえんぎょく》にて、周廻《しゅうかい》に万国あり。各《おのおの》所在及《および》其大小を知《しり》、地球も小星の如く成《なる》と言《いう》道理を会得の一助ともならん。

〔出典〕 日本思想大系44『本多利明 海保青陵』。

(1)西域　ヨーロッパ諸国。(2)畜生国　自国を「文化の優れた国」、他の国を文化の劣った野蛮な国と考える「華夷意識」にもとづき、他国を卑しめて言う言葉。(3)三人渡来　ウィリアム・アダムス、ヤン・ヨーステン等のことか。(4)風俗　西洋人に対するこれまでの旧い考え方。(5)夷国　野蛮な劣った国。(6)聖人の道　人間の踏み行うべき道・道徳。(7)承引　理解し承認する。(8)内典・外典　中世の神仏習合時代の用語で、内典は仏教の経典、外典は儒教の経典。(9)詮方　方法。(10)固辞　自分の説に固執する。(11)片情　片意地。(12)即詩即文　即興的に詩・文を作ること。(13)究理学　元々は「易経」の「究理尽性」に由来する言葉だが、それが西洋の「物理学」に読み替えられた。(14)数理、推歩、測量　数理は物体のあり方を数量で表す学、推歩は天体の運行を観測する暦学、測量は地図を作成する技術。(15)透脱　理解すること。(16)渡海　航海の指針となる書物。(17)ヱケプテ国　エジプト。(18)地体　地球。

【解説】 本多利明(一七四三―一八二〇)は、江戸後期の経世思想家。出身は、墓碑銘には越後蒲原郡とあるが、不明。一七八

○年代の天明の飢饉による農民の悲惨な体験とロシアの千島・蝦夷進出による北方問題への関心を契機とし、また司馬江漢や山村才助を通じて獲得した西洋知識を媒介にして、国産物の増殖と海外交易を中心とする経世論を説き、それを実現するために算学・天文・地理・航海術の必要性を主張した。藩を超えた日本全体を国とし、それを主体とする富国、カムチャツカに日本の都を移し、イギリスをモデルとする国家像などを提示したが、その主著「経世秘策」「西域物語」は、生前にはほとんど知られず、いずれも公刊されなかった。西洋認識が、旧来の学問のあり方や儒学的な世界像を解体させていく過程を見て取ることができる。

(2)　対外問題の発生と対応

303〔海国兵談　第一巻〕（林子平）

水戦

海国の武備ハ海辺にあり。海辺の兵法は水戦にあり。水戦の要は大銃《おおづつ》(1)にあり。是海国自然の兵制也。然ル故に此篇ヲ以て開巻第一義に挙ル事、深意ある也。尋常の兵書ト同日の義にあらずと知べし。

昇平久キ時は人心弛《ゆる》ム。人心弛ム時ハ乱を忘ル、事、和漢古今の通病也。是を不レ忘を武備トいふ。蓋《けだし》武ハ文ト相並ンて徳の名也。備ハ徳にあらず事《わざ》也。変に臨て事欠《かか》さる様に物を備置《そなえおく》を云也。

○当世の俗習にて、異国船の入津ハ長崎に限《かぎり》たる事にて、別の浦江船を寄《よせ》ル事ハ決して不レ成事ト思リ。実に太平に鼓腹(2)する人ト云べし。既に古ハ薩摩の坊の津、筑前の博多、肥前の平戸、摂州の兵庫、泉州の界《さかい》、越前の敦賀《つるが》等江異国船入津して物を献シ、物を商イたること数多あり。是自序にも言シ如ク、海国なるゆへ何国の浦江も心に任せて船を寄《よせ》らるゝことなれば、東国なりとて曾て油断ハ致されざる事也。是に因て思へバ、当世長崎の港口に、石火矢台を設て備を張が如ク、　日本国中東西南北を不レ論、悉《ことごと》ク長崎の港の如クに備置度事、海国武備の大主意なるべし。さて此事、為シ難キ趣意にあらず。今より新制度を定て漸々に備なば、五十年にして、　日本の惣海浜堂々たる厳備をなすべき事、得て可レ期。疑こと勿《なか》レ。此如ク成就する時ハ、大海を以て池ト為シ、海岸を以て石壁ト為て、　日本トいふ方五千里の大城を築キ立たるが如シ。豈《あに》愉快ならずや。

○窃《ひそか》に憶へば当時(3)長崎に厳重に石火矢の備有て、却て安房、相模の海港に其備なし。此事甚不審《いぶかし》。細カに思へば江戸の日本橋より唐、阿蘭陀迄境なしの水路也。然ルを此《ここ》に不レ備して長崎にのミ備ルは何ぞや。小子か見を以てせば安房、相模の両国に諸侯を置て、入海《いりうみ》の瀬戸に厳重の備を設ケ度事也。　日本の惣海岸に備ル事ハ、先此港口を以て始ト為べし。是海国武備の中の又肝要なる所也。然《しかり》ト云とも忌諱《きい》《ハヽカリ》を不レ顧して有の儘《まま》に言フハ不敬也。不レ言ハ亦不忠也。此故に独夫(4)、罪を不レ憚して以て書ス。

○水戦を逞《たくまし》クするにハ、第一に艦船の制作に工夫を尽スべし。其次ハ水主(5)楫《かん》取(6)に軍船の操練を能々《よくよく》教べし。其次は惣兵士に水練、水馬、船楫の取まハしを教べし。是水戦の三肝要也。猶委キ事は下に出ス所の、文武兼備大学校の図を見て知べし。

○異国の武備志にも海寇(7)を防禦する手段様々あれとも、是ハ唐山(8)にて倭寇(9)ト名付て、日本の海賊船を防ク仕形にして、甚手軽キ事どもなれば、是を我国にて異船を防ク手本とは致難シ。　日本にて外寇を防クの術ハ、是に反して事大イ也。其大イなるわけは異国より　日本を并呑《ヒトノミ》すべき為に来レる事なれば、其仕形も大仕懸なるはづ也。其大仕懸を砕クべき備なれば、是又大仕懸にあらざれば叶さる事ト知べし。其大仕懸の条々左に記ス。

○海辺に備て異国の大船を砕クべき事を旨トするにハ、まづ異国船の制作及ヒ堅実なるわけを能呑込べし。それを知て然して後、其術を施スべし。

（出典）『海国兵談』（岩波文庫）。

(1)大銃　大砲。(2)鼓腹　腹鼓《はらつつみ》を打つこと、転じて太平を謳歌すること。(3)当時　現在。(4)独夫　身寄のない男の謂か。(5)水主　水手、船頭。(6)楫取　舵取りの転。(7)海寇　海上から侵入してくる賊。(8)唐山　いまの中国、当時は明朝。(9)倭寇　十三—十六世紀、朝鮮・中国の沿岸を略奪した日本人等に対する朝鮮・中国側の呼称。

【解説】　蘭学を通して、自然科学のみならず、西洋の社会思想が流入し、これまでの中国儒学に基づく世界像が揺らぎ始める頃、北方からはロシアの南下があり、南方からは、イギリスの捕鯨船の日本近海出没が相継いだ。このことは、識者たちに、近世初期のスペイン・ポルトガルによる「侵略」の記憶を想起させ、対外問題への関心が、新しい思想形成を促す要因として立ち現れた。仙台藩士林子平（一七三八—九三）は、早くから海防問題に強い関心を抱き、天明五年（一七八五）には『三国通覧図説』を、翌年には『海国兵談』を著して、対外問題への識者の覚醒を促したが、当時の為政者からは「取り留めもこれなき風聞又は推察を以て異国より日本を襲ふ事」を説き、かつそれを刊行（寛政三年四月）したとの廉で処罰された。

子平は、これまで四面が海に囲まれ天涯の要塞と考えられていたわが国が、天文・航海術等の進歩によって、いまや反対にどこからでも船を寄せられる点でかえって無防備となったとする、海防に関する新しい認識を提示した。そしてそれを防ぐためには、海戦に備えて、艦船の製作、軍船の操練、海軍の創設が肝要であり、併せて、異国船の作りが強固である所以を明らかにすべきだとし、それ以後の海防論の先駆的な言説を提示した。

またここには一介の処士として「言フハ不敬」「不言ハ亦不忠」との忠誠観をめぐる内面的な葛藤が披瀝されていることにも注意されたい。子平は『海国兵談』の刊行により在処蟄居ならびに板木召し上げの処分をうけ不遇なままに世を去ったが、没後五十年の一八四一年、幕府は赦免状を令達した。

304〔丁巳封事〕（藤田幽谷）寛政三年（一七九一）

夫れ今代(1)は武を以て国を立て、鞬櫜《けんこう》以来(2)、幾《ほと》んど二百年、海内晏然《あんぜん》(3)として、鼠窃狗盗《そせつくとう》(4)の警《いましめ》あることなく、民は老死に至るまで兵革を知らず。太平の盛んなるは、開闢《かいびやく》以来なきところなり。武人兵士は、官を世にし職を世にし、酒肉の池、歌吹の海、耳目を蕩《とろ》かし筋骨を冶《とか》し、天下滔々《とうとう》として、酔生夢死し、戦の危きを忘るるも、また開闢以来なきところなり。しかも北溟《ほくめい》の黠虜《かつりよ》(5)は、神州を窺窬《きゆ》し、常に図南《となん》の志(6)あり。奈何《いかん》せん、今人小智にして大智に及ばず、妄《みだ》りに斥鷃《せきあん》の見《けん》(7)を以て、大鵬《たいほう》の所為を哂《わら》ふを。所謂、火を積薪《せきしん》の下に厝《お》きてその上に寝《い》ね、火未だ燃《も》ゆるに及ばざれば、因りてこれを安しと謂ふ。当今の勢《いきおい》はこれなり。天下の憂《うれい》、いづれかこれより甚しからん。しかも我が藩は海を負ひて邦を作《な》し、寇(8)と隣接し、尤も以て予備なかるべからず。豈《あ》に閣下、因循姑息《いんじゆんこそく》、歳を玩《むさぼ》り日を愒《むさぼ》るの時ならんや。三家(9)の鼎立《ていりつ》するは、海内の巨鎮にして、閣下の徳望の隆《たか》きは、天下の倚頼《いらい》するところなり。異日、幕府、或は諮訪《しほう》(10)あらば、すなはち閣下空《むな》しく循黙《じゆんもく》(11)したまふべけんや。然れどもこれすなはち廟堂の秘籌《ひちゆう》密策にして、固《もと》より草野の人のよろしく輒言《ちようげん》(12)すべきところにあらずして、閣下命世《めいせい》(13)の英略は、まさにすでに胸中に熟算あるべければ、すなはち固より狂愚、臣のごとき者の言を竢《ま》つことなかるべし。独り一国の政は、至近至切(14)なれども、上下貧弱にして、心を離し徳を離し、今の道に由りて今の俗を改むることなし。一旦緩急あらば、豈に方面(15)に折衝するに足らんや。孫武(16)言へるあり「その来らざるを恃《たの》むことなく、吾の以て備あるを恃む」と。願はくは閣下、慨然として憤を発し、剛克(17)の徳を用ひ、更張《こうちよう》(18)の政を施し、婦人の仁(19)をなすことなく、匹夫の諒《まこと》(20)を事とすることなく、恵にして費さず(21)、民と好悪を同じくし、群臣を激厲《げきれい》し、黜陟《ちゆつちよく》(22)必ず行はば、すなはち国は富ましむべく、兵は強くすべくして、民の信は立つべし。

（出典）日本思想大系53『水戸学』。

(1)今代　徳川の代。(2)鞬櫜以来　弓矢を収めてから。(3)晏然　安らかなさま。(4)鼠窃狗盗　ネズミや犬のようにこそこそものを盗むこと。(5)北溟の黠虜　北方の悪賢い国ロシア。(6)図南の志　南方に発展しようとする志。(7)斥鷃の見　小人の考え。(8)寇　外敵。(9)三家　紀伊・尾張・水戸の御三家。(10)諮訪　相談する。(11)循黙　黙っている。(12)輒言　軽々しく言う。(13)命世　著名である。(14)至近至切　この上なく大事である。(15)方面　一方の防衛の任にあたる。(16)

孫武　孫子のこと。引用は「用兵の法は、其の来らざるを恃むこと無く、吾れの以て待つ有ることを恃むなり」(『孫子』九変篇)による。(17)剛克の徳　自分の信じるところを曲げない。(18)更張の政　いままで弛んでいたところを改めて盛んにする。(19)婦人の仁　取るに足りない情け。(20)匹夫の諒　とるに足りない人の信。(21)恵にして費さず　出典は論語「尭曰」、恩恵を施してそれを無駄にしない。(22)黜陟　功績のないものを退け、功績のあるものを登用する。

【解説】　十八世紀末の対外問題の発生や農村荒廃に象徴される藩政の衰退を〝危機〟として受けとめ、それに対する領主的対応をいち早く思想的に形象化して、のちの藩政ないしは幕末の政治思想に大きな影響を与えた思想に水戸学がある。

　それは、水戸徳川家第二代藩主徳川光圀による歴史書の編纂事業を通じて形象化された尊王思想が、寛政から化政期における政治的・社会的諸課題への対応という観点から、一つの体系的な政治思想として練り上げられたところに形成されたものであるが、その創始者として位置づけられるのが藤田幽谷(一七七四―一八二六)である。

　幽谷は水戸城下の古着商の次男に生まれ、彰考館総裁立原翠《たちはらすい》軒《けん》(一七四四―一八二三)に見出されて彰考館に入り、歴史書の編纂に従事していた。だが、それにあきたらず、当時の藩政の現状と学問の有り様を厳しく批判する封事を第六代藩主治保に呈出し、その過激な言動によって罪を得て蟄居謹慎の処分にあった。

　本史料はその封事の一節であるが、ここには対外問題への強い関心と危機意識が、藩政改革の大きな動機となっていることが知られる。また、御三家意識、官職の世襲制への批判、藩主への批判と期待、藩政の改革を担おうとする意識形態など、水戸学の諸要件が言表されている。

　この封事の呈出によって謹慎処分をうけた幽谷は、蟄居中『勧農或問《かんのうわくもん》』を著し、当時の農政の五つの弊害を明らかにし、それを松並勘十郎の宝永改革にまで溯って批判するとともに、水戸藩初代藩主頼房・二代光圀の精神への復古を改革の原理とすべきことを主張した。

　この幽谷のもとから会沢正志斎、藤田東湖など、天保期の水戸藩の藩政改革の担い手となる多くの人材が輩出する。

305　〔新論　虜情〕(会沢正志斎)文政八年(一八二五)

西夷(1)の海上に跋扈《ばっこ》すること、幾《ほと》んど三百年にして、土疆《どきょう》日に広く、意欲日に満つるものは、これその智勇の大いに人に過絶するものあるか、仁恩の甚だ民に洽《あまね》きか、礼楽刑政の修備せざるなきか、そもそも神造鬼設(2)、人力のよくなすところにあらざるものあるか、而して皆然るにあらざるなり。彼その恃《たの》みて以て伎倆《ぎりょう》を逞《たくま》しくするところのものは、独り一耶蘇教《やそきょう》あるのみ。夫れ彼《か》の所謂《いわゆる》教法なるものは、邪《じゃ》僻浅陋《へきせんろう》(3)にして、固《もと》より論ずるに足るなし。然れどもその帰(4)は易簡《いかん》にして、その言は猥瑣《わいさ》、以て愚民を誑誘《きょうゆう》し易く、巧言繁辞、天を誣《し》ひて以て天を敬すとなし、人道を滅裂して、以て倫理を暁《さと》るとなす。時に小恵を行ひて、以て仁聞を市《う》り(5)、因りてその説を誇張して、舌を鼓《こ》(6)し世を眩《まど》はし、誕妄《たんぼう》迂怪《うかい》(7)にして、以て耳を濫《みだ》るに足《た》る。故に世の異を好む者は、道聴途説《どうちょうとせつ》(8)して、士大夫(9)といへども、また往往にして沾染《てんせん》(10)を免れざる者あり。心蠱《まど》ひ志溺《おぼ》れ、頑乎《がんこ》としてそれ解くべからざるに至る。これ狡夷《こうい》(11)の用ひて以てその術を售《う》るところなり。故に人の国家を傾けんと欲せば、すなはち必ずまづ通市(12)に因りてその虚実を窺ひ、乗ずべきを見ればすなはち兵を挙げてこれを襲ひ、不可なればすなはち夷教(13)を唱へて、以て民心を煽惑《せんわく》す。民心一たび移れば、箪壺《たんこ》(14)相迎へ、これを得て禁ずるなし。而して民は胡神《こしん》(15)のために死を致し、相欣羨《きんせん》して以て栄となし、その勇は以て闘ふに足る。資産を傾けて、以て胡神に奉じ、その財は以て兵を行《や》るに足る。人の民を誘《いざな》ひ人の国を傾くるを以て、胡神の心に副《そ》ふとなし、兼愛(16)の言を仮りて、以てその呑噬《どんぜい》(17)を逞《たくま》しくす。その兵は貪《たん》なりと云ふといへども、以て義兵の名を衒《てら》ふに足る。その国を併せ地を略するは、皆この術に由らざるはなきなり。

(出典) 日本思想大系53『水戸学』。

(1)西夷　西洋諸国。(2)神造鬼設　人間ばなれした神技。(3)邪僻浅陋　よこしまで浅薄。(4)帰　帰する所。(5)小恵を行ひて、以て仁聞を市る　小さな恩恵を施して、思いやりがあるように思わせる。(6)舌を鼓し　さかんにしゃべる。(7)誕妄迂怪　でたらめな大言をいって人を偽る。(8)道聴途説　道端で聞きかじったことをそのまま道で他人に話すこと。(9)士大夫　ここでは知識人あるいは教養ある人士のこと。(10)沾染　感染すること。(11)狡夷　ずるがしこい夷狄。(12)通市　通商貿易。(13)夷教　キリスト教。(14)箪壺　喜んで。(15)胡神　外国から来た神で、キリスト教の神。(16)兼愛　もとは墨子の言葉だが、ここではキリスト教の博愛思想をいう。(17)呑噬　他国を奪い取ること。

【解説】　藤田幽谷が、藩政改革の必要性と対外的な危機意識を表明して、当時の水戸藩や幕府の置かれた政治状況を明らかにし、それに対する藩主の対応を促したのに対して、その弟子の会沢正志斎は、主として対外的な危機意識から、国家論を体系的に展開した。

記紀神話を典拠にして、君臣の義、父子の親を、国家道徳として立ち上げ、体制秩序から離反しつつある民衆の心を天皇の執り行う祭祀によって国家に統合しようとするものであった。

このようなイデオロギー形成の背景の一つとなったのが、近世初期に形成された西洋観と、当時の民衆の意識動向である。いまや民衆の心が体制秩序から離反しており、かつそこに、貿易と宗教によって西洋諸国が民心を惑乱しようとしているとし、そのような民心の主なき状況を克服するには、これまでのような民衆の行動を外から規制する、「政令刑禁」ではだめだとして、天皇の執り行う国家的祭祀によって、民衆の宗教意識を体制秩序へ取り込むことであるとする。

ここに見られる西洋観は幕藩制初期のそれであるが、当時の国内秩序の動揺と相俟って、かえって対外的な危機意識を煽る結果となった。また、このような民衆の心の有り様は、幕藩制国家が、これまで放置していたものであり、近代の日本において「国家神道」として制度化される新しい国家イデオロギーを先取りしたものと観ることができる。

5　民衆・教育・民俗

(1)　教育・女性・若者

306〔寺子教訓書《てらこきょうくんしょ》〕正徳四年刊　吉文字屋吉兵衛板

抑《そもそも》書筆(1)之道者、人間《にんげん》万用達《する》レ之《を》根元也。無筆(2)之輩《ともがら》者、得二盲者之名《を》一、不レ異二於木石《ぼくせき》畜類《に》一。一生之苦《くるしみ》、老後之悔《くやみ》、以レ何《を》可レ喩《たとう》レ之《に》哉。此故《このゆえに》、第一従《より》二幼少一不レ限二貴賤《に》一(3)手習《てならう》事宜《むべなるかな》哉。於二異国《に》一人生《うまれ》八歳之時初《はじめている》而入二小学門《に》一。(4)本朝凡《およそより》従二九歳《くさい》十一歳一手跡(5)入学《する》世之風俗也。漸《ようよう》童子寺入《てらいり》(6)之後者、長敷《おとなしく》友達闘諍《いさかい》相撲腕押《うでおし》枕引《まくらひき》一切悪敷《あしき》遊戯《あそびたわぶれ》、随分可二相慎《む》一也。早天(7)朝起手水結髪《あさおきちょうずゆいかみ》、赴《おもむく》二手習所《に》一時者対《し》二父母《に》一為《せ》二告知《げら》一、又《また》帰宅之節茂可レ為《たる》二同事一。先《まず》向《い》レ机《に》摺《り》レ墨《を》、静《め》レ心《を》調《え》レ気《を》、相弟子《に》交《わり》不レ働二無礼《を》一、慇懃《にして》而寺式法之《の》趣不二相背《る》一、稽古有《る》二其定《さだめ》一内者堅《かたく》可二相守《る》一。人写《さ》二十字《を》一者《ば》学《び》二百字《を》一、手本之字形《じぎょう》、清書之直《なおし》、能々《よくよく》相考《え》、筆仕《ふでづかい》不レ速《はやからず》不レ遅、廻《らし》二鍛錬工夫《を》二可レ習レ之《を》也。無精者《ぶせいもの》(8)之為《して》レ癖《と》、或居眠《はいねぶり》、嗹《くわえ》二筆之管《じくを》一、高咄《たかばなし》大笑《おおわらい》、破《り》二障子《を》一、穢《よごし》レ柱《を》、崩《し》レ壁《を》、度々好《み》二湯茶《を》一立居或《は》不レ問語《とわずがたり》告口差出《さしで》口《ぐち》根《ね》問《どい》陰言《かげごと》詞《ことば》咎《め》、其外《そのほか》以《て》二謀計虚言《を》一掩《おおい》二我身之悪《を》一、却《かえって》而改《め》二人之非《を》一、欺《き》二師之掟《を》一、不レ用二兄弟子之差図《を》一、気随我儘而已《のみに》移《し》二時刻《を》一、不稽古悪行之所為《しわざ》有《る》レ心之児童省《み》レ身《を》可レ恐々々。惣《そうじて》而不レ依レ何《に》売買遣貰《やりもらい》(9)遠慮尤也。筆墨紙無《く》二放埒(10)一、白紙反古《ほうご》等迄剪割《きりさき》成《ついえをなす》レ費儀不レ可レ然《る》。墨不レ翻《こぼさ》硯箱文庫之内無《く》二散乱一奇麗《きれいに》取置《とりおき》、往来之道筋不レ走不レ狂可レ為《たる》二神妙《しんびょう》一。従《り》二若年一之依《て》二所行《しょぎょうに》一、成長已後《いご》之人柄相《あい》顕《あらわるる》之間、思《い》二此恥《を》一右所レ述《のぶる》之善悪《ぜんあく》常々可レ有二分別得心一事肝要也。於《て》二筆学林《に》一(11)徒《いたずらに》送《り》二光陰《を》一、(12)手跡執行《しゅぎょう》(13)令《せしめ》二油断一、其上身持不埒《みもちふらちに》(14)而《して》受《け》二諸人之憎《にくみを》一汚《し》二師之名《を》一忘《れ》二親之恩《を》一不覚悟之(15)輩《ともがら》者、偏々《ひとえひとえに》口惜《しき》次第也。唯《ただ》一日片時《へんじ》無《く》レ怠《り》尽《し》二気根《を》一嗜《たしなみ》二行儀《を》一可レ求《む》二世之誉《を》一。身之徳也。仍《よつて》教訓書如レ件《くだんのごとし》。

宝永二暦六月中旬

右一巻諸人之需《もとめ》令二染毫一畢

堀氏　流水軒［印］

（出典）日本教科書大系　往来編第五巻　教訓。

(1)書筆　手習いと同じ。(2)無筆　字が書けないこと。(3)貴賤　身分の高い低い。(4)小学門　中国の古代では支配階級の子弟は八歳から進退・洒掃《さいそう》・造字の基本を学んだ。(5)手跡　手習いに同じ。(6)寺入り　寺子屋に入門すること。(7)早天　朝早く。(8)無精者　なまけもの。(9)遠慮　断ること。(10)放埒　無駄にすること。(11)筆学林　寺子屋のこと。(12)光陰　時間。(13)執行　修行。(14)不埒　行儀が悪い。(15)不覚悟　心がけが悪いこと。

【解説】　徳川社会は、幕府や藩の法令は、いずれも「触」や「達」として村や町に廻達され、また「高札」として市中に掲げられるなどもともと「文字社会」であったが、それに加えて十七世紀後半以降の商品貨幣経済の社会的浸透によって、民衆の「学び」への要求が高まり、十八世紀後半以降、寺子屋が爆発的に増加した。寺子屋は、生活上の必要性と、師匠が子供の性格や能力に応じた個別的な指導をしたことから活況を呈し、また村方・町方ではそれぞれ地域の生活環境に応じたテキストが使用された。読み書き能力を身に付けることが第一の目的であったが、それを通して礼儀作法や日常道徳、生活態度を養う場でもあったことは本史料からも充分に推察することができる。また、当時の子供のあそびや民俗を知る上でも貴重な史料である。

本史料は宝永二年(一七〇五)に書かれたものであり、かなり早い時期のものである。参考文献としてR・P・ドーア『江戸時代の教育』(松居弘道訳)岩波書店、一九七〇年、高橋敏『近世村落生活文化史序説』未來社、一九九〇年など。

307〔女論語〕(貝原益軒述)

夫《それ》女子は、十歳の時より、かつて外へ出《いだ》すべからず。手習、読もの、教訓の文《ふみ》など見ならひ、其後桑をとりて、蚕を養《と》、機織《はたおり》、裁物《たちもの》、績《うみ》(1)、緝《つむぎ》(2)、又は先祖の祭り事の、手伝ひたすくる作法など稽古して、扨《さて》十六の歳、初笄《ういかんざし》を祝《いわい》、廿歳《はたち》になりて嫁入する。人の方より、仲人《なこうど》をもつて、礼儀正しく結納を送りてむかゆれば、妻と名付るなり。我どちゆきあ(3)ひ夫婦となれば、いやしめおとして、はづかわしき事也。人は万物の霊として、生れ出るとひとしく、天理(4)を我心に備へて、つねをとる善性有もの也。あくまで喰ひ、暖《あたたか》に著(着)て、何のなす事もなく、いたづらに月日を送りて、おしへの道もしらざるは、鳥類畜るゐに異なる事なし。父母五りんの道(5)をならひ得て、我に導かせ給ふ。父子相したしみ、君と臣と互ひに義あり。夫婦他人との差別して相みだれず、長幼みな〳〵其席を守るべし。一つに徳のおしへ、智とは、我心に物の理をわくる事なり。仁とは、こゝろの徳にて、物を愛するにそなへたるとく也、孝とは、よく父母しうと姑《しゅうとめ》につかゆる道なり。既に嫁して後は、舅姑に仕ること第一なれば、幼《いとけなき》よりその道を能々みちびき習しむべし。さらでは夫(6)《おっと》の家の法正しく、老人の戒め厳《おごそか》なれば、俄《にわか》に身の持やうむづかしく成《なり》し様おぼへて、的面(7)に逆ひ、腹立て、果々は夫にもあかれさられて、人に後指をさゝる。容《かたち》こそ生《うまれ》つきたらめ、心はなどか賢《かしこき》より賢にうつさゞらん。道を守らざる女は、万《よろず》ひが〳〵敷、自讃譏他(8)の心ふかく、ものねたみして、人の事を憚《はばかり》なくいひ散し、鎖細なる事に、物とがめ詞咎《ことばとがめ》など、すべてあしき事のみ多し。随分物に応じ、慈愛の心有て、起居《たちい》も静に、夫婦兄弟にも、別ありといふ事を守るべし。一たび夫に連添《つれそう》の後は、則此所に終る身也と、初より合点して、よく舅姑に、こゝろを尽して仕ふべし。見限られさら《(去)》るゝ事は、其身は云に及ばず、親兄弟一類までの面よごし也。長《ひととなり》て後は、二親《ふたおや》に仕へ、嫁《よめいり》ては、人倫の始と云て、夫婦ありてより、親となり子となり、又孫彦迄も続くなれば、実に大切の事にて、夫婦の間がらだにとゝのへば、其外親類下々等に至《ル》迄も、おのづから安らかにて、家よくとゝのふべし。

姑は、身にとつては、実《まこと》の親よりも重く、力を尽して孝行成《ス》べきに、其道に暗く、身に復《かえり》て求むるの道を弁《わきまえ》ねば、わづかの事を怨み腹だちて、苦々敷なり行も、元は両親《ふたおや》教ざるの怠《おこたり》と、其身習ひ学ざるの罪なり。また男は陽にして天也、女は陰にして地なり、天地に君臣の道あれば、夫は君也と心得て、常々仮にも疎《おろそか》にすべからず。貧富貴賤は定れる命なれば、必それに志を奪れずして安ずべし。若《もし》夫の道に違へる事あらば、従容《などやか》にしてこれを諫《いさめ》、きゝ入ずともそれを諍《あらそ》はず、他日また其機嫌を見繕《みつくろ》ひて、いかにも底心《そこごころ》より、善悪《よしあし》の分るやうに云出れば、いかほど不骨《ぶこつ》の夫たりといへども、十に九ツは折てしたがふ物ぞかし。惣じて婦《よめ》たるの道は、家の内を治る事肝心也、且子を育るとも、必々愛に引されて、破落戸《ならずもの》(9)に成《ス》べからず。何事につけても、心に能慎みほこらざれば、夫婦は勿論、舅姑、嫂《あによめ》、叔々《こじゅうと》其外召使の者に至るまでも、喜びいつくしみて、家富栄《とみさかえ》なんは、天の恵みなるべし。

(出典) 日本教育文庫9〔教科書篇〕。

(1)績　糸を紡ぐ。(2)絹　繭または真綿をつむぐ。(3)我どち　自分から。(4)天理　正しい道理。朱子学では、人は生まれながら、善性＝天理を具えているとする。(5)五りんの道　五倫とは君臣の義、父子の親、夫婦の別、長幼の序、朋友の信の五つの道徳。(6)さらでは　さあらでは。そうでなくては。(7)的面に　正確には覿面《てき》、即座に。(8)自讃譏他　自分をほめ、他人を譏る。(9)破落戸　悪いことばかりして手のつけられない者。

【解説】　貝原益軒(一六三〇―一七一四)は、朱子学に依拠しつつ、民衆の自己啓発を説く教訓書を多く著しているが、本史料もその一つ。女は嫁に行くものとの立場から、夫や夫の両親(舅・姑)に仕えることを幼少から厳しくしつけるべきことを説いた「女大学」は著名だが、ここでは、より広く手習い、機織り、先祖祭祀などのほか、女性を「道」の担い手として、心の修養を説いていることが注目される。通常いわれるように、単に「服従の道徳」だけが要求されているわけではないことに注意したい。

なお、実の両親よりも嫁ぎ先の両親を大切にすべきとの主張は、女は、嫁に行く者との考えとともに、血縁を重んずる中国や韓国とは異なる日本の経営体としての家のあり方と関わっていよう。女性は一家の中心的存在なのである。

寺子屋と益軒に関する参考文献として、江森一郎『「勉強」時代の幕あけ――子どもと教師の近世史』平凡社、一九九〇年などがある。

308〔文化十年　条々〕静岡県賀茂郡下河津村見高

条々

一 御公儀より前々仰出され候御法度御ヶ条の趣堅く相守、悪しき事之なき様仕べく候事。

一 若者仲間と申儀何の為に立置候哉、一体家々に子供持候ても親子兄弟の間にては仁義礼智信の正しき事をも得がたく我儘《わがまま》に相成候間、十五六歳にも相成候へば右仲間へ入置、尤も若者仲間の儀右人数の内年増り重立《おもだち》候ものを頭に立置、右の者より平日共に仁義礼智信式作法は勿論、常々親元に於て我儘を致さず孝行を尽し兄弟親類ともあたりよく平生家業大切に致し万端実体《じってい》(1)にもとづき柔和に仕べく為に先規(2)より立置候事に候。然る処近来不取締に相成、徒党仲間の形に成られ、宜しからざる事に付、以来は急度《きっと》(3)相慎み心得違之なき様仕べく候事。

一 博奕の義御法度の趣堅く相守、都《すべ》て何にても賭の勝負事決して仕る間敷候事。

附《つけたり》、後家孀《やもめ》の所へ出入我儘仕る間敷事。

一 御公儀様御用衆御通行の節、人足に出られ候者共、かぶりもの仕る間敷、並に村方に歩行等相勤め候共、実体《じってい》に相勤め聊《いささ》か等閑《とうかん》(4)に仕る間敷候事。

一 村方日雇駄賃其外仲間稼之あり候節、随分出精致し、且漁業並に藻草拾ひ(5)候節、年寄子供入交り、乗り合出られ候とも、随分労《いたわ》り若者同様取らせ申すべく候事。

一 年礼盆礼の儀、寺院は勿論役人宅へ急度礼儀相勤べく候事。

附り、式日遊日大酒いたし大騒ぎ仕る間敷候事。

一 村役人途中にて出会候節、かぶりもの之を取り候時の礼儀急度申し述べく候。並に老人に出会候共、辞儀口上之れ有るべく候事。

附り、旅人往来通られ候節、男女にかぎらずがさつ成儀仕らず、悪口申す間敷候事。

一 前々より神事祭礼に付狂言等相催し候節、他所より来候見物の者に対し、慮外なる体之なき様に仕り、ガサツヶ間敷儀決して仕る間敷候事。

一　他村に祭礼狂言之れあり候節、見物に越され候共、随分正路(6)に見物致し、勿論悪誉《あくよ》(7)等堅く仕る間敷候。如何様の儀之あり候とも喧嘩致す間敷候。且又近郷の者喧嘩致し候はゞ、早速取り鎮め申す可く候事。

　附り、隣村近里に勧進相撲歌舞伎芝居之れあり候節、見物に出られ候儀、穏便の沙汰に付、兼て其旨相心得べく候事。

一　村方度々出火にて類焼多く難儀に相成り困窮致し候はゞ、畢竟自分の家に仕廻候(8)のみにて火元へ立寄らざる故の事に付、今般火消道具相拵へ相渡候間、若者役として勿論右体の儀自然(9)之あり候はゞ、諸道具持出し、若者共走り集り、早々火元へ馳付け、精出し火を消し申すべく候。尤も諸道具桶水籠梯等受取置、常々心掛あられ可く候事。

　附り、諸道具損し候か、或は古く成られ候はゞ、村役人に申達し、差図受くべく候事。

一　今般若者仲間の儀、火消役相勤候筈にて格別に改り候事に付、随分正路に出精致し相励み申す可く候。勿論火消道具少も麁略《そりやく》(10)に仕間敷候。且又風烈しき時は火の番相勤可く候事。

右の条々堅く相守り申す可候。尤も若者頭より入念惣若者に度々読聞せ、忘却致さゞる様に仕る可く候事。

(出典)『若者制度の研究』大日本聯合青年団。
(1)実体　実直に。(2)先規より　昔から。(3)以来は　これからは。(4)等閑　なおざり。(5)藻草拾ひ　海草・水草をあつめる。(6)正路　正しい道。(7)悪誉　悪事。(8)仕廻　仕舞う、あと始末をする。(9)自然　もしも。(10)麁略　粗末に。

【解説】江戸時代の村には若者組・娘組という年齢集団があり、これが個人においては、成人となる通過儀礼となり、また村共同体においては、村を担う構成員を再生産する機能を果たした。男子は十五歳、女子は十三歳になるとそれぞれ若者組・娘組に加入し、家族から離れて仲間集団の中でさまざまな体験を重ねることによって、一人前の人間として成長することが期待され、またそこで男女の交際も保障された。

　またこの若者集団は、祭礼など村の行事を執行したり、警察・防災などを担当したが、同時に、本史料にもあるようにさまざまな規制があり、それを破ると村八分にあった。いまはなき村共同体による教育組織である。これは、江戸時代の村がそれなりに自立的な自治組織を有していたことと関わりがある。前記の寺子屋が文字文化・文字社会の所産だとすれば、これはよりプリミティブで自立的な民俗社会がもつ社会維持のシステムである。

(2)　旅の思想

309〔菅江真澄日記〕（菅江真澄）

小野のふるさと

胆《い》氏《で》波《は》の国雄《お》勝《かち》の郡、飽田《あきた》のあがたにて年を越《こせ》り。天明五年正月 朔《ついたち》、はつ日きらびやかにさしのぼる光に、雪の山々にほやかに見やられて、軒端《のきば》とびかふ、むらすゞめのさへづる声も、けふはわきて長閑《のどか》なるおもひして、と（外）に、いやたかうつもりたる雪を見つつ、

あさ日影匂へるまゝにふりつみし雪はみながら霞む俤《おもかげ》

家ごとにさし入て、ことぶきめでたしといふめる人の、こと葉ほこりかにしはぶきありく。鴨柄《かもえ》はしらなどにかけたるいなほ（稲穂）、あはほ（粟穂）のもちゐ（餅）、(1)又おかのもちといふは、うがのみたまのもちゐならん歟。なりひさごのごとく、中くぼかにたいらかなるを、家にすむ男の数にあはして神に奉る。かゞみもちは例のことながら、栗、柿、干蕨《ほしわらび》、鯡《にしん》、昆布、五葉の枝そへて、遠つおや（祖）祭るとて、かゝるいを（魚）のなまぐさもいとはで、たま（霊）棚、仏のみまへにすへたるは、あがりたる世のふりおしうつらざるは、めでたし。星をかざしておきいで、「五千百回なゝ流れ、八潮の沢の七滝の水」と唱へ、むすびあげたるわか水を、まづ、をさなき童よりのみ初て、老たる人の手にて、かはらけとゞめたり。人々、わかんみむすび(2)のおほん前にぬかづき、此御前をはじめ、あか（閼伽）棚の上におけらのふる根(3)をたきて、なみゐたる人もかき、身のうち、衣などにくゆらせたるは、ゑやみ（疫病）せぬをこなひとて、いたくこがしたるは、ふるきためしにこそあなれ。雨、時のま降て神ひとつひびき(4)たるは、としのゆたかならんさとしなりけりと、里の子、いやしよろこびたり。

（中略）

六日のゆふべ七草はやすを聞ば、「とうどの(5)鳥とゐなかの鳥と、わたらぬさきに、たんたらはたきにたらはたき」と声うちあげて、菜かたなもて叩く声家ごとにどよみたり。七日の粥は、おほそうふる里におなじ。万歳のうたひごゑ、あきのさし、ふくだはら、ぢちのこがね(6)の箱など、家々に、ものもらふ、かたゐ（乞丐）出入ありく。いやしに人来れば、手かけのおしき（折敷）に、うちまき、ほしがき、こんぶ、栗盛出てけるを、いさゝかぬか（額）さげて、酒のかはりとて銭つゝみたるを扇にのせて、さしいだしてかへる。又童べのくれば、や（家）のあるじ、松の葉に銭貫きて、「此馬やせてさふらふ」などいひつゝやる。松の小枝にぜにつなぐこと(7)は、いで羽（出羽）、みちのくに（陸奥国）ゝありとか。

八日　もろこしの空より、やまひ（病）の神渡り給ふをおひやらひ、やにいれじとて、くま〴〵うちはらひきよめて、戸口の柱、石すへなどに、やいと一火せりける(8)を見をりて、

　氷ゐしやま井の水やいとはやも解てながるゝ春は来に
　けり

九日　あした（朝）より、うら〳〵とのどけし。

十日　岩碕といふところに行とて、鳴沢といふ村はしに、雪をわかちてながるゝ水のありければ、

　きのふけふ山路は春になる沢の水こそみつれ四方の長
　閑さ

やがて其ところに至りて、石川なにがしが家にとまる。けふ、はつ（初）かのえ（庚）さる（申）の日なりとて、ほたきや（火焚屋）のうつばりに、おとこむすびとて、縄もて一ところゆひたり。此とし、家にぬす人のこぬまじなひとぞ。庚申すとて(9)、かげのみだれこゑ聞てふしぬ。

十一日　けふは、日記せる牒（帳）のいは（祝）ひといふことはてて、うがのみたまのみまへに、みは（神酒）、すへもの（供物）奉りて、あるじをしたり。いざ、よねぐらひらかんとて、雪にかくろひてうちのくらければ、灯を手毎にとりて入ぬ。

（中略）

十四日　またのとし(10)こしなりとて、なにくれとゝのへて、やのうち（内外）と、はらひきよむ。午ひとつばかり湯沢に帰へり来たり。夕ちから門ごとに柳さしける(11)は、ためしにこそ。此柳を、

　門にさす青柳の糸くる人のたもとになびく夕ぐれの空

十五日　けふは鳥追(12)なりといひもて、しら粥に、もちゐひ入てくらふ。狗《いぬ》、猫、花、紅葉《もみじ》など、いろ〳〵にいろどりたるかたしろを餅をもて作り、わりこに入て、わらはべ、家ごとに持はこびたり。これを鳥おひくわし（菓子）といふ。日ぐれちかき頃、小供等あまた、しろきはちまきをし、ちいさきかたなをさして、さゝやかの棒をつき、木貝とて、うつぼなる木の笛を吹て、うちむれてはやしたて〳〵里〳〵むら〳〵をめぐり、夜さりになりては、田むすび(13)といひてわら十二すぢをむすび、大につゞきむすびたるを、田のひろければ世中よきためしにひき、はた、ちいさきむすびいくつもいでくれば、田のみのりすくなしと、さたせり。又こめだめし(14)すとて、よねを十二たびはかりて一とせのうらと（占問）ふ。埋火のへたには、女のわらは（童）は集りてもちやきすとて、さゝやかにもちゐひきりて、ふたつならびに火にうち入てやくに、声どよむまでわらふ。こは、すきたるためしにやあらん、女のかたより手いだしたるは、又、おとこゐよりたるはなど、これはかれ、かれはこれよとなづらへて、よ

ともにしたり。

（出典）『菅江真澄全集』第一巻、未來社、一九七六年。

（1）おかのもち…　稲や粟の穂がよく実るようにとのまじない。おかの餅は、マガリモチといい、曲玉形の餅を家に住む男の数だけ作り、おかの神に供える。うがのみたまは宇迦御魂で稲をつかさどる神。（2）わかんみむすび　若御産霊の神か、正月神。（3）おけらのふる根　植物のオケラは、昔から延寿の妙薬とされ、正月のお屠蘇に入れるが、焼くと臭いので悪魔が逃げると考えられていた。（4）神ひとつひびきたる　元日の雷鳴は、豊作の兆しという俗諺。（5）とうどの鳥　唐土の鳥、疫病を運んでくるという俗諺。（6）あきのさし、ふくだはら、ぢちのこがね　正月の門付けの様式で、「あきのさし」は、「あきの方から福の神がまいった」と祝言をのべてものを貰う仲間、「ふくだはら」は、小さい俵を転がしながら祝言をのべるもの、「ぢちのこがね」は、千両箱の模型をもって富裕になる祝言をのべること。（7）松の小枝にぜにつなぐ　松の小枝に穴銭をとおして正月に子どもに与えるお年玉をやせうまといった。（8）やいと一火せりける　悪疫除けのまじない。家族員に灸をするところもある。（9）庚申す　庚申を信仰する仲間が講を組み、庚申の夜に集まって神を祭り、一晩中語り明かすこと。（10）またのとしこし　小正月の年越し、一月十五日。（11）柳さしける　大正月は、門松をたてるが、小正月には、「柳福」といって柳をたてる。（12）鳥追　田畑に有害な鳥を追い払う、小正月に子供たちが行う行事。（13）田むすび　小正月に稲穂の餅でする豊凶の占い。（14）こめだめし　小正月にする豊凶の占いのひとつ。

【解説】　菅江真澄（一七五四―一八二九）は、天明・寛政期の旅行家。三河の国で生まれ、秋田で病没。国学・本草学の素養があり、生涯の大半を東北地方を旅して、多くの日記・地誌・図録を残した。本史料は、「小野小町のふる跡をたつねしを記した」ものであるが、天明五年（一七八五）みちのくの正月の除災招福の民俗行事を中心に記述したもので、当時の人々の暮らしや民俗を知る上で貴重な記録である。一年間、秋田藩主佐竹義和の委嘱をうけ、出羽六郡の地誌作成に従事した。

310　〔東北遊日記　巻之六〕（古川古松軒《ふるかわこしょうけん》）

七月二十三日乙部《おとべ》浦より江指《えさし》浦へ帰りて御止宿なり。（中略）この浦は何によりて富饒の地なるや、家居至ってよし。諸品の自由なること上方に劣らず、返す返すも不審ある所なり。御巡見使夜に入りて着し給うに、家ごとに提灯を数かず出せしを見しに、出来合いの提灯にあらず。家に入りて見れば、掛物はいうに及ばず、襖・屏風に至るまでも京・大阪の名ある書画多し。何国にても金銀のたくさんなる所は、万事の足ることと見えたり。この浦ばかりにも諸国の大船幾艘もあり。何を積みて来り、何に交易して帰ることにや、その大いなることはかるべからず。

二十四日雨つよし。上《かみ》の国《くに》の舟橋流れしゆえ江指浦に逗留。人びとは草臥《くたびれ》休みとて寝しことなれども、予は数百里を来りしも、地理・風俗のことを正さんのことなれば、亭主兵左衛門に和してこの辺のことを尋ね聞きしに、領主・役人より堅く口留めあるようの口ぶりなり。委しく語らず。

蝦夷地にも不身持《ふみもち》の夷をば村郷の長より追放することにて、夷人その所に居住ならざれば、この浦ら へ来りて漁の手伝いをして暮らせるよし。もっとも蝦夷人を久しく止め置くことは、松前侯よりの御法度なれども、この類《たぐ》いまま多しという。すべて蝦夷人は生得直《しょうとく》なるものにて、偽りをいうことさらになく、他人よりはかわりの物を与えざれば何にても取らず、その身よりも代り（1）をとらざれば他人にものを与えず。かの不身持者にても、右のごとく不身持と称せるは酒を喰らいて漁にうときをいうことなり。日本のごとく博奕をうち、盗みなどをし、遊女にふけるなどということは、さらにしらぬことなり。もとより金・銀・銭不通の島国なるゆえに、富饒と名ある物、五穀の類い・酒・衣服、あるいは日本の器物、あるいは韃靼より渡る器物なり。それゆえ日本人を日雇いに遣《つか》うよりもよくて、しかも剛強にて何事に用いても丈夫なりとの物語なりし。帰夷の松前の地へ来ることはなし。

鯑《かど》をニシンとも土人は称して、子をカヅノコという。この魚二月の末より来て、三月四月を最中とせり。当年は鯑多しという年は、海上へ一段高くなり真白く見ゆるほど集るなり。何国より来るとも知れず。およそ蝦夷の地より松前の海浜数百里の大海、皆みな鯑魚となることにて、なかなか取り尽くされぬことなり。蝦夷及び松前の諸人は、鯑を以て一年中の諸用、万事の価とせることゆえに、鯑の来れるころは、武家・町家・漁家のへだてもなく、医家・社人に至る（2）まで我が住家は明家《あきや》とし、おのおの海浜に仮の家を建て、我劣らじと鯑魚を取ることにて、男子は海上を働き、婦人・小童は鯑をわりて数の子を製することなり。中にも丈夫の者どもは、十人も十五人もいい合わせて、大船に乗りて蝦夷の地へ鯑を取りに行くことなり。このゆえに松前においては、日本の豊凶少しもかまわず、鯑の数多《あまた》来る年は豊年とし、鯑のすくなく来る年を凶年という。米の値段はいかほど高直にても、鯑だに数多取れさえすれば少しも難儀なることなく、米の価下直にても鯑のとれあしき年は、大いに難儀をすることなり。この魚二月の末よりそろそろ来りて、三月四月を最中とし、五月初めまでも取ることにて、右の間は貴賤ともなくかせぎはたらき、残る月は何もせずして遊びくらしにする所なり。この鯑にかぎりて他国になき魚とて、松前にては鯑の文字を鯡と書す。この魚外《ほか》には非ずという意にて、魚へんに非の字をかくという。五穀不生の地にて、外の豊凶には少しもかまわぬことなり。俗に天道人をころさず（3）というはかかる所のことにてや。さてこの鯑魚を取るには松前侯よりの定法ありて、船にも網にも定まりし極めありて我儘にはならず、富家なる者も貧家なる者も、勝劣なく取るようにせしことなり。定法なくては、富家の者日本の地にて製せる引網をして、貧家の邪魔となることゆえ、網にも寸法のあることなり。この外松前侯の制度には、何に寄らず感ぜること多し。よき役人のあると思われ侍るなり。

（出典）『東遊雑記』（東洋文庫27）。

（1）その身よりも　自分からも。（2）社人　神職。（3）天道人をころさず　この言葉の直接の典拠はないが、天道の本来の働きは万物を生み育てることにあり、どこにおいても生活の資源はあるとの意味。

【解説】 古川古松軒（一七二六―一八〇七）は、天明・寛政期に全国各地を旅行して多くの紀行文・見聞記を著した。備中の国（岡山県）生まれ、家は代々薬種業だが、年少より地理の学を好み、各地を旅行した。天明八年（一七八八）、将軍の代替わりごとに諸国の政情・民情視察のために派遣される幕府巡見使に随行して、東北・北海道を巡見し、その間の人情・風俗を記したのが「東北遊日記」である。一般に巡見使は三十五人であるが、この時は百人を超えている。多くの興味深い記事があるが、ここでは、蝦夷に関する記述を採った。蝦夷（現在の北海道）は、十六世紀末、蠣崎氏の五代慶弘が、秀吉・家康から蝦夷地支配を公認されて松前氏と改称、松前藩が成立した。松前藩は、商場知行制により、アイヌ人との交易による利益を収入源としたが、一六六九年、シャクシャインの乱の後、特権商人による場所請負制が確立し、町人によるアイヌ収奪が強化された。とりわけ、十八世紀後半以降、近畿地方における商品生産の拡大は干鰯《ほしか》・油粕《あぶらかす》の需要を強め、その主要な供給地となったのが蝦夷地であったからである。古松軒の蝦夷人に対するやさしい眼差し、巡見使に対する受け入れ側のさまざまな心遣いにも注意。

参考文献として、菊池勇夫『北方史のなかの近世日本』校倉書房、一九九一年などがある。

311　〔北行日記〕寛政二年九月（高山彦九郎）

飢年の事を尋ぬるに平助語るに、米壱升四百文迄致し、稗《ひえ》の春《つ》かざるが壱升百文、あわ壱升百八十文、大豆壱升二百文、小児をは生るを川へ流すもの多フし、人死すれは山の木立ある所へ棄て或は野外に棄て川へ流すもあり、猪鹿狗猫牛馬を食ひ又は人を食ふものも有り、子のありて其ノ親の屍《しかばね》をは其ノ子埋れ共其余は皆ナ埋むる事なし、埋めたるを掘発《ほりおこ》して食ふものもあり、山中野外の屍を食ふものもあり、煮ても焼ひてもなまにても食ふ。今マ其人に尋ぬるに馬の味は猪鹿に勝り人の味は馬に勝ると語れり。己レが小児を殺して食ひしものも有り、人にして鬼の如し。当村にても二十軒斗《ばか》り死絶へたり、生るもの半《なか》ハに過きぬ、十軒七八軒の村には壱人も残らす死失《しにうせ》たる所も有り、人の肉を煮るに水飛んで火中に入れは忽ち燃へ上る油の甚だしき是レに過るはあらじ。卯の年（1）の八月頃より離散して仙台宮古の方へ行くもの多フし、子有り親ある類《たぐ》イは止りて九十月迄蕨《わらび》(2)を掘り食ふ、気力薄き人は九月頃ゟも早や餓死す、十月に至りては子を縊《くび》りて棄、或は川へ流して離散するものもあり。辰の年閏(3)正月より二三月迄餓死甚だしく、四月に至りて麦作実のるになん〳〵たるを苅取りて食ひ、食傷して死するも有り。四五月頃ゟ疫病流行して死するも多フし、七月迄に餓死疫病に死果てゝ、八九月は諸作実のりよく草木の実も多フくなりけれど食ふ人もなく、希れに生き残りたるもの珍らしく食ひける故に俄《にわか》に肥太りてぞありける。其レ迄人の牛馬を奪取食ふものもあり、人の穀を奪ひ取るものもあり、奪ハれざる用心すれハ火を懸けて取り、谷間二三軒の所は悉ク奪ひ取らる。家続きの所は用心厳しく奪ハるゝも少ナし、誠に混乱恐ろしき事也。当村に娵《よめ》ある家三十軒斗り皆ナ親元へ帰へす、私は娵二人有りぬれ共一人をも帰へさす、私も男子両人よろしけれはこそ生き延びたり、悪しき子を持ちたるものは子に棄てられて餓死するもの有り。子共常には鉄砲をは業とせされ共、飢年には鉄砲をもちて鹿を打て食とす、鹿一にて二貫ゟ四貫迄致せり。其年は鹿甚だ多フく有りし、神ゝの与へ玉ひつるにや、首の所を赤ねの左リ縄にて結ひたる鹿なと有りしと承ハる。奈良よりも来りたるや又タ異国よりも渡りつるや只事《ただごと》にはあらず、只今にては鹿甚だ希れ也。人を食ふたるものは十にして七分は死したり、何《いず》レの家にても死なさる家はあらず。私シ所にても二歳の小児乳不足にて死し、他へ嫁したる娘戻トされて産後にて死す、皆ナ食の不足よりの事なれは是レも餓死の内也。飢年に恐れて其ノ後はならノ木の実を貯へぬ、ならの実は味《あじわ》ヒ栗に次げり。庄屋と酒造家此ノ二軒の人のミ壱人も死せず、酒造家にて七年或は十年季にて二十人斗《ばか》り養ひつれとも恩を忘れて豊作の後半ハは迯《に》ぐ、卯ノ年六月迄年貢を納め、辰の年は丸壱年上納せず、十年の間に上納致すべきに命ぜられたり。八ノ戸長者山の辺りへ侯(4)ゟ三間に七八間に小屋を二ツ立てゝ飢人に粥を賜ひけれとも後には人多フくなりて続かさりけれは、飢人共強きは弱きを殺して食ひ、或は馬を取り入れ食ひなどし生き延びたるも希れにはあり、後に小屋へ火を懸けて焼きたる跡を見るに、人骨馬骨山の如くありける。卯ノ年八月頃馬子か語るに、今日二十斗りの乞食、小児の手を噛ミて居るを見つると聞て身の毛もよ立ッ斗り也しが、(5)翌年辰正月には爰《ここ》にも人を食ふもの有りし、草やところを掘りに女などは恐れて出るを難たん(マヽ)じたりと語れり。平助次男久右衛門又タ語りけるは、飢年二三年前ゟ鉄砲を求メて習ハしけるが一度も獣類殺せる事もあらねど、稽古せしこそ飢年の幸イ也、鹿を打て食とし親をも養へり。雪海辺は山中より薄し。因て海辺へ出でゝ鹿を打チ、父は馬を引て駄して帰へる。若シ賊の為メに馬を取られ鹿を取られ父を害せらるゝにも至りてはと思ひ、家の辺り迄父を送りて又タ行ひては鹿を打ツ。ある時是レゟ二十里東シさぶらい浜と申す所を鹿を負ふて行き過ぎけるに、すゝがやの雪の上にこぼれて有るを飢人取り集めて屍の股の所をそぎ噛ミて居りけるが、私の通るを見て火中へ投けてぞありける。ある里にては餓死せる家に至り屍を我レに賜へ、我が母餓死の後に返へすべしと云ひて乞ひ求メつる事有りしとぞ承ハる。狩人は其ノ年飢を救ふのミか金にも成る程也、鹿の価へ二貫ゟ四貫文皮斗も四五百文致せり。壱人にて鹿を得るに二百或は三百に及べりと語る、平助今歳六十二其妻全し、久右衛門三十二歳妻と三歳の男子有り、久右衛門兄平七年三十八、妻と四歳の男子有り、是レは別家す、父母兄弟和睦の体也。

（出典）『高山彦九郎日記』第三巻。
（1）卯の年　天明三年（一七八三）。（2）蕨　わらびの根茎からわらび粉をとって食べる。（3）辰の年　天明四年（一七八四）。（4）侯　領主。（5）ところ　ヤマノイモ科の蔓性多年草。根茎は苦味を抜けば食用になる。

【解説】 高山彦九郎（一七四七―九三）は、一般に尊王思想家として、また蒲生君平や林子平とともに「寛政の三奇人」の一人として知られているが、全国を旅して、当時の民衆の生活や民俗の様子を記した多くの日記を残している。

ここでは、天候不順、浅間山噴火、洪水などで、東北地方を中心に二十―三十万人の餓死者を出したとされる天明（一七八一―八九）の飢饉の惨状の聞き書きの部分を採った。この飢饉は、その後の幕府や諸藩の飢饉対策のみならず、本多利明や佐藤信淵などの思想形成にも強い影響を与えた。

参考文献として、菊池勇夫『飢饉の社会史』校倉書房、一九九四年などがある。

(3)　外からみた日本

312　〔海游録〕（申維翰《しんいかん》）

○国に四民あり、曰く兵農工商がそれである。士[1]はあずからない。

そのうち、兵[2]がもっとも安逸[3]にして衣食にゆとりがある。商はすなわち富むといえども、税法がはなはだ重く、工はその技が巧みであるが、製品が廉価である。農はもっとも苦しいが、年間の租税のほかに他の徭役[4]はない。

四民のほかにも、別に儒学、僧徒、医学がある。しかし、国俗として、医はすなわちその功が活人[5]にあるゆえに、医をもって上となし、僧徒がこれに次ぎ、儒[6]は末である。いわゆる儒者は、学ぶに詩文をなすが、科挙試による仕進[7]の路がない。ゆえに、ようやく声誉を得たところで、各州の記室(8)にとどまる。すなわち、廩《りん》米(9)累《るい》百石を食《は》むようになれば、その身は終わる。だから、求めて兵家(10)に入りえざれば、医に身を托する。

余が駅路站館《たんかん》(11)において文を投じて見ることを求められたる者、あるいは某地の医官といい、あるいは某城の武臣という。その文字は、往々にして称《たた》えるべきものがあった。けだし、文士(12)は医となり兵となることによって、もって食禄を求めることができるからであろう。

◯日本人が我が国の詩文を求めること、貴賤賢愚を問わず、神仙(13)の如くに仰がないものはなく、珠玉の如くに珍重しないものはない。すなわち、轎(14)を舁ぐ者や僕卒(15)など目に書を知らない者も、朝鮮の楷書数字を得ればみな頭の上に手を合せて謝す。

いわゆる文士は、あるいは千里の道を遠しともせず、来りて站館に待つ。一宿の間に費やされる紙が、あるいは数百幅に及び、詩を求めて得ざれば、半行の筆談といえども珍しく感じてやまない。

おもうに、その人が精華の地に生長して、もとより文字の貴きを知りながら、中華(16)とは絶遠であるために、生まれて衣冠の盛儀を見たことがなく、平素朝鮮を仰ぎ慕うのであろう。ゆえに、その大官および貴人たちは、すなわち我が国人の筆語を得て他人に誇るための資としている。書生もまた声名(17)の路となし、下賤もまた羨望の的となる。書を贈れば必ず図章(18)を押して真蹟(19)となす。名州巨府を過ぐるごとに、その応接に暇がない。

（出典）『海游録』（姜在彦訳注、東洋文庫252）。
（1）士　知識人。（2）兵　武士のこと。（3）安逸　何もせずに遊んでいること。（4）徭役　肉体労働による負担。実際には伝馬役などの徭役があった。（5）活人　人を生かすこと。（6）科挙試　中国、韓国で官吏を登用するために行う儒教の教養を問う試験。（7）仕進　官職につく。（8）記室　記録係。（9）廩米　扶持米。（10）兵家　武士として召し抱えられること。（11）站館　宿駅。（12）文士　知識人。（13）神仙　仙人。（14）轎　かご。（15）僕卒　下僕。（16）中華　大陸中国。（17）声名　名声。（18）図章　印章。（19）真蹟　本物。

【解説】　十六世紀末豊臣秀吉の朝鮮侵出により途絶えていた朝鮮との国交は家康のときに回復し、一六〇七年（慶長十二）から一八一一年（文化八）までの二百年間に十二回にわたって、主として将軍の代替りごとに朝鮮から使節団が来訪した。

これを朝鮮通信使といい、一度に三百五十人から五百人近くに及ぶ大使節団である。幕府はこれを一種の朝貢国と見做して国際的かつ国内的に幕府の威信の発揚の手段とし、他方、朝鮮は、かつての秀吉の朝鮮侵略に鑑み、日本の国情を視察し、また朝鮮の儒教文化を日本の知識人に誇示し、その文化的優位性を証する絶好の機会とするなど、双方に意識のズレはあったが、江戸時代における日本と朝鮮との文化交流が行われた。六代将軍家宣《いえのぶ》のとき、新井白石は将軍の呼称を旧来の大君号から国王号に改め、また使節応接の簡素化などを行ったが、大概、友好的な関係が保たれた。

本史料は、一七一一年、八代将軍吉宗襲封のとき来日した使節団の一員申維翰(一六八一―?)の記録によるものだが、彼らが日本の武士階級をどのようにみていたか、また日本の儒者や文人が彼らの周囲に群がり詩文の交換を求める様子に、彼ら自身の文化的優越意識を誇示するさまをみてとることができる。

朱子学を国教とし、科挙官僚制を採った李氏朝鮮と、元来、戦闘者であり、儒教的教養を必須とはしなかった「武国」徳川社会とのちがいをみてとることができる。

参考文献として、李元植『朝鮮通信使の研究』思文閣出版、一九九七年などがある。

313〔日本幽囚記〕(ゴローニン)

公方《くぼう》の最高会議は五名の会員をもつて構成する。この会員はかならず国持大名でなければならない。この会議は日常に遭遇する普通の事項ならば、公方に稟申《ひんしん》しないで、一切これを審理決定する。しかし異例の事項ならば、たとひ重要な事項ではなくても、公方の意向を伺はねば、会議は何ひとつ決定する権利を持たない。同様に公方もまた、さうした異例の場合には、最高会議の同意を得なくては、何ひとつ裁決することが出来ない。

この仕組みから判断すると、公方が適法にして十分な理由なしに最高会議員を更迭する権利を持たなければ、日本の政体は、制限君主制といへよう。しかし公方はその欲するがままに、いくらでも最高会議員を更迭できるので、日本の統治は制限制(1)とはいへないのである。とはいへ日本歴代の公方は、諸侯の不平、背反をおそれ、自分の権利を敢へて悪用しないのである(2)。公方にとつて諸侯がどれくらゐ恐ろしいものであるかは、諸侯の妻子をつねに首府にとどめ、諸侯は所領と首府に一年おきに在留せしめるといふ(3)、あの幕府の警戒ぶりによく現はれてゐる。

この最高会議を御老中《ゴロヂ》と称する。日本では名士録は毎年発行され、老中は日本の名士録の劈頭にのつてゐる。日本では名士録は毎年発行され、世俗の官吏はほとんど全部これに収録してある。

(中略)

国持大名は全部が全部おなじ権利と特権を持つものではない。すなはちある大名は大きな特権を持ち、ある大名は僅かな特権しか持たない。これは歴代の世俗の皇帝が信仰上の皇帝(4)の権力を覆滅せんがため反旗をひるがへした時、諸侯が世俗の皇帝の契約と条件によるものである。この特権の相違は最も重要な事項に加担した場合に現はれるだけでなく、儀礼に関する些末な点にも及ぶものである。たとへばある大名は乗馬に猟虎《らっこ》皮の飾りをつける権利を持ち、ある大名は豹皮しか使へないと云つた調子である。だがあらゆる大名の持つ最も重要な権利は、国家全体の法規にもとらず、国内の他の部分の福祉を害しない限り、諸侯がその領内を専制的に支配統治することである。

国持大名の位は世襲で、その職は長男が襲ぐはずのものである。ただし自分に応《ふさ》はしい継嗣を得たいといふ大名たちの崇高にして有益な名誉心が、往々にしてこの順序を破らせる場合は別である。といふのは長男が父の位をつぐ能力を持たない場合には、大名は下の子供のうちから最も賢能な子に位をゆづるからである。また我が子が全部能力を持たないと認めると、諸侯はその子たちの相続権を剝奪し、他の大名とか、親族とか、その他外部の子弟のうち最もすぐれた子を養子とし、これを自ら薫育して、位階と領地をこれに譲ることも稀らしくない。こんな慣行があるため、日本の国持大名はほとんど全部、賢明で、国務を見る能力を持つてゐるから、将軍にとつては諸侯は恐るべき存在であつて、常に将軍の権力を中庸の限界内に抑へてゐるのである。

（出典）『日本幽囚記』井上満訳、岩波文庫。

（1）日本の統治は制限制　幕府政治は実質的には老中の合議制によって行われたことからすれば、将軍権力は事実上の「制限君主」であったといえないこともない。（2）自分の権利を…　老中は譜代大名から選ばれており、このような危険はない。譜代と外様との区別には理解が及ばなかったようである。（3）諸侯は…　参勤交代のこと。（4）世俗の皇帝…信仰上の皇帝　将軍と天皇のこと。

【解説】　一八一一年（文化八）ロシアのスループ艦ディアナ号の艦長ゴローニン（一七七六―一八三一）は、国後島の日本人が居住する湾内に碇泊中、松前藩の役人に捕縛された。事件の発端は五年前に溯る。一八〇四年ロシアの使節レザノフが、ロシア皇帝の国書とかつて幕府がラックスマンに与えた信牌を持参して長崎に来航し、ロシアとの貿易を申し入れたが、半年あまりの交渉にもかかわらず、幕府は一方的にその申し出を拒否し、国書の受取りをも拒否した結果、レザノフの部下の露米会社所属ユノア号艦長フヴォストフとアヴォス号艦長ダヴィドフはその報復として、樺太のクシュコタンとエトロフ島の番所を襲撃し、掠奪を繰り返した。この事件は、幕府に強い衝撃を与え、幕府は東北諸藩に令して警備を固めたが、ゴローニンの監禁は、いわば、先の襲撃事件に対する日本側の報復であった。

それに対してゴローニンの釈放を求めるロシア側は、翌一二年、当時蝦夷地を支配していた大商人高田屋嘉兵衛を捕えてペトロハヴロフスクに幽閉し、翌一三年、嘉兵衛を連れてゴローニンの釈放を要求、ゴローニンはディアナ号に引き渡された。

「日本幽囚記」は、ゴローニンの二年余りにわたる松前での幽閉中の手記である。本書は、一八一六年に皇帝アレクサンドル一世の勅許を受けて、海軍印刷局から官費で出版された後、ヨーロッパ各国で翻訳されて広く読まれ、ヨーロッパにおける日本についての情報源となった。

本史料は、第三編、日本国及び日本人論の「国家統治」及び「法律・習慣」から採ったものだが、将軍と老中会議との性格や両者の関係、大名同士の階層制と藩政の自立性、後継者の世襲制と能力主義の併用・養子制度など、徳川政治体制の特質がとらえられており、興味深い叙述に満ちている。

参考文献として、笠谷和比古『主君「押込」の構造』平凡社、一九八八年などがある。

314〔江戸参府紀行〕（シーボルト）

一八二三年出島に着いた直後、われわれはたびたび述べたJ・C・ブロムホフ(1)の仲介で、当時長崎に滞在していた優秀な医師たちと知合いになった。彼らの中には江戸出身の身分の高い医師湊長安(2)・阿波出身の若い美馬順三(3)さらに三河から来た平井海蔵・岡研介《おかけんかい》(4)その他方々の国々から来たたくさんの医師や学者がいた。彼らはオランダから新たに到着した医師で自然科学者の名声にひかれて長崎へやって来たのであった。

長崎奉行高橋越前守(5)の側からの特別の庇護により、これらの知識欲に燃えた人々は、出島のわれわれのところで授業を受ける許可をえ、さらに彼らとともに長崎で病人を診察し、町の郊外で薬草を採集することが許された。こうして広範な研究や日本人との交渉の道が開かれたのである。吉雄権之助(6)・稲部市五郎・石橋助左衛門・楢林鉄之助・茂土岐次郎・名村三次郎その他二、三の有能な通詞が、これらの人々に徹底的な研究の鍵となるオランダ語の教授をした。ツンベルクの旧い知人で尊敬すべき茂伝之進老人・この町の第一の町年寄菅原碩次郎(7)らはヨーロッパ科学の保護者であり、われわれが日本の学者と交際するのを好意をもって許してくれた。二、三の幸運な治療や手術によって大家としての名声を確立し、門人の数は日増に多くなっていった。この人達のうちには遠い国々から来た才能あるかなり多くの青年もいたが、ひどく貧しくて長崎で生活することができなかった。博物学およびその他の研究のため彼らに多くの期待をかけられると確信して、彼らの名はまだ言うわけにはゆかないが、最も有能な数人を秘かに雇い入れ、伝之進の隣りの、鳴滝の谷にある風変りなたたずまいの別荘に彼らを住まわせた。まもなく鳴滝はヨーロッパの学術を愛好する日本の友人の集合地となり、順三と研介はわれわれが設立した塾の最初の教師となった。この目立たぬ地点から科学的教養の新しい光りが広まり、それとともにわれわれの結びつきが日本国じゅうに行き渡った。この時以来われわれがあえて我が門人と呼ぶところの人人は、この地に彼らのヨーロッパ的教養のために最初の礎石を据え、われわれの研究に対して多大の貢献をしたのである。

(出典)『江戸参府紀行』(斉藤信訳、東洋文庫87)。

(1)ブロムホフ　ヅーフの後、一八一七―二三まで出島商館長。(2)湊長安　奥州石巻付近の人。江戸で開業中シーボルトの来日を聞き、長崎でシーボルトに入門。のち江戸でシーボルト直伝の療法を実践した。(3)美馬順三　阿波出身、和漢の学に通じ、シーボルトのために数篇のオランダ語論文を書いたが、コレラにかかり長崎で死去。(4)岡研介　周防の人、一七九一―一八三九。長府で開業していたが、シーボルトの来日を聞き入門。オランダ語をよくし、のち大坂で開業。(5)高橋越前守　名は重賢。旗本。松前奉行を経て一八二二年長崎奉行に就任。(6)吉雄権之助　一七八五―一八三一、家は代々オランダ通詞、耕牛の庶子。英・仏語にも通じ、蘭医レッケについて外科を修めた。シーボルトの門人にオランダ語を教授した。(7)菅原硯次郎　一七九六―一八三七。砲術家高島秋帆の弟。

【解説】　一八二三年(文政六)八月、長崎のオランダ商館付きの医師として来日したP・F・シーボルト(一七九六―一八六六)は、二八年に帰国するまでの五年間日本に滞在し、日本とオランダの文化交流に大きな役割を果たした。

長崎奉行高橋重賢(?―一八三三)の計らいで、当時長崎に遊学中の医師、美馬順三や湊長安などに医学教育を施し、出島から出て植物採集や病人の診察をし、また長崎郊外の鳴滝に土地を得て開塾し、伊東玄朴、戸塚静海、小関三英、高野長英など、全国から集まった有為の青年たちに医学教育を授けた。彼らが天保以降、日本の医学界を代表する蘭方医として活躍したことはよく知られていよう。

帰国直前、船荷の中から国外に持ち出すことが禁じられていた日本地図等がみつかり、国外退去となった(いわゆるシーボルト事件)が、三十年後の一八五九年(安政六)再来航した。その間、日本から持ち帰った資料等をもとにして、『日本』を著述し、刊行(一八三二―五一年)したが未完に終った。

本史料は、一八二六年二月十五日から七月七日までの江戸参府旅行の日記の一節であり、シーボルトの長崎での活躍ぶりと日本人との交流の一端をみてとることができる。

第四章　幕藩体制の動揺と近代への胎動

十八世紀末、北方(蝦夷地)におけるロシアの接近は、幕府に大きな圧力を与え始めた。「鎖国」という外交体制の変質が迫られたのである。そこから幕末期のペリー来航(一八五三年)に至る幕藩体制の解体期の約半世紀を本章の対象とする。この時期は同時に、近代を準備する社会の動向も見出せる。

ロシアの遣日特使レザノフは、信牌をもって一八〇四年長崎に来航し、漂流民の送還と日本との通商を求めた。幕府の回答は通商拒否であったが、その際「鎖国」が祖法であるとの考えが幕府内で確認された。翌々年、ロシア海軍は特使に対する外交非礼を理由に、フリゲート鑑による襲撃を樺太や択捉島などに加えた。以後、幕府の北方に対する危機感はさらに強まった。

一八〇八年、長崎港にイギリス軍艦フェートン号が侵入した。ナポレオン戦争の余波で長崎のオランダ船を狙ったものだが、オランダ船は入津していなかったため長崎奉行所から食糧・薪を獲得したのみで退去した。

その後も英船・米船が日本近海に出没し、また北方のロシアとの緊張も続いた。こうした中で全国各地の海岸線に砲台が建設され始め、一八二五年には異国船打払令が命じられた。その延長線上に一八三七年、アメリカ商船モリソン号に対する砲撃事件も発生した。

対外的危機と同様、国内の農村荒廃問題も深刻化した。とくに関東など東国農村は耕作地の荒廃と人口減少、あるいは風俗の乱れやその原因となる博徒や無宿者の横行による治安の悪化が大きな問題となっていた。幕府は一八〇五年関東取締出役《かんとうとりしまりしゅつやく》を設けて、領主の区別なく関東農村において無宿者や博徒など犯罪者の取締りにあたらせた。二七年には関東農村に改革組合村の設置を命じた。四—五カ村を集めた小組合に小惣代を、十小組合で大組合を組織してその大惣代が代表者になって組合村の運営と管理にあたった。全国各地の幕領でも組合村とそれを代表する惣代庄屋

(名主)が設置され、代官支配を支えた。その運営をめぐっては、郡中騒動を通して民主化が求められることもあった。

　畿内近国では、すでに十八世紀に入ると綿作の社会的分業が始まっていたが、十八世紀後半になると、大坂三所綿問屋が株仲間を結成(一七七二年)して流通過程の独占を図った。生産者たちは自由に販売できなければ利益を手元に残すことはできないため、在郷商人ともども、株仲間の集荷独占に反対した。領主の単位をこえて一郡・一国単位で代表者の寄合(郡中参会・国中参会)をもって歎願闘争(国訴)をくり広げた。

　天保の大飢饉が一八三二年以降全国を襲うと米不足は三都でも各地方でも深刻になった。三六年甲斐国郡内地方や三河国加茂郡のいずれも幕領で大規模な一揆が発生した。幕領での大一揆以上に大坂町奉行所元与力大塩平八郎による武装蜂起は深刻な影響を与えた。水戸藩主徳川斉昭の意見書「戊戌封事」は天保期の国内外の危機的状況を「内憂外患」と表現して、幕政改革を求めた。

　老中首座に就任した水野忠邦は海岸防備を担う川越藩への財政援助から三方領知替えを発令したが、庄内藩・長岡藩領民の反対もあって撤回することになった。幕府権力の後退である。四一年の大御所家斉の死後、水野忠邦は天保改革の断行を明言して実行に移した。学問・武芸を奨励し奢侈の禁止を命じ、出版統制によって風俗を正そうとした。歌舞伎三座を浅草のはずれ(猿若町)に移転させ、また町奉行遠山景元らの反対があったが寄席の多くを廃止させた。株仲間の解散についても、商品流通の実情調査に基づく反対論があったが、水野はこれを押し切り断行し、失敗した。さらに江戸、大坂周辺の大名・旗本領の上知令も反対を受け、水野忠邦は退陣に追い込まれた。

　幕府権力の衰退と対照的に朝廷権威が浮上していった。光格天皇と公家たちによって朝廷復古の思想が強く打ち出されたこともあるが、「内憂外患」という国内外が危機的状況にある中で、天皇・朝廷を国家のなかに組み込んだ国の形(国体)が発想され始め、その中で幕府の弱体化が顕わになると、幕府にとって代る上位の権威として天皇・朝廷権威が広く求められたのであった。

第一節　地域社会の形成

1　地域的市場圏の形成と国訴

315〔羽曳野市史〕文政六年（一八二三）五―七月三所実綿問屋停止訴願記録

乍レ恐以二書付一奉二願上一候

摂・河州七百八拾六ヶ村惣代
小堀主税殿御代官所
河州高井田村　平左衛門
外廿八人

一摂・河州村々之儀者田畑入交候場所ニ而、畑方者綿作仕付、田方之内ニも用水懸り悪敷場所者、綿作仕付候も夥《おびただしく》敷候処、右作り立候木綿之義、摂・河両国者不レ及二申上一、遠国・他国之商人迄も村々ゟ手広ニ売捌《うりさばき》、御年貢之内、三分一米石代銀納・十分一大豆石代銀納・御口米《くちまい》代銀納、其外御役懸銀とも(1)不レ残綿売代銀を以《もつて》上納仕、百姓相続仕、難レ有仕合奉レ存候、然処大坂表三所実《さんしょみ》綿《わた》問屋仲間(2)申合、新規之仕法立仕、近年摂・河州村々木綿売捌方手狭ニ買留、綿直(値)段自由ニ踏下ヶ買取候ニ付、百性(姓)作綿売捌方手狭ニ相成、第一御収納方ニ甚差支、且又肥代銀其外諸払方指支《さしつかえ》多《おおく》、百性一同難渋至極仕候ニ付、乍レ恐右難渋之始末、左ニ奉二願上一候

一木綿作之儀者八月・九月中取入候而、御年貢御上納銀之手当ニ仕、九月初納ゟ十月・十一月・十二月迄、月々御割賦被レ為二仰触一候度毎、段々売払、上納仕候ニ付、㝡(最)寄近郷者不レ及二申上一、遠国・他国之商人共、綿所望之場所江立入、買取候ニ付、諸方人気を以相場相立、売捌方手広ニ御座候処、近年三所実綿問屋仲間申合、村々商人共厳敷取締仕、是迄在方綿商内仕候者之内、他国之商人江直売・直船積仕候者ゟ、以来直売・直船積仕間敷誤(謝)証文取レ之、其上過分之口銭取候ニ付、只今ニ而者惣而在方綿商人共、三所問屋手先同様ニ相成候ニ付、他国之商人共村々江入込不レ申候ニ付而者、直段之義も三所問屋仲間申合買下候故、摂・河州村々百性一同大ニ難渋仕、百性作綿売捌方差妨、村々綿仲買商人とも買入綿者、三所問屋へ是非買取不レ申候而者聞入不レ申、他国之商人江売買応対仕候而も、一旦三所問屋浜先迄綿荷物不レ残為二積

出㆒、口銭取㆑之、右口銭之上問屋浜先へ廻り候、大坂川内者勿論、灘其外堺・住吉沖へ積下ヶ候而も、一旦三所問屋浜先江綿荷物船賃も二重ニ相懸候儀等、摂・河州村ゝ惣百姓共御年貢御上納第一手当之作物、纔《わずかに》八、九軒之三所問屋共引〆（締）、自分浜先へ引寄、荷改仕、口銭御運上同様ニ厳重取㆑之、百性共難渋為㆑致、其上御上納銀入用之時節、是非百性共不㆓売放㆒ニ而者難㆑叶場所を見込、綿直段踏下ヶ買留、他所・他国・遠国之商人江者、三所問屋銘ゝ勝手次第直段能売付候ニ付、百性共一同之手元損銀夥《おびただしき》敷義ニ付、近年困窮之百姓共難渋至極ニ候得共、差懸り御収納方差支候義恐多《おそれおおく》、無㆓是非㆒下直ニ売払候儀ニ御座候

一　木綿作之義者稲作と違、肥手も過分ニ仕込、作立候間ニ修理も倍ゝ人手間相懸り、手元難㆓引合㆒候得共、畑方者勿論、田方之内ニも用水懸り悪敷場所者稲作仕付難㆓相成㆒、無㆑拠《よんどころなく》前ゝゟ木綿過分ニ仕付候国柄ニ御座候

一　御料所村ゝ田方木綿作之義者、従㆓前ゝ㆒稲毛上並御取《とり》箇《か》被㆑為㆓仰付㆒（3）候所、前条木綿売捌悪敷相成候ニ付而者、無㆑拠追ゝ田方綿作相減、御収納向ニ相響候様、乍㆑恐奉㆑存候、右之通三所問屋共厳重商売筋取究、既ニ昨午年之義者木綿凶作之年柄、案外下直ニ買留差支為㆑致、惣百性一同難渋至極仕候、百性相続差閊《さしつかえ》者不㆑及㆓申上㆒、追ゝ御上納筋ニも相響可㆑申、百性一同相歎罷在候ニ付、千万恐多奉㆑存候へ共、不㆑得㆑止事御歎奉㆓願上㆒候、格別之御憐愍を以、前書之始末被㆑為㆓聞召分㆒、摂・河州惣百性共作綿、何れへ成共勝手次第売捌方差妨不㆑仕候様被㆑為㆓仰付㆒被㆑下候ハヽ、広太之御慈悲、摂・河両国之惣百性一同難㆑有可㆑奉㆑存候、以上

文政六年未五月廿五日

（中略）

乍㆑恐口上

御料・私領

摂・河州千七ヶ村惣代

一　摂・河州村ゝ作綿売捌方、近年御当地三所実綿問屋共手狭ニ取締、難渋仕候ニ付、売捌手広ニ相成候様、当五月廿五日御愁訴奉㆓申上㆒候処、右問屋共御召出、御糺被㆑為㆓成下㆒、則当月六日私共御召出之上、於㆓在方㆒綿屋株等者無㆑之義ニ付、以来百性并在方綿商人共ゟ遠国・他国之綿買客へ、直売・直船積者勝手次第可㆑仕旨被㆓仰渡㆒、依㆑之大坂川内通船者勿論、其外人牛馬ニ而大坂町内罷通、直船積仕候義、三所問屋差支無㆑之、手広ニ売捌可㆑仕旨被㆑為㆓仰渡㆒、難㆑有承知奉㆑畏候、然ル上

者私共ゟ可ニ願上一義も無ニ御座一、全御仁恵ニ付、以来摂・河州在ミ百性（マヽ）一同安沢之農業仕、生ミ世ミ御慈悲難レ有仕合奉レ存候、依レ之私共願御下ケ被レ為ニ　成下一候様乍レ恐奉ニ願上一候、以上

文政六年未七月廿六日　　右千七ケ村惣代
六拾三人連印

御奉行様

奉行高井山城守（実徳）様

東　与力地方懸り

寺西源五兵衛殿

（出典）『羽曳野市史　第五巻』。

（1）三分一米石…御役懸銀とも　田畑年貢高の三分の一は、米ではなく貨幣納（銀納）、十分の一は「大豆銀納」分ということでの貨幣納。貨幣納の比重が重く、綿を売った代金で賄うことが不可欠だというのである。（2）大坂表三所実綿問屋　当初は、大坂天満の青物問屋と実綿問屋、京橋の川魚問屋を三所問屋と称したが、のちには三所問屋は実綿問屋だけの名称となる。（3）従前ミ稲毛上…御取箇被為仰付候　田に畑物を栽培することを勝手作と呼び、稲を植えたときのもっとも高い年貢率にするというやり方。

316〔近世非領国地域の民衆運動と郡中議定〕文政十三年（一八三〇）出羽村山郡郡中議定

乍レ恐以ニ書付一御願奉ニ申上一候

村山郡之儀、連年違作凶年打続候内、偶《たまたま》去丑年豊熟之様申触候処、以之外《もってのほか》見込違之作毛ニ而驚キ入候得共、郡内一統之見込違無ニ詮方一当春中御廻米（1）高存外相嵩《かさみ》、夫等ニ付夫食《ぶじき》払底ニ相成米穀直段者春中ゟ至而相進日々増高貴ニ相成、買食之者夫食（2）ニ差支候得共、素ゟ根米者無レ之事故売出米一向無レ之三度之食事も欠キ候程ニ御座候間、所々物騒敷《さわがしく》騒立候体ニ付、村々ニおゐて種々手を尽し米穀諸方ゟ穿鑿《せんさく》買入、漸《ようやく》為ニ取続一人気を相宥メ取鎮置候、然ニ当田方雲霞《うんか》虫付ニ而大違作ニ相成穀取無レ之上、数日雨天続ニ而干立不ニ相成一、長々田面畔上ニ差置萠腐夥敷所、最早雪降下り候驚生稲之儘ニ而取入米拵致見候処、過半粃《しいな》勝正米之分も生々敷米性ニ付、摺臼之内ニ而粉ニ成、或者死米多分ニ而引出不足仕候故歟、米価ハ夏中ゟ引下不レ申、剰《あまつさえ》只今ニ相成候而者取入後《おく》れ之分皆雪下ニ仕十方暮《とほうにくれ》罷在候次第、尚米価之義例年秋先新穀出来候節者至而下落可レ仕処、左ハ無レ之天明三卯年飢饉年同直段ニ有レ之、ケ様候上ハ来卯年ニ至何様之変事出来可レ申哉難レ計と郡内一統非歎ニ沈不ニ捨置一、今般村山郡御料御私領向々重立《おもだち》候名主庄屋共一統参会仕左之通取極申候

村山郡一統申合議定

一　米穀他郡出ニ御差留可ニ願上一事

但、樽酒紅花種同断之事

是者紅花之義、当郡第一之産物故、先年ゟ紅花種他郡出

ニ留奉二願上一置候得共、猶又今般申合厳敷他郡出御差留可レ奉二願上一事

一　酒寒造《かんづくり》之儀者三分一造、尤御改之節差支無レ之惣代之もの罷出村役人為二立会一取調置、御出役御封印被二成下一候様仕度事

但、新酒造皆御差留被レ下、且無レ株酒造皆御差留被レ下度事

一　神事仏事婚礼等ニ至迄手軽いたし、其外年賀都《すべて》而祝ひ事決而致間敷候事

一　夫食之儀者一食者粥、其外雑穀糧沢山《たくさん》ニ取用可レ申事

右者当寅違作ニ而米穀高直ニ付前書之通向々様江願上御触達被二下置一候様申合取極申候事

右之通内議定仕向々様江御願申上候筈熟談仕候間、何卒格別之御慈悲御勘弁を以、第一穀留之義去ル酉年之御仕法通御厳重口々江被二仰渡一被二下置一度奉レ存候、外ケ条之義夫々御取締宜く御厳重之御沙汰被二成下置一候様幾重々も御願奉二申上一候

右願之通御聞済被二下置一候ハヽ、広大之御慈悲と難レ有仕合奉レ存候、以上

(文政十三)寅十月

郡中村々最寄《もより》惣代名主

東根附惣代名主　正　作

同　宮崎村名主　市郎兵衛

最寄兼帯　大町村下組名主　利兵衛

惣　助

同　山口村名主　新　蔵

儀左衛門

同　善万寺名主　新　助

兵　蔵

(出典)青木美智男『近世非領国地域の民衆運動と郡中議定』ゆまに書房、二〇〇四年。

(1)御廻米　年貢米は主に江戸あるいは大坂へ廻漕されたが、不作のときには、夫食＝食料に事欠くとして、石代納(貨幣で年貢を納入すること)さらには安石代(貨幣での換算率を下げること)を要求することもあった。(2)買食之者　穀物を購入しなければならない人。

【解説】　十八世紀後半になると、個別の村では解決できない問題に対して、村々が共同して対処しようという動きが顕著になる。そのうち、ここでは、十八世紀を通じて全国的に広がる農村における商品生産の展開と、それに伴う新しい商品流通が生み出した問題に、個別の村をこえた地域社会がいかに対応したかという観点から、畿内近国と出羽村山郡の二点の史料を選んだ。

十七世紀後半には大和・摂津・河内・和泉などで綿作が広く

普及するようになる。多肥・多労働のもとで、その生産力を向上させるとともに、生産された実綿から実を取り除いて繰綿《くりわた》にする工程（綿繰り）、それを唐弓などで打って繊維のからまりをとる工程（綿打ち）、竹筒などに巻き取って運びやすくする工程（篠巻作り）を経て、そこから糸を紡ぎ出す工程（綛糸《かせいと》作り）、糸を木綿布に織る工程（木綿織り）、あるいは糸の段階で色をつけたり、木綿に型染めをする工程（染色）に分かれて、社会的分業を構成していた。木綿は、すでに一般の人々の衣料として普及しており、この工程で生まれた実綿・繰綿などや製品としての木綿は、それぞれ生産者農民が商品として生産・販売するかたちで流通していた。大坂は、当初はこの実綿を集積し、綿繰りあるいは篠巻作りという工程を担っていたが、大坂周辺の農村や在郷町では、こうした工程を自ら行うことで、付加価値をつけた商品として少しでも高く自由に販売しようという動きが生まれる。このような農民的商品経済の成長に対して、大坂の三所綿問屋たちは、十八世紀後半以降、株仲間を結成して、より安く安定的に集荷することをめざし、安永元年（一七七二）に株仲間を結成する。この動きは他の原材料作物でも見られ、たとえば一般の人々の生活に深く関わる灯油の原料である菜種についても、流通過程を独占しようという動きが見られる。この動きは、田沼老中期の、大坂などの中央市場を中心とする商品流通機構の再編成および在方株推進という幕府の政策とも合致していた。しかし、それは自由に販売することで利益をあげようとする生産者農民やそれを仲介する在郷商人たちにとっては桎梏になった。安永六、七年の堺・大坂・平野の繰綿延売買会所廃止歎願運動を嚆矢として、文化二年（一八〇五）の菜種・綿実やそれからとれる油の売買など、いわゆる「種物」の在方株化に反対する歎願運動を起こすことになる。この時期の畿内近国は、幕領が八つの代官所ごとに管轄地域を分けられて散在するうえ（「御八分」と総称する）、藩領・旗本知行所などの所領が錯綜する非領国地帯であったが、生産者農民・在方商人たちは、各領主支配下の村々のまとまりごとにいったん要求をまとめたうえ、それを一郡、一国レベルの代表の寄合（郡中参会・国中参会）で相談するという方法をとって次第に歎願に加わる村々の組織を拡大する。そして、大坂町奉行所の支配国である摂津・河内、堺町奉行所の支配国である和泉という個々の「国」や領主支配関係を越えた広域の村々を結集して、ねばり強い歎願闘争を繰り返し起こすようになるのである。こうした「郡」「国」を越えて広域に組織された歎願闘争を一般的には国訴と呼ぶ。

ここに掲げる史料315は、大坂三所実綿問屋の統制を強化する動きに対して、文政六年（一八二三）五月二十五日、摂津・河内の七八六ヵ村の村々が結集し、大坂町奉行所に対して、三所実綿問屋の統制を排除し、「他国・遠国の綿買客」への「直売・直船積」が自由にできるようにしてほしいと、訴え出たときの訴状、およびそれが聞き届けられて、七月二十六日に歎願を取り下げたときの口上書である。追訴した村々も入れると、一〇〇七ヵ村が参加したことになる。〔参〕山口啓二『鎖国と開国』

岩波書店、一九九三年、藪田貫『国訴と百姓一揆の研究』校倉書房、一九九二年。

出羽村山郡でも、十八世紀後半になると、個別の村だけでは解決できないような問題に対して、領主支配の単位を越えた村々が共同して対処しようという動きを見せるようになる。この村山郡は、領主の移動が頻繁に行われており、その変遷を一言でまとめることは不可能だが、たとえば天保十三年(一八四二)段階では、四つの幕府代官所と藩の預り所(いずれも幕領)、九つの藩領(本領から離れた飛び地の藩領が五つ、城付きの藩領が四つ)、これに旗本知行所(朱印地・除地分を除く)をあわせると、十五もの領分に分かれていたことになる。所領関係が分散錯綜する典型的な非領国地域であり、紅花などの商品生産の展開や米穀流通などは、こうした個別の所領を越えて行われていたために、この地域全体にかかわるような課題に対しては、各所領の代表たち(郡中惣代・大庄屋・割元)が、支配関係を越えた集会を開いて協議し、それをふまえて議定を制定するなど、この地域全体で対応しようとしている。安永七年(一七七八)、仙台銭という悪銭の流通による良貨の仙台藩領への持ち出し・銭相場の下落という事態に直面し、幕領の惣代たちが寄合を開いて議定書を作成したことを皮切りに、中断はあるものの慶応三年(一八六七)までに三十数回もの郡中議定がつくられている。

ここでは、史料316として文政十三年の議定書を掲げた。①米穀の他国・他郡への移出禁止、②紅花の種の他国移出禁止、③酒造制限、④口留番所での監視の徹底、⑤神事仏事婚礼などの行事の簡素化、⑥粥・雑穀の食用の推進がその内容である。このうち、①③④などは、この地域の幕領年貢米を含めて領主米が江戸へ廻漕されるような米穀流通構造になっているなかで、凶作時には、この地域の「買夫食《ぶじき》のもの」「買食の者」と呼ばれる、穀物を購入しなければならないような貧農・小作たちは、生存そのものが脅かされるような状況になることを示している。これ以外の郡中議定を概観すると、灯油やその原料(菜種・荏草)の他国移出禁止・物価引き下げ・倹約など、この地域の住民にとって生活上の共通の利害にかかわることも含まれるが、他方で、職人・日雇い賃金の抑制・休日の規制など、こうした「買食の者」たちを労働力として使用しながら商品生産・地主経営を積極的に行っている上層農民の利害に沿っているものもある。このように、階層分解が進み、賃稼ぎ労働が農閑余業としてではなく、常態化しつつあるような階層をも含みこむなかで、地域生活者としての「百姓」の相続は、領主の「仁政」に求めるだけでなく、地域社会が自ら集団的に保障していくことが不可欠になっているのである。

2　幕領の組合村——惣代庄屋制の成立

317〔御触書天保集成〕天明九(寛政元)年(一七八九)惣代庄屋につき申渡

御代官え申渡

諸国御料所村々之内、所ニより拾ケ村又は弐拾ケ村惣代と申者を差置、村々より申立候儀は、何事ニよらす右惣代を以申出、御代官所・御預り所より申渡候儀も右惣代より村々え申達、都《すべ》て弁利《べんり》之由ニは候得共、此輩之内ニは、民間之致㆓腰押《こしおし》㆒(1)、或は不熟石代願(2)方等も取拵《こしらえ》、又は村々より相願候筋も、其意ニ不㆑応儀は差押、不㆓申立㆒、是等之事ニ付ては、品々之姦計有㆑之由粗《あらあら》相聞、甚以不㆑可㆑然事ニ候、畢竟年久敷惣代相勤、事馴候ニより、右体不㆑宜事共有㆑之哉ニ候間、以来は誰を惣代ニいたし度(3)との儀、其村々惣連印を以願之上惣代申付、壱弐ケ年を限り引替候積被㆓取計㆒、尤右名前其度々御勘定所え可㆑被㆓相届㆒候、

右は今般御沙汰も有㆑之事ニ付申渡候条、得㆓其意㆒入念可㆑被㆓取計㆒候

酉正月

(1)民間之致腰押　歎願などを行うように勧めること。(2)不熟石代願　米が不作なので米納ではなく、石代納(貨幣納)を願うこと。(3)誰を惣代ニ…　実際には、このように村から選出して願い出た者たちのなかから惣代に任命するやりかたと、代官の「御目鑑《おめがね》」にかなった者を選ぶやり方に分かれるが、後者の場合でもまったく代官が一方的に任命するわけではない。

318〔山梨県史〕文政十年(一八二七)十月郡中惣代任命につき請書

差上申一札之事

当郡中之儀、最寄《もより》飛離一統(1)江被㆓仰渡㆒之節、村々相揃候儀数日取懸難儀仕、御用向御差支ニも罷成候ニ付、物代名主先《まず》御支配より被㆓仰渡㆒、壱ケ年限相勤、此節引代り之時節ニ付、当十月ゟ来子八月迄私共惣代可㆓相勤㆒旨被㆓仰渡㆒、一同承知奉㆑畏候、然上者被㆓仰渡㆒筋之儀者勿論、都而《すべて》之御趣意村々江演説仕候而已《のみ》ニ不㆑限、村々取締方心付不㆑宜者之致㆓教諭㆒、御法度筋相弁候様取計遣候儀、容易之心入ニ而者不㆓行届㆒候間、銘々一己之慎心掛万端貞実ニいたし、公事《くじ》出入(2)等有㆑之候而者、村方相衰へ小前百姓風儀も不㆑宜相成候事《こと》故、其村名主・長百姓《おとなびやくしよう》手段《てだて》難㆑及儀者、最寄惣代遂㆓談判㆒相済候様取計、博奕・賭之勝負を好、身持不㆑宜もの者申立、又者農事出情(精)奇特之取計都而善事心掛候者是又御届可㆓申上㆒候、

一平日御用向者格別臨時御用等ハ都而先惣代江談示合、古例手続等篤《とくと》与問合、手限《てぎ》りニて之取計仕間敷、万端組合村々取締方専一ニ相心懸ケ可レ申候、
一江戸御廻米之儀、近来米怔（性）不レ宜、村方ニ寄候而者不正之仕立方等も有レ之趣ニ付、追々厳重之御沙汰御座候間、惣代申合御米撰方等格別ニ入レ念、河岸場ニおゐて改之節御刎米《はねまい》等無レ之様精々心付可レ申旨被二仰渡一候、
一惣代手当之儀金三両、郷宿《ごうやど》払・筆墨紙《ひっぼくし》代《だい》者勤日数を以相立候様、先御支配ニ而御定被レ置候趣を以被二仰渡一候間、御用向相勤帰村之節出勤帳江記シ置可レ申旨被二仰渡一奉レ畏候、
右之通被二仰渡一候上者、銘々相応之田録も有レ之長百姓相続仕冥加之筋相弁(3)、出情相勤候様可レ仕旨被二仰渡一、一同承知奉レ畏候、依レ之御請印形差上申処、仍而如レ件、

文政十亥年十月日

里方郡中惣代
（六村六名略、名主一名を除き、残りはみな長百姓）

河内領惣代
（二村二名略、二名共に長百姓）

市川
御役所

（出典）『山梨県史』資料編　在方2。
（1）当郡中之儀…一統江　甲州は、ほぼ一国幕領であって、十九世紀以降は、甲府・石和・市川の三代官所によって分割支配されている。比較的まとまった管轄領域を想像するかもしれないが、実際にはかなり入り組み、分散しており、かつ陣屋から遠く離れた村々も少なくない。（2）公事出入　公事出入とは訴訟のこと。訴訟を起こさないようにすることが惣代の任務であるとしているが、実際には手代を勤めた葉山孫三郎から「甲州は公事国」と言われるほど、公事出入は少なくなかった。（3）銘々相応之田録も…冥加之筋相弁　甲州の「長百姓」は、村役人を務めることができる家格の家で、それなりの石高の土地を所持している。

319〔新修倉敷市史〕寛政八年（一七九六）二月郡中割入用の支出項目につき申渡および備中倉敷代官所管下での議定

已来郡中割入用可レ致品々左之通
一陣屋普請修覆・畳替・井戸輪替・釣瓶《つるべ》水替人足・御年貢金銀荷揃・夜番人・水夫・掃除人足賃并牢番給・入牢人衣服・賄《まかない》入用(1)
右者郡中割入用可レ致、右之外役所入用道具・飛脚賃・足軽賃・小買物并膳・椀・皿・鉢等都《すべて》而勝手諸道具ハ、已来自分入用ニ致し郡中割江致間敷候
右者、此度伊豆守様(2)被二仰渡一候間、已来郡中割ニ可レ成品之外一品たりとも郡中割ニ被二相立一間敷候、尤其段手代共

へも可二申渡一候

辰二月

前書之通被二仰渡一一同難レ有仕合奉レ存候、然ル処被二仰出一候外ニ而者御座候得共、左之品々郡中割江御組入不レ被レ為レ下候而ハ、差支之義も御座候間、已来左之通申定候間御聞済被レ為レ下度奉二願上一候

一　御代官様并御役人様御廻村之節、御先触并御荷物持出し人馬賃銭郡中割江組入可レ申候

一　牢医師御弐人扶持被二下置一候ニ付、月々直段ヲ以相渡可レ申候

一　御陣屋并牢屋敷御買上籾囲蔵敷御門外腰掛ケ御陣屋井戸潰地代米(3)、前々ゟ倉敷村十月十五日上中下米平均直段ヲ以相立可レ申候

一　天明六午年臨時普請入用銀、郡中出銀不レ申、取替分寛政二戌年郡中一同熟談之上、同年ゟ来ル未年迄十ヶ年賦済銀倉敷村庄屋孫太夫へ相渡可レ申候

一　前同断材木屋其外ゟ取替ニ相成候分、前同様十ヶ年賦済銀倉敷村善右衛門・源蔵・源兵衛・百蔵・新兵衛外八拾九人江相渡可レ申候

一　御代官様并御役人様御廻村之折、保頭(4)人馬雇入其外骨折料相立

一　　　　穢多（人名略）

御役所御用并郡中用向ニ遣申候ニ付、壱ヶ年米三石六斗宛、倉敷村十月十五日上中下平均直段ヲ以相渡候

一　郡中惣代罷出候庄屋共郷宿飯代并人足賃之義者(5)、是迄之通郡中割江組入申候

右之通、郡中惣代庄屋とも相談之上、郡割江已来組入可レ申積り申定候、乍レ恐書付ヲ以申上候、以上

寛政八年　　　　窪屋郡倉敷村庄屋

辰二月　　　　孫　太　夫

（以下十名略）

倉敷

御役所

右巳十一月十三日、大割立会場猶田屋(6)幸助方ニて写取申事

(出典)『新修倉敷市史 史料編 近世下』。

(1)陣屋普請修覆…衣服・賄入用　陣屋の普請や日常的に維持するための費用(営繕費用)、掃除や番人などの人足賃などが含まれる。(2)伊豆守　老中松平信明。(3)御陣屋并牢…潰地代米　陣屋・牢屋敷・買い上げた籾を保存する蔵・門のそとにある腰掛(詰め所、待合い場所)・陣屋井戸のための潰れ地などの地代は、陣屋元の村である倉敷村の負担となる。(4)保頭　村の雑用を勤める役職で、一般的には歩《ある》き・定使いなどと呼ばれる。(5)郡中惣代…人足賃之義者　郡中惣代たちが寄合を持つ郷宿での食事代や寄合に要した人足賃などはこれまでどおり郡中割へ組み込んで郡中村々全体で負担する。(6)猶田屋　倉敷村で郷宿を経営している。

320〔新修倉敷市史〕丑年三月郡中大割銀減方訴願につき百姓申合之一札

百姓申合之一札

一 近年大割銀大分懸り致二迷惑一候得共、立会御庄屋衆増減御吟味被レ成候上ハ、減可レ申哉と年々罷過申候得共、減不レ申、最早此節之義少々ニ而も足り致度候ニ付、五、七年此方タ(ママ)之大割帳ヲ請取、村々百姓一両人ツヽ立会帳面見合、除キ候而も済候物ハ引分ケ不レ入分取戻し、御年貢之足《たし》ニも可レ致候、其上当春ゟ後々ハ左之ケ条之通相願可レ申候、ケ条之通相成候ハヽ、只今之御支配四万石余(1)ニ而壱石ニ壱分ツヽ壱分五厘ニハ上り申間敷候間、書面之通村々庄屋へ御断可レ被レ成候、若何之郡何れ村ニ而も御百姓衆ハ不レ及レ申、御庄屋衆御同心無レ之候ハヽ御内福之村方と奉レ存候間、村々百姓申合其村へ参御世話成可レ申候、此砌《みぎり》(2)之義ハ恐多御公儀様へさへ御歎申上候節ニ候得共、大割抔《など》百姓出合申義御座候故、何方迄も御願可二申上一候間、此書面之趣早々村々御廻し可レ被レ成候、遅滞之義御座候ハヽ、其村へ罷越御うらみ可二申上一候間(3)、早々御廻し可レ被レ成候

乍レ恐奉二願上一口上書

一 郡中大割銀前々ゟ次第相増迷惑奉レ存候得共、是迄ハ無二是悲一(ママ)打過申候、ケ《か》様《ようなる》成時節柄御座候上ハ各様割銀減シ申候様被レ成可レ被レ下候御事

一 郡中為二惣代一御用達御頼被レ成、入用銀帳本へ御用達被レ致候ニ付、右帳面為二御改一御立会庄や衆御吟味被レ成候義、是又入用懸り申候間、向後ハ郡中惣代御用達へ御頼不レ被レ成候共、各様五日替り御役所へ御詰被レ成御用御勤被レ下候様仕度御事

一 御用ニ付大坂仕立飛脚ニ通ひ候者弐人か三人ニ御極順番御仕立被レ下候様、尤飛脚賃銀二日切卅五匁、二日半切三拾匁、三日・三日半・四日切廿五匁ツヽ御定置、右極り之飛脚之者出切申候ハヽ、外之者被レ遣被レ下候様仕度候御事

一 御廻状御触出人足、笠岡ゟ西浜・小平井・富岡ハ一人三分ツヽ、但備後奥郡(4)ハ一り三分ツヽニ御定可レ被レ下候、御用ニ付御役人様方御出被レ成候持出人足、是ハ登り四分ツヽ之積り御極被レ下度候、右両様共一村切之義ハ其村々先取御極被レ下度御事

一 御役所御修覆少々之義ハ御了簡之上御延引被レ為レ下、及二大破一候ハヽ郡中入札ヲ以仕候様、御部や諸道具仕替・表替等も、先此節ハ御用捨《ようしゃ》被レ為レ下候様御願被レ成

被ㇾ下度御事

一　御役所御門番給銀郡中ゟ出申候義拝承仕候、向後ハ御用達詰庄や衆御門可ㇾ被二相詰一、大坂通ひ之飛脚之者抱申候様極候上ハ、庄や衆飯たき・御門之御番両様十日ツヽ相詰候様、右詰庄や衆飯たき・御門番扶持米一日壱升五合ツヽ、為二雑用一銀三匁五分ツヽ両人之飯料相渡申度候御事

一　秋春御年貢米津出候節、浜庄や右詰番之御庄や中兼役御勤被ㇾ下（5）、さし米こほれ等ハ蔵敷之足ニ被ㇾ成被ㇾ下度御事

一　御年貢米与（予カ）州銅山渡り村々組合切庄や中合一人ツヽ御出、組合払除被ㇾ成被ㇾ下度候御事

一　右ケ条之趣庄や衆被二仰立一可ㇾ被ㇾ下候、先其内五、七年此かた之大割帳御請取百姓へ御見セ可ㇾ被ㇾ下候、若銘々村方庄や衆得請取不ㇾ被ㇾ申候ハヽ、村々ゟ百姓相揃立会御庄やへ参請取可ㇾ申候、郡中ゟ出置候帳面百姓見不ㇾ申筈無二御座一候

右之趣村々御庄や御断被ㇾ成、否之義急々御返事相互承可ㇾ申候、此廻状滞相廻り不ㇾ申候ハヽ村次吟味仕、百姓罷越御頼不ㇾ申候間、早々御廻し可ㇾ被ㇾ成候、以上

丑三月　　哲多郡　川上郡　村々惣百姓

岩倉　大戸　小平井　そのい　馬飼　広浜
富岡　絵師　入江新田　横島村　神島内浦
神島外浦　白石島　北木　真鍋
右村々御百姓中様（以下略）

（出典）『新修倉敷市史　史料編　近世下』。ただし、もとは『備中真鍋島の史料　第四巻』日本常民文化研究所、一九五五年、所収。

（1）只今之御支配四万石余　笠岡陣屋管轄下の幕領。（2）若何之郡…御世話成可申候　どこの郡でもどこの村でも、自分たちの主張に同意しなければ、裕福な村であると判断し、みんなで世話になりに行くと脅している。（3）此書面之趣…御うらみ可申上候　この「口上書」は廻状のかたちで村々に伝達されることが想定されている。そのため、次の村に回すことが遅れたならば、その村に行って「御うらみ」を言う（集団で押しかける）としている。（4）備後奥郡　備後国神石郡など笠岡から離れたところにある幕領。（5）秋春御年貢米…御勤被下　年貢米の江戸・大坂、あるいは次の箇条にある伊予国別子銅山などへ年貢米を廻漕するが、積み出しをする湊へ、郡中から惣代を派遣してその業務を監督させることになっている。これを浜庄屋と呼ぶが、別に選出して派遣するのではなく、郡中惣代がこれを兼任せよというのである。

【解説】　前項で見たように、十八世紀後半以降に、非領国地帯でしばしば見られるような郡中議定の制定はなぜ可能だったのだろうか。実は、こうした郡中議定を制定するための郡中寄合の開催を呼び掛け、組織しているのは、幕領（江戸幕府直轄地）の惣代庄屋（東国では惣代名主）であることが多い。このような惣代庄屋（名主）たちは、十八世紀後半以降幕領で形成された十—三十か村の組合村ごとに選出され、組合村の運営にかかわる

だけでなく、代官所管下全域にかかわる業務(郡中用)と代官所から命じられた業務(御用)とを勤める。代官所近辺に郡中会所などを設け、そこで寄合(個別の幕領の郡中寄合)を開催して、郡中(個別の代官所管下全域)にかかわる諸歎願の打ち合わせをしたり、その年度に郡中にかかった共通経費の算用・割り付けを行う。ときに、ある程度の罰則規定をも伴った郡中議定を制定する。こうした現地での組織力をもとに、とくに非領国地帯では、他の代官支配下の幕領の惣代庄屋や藩領の大庄屋などと連絡を取り合って、さらに広域に及ぶ歎願組織を形成し、郡中議定を取り結んだのである。

一方、各地の幕領に設定された代官陣屋に常駐する役人の数も権限も限られており、代官も陣屋に在勤する機会は多くなかったから、代官の側では、現地の支配慣行や実情を熟知している惣代庄屋および、陣屋の業務を金銭で請け負う郷宿・御用達などの存在なしには現地支配は不可能であった。この傾向は、十八世紀後半にははっきりし始め、幕府の側でもこうした惣代庄屋たちの存在を認めざるを得なくなる。史料317は、天明九年正月に、幕府から代官に出した申渡である。「惣代」について、村々からの申し出を仲介し、代官所からの命令も伝えるという点で「便利」な存在であることを認めつつ、歎願闘争を組織する一方、自分たちにとって不都合であれば村からの歎願を押さえるという「姦計」もあると評価している。長年にわたって惣代を勤めるから弊害がでるのであって、一、二年を任期として交代させればよいとしており、惣代の名前を勘定奉行所まで届け出るようにと命じている。結果的には、幕領の現地支配にとって不可欠であった惣代庄屋を制度化することで支配機構の中に取り込もうとしたものと考えられる。十九世紀になると惣代庄屋たちの姿はほぼ全国の幕領で確認できるようになる。史料318は、文政十年(一八二七)、甲州市川代官所管下幕領の郡中惣代たちが、惣代就任時に代官所に提出した請書である。一年任期の惣代の仕事の内容や処遇(給金)がよくわかる。陣屋からの命令伝達を徹底するなど、陣屋からの「御用」を補佐して村々取締を行うこと、年貢米の江戸廻漕に関する御用を勤めることなど、総じて陣屋支配を補完するかのような職務内容である。しかし、臨時の「御用」などについての「古例手続」は、前の惣代に相談して取りはからうと言っていることなどからは、現地の支配慣行などに関する知識・情報が惣代庄屋たちの間に蓄積されている様子をうかがうことができる。また、郡中惣代らの実際の出勤日記を見ると、寄合の多くは、歎願闘争を組織することに関するものであり、史料317で幕府が心配していたように、郡中惣代たちが歎願闘争を組織するうえで果たす役割は明確である。郡中惣代は、組合村ごとに選出されるという点で、「惣代」としての性格を有し、それゆえに、陣屋からの御用を肩代わりすることができたと考えられる。

陣屋支配上で必要な経費は、代官所で支払うもの、代官や陣屋役人が個人負担すべきもの、現地の村々全体(郡中)で負担すべきもの(これを郡中割入用あるいは郡中入用とよぶ)、あるいは陣屋元の村だけで負担するものに分かれていたが、その境界は必ずしも明確ではなかった。幕府は、史料317で、惣代庄屋を言わば制度的に認めたことに続いて、こうした経費の分担を明確にしようとして、寛政八年(一七九六)、史料319の前半の申渡を全国の幕領に布達する。そのなかで、郡中割入用の支出項目を限定するとともに、役所で使用する物品などを代官所の「自分入用」にするように命じている。倉敷代官所の惣代庄屋たちはこの申渡を聞くと、すぐに寄合を開いて相談している。郡中割入用の項目を限定するという申渡の趣旨はありがたいとしつつも、倉敷代官所管下での先例を踏まえて、独自に負担項目を設定しているのである。現地陣屋の行財政を維持するために、自分たちが何を負担すべきか、自分たちで判断しているのである。

しかし、この郡中入用は、村々にとっては少なくない負担となったので、この負担内容をめぐって、陣屋元村と郡中村々との間でしばしば負担内容をめぐって争論が起こった。史料319も後半部分は倉敷村と郡中との間でやりとりがあったことをうかがわせる。また、村々の小前百姓たちのなかから、惣代庄屋たちに対して異議申し立てが行われ、郡中の争論(郡中騒動)となる場合もあった。史料320は、年未詳ではあるが、天保期に、備中の哲多・川上郡の幕領村々から起こった郡中割入用をめぐる争論の史料である。近年郡中大割銀(郡中入用)が増えて困っているとして、まずは、この数年の大割帳(大割関係の帳簿)を自分たちに見せろと要求する。村々から一、二人が立ち会って帳簿を監査して、負担する必要のないものを除外すれば、その分は年貢の足しになるだろうし、自分たちの提案どおりに改革すれば軽減できるという。このような、郡中入用をめぐる郡中騒動は、十九世紀以降他の多くの幕領でも起こり、こうした騒動を経て、郡中入用が公開されるようになる。次項で述べるように、個々の村でも、村運営をめぐって村政民主化を求める村方騒動が起こるようになっており、こうした動きと連動しつつ、郡中の運営もより開かれたものになっていくのである。〔参〕久留島浩『近世幕領の行政と組合村』二〇〇二年、東京大学出版会。山本太郎「倉敷代官役所管下幕府領における郡中惣代と郡中入用㈠、㈡」『岡山大学大学院文化科学研究科紀要』十九・二十号。二〇〇五年。

3　村政民主化の動き

321〔忠岡町史　第二巻〕嘉永元年（一八四八）三月村方入用につき規定

（表　紙）

嘉永元申三月

規　定　書

和泉国泉郡
忠岡村

書入申規定一札

一　当村之儀夫銭与唱、年中一切村方諸入用之儀、旧来ゟ七月・十二月年ニ両度入立《いれたて》勘定ヲ以小前取立、夫々諸払被レ成罷有候処、下々勝手ヲ以此度小前一同相談之上、前拾五ヶ年ヲ押なし平均仕、万事貴殿へ引請差配致貰ひ度御願申上候処、一同為二御立会一、去ル巳年ゟ去未年迄御検見割入用、御巡見方入用、米納入用、年々川普請諸入用、当村内井筋溜池諸懸りもの、村方ニて調置候用意杭并郷蔵取繕、籾蔵・高札場・番人小家・宮寺・会所、都而《すべて》村懸りニ相成り候場所之諸入用、并川・海道筋(1)・道・林・町々野道筋・墓所・堤・田畑・淵類ニて行倒・異死御検使諸入用、其外諸侯様御通行之節、川前仮橋・笠木鎹《かすがい》イ橋・杭常橋、尚又村方ニて調《ととのえ》候諸道具・火消道具、臨時之調もの等より抜キ相省キ、拾五ヶ年分平均仕候処、壱ヶ年ニ銀四匁五分三厘ツヽニ相成り、右ニ而御引請可レ被レ下筈之処、下方御厭被二成下一、以来之処拾ヶ年之間壱ヶ年ニ銀四匁三分ツヽニて御引請被レ下、一同難レ有安堵仕候、然ル上者、右四匁三分ヲ毎年七月十日ニ高壱石ニ付銀弐匁三分、十二月廿二日銀弐匁ツヽ御取立可レ被レ下筈一同承知仕候、右御触御取立之度毎聊無二遅滞一速ニ出銀可レ仕候、右者下方ゟ御頼、得心之上御引請貰ひ候義ニ付、向（後）年ニ至り少シも故障之筋等決而無二御座一候、為二後日一銘々毎ニ調印仕、規定書差入置申処、依而如レ件

但し、前書数口相除キ申候村方入用向キ之儀(2)ハ、其年々庄屋・年寄・百姓代立会之上別取立被レ下候積り、一同相心得居候ニ付、右御取立之砌《みぎり》ハ急度出銀可レ仕候、且又右夫銭之儀も平均四匁五分三厘ニ相成候処、

下方御厭之上、爰拾《ここ》ヶ年之間四匁三分ニ御引請被レ下候儀ニ付、可レ成丈御検《倹》約被二成下一、自然御損之参り候儀ニ候ハヽ、無二御遠慮一御申達し被レ下次第、右年限ニ不レ抱《拘》如何様共取計可レ申約定、是又一同承知仕置候事

嘉永元年申三月

庄右衛門㊞　又兵衛㊞
吉右衛門㊞　仁兵衛㊞
新右衛門㊞　儀兵衛㊞
丈右衛門㊞　十兵衛㊞
（中略）　喜三右衛門㊞
長七㊞　四郎兵衛跡 後家のぶ㊞
求左衛門㊞　若左衛門㊞
利助㊞　兵左衛門跡 きく㊞
佐助㊞　源兵衛㊞
孫四郎㊞　勘九郎㊞
伝兵衛㊞　忠右衛門㊞
（中略）

庄屋藤左衛門殿

（出典）『忠岡町史 第二巻』。

（1）川・海道筋…行倒・異死御検使諸入用　このような場所で行き倒れている者や不審な死に方をしている者がいる場合は、役人に通報して検視してもらう必要があり、その費用はその村の負担となる。（2）前書数ロ…之儀　去巳年より去未年迄御検見割入用以下、書き上げてある項目以外に村で負担すべき費用がある場合。

【解説】　十八世紀後半以降、村政の民主化を要求する村方騒動が増加する。なかでも村入用の支出内容や算用・割付をめぐって、村人たちが村役人の不正を追及する事例が多く、関係帳簿の公開を求める場合もあった。村人にとって、村入用の増加が、自らの負担増に直結するからというだけでなく、その内容や負担方法を納得できるようなものにすることが必要だと考えられるようになったということでもある。そのなかで、予算という考え方が無いとされてきた村入用について、予算をたてることに近い方法がとられるようになることもあった。史料321は、嘉永元年、和泉国泉郡忠岡村一橋領分で作成された村入用をめぐる議定書である。このなかで、具体的に村入用の内容が列挙されており、村入用の内容がわかる。また、過去十五年間の平均額を計算したうえで、庄屋にこの先十年間は一定額で村入用を引き受けてほしいとしている。実際には、庄屋の方が、村人から求められた額よりも減額して引き受けるとしており、その代わり、村人の側も、庄屋の損になることがあれば対処するとしている。村役人がとりあえず支出全般を引き受けるという点では、近世の一般的な村入用の運営方法と同じだが、全支出額（同時に年二回徴集する額の合計でもあり言わば歳入も一致する）を合理的に予想して予算化していることに注目したい。た

だし、支配関係の変遷に伴ってこの村ではしばしば村方騒動や争論が起こっており、その中ですでに村入用の負担をめぐる争点が出されている。なお、この村では、他村や村内の淀藩領分の百姓たちも、一橋領分内に土地を有しており、この者たちを含めて三八二名が連印しているが、このなかに二十四人女性が含まれている。女性のうち二十名には、わざわざ「〇〇跡」という肩書が付されているので、一時的な家の相続人にすぎないとも言えるが子細に検討すると「後家」が六名、「姪」「妹」が各一名で、残り十二名は娘だと考えられる。四名の女性には一切註記がなく、男性と同じ記載になっている。こうした記載の違いについては今後検討されるべき課題であるが、この史料以外にも同村には女性が連印した文書が多く残っている。少なくとも、このような村にとっては重要な議定に、女性が家を代表して連印していることはたしかである。〔参〕大口勇次郎『女性のいる近世』勁草書房、一九九五年、『忠岡町史 第一巻』。

322 〔富士見町史〕万延元年（一八六〇）五月木之間村大前小前騒動小前方口演書

小前之者ゟ村役場江差出し候口演書江私共箇条一々訳
并答認メ書

一 郷地境立(1)惣村一統ニ而見廻り申度候
右之訳先年ハ当役・古役(2)・組頭ニ而見廻り先例ニ候、今般大勢ニ而見廻り致し度与申ハ、喧硴(嘩)混雑致し可レ申与心配致し候間、先例ニ致度候

一 名主・年寄・組頭入札之義者、六月村中出会ニ被レ致度候
右之訳名主役六月御代官様江御願、入札村中之掛り、壱番札江被二仰付一、七月ニ引譲りニ候、年寄役ハ十二月右同断、組頭ハ六月当役・古役・組頭出合、相談ニ而申付候

一 昨年三光寺宗判例敷印形礼不納之旨、是又村中外聞《がいぶん》ニ相成一統不承知ニ候、御調之上親子共ニ永代役席江遠慮被二仰付一可レ被レ下候
右之訳昨年名主平右衛門事ニ候間、御尋可被(ママ)二下置一度候

一 従レ是(衍カ)ゟ名主・年寄兄弟役御断申候
右之訳先年ゟ御上様ゟも御法度ニ候間不レ仕候、尤入札村中故、小前も可二心付一与奉レ存候

一 役人之義ハ村中無レ隔入札仕度候
右之訳先年ゟ仕来り役筋ニ而勤メ申候、尤小前之者ゟも諸掛り等も少々宛《ずつ》ハ大前余分ニ出し申候、仕来ハ口上ニ而申上候

一 歩キ之義ハ、役人相勤メ候人ハ一代遠慮致可レ申候
右仕来り大前ニ而歩キ勤不レ申候、尤子一代之内歩キ

用捨アリ、三代目迄役人不レ勤者ハ歩キ入申候

小前一統

御役人衆中様

(出典)『富士見町史　上巻』

(1)郷地境　この郷地境とは「惣名釜無山入会地」の境のこと。甲州側二カ村と信州側十六カ村の入会地で、しばしば争論の対象となったほか、隣村との間で境をめぐって争いになることもあった。そのときに実際に境を見回ったりするのは若者仲間の役割であったから、村境を回る際、大前たちから排除されることには我慢できなかったものと思われる。

(2)当役・古役　当役とは現在の村役人、古役は村役人経験者。

323〔富士見町史〕万延元年(一八六〇)五月木之間村大前小前騒動村役人(大前側)口上書

乍レ恐奉二願上一口上書之事

一私共村方蒙二御重恩一御百姓相続仕来り罷有難レ有仕合ニ奉レ存候、然処去廿二日早朝組頭之者名主宅江参り、今日相談仕度義御座候間、村会所借り度段申出ニ付、則貸シ遣シ置候処、村方小前之者江印判持参ニテ早速村会所江出張候様、言次キ廻り候趣相聞驚、組頭呼出シ承り候得者、小前之者一統、役人・歩キ村中無レ隔大前小前一同ニ勤度候様、其外何哉村方仕法之義を相談致候趣申レ之、旧規仕来り有レ之処、別ニ致シ候而ハ混雑之基与相心得、早速村会所可二引取一段申聞候処、則何方江哉退散致シ居、同日夕方小前之者以二口上書一願出候間、一覧之上夫々利解致シ、四ヶ条之義ハ申解聞及二得心ニ一相除キ、残五ヶ条之内ニ昨名主平右衛門手違之義申立、科之軽重迄書戴、退役之上永代役場出席親子共遠慮為レ致度段有レ之、外ニ仕来りを新法ニ致与申ニ付相談届き兼、殊ニ退役之義ハ村方ニ而者取計ニ不二相成一候間、御窺御下知蒙り度、同廿六日御訴申上候処、則御下知被二下置一、両三人宛呼出シ存意相尋候得者、拾八、九人迄之者共ハ、是迄之仕来りニ而宜敷御座候間御取計被二下置一度申レ之候、右調中、俄ニ小前忠右衛門申来り、小前之者拾三人欠訴《(ママ)》之趣ニ而出掛ケ候趣申ニ付、追欠《(ママ)》若宮新田ニ而差留メ同村役人中江預ケ置、右之趣御届ケ申候内、預ケ人数之内両人御城下江出向候ニ付、早速両村役人尋ニ参り、同処ニ而出合尋当り申候、右様勝手之取計、御上様被二仰付一を相背連印致し候趣、八王子森ニ集り相談致候趣、一昨廿七日小前之者存意尋□□明白相分り申候、何卒御糺之上、以来右様不埒之義不レ仕、村方先年ゟ仕来り之通りニ而村中平和相治り候様御利解被二下置一度奉二願上一候、何卒以二御慈悲を一右之通り御利解《りかい》被二下置一候ハヽ、重々難レ有仕合ニ奉レ存候、已上

木之間

万延元庚申年五月二十九日

年寄 勝左衛門
同断 弥兵衛
同断 庄左衛門
名主
同断 重右衛門

御郡御奉行所様

（出典）『富士見町史 上巻』。

324 〔富士見町史〕万延元年（一八六〇）六月木之間村大前小前騒動済口証文

和談済口《すみくち》取替書之事

一 御役儀勤方旧例之仕来心得違申争、既ニ御厄介ニ相成、厚キ蒙二 御利解一奉二恐入一候、任二挨拶人曖《あつかい》(1)一為二村中平和之一以二慈愛一和談仕候、偏 御上様御威光与難レ有左ニ取極申候、

一 郷地境改

当役・古役・組頭ニ而見廻り、塚杭改置事ニ候、村中之者者改後勝手次第ニ見廻り覚可レ申候、若不分明之場所茂有レ之候ハヽ、役元江申出案内ヲ請覚可レ申候、大勢ニ騒立事不二相成一候、

一 名主役・年寄役・組頭役右三役之義者六月入札ニいたし、役人・組頭出席ニ而入札取集メ列座ニ而開札致し相定可レ申候、

名主役者七月朔日ゟ後役相勤可レ申候、年寄役者六月入札致置、役場ニ札預り置、十二月引譲、来ル正月元日ゟ相勤可レ申候、

一 組頭役大前役人未タ不レ致者之内ニ而壱人、今度願出之組ニ而四人、是又入札ニ而六月ゟ勤可レ申候、

一 歩キ役者役人勤候人之子供一代用捨《ようしゃ》之事

右四役入札入置、名面起シ印形致し差出可レ申候、

一 名主役両人・年寄役弐人、是迄勤来り候者之内江村中ニ而入札いたし為レ勤可レ申候、

一 年寄役壱人、今般願出組ニ而勤メ可レ申候、是又村中入札ニ而為レ勤可レ申候、

右之通少《すこしも》茂無二申分一和談済方行届キ取極申候上者、急度《きっと》相守、右ニ付重而御願ケ間敷《おねがいがましき》義、毛頭互ニ申上間敷、村中平和ニ相治メ可レ申候、依レ之扱人一同連印仕取替置申処、為二後日一仍而如レ件、

万延元庚申年六月

木之間村 名主 重右衛門㊞

（以下、年寄、大前古役、大前世話役、小前惣代、上諏訪町扱人略）

（出典）『富士見町史 上巻』。

（1）任挨拶人曖　仲裁に入った人（扱人）の仲裁に任せて。

【解説】　史料322・323・324は、万延元年五月、信濃国諏訪郡木之間村で起こった村運営をめぐる村方騒動関係史料である。この騒動は、「村中隔てなく」あるいは「大前小前隔てなく」村役人に就任できるようにしてほしいという要求が、小前百姓の側から明確に出されていることで「大前小前騒動」と呼ばれ、村政民主化要求が明示されている村方騒動としてつとに注目されてきたものである。この騒動の経緯は、村役人（大前）側から五月二十九日付で諏訪藩役所に提出された口上書（史料323）に詳しいが、二十二日早朝に、小前たちが組頭を通して、村会所を使用したいと名主に申し出たことに始まる。村役人側はいったん許可したが、小前たちが「印判持参」で集まることになっていること、相談の内容が村役人の選出方法など村運営に関わることであることを知り、驚いて小前たちの集会を中止させる。これに対し、小前たちはどこかで相談したのであろうか、夕方、九カ条からなる口上書を村役人側に提出した。村役人側は、小前側の代表を呼んで、各箇条の趣意を聞き、その場で解決できるものは削ることを求めた。その結果、四ヵ条が削られ、残り五ヵ条について再度小前側が口上書を出すことにいったんはなったが、結局双方ともに納得せず、このの村役人側は、事の始終を藩に訴え出て判断を仰ごうとし、小前側は藩への越訴を断行することになる。史料323は、小前側が再度提出した口上書に、村役人側が逐一村役人側の意見を書き記したものであり、内済された内容（史料324）と比較することで、どのように決着したかがわかる。当初の九ヵ条から落ちた四ヵ条について少し補足すると、まず、①「六、七十之人」が「表向」へ出て、「差図ヶ間敷儀」をすることは「迷惑」なので、こののちは「出張事」を「御断」りしたい、②「親子」で「役人ヶ間敷儀」をして「表江出張事」は「一円御断」りしたいと主張している。特定の個人（しかも高齢者を含む親子）が村政を独占することに、強く反発し、村政から退くことを要求しているのである。また、「村内之上下（裃）」を「葬礼之節等」で「猥ニ用いる事」については「御断」りしたいと言っており、村役人（大前）たちが、公的な場でのみ着用できる裃を、葬礼など私的な儀式の場でも使用することによって、大前と小前とがことさらに区別されるようになることに強く反発している。こうした争点などから、この村では、大前の家格を持つ一部の同族団による村政が続いており、これに反発した若者仲間たちが中心となって、村運営に関して大前と小前の間の差別をなくそうとして起こされた騒動であったということがわかる。とくに村役人や歩き役の選出に際し、大前・小前の差別をなくすという点がその中心的な争点であった。そのため、史料324では、村役人と歩きの両方について「村中隔て無く入札」にしたいと小前たちが要求したことについて、村役人、歩きそれぞれについて項をあらためて記されており、その結果、五ヵ条のはずが六ヵ条になっている。なお、こののち、藩役人の説得にしたがって、両者はあらためて内済交渉を行う。上諏訪町の郷宿らや近隣の村役人たちの仲裁をも得て、ほぼ一ヵ月後、ようやく内済が成立している。史料324はその内済証文である。名主以下大前たちと小前惣代および扱人の名前がしるされている部分は紙幅の関係で省略した。
〔参〕『近世農村の構造』山川出版社、一九五四年、佐々木潤之介『世直し』岩波新書、一九七九年、『富士見町史　上巻』）。

325〔市原市史〕享保十八年（一七三三）三月二十日諸帳面勘定改につき川在村惣百姓連判証文帳

（横帳・表紙）

享保十八年
連判証文帳
丑ノ三月日　川在村

相渡申連判証文之事

一　貴殿永々村方御仕配（支）被ㇾ成、諸帳面大分ニて取仕廻、気之毒ニ無心申候段、御尤ニ奉ㇾ存候、依ㇾ之、享保九年辰ノ年より此来之諸帳面無二残置一、前々之諸帳面は村中大小之百姓立合、相談之上吟味いたし、無帳ニ仕候、前々之諸帳面ニ付、何ニても御非分之儀無ㇾ之、其上勘定出入少も無二御座一候、依て如ㇾ此連判証文相渡シ申上ハ、向後大小之百姓毛頭申分一切無二御座一候、仍て連判一札、如ㇾ件、

享保十八年丑ノ三月廿日

川在村
伝　兵　衛㊞
源右衛門㊞
新　兵　衛㊞
（以下二十四名略）

庄右衛門殿

（出典）『市原市史　資料集（近世編２）』。

326〔市原市史〕寛政六年（一七九四）十月十七日名主病死につき海保村惣百姓諸帳面等預証文

覚

一　延享元亥年　割付帳壱冊
一　同　子年　右　同　断
右前名主半右衛門方より請取置申候
一　安永二巳年　割付壱本
一　同　三午年　同　壱本
一　同　四未年　同　壱本
一　同　五申年　同　壱本
一　同　六酉年　同　壱本

御定免ニ付、戌年不レ渡候
一 同　八亥年　同　壱本
一 安永九・天明元戌年より定免ニ付、弐本不レ渡候
一 天明二寅年　割附壱本
一 同　(卯脱)三年　同　壱本
天明四・(年脱)五御定免ニ付、不レ渡候
一 天明六午年　同　壱本
未・申年分弐本、不レ渡候
一 寛政元酉年　同　壱本
酉年より亥年迄三ヶ年(御脱)定免ニて不レ渡候
〆 御割附拾本
外ニ延享分弐冊
一 享保十九年寅年田畑屋敷野銭水帳　壱冊
一 安永三午年・安永五申年芝畑林畑検地本帳　弐冊
一 明和九辰年新田検地帳　壱冊
一 享保十九寅年田畑名所銘細帳　壱冊
一 宗門人別帳　壱冊
一 五人組帳　壱冊
一 田方取附帳　壱冊
一 畑方取附帳　壱冊
一 芝畑村畑取附帳　壱冊

一 当時小前高帳　壱冊
一 御林木数書上写　壱冊
一 諸掛米割合帳　横壱冊
一 御鷹匠水夫出銭割合帳　壱冊
一 田畑成定免小前帳　壱冊
一 定免切替願書写　壱冊
一 諸夫銭帳　壱冊
一 内方鉄五郎様御役所 元〆方御印鑑　壱枚
一 午山崩、去申・当丑迄起返 起返小前書上帳　壱冊
一 午ノ山崩起返シ帳　壱冊
一 反取帳　壱冊
一 米永反取帳　壱冊
一 夫食帳　□□□ 〃〃〃 壱冊
一 御高札　三本
一 夫食拝借金帳面　壱冊
此度名主平十郎病死ニ付、跡名主役相立候迄御用向村方諸事取計共ニ、組頭忠助・同長兵衛両人え願之通被二仰付一候、大小之百姓相談之上、一同御願申上候、右ニ附諸帳面両人ニて預り置申候、名主役相立候ハヽ、其節無二相違一相渡し可レ申候、為レ念如レ斯御座候、以上

寛政六寅年十月十七日

組頭　忠　助 ㊞
同　長兵衛 ㊞
百姓代　文　蔵 ㊞
同　与惣右衛門 ㊞
助右衛門 ㊞
（以下三十六名略）

平　蔵　殿

（出典）『市原市史　資料集（近世編2）』。

327 〔市原市史〕役儀家言（抄録）（名主を勤めるための教訓）

一　役儀を請なば、先《まず》役向の諸帳面、その数おほき中に、御定免割附帳、御年貢勘定帳なと専用の帳面をくり返し熟覧し、猶又算をいれて取しらへ、次に村内前々の論所、他村境なとの証拠の書物、絵図面をとくと見置へき也、委しく記憶せされば、事ある時当座の差支ハいふもさら也、跡にて取返し出来さる後悔も出来るものなれハ、常々心掛へき事也、一両年過てのち、他村境ハ勿論、村内の往還筋・作場道・畔境・用悪水溝なと古杭ある所ハ先規に随ひ、証跡のなきハ他の例に倣ひ、いさゝか自他贔屓の私なく、惣役人・百姓代なとゝ相談してのち杭打致すへき也、一存にて取計へは、たとへ正道の取計にても、小前の面々かならす疑心致すもの也〈杭打する事ハ、かるはつミに始る時は却て争論の基ひを仕出し、捨置れぬ筋出来るものなり、新設なとの容易に致すへき事にあらす、役人・小前一同得心のうえにても、猶其場にのぞめば地主の面々勝手の事をいひ出すもの也、それか中に、田畑よりも居屋敷境ハわつかの所も彼是と気をたて争ふもの也、是又心得の一ッ也、帳面類もよくしらへ見れは、必いさゝかの相違ハあるもの也、其疵を見付たりとて、われハかほに改め直すハ、先役の非を世間へ広むる筋にて遠慮すへき事也、されと役向の書物の間違をしりなから改めぬハ役儀え対しすまぬ事なれハ、先役と内談し、外聞あしからぬ様に心配すへし、何事に付ても先役の非分ハかと立て改むべからす、されと我家の如きハ文禄年中御縄打以来、役儀を勤め来し事なれば、御諸帳面ハいふに及はす、何事にもせよ悪しき筋ハ早速改むへき也、末ながく、我子孫にて勤むへきものにあらねば、他人に改められて耻かゝんよりハ心付たる事ハ急度直すへし、父ハ子のために隠し、子ハ父のためにかくすといふ教へもあれと、事による事也、先祖の不行届きを押隠すといふ様なる穢き心ハ少しも持べからす〉

（出典）『市原市史　資料集（近世編2）』。

【解説】　村政をめぐる村方騒動が頻発するなかで、村入用算用などの村人への公開や、入札による村役人選出の動きが広がっていく。また、年番で村役人を勤める慣行も生まれており、こうしたところでは、村にとって重要な文書・記録や、村政を遂行する過程で庄屋(名主)が作成した文書類を、次の庄屋(名主)に引き継ぐという慣行も生まれ始める。そして、こうした村の文書の作成や引継ぎなどが、言わば目に見えるかたちになると、村人にとって村役人の職務内容も明確になる。同時に、村役人を無事に勤めるためには、それなりの行政的知識や経験・能力・心構えが必要だということになり、村役人を勤める機会の多い家にはマニュアルや記録が残されるようになる。ここでは、まず、村役人の交代に伴う文書などの引継ぎ証文の例として326をあげた。名主の病死にともなって組頭二名が名主を代行することになり、名主の子どもにあてて文書を預かったという証文を出したのである。この四年後、このときの組頭の一人長兵衛が名主になり、今度は、組頭忠助らに対して諸帳面を預ったという証文を出している。また、名主を勤めることの多い家に残されたマニュアル兼教訓の例としては、文久三年(一八六三)、下総国市原郡引田村の名主立野太郎兵衛が名主の果たす役割について子孫に書き残した「役儀家言」(名主を勤めるための教訓)の中から、諸帳面に関する箇条の一部を抄録した(史料327)。現在に至るまで村内の争論の原因となりがちである境界線について、とくに気を使うべきように諭している。もっとも一方で、名主が作成して保管する文書の量が増加し始めるなか、すでに享保年間からそれを持て余すような状況も生まれ始めている。325は、名主が、村方に関する諸帳面が余りに多くなったため、ある年以前のものを破棄したいと村人たちに懇願し、その結果廃棄が認められたときの証文である。十八世紀になると、村方にも文書の時代がたしかに到来しているのである。

第二節

鎖国観念の成立と対外問題

1　鎖国観念の成立

328〔鎖国論〕享和元年（一八〇一）八月

鎖国論　上　　　極西　検夫累著（1）

今の日本人か全国を鎖《とざ》して、国民をして国中・国外に限らす、敢て異域の人と通商せさらしむる事ハ、実に所益あるによれりや否の論、（中略）

通篇の大意を案《あんず》るに、諸国の中間に連山河海有ハ、諸星の中間に浮気あるか如く、世界に異語・異習・異趣の諸俗有ルハ、天上に異種・異性・殊状・殊品の衆生あるか如し、然れハ同く一地球といへとも、必しも万国皆相通すへきの理にあらす、通交せさるを以て無道なりとすへからす、皇国ハ其無数の島嶼《とうしょ》を以て地球の万国あるに応するなれハ、是一箇の下地球也、是等島嶼の人互に若干の海陸を経て通商・通交する時ハ、是既に国中にありて遊行奇歓の楽あり、亦何そ必しも遠く大洋の危険を犯して異域に出るを以て歓楽とせん、さる業をこそ却て不幸なりとハいふへけれ、但し遂生の具に不足あるものハ、異国と通商せさることあたわす、皇国の如きハ有用の具を完備せるのみならす、更にまた許多の大奇特あり、是其通交を須《すべから》さる所以也、曾て異国人の為に風俗を残《そこな》ハれ、財宝を偸《ぬす》まる、是その通交を絶つ所以也、然らハ鎖国の一件元よりこれ大に義あり、利あるの務《つとめ》たり、明君頻りに起り給ひて、此事決定成就し給ふに至る、是又皇国の皇国たる所以成へし、検夫累の意蓋《けだ》し此の如し、（中略）

享和元年秋八月　　志筑忠雄識（2）

（1）検夫累　ケンペル。ドイツ人医師で、オランダ商館の医師として来日。元禄三年（一六九〇）から同五年まで滞在し、四年、五年の二度江戸へ参府。著書に『日本誌』『江戸参府紀行』。（2）志筑忠雄《しづきただお》　江戸中期の元オランダ通詞、蘭学者。地動説を紹介した『暦象新書』は有名。

【解説】　江戸時代の対外関係を簡潔に表現する語として「鎖国」がよく使われるが、いわゆる「寛永の鎖国」令には鎖国という語はまったく使われていない。鎖国という語は、志筑忠雄（一七六〇—一八〇六）が、ケンペルの著した『日本誌』（一七二七年ロンドンで出版）の一部を翻訳して「鎖国論」と名付けたのが最初である。すなわち、享和元年（一八〇一）に造語されたのである。幕府が公的に鎖国という語を用いることはこれ以後もないが、知識人のあいだでは使われることもあった。『鎖国論』は、鎖国が日本国と日本人にとって、平和を維持するうえで有益であると積極的に評価している。

329〔林柴両氏上書〕文化元年（一八〇四）十一月

御返翰案

遠境預二御使札(1)一令二披見一候、先以《まずもって》貴体御堅固(2)、其御国御静謐、珍重存候、然者此度通信之儀被二仰入一、御厚意之段おゐてハ令二祝着一候、然処新規外国通信之儀者、彼是子細も有レ之、祖法急度《きっと》被二制置一候事故《ことゆえ》、近来如何ニ候得共及二御断一申候、将又《はたまた》御国産之品被二送下一忝《かたじけなく》存候、従《より》レ是も麁抹(3)之品御答礼として令二進覧一候、御受納可レ被レ下候、猶委細之儀者役人共ゟ可レ申候也、

右御返翰之義者、漢文一通斗《ばかり》ニ而和文者相添不レ申方に可レ有二御座一候、往古より外国往来之儀、唐土・朝鮮其外共、先方より両様ニ認《したため》越候書翰たりとも、皆漢文斗の御返翰御座候間、右此度御返翰被レ遣候おゐてハ、古例之通無レ之候而ハ、国体を失ひ可レ申奉レ存候、

以上、

御役人ゟ之申達書付案

先年松前表江貴国より通船有レ之此方漂民送来(4)、其国役人中ゟ書翰有レ之候処、彼地者定置候外国船入津之場所ニ無レ之候ニ付其旨相諭、若外《もしほか》之願筋も在レ之候ハヽ、長崎表へ罷越可レ申旨申渡(5)、信牌(6)を以長崎表江又候《またぞろ》漂民を被二送越一(7)、且通信并交易之義其国王ゟ直書を以被二仰越一、信物被レ遣候段不レ浅御義ニ被レ存候、誠ニ境場も隣り候事ニ候得者、いかにも聘使(8)之交通も可レ被レ致筈ニ候得共、此方祖宗之方(法)におゐて、新規外国交通之儀者屹度《きっと》被二禁置一候儀ニ在レ之候、抑《そもそも》信使往来と申ニ相成候而者、風俗・人気も不レ同、礼節之高下之習しも変り候得者、行儀作法之所、又ハ応対之上ニ而行違も出来易、加《しかのみならず》レ之出入・送迎に付人民を労し、海陸境界之悩みとなり候事ニ候、祖宗是等之事を被レ考、後世之為に深く慮られ、厳禁を被二立置一候事ニ候得者、乍二気之毒一書翰・信物受納無レ之、御断ニ及被レ申事ニ候、且又交易之事ハ、此方産物ニ而国民生養たけの事ハ他邦の物なくても事足り候、其上遠方之珍物到来候時、愚民無益之物を悦ひ、質素之政之障りにも相成迷惑ニ存候、依レ之折角被二仰聞一候事ニ候得共、是又同様御断被レ申候、祖宗(9)生民之為深慮を被レ用被二立置一候法ニ候得者、臣子千歳背き難く候、此上幾度被二仰越一候共、両様共ニ可レ被レ及二御断一候、仮令《たとい》両様及二御断一候とて、御厚志におゐてハ疎略

ニ被レ存間敷候、此旨能々《よくよく》被レ為ニ御承知一、其国王江申上候様ニ奉レ存候、

(1)使札　遣日特使レザノフが持参したロシア皇帝アレクサンドル一世の書簡。(2)貴体　貴下のお体。(3)麁抹　粗末。(4)漂民送来　寛政四年(一七九二)にロシア使節ラクスマンが大黒屋光太夫らを送還。(5)申渡　史料223を参照のこと。(6)信牌　ラクスマンに渡した長崎入港許可証。(7)信物　敬意を表すための贈り物。(8)聘使　外国からの外交使節。(9)生民　国民、人民。

【解説】　長崎に来航したロシアの遣日特使レザノフ(一七六四―一八〇七)への回答を老中から諮問された林大学頭述斎(一七六八―一八四一)は、幕府儒者柴野栗山らと相談し、文化元年(一八〇四)十一月に、ロシアの通商要求を拒否し、皇帝の書簡と信物も受領しない場合の回答案を提出した。回答案は二つからなり、「御返翰案」では、新規に外交関係を結ぶことが祖法により禁じられていること、「御役人ゟ之申達書付案」では、新規の外国との交通が祖法で禁止されていること、さらに外国との交易がなくても不自由はないことなどが記されている。外国との関係は、すでに祖法により定められていることを強調する。林述斎らの意見がそのままロシアへの回答になったわけではないものの、レザノフに渡した「教諭書」には、「唐国(清国)・朝鮮・琉球・紅毛(オランダ)」の国名をあげ、これ以外の国と通信・通商の関係を持たないのが「朝廷(幕府)歴世の法」であると記され、趣旨は述斎らの意見と同じであった。述斎らは、対外関係を四カ国に限定し、それ以外の国と新規に関係を持つことを祖法が禁止したとする観念、すなわち鎖国祖法観の確立に大きな役割を果たした。

2　対外的危機の現実化

330〔高橋景保上書〕文政七年(一八二四)七月

近年イキリス漁船度々東海江罷越候儀、去寅年・午年浦賀[1]江入津、当年常州大津浜江入津、上陸之者演説并去年常州漁船江送候横文字書面等を以見候得者、皆鯨魚之船ニ御座候、(中略)異人共本国を出候て数十ヶ月洋中ニ罷在、食物ハ野菜物乏く魚肉計《ばかり》多く相用、土[2]を踏み不レ申潮の気ニみ包まれ居候故、皆腫レ病を受候間、当国地方江来着仕候ハ、皆其薬用之野菜・果実を乞ヒ候為而已《ためのみ》ニ而、卑賤之漁人共ニ候得ハ、当国江対し禍心を含候儀ハ決而有レ之間敷奉レ存候、(中略)我国之漁人ニ親み度存候処より、自然彼国之教法[3]を勧メ□誘可レ仕義も難レ計候、既ニ去年松平右京大夫[4]領分之漁船江異国船より教法之書一冊投込み、同年松平陸奥守[5]領分漁船江教法之蛮書一冊投込、又候《またぞろ》五月ニも同所漁船江投込み候事も有レ之候、然ハ愈《いよいよ》其意有レ之証拠ニ御座候、左候得ハ、禍之基ニて一大事ニ御座候、(中略)既ニ此度異人置処《おきどころ》ニ付キ居《おり》世話仕候大津浜漁人共、異人差戻

候節如何ニも名残惜キ体ニ有レ之候由、先年松前ニ暫く被二差置一候魯西亜人(6)御帰しニ相成候節、兼而懇意ニ交り候者共何レも別レを惜み、中ニハ落涙ニ及候者も有レ之由及レ承候、是等ハ人情難レ止儀とハ乍レ申、御禁制之異人へ対し、左ハ有間敷儀ニ御座候処、全く珍奇を好み候処より起り候事と奉レ存候、異船渡来之度々諸家之警固人数多く差出候儀、異国江対し厳重ニ相見《あいみえ》、御手厚之儀ニハ候得共、僅之漁船之警固ニ夥敷《おびただしく》士卒を出し、幕を張、弓銃兵仗を備へ、浦賀にてハ、唯一艘之異船を数十艘ニて幾重にも取囲み候抔、実に鶏を割《さく》ニ牛刀を用候よりも尚甚く、如何ニも異船を怯レ候様ニ相見、異国人共之存ル所も却而嘲りも仕間敷哉と奉レ存候、其上失墜多く相懸り、愈諸家之困窮ニ相成り、御為筋ニも不二相成一、実ニ無益之費ニ御座候、(中略)凡て欧羅巴之法ニてハ、海辺所々ニ大筒台場を備へ有レ之、其国通商往来之国々相定居、其国々之船近寄候得ハ、互ニ合図之幟合《のぼりあわ》せ仕候て湊ニ入候、其余通信不レ仕国之船地方近く相見へ候得者、其最寄之台場ゟ玉込無レ之空砲を放し候、来船之者是を見候て、船を寄せ間敷処なるを知り候て、其処を去り候事通例ニ御座候由、是ニ因て奥州南部地ゟ東海岸、常陸、下総、上総、安房迄之間、遠浅ニ而船着岸難二相成一場所ハ除キ、船寄せ易キ所江ハ台場を築キ、玉目一貫目位之大筒二三梃宛相備へ、兼而御代官、領主、地頭ゟ其処之長《おさ》百姓・名主等江合薬(7)を渡置、異船見懸ケ次第玉込不レ仕三発計も放し候ハヽ、決而近寄間敷候、(中略)右申上候東海岸の国々ニも不レ限、惣而日本中海岸之領主江茂被二仰渡一、地形を択み大筒台場を設ケ、異船見懸ケ次第打払候様被二仰渡一可レ然儀と奉レ存候、(中略)

文政七年申七月　　高橋作左衛門

(1)寅年・午年　寅年は文政元年(一八一八)でブラザーズ号、午年は文政五年でサラセン号が浦賀に渡来した。(2)腫レ病　ビタミンC不足による壊血病など。(3)教法　キリスト教。(4)松平右京大夫　松平輝延。(5)松平陸奥守　伊達斉邦。(6)魯西亜人　ゴローニン(一七七六―一八三一)。ディアナ号艦長として世界周航の途中に、測量のため立ち寄ったクナシリ島で捕らえられ、二年三カ月も松前・箱館に拘禁されたのち、文化十年(一八一三)に高田屋嘉兵衛との交換により釈放された。(7)合薬　火薬。

【解説】　秀れた天文学者で幕府の天文方と書物方奉行を兼任した高橋景保(一七八五―一八二九)は、文政七年(一八二四)七月に上書を提出した。頻繁に日本の沿岸に近づくのはイギリス捕鯨船で、不足する野菜などを求めるだけで日本に敵対するものではない。しかし、交易などにより漁民と親しくなるとキリスト教を布教される恐れがある。まして民衆は外国人を怖れるどころか、親しみすら感じているから、なおさら危険である。また、渡来する外国船対策は、捕鯨船相手にしては厳重すぎ、諸大名はこの負担によりますます困窮している。そこでヨーロッパの法にならって、外交関係のない国の船に対し、海岸に砲台を築いて威嚇の砲撃をすれば、それに怖れて沿岸には近づかなくなる、と論じている。ここから、文政八年二月に出された異国船打払令の背景の一端を知ることができる。

331〔水戸藩史料　別記上〕天保九年(一八三八)八月戊戌封事

乍レ恐奉二申上一候、(中略)当時太平の御世にハ御座候へ共、人の身にたとへ候得ば甚不養生に而、種々さまぐ〳〵の病症きざし居候間、只今の内その病根をふせぎとめ不レ申候而ハ、追て如何なる名医出候とも療治の手段無レ之様成行可レ申哉と、乍レ不レ及日夜苦心仕候、右の病症委細ハ筆紙に尽し兼候得共、大筋ハ内憂と外患との二つに御座候、内憂は海内の憂にて外患ハ海外の患に御座候、歴史の上にて御承知も被レ為レ在候通り、内憂起り候て外患を来し候事も有レ之、外患来り候て内憂を引出し候事も有レ之、内憂外患一時に起り立候事も御座候間、乍レ恐御油断不レ被レ遊、幾久しく太平御持張被レ遊候様仕度、(中略)然る処、凶年にて百姓の飢死候をも見殺しにいたし、武備ハ手薄く候て士民惰弱に相成居候故、近年参州・甲州の百姓一揆徒党(1)を結び、又ハ大坂の奸賊(2)容易ならざる企仕、猶当年も佐渡の一揆(3)御座候ハ、畢竟下々にて上を怨み候と上を恐れざるより起り申候、島原騒動の後二百年程、弓鉄砲等相用候儀無二御座一候処、近頃ハやゝもすれバ弓砲を用ひ候様罷成候儀、御役人共一ト通りに心得候而ハ不二相済一事に御座候、(中略)外患とハ海外の夷賊日本をねらひ候患に御座候、甲府・大坂等にて徒党を企て乱妨《らんぼう》仕候てさへ人々苦労にも不レ仕、尚更数万里外の夷狄より日本をねらひ候義を苦労にいたし候へバ、狂人の様にあざけり候義、当時の世風に御座候へ共、能々《よくよく》深慮熟慮仕候へバ、この外患ほど油断不レ成義ハ無レ之候、大猷公にて長崎奉行江御意被レ為レ在候ハ、日本内の合戦ハ何れが勝まけいたし候ても、相互ひ日本内の事にて不レ苦候得共、日本の土地・人民一寸一人たりとも異国江とられ候てハ日本の恥辱と被二思召一候旨、御諚《ごじょう》のよし(4)、明君の金言奉二感服一候もおろかなる御義に奉レ存候、世界の地図折々熟覧仕候処、日本ハ小国にて一つの島同様に候へ共、米穀金銀をはじめ富有の国に御座候間、海外の国にて(5)ハ日本の富有をうらやましく存候義勿論に御座候、五世界の内横文字を用ひ候国ハみな邪宗の国にて、追々その宗旨をひろめ、今ハ日本と清国・朝鮮・琉球抔《など》のみにて、其他ハ不レ残御制禁の切支丹宗門と罷成候、清国ハ何を申も大国ゆゑ、夷狄も容易に手を出し申間敷、朝鮮・琉球等ハ貧弱の小国に候間、目にかけ申間敷、左候へバ第一に日本をねら

ひ、次に清国をきりしたがへ候手順に御座候《そうらわん》半故、実に憂べく悪《にく》むべき事に御座候、（中略）

天保九年戊戌八月朔日　　源　斉昭　謹上

（1）参州・甲州の百姓一揆徒党　天保七年（一八三六）の甲斐郡内騒動と三河加茂一揆。（2）大坂の奸賊　大塩平八郎。（3）佐渡の一揆　天保九年の佐渡一国騒動。（4）大猷公…御諚のよし　承応元年（一六五二）、甲斐庄喜右衛門正述が長崎奉行に任じられたさいに、徳川家光が語ったとされる。しかし、家光は前年に死去。（5）五世界　アジア・ヨーロッパ・アフリカ・南北アメリカをさす。

【解説】　水戸藩主徳川斉昭が幕政の改革を求めて書いた意見書。執筆した天保九年（一八三八）の干支、戊戌にちなんで「戊戌封事」とも呼ばれるが、幕府へ提出したのは翌年六月のことである。直面する情勢を国内的危機と対外的危機、すなわち内憂外患が一時に迫りつつある状況であると的確かつ深刻に把握し、ついで内憂と外患とにわけて具体的に論じた。そして、そのような深刻な情勢に直面しているにもかかわらず、なんら有効な対応策をとろうとしない幕府に警告を発し、幕政改革の断行を進言した。この意見書は、将軍徳川家慶や老中水野忠邦らに大きな影響を与え、大御所徳川家斉（一七七三―一八四一）の存命中には実現しなかったものの、その死後すぐに天保の改革が断行された。

332〔モリソン号事件関係記録〕天保九年（一八三八）六月

エケレス国之内シンガポーレ島之日記(1)ニ、去九月七日、天保八年酉八月八日ニ当ル、唐国広東より之書状ニ記し有レ之モリソン与申エケレス船日本江向ケ仕出候始末申上候、

右之主意者、第一漂流之日本人七人御当地江為レ致二帰国一度との趣ニ候得共、内実は商売願之ため船仕出し申候由、右漂流人七人之内三人は、此已前アメリカ州之西手之渚ニ而及二難船一、同所ゟロンドンエケレス国之都府江送り、夫ゟアマカワ(2)ニ被二送届一候者ニ而、外四人之者者、ロソン(3)島之渚ニ而及二難船一、イスパニア国之船ゟアマカワニ被二送届一候者ニ候、右仕出之船者、エケレス之商館ゟ江府(4)江向ケ仕出し、琉球島之内ナパケアン与申所之辺を通船し、江府近海江至り候処、石火矢(5)を打懸られ候得共、場所見繕《みつくろい》碇を入レ滞船致し居候処、夜中ニ石火矢四挺浜辺江備方有レ之、暁方ニ至り本船江向ケ放出之内一丸者船ニ中り候得共、幸にして一人も手負無レ之、乍《さりなが》レ去直ニ碇を揚ケ薩州江向ケ出船いたし候処、同所ニ而者漂流人を以都合も可レ致処、船繫之儀同所役人ゟ鹿児島江懸合ニ相成候歟、其間者三四艘之番船本船を取囲み、乗組之者不レ為レ致二上陸一、勿論其地之人も近《ちかづ》き候儀を禁し相守罷在、其後二三日を経候得者、鹿児島ゟ軍卒百人余も出張有レ之、鉄炮・石火矢等被二打放一候得共、少も船中ニ別条無レ之候、右船者軍船ニ而無レ之故、

武器等之備も無レ之候処、右様理不尽之振舞大ニ難渋致候得共、終ニ者其場を逃れアマカワ江帰船いたし候、
右之趣、カヒタン(6)此節渡来候者ゟ承レ之申出候ニ付、御内々書取を以申上候、以上、

戌六月　　通詞目付
大小通詞　惣連印

(1)シンガポーレ島之日記　シンガポールの英字新聞シンガポール・フリー・プレス。(2)アマカワ　マカオ。(3)ロソン島　ルソン島。(4)江府　江戸。(5)石火矢　大砲。(6)カヒタン　オランダ商館長。

【解説】 清国駐在のイギリスの貿易監督官と貿易商たちは、貿易開始を交渉するため、日本へ船を派遣することを計画していた。そこへ、イギリス領カナダに漂着して救助された音吉らが、マカオへ送られてきた。日本人漂流民の送還をかねて通商交渉を行うため、日本へ船を派遣しようとして本国政府に許可を求めたが、時期尚早として却下された。そこで天保八年(一八三七)、清国へやってきたアメリカ船モリソン号をチャーターし、日本へ向かった。しかし、異国船打払令に従って浦賀奉行所は砲撃し、やむなく鹿児島へ回航したが、ここでも砲撃をうけてマカオへ引き返した。翌年、オランダ商館長は、この事件の真相を幕府に伝えた。船籍を誤ってイギリス船と伝えたが、真相は正確に伝達されている。幕府の政策をめぐって渡辺崋山らが批判し、蛮社の獄の原因となった。

第三節

天保の改革

1　内憂外患の時代

333〔大塩平八郎檄文〕天保八年(一八三七)

(袋の上書)天より被レ下候村々小前のものに至迄へ

四海こんきういたし候はゝ天禄ながくたゝん(1)、小人に国家をおさめしめば災害并至と、昔の聖人深く天下後世人の君・人の臣たる者を御誡被レ置候ゆへ、
東照神君(2)ニも、鰥寡《かんか》孤独(3)ニおひて尤あわれみを加ふへくハ是仁政之基、と被二仰置一候、然ルに茲《ここ》二百四五十年太平之間ニ、追々上たる人驕奢《きょうしゃ》とておこりを極、太切之政事ニ携候諸役人とも、賄賂を公に授受とて贈貰いたし、奥向女中之因縁を以、道徳・仁義をもなき拙き身分ニて立身、重き役ニ経上り、一人一家を肥し候工夫而已《のみ》ニ智術を運《めぐら》し、其領分知行所之民百姓共へ過分之用金申付、是迄年貢諸役の甚しき苦む上江右之通《とおり》無体之儀を申渡、追々入用かさみ

候ゆへ、四海の困窮と相成候付、人々上を怨《うらま》さるものなき様ニ成行候得共、江戸表より諸国一同右之風儀に落入、
天子ハ足利家已来別而御隠居御同様、賞罰之柄《へい》を御失ひに付、下民之怨何方へ告愬[4]とてつけ訴ふる方なき様ニ乱候付、人々之怨気天ニ通シ、年々地震・火災、山も崩水も溢るより外色々様々の天災流行、終ニ五穀飢饉ニ相成候、(中略)此節米価弥《いよいよ》高直《こうじき》ニ相成、大坂之奉行并諸役人とも万物一体の仁を忘れ、得手勝手の政道をいたし、江戸へ廻米をいたし、
天子御在所之京都へハ廻米之世話も不レ致而已《のみ》ならす、五升一斗位之米を買に下り候ものを召捕抔《など》いたし、実に葛伯[5]といふ大名其農人の弁当を持運ひ候小児を殺候も同様、言語道断、何れの土地にても人民ハ　徳川家御支配之ものに相違なき処、如レ此隔《へだて》を付候ハ、全奉行等之不仁[6]ニて、(中略)且三都之内大坂之金持共、年来諸大名へかし付候利徳之金銀并扶持米等を莫大ニ掠取、未曾有之有福に暮し、丁人[7]之身を以大名之家老・用人格等に被二取用一、又は自己之田畑・新田等を夥しく所持、何に不足なく暮し、此節の天災・天罰を見なから畏《かしこまり》も不レ致、餓死之貧人・乞食をも敢而不レ救、(中略)此度有志之ものと申合、万民を悩し苦メ候諸役人を先《まず》誅伐いたし、引続き驕《おごり》に長し居候大坂市中金持之丁人共を誅戮およひ可レ申候間、右之者共穴蔵ニ貯置候金銀銭等、諸蔵屋敷[8]内に隠置候俵米、夫々《それぞれ》分散配当いたし遣候間、摂河泉播[9]之内田畑所持不レ致もの、たとへ所持いたし候共、父母妻子家内之養方難二出来一程之難渋者へハ、右金米等取らせ遣候間、いつに而も大坂市中に騒動起り候と聞伝へ候ハヽ、里数を不レ厭一刻も早く大坂へ向駆可レ参候、(中略)必一揆蜂起之企とハ違ひ、追々年貢諸役ニ至迄軽くいたし、都而《すべて》中興
神武帝御政道之通、寛仁大度之取扱にいたし遣、年来驕奢淫逸の風俗を一洗相改質素ニ立戻り、四海万民いつ迄も
天恩を難レ有存、父母妻子を被レ養、生前之地獄を救ひ、死後の極楽成仏を眼前に見せ遣し、尭舜
天照皇太神之時代に復シかたく共、中興之気象ニ恢復とて立戻り申へく候、(中略)尤是迄地頭村方ニある年貢等ニかヽわり候諸記録・帳面類ハ、都而引破焼捨可レ申候、是往々深き慮《おもんぱかり》ある事ニて、人民を困窮為レ致不レ申積に候、
(中略)

奉二天命一致二天討一候

天保八丁酉年月日　　某

摂河泉播村村

庄屋年寄百姓并小前百姓共へ

(1)四海…たゝん　『書経』に「四海困窮、天禄永終」とある。(2)東照神君　徳川家康(一五四二—一六一六)。以下の文は、家康が徳川秀忠に与えた教訓とされる偽作「東照宮御遺訓」にある。(3)鰥寡孤独　妻を失った男、夫を失った女、みなしご、子のない老人。(4)告愬　告訴に同じ。(5)葛伯　中国夏の時代の諸侯。(6)不仁　思いやりのない措置。(7)丁人　町人のこと。(8)蔵屋敷　諸大名が年貢米や領内特産物を販売するため大坂に設けた蔵。(9)摂河泉播　摂津・河内・和泉・播磨の国。

【解説】　天保八年(一八三七)二月に、大塩平八郎(一七九三—一八三七)が決起するにあたって、大坂周辺の農村にまいた檄文である。不正と腐敗の幕府役人、そして飢餓に苦しむ民衆をかえりみず蓄財に励む豪商らに対する、大塩の激しい怒りの文言が満ち満ちている。飢饉からの救済や年貢の軽減、そして神武天皇時代の政治への復帰を掲げて、民衆に決起への理解と参加を呼びかけている。天皇・朝廷を持ちだしていること、年貢関係帳簿の廃棄を指示していることなども注目される。蜂起それ自体は約半日で鎮圧されてしまったが、大坂町奉行所の元与力で陽明学の有名な学者であった大塩の蜂起は、全国的に大きな衝撃を与え、これに呼応する動きや不穏な状況が各地で見られた。水戸藩主の徳川斉昭などは、大塩が天皇・朝廷までも持ちだして蜂起したことを重く受け止め、強い衝撃を受けている。

334 〔川路聖謨文書〕　天保十二年(一八四一)正月七日付佐渡奉行川路聖謨宛老中水野忠邦書状

(前略)清国阿片通商厳禁之不取計《ふとりはからい》ゟイキリス人抱二不平一、軍艦四拾艘計《ばかり》寧波(1)に仕寄《しよせ》戦争、寧海県(2)一郡被二奪取一候由、此度来舶人ゟ申出候、異国之義に候得とも、則自国之戒と可レ成事と存候、浦賀防禦之建議(3)未定、不恙(束)之事ともに候、

(1)寧波　中国浙江省の都市。(2)寧海県　舟山列島の定海県のことか。(3)浦賀防禦之建議　天保九年(一八三八)十二月に、目付鳥居耀蔵と代官江川太郎左衛門に命じ提出させた江戸湾防備策。

【解説】　一八三九年(天保十)に、阿片貿易をめぐりイギリスと清国が戦争状態となった。このアヘン戦争の始まりは、天保十一年(一八四〇)六月に長崎に入港したオランダ船が伝え、清国商船もその後の戦争の推移を報じた。老中水野忠邦(一七九四—一八五一)は、イギリス軍が舟山列島定海県を占領したという情報に注目し、外国の出来事であるが、これをわが国の教訓にしたいと記している。さらに、江戸湾防備策が具体化しない現状に強い焦燥感を抱いている。アヘン戦争を教訓とし、清国の二の舞を避けようとする政策が、天保の改革のなかでとられてゆく。

335 〔モリソン号事件関係記録〕　天保十三年(一八四二)六月

当節古かひたん(1)からんてそん(2)江本国懇意之者ゟ書状差越、右之内ニ茂唐国戦争一件(3)申越候趣粗《あらあら》承知仕候間、古かひたん江相尋書状一見仕候処、則左之通書載有レ之候ニ付、写取和解(4)差上申候、

先年御当地江渡来へとる(5)相勤候ひつする(6)ゟ古かひたん江差
越候書翰之内抜書并和解
此節唐国与エケレス与之騒動者、究而日本ニ茂およぼし候
之様成行候哉茂難レ計候得者、於二日本一も安心之場合ニ者
有レ之間敷哉之風聞、専有レ之候、
右之趣ニ御座候、此段御内密奉レ入二御聴一置候、以上、
寅六月
中山作三郎(7)(二名略)
天保十三寅六月廿三日、封書ニ致し中山作三郎御役所江持
参、於二御用場(8)一御用人村瀬弥左衛門殿江掛二御目《おめにかかり》一差出ス、
私共心覚之ため差出候横文字和解
昨年御当地江仕出候船及二難船一候ニ付、唐国之内マカヲ
ニ乗入レ、阿蘭陀(9)八月ゟ十月迄滞留仕候節、私其外之者
エゲレス武方之者(10)江致二出会一、唐国取合之儀物語之内、
殊《こと》ニ寄《より》日本之渚ニ茂参リ、自然不都合之取扱茂有レ之候
ハヽ、可レ致二一戦一兆茂有レ之由、此儀不二取留一儀ニ候得
共、当節相考候得者、御当地ニ而随分大切成儀哉ニ奉
レ存候間、御奉行所御含ニ茂可二相成一儀ニ付、各迄相咄
中候、
新かひたん
ぴいとるあるへるとびつき(11)

(1)古かひたん　前任のオランダ商館長。(2)からんてそん　エドゥアルド・グランディソン。天保九年(一八三八)から十三年まで商館長。(3)唐国戦争一件　アヘン戦争のこと。(4)和解　日本語訳。(5)へとる　オランダ商館の秘書官。(6)ひつする　商館員。(7)中山作三郎以下三名はオランダ通詞。(8)御用場　長崎奉行所の一室。(9)阿蘭陀八月　西暦八月。(10)エゲレス武方之者　他の史料によると、コロネルといい三、四千人の兵を指揮する軍人。(11)ぴいとるあるへるとびつき　ピーテル・アルベルト・ビク。天保十三年から弘化二年(一八四五)まで商館長。

【解説】　天保十三年(一八四二)六月に長崎へ入港したオランダ船は、アヘン戦争にかかわる重要な情報をもたらした。前任商館長に宛てて、かつて出島の商館に勤務していた者がオランダ本国から送った手紙によると、本国では、アヘン戦争が大きな影響を日本に与え、うかうかしてはいられないという噂がさかんに広まっているという。また、天保十二年に長崎に来る予定だったオランダ船がマカオに漂着したさい、イギリス軍人が、アヘン戦争終結後に、イギリスは貿易交渉のため軍艦を日本に派遣し、日本側の対応次第では戦争になると語った、という情報も伝えている。天保十三年七月に、急に異国船打払令が撤回された背景に、この情報があると考えられる。

2 天保の改革

336〔新見家文書〕天保十二年(一八四一)九月水野忠邦伺書

此度御改革ニ付、諸役所向之義旧弊変洗、御取締一際相見候様無二御座一候てハ御趣意難二相立一、命令不行者国家之御恥辱ニて、不二容易一義ニ御座候間、先頃中ゟ諸役人江度々申達候得共、小普請奉行川路三左衛門(1)者格別精励世話仕候ニ付、不日奏功候様可二相成一候、其外之役々ハ兎角《と》仕来《かくしきたり》ニ因循仕、十分ニ委レ身改革之気色更ニ無二御座一候ニ付、猶又此上之心得方左ニ申上候、

一　町方之義、享保ハ暫く御取置、先寛政度之通相成候得者人情軽薄之習俗を初メ、万事文華(2)を去質朴ニ帰、金銀之融通も互ニ以二信義一相便《あいべんじ》候間、凶年・火災等之困厄相重候とも、可也《かなり》活計も相立候故、上より之御世話も薄く有レ之、武家之面々も猥《みだり》ニ商賈(3)ニ被レ貪候儀も無レ之候、然処、奢靡(4)之類悉く相禁し、質素之風俗第一ニ相成候へハ、市中衰微いたし、諸国蝟集(5)之大都会ニ者不都合之光景にも相成、諸家(6)人口(7)にも係可レ申、御城下(8)者いかニも繁花ニ致置不レ申候てハ不二相成一義に有レ之候間、其手心ニては差略(9)世話可レ仕見込之旨、町奉行共申聞候、右之心得より万端取締向等相調候故、寛裕ニのミ相流、下地年来蕩奢馴居《とうしゃなれおり》、質素之風尚ハ不レ好小人ともへ、最初ゟ繁花を旨といたし可レ申なと唱へ、姦猾之下情ニ合候様之世話仕候へハ有名無実ニて、一日たりとも御趣意不レ被レ行義、眼前ニ御座候、享保・寛政も第一ハ驕奢を被レ禁候義、何れ之ケ条ニも顕然仕候、百年・五十年以前より已ニ其弊ハ有レ之、増て文政以来之風習澆漓(10)之極ニ御座候間、此度之機会ニて挽回一洗仕候得ハ、都而《すべて》世上ニも面目を改メ候間、又三四十年ハ可也持守可レ申やニ付、たとひ御城下衰態を極メ、今日之家職難二相立一商人とも離散仕候とも聊不二頓着一候者、淳朴之号令行届候て、両三年も相立候得ハ、自然と程能《ほどよき》名分も相立申候、尤如レ此繁花之地故、中々究乏(11)候程之見込ニ無レ之候ハヽ、迚《とて》も済世之
御趣意ハ不二行届一義ニ御座候、

(1)川路三左衛門　川路聖謨《としあきら》(一八〇一—六八)。豊後日田代官所手代の子に生まれたが、幕臣となり佐渡奉行を経て、天保十二年(一八四一)に小普請奉行に昇進。(2)文華　はなやか。(3)商賈《しょうこ》　商人。(4)奢靡《しゃび》　奢侈と同じく、身分をこえた贅沢。(5)蝟集《いしゅう》　たくさん集まること。(6)諸家　大名家。(7)人口　人の噂。(8)御城下　江戸。(9)差略　手かげんする。(10)澆漓　ぎょうり。世も末になり道徳が衰え人情が薄

いこと。(11)究乏　窮乏。

【解説】 老中水野忠邦（一七九四―一八五一）は、天保十二年（一八四一）五月に天保の改革に着手したが、具体的な政策を打ち出せなかったこともあり、思い通りに進まなかった。そこで忠邦は、九月に将軍に伺書を差し出し、改革に熱心に取り組まない役人には、処罰・罷免などの断固たる措置をとることを表明した。なかでも、江戸市中の改革をめぐって、町奉行遠山景元（一七九三―一八五五）らと激しく意見が対立した。江戸の繁栄を維持しつつ改革を進めようとする町奉行に対して、江戸が寂れ営業が成り立たないために商人が離散しても構わないくらいの厳しい姿勢で改革しなければならない、と強調している。

337〔見聞偶筆〕天保十二年（一八四一）

方(1)今物価騰貴一世の憂なり、如何せば其弊を矯《ため》んと問ひしに、矢部(2)曰、此事 某《それがし》職にては日夜苦心する所なり、閣老并に勘定奉行辺の論は、罪を奸商に帰し其奸を摘せよと某に屢《しばしば》督責すれども、某が論はこれに異れり、如何とのなれば、近来新金銀(3)行はれ、今の桜銀(4)は金百匹に通用すれども、二十年以前の南鐐(5)にしかず、其余推して知べし、官にては如レ此不正の事を行ひ給ひ、唯商賈《しょうこ》のみ悪《にく》むは僻事《ひがごと》なり、駿河守もゆめゆめ奸商を護するにはあらざれども、物本末あり、第一に悪金銀停廃し給ひ、其上にも物価騰貴ならば駿河守いかにも奸商の罪を鞫問《きくもん》すべきものをと、此頃覆議せりとぞ、

○江戸に十組問屋といへるものありて、都下の諸物を占売占買するは僻事ならずや、と問ふに、矢部曰、これも当時議論紛々たれども、某思ふに十組の罪にあらず、十組は神祖(6)以来立置るゝ所にて、不正のものにあらず、然れども近来に至りて十組を悪むは、畢竟官府の所置《しょち》悪き故なり、（中略）さてその時矢部の談に、江戸物価の権を制せんとせば大坂にあり、大坂は天下の咽喉なり、有司《ゆうし》専ら心を用ふべき所なり、近年物価の貴《たか》き所以は、奢侈甚しきと金銀悪きが其根本なり、其枝葉は余多《よた》あれども、某が知る所を以て論ずるに、諸侯の国にて産物と号し、大坂問屋に拘らず江戸へ運漕して売捌く也、其中立をきくに、江戸物価高きは畢竟大坂と江戸問屋に利を占めらるゝ故なり、今国産を其国々より直に江戸へ出し、大坂の問屋に占らるゝ程の価を折て江戸にて売捌んには万人の益、殊には江戸の諸品も是が為に価を折んものをと、勘定所等へ内訴する故、いかさまさあるべき理と同《どう》じて其請に任せ、今は五畿内・中国・西国の諸侯、それ〲其国産を江戸へ出す事になりたり、されば江戸の諸色《しょしき》古よりは下直《げじき》になるべきに、却て年々に騰貴し、譬《たと》へば古は百文にて買たる茶碗鉢も、今は二

百にも三百文にもなりたり、此事をつら〳〵考ふるに、大坂問屋にては、最初は国の産物を引受け、譬へば十箇国より十品を取次せば一品より銀一匁づゝ口銭《こうせん》をとりたるが、今は五品は江戸へ直に出して問屋にあづからざる故、問屋の株は半減になりたり、依て今は五品より銀二匁づゝ取りて古と同じ暮しをなす事になりたり、されば大坂より運する品は既に其本価一倍になりたる故、江戸問屋も又是に准じ価をつけて売買する故、漸々に其価騰貴せり、さて諸侯の国産も最初は問屋の品を見くらべ下直に売捌けども、江戸の相場銀一匁に売る品を八分に売るも無益に思ひ、九分か九分五厘に売ることになりたれば、其本に立返りて論ずれば、大坂問屋をせばむる程江戸の物価高くなり、江戸の物価高くなれば諸侯の国産も亦これが為に騰貴する理にて、笑ふべき事なり、且悪金銀の事に至りては上方銀相場に拘り、以《もって》の外《ほか》よろしからず、然れども嫌疑ありて容易に論じがたしといへり、

（１）方今　現在。（２）矢部　南町奉行矢部駿河守定謙《さだのり》（一七八九―一八四二）。堺奉行、勘定奉行を経て天保十二年（一八四一）に南町奉行。水野忠邦と対立し罷免された。（３）新金銀　幕府は文政元年（一八一八）以来、貨幣改鋳を続け、質の悪い貨幣を発行していた。（４）桜銀　天保一分銀。（５）南鐐　南鐐二朱銀。安永元年（一七七二）から鋳造された上質（銀の品位九八％）の二朱銀で、八枚で金一両。（６）神祖　徳川家康。

【解説】　本史料は、天保十二年（一八四一）冬頃、物価問題について南町奉行の矢部定謙が水戸藩士藤田東湖に語ったものである。当時、物価の高騰が大きな政治問題となっていた。その対策の一つとして、この年十二月に株仲間などの解散が行われた。矢部によれば、物価高騰の最大の原因は、文政元年以来の品位の劣る貨幣の改鋳にある。また、流通上の問題でいえば、諸大名が領内の国産品などを大坂問屋を介さずに江戸へ直送するなど、大坂問屋の流通上の位置の低下にあるとする。大坂町奉行阿部正蔵の天保十三年の調査報告でも、大坂市場の全国流通にしめる位置の低下が指摘されている。矢部は、諸家国産の江戸直送が物価下落に有効であると許可した幕府の政策的な誤りを指摘するとともに、なぜ物価引き下げにつながらなかったのかを平易に解説している。

338〔市中取締類集〕芝居所替之部　天保十二年（一八四一）十二月十八日狂言座勘三郎等請書

申渡

堺町専助店
狂言座
勘三郎（１）（中略）

此度市中風俗改り候様ニとの御趣意ニ有レ之候処、近来役者共芝居近辺住居致し、町家之者同様立交り、殊ニ（２）三芝居共狂言仕組甚猥《みだり》ニ相成、右ニ

付而者自然市中江も風俗押移、近来別而野鄙《やひ》ニ相成、又者時々流行之事抔《など》多くハ芝居より起候義ニ候、仍而ハ往古ハ兎も角も、当時
御城下市中に差置候而ハ、
御趣意ニも相戻《もとり》候事ニ候、一体役者共儀ハ身分之差別も有レ之候処、いつとなく其隔《へだて》も無レ之様ニ相成候ハ不取締之事ニ付、此節堺町・葺屋町(3)両狂言座并操芝居(4)、其外右ニ携候町屋之分不レ残引払被二仰出一候、乍《しかしながら》レ然弐百年来土着之地相離候ニ付而者、品々難義之筋も可レ有レ之哉ニ付、相応之御手当可レ被レ下候、替地之儀者取調、追而可レ及二沙汰一候、木挽町芝居(5)之儀も、追而類焼致し候歟、普請及二大破一候節ハ是又引払申付候間、兼而其旨可レ存、尤権之助狂言座(6)之儀者、来春興行相始候ハヽ、狂言仕組并役者共猥ニ素人江不二立交一候様ニ、取締方之儀をも厚可二相心得一候、
右之通被二仰渡一奉レ畏候、仍如レ件、

天保十二丑年十二月十八日　　右名前略レ之、

(1)勘三郎　中村勘三郎。堺町にあった中村座の座元。(2)三芝居　江戸堺町・葺屋町・木挽町にあった江戸歌舞伎三座。(3)葺屋町　市村座があった。(4)操芝居　操り人形芝居。堺町と葺屋町にあった。(5)木挽町芝居　森(守)田座のこと。(6)権之助狂言座　河原崎権之助座。当時、守田座が休座し河原崎座が代わって興行していた。

【解説】江戸では、堺町の中村座、葺屋町の市村座、木挽町の守田座の三座が、幕府公認の歌舞伎劇場として興行を許されていた。文化十三年(一八一六)に成立し当時の政治や社会を批判的に活写した『世事見聞録』は、「今の芝居は世の中の物真似するにあらず、芝居が本となりて世の中が芝居の真似をするようになれり」と指摘していた。天保十二年(一八四一)十二月のこの申渡にもあるように、歌舞伎芝居は社会の風俗や諸芸能・文化に大きな影響を与えていた。幕府は、それが社会の風俗に「悪影響」を及ぼすことを防ぐため、江戸のはずれの浅草山の宿(のち猿若町と改称)に移転させ、歌舞伎狂言の内容を規制するとともに、役者と一般民衆の接触を断ちきろうとしたのである。幕府は、芝居に関わって生計をたてていた人々や、町奉行の反対を押し切って移転を強行した。また、料金が安くて人気のあった、寺社境内で行われていた宮地《みやち》芝居と呼ばれる芝居は、すべて禁止された。

339〔大日本近世史料市中取締類集〕天保十三年(一八四二)六月触書

自今(1)新板書物之儀、儒書・仏書・神書・医書・歌書、都《すべ》而《て》書もの類、其筋一ト通之事ハ格別、異教・妄説等を取《とり》交《まじえ》江作り出し、時之風俗・人之批判等を認《したため》候類、好色画本等堅可レ為二無用一事、

一人々家筋・先祖之事抔《など》を、彼是《かれこれ》相違之儀共新作之書物ニ書顕《かきあらわ》し、世上流布致し候儀、弥可レ為二停止一事、

一何書物ニよらす新板之もの、作者并板元之実名、奥書ニ為レ致可レ申事、

一唯今迄、諸書物ニ　権現様(2)御名出候儀相除候得共、向後急度《きっと》いたしたる(3)諸書物之内、押立《おしたて》候儀者　御名書入不レ苦候、　御身之上之儀、且御物語等之類者相除、　御代々様御名諸書物ニ出候儀も、右之格ニ相心得可レ申旨、享保度(4)相触置候処、都而明白ニ押出し世上ニ申伝へ、人々存居《ぞんじおり》候儀者、仮令《たとい》　御身之上・御物語たりとも、向後相除候ニハ不レ及候、

　但、軽キかな本等之類者、唯今迄之通可二相心得一候、

右之外、暦書・天文書・阿蘭陀書籍翻訳物者勿論、何之著述ニ不レ限、総而書物板行致し候節、本屋共より町年寄館市右衛門方江可二申出一候、同人ゟ奉行所江相達、差図之上及二沙汰一候筈ニ付、紛敷《まぎらわしき》儀決而無レ之様可レ致候、且又彫刻出来之上ハ、一部宛奉行所江可二差出一候、若内証ニ而板行等いたすニおゐてハ、何書物ニ不レ限板木焼捨、かゝり合之もの共一同吟味之上、厳重之咎可二申付一候、

右之通、町中不レ洩様可二触知一もの也、

　六月

右之通町触《まちぶれ》申付候間、諸家蔵板(5)之儀も右ニ准し、其以前当人ゟ学問所(6)江草稿差出任二差図一、彫刻出来之上一部つゝ学問所江可二相納一候、万一私ニ刻板致し候輩も有レ之候ハゝ、急度可レ有二　御沙汰一候条、兼而向々江も相触可レ被レ置候、

　六月

(1)自今　以後。(2)権現様　徳川家康。(3)急度いたしたる　きちんとした、たしかな。(4)享保度　享保七年(一七二二)十一月。(5)諸家蔵板　大名等武家が版元になっている書物。(6)学問所　幕府の昌平坂学問所。

【解説】　天保十三年(一八四二)六月に出された新たな出版統制法がそれまでと大きく異なる点は、従来の書物問屋仲間にかわって幕府が直接に検閲する制度を設けたことである。書物の出版を希望する本屋は、原稿を町年寄館市右衛門に提出して町奉行所の検閲をうけ、出版許可が出てから印刷し、製本したら町奉行所へ納本する手続きになった。諸家蔵版は、学問所へ原稿を提出して検閲をうけることになった。実際の検閲は、天文書と翻訳書は天文方、医学書は医学館、それ以外はすべて学問所が担当した。好色本など風俗に害のある書物のみならず、内憂外患の深刻化にともない活発になった、政治や社会のあり方を批判する書物の取り締まりが強化された。

340〔首都大学東京付属図書館所蔵水野家文書〕天保十四年(一八四三)水野忠邦日記六月一日・八月十三日

○六月一日条

水野越前守

今度御取締之ため、江戸
御城最寄《もより》一円御料所可レ被二成置一旨被二　仰出一候、依レ之其
方領分下総国印旛郡之内高百拾弐石余上知被二　仰付一、代
知者追而可レ被レ下候、

○八月十三日条

大目付
御目付　江

御料所之内薄地(1)多御収納免合(2)相劣、殊ニ近年品々之御用途
差湊《あつまり》候折柄ニ候得共、厚《あつき》御趣意を以御勝手向ニ相響候義
をも不レ被レ為レ厭、御貸付金御仕法替(3)并十組問屋(4)之内運
上・冥加之類若干免除被二　仰出一、都《すべて》而上を損シ下を益候
御仁政ニ不レ恥美事と、一統難レ有奉レ存候、然処銘々領分
ニ高免之土地も有レ之候者、畢竟
神祖盛慮を以封建之製(制)度確乎と相定り、其上
御代々之御恩沢ニ而加地等頂戴候得共、御治世後間も無
レ之時被二分封一、又ハ倉廩充実之節被二恩賜一候義ニ而、其後
移封等ニより増減有レ之候而も、当時御料所より私領之方
高免之土地多く有レ之候者不都合之義と奉レ存候、仮令《たとい》如何
様之御由緒を以被レ下、又ハ家祖共武功等ニ而頂戴候領知
ニ候とも、加削者
当御代思召次第之処、右御由緒等を彼是《かれこれ》申立候者事態を不
レ弁ニ相当り、殊ニ銘々数代
御鴻恩を蒙居《こうむりおり》(5)、御勝手向之義ハ毫髪不レ顧、収納多分有
レ之候を一己之余潤とのミ心得候筋者有間敷《まじき》事ニ候、元来
家族・奴僕之扶助可也《かなり》出来、御軍役高並相勤り候得者事足
候義ニ而、既ニ享保度者上米《あげまい》(6)も被二
仰付一候処、此節右様之御沙汰無レ之を能事と心得、黙々己
之利を固執仕候者人臣之分とは難レ申、彼是恐懼無レ限候間、
何と歟願方も可レ有レ之哉と含居候処、幸此度江戸・大坂最
寄為二御取締一上知被二
仰付一候、右領分其余飛地之領分ニも高免之場所も有レ之、
御沙汰次第差上、代知之儀いか様ニも不レ苦候得共、三ツ
五分より宜敷場所ニ而者、折角上知相願候詮も無レ之候間、
御定之通三ツ五分ニ不レ過土地被レ下候得者難レ有安心可レ仕
候、偏ニ
神祖封建之盛慮ハ不レ及レ申、
御代々守成又ハ更張之御経営故、銘々無量之御徳沢ニ浴申
候事、聊之代知ニ而奉レ酬とてハ無レ之候得共、区々之誠悃(7)
御許容被二成下一候者難レ有仕合奉レ存候、（下略）

（1）薄地　土地が痩せていること。（2）免合《めんあい》　年貢率。（3）御貸付金御仕法替　天保十四年五月に、幕府の馬喰町御用屋敷からの大名・旗本へ

の貸付金返済を、半分棄捐、半分無利息年賦とした措置。(4)十組問屋…若干免除　幕府は、株仲間解散令により十組問屋が上納していた一万両の冥加金を免除した。(5)鴻恩《こうおん》　大恩。(6)享保度　享保七年(一七二二)。(7)区々之誠悃　とるにたらぬ真心。

【解説】 水野忠邦日記によると、六月一日から江戸城最寄り、同月十五日からは大坂城最寄りの大名・旗本領が順次上知され、幕府領に編入されていった。その目的は「御取締之ため」、範囲も「最寄」とあるのみで、政策意図などは明示されなかった。そのため、対象となった大名や旗本に不満が渦巻いたので、上知を納得させようとして出したのが八月の「口達《くたつ》」である。そのなかで、年貢率の高い私領を上知し、年貢率の低い幕府領を代地として与えるという方針が伝えられた。「口達」が強圧的な内容だったため、火に油を注いだかのように反対の声が強まり、幕閣内部でも方針をめぐって分裂し、ついに老中水野忠邦は退陣に追い込まれ、天保の改革の失敗を決定づけた。上知令を出した意図については、年貢率の低い幕領と年貢率の高い私領を交換することにより年貢収納を増加させ、幕府財政を補塡しようとしたこと、江戸・大坂城周辺をすべて幕領に一元化してこの地域の支配を強化し、対外的危機に対応しようとしたことなどが考えられる。

341 〔井関隆子日記(1)〕 天保十四年(一八四三)六月十七日・二十六日

六月十七日条

去年《こぞ》より世に沙汰しけるかの印幡(旛)(2)の沼、むかしより埋《うず》めむとせし事三度(3)までありしを、事成《ことなら》ずてやみたりき、此度《こたび》は其沼を品川へ堀通し、銚子ノ湊のわたりへ通《かよ》はし、陸《みち》の奥《おく》の大船をたゞに入させて便《たよ》りよからしめむためなりとぞ、されば広さ深さもいみじう、其道程《のり》いとはるかにて山などもあり、其水は利根河に通《かよ》ひ、はた横堀どもゝ設《もう》けぬめりとか、

六月二十六日条

かの印旛《いにば》なる沼、昔より度々事ならずていみじき力《ちから》を費《つい》やし、むなしう止《や》みたる、此度《こたび》もいかならむ、処の民どもは不用の事にいひあへりとか、其沼より大和田、検見川など過て品河ノ海まで堀通す道のり、四里半あまりときく、

(1)井関隆子　一七八五―一八四四年。旗本庄田安僚の子。旗本井関親興の妻。(2)印幡の沼　利根川下流右岸の沼。(3)むかしより…三度　印旛沼を干拓しようとする工事は、享保と天明の二回行われている。

342 〔内洋経緯記〕 天保四年(一八三三)十月

下総一国のみにても、凡十万石有余の新田起るべきのみならず、全州の人民水損(1)の患難を免るべし、又其中に於て最大なるものは印旛沼なり、爰《ここ》をば同国の西浜なる検見川村の辺より漸々掘上りて彼沼に至るにあらざれば成就し難し、且此沼より利根川に通ずる所をも広げて其幅三十間以上な

る一条の大河となし、内洋より直に東海に水路を通ぜしめ、以て奥羽及び諸州より廻船運送の便利を専主と為し、国家和平なる時は能く海船風波の患難を保護し、不虞(2)なる時は軍用及び都下人民の穀米に欠乏なからしむべし、

天保四癸巳年(3)十月初吉　椿園　佐藤信淵玄海口授

(1)水損　洪水による損害。(2)不虞　おもいがけない事件。(3)天保四癸巳年　一八三三年。

【解説】印旛沼を干拓し新田を開発しようとする工事は、享保と天明年間に行われた。干拓の方法は、堀割を掘って印旛沼の水を江戸湾に流すというもので、天明の工事は三分の二ほどできたが、利根川の洪水により失敗に終わった。三回目の天保の工事も方法は同じで、庄内藩など五大名に工事を命じて行った。工事の目的は、『井関隆子日記』によれば、東北地方からの物資を、銚子→利根川→印旛沼→検見川→品川、という水運ルートで江戸に運送するための堀割造成工事にあったという。当時の洋学者たちは、外国艦船により浦賀水道を経て江戸湾に入る廻船が妨害され、江戸に物資が入らなくなれば、食糧以下の物資の不足により、江戸は大騒動になることを危惧していた。「内洋経緯記」の著者佐藤信淵のいう「不虞なる時」もそのような事態を想定している。アヘン戦争情報に象徴される対外的危機への対応策の一つであった。

343〔長崎歴史文化博物館所蔵文書〕天保十四年(一八四三)四月御用方諸書留

蒸気罐(1)蘭語《マシネ》ストーム・蒸気船蘭語《ボート》ストーム与申品、山海之運行自在之製作ニ而、近頃イキリス抔《など》ニ而者別而精巧工夫も盛ニ相成候由相聞候処、長崎江相詰候阿蘭陀人之内ニ者右之製仕方篤与相心得居候ものを(も)有レ之候ハヽ、申付次第製作も可二相成一哉、若又長崎ニおいて作り立候儀難二相成一候ハヽ、本国江申遣、品々精粗吟味之上御取寄ニも可二相成一事、

右品長崎ニおいて蘭人共之内新規製作いたし候節御入用積、并本国ゟ取寄候節之御入用之積、蒸気罐之方何程、蒸気船之方者何程与申儀、凡ニも仕分候而取調可二申聞一候、尤右両品共出来之上江戸表江船廻シ等ニ而差越候儀も可二相成一哉、左候ハヽ右入費をも荒増《あらまし》可レ被二申聞一候事、

右之趣委細相糺、早々可レ被二申聞一候事、

右之通従《より》江府(2)被二仰下一候間得二其意一、通詞(3)を以紅毛人共相糺可二申聞一、江戸表ゟ船廻し等之儀者、会所(4)之者委細ニ相糺早々可二申出一候、

卯(5)四月

(1)蒸気罐　蒸気機関車。(2)江府　江戸。(3)通詞　オランダ通詞。(4)会所　長崎会所。(5)卯　天保十四年(一八四三)。

【解説】 天保の改革のさなかの幕府は、蒸気機関車と蒸気船の導入を構想し、天保十四年にその入手方法について出島のオランダ商館に打診した。長崎で製作できるのか、あるいはオランダ本国から取り寄せることになるのか、そのおのおのの場合の費用などについて問い合わせた。オランダ側は、長崎では製作できないこと、蒸気機関車は山坂の多い日本には向かないこと、蒸気船についてはバタビアの総督府へ問い合わせることなどを回答している。さらに幕府は、蒸気船の規模や船を操作するための技術者の招聘などについても照会した。この年の九月にこの計画は中止となったが、幕府の上層部にこのような計画があったことは、彼らが対外的な危機をいかに深刻に受け止めていたのかを示すとともに、近代化へのおぼろげな構想を抱いていたことも示している。

第四節　封建思想の変容と近代思想の萌芽

1　民衆的諸思想の展開

(1)　民衆道徳の自立

344 〔都鄙《とひ》問答〕 石田梅岩

曰。然ラバ天下一等(1)ニ、元銀《もと》ハ是《これ》ホド、利ハ是程ト極メアラバ然ルベシ。ソレニ偽リヲ云ヒ、負《まけ》テ売《うる》ハイカナルコトゾ。

答。売物ハ時ノ相場ニヨリ、百目(2)ニ買タル物、九十目ナラデハ売《うれ》ザルコトアリ。是ニテハ元銀(3)ニ損アリ。因《よつ》テ百目ノ物、百二、三拾目ニモ売コトモアリ。相場ノ高《あがる》時ハ強気(4)ニナリ、下《さが》ル時ハ弱気ニナル。是ハ天ノナス所、商人ノ私ニアラズ。天下ノ御定《さだめ》ノ物(5)ノ外ハ時々ニクルヒアリ。狂《くるい》アルハ常ナリ。今朝マデ金一両ニ一石売シ米モ九斗ニ成、小判ハ下リ(6)、米ハ高《あがり》、又小判ハ高、米ハ下リスルモノナリ。

天下第一ノ売買《ばいばい》物(7)是ナリ。其外何ニ限ラズ日々相場ニ狂ヒアリ。其公《おおやけ》ヲ欠《かき》(8)テ私ノ成ベキコトニアラズ。ソレニ一人天下ノ商人ニ背《そむ》キ、元銀ハ是、利ハ是トハ分《わけ》ガタキコトナリ。偽リ(9)ニハアラズ。是ヲ偽リト云ハヾ売買ナルマジ。売買ナラズハ買人《かうひと》ハ事ヲ欠《かき》、売人ハ売レマジ。左様ニナリユカバ商人ハ渡世(10)ナクナリ、農工ト成ラン。商人皆農工トナラバ、財宝(11)ヲ通《かよわ》ス者ナクシテ、万民ノ難義トナラン。士農工商ハ天下ノ治《おさま》ル相《たすけ》(12)トナル。四民カケテハ(13)助ケ無カルベシ。四民ヲ治メ玉フハ君ノ職ナリ。君ヲ相《たすく》ルハ四民ノ職分ナリ。士《さむらい》ハ元来《もとより》位アル臣ナリ。農人ハ草莽《そうぼう》(14)ノ臣ナリ。商工ハ市《し》井《せい》(15)ノ臣ナリ。臣トシテ君ヲ相《たすく》ルハ臣ノ道ナリ。商人ノ売買スルハ天下ノ相《たすけ》ナリ。細工人ニ作料(16)ヲ給《たまわ》ルハ工ノ禄ナリ。農人ニ作間《さくあい》(17)ヲ下サル、コトハ、是モ士ノ禄ニ同ジ。天下万民産業(18)ナクシテ、何ヲ以テ立ツベキヤ。商人ノ買利モ天下御免《おんゆる》(19)シノ禄ナリ。夫《それ》ヲ汝独《ひとり》、売買ノ利バカリヲ慾心ニテ道ナシト云ヒ、商人ヲ悪《にく》ンデ断絶(20)セントス。何以テ商人計《あきびとばか》リヲ賤メ嫌フコトゾヤ。汝今ニテモ、売買ノ利ハ渡サズト云テ利ヲ引テ渡サバ、天下ノ法(21)破リトナルベシ。上ヨリ御用仰《おおせ》付ラル、ニモ、利ヲ下《くだ》サル、ナリ。然バ商人ノ利ハ御《おん》免《ゆる》シ有ル禄ノ如シ。然レドモ田地ノ作得《さくとく》ト、細工《さいく》人ノ作料ト、商人ノ利トハ、士《さむらい》ノ如クニ定メテ幾《なん》百石幾《なん》拾石トハ云フベカラズ。日本唐土ニテモ売買ニ利ヲ得ルコトハ定リナリ。定リノ利ヲ得テ職分ヲ勉《つとむ》レバ、自《おのずか》ラ天下ノ用ヲナス。商人ノ利ヲ受ズシテハ家業(22)勉《つとま》ラズ。吾《わが》禄ハ売買ノ利ナルユヘニ、買人アレバ受ルナリ。ヨブニ従テ往《ゆ》クハ、役目ニ応ジテ往クガ如シ。慾心(23)ニアラズ。士《さむらい》ノ道モ君ヨリ禄ヲ受ズシテハ勉ラズ。君ヨリ禄ヲ受ルヲ、欲心ト云テ道ニアラズト云ハヾ、孔子孟子ヲ始トシテ、天下ニ道ヲ知ル人アルベカラズ。然ルヲ士農工ニハヅレテ、商人ノ禄ヲ受ルヲ慾心ト云ヒ、道ヲ知ルニ及ザル者ト云ハ如何ナルコトゾヤ。我教ユル所ハ、商人ニ商人ノ道アルコトヲ教ユルナリ。全《まったく》士農工ノコトヲ教ユルニアラズ。

(出典) 日本古典文学大系97『近世思想家文集』。

(1)天下一等　世間みな同じように。(2)百目　銀百匁。(3)元銀　買値。(4)私　恣意。(5)天下ノ御定ノ物　お上が値段を決めたもの。(6)小判ハ下リ　小判の価値が下がる。(7)天下第一ノ売買物　米のこと。(8)其公ヲ欠テ　物価は公共的、社会的な物とする考え方。(9)偽り　ごまかし。(10)渡世　生活の手段。(11)財宝、物資。(12)相　助け。(13)四民カケテハ　四民のうち一つでも欠けては。(14)草莽　草むら転じて民間。(15)市井　町中。(16)作料　手間賃。(17)作間　作合が正しい。だがここでは後出の作得と同じで、田畑の収穫のうち、年貢を納めて農民の手元に残る部分を意味する。(18)産業　生業。(19)天下御免シ　社会的に許された。(20)断絶　なくす。(21)天下ノ法　社会的に許された慣習。(22)家業　家に伝わる職業。(23)慾心　私欲。

【解説】 儒学は本来、中国においては政治に携わる士君子のための教養であるが、江戸時代には、寛政にいたるまで官学化されなかったことがかえって民間の多様な需要と解釈を許容し民間儒学の興隆を惹起した。このことは、徳川儒学の特質の一つである。

十七世紀には伊藤仁斎の古義堂があり、十八世紀には大坂の懐徳堂があるが、なかでも十八―十九世紀の民衆的な思想運動の一翼を担ったのが石田梅岩(一六八五―一七四四)の創始した石門心学である。

梅岩は、三教一致思想に拠りながらも、孟子の「其ノ心ヲ尽シテ性ヲ知リ、其ノ性ヲ知レバ天ヲ知ル」(「孟子」尽心章句上)をスローガンとして、人は内省を通して自己の本来的なあり方を知ることができるとし、商品貨幣経済の展開のもと、つねに浮沈の際にあった町人たちに、正直・倹約・勤勉・孝行などの通俗道徳の実践による禁欲的な自己規律を迫り、民衆が生活を倫理的に再構成することを求めた。

一般に近世社会における道徳の担い手は武士階級であり、農工商の三民、とりわけ町人は利益追求を本来的目的とする点で道徳からは疎外された存在と見做されていたが、梅岩は、商人の社会的有用性とその売利は武士の俸禄と同じであると主張することによって商人に対する道徳的な卑賤視観を否定し、商人を武士と同様の道徳主体となりうるとした。

本史料は、前半では、物の値段が社会的なもので、商人の恣意ではないとし、後半では、商人の社会的な役割について論じている。梅岩の思想は、既存の政治社会の枠組みの変更を求めるものではなかったが、民衆が自己の生活を倫理的に再編成することを通して、禁欲的な自己規律を身につける上で大きな役割を果たした。また社会編成の観点からみれば荻生徂徠の「満天下の人ことごとく人君の民の父母となり給ふを助け候役人ニ候」(『答問書』)と関わりがあろう。また手島堵庵《てしまとあん》(一七一八―一七八六)・中沢道二《なかざわどうに》(一七二五―一八〇三)などすぐれた後継者を得て、その思想運動は、次にみる二宮尊徳・大原幽学等の農村復興運動とともに近代社会形成期の民衆の主体形成に大きな役割を果たした。

参考文献として、安丸良夫『日本の近代化と民衆思想』青木書店、一九七四年など。

345〔二宮翁夜話　巻之一〕福住正兄筆記

① 翁曰、夫《それ》誠の道は、学ばずしておのづから知り、習はずしておのづから覚へ、書籍《しょじゃく》もなく記録もなく、師匠もなく、而して人々自得《じとく》して忘れず、是《これ》ぞ誠の道の本体なる。渇《かっ》して飲み飢て食《くら》ひ、労《つか》れていねさめて起く、皆此類《このるい》なり。古《こ》歌《か》に「水鳥のゆくもかへるも跡たえてされども道は忘れざりけり(1)」といへるが如し。夫記録もなく書籍もなく、学ばず習はずして、明らかなる道にあらざれば誠の道にあらざるなり。夫我教《わがおしえ》は書籍を尊《とうと》まず、故に天地《てんち》(2)を以て経文とす。予《わ》が歌に「音もなくかもなく常に天地《あめつち》は書かざる経をくり

かへしつゝ」とよめり。此《かく》のごとく日々、繰返し〳〵てしめさるゝ、天地の経文に誠の道は明らかなり。掛る尊き天地の経文を外《ほか》にして、書籍の上に道を求《もとむ》る、学者輩《がくしゃはい》の論説は取らざるなり。能々《よくよく》目を開《ひらき》て、天地の経文を拝見し、之《これ》を誠にするの道を尋ぬべきなり。（中略）天言《もの》いはず、而して、四時行《おこな》はれ百物成る処の、不書の経文、不言の教戒、則《すなわち》米を蒔けば米がはえ、麦を蒔けば麦の実《み》法《の》るが如き、万古不易の道理により、誠の道(3)に基きて之を誠にするの勤《つとめ》をなすべきなり。

② 翁曰、夫、人道は人造なり、されば自然に行はるゝ処の天理とは格別なり。天理とは、春は生じ秋は枯れ、火は燥《かわ》けるに付《つき》、水は卑《ひくき》に流る、昼夜《ちゅうや》運動して万古易《かわ》らざる是なり。人道は日々夜々人力を尽し、保護《ほうご》して成る。故に天道の自然に任すれば、忽に廃れて行はれず、故に人道は、情欲の儘《まま》にする時は、立ざるなり。譬《たとえ》ば漫々たる海上道なきが如きも、船道《ふなみち》を定め是によらざれば、岩にふるゝ也。道路も同じく、己《おの》が思ふ儘にゆく時は突当り、言語《げんご》も同じく、思ふまゝに言葉を発する時は忽《たちまち》争《あらそい》を生ずる也。是に仍《より》て人道は、欲を押《おさ》へ情を制し勤め々々て成る物なり。夫美食美服を欲するは天性の自然、是をため是を忍びて家産の分《ぶん》内《ない》(4)に随はしむ。身体の安逸奢侈《しゃし》を願ふも又同じ。好む処の酒を扣《ひか》へ、安逸を戒め、欲する処《ところ》の美食美服を押へ、分限の内を省《はぶい》て有余《ゆうよ》を生じ、他に譲り向来に譲(5)るべし、是を人道といふなり。

③ 翁曰、夫、人の賤む処の畜道(6)は天理自然の道なり。尊む処の人道は天理に順《したが》ふといへども、又作為の道にして自然にあらず。如何となれば、雨にはぬれ日には照られ風には吹れ、春は青草を喰《くら》ひ秋は木の実を喰ひ、有れば飽《あく》まで喰ひ無き時は喰ずに居る、是自然の道にあらずして何ぞ。居宅を作りて風雨を凌ぎ、蔵を作《つくり》て米粟を貯へ、衣服を製して寒暑を障《ささ》へ、四時共に米を喰ふが如き、是作為の道にあらずして何ぞ、自然の道にあらざる明か也。夫、自然の道は、万古廃《すた》れず、作為の道は怠れば廃る。然るに其人作(7)の道を誤て、天理自然の道と思ふが故に、願ふ事成らず思ふ事叶はず、終《つい》に我世は憂世《うきよ》(8)なりなどゝいふに至る。夫、人道は、荒々たる原野の内、土地肥饒にして草木茂生する処を田畑となし、是には草の生ぜぬ様《よう》にと願ひ、土性瘠薄《せきはく》にして草木繁茂せざる地を秣場《まぐさば》(9)となして、此処《ここ》には草の繁茂せん事を願ふが如し。是を以て、人道は作為の道にして、自然の道にあらず。遠く隔りたる所の理を見るべきなり。

（出典）日本思想大系52『二宮尊徳　大原幽学』。

(1)水鳥の…　『良寛歌集』雑部。(2)天地　一般に、儒学は天地自然を、思想形成の基点とするが、ここでは、尊徳の農民としての体験が、思想形成の基点になっている。(3)誠の道　「中庸」第二十章の「誠なる者は天の道なり。之を誠にするは、人の道なり」に拠る。(4)分内　分度とは分限の範囲内のこと、したがって自分の家産に応じて消費生活の限度を設定すること。(5)他に譲り向来に譲る　分度の制限内で生活し、その余剰を人に譲り、あるいは自分の将来に備える。(6)畜道　自分の欲望のままに行動すること。(7)人作　人造と同じ。(8)憂世　想うようにならない世の中。(9)秣場　家畜の飼料を育てる場所。

【解説】　明治以降、太平洋戦争の敗戦にいたるまで小学校に銅像が建てられた二宮尊徳（一七八七—一八五六）の主たる活動期は、文政から天保にいたる江戸後期から幕末にかけての時期である。

尊徳は、少年期における家の没落の体験から刻苦勉励して自分の家の再興にいたる過程での農民としての生活体験をもとにして、きわめて農民的な思想を形象化した稀有な思想家・実践家である。

その思想は、第一に、人の拠るべき真理は儒教の経典に獲得されているとする儒学に対して、誰もが日常的に経験する「天地」それ自身から学ぶべきであるとし、第二に、朱子学においては一体のものとされていた天道と人道とを明確に区別する。すなわち天道＝天理とは、万物を産み育てるとともに万物を破壊する自然現象そのものであり、人間にとっては善・悪の双方を内包するものであるのに対し、人道とは、人間が、一つは、内心の欲望を制限すること、他の一つは、対象的自然に働きかけて、人間の生活に好ましい条件をつくることであるという。

具体的には、過溢しがちな自分の情欲を制御して、収入に合わせた消費によって余剰を生み出し、またその余剰をあるいは貯蓄し、あるいは他人に譲ることによって生産条件の改善をはかることである。

尊徳は、領主支配の強化と飢饉等による荒廃村の続出を眼前にしつつ、それを分度と推譲によって民衆が経済生活を合理的に改善して致富にいたる道筋を説き、小田原藩の家老服部家の家政再建や野州桜町陣屋の復興に力を尽くし、天保十三年（一八四二）には普請役格として幕臣に登用された。

346　〔長部村道友先祖株願書〕　天保十一年（一八四〇）二月　大原幽学

乍㆑恐以㆓書付㆒奉㆓願上㆒候

下総国香取郡長部《ながべ》村名主伊兵衛奉㆓願上㆒候。私村方明和年中比《ころ》(1)は家数四拾軒程も相暮居候由、其頃より不埒之者抔出来、親を始め親類厳敷《きびしく》異見差加へ、其上村役人よりも五人組帳前書(2)の趣も申諭し候而も、無㆓取用㆒金銀を遣捨《つかいすて》て、家株の倍々にも致㆓借財㆒、無㆑拠《よんどころなく》(3)配当分散、或は出奔缺落《かけおち》いたす抔有㆑之、其跡は潰家に相成り、当時家名相立候者、家数廿四五軒に相成り、実以て心細く奉㆑存候。殊に潰家の跡は雑穀も取上り無き屋敷而已《のみ》残り、其御年貢御上納方に差支《さしつかえ》、名主を始め親類組合難儀仕候抔有㆑之候。依而左の願人相談の上、先祖より譲り受来り候地味の内、五両分は私の暮方に不二取用致一、組株に除レ之置候へば、家名潰れ候儀も有レ之間敷と存じ、若馬鹿者出来候節は、必ず是を渡呉れ間敷と、互に約束いたし纏置き候へ共、御役所へ御願済の上無レ之候而は、後日不埒の者抔理解申諭候而も無二取用一、右除株可レ致二別取一抔強情申募り候者有レ之候共、右除株壱人分百両以上の株と積り上る迄は、割返し可二受取一抔申者無レ之様可レ仕ため、別紙に記し候通り、証文為二取替一仕度奉レ存候。村中不レ残組合(4)置度存じ、此段一統相談仕候へば、右願人の外は、未だ取極めに相成不レ申、依而此度の儀は、名前の者耳《のみ》奉二願上一候。以上。

天保十一年二月　日

右村
名主　伊兵衛
組頭　惣右衛門
同　源兵衛
百性(ママ)代　仁右衛門
百性　嘉右衛門
同　吉兵衛
同　新左衛門
同　治兵衛
同　忠右衛門
同　五兵衛
同　政右衛門

御領知方御役所

（出典）千葉県教育会編『大原幽学全集』。

（1）明和年中　一七六四―七二年。（2）五人組帳前書　五人組帳の前部に付されている、農民の日常生活に関する規定で、内容はキリシタン・浪人の取り締まり・年貢納入の連帯責任などが記されており、村役人が定期的に村民に読み聞かせた。（3）潰家　破産した家。（4）組合　先祖株組合。

【解説】　大原幽学（一七九七―一八五八）は、幕末に北関東の荒廃村の復興に尽くした農民指導者。もともと武士の出であるが、十八歳の時、家を出て以来、全国を流浪して、下総国に至り長部村に居住して、農民たちに朱子学の思想に基づき、心の入れ替えを要求して荒村の復興に尽くした。その方法は、単に、万人に備わる道心によって荒廃した人心を矯正するという道徳的な方法のみならず、家の相続を目的とする村単位の「先祖株組合」＝一種の協同組合を作り、また、関西地方の進んだ農業技術の導入によって、計画性や合理性を導入して、村共同体の復興に成功したことにある。だが、教導所の建設や新しいモデル部落の建設に関わって、当時新たに設けられた関東取締出役の意を受けた博徒らの襲撃事件が起こり、長期にわたる訴訟事件の果てに自刃した。本史料は、家の永続を守るために農民たちが、協同で出資した「先祖株組合」の結成を領主に認めてもらうための願書であるが、ここには、十八世紀後半の農村の荒廃状況とそれに対する農民たちの具体的な取り組みを見て取ることができる。「道友」とは、幽学の門人のことである。

参考文献に木村礎編『大原幽学とその周辺』八木書店、一九八一年などがある。

(2) 民衆宗教の展開

347 〔三十一日の御巻〕食行身禄《じきぎょうみろく》

七月四日

一 御山《みやま》(1)お心鏡として、面向不背玉《たま》(2)と、我身の見当《めあて》(3)に信心奉る外《ほか》はなし。御《おん》おしへのごとくに、慈悲・情《なさけ》・正直・不足(4)の真利お内にふくみ、心に角なく、此《この》一仏一体と心掛勤る所ゑ、朝夕に気付《きづく》る至極也。此身禄と言《いう》(5)おしへ、我名おさして尊《とうとむ》るになし。邪悪を除きますぐにして、心鏡に移時《うつすとき》は是《これ》身禄也。一切《いっさい》の事我身を禄にせづば、何事の願も不ﾚ叶《かなわず》。子孫まで皆不禄なり。捨置《すておく》花も取あげてしやうび(賞美)するに、花の数に入。心お人《ひと》とさすに、又人心とほむる。然《しから》ば人を能《よく》するにあらず、皆我身に返る。爰《ここ》おさして身禄のおしへなり。御山の御慈悲も左《さ》のごとく、うつわ物のゑすがた(6)にかきても、衆生の楽《たのしみ》になる事お、御かまいなく御助《おんたすけ》たもふ事は、月日《つきひ》仙元《せんげん》大菩薩也。神仏多き中に、もて遊《あそび》、品々に色絵(7)に書楽《かきたのしむ》事は、是衆生の親と言《いう》根元なり。尤《もっとも》其くわに至る(8)衆生は、多納《おおくおさめ》発明するも有事《あること》、貧賤山河《さんか》家業今日不ﾚ叶《かなわざる》は、ちかくおし伝へ心のあかるなり。かせぎ働内《はたらくうち》に助る信心お、能《よく》々開き可ﾚ聞《きかすべき》也。

同五日

一 御山登山の者は、往古より百日の垢離《こり》・精進(9)改《あらため》来る。然ば我烏帽子岩《えぼしいわ》にて、三十一日定(10)に入事《いること》、仙元大菩薩より奇瑞《きずい》(11)ありて伝へおくなり。尤《もっとも》諸社山々の祭り来る事は、是行法《ぎょうほう》に可ﾚ用なり。不二《ふじ》信心の義、精進・垢離ゆる〔す〕べし(12)。大菩薩と言《いう》祭りは、五穀成就の元《もと》なり。然ば外《そと》精進・離垢(ママ)の改めは、世間行法なり。内《うち》精浄(13)は真利のひらきなり。体に肴喰《さかなしょく》するは、体に添力《そうちから》となり、命のたりとなる(14)。又諸作に元入《もといれ》(15)するに、作も尺《たけ》おのばす、実《み》法《の》る利なり。

同六日

一 御山世界の須弥《しゅみ》(16)とさして、国柱《くにはしら》(17)と言《いう》事、是不二なり。世中言《よのなかいい》来るに、大地のそこにかなめ石有と言《いう》。又は日本おいたゞくはしら有《あり》と縦《たとえ》たるをさへ用るなれば、見当《めあて》にかくれなき、なんかひ(18)通《かよう》船の目当《めあて》ともなり、又は四季順気(19)の御《おん》おしへの不二お、あざけりそしる事(ママ)、ゆわれなき大悪人なり。

不二の裾原とさし開《ひらく》事、世界は山よりひらき人里《ひとざと》出る。然ば山は体、岩は骨、水は血、土は肉調《ととのう》る。人も五つのかり物(20)、調《ととのい》て五体となる。依レ之、広きすそ野と伝る事、此《この》真理也。参詣の衆生、下山《げざん》の時かけくだるに、足《そっ》下《か》にふみおとす砂、一夜の内に元のごとく御山え登る事、是《これ》衆生登山御悦《およろこび》の鏡(21)也。異朝の者さへ不二とさし、たつとみ敬するなれば、まして日本の人此信心そしる事、必《かならず》後生《こうせい》鳥類・畜類に生れ出る事(22)は顕然也。能伝へ可レ聞《きか》る也。

(出典)日本思想大系67『民衆宗教の思想』。

(1)お　を。以下同じ。(2)面向不背　めんこうふはい、前後ともに美しいこと。(3)見当　目標。(4)慈悲・情・正直・不足　食行身禄が教えた四つの処世道徳。(5)身禄　ここでは自分の身体が、禄＝天から授けられた幸いであるとし、それを大切にして、道徳修行すべきとする考え。(6)うつわ物のゐすがた　種々の器物に描かれた富士山。(7)色絵　富士山を描いた彩色画。(8)くわ　果、富士山は万物の生みの親であり、衆生はその成果であるという考え。(9)垢離・精進　身体の穢れを払い、清浄にする働きがある。(10)三十一日定　三十一日間の断食の末に入滅する。(11)奇瑞　啓示。(12)ゆるすべし　不要である。(13)内精浄　精神的な清浄さ。(14)命のたり　命の足し、栄養。(15)元入　ここでは元肥のことで、精神的なものを言う。(16)須弥　世界の中心に須弥山があるという仏教的世界観。(17)国柱　国を支える柱。(18)なんかひ　難海、荒れた海。(19)四季順気　季節の移り変わり。(20)かり物　神からの借り物。(21)鏡　あらわれ、表現。(22)鳥類・畜類に生れ出る事　罰があたること。

【解説】　古代以来、富士山は、霊山として山岳信仰の対象であり、多くは修験系の行者の呪術や祈禱が中心であったが、江戸時代になると、筋道立った世界観や人間観によって民衆的な独自の宗教運動の対象となった。とりわけ、長谷《はせ》川角行《がわかくぎょう》によって始まった近世の富士講は、六世行者食行身禄(一六七一―一七三三)の時に、大きな発展を遂げた。食行身禄は、伊勢国の農民の子として生まれたが、十三歳の時、江戸に出て、呉服・雑貨商を営む縁者・富山家に奉公に出、のち主家から独立して自分の店舗をもつ油商人となった。

その間、十七歳の時、富士講五世行者月行劊仲《そうちゅう》にあって富士信仰に入り、修行に勤めた。享保十五年(一七三〇)、登拝したとき、仙元大菩薩にまみえ、入定《にゅうじょう》を決意。江戸に帰るや、財産をすべて縁者などに分配して、翌年、江戸巣鴨の自宅前に身禄《みろく》の御代の到来を告知する高札を建て、熱狂的な布教活動を展開した。享保十七年の大飢饉と一揆・打ちこわしなど社会不安の増大と相俟って、民衆に身禄の世にふさわしい新たな生活態度の樹立を訴え、享保十八年、七月十三日、入滅した。本史料は、富士山・烏帽子《えぼし》岩での入定に際して、身禄に随従した田辺十郎右衛門に日々語り聞かせた教えを、十郎右衛門が筆記したもの。弥勒信仰は、本来、弥勒の下生によって稲が豊かにみのる豊穣の世界の出現を待望する民間信仰であるが、ここには、呪術的な行法による現世利益ではなく、自分の身体を「禄」すなわち天からのさずかりものと考え、内面的な信仰と自分の稼ぎ・働きによって自分の運命を切り開こうとする民衆の主体的な生き方が説かれているところに特徴がある。これは、先に見た、二宮尊徳や大原幽学の説くところとも共通するものである。

参考文献として、村上重良『近代民衆宗教史の研究』法藏館、一九六三年、宮田登『ミロク信仰の研究(新訂版)』未來社、一九七五年などがある。

348　**〔お経様〕一尊如来《いっそんにょらい》きの**

神や仏にお願ひ申といふ物は、我心を正当《しょうとう》(1)に致し、腹を立《たた》ぬやうにして、諸人労〔痛〕る心に相成、神仏の心に都合(2)致さにや、何にてもお聞届《ききとどけ》はない程に、右の通りに心得つされや。惣体《そうたい》(3)、お主達の此娑婆のくらしにても、お主達の心に得ぬ事の出来よる〔寄《よる》〕のは、何故《なにゆえ》でやとおもはれる。おぬし達の心が満足致さぬゆへ、夫《それ》いろ〱な事が出来て来て、「是はどふせふ、是はどふせふ」といはれるが、其心痛苦労は誰がさすや。夫皆《みな》お主達の、兎角《とかく》今度の一大事(4)の所へ心が相寄《よら》ぬゆへ、たゞ娑婆斗《ばかり》の事に頓着致《いたし》(5)て暮されるゆへの事でやぞや。

是お主達は、此娑婆に生通《いきとお》し(6)にはならぬぞや。何《いず》れのものでも、一度は死なにやならぬぞや。夫其一大事の死ぬといふ事を打忘《うちわす》れ、此娑婆斗の思《おもい》に成《なっ》ておられては、纔《わずか》此しやばに逗留の中《うち》とても、我心に得る事(7)は何一つとして出来はせぬ程に。なぜ出来ぬと思はれる。夫今いふ通り、この娑婆は仏道修行の場とおたて被レ成て、夫我々へ、「汝〔我《われ》〕、此娑婆でこの渡世(8)を致し、心真当《まっとう》に致し、後世を歓び帰れやう」「汝〔我〕は此渡世を致し、是にて仏道の修行を致し、首尾よく此方へ帰れやう」と、夫一人〱に此娑婆へ、如来様より職体《しょくてい》(9)といへども、金銭といへ共、皆夫々《それぞれ》にお与へ下されて、ぬし達に仏道の修行をさせんが為に、此娑婆世界をお建置《たておか》れて、是そこへお主達を又もや〱追帰し、仏道修行をいたさせ助《たすけ》とらせんが為と思召せられて、此娑婆世界をお建被レ成《たてなされ》、八宗九宗の宗門までお弘《ひろ》め(10)遊ばさせられたは、何故《なにゆえ》でやと思《おも》はれる。「どふかなして、此宗門につらならして助《たすけ》たい事」と思召て、是いづれの開山がたも、一派〱の宗派をお弘め遊ばさせられて、難儀苦行を被レ成たなれども、お主達は其宗門宗派に連《つらな》り居《おら》れても、其祖師《そし》仏様方の御難儀御苦労の道理、少しの思ひやりもなく、唯《ただ》其事に聞て、お主達は根性〔生〕直す事はせぬで居《おっ》て、唯《ただ》我自前《じまえ》(11)斗りを出《だい》て、さうして「己は後生《ごしょう》願ひでや」の抔《など》と思つてをられては、夫では今度は間違だらけでやぞや。

今度後世助るといふ物は、我思ひはなしに成て仕舞《しまっ》て、「何にても、あ方《なた》(12)まかせ」といふ心にならねば、後世は助らぬに相違のない事でござる。さういふと女が(13)、「夫では此娑婆が参《まい》りませぬ」といふが、此娑婆の掛引《かけひき》(14)はかけ引で、我利口《りこう》なと何《なん》なと出《だい》てやられるが能《よい》が、今度後世におゐては、利口では後世は助れぬ程に、さう心得つされや。又娑婆の懸引の道理も、いふべき事は、「かやう〳〵の道理でござり升《ます》」と先へいふべき事は言《いっ》て置《おい》て、跡は如来に任せて、「かやう〳〵の道理でござり升程に、何《いず》れあ方《なた》より、能《よい》やうになされ下されませふ」とお願ひ申置《おか》れたら、跡は如来より何れともお取扱《とりあつか》ひ下されるに相違のない事でござる。唯お主達は、神仏を力には得《え》致さず、我利口才覚を出《だい》て物事取扱《とりあつか》はれるが、我利口では物事満足には及ぬ程に、何にても如来に打任《うちまか》せ、あ方《なた》にもたれてくらされる心になられたら、此世事(15)等《とう》にても、其心に付廻《つきまわ》るで有ふ程に、能《よく》承知を召《めさ》れや。

是此方《このほう》は、金銭(16)は得やらぬぞや。金銭は得やらねども、今いふ通り、是此娑婆世界は如来よりお建置《たておか》れた世界なれば、此方のいひし事、お主達が用る心になられさへすれば、自然の道理にて、何から何まで不都合な事は出来よらぬに相違のない事。

(出典) 日本思想大系67『民衆宗教の思想』。

(1)正当　正しく道理にかなっていること。(2)都合　かなうようにする。(3)物体　総じて。(4)今度の一大事　死ぬこと。(5)頓着　執着。(6)生通し　生き続ける。(7)我心に得る事　自分で得心すること。(8)渡世　生活する。(9)職体　職業。(10)どふかなして　どうにかして。(11)自前　自分のこと。(12)あ方　如来。(13)女　きののこと。(14)娑婆の掛引　現実の社会で生きていく上での知恵。(15)此世事　世の中のこと。(16)金銭　経済的な利益。

【解説】　本史料の校訂は出典に依拠した。一尊如来きの(一七五六―一八二六)は、尾張の国愛知郡旗屋の里の農民。八歳の時に両親と死別し、伯父のところで養われたが、十三歳の時に女中奉公に出、一時は結婚したが、夫の不身持ちから離婚、再び奉公に出て四十歳で帰郷するまで尾張藩の重職の隠居に仕えた。四十歳で旗屋の里に帰り、自ら農業を営んでいたが、四十七歳の時、突然神懸りして、きのの身体には金毘羅大権現が天降り、如来の教えを説くようになった。以来二十五年間、きのは如来の慈悲による来世での救済を説き続け、その言葉は「お綴《つづ》り連」と呼ばれる五人の尾張藩士たちによって克明に記録された。如来教は幕末維新期の民衆的な創唱宗教の先駆をなすもので、天地と人間を創造した如来が、金比羅大権現を遣わせてきのの身体に憑依させたとし、原罪を有する人間は、「我心を正当に致し、」ひたすら如来におすがりすることで初めて来世での救済が可能になると説く。他力本願の宗教であるが、この場合にも、民衆に対しては親や主人に対する道徳が強調され、人に対し分け隔てのない心で接することが、来世での救済を可能とするという。

349〔金光大神覚《おぼえ》〕 金光大神《こんこうだいじん》

未[1]九月十日御知らせ。「当年麦播き、廿日頃より来月廿二、三日頃迄、播きよし。気お(を)せるな[2]。其間には播かす。当年は悴に牛使わせ。地がうぎよう(げ)〔行〕とうげまいと[3]、い(ゆ)がもふと[4]、まゝと思い、任しておき(け)。人が来て頼む[5]のに、牛使《つかい》〔夫〕さい(し)ては戻られん。溝は切《きり》さい(し)〔才〕でも[6]、戻りて[7]拝《おが》んでや(つ)てや(つ)ても楽《らく》」。牛使始《はじ》めに、土手根の田、札場《ふだば》の田ゑ参《まいり》。「牛が荒れるから使〔夫〕かけ[8]してやれ」と妻が申《もうし》。私使〔夫〕かけ仕《つかまつり》。飛び歩き手に合はづ[9]。口お(を)取《とり》[10]てもどうならづ。私考《かんが》い(え)「これは神様御知らせ」と思付《おもいつき》、悴に「使へ」と申。「おせの手に合はんもの[11]〔物〕が小供の手にどう〔道〕合うもの〔物〕か」と、妻悴共《とも》申。「わが手には合わいでも使《つ》こう〔幸〕てみい、楽じや〔社〕」。悴使《つこ》ふて牛静かに成〔也〕。妻悴に「どう〔堂〕なら、恐れいれ[12]」と私申。悴十五才、牛使〔夫〕渡し。私わ(は)麦播きさい(し)でも、人が来られ、内より呼びに来る、戻《もど》り、拝んであげ。十月二十一日迄に麦播きしまい。

　天地金乃神様御礼申上。「麦播きみて[13]安心いたし。色《いろ》紙五枚買《こう》〔幸〕て来い」と御知らせ。紙買〔幸〕て参《まいり》、御願上。「五枚重ねて、七五三の縮み付けて幣〔平〕(を)切《きり》、幣〔平〕串《ぐし》、曲《かね》[14]で二尺五寸、改　上《あらためあげい》」と御知らせ。出来次第に、御改《あらため》御願上。「金子《こんし》大明神[15]、此幣〔平〕切境《さか》〔坂〕えに(い)[16]肥灰《こえはい》差し留る[17]から、其分[18]〔文〕に承〔正〕知してくれ。外家《か》業[19]〔行〕はいたし、農業〔王行〕え出〈未十月切《きり》〉、人が願出《ねがいで》、呼び(に)来、戻り。願《ねがい》が済み、又農〔王〕え出、又も呼びに来。農業〔王行〕する間もなし、来た人も待ち、両方の差し支へに相成《あいなる》。なんと家《か》業〔行〕やめてくれんか。其方、四十二才の年には病気で医師〔石〕も手を放し、心〔新〕配いたし、神仏願、御蔭で全快いたし。其時死んだと思ふて欲お(を)放〈あ〉(し)て、天地金乃神お(を)助てくれ。家内も後家にな(つ)たと思ふてくれ。後家〔宅〕よりまし、もの言《ゆ》はれ相談〔段〕もなり。児供連れてぽと(つ)〳〵農業〔王行〕しよう〔正〕てくれ。此方のよう〔要〕に実意丁《じっいてい》〔貞〕寧《ねい》神信心〔心甚〕いたしおる氏子が、世《せ》〔所〕間《けん》になんぼふ(う)も難儀な氏子あり、取次助て[20]や〈あ〉(つ)てくれ。神も助かり、氏子も立行《たちい》き、氏子あ(つ)ての神《かみ》、々《かみ》あ(つ)ての氏子、末々繁盛〔上〕いたし、親にかゝり、子にかゝり、あい〔間〕よかけよ[21]で立行き(く)」と御知らせ。一つ、仰《おおせ》通〔道〕りに家業〔行〕やめて御広前相勤《つとめ》〔留〕仕《つかまつり》。安政六乙未[22]十月。

十二月二十二日御知らせ。

　一つ、「床《とこ》え仮に棚二段拵《こしら》え(い)。正月に供《そなえ》〔備〕物できん〔金〕」。占見村宗元《むねもと》[23]大工重蔵[24]午(の)歳、御蔭請《うけ》、「御礼にしてあげます」と申《もうし》、同廿八日調《ととのえい》レ之。散〔参〕銭櫃[25]供〔備〕

上、同人。安政七庚申正月、信者氏子、柏手《かしわで》御許《いる》し、「国所《ところ》、歳名覚付《おぼえつけ》神門帳《しんもんちょう》(26)拵《こしら》え(い)」と御知らせ。同五月朔日御知らせ「願主歳書覚帳(27)〔長〕調《ととのえ》レ之《い》」。田地売渡し(28)、所は札場西、向淵《むこうぶち》土手根溝辺《みぞべ》り、うえ売り。八百蔵被二仰付《おおせつけられ》一候(29)。万延元庚申十二月。文久元酉正月御知らせ。

〔出典〕日本思想大系67『民衆宗教の思想』。

(1)未　安政六年(一八五九)。(2)せるな　せくな、急ぐな。(3)地がうぎようと…　土が掘り返ろうと返るまいと。(4)いがもふと　歪もうと。(5)人が来て　金光大神のもとへ願い事に来る人。(6)溝は切さしでも　溝を切りかけている最中でも。(7)土手根の田　土手に沿う田。(8)使かけ　手伝い。(9)手に合はづ　手に負えない。(10)ロお取ても牛にかけた鼻輪をつかんでも。(11)おせ　大人。(12)どうなら恐れいれどうだ、恐れ入ったか。(13)みて　方言で終わっての意。(14)曲　曲尺。(15)金子大明神　金光大神のこと。(16)此幣切境えに　この幣を整えたのを境にして。(17)肥灰差し留る　農業を辞めさせる。(18)其分　そのように。(19)外家業　家の外でする家業。(20)取次　神と氏子との間の取り次ぎ。(21)あいよかけよ　一つの仕事を互いに力を出し合って行うこと。(22)乙未　己未の誤記。(23)宗元　地名、現在は金光町。(24)重蔵　農業の傍ら大工を営む。(25)散銭櫃　賽銭箱。(26)神門帳　氏子帳か。(27)願主歳書覚帳　金光教の最初の信者名簿。(28)田地売渡し　金光大神が持っている田地。(29)八百蔵被仰付　田の買い手は古川八百蔵に仰せつけられた。

【解説】　本史料の校訂は出典に依拠した。金光教は、天理教とともに幕末維新期の代表的な民衆宗教である。教祖は、生神《いきがみ》金光大神(一八一四―八三)という。彼は備中国浅口郡大谷村の農民であるが、十二歳の時、農民川手粂次郎の養子となり、そこで生来の宗教心の篤さに加えて、天文・暦数や卜筮《ぼくぜい》に詳しい庄屋小野光右衛門に学んだ。養父の死後、身を粉にして働き、生活の向上をみたが、三十三歳の厄年に度重なる不幸に遭遇し、のみならず、四十二歳の厄年においてものどの病気で重体に陥った際、近親の者の神懸りをきっかけにして、神の言葉を聞くようになり、安政五年(一八五八)以降、独自の神観念を獲得するようになった。それは、当時この地域に強く根を張っていた日柄・方角などの俗信や出産・病気などの際のタブーを否定し、心から神仏を信仰し、正しい勤労生活を送れば、神は人間を苦しめたり畏怖させたりするものではないとし、ひたすら内面的な信仰の重要性を説いた。主神天地金乃神は、大地の神、宇宙の総氏神であり、人間はすべて、この神の氏子であるとされ、また、一人一人の人間は、それ自体、神であるとされた。本史料は、安政六年から文久元年(一八六一)までのもので、農業の傍ら、忙しく信者の願いを聞く金光大神が、天地金乃神から神と氏子との取り次ぎに専念するよう依頼され、農業を辞めて教団形成に向かう転換期のものである。

参考文献として小沢浩『生き神の思想史――日本の近代化と民衆宗教』岩波書店、一九八八年など。

2　思想の主体化と社会化

(1)　天の思想

350〔約言〕広瀬淡窓

均しくこれ人なり。或いは王侯となり、或いは臣庶となるは、天の命ずる所なり。故に上の下における、頑嚚《がんぎん》(1)聾昧《ろうまい》(2)の徒ありといへども、敢へてこれを愛育せずんばあらず。曰く、「これ天我に命じてこれに教へしむるなり」と。その、上を犯して乱を作《な》すに当たりては、また自ら責めて曰く、「安《いず》くんぞ我が教導のよろしきを失ひて、天職(3)を廃するにあらざるを知らんや」と。下の上における、労役煩苦《はんく》の事ありといへども、敢へてこれに供給せずんばあらず。曰く、「これ天我に命じてこれに奉ぜしむるなり」と。或いは暴君の虐政《ぎゃくせい》に遇へば、また自ら懼《おそ》れて曰く、「安《いず》くんぞ我が奉養の欠くるありて、天誅《てんちゅう》(4)を招くにあらざるを知らんや」と。これ聖人教へを立つるの旨なり。もしそれ然らざれば、王侯必ず曰く、「氓《たみ》の蚩蚩《しし》(5)たる、禽畜何ぞ択ばん。鞭《むちう》ち箠《むちう》つ、ただ我にあるのみ」と。下民必ず曰く、「我を撫《ぶ》すれば則ち后《きみ》、我を虐《しいた》ぐれば則ち讐《あだ》(6)、これを奉じこれを廃する、何の常《つね》かこれあらん」と。これを上下相侮《あいあなど》ると謂ふ。大乱の道なり。ただそれ天命を以て教へを立つれば、君民和睦《わぼく》し、禍害生ぜざらん。三代の久しく天下を保つは、これを以てなり。

父母の我を育て、妻子の我を奉じ、兄弟朋友の我が与《ため》に相助くるは、みな天命なり。故に我必ず孝なり、慈なり、友悌忠信なり。これ敬天の道なり。もしそれ然らざらんか、父母我を赦《ゆる》し、妻子兄弟我を恕《ゆる》すといへども、天を慢《あなど》るの罪、終《つい》に免るるを得ず。故に曰く、「君子天命を畏《おそ》る」(7)と。もし吾れ我が道を尽くすも、彼報ゆるに横逆(8)を以てせば、君子乃ち曰く、「彼もまた人のみ。天と神との霊あるにあらざれば、それ我を知らず。我何ぞこれを怨まんや」と。且《か》つ我その道を尽くせば、天必ずこれを知り、天必ずこれに報ゆ。また何ぞ人のこれを知りてこれに報ゆるを求めんや。故に曰く、「君子躬《み》自《みずか》ら厚くして薄く人を責む」(9)と。

敬天の旨、天命を楽しむを以て主となす。それ生あるの物、孰《たれ》か命を天に稟《う》けざらん。而るに人の、羽毛鱗介《りんかい》(10)における、その貴賤苦楽、相去る何如《いかん》ぞや。我すでに人となるを得たり。もしなほ貧を厭《いと》うて富を欣《よろこ》び、夭《よう》を悪《にく》んで寿を慕へば、あに足るを知らざるの甚だしきにあらずや。故に人身は得難きなり。天徳は報い難きなり。君子貧賤に処《お》りて憂へず、患難を践《ふ》みて懼《おそ》れず、専ら天を助けて物を済《すく》ひ、以て天徳に報ゆるを思ふのみ。蓋《けだ》し善となすものに三等あり。ただ天徳に報ゆるのみにして、天福を希《こいねが》はざるは上なり。天福を希ふといへども、人の報いを責めざるはこれに次ぐ。報いを人に責めば、怨咎《えんきゆう》(11)を免れず。これを下となす。

（出典）日本思想大系47『近世後期儒家集』。

(1)頑嚚　かたくなで道理にくらい。(2)聾昧　無知。(3)天職　天から与えられた仕事。(4)天誅　天からの戒め。(5)氓の蚩蚩　無知なさま。(6)我を撫すれば…　『書経』泰誓篇下。自分たちをいたわるならば主君として扱うが、自分たちを虐げるならば仇敵として憎むであろうの意。孟子もこれを土芥寇讐説として人間関係の相互性を説く。(7)君子天命を畏る　『論語』季氏篇に「君子に三畏あり、天命を畏れ、大人を畏れ、聖人の言を畏る」とある。(8)横逆　わがままで道理に従わないこと。(9)躬自ら…　自分には厳しく、人には寛大なこと。(10)羽毛鱗介　鳥類・魚類・貝類。(11)怨咎　恨みととがめ。

【解説】　広瀬淡窓（一七八二―一八五六）は江戸後期・幕末の儒学者、教育者。豊後国日田郡に、幕府代官所御用達商人博多屋の長男として生まれた。十六歳の時、筑前福岡の亀井南冥・昭陽に入門したが、病弱のため二年間で退塾、家業を弟に譲り、儒者として身を立てることを決意。淡窓は、塾経営に独自の才能を発揮し、門人は四千六百人に達したという。その教育方針は、入塾の際、年齢・家格・学歴を問わず万人に開放したこと、独自のカリキュラム制度とその達成度による厳密な進級制度、寮生による自治などによって特徴づけられる。本史料には、人は、他者との相互的な関係よりも、「天」に対する信頼関係において生きるべきことが説かれている。一般に、君父などの直接的な人間関係とそこにおける忠孝などの道徳に生きることを要請する社会意識が強調されるなかで、独自な光彩を放っている。また大塩平八郎の「檄文」（史料333）には、儒学の天人感応思想にもとづく天譴思想と、陽明学の「万物一体の仁」によって、支配階級の為政に対する態度と、大坂の豪商の自己利益中心主義が厳しく批判されており、中国的な「天の思想」の存在が認められる。

(2)　後期水戸学の展開

351　**〔告志篇〕**　**天保四年（一八三三）三月　徳川斉昭**

人は貴《たつと》き賤《いやし》きによらず、本《もと》を思ひ恩に報い(1)候様心懸《こころがけ》候儀専一《せんいつ》と存候。抑《そもそも》日本は神聖の国にして、天祖天孫統《とう》(2)を垂《たれ》、極《きよく》を建《たて》(3)給ひしよりこのかた、明徳の遠き太陽とゝもに照臨ましく〳〵、宝祚《ほうそ》(4)の隆《さかん》なる天壌とゝもに窮《きわま》りなく、君臣父子の常道より衣食住の日用に至るまで、皆これ天祖の恩《おん》賚《らい》(5)にして、万民永く飢寒の患《うれい》を免れ、天下敢て非望(6)の念を萌《きざ》さず、難《ありがたし》レ有と申も恐多き御事なり。然れども数千年の久しきうちに盛衰なき事あたはず、或は治《おさま》り、或は乱れ、永禄天正の間に至て、天下の乱極《きわ》まりしかど、東照宮(7)三河に起らせられ、櫛レ風沐レ雨《かぜにくしけずりあめにかみあらい》（8）、辛苦艱難ましくて、上は天朝（9）を輔翼《ほよく》〈タスケタスク〉し奉り、下は諸侯《しょこう》を鎮撫《ちんぶ》〈シヅメナデ〉し給ひ、二百余年の今に至るまで、天下泰山の安きを保ち、人民塗炭《とたん》の苦（10）を免れ、うまれながら太平の徳沢《とくたく》（11）に浴し居候は、これ亦難レ有《ありがたき》御事ならずや。されば人たるものかりそめにも、神国の尊きゆゑんと、天祖の恩賚とを忘るべからず。又かりそめにも、東照宮の徳沢をゆるがせに心得候ては、不二相済一《あいすまざる》事と存候。我等愚昧にして士民の上に立べき者にあらねど、祖先の余蔭《よいん》（12）により、天朝及び公辺（13）の恩沢に浴し、乍二不肖一三位《さんみ》（14）の尊《とうとき》を汚し、三家（15）の重きに列して、天下の藩屛《はんびょう》（16）〈マガキ〉とも相成居《あいなりおり》候上は、乍レ不レ及《およばずながら》国家（17）を安定し、士民を撫育《ぶいく》〈ナデヤシナヒ〉し、本《もと》に報い恩を酬い申度《もうしたく》、日夜心をつくし候事に候へば、各《おのおの》も我等の心を推察いたし、面々の身分を考へ、夫々《それぞれ》本を思ひ恩を酬い候様心懸可レ申《こころがけもうすべく》候。人々形こそ生れ付《つき》たる事なれ、心は愚《おろか》なるより賢《かしこ》きにもうつさばうつるべし。顔淵《がんえん》も「舜《しゅん》何人也《なんびとぞ》、予何人也《われなんびとぞ》、有レ為者《することあるものは》亦若レ是《またかくのごとし》」といひ、孟子も性善を説《とく》ときは、言必《ことかならず》堯舜《ぎょうしゅん》を称せり。されば某《それがし》は古《いにしえ》の明君賢将を慕ひ、各は古の忠臣義士を学び、在世（18）にはともに他国の手本にもなり、後代にはよきためしにもひかれ、父母の名迄も顕《あらわ》す様にと真実に心懸度事《こころがけたきこと》に候。縦《たと》ひ我等計《ばかり》左様存《ぞんじ》候迚《とて》も、各《おのおの》其心得無レ之《これなく》ては、善政は行はれざる事と存候。兎角《とかく》善政は上下一致して行ふ心にあらざれば、行はれざる事に候間、何とぞ某《それがし》とゝもに一致して風俗を一新し、国家を中興し、某は各のたすけを得て、天朝・公辺の御恩を報い、各に於ては夫々其《その》持前を以て、不肖の我等へ精忠（19）を尽し、我等をして天朝・公辺の御恩にそむかしめざる様心懸候はゞ、某と各の忠孝、此上あるまじく候。生れながら飽《あく》までに食ひ煖《あたたか》に衣《き》て、今日迄枕《まくら》を高く安楽に暮し候は、誰が恩にあるべきや。能々此所《よくよくこのところ》を弁《わきま》へ、一日たりともいたづらに日を不レ送《おくらざる》様致度《いたしたく》候。

（出典）日本思想大系53『水戸学』。

（1）本を思ひ恩に報い　自分の存在の根源に思いをいたし、祖先の恩に報いる。（2）天祖天孫　天祖は天照大御神、天孫は、歴代の天皇。（3）統を垂、極を建　政治の原理を示すこと。（4）宝祚　天皇の位。（5）恩賚　恵み深い賜。（6）非望の念　分を超える野心。（7）東照宮　家康のこと。（8）櫛風沐雨　風塵のなかにあって苦労すること。（9）天朝　皇室のこと。（10）塗炭の苦　泥にまみれ火に焼かれるようなひどい苦しみ。（11）徳沢　恵み。（12）余蔭　おかげ。（13）公辺　幕府のこと。（14）三位　斉昭は従三位左近衛権中将。（15）三家　徳川の親藩で、尾州・紀州・水戸の三家をいうが、とりわけ、水戸藩の藩主は定府制であり、幕府に対する補佐意識が強かった。（16）藩屛　天子を守護する諸侯。（17）国家　ここでは水戸藩。（18）在世　生きている間。（19）精忠　私心を交じえず、真心を尽くすこと。

【解説】　徳川斉昭（一八〇〇―六〇）は、水戸藩第九代藩主。そ

の就任にあたっては、斉昭を推す改革派と、十一代将軍家斉の子を推す保守・門閥派との激烈な争いがあり、その争いは「党争」として、幕末に至るまで続いた。斉昭は、改革派の後押しをうけながら、天保年間藩政の改革に邁進したが、そのはじめての就藩時に家臣に与えたものが、この「告志篇」である。

本史料は、その目的は、藩士の藩主への能動的な忠誠を説くものではあるが、注意すべきは、その方法として「神国の尊き所以」「天祖の恩賚」「東照宮の恩沢」が強調されていることである。また、藩士に対して、これまで武士がどっぷり漬かっていた社会的風俗を矯正し、真の武士とは何かに向けて心を入れ替えることを要求している。その結果、水戸藩は、藩政の改革に向けて、藩士層の能動性を喚起することに成功するが、他方では、藩士たちの意識は、内政・外交の危機の昂進とともに斉昭の思惑を超えて進み、藩内の対立はいっそう激化し、元治元年(一八六四)の筑波山挙兵にまで到ることになる。本史料は、一般には、「位階制的忠誠観」を説く封建的なものとされるが、ここで提示された忠誠意識の喚起は、のちに斉昭の当初の思惑と意思を超えて、尊王攘夷派の志士を生み出していくことになる。

352〔弘道館記述義〕 弘化三、四年(一八四六、四七)　藤田東湖

尊王攘夷、

臣彪謹ンデ案ズルニ、堂堂タル神州ハ、天日ノ嗣(1)世神器ヲ奉ジ、万方ニ君臨シタマヒ、上下内外ノ分(2)猶ホ天地ノ易フベカラザルガゴトシ。然ラバ則チ尊王攘夷ハ実ニ志士仁人尽忠報国ノ大義ナリ。臣嘗テ史ヲ読ミ、大永年間(3)天皇即位セラレシトキ、本願寺ノ僧、資(4)ヲ献ジテ以テ礼(5)ヲ成シシニ至リ、喟然(6)トシテ大息シテ曰ク、足利氏衰ヘタリト雖モ、而モ猶ホ将軍ニ任ジ、輦轂《れんこく》(7)ノ下ニ居リナガラ、片金匹帛(8)ヲ献ジテ以テ大礼ヲ助ケマツルコト能ハズ、乃チ諸ヲ方外ノ徒(9)ニ委《い》シ、上ハ皇家ノ大体ヲ辱シメ、下ハ異端(10)ノ邪焰ヲ長ゼシム。宜ナルカナ、室町覇業ノ振ハザリシヤト。又永《えい》禄《ろく》・天正《てんしょう》ノ間、織田氏屢〻入朝シ、皇居ヲ営ミ神廟ヲ脩メ、驕僧(11)ヲ戮シ、豊臣氏又頗ル其ノ緒ヲ纉《つ》グニ至リテ蹴然《しゅうぜん》(12)トシテ曰ク、当時ノ人牧《じんぼく》(13)ハ唯土地ヲ率キテ人ヲ食《は》マシムルヲ知リシノミナルニ、独リ二氏ハ卓然トシテ能ク斯ノ挙アリ。其ノ群雄ヲ駕馭《がぎょ》シ、一世ヲ籠絡セルハ僥倖ニ非ザルナリト。夫レ二氏ノ政ヲ為スハ、固ヨリ忠愛惻怛《そくだつ》(14)、民ニ入ルノ深キコト有リシニ非ズ。而レドモ其ノ挙動或ハ一二大義ニ合スル者アレバ、猶ホ以テ人心ヲ風動スルニ足ル。況ヤ仁厚勇武ノ姿ヲ以テ尊攘ニ従事スル者ヲヤ。其ノ豊功《ほうこう》(15)偉烈豈《あ》勝ゲテ讃スベケンヤ。我ガ東照公既ニ関原ニ捷《か》ツヤ、上奏シテ供御《くご》ノ地ヲ奉リ、亦廷臣ノ食邑ヲ増ス。其ノ大将軍トナルヤ、天顔ニ咫尺《しせき》(16)シ、叡旨ヲ服膺(17)シ、蹇蹇《けんけん》(18)力ヲ竭《つ》クシ、唯其ノ任ニ堪ヘザランコトヲ恐ル。後水尾帝ノ位ニ即キタマヒシトキ、（細注—略）東照宮諸侯ニ命ジテ上皇ノ宮ヲ営ミ、多ク供御ノ地ヲ置ク。既ニシテ又大ニ皇居ヲ脩メ規制ヲ増広シ、又嘗テ伶官《れいかん》(19)ヲ招聚シ以テ雅楽ヲ復セリ。朝廷其ノ功ヲ嘉《よみ》シ、嘗テ擬スルニ相国《そうこく》(20)ヲ以テセラレタレド、敢テ当ラズ。賜フニ桐菊《どうきく》ノ御章《ぎょしょう》ヲ以テセラレタレド、敢テ受ケズ。其ノ恭敬抑損(21)、皇室ヲ翼戴セルコト蓋シ此ノ如クナリキ。戦国搶攘《そうじょう》ノ間、外夷覬覦《きゆ》シ、我ガ政教ノ廃弛《はいち》ニ乗ジ、乃チ敢テ其ノ妖教ヲ布ケリ。豊臣氏嘗テ之ヲ禁ゼシガ、東照宮ニ至リテ更ニ大ニ憲令(22)ヲ設ケ、天下ヲ捜索シテ、悉ク其ノ寺ヲ毀チ其ノ徒ヲ戮シ、後嗣継述懈《おこた》ラズ。是ニ於テ外夷ノ防、妖教ノ禁、永ク憲法ノ第一義タリ。其ノ果決明断、夷狄ヲ攘除セシ者、蓋シ此ノ如シ。今恭シク其ノ遺訓ヲ観ルニ、仁政武備ノ要ニ於テ尤モ深ク戒ヲ垂レタリ。其ノ内憂ヲ慮リ外患ヲ防グ所以ノ者一ニシテ足ラズ。（中略）今皇朝ハ衰ヘタリト雖モ、其ノ尊厳固ヨリ東周(23)ノ比ニ非ズ。然レドモ履霜《そう》ノ漸《ぜん》(24)ハ聖人之ヲ戒ムレバ、則チ春秋ノ義(25)ハ講ゼザルベカラズ。外夷妖教ノ毒ハ啻《ただ》ニ戎狄荊舒(26)ノミナラザレバ、則チ膺懲ノ典ハ尤モ明ラカナラザルベカラズ。而ルニ無識ノ徒或ハ幕府ヲ指シテ朝廷トイヒ(27)、甚シキハ則チ王ヲ以テ之ヲ称ス。近時又蘭学者流アリ。〈世ノ西洋学ヲ脩ムル者ハ天文医術ノ徒ニ非ザレバ、則チ訳者舌人ノ流、大抵皆無識ニシテ国体(28)ニ達セズ。此ヲ舎《す》テ彼ニ従ヒ(29)、天ニ褻レ神ヲ慢ル(30)。其ノ害タルヤ勝ゲテ言フベカラズ。臣別ニ論著スル所アラント欲ス。故ニ具《つぶさ》ニ論ゼズ。〉或ハ説ヲ唱ヘテ曰ク、西洋ノ教法ハ其ノ流一ニ非ズ。今彼ノ奉ズル所ハ国家ノ禁ズル所ト同ジカラズト。嗚呼是レ惟ニ皇家ノ罪人タルノミナラズ、亦幕府ノ罪人ナリ、抑ゝ亦周孔ノ罪人ナリ。

（出典）『弘道館記述義』（岩波文庫）。

(1)天日ノ嗣　天照大御神の子孫、天皇のこと。(2)上下内外ノ分　君臣の上下と華夷内外の区別で水戸学の思想原理の一つ。(3)大永年間　一五二一—二七。(4)資　資金。(5)礼　即位の礼。(6)喟然　ため息をつく。(7)輦轂　天子のひざもと。(8)片金匹帛　わずかなお金と布地。(9)方外ノ徒　仏教徒。(10)異端　仏教。(11)驕僧　比叡山の僧侶。(12)蹴然　慎むさま。(13)人牧　人君。(14)惻怛　痛み悲しむ。(15)豊功　大きな功績。(16)天顔ニ咫尺　天子に拝謁する。(17)服膺　心に留めて忘れない。(18)蹇蹇　忠義を尽くす。(19)伶官　音楽を演奏する人。(20)相国　太政大臣。(21)抑損　心をおさえてへりくだる。(22)憲令　国の掟。(23)東周　周王朝が衰えて、東方に都を移したこと、転じて衰退した王朝のこと。(24)履霜ノ漸　霜が降るのは、やがて氷が張る前兆であることから、前兆によって予め災いを防がなければならないという考え。出典は「易経」坤卦初六「霜を履んで、堅冰至る」に由る。(25)春秋ノ義　孔子の『春秋』は、尊王の大義を表したものとする考え。(26)戎狄荊舒　出典は「詩経」魯頌、閟宮。周公の子伯禽が封ぜられた魯国からみた異民族のこと。(27)幕府ヲ指シテ朝廷トイヒ…　会沢正志斎「退食間話」によれば、新井白石、荻生徂徠などが名指しされている。(28)国体　国家の本来のあり方。(29)此ヲ舎テ彼ニ従ヒ　「書経」大禹謨の「己を舎てて人に従う」を典拠とするが、ここでは日本の「神皇の道」を捨てて、外国の思想にかぶれること。(30)天ニ褻レ、神ヲ慢ル　キリスト教のこと。

【解説】 藤田東湖(一八〇六―五五)は藤田幽谷の嗣子。名は彪《たけし》。天保年間水戸藩改革派の中心人物として終始、斉昭を支え、藩政の要職を歴任した。『弘道館記述義』は、『弘道館記』の解説書であるが、ここには、歴代の天皇の事跡によって、政治の原理が建てられたとし、その為政の原理と、尊王・攘夷を規範原理として、これまでの武家の事跡が捉え直された。北条・足利氏が厳しく批判されるとともに、織田・豊臣・徳川氏が尊王であったとして、また後醍醐天皇の建武の中興が高く評価された。歴史意識における新しい価値基準が提示された点で重要であり、宣長国学の影響が認められる。斉昭においては、藩主への忠誠が喚起されたが、東湖においては、「尊王攘夷」が「志士仁人尽忠報国ノ大義」として宣揚され、人々の国家＝日本国への関わりが喚起された。この論理は、ペリー来航以後の政治的激動の進行とともに、武士層を、幕末の政治運動に関わらせる論理として大きな役割を果たすことになる。水戸藩で形成されたこの思想は、以後、藩主の意向を超えて藩内の対立を激化させ、水戸藩そのものの解体をもたらすことになる。東湖は安政二年(一八五五)の江戸大地震で圧死。享年五十。

353

〔水戸藩筑波勢上書〕 元治元年(一八六四)四月

再拝稽首、奉レ歎ニ願侍従備前侯閣下(1)一候。小臣等草莽巌穴之小人、分位を超過し天下之大計を彼是奉ニ申上一候は、其罪不レ軽と奉レ存候得共、小臣等先君烈公(2)之教諭に薫陶致し、尊王攘夷之大義を、神州に生《うまれ》候者は奴隷皁僕《そうぼく》(3)に至迄、此大義を固持し、須臾《しゆゆ》も不レ失ニ墜一之所以は、聊《いささか》知覚仕候。苟《いやしく》も士林(4)に列なり候者、今日危急之時勢を傍観仕候事、実に志士之所レ愧ニ御座候。

抑《そもそも》当今天下之大勢を窃観仕候に、日論月沈(5)、滔々趨ニ下流一候勢ひと奉レ存候。去年八月(6)薩・会之二藩奸謀を設け、長門宰相を陥れ七卿(7)を逐、廟堂(8)之正義を奉ニ拒隔一候罪、実に滔天之大悪(9)に御座候。天下之人同口《に》薩賊会奸と相唱、賊奸之名已に定候者輦轂《れんこく》(10)之下に横行仕《つかまつり》、廟堂之御大政にも参予仕候事、不可解之一事に御座候。去年来攘夷之詔命(11)数々御布告に相成候得共、今以横浜一港の鎖閉も不ニ相立一、及ニ遷延因循一候事、不可解之二事ニ御座候。於ニ幕府一君臣之大道御正し被レ遊、恭順之誠意御立被レ遊候と御申立に御座候得共、恐れ多くも奉レ迫ニ玉体(12)一候堀田備中守・間部下総守・安藤対馬守等、誅戮削封《ちゆうりくさくほう》之御沙汰も無ニ御座一、高厦《こうか》大屋に安座致居候事、所謂君臣之大道、恭順之誠意、名実相乖《あいそむき》候事、不可解之三事に御座候。此三事は実に天下之大倫大勢に関係仕候事に御座候処、一事之挙行無ニ御座一候。是則天下之大勢、日論月沈、滔々趨ニ下流一候形と奉レ存候。

小臣等固より廟堂の御大計を可レ奉レ伺道筋は無ニ御座一候得共、当今之形勢にてハ、先烈公之遺訓、所謂尊王攘夷之道は地に落候事と奉レ存候。草莽巌穴之小人、廟堂之御大計を彼是奉ニ申上一候儀は無ニ御座一候得共、先烈公之遺訓地に落候事と奉レ存候得ば、焦心裂腸、所レ難レ堪に御座候。乍レ然小臣等如何様苦心仕候とも、単身微力を以て先烈公之遺訓を継述仕候儀は、固より其任にも無ニ御座一、其人にも無ニ御座一候。但満腹存込候は、一身之進退去就、先烈公之遺訓を失墜不レ仕様致し度候。就ては一死相決候外、無ニ他事一覚悟仕候。何分此上は攘夷之先鋒と罷成、挈《けっ》刀《とう》横《おう》槊《さく》(13)、醜夷之陣営に討入奮死仕、忠義之雄鬼と罷成、奉レ拝ニ謝先烈公在天之霊一事、小臣等之本分に御座候。随而同志之者相謀、為ニ攘夷祈願一日光山東照宮之御廟前に参籠仕候。乍レ然叨《みだりに》動ニ干戈一、擅《ほしいままに》為ニ私闘一之所業に落入候而は、於ニ大義之上一慊《けん》然《ぜん》不レ仕候間、何卒攘夷先鋒之勅許を奉レ捧度懇願に御座候得共、九重之天(14)訴号に由なく(15)、空しく巌穴之下に悲泣仕候事に御座候。

（出典）『水戸藩史料』下編巻十三。

(1)侍従備前侯閣下　前水戸藩主徳川斉昭の九男で、文久三年（一八六三）二月から岡山藩主の池田茂政。(2)先君烈公　徳川斉昭。(3)奴隷皂僕　身分の低い者。(4)士林　武士。(5)日淪月沈　時勢が衰退しているさま。(6)去年八月　文久三年八月十八日、薩摩と会津が連合して、朝廷を動かしていた尊攘派を京都から追放したクーデター。(7)七卿　京都を追われて、三条実美等は長州に走った。(8)廟堂　幕府。(9)滔天の大悪　天道を畏れない大悪。(10)輦轂　天皇のひざもと。(11)攘夷之詔命　文久三年五月十一日をもって攘夷期限とするとの詔命。(12)奉迫玉体　幕府の意思を朝廷に強要したこと。(13)挈刀横槊　刀をひっさげ矛を振るう。(14)九重之天　朝廷。(15)訴号に由なく　訴える方法がない。

【解説】　天保の改革で、水戸藩は、藩士教育のために藩校「弘道館」を建て、それに加えて多くの郷校が作られた。だが他方で、弘化年間、斉昭が幕府から譴責処分を受け、藩主を退隠させられ、ペリー来航により一時幕政に参与したが、安政年間は、将軍継嗣問題、通商条約問題で幕府と対立、五年の戊午の密勅問題で藩内は抜き差しならない対立を生み、万延元年の井伊直弼の暗殺を主導した。その後文久年間は、朝廷からの勅諚を幕府の命に従い、返納するか否かをめぐって対立し、筑波山の挙兵に発展した。本史料はその間の事情について述べたものである。のちにみる、薩摩や長州など討幕派の成立と比較すべきもの。

参考文献として、J・V・コシュマン『水戸イデオロギー』田尻祐一郎ほか訳、ぺりかん社、一九九八年など。

(3)　幕末国学の社会的展開

354

〔世《よ》継草《つぎぐさ》〕　嘉永三年（一八五〇）　鈴木《すずき》重胤《しげたね》

国土《くにつち》は終古《とこしえ》(1)に漂在《ただよえ》る者なり。人類《ひとくさ》ありて修《つく》り理《おさ》め固めなすに依《より》て、能《よく》成れる所有り。而れども、未《いまだ》能成ざる所有るに依て、父此を子に授け、子此を父に受く。然れば、男女相《あいと》嫁継《つぎ》て子を生成《うみな》す事はしも、此漂在国《ただよえるくに》を修り理め固め成す、皇御孫命《すめみまのみこと》(2)の大御宝《おおみたから》を貢奉《みつぎまつ》る態《わざ》にて、皇祖天神《あまつみおやがみ》の造化《むすび》(3)を、我をして令《な》レ為《さしめ》給ふ所なるが故に、神語《かみごと》(4)に顕見《うつしき》蒼生《あおひとぐさ》(5)と宣給《のりたま》へり。

天下の人民を大御宝としも云《い》ふ事は、歴世《みよみよ》の宣命《みことのり》(6)に多く有る事なるが、言義《ことのこころ》は、天下の人民には、右の如く、此漂在《ただよえ》る国土《くにつち》を修り理め固め成すの徳《さち》有て、衣食住の事を整へて世間に融通し、相共に各〻其々《それぞれ》の職業を以て、皇祖天神《あまつみおやがみ》の賦命《みことよさし》(7)を奉じ、朝廷《ちょうてい》に仕奉《つかえまつ》る有用の人民なるが故に、称する所なり。凡《およそ》大御宝の較略《あらまし》四等あり。士なり、農なり、工なり、商なり。此を四民と云ふ。各〻職有て相混ずまじき者なり、其務《そのつとむ》る業《なりわい》の其々《それぞれ》異なるを集《あわ》せ大成て、此漂在国を修り理め固め成す事にて、右の四民を凡《すべ》て大御宝と云ふ所《ゆえ》以《よし》なり。

又、神語《かみごと》に顕見《うつしき》蒼生《あおひとぐさ》と云《いえ》るは、天下の人類《ひとくさ》には貴賤賢愚の等差《しな》有て、一概に云《い》ふべからざれども、皇祖天神《あまつみおやがみ》の本源《みなかみ》より云ふ時は、共に該羅《おしくる》(8)めて、身体は皇祖天神の産霊《むすば》(9)し給ふ身体、霊性《たましい》は皇祖天神の配賦《ことよさ》(10)し給へる霊性にして、身心共に我有《わがもの》にして我有ならず、皇祖天神の我に仮して字《あざな》し給ふ(11)所の物にて、其帰《つま》る所は、此漂在国《ただよえるくに》を修り理め固め成すべき大任《かむわざ》(12)を授依《さずけよ》せ給ふが故に、愛《うつく》しき青人草と深く慈愛《いつく》しみ給ふ所なり。

（中略）

父母の先《せん》を祖と云ひ、祖の先を曾祖《そうそ》と云ひ、其先を高祖と云より、漸々《しだいしだい》に遡上《さかのぼ》れば、天下人類の先祖は皇祖天神《あまつみおやがみ》に在《いま》せり。父母に仕ふる事の大《おおい》なるを知るべし。士民共に其主有《あり》て従事す。次第に其源《みなもと》に至れば、天下公民《あめのしたのおおみたから》の大《おお》君《きみ》は、皇御孫命《あまつひつぎ》に坐《ま》せり。朝廷に能仕奉《よくつかえまつ》らむ者は、先《まず》能く其主人に奉仕すべし。此即《これすなわち》、士庶人《ししょじん》の朝廷に仕奉《つこうまつ》る道なり。而《しか》るに、世間《よのなか》には多く神祇に媚《こぶ》(13)る事を知て、其己《おのれ》を生《うみ》たる父母を屑《もの》とも為《せ》ぬ者あり。我が神道を悪《あ》しく心得違《たがえ》せる愚人《しれびと》の態《わざ》と雖も、大国主神《おおくにぬしのかみ》の幽冥事《かくりごと》(14)に於て許《ゆる》諾し給はざる所なり。終《つい》に其不孝の報《むくい》有るべし。然《しか》れば、近く父母に能仕《よくつかう》る道は、遠く神明《しんめい》に貫く天下の大道なる事を思ふべし。

又、朝廷を仰奉《あおぎまつ》る可《べ》き事を粗《ほぼ》知て、益々《ますます》其己《おのれ》が先祖以来従ひ憑《たのみ》に為《せ》る主人《だんなさま》を、心に蔑如《べつじょ》する者あり。是亦我が大道を学び損ねたる狂人《たわけもの》の態《わざ》ながら、其事の長ずるに至《いたり》ては、其不忠不義の筋を以て、皇御孫命《すめみまのみこと》の顕露事《あらわごと》(15)の政《まつりごと》を以て、御罰《みきしため》を得る事なり。如何《いかに》と為《な》れば、天下の士庶人《さぶらいひゃくしょう》は申す迄も無く、悉《ことごと》く朝廷《みかど》の公民《おおみたから》なりと雖も、然計《さばか》り普《あまね》き天下の事を、天皇の御直《ごじき》に御指揮も出来《いでく》まじきが故に、文武百官を置《おき》て、天下の政務《まつりごと》を統領《もうさ》しめ給ひ、諸国には国守《じとう》有り、郡司《だいかん》有りて、士庶人共に預け置せ給ふ所なれば、其従《そのしたがい》て主《あるじ》と為《す》る官長《やくにん》(16)の其身こそは、三公九卿《くものうえひと》(17)等に比すべからね、同じく天皇《てんし》の御名代《ごみょうだい》と申す者なれば、其人の指揮する所、即《すなわち》朝廷《ちょうてい》の御指揮《みことよさし》也。其主人《しゅじん》に奉仕する所、即《すなわち》朝廷《うえさま》に仕《つかえ》奉《まつ》るなり。狂人に翼《つばさ》する(18)王室家《おうしつか》など云ふ僻学《へきがく》の徒は、僭乱《せんらん》の罪(19)遁《のが》るべからぬ癡者《しれびと》なり。欺かるゝ事勿《なか》れ。又、幽冥事《かくりごと》顕露事《あらわごと》の大御政《おおまつりごと》の間然《かんぜん》する事能《あた》はざるを(20)、畏怖慎《おそれつつ》しむ可し。

(出典) 日本思想大系51『国学運動の思想』。

(1)終古　永遠に、いつまでも。(2)皇御孫命　天照大御神の孫である邇邇芸命をはじめとする皇孫で、天皇のこと。(3)皇祖天神の造化　この世界は、天御中主神、高御産霊神、神皇産霊神によって作られたとし、また作られ続けているとする考え方。(4)神語　記紀のことば。(5)顕見蒼生　人民。(6)歴世の宣命　代々の天皇の勅言。(7)賦命　御命令。(8)該羅めて　ひっくるめて。(9)産霊　産む、生成すること。(10)配賦　分け与える。(11)字し給ふ　名付ける。(12)大任　大仕事。(13)神祇に媚る　迷信や縁起に惑わされること。(14)大国主神の幽冥事　大国主神は、人の死後、現世での行為を審判するとの考え。(15)顕露事　あの世＝幽冥に対して、この現実の世界。(16)官長　ここでは庄屋・名主などのこと。(17)三公九卿　三公は、太政大臣・左右大臣。九卿は、大納言・八省の長官。(18)狂人に翼する　狂人に輪をかけた。(19)僭乱の罪　身分を弁えない行為。(20)間然する事能はず　非難することのできない。

【解説】　著者鈴木重胤(一八一二—六三)は、幕末の国学者。淡路の国の庄屋の子で、平田篤胤に入門。大国隆正の門人でもあった。本書は、嘉永三年(一八五〇)に刊行。関東・東北における間引き・堕胎の風習をやめさせるために著述されたとされるが、篤胤国学の系譜のもとに、国土は、それ自体としては完全なものではなく、人々の生産労働によって「成る」もので、その国土の修理・固成に、人々が、その与えられた職業労働を通じて積極的に関わるものであるとされ、さらにそれが朝廷への奉仕であるとされていることが重要である。またそれは、国土を産み人民を作った「皇神の道」であり、そのような能力＝「徳」は、人間に本来的に備わっているとする。

先にみたように本居宣長にとって、世界はかつて受動的に受け入れるしかないものであった。だが、ここでは、身分制社会自体は否定されていないが、国家・社会に関わる積極的な論理が「皇神の道」として、人の本来性と関わらせながら提示されており、それが同時に幕末の荒村の復興と絡めて提示されていることに注意。近代日本において、国学が社会的に果たした役割を考える上でも重要である。

355〔産須那社古伝抄〕安政四年(一八五七)八月　六人部是香《むとべよしか》

抑《そもそも》、産須那神《ノ》は、如此《かく》自躬《みずから》が顕世《けんぜ》(1)に生来《うまれきた》るの本元《もと》より、全《もはら》、其御《そのみ》蔭《かげ》を蒙て、世に生産し来つるのみにあらず。顕世《けんぜ》に存命するの間の万緒(2)、夜と無く、昼となく、此神《ノ》(3)の御《み》守護《まもり》に、漏《もる》るの隙《ひま》ある事無し。況《いわん》や死後に及《および》ては、其《ノ》霊魂〈タマシヒ〉を騰用《とうよう》(4)〈アゲモチヒ〉もし、擯斥《ひんせき》(5)〈シリゾケオトシ〉もし給ふ事は、全《もはら》、此《ノ》神の御進退《ごしんたい》(6)に依ることなれば、恒《つね》に其《ノ》厚き御《み》蔭《かげ》を賽《かえりもう》し、(7)はた深き御守護《みまもり》を仰ぎ願はず《ン》ば有《ル》べからず。いでや、死後の霊魂は、善悪邪正《じゃしょう》に拘はらず、何《いず》れも皆、其地《そのち》々《く》の産須那《ノ》社に参勤し、産須那《ノ》神は、其《ノ》霊魂を進退し給ふといふの古伝は、天照大御神《あまてらすおおみかみ》・高皇産霊大御神《たかみむすびのおおみかみ》の神勅《しんちょく》にして、天地《てんち》を貫き、一地球《ちきゅう》に通達《つうだつ》して、万代無窮《ばんだいぶきゅう》に動くべくもあらぬ甚《いと》深く尊く重き古伝なるを、中古以来、彼《ノ》古語古言《こげん》に蒙《くら》く成《リ》つるより、其《ノ》本末《もとすえ》を通暁する事能《あた》はず、剰《あまつさえ》、彼《ノ》地獄・極楽(8)の妄説《もうせつ》に迷ひ、見性成仏《けんしょうじょうぶつ》(9)の偏見に陥り、或は、消散睡夢(10)の臆説に惑溺して、貴賤の衆庶、無上の神勅を暁《さと》る事あたはず、空しく心魂を労して、生涯、其《ノ》死後の魂の在所《ありか》を、慥《たしか》に得悟《さと》り知らずして、世を過《すご》しつる人、数百年《すひやくねん》の間《あいだ》、幾千万とも算《かぞ》ふべくも有《ラ》ざりしは、甚《いと》も〳〵憐むべし。慟《いたま》しかりし事に有《ラ》ずや。然るを、昇平の徳化(11)に依《リ》て、浮妄の臆説どもは、一時《いちじ》に破れはてゝ、太古の神伝(12)、世に明亮《あきらか》に成《なり》つるまゝに、冥中を看《み》る事、白日に十字衢道《かいどう》(13)を行《ゆく》が如く、何《なに》の迷《まど》はしき事もなく、在世にして、死後の霊魂の安心する事、今《ノ》世ばかり易きは有時《あるとき》無し。さるにても、泰平の御《み》代《よ》の恩徳を、難有《ありがた》く、辱《かたじけな》く思はず《ン》ばあるべからず。然《しか》れども、本源たる、彼《ノ》神勅を初め、幽冥の上に関係《あずか》る万緒の事蹟の来歴などの委《くわ》しき謂《いわれ》は、学者(14)の上にこそ明亮《あきらか》に成《リ》つれ、いまだ、其《ノ》趣きを天下の衆庶に推及《およ》ぼして、不学文蒙《もんもう》の輩《ともがら》に到るまで、心裡《しんり》に通ぜしむるまでには行届かざれば、かゝる御代《みよ》には生《うま》れ合《あい》ながらも、尚、うか〳〵として、彼《ノ》堕獄《だごく》(15)を恐れ、消散睡夢の虚妄に惑《まど》ひ居《お》る者どもの多かるは、甚《いと》も傷ましく思《おぼ》ゆる事なれば、死後の安心《あんじん》を決《きわめ》むと思ふ輩は、近く彼《ノ》順考論(16)に、本源より挙《あげ》もて来て、其《ノ》事蹟を精微《せいび》〈クハシク〉に述《のべ》たるを見て、覚知すべくこそ。

（出典）日本思想大系51『国学運動の思想』。

(1)顕世　この世界。(2)万緒　あらゆる事柄。(3)此神　産須那神。(4)騰用　あげ用いるとは、高く評価すること。(5)擯斥　低く評価する。(6)御進退　扱い方。(7)賽　お礼参りする。(8)地獄・極楽　仏教説話。(9)見性成仏　禅の考え方で自己に内在している仏性に目覚めること。(10)消散睡夢　宋学においては、死後、気の凝集である霊魂は、雲散霧消するとされること。(11)昇平の徳化　徳川の平和。(12)太古の神伝　記紀。(13)十字衢道　迷うことのない道。(14)学者　学問をする者。(15)堕獄　地獄に堕ちること。(16)順考論　六人部是香の「顕幽順考論」のこと。

【解説】　六人部是香（一八〇六―六三）は幕末期の国学者。山城の国、向日《むこう》神社の祀官。平田篤胤の門人。現世は天皇、死後の世界は大国主神の支配を受けるとする篤胤の主張に拠りつつも、幽冥世を支配するのは「万物を生産する根本神」である「産須那神」であるとし、この産須那の神は、人や五穀・草木・鳥獣・魚鼈・金石の生産に関わるだけではなく、現世においては人の精神の有り様に関わり、死後においては現世での人々の行動の善悪の審判に関わるという。かくして、産須那の神は、仏教や儒教にかわって、現世において、死後の霊魂の安心を確保できることになった。人は、自分の生活地域の産須那神を祭り、身分に伴う職業への精励を通して、現世における道徳性と死後の安心を得ることができるという。このような幕末国学の考え方は幕末の村落の指導者層に受容され、荒村の復興運動にも大きな影響を与えた。

356〔新真公法論〕大国隆正

さてその慶応元年乙丑(1)の冬十月のはじめ、異言の人(2)、兵庫湊に入来し時、江戸政府より、まをすことありければ、神はかりに議《はか》りたまひ、兵庫にての通商は、ゆるしたまはざりけれど、これまでの長崎、また箱館・横浜の通商をゆるしたまへりき。人により、これをあるまじきことに、もどきいふものもありけれど、わがくにの雲のうへの神はかり(3)は、上天の神はかりのうつれるもの(4)にて、「遠き国は、八十綱うちかけて、ひきよするごとく」とある、天照大神の、はじめのみこゝろざしの、なりそめたるものといふべきなり。そのころにあたり、先帝の攘夷のみことのり(5)、はげしく、武家におほせたまへるは、日本国中の英気を失なはしめじとの、神はかりにこそありけめ。この二つの神はかり、たがへるに似て、たがふことなし。軍をおこしてむかへたゝかふをのみ、攘夷とおもふは、こゝろ狭し。ゆるさせたまへる乙丑のとしより前、十年ばかり、日本国中の大宮《おおみや》・大社《おおやしろ》、のこるかたなく、攘夷の御いのり、たゆみなく、加茂《かも》・八幡《はちまん》の行幸さへありけるに、そのしるしなく、通商ゆるさせたまへるを、人は何とかおもふらん。軍をおこしてむかへたゝかふをのみ、攘夷とおもふ人は、こゝろえがたく、かひなきことにおもふなるべし。神はかりはしからず。先《まず》その『万国公法』(6)、世にひろまりて、支那の人さへ諾《うべ》なへるは、中華・夷狄とわけ、支那国王を天子といへる支那の僭称をくじきたるものになん。この学、日本にわたり来て、いまゝで、支那をさして中華とあがめ、わが日本をさへ夷狄とおもへる、儒者の固陋をくじきたらんには、これもひとつの攘夷なり。さてのち、真の公法、日本よりおこり、西洋の公法をくじき、万国こと〴〵く、わが日本に服従したらんには、それこそまことの攘夷なるらめ。乙丑の冬、通商をゆるしたまへるを、そのはじめとおもへば、攘夷の御いのりも、よくかなひ、そのみことのりも、よくとほりてなんある。こゝろを広くして、これをよろこぶべし。これによりていへば、攘夷に大小のわかちあり。小攘夷は、軍をむかへてたゝかふ攘夷なり。大攘夷は、たゝかはずして、かれを服従せしむる攘夷なり。乙丑の勅許は、服従せしむべき大攘夷のはじめとして、よろこぶことになん。小攘夷をのみ攘夷とおもふは、こゝろ狭きことになんある。小攘夷は、勝敗あらかじめ定めがたし。五国とおもひても、加勢をするくにありて、十国、二十国にならんも、しるべからず。廻船の通行をさまたげ、年をかさねて、八方より攻よせられたらんには、日本の必勝、おぼつかなし。大攘夷のかたは、天地の道理をもておしつめ、かれよりいふ公法をくじき、その端をひらきおき、時の至るをまつことなれば、敗をとるべきことあらず。かつときは、大勝を得べきなり。しかるに、先帝の、小攘夷をしきりにのたまへるも神はかりなるべし。これにより、日本国の英気を落さず、忠勇義烈の人、くに〴〵におこりたり。ことはならざりけれど、その志は、後世につたはり、万国にもいひつたへきゝつたへて、日本を侮りがたくおもふなるべし。しかる時は、日本国の干城《かんじょう》(7)となりて、その益、その功、なしといふべからず。上天の神はかりは、まことにかしこくなんありける。

（出典）日本思想大系50『平田篤胤 伴信友 大国隆正』。

（1）慶応元年…　英・米・仏・蘭四国の代表が連合艦隊を率いて兵庫沖に来航、幕府は通商条約の勅許と兵庫開港を奏請、十月五日条約は勅許されたが、兵庫先期開港は不許可。（2）異言の人　欧米人。（3）雲のうへの神はかり　朝廷の意思。（4）上天の神はかり　天照大御神等のいる天上界の意思。（5）先帝の攘夷のみことのり　孝明天皇、弘化四年（一八四七）四月二十五日攘夷の詔。（6）『万国公法』　ホイートンの「*Elements of International Law*」をアメリカ人宣教師マーチンが一八六四年に漢訳したもの。日本には、慶応元年（一八六五）に入ってきて、幕府の開成所が翻刻して刊行。当時の有識者に大きな影響を与えた。（7）干城　盾となること。

【解説】平田篤胤以後の幕末国学の流れの一つは、その思想の社会的浸透であるが、他の一つは、激動する幕末の政治動向への対応である。本史料は、『万国公法』の論理に対する国学者の受け止め方の一端を示すものである。篤胤の「顕界・幽界」論に基づき、神はかり＝神慮を二重化し、また、攘夷を、大攘夷と小攘夷の二つに弁別して、国際的な現実に対応しようとするもの。西洋の国家間の平等を説く国際法が国家間の文化的優劣を説く中国の華夷思想を打破したこと、また慶応元年の朝廷による通商条約勅許が日本を中心とする新しい世界秩序形成の端緒となるとする。大国隆正（一七九二―一八七一）は、幕末から明治初期の国学者で、父は津和野藩士。江戸で生まれ、篤胤や村田春門《はるかど》に国学を、古賀精理に朱子学を学ぶ。のち、津和野藩を拠点にして、福羽《ふくば》美静《よししず》など維新後の神道行政の中心的な担い手を育てた。

3　アヘン戦争前後の衝撃と対応

357〔慎機論〕天保八年（一八三七）　渡辺崋山

夫《それ》西洋の各国、政度の汚隆《おりゅう》(1)、風俗の美劣、人物の賢否、一ならずといへども、大抵《たいてい》性質沈忍《ちんにん》(2)〈按《あんずる》に、一地球の中、人質四種に分《わかれ》り。一はタルタリ種、ヱチヲヒヤ種、モンゴル種、カウカス種也。又リヒウスといふ人は、七種に分《わか》てども、推《すい》するに、諸種中、タルタリ・カウカスを最とす。西洋はカウカス種、我国は即《すなわち》タルタリ種に属せり〉なるを以て、一国法を以て治むといへども、上に在《ある》ものを君・師とし、君は子に伝へ、師は賢に伝ふる故、教・政二道に分つ。下に在も芸術も又二学とす。其天賦の気質に就《つ》き、志を抽《ぬき》んで道・芸《げい》二学に就《つか》しむ。故に志す所を不レ賤《いやしまず》して、其《その》〔質の〕当然を勤《つとめ》ざるを責む。故に其芸術精博にして、教・政の羽翼鼓舞(3)をなす事、唐山《とうざん》の及ぶ処もあらざるに似たり。茲《ここ》を以て天地四方を審《つまびらか》にして、教《おしえ》を布《し》き国を利す。又唐山の及ぶ所にあらざるべし。

今天下五大洲中、亜墨利加《あめりか》・亜弗利加《あふりか》・亜〔烏《う》〕斯太羅利《すたらりー》三洲は既に欧羅巴《よーろっぱ》諸国の有《ゆう》と成《なる》。亜斉亜《あじあ》洲といへども、僅《わずか》に我国《わがくに》・唐山《とうざん》・百爾西亜《ヘルシア》の三国のみ。其三国の中、西人と通信せざるものは、唯我邦《ただわがくに》存するのみ。万々《ばんばん》恐《おそれ》多き事なれども、実に杞憂に堪《たえ》ず。論ずべきは、西人より一視せば、我邦は途上の遺肉《いにく》の如し。餓虎《がこ》渇狼《かっろう》の顧《かえりみ》ざる事を得んや。もし英吉利斯《いぎりす》(4)交販の行はれざる事を以て、我に説《とい》て云はんは、「貴国永世の禁固く、侵すべからず。されども、我邦《わがくに》始め海外諸国航海のもの、或は漂蕩《ひょうとう》(5)し、或は薪水を欠き、或は疾病ある者、地方を求め、急を救はんとせんに、貴国海岸厳備にして、航海に害有事《ある》、一国の故を以《もって》、地球諸国に害あり。同じく天地を戴踏《たいとう》(6)して、類を以《もって》類を害《そこな》ふ、豈《あに》之を人と謂《いう》べけんや。貴国に於ては能此《よくこの》大道を解して、我《わが》天下に於て望む所の趣《おもむき》を聞ん」と申せし時、彼が従来疑ふべき事実を挙て、通信すべからざる故を諭《さと》さんより外あるべからず。斯《かく》て瑣屑《させつ》(7)の論に落て、究する所、彼が貪林《どんらん》(8)の名目生ずべし。西洋戎狄《じゅうてき》といへども、無名の兵を挙《あぐ》る事なければ〈ホナハルト、厄入多《えじっと》(9)を責る時、二恨《こん》を書す。一は地中〔海〕航海の害、一は旧年の恨《うらみ》といふ〉、実に鄂羅斯《がらし》・英吉利《いぎりす》二国、驕横《きょうおう》の端《たん》(10)となるべし。

抑《そもそも》鄂羅斯《がらし》は東漸して東北止白里《しべり》より北亜墨利加《あめりか》の西岸に及《および》、地方三千里、地球四分の一を保てり。英吉利斯は西漸して、北亜墨利加東岸より内地加拿太《かなだ》に至り、又南は亜《あ》細亜《じあ》の諸島、亜《あ》(烏《う》)斯太羅利《すたらりー》の一部を略す。地方合算《がっさん》するに、方積二千里に及ぶべし。英吉利斯は智謀ありて海戦に長じ、鄂羅斯は仁政にして陸戦に長ず。各《おのおの》其長を挟み私利を争ひ、之を以て英吉利斯我邦に事を生ずれば、急、鄂《が》羅斯《らし》に有《あり》。和蘭其間《おらんだそのかん》に介《はさま》り、偽《ぎ》〔詐《さ》〕百端《ひやくたん》、〔終《つい》に〕内治の害を生ずべし。

（出典）日本思想大系55『渡辺崋山　高野長英　佐久間象山　横井小楠　橋本左内』。
（1）政度　制度。（2）沈忍　沈着で忍耐強い。（3）羽翼　教育と政治。（4）交販　交易。（5）漂蕩　漂流。（6）戴踏　天を戴き、地を踏む。（7）瑣屑　些細な、細かい。（8）貪惏　騒ぎを起こす。（9）厄入多　エジプト。（10）驕横の端　かつてレザノフが、幕府との交渉を拒否されて蝦夷地で騒ぎを起こしたのと同じように騒動の端緒となる。

【解説】　渡辺崋山（一七九三―一八四一）は、三河・田原藩の家老。家は父が病弱で貧しく、幼い時から絵を描いて家計の足しにしていた。画家として著名。藩の海防係となり、小関三英、高野長英などの蘭学者と交わり、西洋事情に通じることにより、海防に関する危機意識を持つようになる。本史料は、天保九年（一八三八）十月十五日、崋山が、崋山を中心にした蘭学の勉強会である尚歯会の席で、近く漂流民を護送して日本に来航する英国のモリソン号に対して、幕府が撃攘策を以て臨むとの噂を聞き、それに反対したもの。西洋諸国に関する深い洞察と対外的な危機意識の昂進をみてとることができる。公刊されたものではなかったが、林家の次男で目付の鳥居耀蔵らの策略により、家宅捜索を受け、筐底の中から発見された。幕政に触れた箇所が「不敬」に当たるとの廉で在所蟄居となり、のち、藩政の内紛に巻き込まれ自刃した。享年四十八。同時期のシーボルト事件と併せて、蘭学者に対する弾圧事件として知られる。

358 〔鴉片始末〕天保十五年（一八四四）　斎藤竹堂

論に曰く、満清（1）の漢土を奄有（2）すること二百年、北は韃靼《だったん》に起り、西は回部諸域に至り、幅員万里、皆臣妾と為す。其の疆の大、力の強、漢土有りてより以来、未だ之を聞かざるなり。而して鴉片《アヘン》の変（3）は、幺麼《ようま》小醜（4）、四歳を閲《けみ》するも定まらず。江南殆んど陥ち、天下騒然たるは、是れ其の故何ぞや。吾、清英二国の名義の順逆（5）を考へて、愈《いよいよ》怪しむ有り。夫《か》の鴉片の物為《た》る、英夷は已に自らは食せずして、禍を清に嫁す。清知らずして之を買ふは、尚ほ可なり。知りて之を絶てり。英夷為《た》る者、固《もと》より宜しく函に収め嚢《ふくろ》（6）に斂《おさ》めて、前日の愆《あやまち》を補すべきに、即ち然らず。抗顔強請、唯《ただ》己の利を貪《むさぼ》るのみにして、他人の生死利害を顧みざるは、是れ何ぞ礼義廉恥を知らざるの甚だしきや。吾が邦より之を聞くも、猶《な》ほ唾罵の心無き能はず。況んや当日（7）に其の朝に立てるの君臣をや。痛絶而《すなわ》ち極《きわま》りて之を戮《ころ》すは、固より其れ宜《うべ》なり。而れども一敗振はず（8）、日に以て委茶《いだ》（9）し、事勢顚倒して、彼此局を変じ、無礼無義の醜虜を以て、堂堂たる仁義の大邦を挫衄《ざじく》(10)するに至る。是れ亦《また》何ぞや。吾、反覆之を考へ、而る後、清英の勝敗利鈍は平日に在りて、鴉片の事に在らざるを知るなり。何となれば、宇宙万国は風土自ら異なり。孰《いず》れか夷か、孰れか夏か。而るに漢土は常に中夏(11)を以て自ら居り、海外の諸国を侮視すること、犬彘《けんてい》(12)猫鼠、冥頑不霊(13)の物の如くし、其の機智の敏、器械の精、或は中夏の未だ曾て識《し》らざる所に出づるもの有るを知らずして、之を防ぐの術を茫乎として講ぜず、口を開けば輒《すなわ》ち、曰く夷、曰く蛮と。而るに彼は航海すること縦横、雄を西域に称《とな》ふ。而るに其の侮《あなどり》を受くれば、其の心必ずや憤憤として久し。而して窺伺すること累歳、頗《すこぶ》る清国の要領を得る有り。鴉片の事起るに及ぶや、尚ほ未だ敢へて遽《にわか》(14)に之と抗《あらが》はず、先づ其の辞を卑《ひく》くし、必ずしも聴《ゆる》されざるの請を出す。清主果して厳急峻酷の法を下す。而して夷の怨は益《ますます》深く、夷の謀は益固し。鴉片の事、曲は英に在り、直は清に在り。而るに今反つて之を変じて、清は驕盈疎傲《きょうえいそごう》(15)に失して、英は発憤思報の志有り。即ち一戦して砲礟《ほうほう》(16)僅《わずか》に発すれば、漢軍皆《みな》僻易して、無人の地を行くが如し。清主和せざらんと欲すると雖も得んや。和すれば則ち金を賂し地を割《さ》く。皆其の欲する所、以て兵を一時に休《や》めて、変を異日に窺ふ可し。是れ乃ち英夷の能く其の初めに料《はか》りて、既に其の勝敗の機を決する所以《ゆえん》なり。然らずんば、英夷豈《あ》に特《ひと》り火砲船舶、諸器の精を以てして、妄《みだり》に兵を人の国に加へんや。嗚呼清為《た》る者、既に一たび誤れり、果して再び誤ること無ければ可なり。

(出典)日本近代思想大系13『歴史意識』。

(1)満清　明を滅ぼし、清を建国した満州族の国をいう。(2)奄有　えんゆう。奪ってその主となる。(3)鴉片の変　アヘン戦争のこと。(4)幺麼小醜　ともに小さいこと、支配領域の広大さにもかかわらず、満清がイギリスにとって取るにたりない存在であったとの謂か。(5)名義の順逆　どちらが正しく、どちらが間違っているか。(6)抗顔強請　高圧的な態度。(7)当日　当時。(8)一敗振はず　戦いに敗れてもその後も振起しない。(9)委荼　状況をごまかす。(10)挫衄　くじき破る。(11)中夏　中華に同じ。(12)犬彘　いぬといのこ(ぶた)。(13)冥頑不霊　頑固で、得体の分からないもの。(14)聴されざる　聞き入れられない要求。(15)驕盈疎傲　おごり高ぶって、粗野で傲慢。(16)砲礟　大砲。

【解説】　斎藤竹堂(一八一五―五二)仙台藩の陪臣。天保十年昌平黌で学び、のち、書生寮舎長となるなど将来を嘱望されたが、江戸にて開塾後、若くして死没。本史料は、歴史上、強大でしかも名義を併せ持ったはずの満清が、何故それまで夷狄として卑しめてきたイギリスに敗れたのかと問い、それは満清が華夷思想に安住し、相手のことを馬鹿にしていたことに発憤して知ろうとはせず、他方イギリスは馬鹿にされていたことを馬鹿にして報復したのであり、単なる兵器の強弱に拠るのではないとする、政治心理学的な分析を示した。この文章は短いものであるが、当時の識者に強い印象を与えた。

359〔ハルマ出版に関する藩主宛上書〕嘉永二年（一八四九）二月　佐久間象山

ハルマの義に就て愚意御尋に付申上。

脩　理

ハルマ御開板《かいはん》(1)の義に付、壱岐《いき》(2)殿御存念の趣、内々《ないない》被二仰聞一猶《なお》愚存御尋に就き、無二腹蔵《ふくぞうなく》一左に申上候。

一　兼《かね》て申上候通、ハルマの義は西洋人の訳詞(3)に付、洋学に志し候ものには、初学の節、勿論無二の階梯と相成、上達いたし候上にても、座右を離しかね候程の書にて、実に必要の品に付、年々諸方にて幾部ともなく写し立候(4)。乍《しかし》レ然《ながら》大部の書に就き、尋常の写し手には略《ほぼ》一年の業に有レ之候故、費用も多分に相掛り、速《すみやか》に数部を成就し候事能はず、且又写本にては誤脱も多く候て、価《あたい》も容易ならず候に付、ほしく存居候ひながら、見合せ罷在《まかりあり》候もの、天下幾百人と云ことを知るべからず候。扨又《さてまた》、当今の世の如く、五大洲一続きになり候様の事、開闢《かいびゃく》(5)以来未曾有《みぞう》の事に御座候と申内、西洋諸国学術を精研《せいけん》(6)し、国力を強盛にし、頻《しきり》に勢を得候て、周公・孔子の国迄も是が為に打掠《うちかす》められ候事(7)、抑《そもそも》何の故と被二思召《おぼしめされ》一候や。畢竟《ひつきよう》彼の学ぶ所は其要を得、是の学ぶ所は其要を得ず、高遠空疎《こうえんくうそ》(8)の談に溺れ、訓詁《くんこ》・考証(9)の末に流れ候て、其間一、二有用の学に志し候ものありといへども、一体万物の窮理《きゆうり》(10)其実を失ひ候国風《こくふう》にて、其論じ候事と行ひ候事と相背馳《はいち》(11)し候風誼《ふうぎ》に候故、人材を択び候趣法《しゆほう》を論じ候ひ乍ら、賢者・能者《のうしや》下位に居り、愚者・不肖者国《こく》柄《へい》(12)を執《と》り候弊《へい》を救はず、国を富し兵を強くするの策を立候へども、国の遺利《いり》(13)を興して有用に供し、時変に達して兵制を改むることを知らず、火技《かぎ》(14)ありといへども、昔の陋習《ろうしゆう》に泥《なず》みて新得の妙術を講究《こうきゆう》せず、船艦の制、其不便なる事知者を待たずして知れたる事に候へども、改正するすべをも知らず、惟只顧《ひたすら》己の国のみよき事に心得、外国といへばひたもの(15)軽視し候て、夷狄蛮貊《いてきばんぱく》と賤《いや》しめ、彼の実事に熟練し、国利をも興し、兵力をも盛にし、火技に妙に、航海に巧なる事、遥《はるか》に自国の上に出でたるを知らず居候故に、一旦イギリスと乱を構ふるに及で、大敗を引出し、恥辱《ちじよく》を全世界に貽《のこ》し、大に古昔《こせき》聖賢の体面を破り候事に御座候。本邦とても四辺皆海にて、外寇の来り候はむは、いつをはかられざる事にて、既にイギリスには久しく野心を懐《いだ》き、覬《き》覦《ゆ》致し候との事に候へば、防禦の策は、清朝の覆轍《ふくてつ》(16)を鑑《かんが》みて、兵法に申《もうす》所の彼を知り己を知るの義(17)を勉《つと》め度事に奉レ存候。実に彼を知り己を知る上ならでは、防禦の略《りやく》も立難く、仮令《たとい》其略立候ても、真の用を成しがたく被レ存候。然る所、彼を知り候には、彼方の詞《ことば》に通じ、彼の方の技術を尽して、始めてその実を得候事に御座候。彼学科の多き、少人数のよく尽す所に無レ之、其上外寇の防ぎは本邦全国に係り、天下皆共に力を合せ可レ申事にて、大国の諸侯と雖も、一家両家の力に及ぶ所に無二御座一候。然れば、当今ハルマ御開板、天下に公行《こうこう》御座候時は、洋学に志し候もの大に助けを得、彼方の技術も是に因て大に開け可レ申、然る時には御自国(18)の内は勿論、天下にも彼を知り候もの多く、防禦の策も自然に其方を得可レ申候。則《すなわち》天下後世洪大《こうだい》の嘉《か》恵《けい》(19)を仰ぎ、又朝家《ちょうか》(20)へ対され候ても、一廉《ひとかど》の御忠勤たるべく候。

（出典）日本思想大系55『渡辺崋山 高野長英 佐久間象山 横井小楠 橋本左内』。

(1)開板　出版。(2)壱岐　松代藩家老、小山田壱岐。(3)訳詞　外国語辞典。(4)写し立　写本を作ること。(5)開闢　天地のはじめ。(6)精研　みがきあげる。(7)周公・孔子の国…　中国が、アヘン戦争でイギリスに敗れたこと。(8)高遠空疎　日常生活から離れた高邁な理想あるいは中身のない話。(9)訓詁・考証　字句の解釈やこまかな事実の探求をする。(10)窮理　物事の道理や法則を究明することだが、ここでは自然科学的な学問をいう。(11)背馳　背いている。(12)国柄　政権。(13)遺利　未だ利用されていない資源。(14)火技　火術、大砲。(15)ひたもの　ひたすら。(16)覆轍　失敗のあと。(17)兵法に申所の…『孫子』謀攻篇「彼を知りて己を知れば、百戦して殆うからず、…彼を知らず己を知らざれば、戦う毎に必らず危うし」による。(18)御自国　松代藩。(19)嘉恵　よい恵み。(20)朝家　幕府。

【解説】　佐久間象山(一八一一―六四)は松代藩士・幕末の思想家。主君の真田幸貫が天保十三年(一八四二)海防掛老中に就任したことから西洋事情の調査・研究を命じられ、伊豆韮山代官江川坦庵に師事して砲術を学ぶ。のち蘭学者黒川良安の手ほどきを経てオランダ語を独習し、朱子学的な実理の概念を媒介にしつつ西洋の科学技術の実理性・実用性に眼を開かれ、それを通してわが国の旧来の学問のあり方を自己点検するとともに、西洋の科学技術の摂取による海防論を主張した。

　本史料は、象山がオランダ語の辞書を刊行するために、藩に五百両の借金を申し入れたときの上書であるが、そこには、象山のアヘン戦争に関するすぐれた洞察と、それを教訓とするわが国の対応が提起されている。アヘン戦争における中国の敗北の原因を、学問と実際との不一致や華夷思想への安住に求めるとともに、そこから同じ状況におかれた日本の対応へと及ぶ。清朝の轍を踏まないためには、西洋諸国を知ることが第一の課題であるとし、またそのためには、オランダ語の辞書を刊行して広く人々が蘭書を直接学ぶことができるようにすること、誰でもが洋学に近づき、そのすぐれた科学技術を通して西洋を知り、それを通してわが国の客観的位置を知るべきことを説く。また外交は全国家的な課題であり、国民全体の関わるべきものとした。このような、知の公開性とナショナリズムの意識は、ペリー来航以後、全国的に拡大することになる。

　象山の課題は、本史料につづく「期する所は五大洲の学問を兼備し、五大洲の所長を集め、本邦をして永く全世界独立の国となしむる基礎を世に弘めむ」とするものであるが、西洋認識を自己認識・自己変革へとつなげる方法の開拓は、いまなお、人々に強い驚きを喚起するに充分な力をもつ。

4　公共性の構造転換

(1)　忠誠と反逆

360〔講孟余話〕安政三年（一八五六）　吉田松陰

○孟軻《もうか》は鄒人《すうひと》なり。斉の宣王・梁の恵王に遊事す。経書(1)を読むの第一義は、聖賢に阿《おもね》らぬこと要なり。若し少しにても阿る所あれば道明かならず、学ぶとも益なくして害あり。孔孟生国を離れて他国(2)に事《つか》へ給ふこと済まぬことなり。凡そ君と父とは其の義一なり。我が君を愚《ぐ》なり昏《こん》なりとして、生国を去りて他に往き君を求むるは、我が父を頑愚として家を出でて隣家の翁を父とするに斉《ひと》し。孔孟此の義を失ひ給ふこと、如何にも弁ずべき様なし。或ひと曰く、孔孟の道大なり、兼て天下を善くせんと欲す。何ぞ自国を必ずとせん。且つ明君賢主を得、我が道を行ふ時は、天下共に其の沢《めぐみ》を蒙るべければ、我が生国も固より其の外に在らずと。曰く、天下を善くせんと欲して我が国を去るは、国を治めんと欲して身を修めざると同じ。修身・斉家・治国・平天下は大学の序、決して乱るべきに非ず。若し身家(3)を捨てて国天下を治平すとも管晏(4)のする所にして、詭遇《きぐう》(5)して禽を獲《う》と云ふものなり。世の君に事ふることを論ずる者謂《おも》へらく、功業(6)立たざれば国家に益なしと。是れ大いに誤なり。道を明かにして功を計らず、義を正して利を計らずとこそ云へ、君に事へて遇はざる時は諫死するも可なり、幽囚するも可なり、饑餓するも可なり。是れ等の事に遇へば其の身は功業も名誉も無き如くなれども、人臣の道を失はず、永く後世の模範となり、必ず其の風を観感(7)して興起する者あり。遂には其の国風一定して、賢愚貴賤なべて節義を崇尚する如くなるなり。然れば其の身に於て功業名誉なき如くなれども、千百歳へかけて其の忠たる(8)、豈に挙げて数ふべけんや。是れを大忠と云ふなり。然れども此の論是れ国体(9)上より出で来る所なり。漢土に在りては君道自《おのずか》ら別なり。大抵聡明睿智億兆(10)の上に傑出する者、其の君長となるを道とす。故に尭舜は其の位を他人に譲り、湯武は其の主を放伐すれども、聖人に害なしとす。我が邦は上　天朝より下列藩に至る迄、千万世世襲して絶えざること中々漢土などの比すべきに非ず。故に漢土の臣は縦《たと》へば半季渡りの奴婢の如し。其の主の善悪を択んで転移すること固より其の所なり。我が邦の臣は譜第《ふだい》(11)の臣なれば主人と死生休戚(12)を同じうし、死に至ると雖も主を棄てて去るべきの道絶えてなし。嗚呼、我が父母は何国の人ぞ、我が衣食は何国の物ぞ。書を読み道を知る、亦誰れが恩ぞ。今少しく主に遇はざるを以て忽然として是れを去る、人心に於て如何ぞや。我れ孔孟を起《た》たして、与《とも》に此の義を論ぜんと欲す。聞く、近世海外の諸蛮、各ミ其の賢智を推挙し、其の政治を革新し、駸《しん》々然《しんぜん》(13)として上国(14)を凌侮(15)するの勢あり。我れ何を以てか是れを制せん。他なし、前に論ずる所の我が国体の外国と異る所以の大義を明かにし、闔国《こうこく》(16)の人は闔国の為めに死し、闔藩の人は闔藩の為めに死し、臣は君の為めに死し、子は父の為めに死するの志確乎たらば、何ぞ諸蛮を畏れんや。願はくは諸君と茲《ここ》に従事せん。

(出典)『吉田松陰全集』(普及版)第三巻。

(1)経書　儒教の古典。(2)孔孟生国を離れて　孔子、孟子はそれぞれ、周王朝滅亡後の春秋、戦国時代に、自分の抱懐する思想の政治社会での実現を目指し、それを採用してくれる諸侯を求めて、諸国を渡り歩いた。(3)身家　修身・斉家。(4)管晏　管子と晏子、ともに秦の時代の法家の政治家。(5)詭遇　正道によらず、臨機応変の手段をとること。(6)功業　てがら、目にみえる功績。(7)其の風を観感　よい風俗に感化されて。(8)其の忠たる　道の実践に対して正しい態度であること。(9)国体上　日本の独自の国家体制の上からは。(10)億兆　万民。(11)譜第の臣　君臣関係が、父祖からの累代的な関係である。(12)休戚　喜びと悲しみ。(13)駸々然　物事の進行がはやいこと。(14)上国　日本のこと。(15)凌侮　しのぎあなどる。(16)闔国　国を挙げて。

【解説】　ペリー来航以後については本史料集[4]近代を参照されたい。ここでは狭義の政治思想について限定的に扱うにとどめざるをえない。幕末という政治社会の激動期に有為の青年たちを政治行動に駆り立てたモチーフは如何なるものであったのか、その一つの典型を吉田松陰(一八三〇—五九)にみることができる。松陰は、安政元年三月海外渡航を禁じた幕法よりも「三千年の皇国」の方が大事であるとして、西洋事情探索のため米艦への密航を試みた。だが失敗し、江戸伝馬町の獄舎に収監されたのち、同年十月在所蟄居の処分を受けて萩の野山獄に囚われの身となった。松陰はそこで囚人たち相手に『孟子』を講義したが、それは同時に松陰自身の思想の開示でもあった。それが『講孟余話』である。

中国儒教では父子関係を先天的・絶対的なもの、君臣関係を後天的・相対的なものとみなし、後者の君臣関係よりも父子の家族道徳を価値的に優先させた(たとえば『論語』巻七、子路篇第十三)のに対し、徳川儒学は一般に、君臣関係を父子関係と等置し、あるいは父子関係＝私、君臣関係＝公として公を私に優先させることが少なくなかった。

それは、江戸時代においては、君－臣関係がもはや君と臣との個人的・人格的な関係ではなく、家と家との永続的な関係となり、また両者がたとえば赤穂事件のように運命共同体となったことが背景にあるが、この点は松陰も例外ではない。

その意味で松陰の行動原理の枠組みは封建的な忠誠観念そのものであったといえる。だが、そのような君臣関係の絶対化は、必ずしも君主への盲目的な服従や随順を意味するわけではなかった。すなわち君臣関係が絶対化され、臣が去就の自由をもたない条件のもとで、臣が、主君に対して盲目的な服従をしないとすれば、自己の内面的確信にもとづく政治的主張を忠の名において主君に強制するよりほかはないこととなり、その結果として、道徳的な忠誠の追求は、結果としては政治的な反逆に転化することになるからである（丸山眞男『忠誠と反逆——転形期日本の精神史的位相』筑摩書房、一九九二年）。「君心の非を格《ただ》す」「君主を感格する」という能動的な忠誠観は、忠諫あるいは規諫の思想として、政治的な反逆を正当化する論理となるのである。

わずか二十九歳の若さで江戸・骨ヶ原の刑場の露と消えた松陰の十年余の政治活動は、いずれも当時の幕府や藩の実定法に抵触するものであったが、その行動がいまなお人々の胸を打つのは、それが、いずれも事の成敗や政治的効果を基準とするのではなく、自己の内面的な動機の純粋性や道義を重んじる精神に支えられていたからであろう。

松陰において、自己の所属集団と死生休戚を共にすることと、道義のためには死を怖れないこととは必ずしも矛盾するものではなかったのである。換言すれば、それは死を怖れないという武士道精神と、道義を行動原理とする儒教思想との融合であったといえる。

松陰の行動原理について一つの史料をあげておく。松陰によれば、「罪」とは、政治権力による処罰であるのに対して、「恥」とは、自分の内面の意識に関わる問題である。この意識形態は、中世末以来の武士の名誉感情の伝統を引き継ぐものであろう。戦後は、アメリカの文化人類学者ルース・ベネディクトの『菊と刀』以来、通俗的な「罪は内面的」「恥は外面的」といった類型論と、前者を価値的に優越するといった二項対立的な見方が、いまなお根強くあるが、恥の意識を「内面的」と「外面的」と明確に区別することは適切とはいえない。時代の変革期においては、このような、内面的な価値意識に裏付けられた行動が出てくることは、次の佐久間象山同様、ほとんど必然的な事象である。

（参考）吉田松陰における「罪」と「恥」

○位卑《ひく》くして言高きは罪なり。人の本朝に立ちて道行はれざるは恥なり。

或ひと問ふ、罪と恥と孰《いず》れか重き。曰く、罪は身にあり、恥は心にあり。身にあるの罪は軽く、心にあるの恥は重し。今草茅《そうぼう》韋布《いふ》の士妄《みだ》りに朝政を論議し官吏を誹謗するは、分を越え職を踰《こ》ゆるの罪固《もと》より恕《ゆる》すべからず。然れども其の心を尋ぬる時は、或は国家を憂ひ或は道義を明かにする如き、深く咎《とが》むべきに非ず。唯《た》だ其の己《おの》れの田を去りて人の田を芸《くさぎ》り、己れの短を措《お》きて人の短を刺《そし》る如き、罪とするのみ。恥は吾が心にあることにて、尊位を汙《けが》し富禄を糜《ついや》して道を行ふこと能《あた》はずんば、何の面目かあらん。類を充《ひろ》めて義の尽《つ》くるに至れば、即ち盗と云ふべし。且《か》つ罪と云ふものは外に顕《あら》はるる如しと云へども、其の一身に止まる。恥と云ふに至りては心に在りと云へども、其の害民に及ぶ。然れば罪恥の軽重云はずして知るべし。

（『講孟余話』万章下、第五章）

361〔省諐録《せいけんろく》〕安政元年（一八五四）稿　佐久間象山

行ふところの道は、もつて自《みず》から安んずべし。得るところの事は、もつて自から楽しむべし。罪の有無は我にあるのみ。外より至るものは、あに憂戚《ゆうせき》(1)するに足《た》らんや。もし忠信(2)にして譴《けん》(3)を受くるをもつて辱《じよく》(4)となさば、すなはち不義(5)にして富みかつ貴きも、またその栄《えい》(6)とするところにあるか。

人の知るに及ばざるところにして、我独《ひと》りこれを知り、人の能《よ》くするに及ばざるところにして、我独りこれを能くするは、これまた天の寵《ちよう》(7)を荷《にな》ふなり。天の寵を荷ふことかくのごとくにして、しかもただ一身の為にのみ計《はか》り、天下の為に計らざれば、すなはちその天に負《そむ》くこと、あにまた大ならずや。

古より忠を懐《いだ》きて(8)罪を被《こう》むるもの、何ぞ限らん。吾は怨《うら》むことなし。ただ、なほ為すに及ぶべきの時にして為さざれば、まさに病弊をしてまた救ふべからざるに至らしめんとす。これすなはち悲しむべきのみ。

たとひ予今日に死すとも、天下後世、まさに公論あるべし。予また何をか悔い、何をか恨《うら》まん。

身は囹圄《れいご》(9)にありといへども、心に愧怍《きさく》(10)なければ、自《おのず》から方寸《ほうすん》(11)の虚明《きよめい》(12)なること、平日に異ならざるを覚ゆ。人心の霊(13)は天地と上下同流し、夷狄・患難の他を累《わずら》はすを得ざることも、また験すべきなり。ただ、北闈《ほくい》(14)は年八十に満ちて、飲食・坐臥も、予にあらずんば安からず。予が逮繫《たいけい》(15)せられてより、音問《おんもん》(16)通ぜず、動静知らず、その憂慮苦悶はまさに如何すべきや。一念これに及べば、尤《もつと》も情を為しがたし(17)。しかれども、また理をもつて排遣《はいけん》(18)し、心を累《わずら》はすに至らず。吾この境を履《ふ》まずんば、この省覚《せいかく》なし。一跌《いつてつ》(19)を経れば一知を長ずとは、はたして虚語《きよご》(20)にあらず。

（出典）日本思想大系55『渡辺崋山　高野長英　佐久間象山　横井小楠　橋本左内』。

（1）憂戚　憂え悲しむ。（2）忠信　誠を尽くして偽らない。（3）譴　罪。（4）辱　恥辱。（5）不義　正しくないこと。（6）栄　栄誉。（7）天の寵　天の寵愛、特別の才能に恵まれる。（8）忠を懐きて　正しい動機で行動して。（9）囹圄　牢獄。（10）愧怍　恥じること。（11）方寸　こころ。（12）虚明　澄んでいること。（13）人心の霊　人の心と天地とは一体である。（14）北闈　母親。（15）逮繫　逮捕される。（16）音問　通信。（17）情を為しがたし　とても辛いものがある。（18）排遣　おしのける。（19）一跌　ひとつのつまずき。（20）虚語　うそ。

【解説】　幕末は旧来の正統的な秩序意識ではもはや対応することのできない新たな問題群が噴出した多難な時代であった。そのことは、揺れ動く政治社会の状況に能動的に働きかけようとする個人に対しても厳しい選択を迫ることになる。

すなわち、状況に対して自己の内面的な確信にもとづいて行動すれば、それは往々にして幕法や藩法など旧来の正統的な秩序意識と対立せざるを得ず、その結果、たとえば安政の大獄にみる如く、多くの有為の青年たちが政争にまきこまれて投獄され、処刑されていったからである。佐久間象山は、「聖人の国」として信奉していた隣国中国が、それまで夷狄として賤しめていたイギリスに敗北した(アヘン戦争)ことに強い衝撃を受け、オランダ語を独習して西洋の科学技術の実理・実用性に眼を開くとともに、西洋の学術の広汎な普及を意図したことは先に見たが、同時に、西洋事情の探索にも心をくだいていた。折しも嘉永七年(一八五四)一月、ペリーが前年の国書の回答を求めて下田に再航した際、弟子の吉田松陰が米艦による密航を企て失敗、象山も密航を使嗾した廉で捕えられ、江戸伝馬町の獄舎に収監された。

本史料は、在所蟄居の処分をうけた象山が、江戸獄中での思索の跡を松代蟄居中に書き留めた「省諐録」の一節である。ここには、「諐《あやまち》を省みる記録」という書名とは裏腹に、エリートとしての社会的責任感と、自己の行動の正当性に対する強い確信とが語られており、一つの時代の先覚者の生きざまを看取することができる。

象山は以後九年間の蟄居生活を余儀なくされたが、元治元年(一八六四)には当時摂海禁裏総督であった一橋慶喜の下で朝廷を開明化する役割を与えられて京都に召し出され、公家に遊説中、尊攘激派の手で暗殺された。五十四歳であった。

象山は、蘭書と実験によって中国儒学の枠組みを超えた世界の存在にめざめ、新しい世界認識を獲得していったが、幕末段階、西洋人との直接の交流によって旧来の世界像を相対化していった事例の一つを次に掲げておく。

玉虫左大夫(一八二三—六九)は仙台藩士。万延元年(一八六〇)の遣米使節に正使新見正興の従者として随行、帰国後「航米日録」全八巻を著したが、藩内の抗争にまきこまれて自刃した。

(参考)　三月十七日ノ事

此日サンフランシスコニテ、明日解纜ナルヲ以テ、殊ニ厳重ニ人数ヲ閲ス。始メ大鼓・小鼓ヲ撃ツ。人数ヲ揃ヒ、其側ニ船将・士官両人並立ス。而シテ士官一人中央ニ立チ、其傍ラ医師一人副フテ、士官ノ者一人宛水夫ノ名ヲ呼ビ上グレバ、即チ答ヒ、冠ヲ脱シテ船将ノ前ヲ過グ。其中病アル者ハ医師其条ヲ述ブ、極テ厳密ナリ。然ルニ夷礼ノ粗ナルコト、縦令《たとえ》船将ノ前ト雖ドモ、唯冠ヲ脱スルノミニテ礼拝セズ。則チ思フ、彼ハカヽル時ノミナラズ、平日モ亦船将・士官ノ別ナク上下相混ジ、水夫タリトモ敢テ船将ヲ重ズルコトナク、船将モ亦威燄《いえん》ヲ張ラズ、同輩ノ如シ。唯其情交ニ至リテハ極テ親密ニシテ、万一事アルトキハ各力ヲ尽シテ相救フ。苟モ凶事アレバ涙ヲ垂レ悲嘆スルニ至ル。我国ニテハ礼法愈厳ニシテ、従臣ト雖ドモ容易(ニ)御奉行ニ拝謁スルヲ得ズ、其威鬼神ノ如シ。是ニ従テ、其下少シク位アル者ニ至ルマデ大ニ威儀ヲ張リ、各其下々ノ者ヲ蔑視ス。其規格ハ如何ニモ厳ナレドモ、情交日ニ薄ク、縦《たと》ヒ凶事ナドアレバ外面ニテ悲嘆スルノミ。上下ノ間此ノ如シ、万一緩急アラバ、誰レカ力ヲ尽スベキヤ。是昇平長ク続キタル弊ナラン歟、慨嘆スベシ。礼法ヲバ厳ニシテ、夷俗ノ相蔑視スルニ至ラズ、交情ノ厚キハ彼等ノ如ク、両《ふた》ツナガラ宜ウスルノ道ナカランヤ。予敢テ夷俗ヲ貴ムニ非ズ、今日ノ事情自《おのずか》ラ此ノ嘆息ヲ発セザルヲ得ズ。

（玉虫左大夫「航米日録 巻八」）

(2)　正議と公共性

362　**〔国是三論〕　万延元年（一八六〇）　横井小楠**

（問）　天下国家の経綸も、根元の政事を棄て只管《ひたすら》交易通商を本とする由なれば、当時(1)となりては、惣《そうじ》て西洋風を善として国天下の法則とも為す可きにや。

通商交易の事は、近年外国より申立てたる故、俗人は是より始りたる如く心得れども、決て左にあらず。素《もと》より外国との通商は交易の大なるものなれ共、其道は天地間固有の定理にして、彼《かの》人を治る者は人に食《やしな》はれ、人を食ふ者は人に治らるゝ(2)といへるも、則《すなわち》交易の道にて、政事といへるも別事ならず。民を養ふが本体にして、六府《りくふ》(3)を修め三事(4)を治る事も皆交易に外ならず。先づ水・火・金・木・土・穀といへば、山・川・海に地力・人力を加へ、民用を利し人生(5)を厚ふする自然の条理にして、尭舜の天下を治るも此《この》他《ほか》に出でず。（中略）是等皆大聖の立定められたる善教仁政にして、万世に亘《わた》り永く頼るべき大経大本也。

然るを本邦は中古以来兵乱相尋《つ》ぐの世となり、王室微にして(6)諸侯群国に割拠し、各疆域を守り互に攻伐を事とすれば、生民を視る事艸芥《そうかい》(7)の如し。夫役の苛虐《かぎゃく》(8)・軍餉《ぐんしょう》(9)暴《ぼう》斂《れん》至らざる所なし。政教已に地を払ふて、韜鈐《とうけん》(10)に長ずるを明主とし謀略に宜《よろし》きを良臣とせる時世となる故に、慶元(11)の際既に建櫜《けんこう》(12)の代となりても猶《なお》余風を存し、本多佐州(13)を初、帷幄《いあく》(14)参謀の名臣悉皆《しっかい》徳川御一家の基業盛大固定に心志を尽して、曾《かつ》て天下生霊(15)を以て念とする事なし。自レ是以来《これより》当時(16)に至る迄、君相の英明頗《すこぶ》る多しといへ共、皆遺緒《いしょ》(17)をついで御一家の私事を経営する而已《のみ》なれば、諸侯亦是に傚《なら》ふて各家祖先以来の旧套(18)によつて、君臣共に自国の便宜安全を謀つて隣国を壑《がく》とするの気習(19)となれる故、幕府を初、各国に於て名臣良吏と称する人傑も、皆鎖国の套局《とうきょく》(20)を免れず。身を其君に竭《つく》すを以て、忠愛の情多くは好生の徳(21)を損し、却て民心の払戻《ふつれい》(22)を招く。国の治りがたき所以なり。

日本全国の形勢如《かくのごとく》レ斯区々分裂して、統一の制あることなければ、癸丑の墨使彼理《べり》が日本紀行(23)に無政事の国と看破《かんぱ》せしは、実に活眼洞視《かつがんとうし》(24)と云べし。当今忌諱《きき》(25)を犯して論ずる時は、幕府の諸侯を待つ国初の制度、其兵力を殺《そが》ん事を欲するによりて、参勤交代を初《はじめ》大小に随て、造営の助功(26)、両山(27)其他の火防、関門の守衛、且《かつ》近年に至つては辺警(28)の防守等、最《もつとも》労役を極《きわ》めて、各国の疲弊民庶に被《こうむ》る事を顧《かえりみ》ず。又金銀貨幣の事より諸般の制度天下に布告施行する所、覇《は》府《ふ》(29)の権柄《けんぺい》により徳川御一家の便利私営にして、絶《たえ》て天下を安んじ庶民を子とするの政教あることなし。彼理《べり》が無政事といへるも寔《まこと》に然《しか》り。鎖国の制、割拠自全(30)に安んずる習俗なればこそ、幸《さいわい》にして禍乱敗亡には至らざれ共、方今万国の形勢丕《ひ》変《へん》(31)して各《おのおの》大《おおい》に治教(32)を開き、墨利堅《めりけん》(33)に於ては華盛頓《わしんとん》(34)以来三大規模を立て、一は天地間の惨毒《さんどく》、殺戮《さつりく》に超《こえ》たるはなき故、天意に則《のつとつ》て宇内《うだい》の戦争を息《やむ》るを以て務とし、一は智識を世界万国に取て、治教を裨益《ひえき》するを以て務とし、一は全国の大統領の権柄《けんぺい》、賢《けん》に譲《ゆずり》て子に伝へず、君臣の義を廃して一向公共和平(35)を以て務とし、政法治術其他百般の技芸・器械等に至るまで、凡《およそ》地球上善美と称する者は悉《ことごと》く取りて吾有《わがゆう》となし、大に好生の仁風を揚げ、英吉利《いぎりす》に有つては政体一に民情に本《もと》づき、官の行ふ処は大小となく必悉(36)民に議《はか》り、其便とする処に随て其好まざる処を強ひず。出戎出好(37)も亦然り。仍《これによつて》レ之魯と戦ひ清と戦ふ兵革数年、死傷無数、計費幾万は皆是を民に取れども、一人の怨嗟《えんさ》あることなし。其他俄羅斯《おろしや》(38)を初各国多くは文武の学校は勿論《もちろん》病院・幼院・唖聾《あろう》院等を設け、政教悉く倫理によつて生民の為にするに急ならざるはなし。殆《ほとんど》三代の治教(39)に符合するに至る。

如《かくのごとく》レ此諸国来《きたり》て日本の鎖鑰《さやく》(40)を開くに公共の道を以てする時は、日本猶《なお》鎖国の旧見を執り、私営の政を務めて交易の理を知り得ずんば、愚といはずして何ぞや。宜敷《よろしく》支那に鑑《かんがみ》るべし。彼は亜細亜《あじあ》洲中の大邦にして、往古大聖相継《あいつい》で勃興《ぼつこう》し、文物万国に先達《さきだつ》て開けし故、草昧(41)の外国を九夷八蛮に分つて懐柔の政を施《ほどこ》せし以降、主暗愚にして失ひ賢明にして興り、世代革命多しといへ共自ら中国華域《かいき》と称し、外国を待つに蛮夷を以てするは古《いにしえ》に異ならず。今の満清は古の所謂《いわゆる》北狄より興り、明を滅して中国に入り邦俗をも一変せしかど、康熙・乾隆(42)の諸帝、賢徳有て政治を明かにし、文教を一新し克《よ》く太平を致すといへ共、開国以来百数十年道光・咸豊(43)に至つて昇平の久敷《ひさしき》、其弊驕傲《きようごう》(44)文弱に流れ、海外諸国の、往々理を窮め智を開き、仁を施し義を崇《たつと》び、国富み兵強く、諸夏(45)の亡《な》きが如くならざるを知らず。待つに昔日の夷狄を以てし、蔑視する事禽獣に等しきにより、道光の末年、鴉片の乱により大に英国の為に挫《ざ》折《せつ》せられ、不レ得レ止《やむをえず》和親の条約を立るといへ共、朝野の気習驕惰侮慢にして、約を守ること堅からず。数変数約毎《ごと》に彼が大義に屈し兵威に怖《おそれ》、好港沃土を折《おり》て其違約の罪を償《つぐな》ひ、其屈辱を極むれ共、朝廷無レ人《ひとなく》優游《ゆうゆう》無断、曽《かつ》て懲毖《ちょうひ》(46)の念なく、又和戦の議を決せず、唯偸安《とうあん》を私するのみならず、猶約に背《そむ》ひて(47)英使を濫殺する暴慢の行あり。仍レ之《これにより》英国怒らざることを得ず。今歳(48)四月仏国と兵を併せ、大挙して其不信不義の罪を討ち、七月遂に天津の河口を破り進んで北京に迫れる故、清王大いに恐て韃靼《だったん》に遁逃《とんとう》するの風聞あり。支那たとへ英国の好意によつて帝国の号を存するとも、国体の隕《いん》墜《つい》(49)如レ斯《かくのごとく》なれば、後《のち》帝号を専らすることを得べからず。支那は日本と唇歯《しんし》(50)の国なり。其覆轍目前に在て歯已《すで》に寒し。坐視傍観の秋《とき》にあらず。於レ是今や天徳に則《のっと》り聖教に拠《よ》り、万国の情状を察し利用厚生大に経綸の道を開ひて、政教を一新し、富国強兵偏《ひとえ》に外国の侮を禦《ふせが》んと欲す。敢て洋風を尚ぶにあらず。聞く人、其《その》原頭(51)を愆《あやま》り認《みとむ》る事なかれ。

（出典）日本思想大系55『渡辺崋山　高野長英　佐久間象山　横井小楠　橋本左内』。

(1)当時　現在。(2)人を治る者は…人に治らる　出典『孟子』滕文公篇上。(3)六府　宇宙を構成する水・火・金・木・土の五元素と穀の六つ。(4)三事　正徳・利用・厚生の三つの政治綱領。(5)人生　生活。(6)微にして　その力が微弱である。(7)艸芥　草とゴミでつまらないものの喩え。(8)苛虐　きびしい。(9)軍餉　兵糧。(10)韜鈐　兵法。(11)慶元　慶長・元和年間。(12)建櫜　軍備を解き、世の中が平和になる。(13)本多佐州　家康の老臣本多正信。(14)帷幄　本陣。(15)天下生霊　万民。(16)君相　君主とこれを補佐する大臣。(17)遺緒　戦国時代の遺風。(18)旧套　古くからの習慣。(19)壑とする　谷間を作る。(20)套局　決まった通りの働き。(21)好生の徳　民の生活を大切にする仁愛の心。(22)払戻　民衆の心が政治から離れる。(23)日本紀行　ペリーの『日本遠征記』。(24)活眼洞視　物事を見通す洞察力があること。(25)忌諱　忌み嫌われる。(26)造営の助功　大名に課される軍役負担。(27)両山　家康を祀る日光山と久能山。(28)辺警　海防。(29)覇府　幕府。(30)割拠自全　藩がそれぞれ自分の領国を全うすること。(31)丕変　大いに変わる。(32)治教　政治と教育。(33)墨利堅　アメリカ。(34)華盛頓　ワシントン。(35)公共和平　共和政治のこと。(36)必悉　すべて、悉く。(37)出戎出好　兵を出すことと和親を通じること。(38)俄羅斯　ロシア。(39)三代の治教　中国で理想的な政治が行われたとされる夏・殷・周の時代。(40)鎖鑰　鎖国。(41)草昧　未開。(42)康熙・乾隆　それぞれ清朝四代、六代の皇帝。(43)道光・咸豊　それぞれ清の宣宗と文宗の年号。(44)驕傲　おごり高ぶる。(45)諸夏　中華と同じ。(46)懲毖　懲りて慎むこと。(47)約に背ひて　条約に背いて。(48)今歳　安政五年（一八五八）。(49)国体の隕墜　国の体面が落ちる。(50)唇歯　利害関係が深い。(51)原頭　主旨。

【解説】　ペリー来航時の「夷虜応接大意」では、当時の開国か鎖国かをめぐる対外政策について、「天地公共の実理」にもとづき「有道の国には通信を許し、無道の国には拒絶すべし」と、道理の有無による国際関係の構築を提唱した横井小楠（一八〇九―六九）であったが、西洋に関する認識の変化に伴い、開国論に転じた。ここでは、政治の本来の目的は、民の安寧であるとの立場から、徳川の政治が、徳川家の利益を第一にするものであるとして厳しく批判されると同時に、他方では、アメリカ・イギリスの民主主義が、儒教において理想的な政治が行われたとされる中国古代の「三代の治教」に等しいものと高く評価されている点に注意。西洋の近代が、儒教の論理で、摂取されているのである。また通商交易が「天地間固有の定理」であるとされている点は、先に見た海保青陵（史料277）などとも共通する認識である。なお、ここでいう、幕府政治を「私」とみる考え方は、以後の政治展開に大きな影響を与えていき、勝海舟や坂本龍馬などの政治構想に強い影響を与えた。次の「参考」は、個人道徳と政治の論理、学問と政治が、有機的に結びついた朱子学の立場から心の有り様が行動の原点に据えられている。またそれに加えて注意すべきは、「正しさ」を発見する方法として、各自の「名分」の違いにも拘わらず、「道」に対する平等性を前提として「講習討論」が提唱されていることである。「正義」の発見を、対等な個人による「討論」を通じて獲得しようとする点は、明末清初の思想家黄宗羲の『明夷待訪録』と通ずるものがある。

（参考）

学校問答書（嘉永五年（一八五二）三月）

（問）学政一致ならざるのくるひ承り候。然《しから》ば其一致なる所以の筋は如何に候哉。

（答）事あたらしき申事《もうしこと》ながら、天地の間唯是《ただこれ》一理にて候へば、人間の有用千差万変限り無く候へ共、其帰宿は心の一にて候。去れば此心を本として、推《お》して人に及《およぼ》し万事の政に相成《あいなり》、本末体用彼是《かれこれ》のかわりは候へ共、二に離《はなれ》候筋にては無レ之候。此二に離れざるが一本より万殊《ばんしゅ》にわたり、万殊より一本に帰し候道理にて候へば、政事と申せば直《ただち》に脩レ己《おのれをおさむる》に帰し、脩レ己《おのれをおさむ》れば即《すなわち》政事に推し及《およぼ》し、脩レ己治レ人の一致に行《おこなわ》れ候所は唯是学問にて有レ之候。其故《それゆえ》に三代之際、道行《おこなわれ》候時は君よりは臣を戒《いまし》め、臣よりは君を儆《いまし》め、君臣互に其非心を正し、夫より万事之政に推し及《およぼ》び、朝廷の間欽哉《つつしめよ》戒哉《いましめよ》念哉《おもえよ》懋哉《つとめよ》都兪吁咨《ああああああああ》の声のみ有レ之候。是唯朝廷の間のみにて無レ之、父子兄弟夫婦の間互に善を勧《すす》め過《か》を救ひ、天下政事の得失にも及び候は、是又講学の道一家閨門《けいもん》の内に行れ候。上如《かくのごとく》レ此講学行れ、其勢下に移り、国天下を挙《あげ》て人々家々に講学被レ行《おこなわれ》、其至りは比屋《ひおく》可レ封に相成候。是其分を申せば君臣父子夫婦にて候へ共、道の行れ候所は朋友講学の情誼にて、所謂学政一致二本なきと申は此にて有レ之候。後世は明君と被レ称《しょうせられ》候人も、父子兄弟夫婦の間種々彝《い》倫《りん》の乱を生じ候のみならず、君臣儆戒《けいかい》之学行れず、朝廷は唯政事の得失を議する所に相成り候。是即其本無《そのもとなく》して、政事の末を以て国天下を治《おさめ》んとする覇術功利の政にて候。此心にて学校を起し候故、前条之通に弊害を生《しょうじ》候は必然の勢にて、怪《あやし》むに不レ足《たらず》候。

363〔大久保一蔵書翰〕慶応元年(一八六五)九月二十三日

右形行《なりゆき》承知之上言上仕候は、全体今般　大樹公(1)御進発と申ハ、当春　上洛の　御沙汰相成候末ヲ以て、一二応ハ御断も申上、終に進発と申ものにて、大軍を卒し発途、下坂之序ニ上洛参内之上、恐多も長州処置之義(2)ハ軽挙無レ之、至当之筋を得、人心悦服いたし候様処置可レ致との趣、宸翰を以被ニ仰下一御内定の処、市・会・桑(3)より推て御拒ミ申上候処より、三藩之怒ヲ恐怖せられ、御止に相成、終に右の趣意、勅語を以《もって》　大樹公江被レ為レ渡、謹で御請退坐の処、閣老阿部(4)御書取之旨を奉ぜず、返上いたし度《たく》強情に申張、終ニ御請取ニモ相成候由。其余の言上の内、朝廷の微弱を蔑視し、暴威を以、不遜不敬の語を発し奉ニ悲嘆一候次第、天下有志之者悲憤切歯せざるは無レ之候。且亦進発の趣意御下問の処、昨冬御征伐の末を以決候訳に無レ之、異人(5)江私に家来を渡し、兵を調《ととのえ》、密商等の確証を得、進発仕候段、御届にも相成候。然ば三ヶ条の義(6)、明白糺明の上ならでは処置も難レ付、処置の上にも軽重の典も可レ有レ之事に御座候。末藩家老等を召呼、御請を不ニ申上一迚《とて》、追討の名義何れに有レ之候哉。若《もし》朝廷是を許し給候はゞ非義の勅命にて、朝廷の大事を思ふ列藩一人も奉じ候はず。至当之筋を得、天下万人御尤と奉レ存候てこそ、勅命と可レ申候得ば、非義の勅命(7)は勅命に有らず候故、不レ可レ奉所以に御坐候。しかれば、只今にては防長二ヶ国に候処、右の通列藩命《めい》を不レ奉日に至っては、前后左右長州たらん時は、如何に御処置可レ被レ成哉。只今衆人の怨《うらみ》幕府に帰し候処、則朝廷に背《そむき》候様相成候得ば、幕府の難を御買被レ成候道理に御坐候。ヶ様申上候得ば、長州江同意或は討幕の趣意とか可レ被ニ思召一候得共、かゝる大事に臨ミ、左様の私意を以論じ候ものに無レ之、只名分之所レ存、大義の所レ関(8)を以、御議論申上る訳に御坐候。若《もし》市・会・桑・閣老辺え御示被レ下候はゞ、別て所望候間、義理判然可レ仕候。仮令其上幕罪に被レ陥候共、辞退不レ仕心底に御坐候段演説如何可レ被ニ思召一哉と御伺申上候。

(出典)『大久保利通文書・一』。

(1)大樹公　将軍。(2)長州処置の義　慶応元年のいわゆる第二次長州征伐。(3)市・会・桑　禁裏御守衛総督一橋慶喜・会津藩京都守護職松平容保・桑名藩京都所司代松平定敬。(4)閣老阿部　老中阿部正外(白河藩主)。(5)異人…　幕府が役人を上海に派遣して、長州藩が戦備を整えているとの確証を得たこと。(6)三ヶ条の義　幕府が長州藩の罪状として挙げた、激派の再発・外国からの銃器購入・密貿易の三カ条。(7)非義の勅命　正しくない勅命。(8)名分の所存、大義の所関　勅命は、大義・名分がなければならないとする。

【解説】大久保一蔵(一八三〇―七八)は後の利通。鹿児島藩士。大本史料は、在京の大久保が在坂の西郷吉之助に送ったもの。

久保は西郷とともに、幕末・維新期に鹿児島藩を代表して活躍し、特に明治国家の構築に大きな役割を果たした。本史料は、長州征伐は幕府の意思であるが、朝廷がそれを認めるにあたっては、それが正当性を持つものでなければならないという。これは、「勅命」は、それが「勅命」であるが故に正当なのではなく、正当であるためには、「至当之筋を得、人心悦服」すること、「天下万人御尤」という「公共性」を踏まえたものでなければならぬことを主張するものである。ここでも「義理」＝事柄の判断の妥当性が、議論の中心になっている。

(3)　体制変革の構想

364　**〔船中八策〕**　慶応三年(一八六七)六月　坂本龍馬

一　天下ノ政権ヲ朝廷ニ奉還セシメ、政令宜シク朝廷ヨリ出ヅベキ事。

一　上下議政局(1)ヲ設ケ、議員ヲ置キテ万機(2)ヲ参賛(3)セシメ、万機宜シク公議(4)ニ決スベキ事。

一　有材ノ(5)公卿諸侯及天下ノ人材ヲ顧問ニ備ヘ官爵ヲ賜ヒ、宜シク従来有名無実ノ官ヲ除クベキ事。

一　外国ノ交際広ク公議ヲ採リ、新ニ至当ノ規約ヲ立ツベキ事。

一　古来ノ律令ヲ折衷シ、新ニ無窮ノ大典(6)ヲ撰定スベキ事。

一　海軍宜ク拡張スベキ事。

一　御親兵ヲ置キ、帝都ヲ守衛セシムベキ事。

一　金銀物貨宜シク外国ト平均ノ法ヲ設クベキ事。

以上八策ハ方今天下ノ形勢ヲ察シ、之ヲ宇内万国ニ徴スルニ、之ヲ捨テ他ニ済時(7)ノ急務アルナシ。苟モ此数策ヲ断行セバ、皇運ヲ挽回シ、国勢ヲ拡張シ、万国ト並行スルモ、亦敢テ難シトセズ。伏テ願クハ公明正大ノ道理ニ基キ、一大英断ヲ以テ天下ト更始一新セン。

(出典)『坂本龍馬全集』(光風社書店)。

(1)上下議政局　政治上の諸問題を議論する政治システムの設置。(2)万機　政治上の重要事項。(3)参賛　助ける。(4)公議　公の議論とは、人々に開かれた議論・公共的な論議のこと。(5)有材ノ…　人材の登用をいう。(6)大典　重要な法典。(7)済時　世の中を救う。

【解説】　坂本龍馬(一八三五―六七)は、幕末の志士である。土佐藩郷士。変名才谷梅太郎。十四歳の時、小栗流剣術指南日根野弁治に入門。のち、目録を授与される。その間、江戸に出て修行。安政五年には北辰一刀流の免許をうける。文久元年、土佐勤王党に参加。二年、長州の久坂玄瑞を訪ね、帰藩後の三月、脱藩。江戸に出て、勝海舟を訪問、勝の門下生として航海術を学ぶ。その後、勝が神戸の海軍操練所を開設するとそれに積極的に協力した。元治元年、勝が失脚すると、薩摩藩の庇護を受け、翌慶応元年、同志とともに長崎に商社(後の海援隊)を経営。二年には、禁門の変以来対立していた薩摩と長州の同盟を成功させ、幕府の第二次長州征伐を失敗に導いた。三年六月、後藤象二郎とともに、この「船中八策」を起草。後藤を説き、山内容堂を説得して幕府に大政奉還を勧めた。薩長同盟成立以後、幕吏に追われ、十一月十五日、京都の下宿、近江屋で刺客に襲われた。享年三十三。「公議」「公明正大ノ道理」に基づく政治を指向するこの「船中八策」の考えは、幕末維新期の政権構想を代表するものであり、その後の薩土盟約、土佐藩による大政奉還を勧める幕府宛の上書の枠組みにも反映されている。

365〔勝海舟日記〕慶応四年（一八六八）二月十一日

○二月十一日
君上(1)新に命ぜられし総裁(2)を召して東台(3)へ御移居、御謹慎有レ之べき御旨を承る。

当節、新に被レ命しは、陸軍総裁某《それがし》・副総裁藤沢志摩、海軍総裁矢田堀讃岐・副督榎本和泉、司農総裁大久保一翁・副成島大隅、外国総裁山口信濃・副河津伊豆、皆若年寄格と並なり。亦国内の事務は、参政川勝備後・浅野美作・石河若狭・松平左衛門等なり。新規被二仰付一しは、正月廿三日夜中の事なり。当時の形勢、閣老板倉伊賀・酒井雅楽・小笠原壱岐、その他御譜代の小侯は、京師より官位被二召上一るゝ者あり、或は事変に狼狽して退隠を乞ふ者、亦上国へ馳登て其領国を保たむとする等、人心洶々、其方向を失す。錯乱甚敷を以て、皆英意に出づる所以を以て、戮力同心、御家の再興を以て死力を奮ふべき時歟。

嗚呼、人倫の大変に当て、上三家三卿を初、井伊・榊原・酒井の輩、何の面目有てか私営を先きんじ、主家に尽力するの薄きや。小臣、頗《すこぶ》る憤に不レ堪といへども、能く思惟すれば其いわれ無きにあらず。百年にして公評定(4)る。今果《はた》た何をか云はむ。

此夜諸官上言する所、箱根の険に因て官兵を禦止し、関内(5)の諸侯に結びて鼎峙《ていじ》の勢(6)を固くせんと云者あり、或は使者を出だして入関を止《とど》めんと云説あり、君上単騎にして御上登あらば、英士気奮て軍機(7)盛に到らむと云あり、或は軍艦に督して摂海に航せんと云、或は長・薩の二国を討たむと云、大抵其見る処、大同小異なり。

君上仰に云、我不肖、多年禁闕(8)に接近し奉り、朝廷に奉レ対て御疎意なし。伏見の一挙(9)、実に不肖の指令を失せしに因れり。不レ計も朝敵の名を蒙るに到りて、今また無レ辞、ひとへに天裁(10)を仰ぎて従来の落度《おちど》を謝せむ。且、爾等《なんじら》憤激、其謂《いわ》れ無にあらずといへども、一戦結て不レ解に到らば、印度・支那の覆轍に落入、皇国瓦解し、万民塗炭に陥らしむるに不レ忍。其罪を重ねて益《ますます》天怒に触れんとす。臣等も我が此意に体認し、敢て暴動するなかれ。若聞かずして軽挙為さむ者は、我が臣にあらず。既に伏見の一挙、我が命を用ひず、甚敷は不肖を廃(11)して事を発せんと成すに到る。

再び指令に戻りて我が意を傷《そこな》ふなかれ。

尚、御沙汰の趣至当にして、愚輩の諫むべき処にあらず。

唯恐懼して報答、其道を失す。涕泣して御前を退く。

(出典) 日本思想大系56『幕末政治論集』。

(1)君上　前将軍徳川慶喜(一八三七―一九一三)。前年十月、朝廷に大政奉還、将軍職を辞任。(2)総裁　幕府は慶喜の将軍就任後、フランス公使ロッシュの建議により、従来の老中の合議制に変えて事務の責任体制を明確にするため、総裁制をとった。(3)東台　江戸上野の寛永寺。(4)公評　正しい評価。(5)関内　関八州。(6)鼎峙の勢　鼎のように三方から囲むこと。(7)軍機　軍の士気。(8)禁闕　禁裏、朝廷。(9)伏見の一挙　この年一月の鳥羽・伏見の戦い。(10)天裁　天皇の裁許。(11)不肖を廃して　主君である慶喜の意向を無視して。

【解説】　勝海舟(一八二三―九九)は、幕臣。四十俵の小普請組、貧乏旗本の家に生まれたが、蘭学を学び、ペリー来航時の、阿部正弘の諮問に対する意見書で認められた。幕末の幕府内部で、任用と解職を経ながら出世を遂げ、この時は陸軍総裁。その間、長崎の海軍伝習所、万延元年(一八六〇)には咸臨丸で渡米を果たした。本史料は、戊辰戦争の開始後、十五代将軍徳川慶喜が、前年十月、朝廷に大政を奉還した後の、鳥羽・伏見の戦いに際して、幕府内部における主戦論を抑えて、恭順の意を示そうとする意見をしるしたもの。すでに一月の鳥羽・伏見の敗戦後、勝は、「今、彼大勝に乗じて猛勢当たるべからず、天子を護して群衆に号令す。尋常の策の如きは其敵する所にあらず。我今至柔を示して之に報いるに誠意を以てし、城渡すべし、土地納むべし。天下の公道に処して其興廃を天に任せんには、彼また是を如何せむ哉」と日記に記していたが、慶喜のそれは、勝の意見をふまえたものであった。また同時にこれは、四月の西郷隆盛との会談における「無血開城」の理由でもあった。

(参考)

日記(慶応三年十二月二十三日)

後来、天下之大権は、門望と名分に帰せずして、必ず正に帰せん。私に帰せずして、公に帰するや必せり。何ぞ又毫も疑を存せんや。その速に一正に帰せざるものは士者不学なると、鎖国の陋習に心酔すればなり。今世、外国往来容易にして下民四方に行く。爰を以て風化日に新に、従前之比にあらず。下民日に明に、上者日に暗し。区内之紛擾、爰に於て起る矣。膠柱《こうちゅう》の陋法、如何ぞ能く之を垂御し、一静を得るに足らむ。

近五、六年、唯　天朝幕府云々を以て口実とし、その間自から隔絶の思を成す者、万にして万。上、侯伯より、下、士民に到る迄、京摂に奔走し、江都に周旋す。終に政府何者たるを知らず、恣に国是を定めんとす。是唯名分に迷目して、真に国是を知らず、政府[の]如何を深察せざるの誤なり。

夫れ政府は、全国を鎮撫し、下民を撫育し、全国を富饒し、奸を押え、賢を挙げ、国民その向ふ処を知り、海外に信を失なはず、民を水火の中に救ふを以て真の政府と称すべし。譬えば華聖《ワシントン》氏の国を建るが如く、天下に大功あつて、その職を私せず、静撫宜敷を失わざるは、誠に羨望敬服するに堪へたり。威令の行はれざるは、私あるを以てなり。奸邪を責むる能はざるは、已、正ならざればなり。豈、唯、兵之多寡と貧富に因らむ哉。此故に云、天下之大権は終に一正に帰すべしと。

（『勝海舟全集18』勁草書房）

■岩波オンデマンドブックス■

日本史史料 3 近世

2006年12月8日 第1刷発行
2009年6月5日 第3刷発行
2016年7月12日 オンデマンド版発行

編　者 歴史学研究会《れきしがくけんきゅうかい》

発行者 岡本 厚

発行所 株式会社 岩波書店
〒101-8002 東京都千代田区一ツ橋 2-5-5
電話案内 03-5210-4000
http://www.iwanami.co.jp/

印刷／製本・法令印刷

ISBN 978-4-00-730443-9 Printed in Japan